ACCESO GRATIS a la Lectura en la Nube

Para visualizar el libro electrónico en la nube de lectura envíe junto a su nombre y apellidos una fotografía del código de barras situado en la contraportada del libro y otra del ticket de compra a la dirección:

ebooktirant@tirant.com

En un máximo de 72 horas laborables le enviaremos el código de acceso con sus instrucciones.

La visualización del libro en **NUBE DE LECTURA** excluye los usos bibliotecarios y públicos que puedan poner el archivo electrónico a disposición de una comunidad de lectores. Se permite tan solo un uso individual y privado

MANUAL DE GESTIÓN DEL CONFLICTO EN LOS NUEVOS ENTORNOS LABORALES

MANUAL DE GESTIÓN DEL CONFLICTO EN LOS NUEVOS ENTORNOS LABORALES

YOLANDA NAVARRO ABAL Y JOSÉ ANTONIO CLIMENT RODRÍGUEZ
Editores

Universidad de Huelva

tirant lo blanch
Valencia, 2025

En caso de erratas y actualizaciones, la Editorial Tirant lo Blanch publicará la pertinente corrección en la página web www.tirant.com.

© TIRANT LO BLANCH
EDITA: TIRANT LO BLANCH
C/ Artes Gráficas, 14 - 46010 - Valencia
TELFS.: 96/361 00 48 - 50
FAX: 96/369 41 51
Email:tlb@tirant.com
www.tirant.com
Librería virtual: www.tirant.es
DEPÓSITO LEGAL: V-3015-2025
ISBN: 979-13-7010-963-9
MAQUETA: Disset Ediciones

Si tiene alguna queja o sugerencia, envíenos un mail a: *atencioncliente@tirant.com*. En caso de no ser atendida su sugerencia, por favor, lea en *www.tirant.net/index.php/empresa/politicas-de-empresa* nuestro procedimiento de quejas.

Responsabilidad Social Corporativa: http://www.tirant.net/Docs/RSCTirant.pdf

Índice

PRÓLOGO *13*

ESTHER LÓPEZ ZAFRA

INTRODUCCIÓN 15

YOLANDA NAVARRO ABAL
JOSÉ ANTONIO CLIMENT RODRÍGUEZ

CAPÍTULO 1.
EL ABORDAJE DEL CONFLICTO EN ESCENARIOS LABORALES INCIERTOS 19

ROBERTO FERNÁNDEZ VILLARINO
Y JOSÉ ANTONIO CLIMENT RODRÍGUEZ

I. INTRODUCCIÓN 19

II. LA NUEVA REALIDAD SOCIAL Y LABORAL 22

III. EL SIGNIFICADO DEL TRABAJO Y SU IMPACTO EN LAS RELACIONES LABORALES 24

IV. LA CULTURA ORGANIZACIONAL EN EL S. XXI; TRANSFORMACIONES, RETOS Y OPORTUNIDADES 26

V. EL ABORDAJE DEL CONFLICTO EN LAS ORGANIZACIONES ACTUALES; CLAVES PARA LA COHESIÓN Y LA SOSTENIBILIDAD 28

VI. BIBLIOGRAFÍA 31

CAPÍTULO 2.
ELEMENTOS DE AUTOGESTIÓN PERSONAL ANTE EL CONFLICTO ... 33

YOLANDA NAVARRO ABAL

I. NUEVOS ENTORNOS LABORALES Y DESARROLLO DE LAS HABILIDADES DE AUTOGESTIÓN O *SELF-MANAGEMENT SKILLS* *33*

1.a) Principales habilidades de autogestión *35*

II. EL CONFLICTO COMO UN ESTRESOR DE LA VIDA DIARIA 36

2.a) El conflicto como un suceso estresante 37

2.b) Respuesta a las situaciones de conflicto: el Síndrome General de Adaptación *39*

III. SALUD MENTAL Y GESTIÓN DE CONFLICTOS **42**

3.a) Consecuencias del estrés *42*

3.b) El Síndrome de burnout *43*

3.c) La ideación suicida como un riesgo psicosocial en el entorno laboral *43*

IV. ESTRATEGIAS DE AFRONTAMIENTO A LA AUTOGESTIÓN DEL CONFLICTO **44**

V. PAUTAS GENERALES DE LA GESTIÓN CONDUCTUAL DE LOS CONFLICTOS **48**

VI. BIBLIOGRAFÍA **49**

CAPÍTULO 3.
CONSTRUCCIÓN DE UNA "CULTURA DE PAZ" ORGANIZACIONAL **51**

SARA RODRÍGUEZ SÁNCHEZ

I. LA EDUCACIÓN COMO HERRAMIENTA TRANSFORMADORA DE LA SITUACIÓN DE CONFLICTO EN EL ÁMBITO LABORAL **51**

II. EL CONFLICTO EN LAS ORGANIZACIONES DESDE EL PARAGIDMA PSICOLÓGICO EDUCATIVO **53**

III. LA EDUCACIÓN COMO ALTERNATIVA AL CONFLICTO **54**

3.1. El código ético comportamental en las organizaciones *58*

3.2. Programas de educación empresarial *61*

3.2.1. El conductismo 61

3.2.2. Aprendizaje social 63

IV. EDUCAR EN EL CONFLICTO **64**

V. BIBLIOGRAFÍA **66**

CAPÍTULO 4.
LA GESTIÓN POSITIVA DEL CONFLICTO EN LAS ORGANIZACIONES SALUDABLES **67**

MARISA SALANOVA SORIA
Y ANTONIO ORTIZ VÁZQUEZ

I. INTRODUCCIÓN **67**

II. ¿QUÉ ES UNA ORGANIZACIÓN SALUDABLE (O HERO)? **68**

III. ABORDAJE DEL CONFLICTO DENTRO DE ORGANIZACIONES SALUDABLES Y RESILIENTES **70**

3.1. Evaluación y diagnóstico *71*

3.2. Intervenciones Psicológicas Positivas *72*

3.3. Evaluación en Tiempo 2 .... *76*

3.4. Evaluación en Tiempo 3 y sostenibilidad de los efectos *76*

3.4.1. Continuidad para Mantenimiento de los Efectos 77

3.4.2. Obstáculos y Facilitadores de la Sostenibilidad 77

IV. CONCLUSIONES **79**

V. GLOSARIO DE TÉRMINOS **79**

VI. BIBLIOGRAFÍA **81**

CAPÍTULO 5.
LOS CONFLICTOS LABORALES ANTE UN MODELO DE NEGOCIO Y DE GESTIÓN EMPRESARIAL ORIENTADO HACIA LA SOSTENIBILIDAD EN UN ESCENARIO LABORAL EN CLAVE TRANSICIONAL **83**

ROBERTO FERNÁNDEZ VILLARINO

I. INTRODUCCIÓN **84**

II. **MARCO TEÓRICO** **88**

2.1 La necesaria honestidad y fiabilidad de la información, de la mano de la presión normativa *88*

2.2 El contenido laboral del reporte de sostenibilidad *90*

2.3 La Sostenibilidad y el Derecho del Trabajo *91*

2.4 Indicadores de satisfacción laboral y su vinculación con el mayor valor de la empresa: la ventaja competitiva. *91*

III. UN CONTEXTO LABORAL AGITADO POR EL FACTOR TRANSICIONAL **92**

3.1 La transición ecológica *92*

3.2 El modelo de empresa *93*

3.3 Cambios en el mercado laboral *94*

3.4 Las condiciones laborales decentes *96*

IV. CARACTERIZACIÓN DEL CONFLICTO LABORAL ANTE ESTE ESCENARIO. **97**

V. BIBLIOGRAFÍA **99**

CAPÍTULO 6.
LA HIPERCONECTIVIDAD EN LA ERA DIGITAL: EXPLORACIÓN DEL CONFLICTO ENTRE TRABAJO Y VIDA PERSONAL 103

GABRIELA TOPA CANTISANO
Mª ÁNGELES LÓPEZ GONZÁLEZ,
FRANCISCO RODRÍGUEZ CIFUENTES
Y SAMUEL FERNÁNDEZ-SALINERO SAN MARTÍN

I. INTRODUCCIÓN.. 103

II. HIPERCONECTIVIDAD LABORAL Y TECNOLOGÍAS EMERGENTES EN LA TRANSFORMACIÓN DEL TRABAJO 107

III. CONFLICTO ENTRE TRABAJO Y LA VIDA PERSONAL EN LA ERA DIGITAL: DESAFÍOS Y NUEVAS DINÁMICAS 109

3.1. Formas de gestión entre trabajo y vida personal: integración vs. separación...... 109

3.2. Efectos del conflicto trabajo-vida personal en el bienestar y el equilibrio personal 112

IV. IMPACTO DE LA HIPERCONECTIVIDAD EN LA SALUD MENTAL Y EL EQUILIBRIO TRABAJO-VIDA PERSONAL.. 113

V. RECUPERACIÓN Y DESCONEXIÓN: ESTRATEGIAS PARA RESTAURAR EL EQUILIBRIO EN LA ERA DE LA HIPERCONECTIVIDAD.............................. 117

5.1. Estrategias personales 117

5.1.1. Formación en hiperconectividad para la Prevención de Riesgos Laborales 117

5.1.2. Digital Detox: los beneficios de desconectarse periódicamente de la tecnología... 118

5.1.3. Mindfulness Digital: técnicas de conciencia plena para un uso saludable de la tecnología 119

5.1.4. Modos No-Molestar de los dispositivos y aplicaciones bloqueadoras de aplicaciones... 119

5.2. Estrategias organizacionales 120

5.3. Estrategias gubernamentales y comunitarias.. 121

5.3.1 Derecho a la desconexión: legislación y protección del tiempo personal 121

5.3.2. Campañas de concienciación pública: iniciativas para promover la salud digital 122

VI. DESAFÍOS Y CONSIDERACIONES FUTURAS EN LA GESTIÓN DE LA HIPERCONECTIVIDAD LABORAL.. 123

6.1. Retos Actuales en la gestión de la hiperconectividad.................................. 123

6.2. Evaluación de políticas y legislación en curso 124

6.3. Experiencia de recuperación en el ocio digital... 125

6.4. Impacto en grupos vulnerables *125*

VII. CONCLUSIONES **125**

VIII. BIBLIOGRAFÍA **127**

CAPÍTULO 7.
GESTIONAR LA DIVERSIDAD EN EL CONFLICTO ORGANIZACIONAL **133**

MARTA EVELIA APARICIO GARCÍA
MARÍA DOLORES VALLELLANO PÉREZ

I. DIVERSIDAD EN LAS ORGANIZACIONES **133**

1.1. Recorrido histórico sobre la gestión de la diversidad en las empresas *135*

1.2. Principales hitos en la conceptualización de la gestión de la diversidad *136*

II. MODELOS DE GESTIÓN DE LA DIVERSIDAD **141**

2.1. Modelo de Gestión de la Diversidad Estructural *143*

2.2. Modelo de Gestión de la Diversidad Cultural *144*

2.3. Modelo de Gestión de la Diversidad basado en la Equidad *145*

2.4. Modelo de Gestión de la Diversidad centrado en el Desempeño *145*

2.5. Modelo de Gestión de la Diversidad Global *146*

2.6. Situación actual de la gestión de la diversidad en las organizaciones *148*

III. RELACIÓN CON LOS OBJETIVOS DE DESARROLLO SOSTENIBLE **148**

IV. LAS ORGANIZACIONES ACTUALES **149**

4.1. Propuestas de gestión de la diversidad en organizaciones actuales *150*

4.2. Ventajas de incluir políticas de apoyo a la diversidad en las empresas *152*

V. CONCLUSIONES **153**

VI. BIBLIOGRAFÍA **154**

Prólogo

ESTHER LÓPEZ ZAFRA
Catedrática de Psicología Social de la Universidad de Jaén
Presidenta de la Sociedad Científica Española de Psicología Social (SCEPS)

La obra Manual de gestión del conflicto en los nuevos entornos laborales propuesta por los profesores Yolanda Navarro Abal y José Antonio Climent Rodríguez, aborda un tema totalmente necesario en el marco organizacional contemporáneo. La complejidad de las relaciones laborales, la diversidad de intereses y la necesidad de mantener un ambiente de trabajo productivo y saludable han convertido la resolución de conflictos en una disciplina fundamental para directivos, gestores de recursos humanos y profesionales de la mediación. En el ámbito jurídico es la mediación, regulada a través de distintas normas entre ellas la Ley Orgánica 1/2025, del 2 de enero, la que intenta revertir las tendencias litigiosas tradicionales. Sin embargo, antes incluso de producirse un conflicto abierto, con necesidad de mediación o litigio en su caso, se producen múltiples situaciones contextuales y de relaciones que pueden ser indicadoras de esa situación de conflicto que puede derivar a algo más grave. Es por ello, que esta obra permite reflexionar sobre los distintos niveles de análisis implicados. Desde un punto de vista individual, cada persona puede gestionar situaciones del entorno complicadas (crisis, hiperconectividad...), pero también debe hacerse desde un ámbito grupal, organizacional, e incluso cultural.

La gestión del conflicto en los distintos niveles de análisis no puede entenderse sin considerar los aportes de la psicología social, disciplina que proporciona las bases científicas para comprender los procesos grupales, las dinámicas interpersonales e intergrupales que subyacen a toda situación conflictiva. En esta obra se percibe claramente el abordaje desde esta perspectiva de la psicología social aplicada al ámbito del trabajo y de las organizaciones. En una temática que es frontera de conocimiento en el que el derecho, organización de empresas y administración pública son áreas que pueden, y deben, trabajar juntas, no es sino la psicología social la que ofrece la comprensión esencial para diseñar intervenciones efectivas en los distintos niveles de análisis (i.e. grupal, organizacional). La psicología social aporta conocimientos sobre cómo las dinámicas de poder, los estereotipos y los prejuicios pueden perpetuar conflictos, pero también sobre cómo la cooperación, la empatía y la comunicación asertiva pueden facilitar su resolución. Es fundamental atender a las personas que forman una organización, como también es importante tener en cuenta el contexto en el que se produce las interacciones. La psicología social es una disciplina fundamental para una gestión de conflictos basada en evidencia, complementando perfectamente el marco normativo y las aplicaciones prácticas.

En un contexto BANI, derivado de las pandemias, crisis económicas, humanitarias, los sistemas son frágiles y las personas sufren ansiedad debido a la incertidumbre. Por ello, es necesario cambiar la perspectiva de abordaje de temáticas como la gestión del conflicto. De hecho, en esta obra comprobamos también un cierto sesgo, en el mejor sentido de la palabra, hacia la perspectiva positiva de la intervención. La psicología positiva enfatiza el estudio y la promoción de los aspectos positivos de la experiencia humana, como el bienestar, la satisfacción o la gestión positiva del conflicto. Comprobamos que la intervención organizacional saludable, la autogestion del conflicto o los cambios organizacionales en el cuidado de las personas trabajadoras son cruciales para reducir el potencial conflicto inherente a toda organización.

Precisamente a lo largo de los capítulos de este libro, comprobamos la necesidad actual de prestar atención a temas tan relevantes como la diversidad, la (hiper)conectividad, la sostenibilidad que afectan a las personas y que, por tanto, afectan ampliamente a nuestra sociedad.

Una sociedad más justa, más basada en una cultura de paz, y que atienda a la resolución de conflictos desde un inicio y desde todos los niveles de análisis permitirá mejorar la salud de una forma íntegra. De ahí que los capítulos que aquí se desarrollan atiendan a los nuevos entornos laborales y desafíos en la gestión de conflictos.

Estoy segura que esta obra será un referente para el análisis de las complejidades actuales en la gestión del conflicto, aportando no solo novedad sino soluciones a este entorno cambiante.

Introducción

YOLANDA NAVARRO ABAL
Universidad de Huelva

JOSÉ ANTONIO CLIMENT RODRÍGUEZ
Universidad de Huelva

La presente obra colectiva, *Manual de Gestión del Conflicto en los Nuevos Entornos Laboralres,* constituye una reflexión científica y multidisciplinar en torno a una de las problemáticas más persistentes, y a la vez transformadoras, del mundo del trabajo: el conflicto laboral. En un contexto atravesado por cambios estructurales sin precedentes (como la digitalización, la transición ecológica, la irrupción de nuevas generaciones en el empleo, la diversificación de formas de trabajo y la transformación cultural de las organizaciones) el conflicto adquiere nuevas expresiones y plantea desafíos inéditos tanto en el plano individual como colectivo, organizacional y normativo. Esta obra surge, por tanto, con el objetivo de repensar el conflicto no solo como una disfunción a resolver, sino como una oportunidad para comprender las tensiones del presente y construir relaciones laborales más humanas, sostenibles y resilientes a futuro.

El primer capítulo ofrece una mirada panorámica a los factores que reconfiguran el conflicto en la actualidad. Desde una lectura estructural, se analizan las transformaciones que impactan en las relaciones laborales: la digitalización de los procesos productivos, el envejecimiento demográfico, la emergencia de formas atípicas de empleo, la precarización del trabajo autónomo y la transición hacia modelos de negocio sostenibles. Se examina además el cambio generacional en la percepción del trabajo y su creciente desvinculación como eje central de la vida, así como los retos que esto implica para los sistemas tradicionales de representación colectiva. El conflicto, en este marco, deja de ser una anomalía puntual para revelarse como una expresión compleja de las nuevas contradicciones del sistema laboral.

Desde esta base estructural, el segundo capítulo se adentra en la dimensión subjetiva del conflicto, explorando las competencias personales necesarias para autogestionar de forma autónoma y eficaz las tensiones laborales. Se destacan habilidades como la gestión del tiempo, la automotivación, la regulación emocional, la toma de decisiones y la resiliencia. Asimismo, se analiza el estrés como una respuesta fisiológica y psicológica frente al conflicto, y se detallan sus efectos sobre la salud física y mental, incluyendo trastornos como el burnout, la ansiedad y la depresión. La autora propone estrategias de afrontamiento y autogestión que permiten transformar situaciones potencialmente disfuncionales en oportunidades de desarrollo y adaptación.

Sobre esta dimensión personal se construye la propuesta de una "cultura de paz" organizacional, desarrollada en el tercer capítulo. Lejos de entender la paz como mera ausencia de conflicto, se plantea como una construcción activa que requiere procesos sistemáticos de educación y formación en habilidades socioemocionales, resolución de conflictos, comunicación asertiva y trabajo colaborativo. Se subraya el papel crucial que desempeñan las políticas educativas internas de las organizaciones, los planes de formación continua y las estrategias pedagógicas orientadas a fomentar la convivencia, la equidad y el respeto mutuo. El capítulo defiende que solo mediante una acción formativa consciente, articulada y transversal es posible prevenir los conflictos antes de que se materialicen, al tiempo que se promueve una cultura organizacional basada en el aprendizaje colectivo y la transformación positiva.

Esta visión se enriquece con el cuarto capítulo, que integra los aportes de la Psicología Positiva Organizacional para mostrar cómo las organizaciones saludables, aquellas que promueven el bienestar, la motivación, la confianza y la resiliencia, son también las mejor preparadas para gestionar de forma constructiva los conflictos. A partir de evidencia empírica, se argumenta que el desarrollo de culturas positivas no solo incrementa el compromiso y la productividad, sino que también disminuye la rotación, el absentismo y la conflictividad. Así, el conflicto se resignifica como un componente funcional del cambio organizacional.

La obra continúa con un análisis detallado de cómo la sostenibilidad y la transición ecológica impactan en las dinámicas laborales y generan nuevas fuentes de tensión. En el quinto capítulo se abordan las fricciones que surgen cuando las empresas intentan adaptarse a modelos más verdes, justos e inclusivos. Se examinan los desequilibrios que pueden derivarse de procesos de relocalización, descarbonización o reconversión industrial, y se propone una relectura de los principios de "transición justa" desde una perspectiva laboral. El conflicto, en este marco, es una expresión legítima de las tensiones entre objetivos económicos, ambientales y sociales.

En el sexto capítulo, el foco se traslada a uno de los fenómenos más significativos del mundo del trabajo actual: la hiperconectividad digital. La expansión del teletrabajo y la disponibilidad permanente han difuminado los límites entre la vida personal y profesional, generando nuevas formas de sobrecarga, fatiga y conflicto. A partir de investigaciones empíricas, se exploran los efectos de esta conectividad excesiva sobre la salud mental, el bienestar y la productividad, y se reivindica la necesidad de políticas organizativas que protejan el derecho a la desconexión y fomenten una relación más saludable con la tecnología.

El libro concluye con una reflexión sobre la gestión de la diversidad en contextos organizativos como vía imprescindible para prevenir y canalizar conflictos. La diversidad generacional, cultural, funcional o de género requiere de un abordamiento desde un enfoque inclusivo, respetuoso y estratégico. Este último capítulo invita a repensar el diseño organizativo desde una lógica intercultural y participativa, en la que las diferencias no sean percibidas como amenazas, sino como oportunidades de aprendizaje, innovación y cohesión.

En definitiva, esta obra propone un abordaje integral del conflicto laboral en el contexto organizacional actual, combinando análisis estructurales, herramientas psicológicas, perspectivas culturales y propuestas jurídicas. A lo largo de sus capítulos, se reivindica una comprensión del conflicto como una dinámica inevitable, pero no necesariamente destructiva, y se ofrece un repertorio de estrategias para transformarlo en un motor de desarrollo organizacional y social. Lejos de cerrar el debate, los autores proponen abrir un espacio para seguir pensando, de forma crítica y comprometida, sobre cómo trabajar de manera más saludable en un mundo laboral en constante mutación.

Capítulo 1.
El abordaje del conflicto en escenarios laborales inciertos

ROBERTO FERNÁNDEZ VILLARINO
Y JOSÉ ANTONIO CLIMENT RODRÍGUEZ
Universidad de Huelva

I. Introducción; II. La nueva realidad social y laboral; III. El significado del trabajo y su impacto en las relaciones laborales; IV. La cultura organizacional en el S. XXI; V. El abordaje del conflicto en las organizaciones actuales; VI Bibliografía

I. INTRODUCCIÓN

Desde una perspectiva histórica el conflicto de trabajo se ha considerado como una manifestación inherente a la propia existencia de las relaciones laborales. Más aún, como un fenómeno que ha impulsado la evolución del concepto de Derecho del Trabajo y la configuración de las relaciones de trabajo desde su inicio (Rodríguez-Piñero Royo, 2023; Palomeque López, 2024; Baylos Grau, 2023). Esta perspectiva encuentra respaldo en la idea clásica de que el Derecho del Trabajo no surge de una construcción teórica, sino como un mecanismo de respuesta institucional a las tensiones sociales derivadas de la desigualdad estructural (e histórica) entre empleador y persona trabajadora (De la Villa Gil, 2023). Es precisamente la conflictividad —expresada en forma de huelgas o conflictos colectivos— la que ha servido como motor histórico de las garantías laborales, de la institucionalización de los derechos colectivos y, en última instancia de la propia consolidación del marco normativo laboral (Pérez Rey, 2024).

Desde un enfoque conceptual, el conflicto laboral puede entenderse como toda controversia o discrepancia externamente manifestada entre empleadores y personas trabajadoras, derivada de cualquier aspecto vinculado a la relación laboral. Esta concepción general, ampliamente aceptada en la doctrina iuslaboralista, sirve de base para la clásica distinción entre conflictos individuales y colectivos en función de su alcance, así como para delimitar los distintos mecanismos —judiciales o extrajudiciales— disponibles para su resolución[1].

Este trabajo tiene como objetivo a partir de este concepto, ofrecer una contextualización de las incertidumbres sociales contemporáneas que, a nuestro juicio, inciden de forma directa en la configuración actual del conflicto laboral. Al mismo tiempo, cumple la función de introducir una descripción de los nuevos escenarios laborales en los que este conflicto se manifiesta. Se trata, por tanto, de una caracterización preliminar orientada a identificar un hilo conductor (nuevos escenarios laborales) que permitan observar mejor las distintas aportaciones desarrolladas por los autores en los capítulos de esta obra. En este escenario cobran especial relevancia factores tales como la concepción que las nuevas generaciones —recién incorporadas al mercado de trabajo— tienen sobre el significado y el valor del trabajo en relación con sus proyectos vitales. Ello en un contexto marcado por la confluencia de profundas transformaciones —económicas, tecnológicas, geopolíticas y demográficas— que, por su alcance, interdependencia y simultaneidad, carecen de precedentes en la historia reciente.

Pero también, convive con la transición hacia un modelo económico más sostenible —impulsado por las exigencias de respuesta al cambio climático—, que se entrelaza con la aceleración de los procesos de digitalización en el ámbito productivo. Este doble vector de cambio se produce en un marco global que transita desde una fase de hiper-globalización hacia una economía de bloques, marcada por tensiones geopolíticas, guerras comerciales y una creciente inestabilidad internacional. Todo ello genera nuevos espacios de fricción en las relaciones laborales y obliga a revisar los marcos clásicos de interpretación del conflicto.

A estos factores estructurales se suman otras transformaciones de orden demográfico y sociológico. El envejecimiento progresivo de la población activa y el descenso de la población en edad de trabajar[2] están reconfigurando el mercado de trabajo, al tiempo que una nueva generación irrumpe con ex-

---

1 Entre otros autores, Marín Valverde A. y Varios, Derecho del Trabajo, Tecnos, 2016, p. 412).

2 Conforme a los últimos datos que tenemos del INE, las personas en edad de trabajar han descendido casi en un millón de personas. Desde enero de 2019 se han perdido unas 930.000 personas nacidas en España con edad de trabajar, entendido como el grupo con edades entre 20 y 64 años. En todo caso esta significativa pérdida de capital humano se ha visto compensada por la llegada de trabajadores foráneos, así en esas mismas edades el colectivo de los nacidos en el extranjero creció duran el mismo periodo en unos 2,1 millones. De tal manera que estamos ante un factor sin el cual se podría haber perdido el dinamismo del mercado laboral con efecto directo sobre la actividad económica.

pectativas, valores y prioridades frente al empleo que cuestionan los modelos organizativos tradicionales. Este relevo generacional introduce nuevas sensibilidades respecto a la participación de las personas trabajadoras en los canales de representación, el impulso de la conciliación de la vida laboral y familiar, la flexibilidad de la jornada o el propio propósito del trabajo. Factores que influyen directamente en las dinámicas de negociación y en las posibles fuentes de desacuerdo.

Junto a estos elementos, el conflicto laboral también se ve condicionado por fenómenos emergentes, de naturaleza compleja y no siempre suficientemente considerados por el ordenamiento jurídico-laboral. Hablamos de la expansión del teletrabajo[3], el incremento del trabajo autónomo y su extensión a todo tipo de actividades y sectores, impulsado no sólo por nuevos modelos de prestación de servicios en plataformas digitales, sino por el propio dinamismo del vigente modelo económico[4]. Así mismo, la proliferación de formas de empleo atípicas —como el trabajo autónomo económicamente dependiente— y el incremento de las formas de precariedad asociadas a esta figura[5]. El incremento sostenido del trabajo por cuenta propia, a menudo en condiciones de dependencia económica sin reconocimiento jurídico, también emerge

---

3 A modo de ejemplo, en España en el año 2024, un 15,4 % de la población activa trabajó en modalidad de teletrabajo (7,8 % "normalmente" y 7,6 % "ocasionalmente"). Este porcentaje supera el de 2022 y se acerca, aunque aún por debajo, a la media europea del 22,6 % Acceso a 27.06.2025 en Eurostat: https://ec.europa.eu/eurostat/databrowser/view/lfsa_ehomp__custom_16300252/default/table?lang=en . A nivel europeo, En 2024, el 52,9 % de las empresas de al menos 10 empleados realizaron reuniones remotas —un incremento de +2,9 puntos respecto a 2022— lo que refleja la consolidación de prácticas de trabajo híbrido. La proporción de personas que trabajaban desde casa (ya sea de forma habitual o esporádica) en la UE pasó del 14,4 % en 2019 al 22,4 % en 2022; especialmente notable en países como Países Bajos (52,9 %), Suecia (44,8 %) e Irlanda (+16,3 puntos en ese periodo) Acceso a 27.06.2025 en Eurostat: https://ec.europa.eu/eurostat/en/web/products-eurostat-news/w/ddn-20250514-2?utm_source=chatgpt.com

4 En los últimos datos emitidos por el Ministerio de Trabajo y Economía Social (02.04.2024), se confirma una interesante tendencia que vas allá del puntual crecimiento del número de autónomos en 15.434 afiliados, respectó a febrero de 2024 (estamos ahora en 3.3520.000 autónomos en nuestro país), sino el descenso del numero de autónomos en el sector del comercio (sector económico en el que tradicionalmente se había manifestado), por el aumento de 10.286, respecto al mismo mes de 2023 en actividades profesionales científicas y técnicas, https://www.sepe.es/HomeSepe/que-es-el-sepe/estadisticas/datos-avance/paro.html [Consulta a 4/04/2024]

5 Los autónomos "solo por cuenta propia" representan aproximadamente el 70 % del total de autónomos europeos, pero enfrentan mayor precariedad y brechas en protección social. European Social Desi Review (2023) Acceso a 27.06.2025 https://www.eumonitor.eu/9353000/1/j4nvirkkkr58fyw_j9vvik7m1c3gyxp/vm8dtbsl7nu6?utm_source=chatgpt.com

como una fuente de conflictividad que escapa a las categorías tradicionales de configuración del conflicto (Gumbrell-McCormick & Hyman, Transfer, 2023)

Por lo que respecta a los rasgos del empleador, destacamos el crecimiento de la capacidad de influencia e impacto de las empresas transnacionales sobre las empresas situadas en los distintos eslabones de la cadena de valor, así como sobre la propia configuración productiva en su entorno más inmediato. Esta dinámica se inserta en el debate abierto entre externalización y relocalización, que afecta de manera directa al diseño de los modelos de negocio y a las estrategias empresariales. A su vez, se observa el efecto que la deslocalización y la fragmentación transnacional de las cadenas de valor generan sobre la eficacia de los mecanismos clásicos de negociación colectiva, especialmente en lo que respecta a la articulación sectorial y territorial de la representación (Baccaro & Howell, Comparative Labor Law & Policy Journal, 2024). Pero también se observan cambios en la cultura organizacional de la empresa y en la necesidad de su adaptación a este contexto, tal y como tendremos la ocasión de comprobar a lo largo del capítulo.

En definitiva, nos encontramos ante nuevos escenarios laborales susceptibles de introducir tensiones inéditas en el seno de las relaciones de trabajo y que, en todo caso, añade un grado adicional de complejidad a los canales tradicionales de representación y resolución de conflictos. Esta complejidad no solo se manifiesta en la dispersión de los sujetos intervinientes —cada vez más difusos y aislados—, sino también en la necesidad de repensar los marcos institucionales y jurídicos desde los que se articula la acción colectiva y se gestiona la conflictividad.

II. LA NUEVA REALIDAD SOCIAL Y LABORAL

Este escenario laboral contemporáneo afecta no solo a la organización del trabajo, sino también a su significado, funciones y formas de regulación. Uno de los factores determinantes es la transición hacia un modelo productivo más sostenible. La emergencia climática y sus implicaciones sobre las políticas públicas, las decisiones empresariales y las demandas sociales han impulsado una transformación del tejido económico desde un enfoque tradicional —altamente contaminante y extractivo— hacia un modelo más verde, circular y descarbonizado.

Este tránsito contiene una dimensión social que afecta a los derechos colectivos e individuales de las personas trabajadoras y favorece la reaparición de nociones con una fuerte carga histórica vinculada a las grandes transformaciones industriales. El concepto de transición justa y los denominados Principios de Transición Justa (PTJ) han cobrado una relevancia renovada en el marco de los procesos de transformación ecológica. Este enfoque ha constituido, además, uno de los elementos clave en la configuración del estado del bienestar, al asentarse sobre la premisa de que la cohesión social, la estabilidad económica y la estabilidad democrática dependen, en última instancia, del aseguramiento de unas condiciones laborales dignas y de la existencia de sistemas sólidos de protección social (Raworth, 2024)

En paralelo, el avance de la digitalización ha redefinido la lógica de los procesos productivos. La inteligencia artificial, el aprendizaje automático, la robótica colaborativa y otras tecnologías emergentes están modificando las condiciones materiales del trabajo, su localización y sus ritmos. Este fenómeno genera incertidumbre en amplios segmentos de la población activa, en tanto que afecta tanto a la continuidad del empleo como a la calidad del mismo. En este nuevo escenario, la dimensión social constituye una asignatura pendiente como consecuencia de la inexistencia de un marco normativo que anticipe y gestione de forma integral los impactos sobre el empleo, las competencias laborales y la cohesión social (Schwab, 2016; World Economic Forum, 2020).

Además, la progresiva "desglobalización" del comercio internacional, derivada de las tensiones geopolíticas, la inestabilidad institucional permanente y la reconfiguración de las cadenas de suministro, está provocando una reterritorialización de la producción que impacta en la estabilidad del empleo. El retorno de actividades industriales a los países de origen o a regiones más cercanas (reshoring o nearshoring), lejos de garantizar empleo de calidad, a menudo se vincula con condiciones laborales más precarias y con marcos de negociación colectiva cada vez más debilitados.

A estos procesos se añade el apuntado envejecimiento de la población y el descenso de la población en edad de trabajar. La pirámide demográfica invertida tensiona los sistemas de protección social y genera una presión creciente sobre las políticas de empleo. Este fenómeno convive con la irrupción de una nueva generación de personas trabajadoras con expectativas muy distintas a las de anteriores generaciones. Entre otras un mayor interés por la conciliación, la flexibilidad horaria, el teletrabajo y el propio sentido y significado del trabajo.

La aparición de estas nuevas realidades impone una revisión crítica de los marcos normativos existentes y plantea interrogantes sobre la vigencia de las categorías tradicionales del Derecho del Trabajo. Los sistemas de representación colectiva y los instrumentos de solución de conflictos fueron concebidos para un modelo de empleo que ya no representa la mayoría de las realidades laborales contemporáneas. En consecuencia, resulta urgente repensar las estrategias de organización sindical, las formas de negociación colectiva y los mecanismos de resolución extrajudicial de conflictos, a fin de adaptarlos a un entorno laboral más fluido, atomizado y tecnológicamente mediado (De

Stefano, 2023; López-Torres y Fernández-Avilés, 2024). Por tanto, la consolidación de estos modelos de empleo no convencionales reconfigura los equilibrios tradicionales del sistema laboral y genera un nuevo mapa de conflictos que exige respuestas normativas y organizativas innovadoras.

III. EL SIGNIFICADO DEL TRABAJO Y SU IMPACTO EN LAS RELACIONES LABORALES

El concepto de trabajo ha experimentado una transformación sustancial a lo largo de las últimas décadas, especialmente en el contexto de la nueva realidad social y laboral descrita en los apartados precedentes. Si bien el trabajo ha sido históricamente concebido como un eje que sirve para estructurar la vida social y económica —fuente de identidad, sentido de pertenencia y estatus social—, en la actualidad su significado se encuentra en proceso de replanteamiento o más bien relativización, particularmente entre las nuevas generaciones.

En efecto, no pocos estudios constatan que el trabajo ha dejado de ocupar el centro de gravedad en la vida de muchas personas, especialmente entre los trabajadores jóvenes. Este fenómeno, que ha sido descrito como una "re-configuración axiológica del trabajo", se traduce en una concepción instrumental del mismo: trabajar es una condición necesaria para sostener un proyecto de vida, pero no el elemento que lo define ni lo articula en su totalidad (Gallie, 2023; Eurofound, 2024). El trabajo se valora en la medida en que permite desarrollar otras dimensiones de la existencia —familia, ocio, participación en la sociedad, bienestar personal— y se rechaza en aquellos modelos laborales que sacrifican estos ámbitos en favor del rendimiento económico (sin más) o la lealtad corporativa.

Este cambio de paradigma afecta a las relaciones laborales, tanto en su dimensión colectiva como individual. En primer lugar, se detecta una creciente demanda social hacia la conciliación de la vida personal, familiar y laboral. Este derecho ha sido objeto de un proceso de progresiva consolidación normativa a nivel europeo, especialmente a través de la Directiva (UE) 2019/1158 del Parlamento Europeo y del Consejo, relativa a la conciliación de la vida familiar y la vida profesional de los progenitores y cuidadores, que establece mínimos comunes para todos los Estados miembros en términos de permisos parentales, flexibilidad laboral y protección frente a represalias. España ha transpuesto esta Directiva mediante diversas reformas legislativas, entre las que destacan la Ley Orgánica 1/2023, de 28 de febrero, y el Real Decreto-ley 5/2023, de 28 de junio, que amplían los permisos por cuidado de hijos y familiares, refuerzan el derecho a la adaptación de la jornada y garantizan un trato igualitario en las solicitudes de flexibilidad.

Otro de los impactos relevantes de este nuevo significado del trabajo es la creciente reivindicación de la reducción del tiempo de trabajo sin merma salarial. Fruto de ello resulta ser el mediático "Proyecto de Ley para la reducción de la duración máxima de la jornada ordinaria de trabajo y la garantía del registro de jornada y el derecho a la desconexión"[6]. Como se observa el proyecto también contempla el derecho a la desconexión, en especial la digital como consecuencia de los evidenciados riesgos psicosociales derivados de la hiperconectividad. Antes que este proyecto, la Ley Orgánica 3/2018, en su artículo 88, reconoce expresamente el derecho a la desconexión digital, mientras que la jurisprudencia y la negociación colectiva comienzan a incorporar cláusulas que limitan el uso de dispositivos fuera del horario laboral.

Desde la perspectiva de los derechos colectivos, este nuevo enfoque sobre el trabajo plantea retos relevantes para las organizaciones sindicales. La fragmentación de los espacios de trabajo, la dispersión de los modelos contractuales y el debilitamiento del vínculo identitario con la figura del trabajador asalariado dificultan los procesos tradicionales de representación legal de las personas trabajadoras (Kohl, 2023). Los sindicatos deben repensar sus estrategias organizativas, adaptándose a una realidad laboral donde las prioridades no son únicamente salariales o de estabilidad contractual, sino también de bienestar emocional, conciliación, sentido del trabajo y sostenibilidad ambiental de la empresa.

En el plano de los derechos individuales, las empresas se ven obligadas a revisar sus políticas de recursos humanos con el objetivo de atraer y retener talento. En este sentido, proliferan los instrumentos orientados a generar entornos de trabajo más flexibles, colaborativos y con propósito. Se introducen o más bien se actualizan medidas con cierto recorrido histórico, como la personalización de la carrera profesional, los sistemas de incentivos no económicos, las políticas de bienestar mental, los modelos híbridos de presencialidad o el reconocimiento de la diversidad generacional (De Lucas y Muñoz-Ramos, 2024). Estas iniciativas no solo responden a demandas sociales, sino que también se inscriben en una lógica empresarial que reconoce el capital humano como activo estratégico o patrimonio intangible. Todo ello configura una nueva gramática laboral donde el equilibrio entre vida personal y profesional se convierte en un eje central.

Este cambio de concepción también impacta en la dinámica de los conflictos laborales. El conflicto ya no se expresa únicamente en torno a reivindicaciones económicas o contractuales, sino que incorpora elementos cualitativos vinculados al propósito, la salud mental, la autonomía organizativa y la soste-

---

6 Acceso a 27.06.2025: https://www.congreso.es/public_oficiales/L15/CONG/BOCG/A/BOCG-15-A-58-1.PDF

nibilidad del trabajo. Las nuevas formas de disenso laboral —movilizaciones digitales, renuncias colectivas, activismo en redes sociales— evidencian una mutación en las formas clásicas de manifestación del conflicto y en sus causas estructurales (Benassi y Dorigatti, 2024). En consecuencia, los instrumentos jurídicos y organizativos para el abordaje del conflicto deben ampliarse, reinterpretarse y adaptarse a este nuevo marco de relaciones laborales profundamente influenciado por la evolución del significado social del trabajo.

IV. LA CULTURA ORGANIZACIONAL EN EL S. XXI; TRANSFORMACIONES, RETOS Y OPORTUNIDADES

La cultura organizacional, entendida como el sistema compartido de valores, normas, creencias y prácticas que configuran el funcionamiento de una entidad, ha adquirido una relevancia estratégica en el entorno actual. Lejos de ser un fenómeno estático, se trata de un elemento vivo que evoluciona conforme a los cambios sociales, tecnológicos, económicos y demográficos. Durante el siglo XXI, la cultura organizacional ha sido puesta a prueba por factores como la globalización, la transformación digital, la convivencia intergeneracional, las nuevas demandas en torno al bienestar laboral y la necesidad de adaptabilidad frente a entornos volátiles, inciertos, complejos y ambiguos (VUCA).

El interés por los aspectos culturales dentro de las organizaciones se consolidó en la segunda mitad del siglo XX, cuando los estudios sobre clima laboral —centrados en las percepciones de los trabajadores— evolucionaron hacia un análisis más profundo del sistema de creencias y significados que configuran la vida interna de las organizaciones (Denison, 1990; Schein, 2010).

En el siglo XXI, esta comprensión ha avanzado hacia modelos que integran dimensiones estructurales, relacionales y simbólicas, reconociendo que la cultura influye no solo en los resultados organizativos, sino también en el desarrollo de las personas y en la capacidad colectiva para afrontar la complejidad. Así, el concepto de "cultura organizacional positiva" ha emergido como una orientación deseable en contextos donde se valora la calidad relacional, la cooperación y el sentido de propósito compartido (Cameron et al., 2011).

El concepto de cultura organizacional positiva alude a la consolidación de entornos donde prevalecen valores como la confianza, el respeto, el optimismo, la justicia y la compasión. No se trata simplemente de generar un buen clima, sino de construir un ecosistema organizacional coherente con principios éticos, humanos y sostenibles.

Diversas investigaciones han puesto de manifiesto que aquellas organizaciones que desarrollan culturas positivas no solo registran mayores niveles de compromiso, innovación y rendimiento, sino que también presentan menores tasas de rotación, conflictos y absentismo (Cameron, 2003; Redelinghuys et al., 2018). Esta orientación está alineada con modelos que promueven el desarrollo integral de las personas trabajadoras, y la consolidación de organizaciones saludables, resilientes y adaptativas.

Podemos señalar algunos factores clave en la configuración cultural contemporánea en las organizaciones, como la diversidad generacional y la multiculturalidad, la transformación digital y el trabajo híbrido y la cada vez mayor preocupación por el bienestar laboral y la salud emocional.

Diversidad generacional y multiculturalidad; El contexto actual exige una gestión cultural sensible a la heterogeneidad generacional. En muchas organizaciones conviven trabajadores de hasta cuatro generaciones distintas, cada una con valores, estilos de comunicación y expectativas diferentes (Díaz-Sarmiento, 2017). Esta pluralidad, si se gestiona adecuadamente, puede ser una fuente de innovación y aprendizaje; de lo contrario, se convierte en un foco de tensiones y resistencias. Del mismo modo, la globalización y la movilidad internacional han dado lugar a entornos laborales multiculturales, lo que implica gestionar identidades, normas y marcos de referencia diversos. La construcción de una cultura inclusiva, en la que se valoren las diferencias y se promueva la equidad, resulta indispensable para la cohesión interna y la legitimidad externa.

Transformación digital y trabajo híbrido; Las tecnologías de la información han alterado de forma radical las dinámicas culturales. La digitalización no solo ha modificado los canales de comunicación y los flujos de trabajo, sino que también ha transformado los rituales organizacionales, los estilos de liderazgo y los criterios de confianza. En este nuevo escenario, la cultura debe reinterpretarse desde códigos híbridos y virtuales, manteniendo la coherencia entre los valores expresados y las prácticas cotidianas (Denning, 2021). Asimismo, el auge del trabajo remoto plantea desafíos específicos en términos de cohesión, pertenencia y visibilidad. La cultura organizacional debe adaptarse para sostener la identidad y el sentido de propósito en contextos deslocalizados.

Bienestar laboral y salud emocional; Los eventos recientes a nivel global han acelerado una toma de conciencia respecto a la importancia del bienestar en el entorno laboral. En muchas organizaciones, se han desarrollado políticas y prácticas orientadas a proteger la salud emocional, prevenir el agotamiento y promover el equilibrio vida-trabajo. Este enfoque conlleva un replanteamiento de los valores organizativos y una mayor coherencia entre las declaraciones institucionales y las prácticas efectivas. Las culturas positivas promueven entornos donde el reconocimiento, la escucha activa y el desarrollo personal son elementos centrales, generando no solo satisfacción, sino también eficiencia sostenible (Benítez-Saña, 2021).

Diversos estudios recientes han proporcionado evidencia sobre el impacto positivo de ciertas intervenciones organizativas en la transformación cultural. En particular, investigaciones realizadas en el ámbito industrial han demostrado que es posible promover cambios culturales medibles a través de prácticas sistemáticas centradas en la promoción de fortalezas, el trabajo en equipo, la formación en valores y la mejora del liderazgo (Ortiz-Vázquez et al., 2024). Además, el desarrollo y validación de instrumentos como la Escala de Cultura Organizacional Positiva (E-COPo) ha permitido identificar indicadores específicos que permiten evaluar el estado cultural y diseñar intervenciones dirigidas. Estos instrumentos facilitan una gestión más rigurosa y estratégica del cambio cultural, basada en evidencia.

En definitiva, la cultura organizacional del primer cuarto del siglo XXI está atravesada por una serie de transformaciones estructurales y simbólicas que obligan a repensar su papel en la configuración del futuro del trabajo. En este contexto, el enfoque de cultura positiva ofrece un marco integrador que permite responder a las exigencias del entorno globalizado, tecnológico y humano. Las organizaciones que invierten en el desarrollo de culturas basadas en la confianza, el sentido, la colaboración y el bienestar no solo mejoran su rendimiento interno, sino que fortalecen su legitimidad social y su capacidad de adaptación. La cultura deja de ser un elemento periférico para convertirse en el núcleo estratégico del desarrollo organizacional.

V. EL ABORDAJE DEL CONFLICTO EN LAS ORGANIZACIONES ACTUALES; CLAVES PARA LA COHESIÓN Y LA SOSTENIBILIDAD

Desde enfoques psicosociales, la presencia del conflicto en las organizaciones, lejos de suponer un indicio de disfuncionalidad, es síntoma de una dinámica social viva en la que se expresan diferencias de intereses, percepciones y aspiraciones. En el contexto organizacional contemporáneo —marcado por la transformación digital, la diversidad generacional y cultural, y el énfasis en el bienestar colectivo—, el conflicto se presenta con formas cada vez más complejas, desafiando los modelos tradicionales de gestión.

Abordar el conflicto de manera eficaz supone comprender sus causas profundas, sus funciones potencialmente constructivas y las herramientas disponibles para su canalización. A lo largo de los capítulos del libro, se propone una revisión científica del conflicto organizacional, incorporando aportes teóricos clásicos y contemporáneos, con el objetivo de orientar una práctica organizativa más cohesionada, resiliente y sostenible.

El conflicto ha sido definido clásicamente como una situación en la que dos o más partes perciben una incompatibilidad de objetivos, necesidades o intereses (Deutsch, 1973). Desde un enfoque sociológico, Coser (1956) sostuvo que el conflicto no es necesariamente destructivo, sino que puede desempeñar funciones de integración, adaptación y renovación dentro de los sistemas sociales. En esta misma línea, García Ramírez (1992) subraya que el conflicto revela tensiones latentes que, una vez visibilizadas, pueden conducir a transformaciones estructurales más equitativas.

En el entorno organizacional, los conflictos pueden clasificarse en conflictos de tarea, asociados a divergencias sobre contenidos laborales; Conflictos de relación, ligados a aspectos emocionales y comunicativos, conflictos de valores, originados en cosmovisiones, creencias o normas incompatibles; conflictos estructurales, vinculados a desigualdades jerárquicas o fallas de coordinación. La existencia de conflictos no supone un problema en sí mismo; el riesgo surge cuando se gestionan de manera inadecuada, desembocando en estancamiento, polarización o deterioro del clima organizativo (Jehn, 1995; Galtung, 2004).

Las organizaciones actuales enfrentan la necesidad de transitar desde modelos de resolución reactiva hacia enfoques proactivos, estructurales y transformadores del conflicto. Kriesberg (1998) plantea que la transformación del conflicto implica no solo resolver diferencias inmediatas, sino modificar las relaciones subyacentes y las estructuras que lo sostienen.

Una cultura organizacional positiva —basada en la confianza, la equidad, la colaboración y la comunicación abierta— reduce la probabilidad de conflictos destructivos y mejora la capacidad de afrontarlos de manera constructiva (Cameron & Quinn, 2011). Las organizaciones que promueven normas claras, espacios de participación y valores compartidos logran anticipar focos de tensión y gestionarlos sin recurrir al poder coercitivo.

Además, el conflicto está profundamente imbricado con las estructuras de poder. Cuando el poder se ejerce de manera unilateral o sin reconocimiento mutuo, se profundiza la desigualdad y se perpetúan conflictos crónicos (Galtung, 2004). Por tanto, la prevención exige revisar los sistemas de autoridad, distribución de recursos y acceso a la toma de decisiones.

La gestión efectiva del conflicto en las organizaciones del S.XXI requiere desarrollar competencias como la comunicación asertiva, la empatía, la regulación emocional y la negociación colaborativa. La formación continua en estas habilidades constituye una estrategia clave en el ámbito organizativo (Colvin, 2016). Asimismo, cada vez se hace más frecuente el uso de mecanismos formales como la mediación interna, los comités de resolución de conflictos y protocolos de intervención, los cuales permiten canalizar disputas antes de que escalen a niveles disfuncionales. Estos recursos organizacionales, inspirados en enfoques dialógicos y restaurativos, fomentan la legitimidad del proceso y la reparación relacional.

Por otro lado, autores como García Ramírez (1992) y Galtung (2004) insisten en que el conflicto debe ser abordado desde una perspectiva estructural, que cuestione los sistemas de desigualdad y las dinámicas de exclusión. En contextos organizacionales, esto implica revisar los mecanismos de reconocimiento, promoción, distribución de tareas y evaluación.

Complementariamente, las organizaciones que fomentan entornos resilientes —es decir, capaces de adaptarse al cambio sin perder su cohesión— abordan el conflicto como oportunidad de aprendizaje. La resiliencia permite convertir crisis en procesos de innovación, fortalecer vínculos interpersonales y consolidar una cultura de mejora continua (Lengnick-Hall et al., 2011).

Los elementos que conforman la caracterización cultura organizacional contemporánea señalan, a su vez, las claves para el análisis y el abordaje de conflictos. Así, como destaca Díaz-Sarmiento (2017), la convivencia de múltiples generaciones y culturas en el entorno laboral genera retos de interpretación y relación. Las diferencias en estilos comunicativos, expectativas laborales y comprensión del liderazgo pueden derivar en conflictos si no se gestionan desde el respeto y la inclusión.

Por otro lado, el entorno digital ha modificado la naturaleza del conflicto organizacional. La ausencia de interacción cara a cara, la sobrecarga de información y la asincronía comunicacional pueden intensificar malentendidos y aislamientos. Según Derks et al. (2016), el contexto virtual requiere nuevas formas de construir confianza y resolver disputas, sin recurrir exclusivamente a canales formales. Además, la presión constante, la incertidumbre económica y las experiencias postpandémicas han incrementado la vulnerabilidad emocional de las personas trabajadoras. Esto eleva la probabilidad de conflictos derivados del agotamiento, la despersonalización y la frustración. En este sentido, Benítez-Saña (2021) propone que el abordaje del conflicto no puede separarse del cuidado emocional colectivo.

Para finalizar, señalemos que el conflicto, lejos de ser una amenaza, puede ser un catalizador de desarrollo para la organización, y para las personas que la conforman, si se comprende en toda su complejidad y se aborda con estrategias adecuadas. En las organizaciones actuales, esto implica trascender enfoques meramente resolutivos y avanzar hacia modelos preventivos, estructurales y transformadores. Construir entornos donde el conflicto pueda emerger, expresarse y canalizarse con respeto y equidad es clave para la sostenibilidad organizacional. La integración de culturas organizacionales abiertas, mecanismos de mediación legítimos y capacidades relacionales robustas constituye hoy un imperativo no solo ético, sino estratégico.

VI. BIBLIOGRAFÍA

BACCARO, L., & HOWELL, C. "The erosion of collective bargaining and the challenge for democracy". Comparative Labor Law & Policy Journal, 2024.

BAYLOS GRAU, A. "El conflicto y la transformación del trabajo". Albacete: Bomarzo, 2023.

BENASSI, C., & DORIGATTI, L. "New labor unrest and changing forms of conflict: From mobilization to resignation?". Transfer: European Review of Labour and Research, 30(1), 2024, 55–70.

BENÍTEZ-SAÑA, J. "Cultura organizacional y salud psicosocial en tiempos de COVID-19". Revista de Psicología del Trabajo y de las Organizaciones, 37(2), 115–124. 2021.

CAMERON, K. S. "Organizational virtuousness and performance". En CAMERON, K. S., DUTTON, J. E. y QUINN, R. E. (eds.), "Positive organizational scholarship", 48–65. Berrett-Koehler, San Francisco. 2003.

CAMERON, K. S. y QUINN, R. E. "Diagnosing and changing organizational culture: Based on the competing values framework" (3ª ed.). Jossey-Bass, San Francisco. 2011.

CAMERON, K. S., MORA, C., LEUTSCHER, T. y CALARCO, M. "Effects of positive practices on organizational effectiveness". The Journal of Applied Behavioral Science, 47(3), 266–308. 2011.

COLVIN, A. J. S. "Conflict resolution in the workplace: A review of the literature". ILR Review, 69(5), 1056–1078. 2016.

COSER, L. A. "The functions of social conflict". Free Press, Nueva York. 1956.

DE DREU, C. K. W. y GELFAND, M. J. "Conflict in the workplace: Sources, functions, and dynamics across multiple levels of analysis". En "The psychology of conflict and conflict management in organizations", 3–54. Erlbaum, Mahwah. 2008.

DE LA VILLA GIL, L. "Derecho del Trabajo. Concepto, función y principios". Valencia: Tirant lo Blanch, 2023.

DE LUCAS, J., & MUÑOZ-RAMOS, M. "Personas, propósito y productividad: gestión del talento en entornos laborales híbridos". Madrid: ESIC Editorial, 2024.

DENISON, D. R. "Corporate culture and organizational effectiveness". John Wiley & Sons, Nueva York. 1990.

DENNING, S. "The age of agile: How smart companies are transforming the way work gets done". AMACOM, Nueva York. 2021.

DERKS, D., FISCHER, A. H. y BOS, A. E. R. "The role of emotion in computer-mediated communication: A review". Computers in Human Behavior, 58, 245–259. 2016.

DÍAZ-SARMIENTO, C. A. "Claves para la gestión del talento humano multigeneracional". Revista Gerencia y Políticas de Salud, 16(33), 1–14. 2017.

EUROFOUND Self-employment and the gig economy in Europe: Challenges for labour protection. Luxembourg: Publications Office of the European Union, 2024.

EUROPEAN TRADE UNION INSTITUTE (ETUI) Towards a just transition: Coal, cars and the world of work. Brussels: ETUI, 2023.

GALTUNG, J. "Transcend and transform: An introduction to conflict work". Pluto Press, Londres. 2004.

GALLIE, D. "Work, values and identity: Changing meaning of work in post-industrial societies". Oxford: Oxford University Press, 2023.

GARCÍA RAMÍREZ, M. "Hacia una psicología comunitaria crítica del conflicto social". Anuario de Psicología, 55, 87–104. 1992.

INTERNATIONAL LABOUR ORGANIZATION (ILO) Guía para una transición justa hacia economías y sociedades ambientalmente sostenibles para todos (Actualización 2023). Ginebra: OIT, 2023. Disponible en: https://www.ilo.org/global/topics/green-jobs/publications/WCMS_832349/lang--es/index.htm

JEHN, K. A. "A multimethod examination of the benefits and detriments of intragroup conflict". Administrative Science Quarterly, 40(2), 256–282. 1995.

KOHL, H. "Trade unions in a fragmented world of work: Representation gaps and institutional renewal in Europe". European Journal of Industrial Relations, 30(2), 2023, 115–131.

KRIESBERG, L. "Constructive conflicts: From escalation to resolution". Rowman & Littlefield, Lanham. 1998.

LENGNICK-HALL, C. A., BECK, T. E. y LENGNICK-HALL, M. L. "Developing a capacity for organizational resilience through strategic human resource management". Human Resource Management Review, 21(3), 243–255. 2011.

ORTIZ-VÁZQUEZ, A., LLORENS, S. y SALANOVA, M. "Development and validation of the Positive Organizational Culture Scale (POC-S)". Psicothema (en prensa). 2024.

PALOMEQUE LÓPEZ, M. "El Derecho del Trabajo en la era de la incertidumbre". Madrid: Tecnos, 2024.

PÉREZ REY, J. "Conflicto laboral y sistema democrático: apuntes desde el Derecho del Trabajo". Murcia: Editorial Laborum, 2024.

RAWORTH, K. "Doughnut Economics: Seven Ways to Think Like a 21st-Century Economist" (edición revisada). Londres: Penguin Books, 2024.

REDELINGHUYS, K., ROTHMANN, S. y BOTHA, E. "Flourishing-at-work: An antecedent of intentions to leave". SA Journal of Industrial Psychology, 44, a1504. 2018.

RODRÍGUEZ-PIÑERO ROYO, M. "Derecho del Trabajo y relaciones laborales: entre el conflicto y la institucionalización". Revista de Derecho Social, nº 101, 2023, 11–28.

ROUSSEAU, D. M. "Assessing organizational culture: The case for multiple methods". En SCHNEIDER, B. (ed.), "Organizational climate and culture", 153–192. Jossey-Bass, San Francisco. 1990.

SCHEIN, E. H. "Organizational culture and leadership" (4ª ed.). Jossey-Bass, San Francisco. 2010.

Capítulo 2.

Elementos de autogestión personal ante el conflicto

YOLANDA NAVARRO ABAL
Universidad de Huelva

I. Nuevos entornos laborales y desarrollo de las habilidades de autogestión o self-management skills; II. El conflicto como un estresor de la vida diaria; III. Salud mental y gestión de conflictos; IV. Estrategias de afrontamiento a la autogestión del conflicto; V. Pautas generales de la gestión conductual de los conflictos; VI Bibliografía

I. NUEVOS ENTORNOS LABORALES Y DESARROLLO DE LAS HABILIDADES DE AUTOGESTIÓN O *SELF-MANAGEMENT SKILLS*

En las últimas décadas hemos experimentado profundos cambios en el significado que se le ha otorgado a la gestión de los Recursos Humanos (RRHH). Esta transformación ha supuesto una transición hacia un enfoque más centrado en las personas, en donde se debe abandonar la valoración reduccionista que se hace de las mismas en el entorno laboral, considerando que son simples recursos de la organización y un medio de producción.

A esta circunstancia se le suma el énfasis que se ha mostrado en el rol destacado del conocimiento (Druker, 1999). Es una evidencia que, en el ámbito de la dirección de personas, interesan los denominados trabajadores/as del conocimiento, es decir, personas que han recibido formación formal para desarrollar ciertas habilidades y competencias, y utilizan su experiencia para resolver problemas de forma creativa. Los/las trabajadores/as del conocimiento son capaces de liderar iniciativas y participar en la toma de decisiones de alto nivel, ya que aportan conocimientos a su trabajo diario.

Otro factor que se debe añadir es el significado que han adquirido las tecnologías de la información y comunicación, habiendo supuesto una transformación en los distintos tipos de organización en el trabajo. El teletrabajo ha venido para instalarse de forma permanente, con sus ventajas e inconvenientes, entre ellas, para poder facilitar la conciliación laboral y familiar, la capacidad de adaptar la jornada laboral a las necesidades personales, poder optar a puestos de trabajo fuera de su zona geográfica. De la misma forma, la organización puede contratar profesionales que se ajustan más a las competencias requeridas, sin tener que ceñirse al lugar donde se encuentra ubicada físicamente la organización, suponiendo un ahorro en el uso de infraestructuras y de costes de servicios y energía. También existen inconvenientes, entre ellos, para las personas trabajadoras, la falta de espacios para establecer relaciones sociales con el resto de los/as compañeros/as, la falta de formación en competencias relacionadas con el ámbito digital, la falta de espacio físico en el hogar para llevar a cabo la tarea fomentando los conflictos familiares, o en el caso de vivir sin compañía, se puede producir un aislamiento social que repercute en el bienestar y calidad de vida de las personas; para la organización, se presenta una debilidad importante que es la falta de sentimiento de identidad y pertenencia corporativa, que dificultad poder inculcar la misión, valor y visión de la misma.

Todas las variables que han dado lugar a esta transformación social ponen en evidencia la necesidad de contar con personas trabajadoras que desarrollen una serie de competencias que le permitan adaptarse a los nuevos ámbitos laborales. Los entornos laborales de hace varias décadas requerían una serie de competencias duras y blandas muy diferentes a las actuales. Las personas trabajadoras eran recursos humanos que se gestionaban con el propósito de fomentar un mayor rendimiento que incrementara la productividad. La responsabilidad de la gestión recaía en los gerentes y a las personas trabajadoras no se les requería las habilidades blandas tan relevantes en el mundo laboral actual, por ejemplo, trabajo en equipo, creatividad, inteligencia emocional, o la que nos ocupa en este capítulo, autogestión de los propios conflictos.

Autores como Drucker (1999) resaltan la diferencia de la gestión en relación con el siglo pasado y el actual, siendo que actualmente, las personas deben ser proactivas en su desenvolvimiento profesional y protagonistas del propio entorno social, económico, político y tecnológico. Ese rol será posible si las personas tienen un profundo autoconocimiento de sus fortalezas y debilidades. Sólo de esa forma, podrá saber qué aportarán como valor a la organización. En la línea con lo anterior, el mismo autor insiste en la importancia de fomentar el desarrollo de nuevos gestores que se alejen del patrón tradicional de gestor controlador y, a su vez, sea capaz de fomentar el desarrollo de la autogestión de las personas trabajadoras.

De esta forma, la competencia de autogestión en el entorno laboral actual debe ser entendida como una responsabilidad de la persona, siendo consciente de la necesidad del aprendizaje continuo, no sólo en relación con las competencias duras, principalmente de habilidades y hábitos que le permitan desarrollar de forma eficiente y eficaz la gestión de los mismos.

1.a) Principales habilidades de autogestión

Son muchas las definiciones y clasificaciones que aparecen en la literatura científica en relación con las habilidades de autogestión. Se podrían describir como un conjunto de habilidades que permiten a las personas gestionarse de manera autónoma y adaptarse a las distintas situaciones que se presentan en el día a día. El desarrollo de estas habilidades puede mejorar la salud mental, el bienestar general y el éxito en lo personal y profesional.

Son diversas las habilidades que exigen los nuevos entornos laborales, no obstante, entre las más relevantes se pueden destacar las que se exponen en la Tabla 1:

Tabla 1

Principales habilidades de autogestión

Gestión del tiempo	Es el proceso de planificar y ejecutar el control consciente del tiempo empleado en actividades concretas, especialmente para aumentar la eficacia, la eficiencia o la productividad. Para ello, la persona debe saber conjugar, de forma simultánea, todas sus actividades tanto personales como profesionales para conseguir un equilibrio que le permita su bienestar personal.
Automotivación	Es la capacidad de motivarse a sí mismo. Es una habilidad que se debe resaltar porque favorece el desarrollo de estrategias para la obtención de las metas que se quieran alcanzar.
Afrontamiento del estrés	Son los modos de afrontamiento al estrés, se consideran las diferentes respuestas conductuales, cognitivas y emocionales empleadas para manejar y tolerar al mismo, permitiendo reducir la tensión y restablecer la homeostasis de la persona.
Adaptabilidad y flexibilidad	Es la capacidad de modificar el comportamiento con la finalidad de adaptarse y trabajar en distintas situaciones y con personas diferentes. Supone comprender y valorar posturas distintas así como niveles adecuados de tolerancia a la frustración.
Toma de decisiones	Es el proceso mediante el cual se realiza una elección entre diferentes opciones o formas posibles para resolver diferentes situaciones. Se activa cuando hay que resolver un problema, conflicto o situación que requiere de una acción concreta.
Resolución de problemas	Es la acción o proceso de resolver el problema que tiene como fin una meta que llamaremos solución. Supone la conclusión de un proceso más amplio y complejo que tiene como pasos previos la identificación del problema y su modelado.
Alineación de objetivos	Significa garantizar que todos los actores de una organización estén trabajando en la misma dirección, con un enfoque común y una clara visión de la misión y las metas de la misma.
Desarrollo humano profesional	Implica crecer, aprender y desarrollarse tanto personal como profesionalmente en su entorno laboral. Implica la adquisición de nuevas habilidades y de experiencia de trabajo que pueden ayudar a lograr un objetivo profesional.
Gestión de conflictos	Es un proceso destinado a abordar y resolver las discrepancias, desacuerdos o confrontaciones que puedan surgir entre individuos, grupos, organizaciones o incluso dentro de una misma persona.

II. EL CONFLICTO COMO UN ESTRESOR DE LA VIDA DIARIA

La exposición a situaciones de conflicto puede generar consecuencias más o menos importantes para la salud. Cuando se les atribuyen connotaciones negativas, los conflictos son vivenciados como un factor estresante y, por tanto, el organismo actúa de la misma forma, entendiendo que se trata de una situación de peligro y, en consecuencia, generando las mismas respuestas reactivas que a cualquier otro estímulo que genera estrés. Las emociones generadas bloquean o favorecen la actitud más proactiva y positiva en la gestión de estos. Emociones como la euforia o pasión, pueden acercarnos a espacios de diálogos más favorecedores mientras que situaciones de enfado, cansancio o aburrimiento pueden favorecer una actitud más negativa y derrotista ante esas situaciones de conflicto.

La tríada compuesta por la percepción-conflicto-estrés es muy frecuente en la convivencia diaria, tanto a nivel organizacional como personal. La percepción de una situación puede desencadenar un conflicto y, a su vez, un conflicto genera niveles elevados de estrés que, de forma frecuente, conllevan consecuencias en el bienestar de las personas trabajadoras.

El estrés es el riesgo psicosocial más frecuente constituyendo una respuesta general reactiva a los factores psicosociales de riesgo. La Comisión Europea (2002) define el estrés laboral como un conjunto de reacciones emocionales, cognitivas, fisiológicas y de comportamiento generados por situaciones adversas o nocivas relacionadas con el contenido del trabajo, organización del trabajo y el medio ambiente de trabajo. Es un estado que se caracteriza por altos niveles de excitación y de respuesta y el sentimiento frecuente de no poder afrontarlos.

En el ámbito de la Psicología, el investigador Hans Selye en 1936 fue el primero en denominar así a la reacción general sufrida por todo organismo vivo ante una situación nueva y/o agresiva, la cual, de no ser solucionada correctamente, puede llegar a provocar una enfermedad (Orós Muruzábal, 2006). No obstante, el organismo siempre se encuentra en un estado de estrés mínimo que, ante determinadas situaciones, se incrementa y puede llegar a producir efectos beneficiosos o negativos, según la reacción sea suficiente para cubrir una concreta demanda o, por el contrario, supere psicológicamente a la persona (Nogareda, 1994). Un determinado grado de estrés estimula el organismo y permite que éste alcance su objetivo, volviendo a su estado de regulación homeostática.

Cabe realizar una distinción entre *eustress* o estrés bueno, necesario para la vida cotidiana al proteger al organismo y permitir el progreso por mejorar los niveles de salud y rendimiento; y *distress*, o estrés negativo, producido por la excesiva reacción manifestada ante una demanda muy intensa o prolongada de actividad capaz de afectar física y psicológicamente debido al exceso de energía producida y no se consumida (Selye, 1956, Del Hoyo, 2004). Esta reacción al *distress*, que en un principio es aguda, se puede cronificar y transformarse en enfermedad, consciente o inconscientemente percibida por quien la padece (Morán Astorga, 2005).

El estrés como riesgo psicosocial no consiste en las respuestas propias de las situaciones de tensión, que es una respuesta de alerta del organismo, ni tampoco en el conjunto de ellas, sino que es un estado de agotamiento del organismo que dificulta de forma importante las respuestas funcionales y adaptativas del organismo y la persona. Como tal, produce un deterioro global e importante en el rendimiento de la persona trabajadora y en la misma organización laboral como totalidad. Precisamente por ello ha sido considerado como "el lado oscuro del trabajo" (Holt, 1982).

Por último, reseñar que el estrés psicosocial en el ámbito laboral provoca un círculo vicioso en el que es difícil encontrar una solución, máxime cuando hablamos de situaciones de conflicto que son poco tenidos en cuenta en la gestión de personas. Cuando se mantienen estímulos estresores sobre el trabajador y éste entra en el estado de resistencia, se comienzan a percibir y sentir sensaciones de disconfort. Una situación de conflicto continuada en el tiempo puede llevar a un estancamiento del mismo generado por una falta de recursos para su afrontamiento y el agotamiento de las personas involucradas. Son muchas las consecuencias que conlleva tanto a nivel organizacional, cuando se genera un clima laboral inadecuado y adverso, como en la propia persona en su bienestar físico, psicológico y emocional y posibles trastornos adaptativos. Un ejemplo claro se observa en el índice de absentismo que se produce en organizaciones en donde la gestión de conflicto no es adecuada o no se produce. De este modo, un cierto nivel de estrés es necesario y beneficioso porque favorece un rendimiento óptimo. Por el contrario, niveles demasiado bajos o altos son igualmente perniciosos porque favorecen un descenso de aquél.

2.a) El conflicto como un suceso estresante

Las principales fuentes de estrés de tipo psicosocial son las siguientes (Crespo y Labrador, 2003):

- *Acontecimientos o sucesos vitales estresantes.* Hacen referencia a acontecimientos extraordinarios, particularmente intensos y no de mucha duración que producen cambios importantes en la vida de una persona especialmente al tener que reajustar su vida para adaptarse a esos cambios. Estamos haciendo referencia a sucesos altamente traumáticos como pérdidas de seres queridos, divorcio,... así como a situaciones bélicas, actos terroristas, violencia en general (violaciones, secuestros...), desastres naturales (terremotos, inundaciones...) o provocados por el hombre (accidentes de tráfico, laborales...).

- *Acontecimientos estresantes cotidianos.* También llamados "sucesos menores", se refiere a aquellos eventos que ocurren con cierta cotidianidad. Estos acontecimientos diarios, o más bien la frecuencia y proximidad temporal de este tipo de sucesos, especialmente de aquellos que resultan centrales para las preocupaciones y objetivos de la persona, tienen unos efectos más negativos tanto a nivel psicológico como a nivel biológico que los que puedan generar los sucesos vitales extraordinarios, ya que estos últimos, aunque sean muy intensos, son poco frecuentes. Existen innumerables estresores cotidianos, entre los que se encuentran: sobrecarga de trabajo, problemas económicos, inseguridad en el empleo, conflictos interpersonales (a nivel familiar, o laboral), atascos, etc.

  Un conflicto diario que se va gestando poco a poco y al que no se le pone solución se convierte en una tortura china que se podría comparar, a modo metafórico, con el método de la gota china. En este procedimiento la persona quedaba inmovilizada y el goteo de agua cada cinco segundos provocaba úlceras por fricción en la frente. Pero la verdadera tortura era psicológica, la idea era que la persona perdiera su equilibrio mental, situación que se producía cuando dejaba de poder satisfacer sus necesidades básicas. Observaba una gota de agua en su frente que no le permitía dormir y, lo más grave, no le permitía satisfacer la sed, provocándose su muerte por un paro cardiaco. En el caso de los conflictos laborales, la persona sobrepasada por esa situación constante llega a quedarse paralizada provocando un bloqueo de los procesos psicológicos básicos, afectando a la atención, percepción y memoria, y pudiendo desarrollar enfermedades adaptativas desencadenadas por los constantes niveles de estrés a los que se encuentra sometida.

- *Situaciones de tensión crónica mantenida.* Son situaciones capaces de generar niveles elevados de estrés y que se mantienen durante períodos de tiempo más o menos largos. Por un lado, son estresores de una elevada intensidad, similares a los acontecimientos vitales, y por otro su presencia es repetida y duradera, asimilándose en este aspecto a los sucesos diarios. Esta combinación de intensidad y duración elevadas hace que sus efectos sean devastadores para la salud. Nos referimos, por ejemplo, a situaciones como: padecer una enfermedad grave y crónica, un puesto laboral conflictivo con sobrecarga constante de trabajo o con perspectivas de futuro inciertas, una situación de paro prolongado, estar al cuidado de enfermos crónicos y/o dependientes, sufrir malos tratos, vivir situaciones de marginación social....

En relación con los conflictos laborales, la evidencia científica señala con claridad que los conflictos que ese producen en los entornos laborales y se cronifican en el tiempo, constituyen uno de los acontecimientos estresantes cotidianos que más perjudican a la salud y, directamente, al buen rendimiento y productividad de las personas trabajadoras.

Por otra parte, es importante señalar que un conflicto prolongado puede conllevar la aparición de conductas de acoso laboral, aunque los delitos de acoso pueden presentarse sin que haya existido ningún conflicto previo, simplemente por la decisión unilateral de un depredador laboral.

- *Transiciones vitales:* acontecimientos específicos que pueden ocurrir a lo largo de nuestra vida y que, aunque signifique algo positivo para la persona puntualmente se convierte en un estresor. Por ejemplo, el matrimonio, el nacimiento de un hijo o la jubilación.

Se debe tener en cuenta que la línea divisoria entre los diferentes tipos no está tan definidas, produciéndose solapamientos, así como interacciones entre los distintos tipos de situaciones. Personas sometidas a situaciones de tensión crónica mantenida pueden sufrir más acontecimientos estresantes cotidianos y personas que han sufrido determinados acontecimientos vitales estresantes pueden sufrir un cambio en su curso vital que afecta a sus roles y a su situación en general.

En el caso de los estresores de tipo psicosocial, la reacción de estrés no está relacionada objetivamente con la naturaleza del estresor, sino más bien con la interpretación o el significado psicológico o cognitivo que el sujeto asigna a los distintos estímulos o situaciones.

2.b) Respuesta a las situaciones de conflicto: el Síndrome General de Adaptación

La respuesta de estrés constituye una reacción natural, biológicamente adaptativa y fundamental para la supervivencia de los organismos cuyo elemento más destacable es la activación generalizada que se produce en los sistemas biológicos y neurofisiológicos (sistema nervioso central, autónomo, somático o músculo-esquelético, neuroendocrino y neuro inmunológico). La reacción de estrés ha sido seleccionada a lo largo de la escala evolutiva por su contribución a facilitar la supervivencia de los individuos en situaciones que entrañan un claro peligro o amenaza para la misma. De hecho, las distintas respuestas fisiológicas que se ponen en marcha cuando el individuo percibe una amenaza preparan el organismo para la actividad física, facilitando la puesta en funcionamiento de una serie de mecanismos dirigidos a potenciar su fuerza y su resistencia física para, en definitiva, facilitar la lucha y/o la huida.

Entendiendo el conflicto cuando es vivenciado como una situación negativa, las respuestas que provocan son similares a cualquier otra circunstancia de estrés. De esta forma, las consecuencias que se plantean son idénticas a otras situaciones que generan esa demanda y falta de control sobre las mismas.

Selye (1974) fue de los primeros autores en estudiar el estrés como un conjunto coordinado de reacciones fisiológicas que surgen ante cualquier demanda que supera nuestra capacidad de adaptación. Para este autor, la clave del estrés se encuentra en el conjunto de reacciones orgánicas como respuesta a tal demanda, denominando al conjunto de manifestaciones de la respuesta de estrés como Síndrome General de Adaptación (SGA) que, temporalmente, tiene una evolución en las siguientes tres fases (Figura 1):

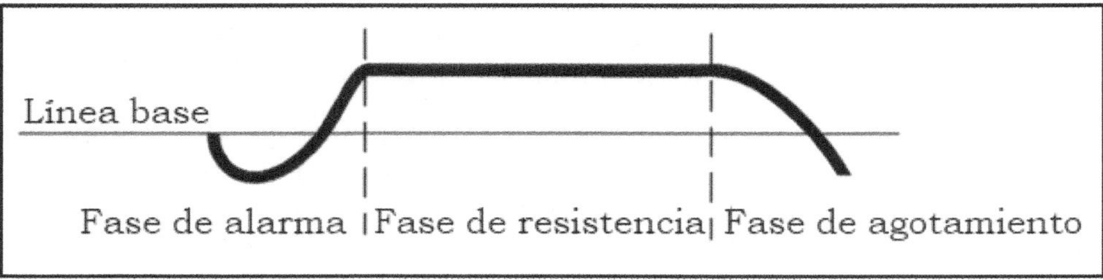

Fi. 1. Síndrome General de adaptación (Selye, 1974)

1. *Fase de alarma, de preparación* (se inicia la activación). Se produce en los momentos iniciales en los que el individuo se expone a una situación de amenaza o peligro. Los cambios fisiológicos experimentados están dirigidos a conseguir un despliegue máximo de los recursos que el organismo requiere movilizar para prepararlo para una intensa actividad física con la que responder a cualquier amenaza externa. Así, en primer lugar, la liberación de adrenalina y noradrenalina es capaz de proporcionar energía rápidamente. Consigue un incremento de los niveles de glucosa en la circulación, aumenta la tasa cardíaca y la fuerza de contracción del corazón, incrementa la presión sanguínea y el ritmo respiratorio con el objetivo de la rápida circulación de la sangre y con ella el aporte de glucosa y oxígeno tanto a los músculos como al cerebro, a la vez que también se incrementa la liberación de ácidos grasos, triglicéridos y colesterol, así como de endorfinas (reducen la percepción de dolor). Al mismo tiempo, también se va a producir una disminución de las funciones no tan decisivas para la supervivencia inmediata (la circulación digestiva y periférica, la secreción de hormonas sexuales o la supresión de funciones del sistema inmunológico). Si la

situación aversiva se prolonga durante un tiempo, el organismo pasaría a una segunda fase.

2. *Fase de resistencia, de mantenimiento.* En esta fase, se produce una adaptación del organismo a la situación. Si la amenaza no desaparece, lo más adaptativo para el organismo es asegurarse una distribución paulatina de sus recursos, de modo que éstos no se agoten. Para ello se moviliza más energía mediante la activación de las fuentes en las que ésta se almacena en el organismo y simultáneamente continúan los mecanismos de ahorro de energía, evitando realizar aquellas actividades que no tienen una finalidad inmediata para la supervivencia del individuo. Sin embargo, si las circunstancias aversivas se mantienen durante un tiempo mayor, estas actuaciones corporales pueden llegar a ser insuficientes; se llega entonces a la tercera fase.

3. *Fase de agotamiento.* Si las consecuencias adversas se mantienen durante un periodo de tiempo superior a lo que el organismo puede soportar, pierde la adaptación adquirida en la fase anterior y se produce el agotamiento. Si el estresor es severo y prolongado, se producirán las denominadas enfermedades de adaptación como las úlceras, hipertensión, infartos y otras alteraciones nerviosas.

Por tanto, esta respuesta fisiológica prepara al organismo para la acción de modo puntual y urgente. Se trata de un patrón de activación fisiológico transitorio, ya que una vez pasado el peligro cederá. La desventaja de esta respuesta se da cuando su activación no es transitoria y puntual. Como hemos visto, la respuesta de estrés supone la activación de recursos extraordinarios, con lo que ello implica de desgaste para el organismo. Dicha sobreactivación es eficaz hasta un cierto límite, pero superado éste tiene un efecto negativo; el organismo no puede mantener un ritmo constante de activación por encima de sus posibilidades mucho tiempo y si se mantiene más allá del límite durante períodos de tiempo prolongados, puede desencadenar efectos altamente perjudiciales.

En el ser humano, aunque existen circunstancias en las que nuestra supervivencia puede correr peligro pudiendo ser beneficioso contar con la capacidad de poner en marcha la respuesta de sobreactivación fisiológica (catástrofes, agresiones...) nuestras principales fuentes de estrés son de origen psicosocial, no requiriendo para su resolución esas dosis tan elevadas de activación. Por el contrario, en estos casos, la respuesta fisiológica que se dispara puede ser un obstáculo para resolver la situación satisfactoriamente. Por ejemplo, para muchas personas estar expuestas a un clima laboral inadecuado y tóxico, provoca que el simple acercamiento al lugar de trabajo le genere sintomatología relacionada con el distrés. En estas circunstancias, la taquicardia, la sequedad de boca o la sudoración y el bloqueo en los procesos psicológicos básicos de atención, percepción y memoria, le impedirá el desempeño laboral adecuado, generando en la persona nuevas fuentes de estrés de tipo psicológico basadas en sentimientos de insatisfacción, inseguridad, culpabilidad, fracaso, ideas negativas sobre las consecuencias futuras, etc.

III. SALUD MENTAL Y GESTIÓN DE CONFLICTOS

Las situaciones de conflicto continuadas en el tiempo suponen un alto riesgo que puede provocar consecuencias importantes para la salud, física y mental. Un ambiente de trabajo adverso o tóxico puede llegar a generar una incapacidad para llevar a cabo el desempeño laboral. La Organización Mundial de la Salud (2022) alerta sobre la importancia de la promoción y protección de la salud mental en el trabajo. Los lugares de trabajo pueden ser lugares tanto de oportunidad como de riesgo para la salud. De esa forma, el entorno laboral que favorece la adecuada gestión de los conflictos promueve una buena salud mental y física, ayuda a reducir el estrés laboral, mejorando el rendimiento y la productividad laboral, aumentando la motivación, el autoconcepto laboral, minimizando le tensión y el conflicto entre los/as compañeros/as de trabajo. Las malas condiciones de trabajo pueden ser una fuente excesiva de estrés excesivo y aumentar el riesgo de nuevos problemas de salud mental o exacerbación de los existentes (Harvey, Modini, Joyce et al., 2017).

3.a) Consecuencias del estrés

El funcionamiento de la persona sometida a estrés, se puede ver afectado a varios niveles:

- *Nivel físico:* el estrés crónico se ha relacionado con muchos trastornos, ya sea porque provoque su aparición o porque contribuya al empeoramiento de los ya existentes. Así por ejemplo, podemos hablar de la intervención del estrés en trastornos cardiovasculares (taquicardias, arritmias, hipertensión arterial, enfermedad coronaria, arritmias, aneurismas...), trastornos respiratorios (asma, taquipnea, disnea...), trastornos gastrointestinales (dispepsia funcional, colon irritable, úlcera, enfermedad de Crohn...), trastornos musculares (calambres, contracturas, cefaleas tensionales...), trastornos dermatológicos (dermatitis atópica, psoriasis, herpes, alopecia...), y disfunciones sexuales (infertilidad, eyaculación precoz, disfunción eréctil, alteraciones del ciclo menstrual, vaginismo....), entre otros.
- *Nivel cognitivo:* problemas de atención, memoria y concentración, disminución general del rendimiento, incremento del número de erro-

res cometidos, incapacidad para terminar una tarea antes de empezar otras, no saber por dónde comenzar, sensación de pérdida de control, pensamientos negativos (de inseguridad, inferioridad...).

- *Nivel conductual*: cambios en los hábitos de vida (de alimentación, trabajo, ocio), insomnio, apatía, torpeza, incremento en el consumo de alcohol, tabaco y drogas, tendencia a tener accidentes...
- *Nivel emocional:* impaciencia, irritabilidad, miedo, ansiedad, estado de ánimo deprimido, ira/hostilidad, preocupación, culpabilidad....

Independientemente de las múltiples afectaciones que se han mencionado anteriormente, es necesario resaltar la importancia de la triada de problemas de salud mental más frecuentes que son la ansiedad, la depresión y los trastornos del sueño.

3.b) El Síndrome de burnout

La cronificación del estrés laboral provocado por una disfuncional gestión de los conflictos puede conllevar la posible aparición del "síndrome del trabajador quemado" o “síndrome de burnout”. Está conformada por tres dimensiones:

- El *agotamiento emocional,* se caracteriza por la pérdida progresiva de energía física y psicológica causada por presiones laborales (Maslach, 1982).
- La *despersonalización,* se manifiesta por actitudes negativas y respuestas frías e impersonales que da la persona a los beneficiarios de su propio trabajo (Gil-Monte, 2003). Este comportamiento está muy relacionado con la experiencia de cansancio emocional.
- La *falta de realización personal* se caracteriza por “la tendencia a la autoevaluación negativa, particularmente en relación con el trabajo con los clientes” (Maslach y Jackson, 1981, p.1); es aquí donde los individuos se sienten descontentos e insatisfechos consigo mismos afectando su capacidad de trabajo.

  Es un proceso en el que progresivamente la persona trabajadora sufre una pérdida del interés por las tareas que debe desempeñar y va desarrollando una reacción psicológica negativa hacia su ocupación laboral.

3.c) La ideación suicida como un riesgo psicosocial en el entorno laboral

El incremento de casos suicidio en los últimos años ha puesto en debate las políticas prevencionistas de las organizaciones. El suicidio no es sólo una cuestión de salud mental de una persona, es un problema social cuyo origen es multicausal. No obstante, lo que sigue siendo una realidad es la escasa importancia que se le atribuye a las conductas autolíticas en el entorno laboral. Cuando se produce esta circunstancia, es muy habitual atribuir esa situación a problemas mentales de carácter intrínseco, conflictos interpersonales entre amigos dentro del entorno laboral, a situaciones familiares adversas, etc. Esta reacción es muy parecida a las situaciones de acoso laboral en donde la organización prefiere "cerrar los ojos ante el delito" en muchos casos provocados por el miedo al desprestigio de la institución, miedo a lo desconocido, miedo a las represalias, sentirse cómplices por inacción, etc. Tal como indican algunos autores (Azmecua, 2021) es necesario resaltar la importancia de la relación entre la conducta autolítica y la actividad del trabajo resaltando la aparición de situaciones muy estresantes en personas trabajadoras que han tenido ideaciones suicidas. Esa situación de estrés venía determinada por la responsabilidad y naturaleza del puesto que desempeñaba o incluso por condiciones extremas muy difíciles de afrontar en un corto período de tiempo.

El suicidio como una contingencia profesional es motivo de debate en la doctrina científica y en la jurisprudencia. Tradicionalmente, se consideraba la postura extrema de negar la causalidad dada la supuesta voluntariedad del suicidio, no obstante, la jurisprudencia ha fallado diferentes sentencias en sentido contrario, siendo, por tanto, que cada vez más existe un reconocimiento de la importancia del entorno laboral en las consecuencias para la persona trabajadora.

IV. ESTRATEGIAS DE AFRONTAMIENTO A LA AUTOGESTIÓN DEL CONFLICTO

Uno de los términos más asociados con el estrés es el de afrontamiento. Siguiendo a Lazarus y Folkman (1986), tras producirse la evaluación de la situación y después de constatar que ésta nos demanda algo que excede o desborda los propios recursos de la persona, se pone en marcha el denominado proceso de afrontamiento. En términos generales, hace referencia a cualquier actividad que el individuo pone en marcha, tanto de tipo cognitivo como conductual, para hacer frente a una situación percibida como negativa o estresante. Por lo tanto, los recursos de afrontamiento del individuo están formados por todos aquellos pensamientos, reinterpretaciones, conductas... que la persona puede desarrollar para tratar de conseguir los mejores resultados posibles en una determinada situación, es decir, hace referencia al conjunto de respuestas (pensamientos, acciones) que una persona utiliza para resolver situaciones problemáticas y reducir la ansiedad que generan (Crespo y Labrador, 2003).

La puesta en marcha de una estrategia de afrontamiento dada ante un estresor va a venir determinada en gran medida por las características del estresor y por la valoración que la persona haga de éste. No obstante, se trata de un proceso con múltiples determinaciones, en el que se incluyen tanto aspectos situacionales como predisposiciones personales, por ejemplo, el llamado estilo de afrontamiento de la persona o la tendencia a utilizar determinadas estrategias de afrontamiento (Carver y Scheier, 1994).

El estilo de afrontamiento hace referencia a la forma característica y relativamente estable que las personas tienen de enfrentarse a situaciones estresantes. Podemos hablar de tres dimensiones básicas a lo largo de las cuales se sitúan los diferentes estilos de afrontamiento posibles (Fernández Abascal, 1997):

a) En función de la estrategia utilizada:

- *Afrontamiento activo:* se trata de aquél que moviliza esfuerzos para los distintos tipos de solución de la situación estresante.
- *Afrontamiento pasivo:* se basa en no hacer nada directamente sobre la situación, sino simplemente esperar a que cambien las condiciones.
- *Afrontamiento de evitación:* basado en intentar evitar o huir de la situación y/o sus consecuencias.

b) En función de la orientación:

- *Afrontamiento dirigido al problema:* estrategias desarrolladas a manipular o alterar las condiciones responsables de la amenaza, es decir, para modificar la propia fuente de estrés.
- *Afrontamiento dirigido a la emoción:* estrategias encaminadas a reducir o eliminar el malestar emocional generada por la situación. Esta forma de afrontamiento modifica la forma de vivir la situación sin cambiarla objetivamente y es especialmente útil para hacer afrontar aquellos estresores ante los cuales no podemos hacer nada, sólo soportarlos (familiar con Alzheimer, muerte de un ser querido...). De otra forma, los contextos laborales suelen favorecer un afrontamiento más centrado en el problema, mientras que los contextos familiares suelen favorecer el centrado en la emoción.
- *Afrontamiento dirigido a modificar la evaluación inicial de la situación,* es decir, a la reevaluación del problema.

c) En función de la actividad movilizada en el afrontamiento:

- *Afrontamiento cognitivo:* aquel cuyos principales esfuerzos son de tipo cognitivo.

- *Afrontamiento conductual:* aquel cuyos principales esfuerzos están formados por comportamientos manifiestos.

Son muchas las formas en que se puede concretar el afrontamiento, es decir, hay múltiples estrategias de afrontamiento que pueden utilizarse frente al estrés. Siguiendo a Carver, Scheier y Weintraub (1989), las principales estrategias de afrontamiento son las siguientes:

Tabla 2

Estrategias de afrontamiento al estrés

Afrontamiento activo	Consiste en llevar a cabo una serie de pasos para tratar de eliminar o superar un estresor o sus efectos. Implica iniciar una acción directa, aumentar los esfuerzos personales y tratar de ejecutar una serie de acciones.
Planificación	Consiste en pensar cómo afrontar un estresor. Implica proponer posibles estrategias de acción, pensar acerca de los pasos a llevar a cabo y en cómo manejar mejor el problema.
Supresión de actividades que interfieren	Se trata de centrarse exclusivamente en la situación estresante concreta, por lo que se dejan de lado otros posibles proyectos, se evita que otros acontecimientos distraiga e incluso se trata de no ocuparse de otras cosas, si es necesario, para hacer frente al estresor.
Restricción del afrontamiento	Esperar a afrontar el estresor hasta que exista una oportunidad apropiada para actuar; refrenarse o contenerse y no actuar prematuramente.
Búsqueda de apoyo social instrumental	Buscar consejo, ayuda o información.
Búsqueda de apoyo social emocional	Buscar el apoyo moral, simpatía o comprensión de los demás.
Reinterpretación positiva y crecimiento	Tratar de ver el lado positivo de la situación estresante y/o lo que implique de desarrollo o crecimiento personal.
Aceptación	Asumir la realidad de una situación estresante y que no se puede cambiar.
Refugio en la religión o en la espiritualidad	Dirigirse hacia la religión u otras creencias como un modo de reconfortarse ante una situación difícil, buscar apoyo emocional o simplemente como una tendencia a acordarse de la religión cuando ocurre algún problema.
Focalización en ventilación de emociones	Tendencia a centrarse en el estado de malestar emocional que se está experimentando y ventilar o "echar hacia fuera" esos sentimientos.
Negación	Estrategia que implica no asumir, no aceptar o ignorar una situación estresante.
Desentendimiento comportamental	Disminución del esfuerzo personal para hacer frente al estresor. Es la estrategia más común cuando la persona prevé pobres resultados al afrontar dicha situación.
Desentendimiento mental	Estrategia que implica una amplia variedad de actividades que sirven para distraer a la persona de pensar acerca de la situación estresante.
Escape mediante consumo de alcohol-drogas	Beber alcohol o tomar algún tipo de drogas (por ejemplo, tranquilizantes) para tratar de pensar menos en la situación estresante

El desarrollo de estrategias de afrontamiento no asegura una adaptación óptima a las circunstancias estresantes, ya que en unos casos consiguen atenuar el impacto del estrés sobre el sujeto, mientras que en otros pueden no ser eficaces para paliar los efectos del estrés o pueden llegar a amplificarlo. Por tanto, por sí mismas, las estrategias no son adaptativas ni desadaptativas, su eficacia dependerá de múltiples factores (características personales y situacionales). De hecho, es difícil establecer a priori si una estrategia de afrontamiento es adecuada o no para afrontar una situación determinada. En general, la conveniencia de las estrategias de afrontamiento depende de las características de la situación estresante, como, por ejemplo, si la situación permite llevar a cabo determinadas acciones para disminuir el impacto del estresor o si dichas acciones no son posibles y lo que cabe realizar es un reajuste personal al estresor para conseguir una adaptación exitosa.

Aunque siempre deberá realizarse un análisis de la situación y de las circunstancias específicas de cada individuo ante un problema de estrés para evaluar la eficacia de su conducta, diversos estudios han permitido clasificar las estrategias de afrontamiento en función de las consecuencias observadas en diferentes muestras de sujetos. Así, entre las estrategias desadaptativas o menos eficaces se han señalado el distanciamiento, escape-evitación o la negación total, mientras que entre las adaptativas o más eficaces podríamos mencionar la reevaluación positiva y el apoyo social.

En relación a este último, podemos afirmar que un aspecto que puede amortiguar o aumentar, los efectos negativos para la salud es el apoyo social. Las diferentes formas de apoyo que pueden recibir las personas contribuyen a disminuir las consecuencias de la situación. Dicho apoyo puede ser dado en diferentes dimensiones: apoyo emocional, alguien con quien compartir sentimientos y emociones; apoyo informativo, alguien que ofrezca ayuda para buscar y encontrar información relevante; y apoyo económico, alguien que pueda prestar su ayuda para resolver los problemas financieros. Estas formas de apoyo pueden actuar sobre la persona de dos maneras diferentes, pero al mismo tiempo complementarias. En primer lugar, el apoyo social puede ser beneficioso independientemente de que la persona se enfrente a un acontecimiento estresante. Las personas que tienen o sienten tener apoyo por parte de la familia, los amigos o las instituciones sociales pueden manejar mejor una situación de estrés como es el conflicto laboral continuado en el tiempo. Asimismo, las personas que ante una situación de conflicto perciben apoyo social, podrán amortiguar los efectos asociados a la experiencia de dicha situación de estrés. El apoyo social por tanto puede tener tantos efectos directos como de amortiguación, lo que hace que sea una estrategia de afrontamiento de gran importancia (Álvaro y Garrido, 2003).

V. PAUTAS GENERALES DE LA GESTIÓN CONDUCTUAL DE LOS CONFLICTOS

Gestionar un conflicto implica haber realizado un buen diagnóstico del mismo ya que, de lo contario, la intervención no sería la adecuada. Para ello, se deberán analizar exhaustivamente todos los factores relacionados con las personas, los problemas y el proceso prestando especial interés a las necesidades, posiciones e intereses de cada una de las partes. Para la gestión de un conflicto no existen recetas mágicas, todas las gestiones deben hacerse en función a las variables que se hayan detectado. A grandes rasgos de puede decir que es conveniente:

- Facilitar una comunicación eficaz mediante las diferentes técnicas de comunicación favoreciendo la escucha activa de las partes.
- No precipitar las soluciones y emplear el tiempo necesario para la gestión de cada asunto así como la toma de decisiones.
- Ante un conflicto excesivamente escalado, comenzar negociando un asunto que resulte más fácil de gestionar ya que generará un sentimiento de motivación en las partes y un propio control de la situación.
- No gestionar los conflictos cuando se encuentren en un estado elevado de activación fisiológica. No es conveniente retomar un asunto que nos ha generado emociones negativas hasta transcurrido, al menos (en función de las personas) veinticuatro horas, de lo contrario, actuaremos sin una estabilidad fisiológica y emocional adecuada influyendo negativamente en los procesos psicológicos básicos (atención, percepción y memoria) y, por tanto, en el procesamiento de la información.
- Apoyar a las personas y no prejuzgar. La importancia de cada interés se encuentra en la propia persona.
- No hacer uso de recursos basados en la agresión como amenazas, reproches, etc.
- Realizar un análisis profundo de las diferentes percepciones que presentan las personas del conflicto.
- Ayudar a identificar las consecuencias del comportamiento nuestro provocados por una mala gestión de conflicto.
- Entender el desequilibrio, si lo hubiera, de las partes en los procesos de negociación.
- Intentar mostrarse lo más equitativo posible en los procesos de toma de decisiones.

- Permitir el proceso de catarsis emocional en las personas reconduciéndolas hacia una gestión positiva de los sentimientos.
- Es importante separar los problemas de las personas. Debemos focalizar nuestra atención en los problemas que dan sentido a la negociación. Cuando dirigimos la negociación a los conflictos interpersonales habitualmente la negociación obtiene un rendimiento menos óptimo.
- Focalizar la atención en los intereses y no en las posiciones. Si dirigimos nuestra atención a cada una de las posturas establecidas previamente se establecerá un clima más competitivo que no beneficiará al buen desarrollo del proceso negociador. Por el contrario, si la base central de nuestra negociación es establecer las necesidades e intereses de cada una de las partes es más fácil encontrar un canal de comunicación y en consecuencia un mayor beneficio para ambos.
- Crear alternativas para la gestión del conflicto que beneficien a todos los implicados en la negociación. En el proceso negociador es importante la generación de ideas que puedan crear una imagen de equidad de poder y de obtención de beneficios.
- Es fundamental negociar sobre criterios objetivos. La atención en criterios subjetivos conlleva una menor argumentación y convencimiento de la otra parte. Por el contrario, si trabajamos sobre criterios objetivos se pueden mostrar argumentos que legitimen los intereses y necesidades de las partes.

VI. BIBLIOGRAFÍA

ÁLVARO, JL. y GARRIDO, A., *Psicología social. Perspectivas psicológicas y sociológicas,* McGraw-Hill Interamericana de España, Nueva York, 2003.

AMEZCUA ORMEÑO, E., El enfoque psicosocial del suicidio en el ámbito laboral: prevención y manejo del riesgo autolítico, *Revista De Trabajo y Seguridad Social,* 456, 7 de marzo de 2021, 211–246. Disponible en: https://doi.org/10.51302/rtss.2021.2352

CARVER, C.S., y SCHEIER, M.F., 1994. “Situational coping and coping dispositions in a stressful transaction”, *Journal and Personality and social Psycholy,* 66, marzo de 1994, 184-195.

CARVER, C., SCHEIER, M., y WEINTRAUB, J. K., “Assessing Coping Strategies: A theoretically based approach”, *Journal of Personality and Social Psychology,* 56, 1 de febrero de 1989, 267-283.

COMISIÓN EUROPEA, *Guía sobre el estrés relacionado con el trabajo: ¿La «sal de la vida» o el «beso de la muerte»?,* Comunidades Europeas, Luxemburgo, 2002. Disponible en: https://osha.europa.eu/data/links/guidance-on-work-related-stress.

CRESPO, M. y LABRADOR, FJ., *Estrés,* Síntesis, Madrid, 2003.

DEL HOYO M., Estrés Laboral, Editorial INSHT, Madrid, 2004. Disponible en: http://www.insht.es/InshtWeb/Contenidos/Documentacion/FICHAS%20DE %20PUBLICACIONES/FONDO%20HISTORICO/DOCUMENTOS%20DIVULGATIVOS/DocDivulgativos/Fichero%20pdf/Estres%20laboral.pdf

DRUCKER, P.F., "Knowledge-worker productivity: The biggest challenge", *California Management Review*, 49, 1 de febrero de 1999, 79-94.

FERNÁNDEZ ABASCAL EG, "Estilos y estrategias de afrontamiento", en *Cuaderno de Prácticas de Motivación y Emoción*, Pirámide, Madrid, 1997, 189-206.

GIL-MONTE, P., "El Síndrome de quemarse por el trabajo (Síndrome de Burnout) en profesionales de enfermería", *Revista Electronica InterAcao Psychology*, 1 (1), agosto de 2003, 19-33.

HARVEY SB., MODINI M., JOYCE S., MILLIGAN-SAVILLE, JS., TAN, L., MYKLETUN, A., BRYANT, R., CHRISTENSEN, H. & MITCHELL, P., "Can work make you mentally ill? A systematic meta-review of work-related risk factors for common mental health problems". *Occupational & Environmental Medicine*, 74, marzo de 2017, 301-310.

HOLT, RR., "Occupational Stress", en *Handbook Stress: Theoretical and clinical aspects*, The Free Press, New York, 1982, 410-444.

LAZARUS, RS., y FOLKMAN, S., *Estrés y procesos cognitivos*, Martínez Roca, Barcelona, 1986.

MASLACH, C., *Burnout: The cost of caring*, Prentice-Hall Press, New York. 1982.

MASLACH, C. y JACKSON, SE., *Maslach Burnout Inventory. Palo Alto*, Consulting Psychologists Press, California, 1981.

MORÁN ASTORGA, C., *Estrés, burnout y mobbing: recursos y estrategias de afrontamiento*, Amarú, Salamanca, 2005.

NOGAREDA C., Notas técnicas de Prevención: Fisiología del estrés, *Instituto Nacional de Seguridad e Higiene en el Trabajo, 355*,1994, 2-14.

ORGANIZACIÓN MUNDIAL DE LA SALUD, *Directrices de la OMS sobre la salud mental en el trabajo*, OMS, Ginebra, 28 de septiembre, 2022.

ORÓS MURUZÁBAL, M., "Análisis médico-legal de las incapacidades: estudio general introductorio. La dificultad de medición de la incapacidad: la intervención de los peritos médicos y de médicos forenses en los procesos por incapacidad permanente" en *Tratado Médico-Legal sobre Incapacidades Laborales. La Incapacidad Permanente desde el punto de vista médico y jurídico*, Thomson-Aranzadi, Pamplona, 2006, 288-300

SELYE, H., *The stress of life*, McGraw Hill, New York, 1956.

Capítulo 3.

Construcción de una "Cultura de paz" organizacional

SARA RODRÍGUEZ SÁNCHEZ
Universidad de Huelva

I. La educación como herramienta transformadora de la situación de conflicto en el ámbito laboral; II. El conflicto en las organizaciones desde el paragidma psicológico educativo; III. La educación como alternativa al conflicto; IV. Educar en el conflicto; V. Bibliografía

I. LA EDUCACIÓN COMO HERRAMIENTA TRANSFORMADORA DE LA SITUACIÓN DE CONFLICTO EN EL ÁMBITO LABORAL

La educación es la base del desarrollo personal de hombres y mujeres que, a su vez, viven integrados/as en una sociedad. El proceso educativo favorece las interacciones cívicas, de ahí su relevante tarea socializadora. Una convivencia en armonía, requiere del cumplimiento de las normas y valores que la misma sociedad impone. En este sentido, los comportamientos y actitudes que las personas manifiestan en los diferentes ámbitos vitales son, en gran medida, resultado de la educación que reciben.

La pluralidad de la sociedad en la que actualmente se vive, dificulta la concreción de una educación en valores morales y éticos con una aceptación unánime socialmente hablando. En este sentido se puede afirmar que la educación en España, atraviesa una situación de estado de alarma. Esta falta de acuerdo en lo que a una doctrina moral común se refiere, tiene consecuencias en relación al aumento de situaciones con experiencias antisociales, carentes de respeto y de sentimientos de compresión hacia el otro. Cada vez son más habituales los comportamientos agresivos, poco empáticos y faltos de moralidad en los diferentes estamentos sociales. La falta de compromiso social para el logro de una convivencia caracterizada por una cultura de paz, puede ser justificado, precisamente, dado el momento de crisis en el que está inmersa la educación. En estos momentos, no sólo hay confusión en torno a qué es lo que hay que educar, sino que, además tampoco se tiene claro a quién le corresponde la responsabilidad de dicha tarea.

Sería interesante que se tomara conciencia, por ejemplo, del aumento en los últimos años del índice en casos de bullying en los centros educativos, de víctimas por violencia de género en el ámbito familiar, del incremento de agresiones sexuales entre las pandillas de jóvenes y/o, de casos de conflictos en el ámbito laboral. Respecto a este último hay que tener en cuenta que, la particularidad de las múltiples circunstancias laborales presentes podría explicar, en gran medida, el incremento de las tensiones en las organizaciones. La precariedad en los contratos laborales que se ofrecen, los salarios no correspondidos con el grado de formación que se exige o, las condiciones temporales de permanencia, por ejemplo, no aportan un estado de seguridad económica al trabajador, además de otras muchas repercusiones personales y sociales que estas situaciones pueden conllevar. Todas estas circunstancias favorecen el origen de un clima de inconformidad, malestar y sentimientos de infravaloración en los profesionales, que fomentan las situaciones de enfrentamiento en el trabajo. Sin embargo, las descritas, no son más que coyunturas que se suman al factor educativo, como determinante principal del comportamiento humano en general y del comportamiento conflictivo en las organizaciones en particular.

En los siguientes apartados, se pretende explicar el conflicto en las organizaciones desde un enfoque psicológico educativo. Para ello se identifica, en primer lugar, el origen del conflicto describiendo las causas a partir de las cuales se puede llegar a comprender la génesis y el desarrollo del mismo. Este conocimiento, posibilita la elaboración de programas educativos específicos como alternativa de moldeamiento comportamental, para el fomento y el logro de ambientes de paz, colaboración y ayuda en las empresas. El cumplimiento y puesta en práctica de dichos programas aportará, con el tiempo, gran parte del contenido de la seña de identidad de las organizaciones. Por último, se presenta una perspectiva sobre la necesidad de educar en el conflicto, en la que se trata de desmitificar las connotaciones negativas que tradicionalmente se le ha otorgado a este concepto.

En término generales, el capítulo que se presenta, podría concretarse en tres objetivos específicos. El primero de ellos, sería destacar el papel fundamental de la educación como agente generador tanto del origen, como del fin de las situaciones de conflicto en las organizaciones. Con el segundo objetivo se pretende poner de manifiesto la necesidad de llevar a cabo en las empresas, programas educativos que posibiliten la instauración de una cultura de paz, como seña identidad futura de las mismas. El tercero y último estará centrado en desmitificar la negatividad absoluta de las situaciones de conflicto en las organizaciones, poniendo de relieve el potencial educativo de las mismas.

II. EL CONFLICTO EN LAS ORGANIZACIONES DESDE EL PARAGIDMA PSICOLÓGICO EDUCATIVO

El conflicto puede ser definido como una situación de disputa generada por dos o más personas, que puede surgir en la búsqueda de logros u objetivos diferentes, de intereses distintos o de creencias opuestas (RAE, 2014). Se puede dar la circunstancia que se mantenga en el tiempo de manera indeterminada, viviéndose momentos muy desagradables de enfrentamiento, peleas y discusiones o, puede darse de forma esporádica en momentos concretos. En este sentido, si se habla de conflicto escolar, se señala las situaciones de enfrentamiento en la escuela, entre profesor/a y alumno/a o, entre iguales, alumno/a-alumno/a, por ejemplo. Si, por otro lado, se mencionan los conflictos familiares, se alude a las disputas existentes entre personas pertenecientes a la misma familia como pudiera ser, entre tíos/as-sobrinos/as o, padres/madres-hijos/as. Por tanto, si hace referencia al conflicto laboral, se vincula con las tensiones y/o peleas que se originan en el contexto de trabajo, bien sea entre compañeros/as, trabajadores/as-jefe/jefa u otros. No obstante, con independencia de la dimensión social en la que surja e, independientemente de quienes sean las partes implicadas, desde la psicología educativa, las situaciones de conflicto pueden ser explicadas desde una misma y casi única causa, la educación.

La educación es posible entenderla como herramienta o instrumento capaz de provocar cambios comportamentales y actitudinales en las personas, en cualquiera de las etapas de desarrollo que se encuentre e, indistintamente de la dimensión vital sobre la que se actúe. No obstante, el proceso educativo implica un proceso de enseñanza previo y un proceso de aprendizaje paralelo a la instrucción. El paradigma psicológico que se ocupa principalmente del estudio del proceso de enseñanza y del estudio del proceso de aprendizaje en diferentes contextos, es el educativo (Cruz, 2016). Es importante dejar claro en qué consisten cada uno de ellos, para comprender la relevancia de la educación en la gestión del conflicto en las organizaciones.

El proceso de enseñanza tiene una doble vertiente significativa, en la que se hace necesario diferenciar entre dos términos que suelen ser tratados como sinónimos, aun teniendo acepciones claramente diferenciadas: la instrucción y la educación. Por un lado, el proceso de instrucción está referido a la transmisión de información del educador (el jefe, por ejemplo), a través del cual, el educando (el empleado) aprende y/o adquiere contenidos para su formación o competencia (en este caso laboral). El proceso instructivo, por tanto, está vinculado a los aspectos cognitivos del aprendizaje. La educación, sin embargo, es un término más relacionado con la adquisición de hábitos afectivos y adquisición de normas, tanto a nivel personal como social, con las correspondientes repercusiones en el ámbito laboral. Una instrucción sin educación es posible, claro ejemplo, es lo que viene ocurriendo en los últimos tiempos. Sin embargo, no sería conveniente realizar una educación sin un proceso instructivo. Tan sólo a través del aprendizaje social (que se explicará a posteriori), podría ser aceptada una educación sin proceso de instrucción. Por otro lado, el proceso de aprendizaje hace referencia a los cambios que perduran en el tiempo, tanto a nivel conductual como como a nivel cognitivo y que son producto de la experiencia, de la práctica o de la maduración. Todos los comportamientos son aprendidos y forman parte del repertorio conductual de las personas, pudiendo ser modificado en cualquier momento vital y, puestos en práctica y/o desarrollados en los distintos contextos sociales.

No obstante, el interés de la psicología de la educación parece haber cambiado en los últimos años. Si anteriormente estaba más centrada en los aspectos cognitivos, parece que su preocupación se encamina, cada vez más, hacia un enfoque más afectivo de la educación, donde la integración social, la incorporación de valores y normas en las conductas humanas se hacen prioritarios (Marina, J.A. 2005). Este cambio de interés en el objetivo de esta disciplina, viene dado por la necesidad que existe en la sociedad actual, de comprometerse con los valores y normas sociales para lograr una convivencia de paz en los distintos ámbitos sociales, incluido el de la empresa.

Entre las principales aportaciones de esta disciplina psicológica, cabe destacar la posibilidad que ofrece de entender y dar respuesta a determinadas conductas, entre ellas la de conflicto. Esta consideración es de gran relevancia ya que, cuando se comprende el porqué de los comportamientos y actitudes de las personas, se pueden buscar y aportar soluciones para aquellas que no se consideren adecuadas. La psicología de la educación, abre un enorme abanico de posibilidades para la modificación y mejora de las conductas que generan las situaciones de conflicto. Por todo ello, queda sobradamente justificada, la necesidad de abordar el conflicto en las organizaciones desde el paradigma de la psicología de la educación.

III. LA EDUCACIÓN COMO ALTERNATIVA AL CONFLICTO

Para llegar a entender la relevancia del proceso educativo en la gestión de situaciones de conflicto en general y, en las empresas en particular, es necesario poner en valor la idea de que, la educación es la base transformadora que posibilita el cambio. La educación es creadora de posibilidades y, en este sentido, propicia el camino hacia una sociedad donde la paz y la armonía puedan llegar a convertirse el estilo de vida común en las organizaciones.

El objetivo último del proceso educativo es el desarrollo integral del individuo, lo cual implica la adquisición de valores éticos y morales, además del aprendizaje de conocimientos y de normas de conducta. Sin embargo, la educación parece encontrarse en un momento de crisis tanto en lo referido al contenido, como en lo relacionado a quién o, a quiénes, corresponde la tarea de educar.

Por un lado, parece no tenerse muy claro qué es lo que hay que educar. La sociedad es la que marca los cánones y estereotipos de valores y conductas que posteriormente adquieren y desarrollan sus miembros. Esta cuestión, pone de relieve la dimensión social de la educación que, en definitiva, es la que permite al sujeto integrarse en la sociedad en la que le toca vivir. Este carácter social de la educación, le aporta al sujeto las herramientas necesarias para participar en la vida cívica y, en la vida laboral concretamente.

En España, todas las leyes educativas han incluido en el currículo una educación para la convivencia. Actualmente, la Ley Orgánica 3/2020, de 29 de diciembre, por la que se modifica la Ley Orgánica 2/2006, de 3 de mayo, de Educación, también contempla las modificaciones en relación a la educación para la convivencia, en los siguientes términos:

"La educación para la convivencia, el respeto, la prevención de conflictos y la resolución pacífica de los mismos, así como para la no violencia en todos los ámbitos de la vida personal, familiar y social..."

"La educación en el respeto a los derechos y libertades fundamentales..."

"La formación para la paz, el respeto a los derechos humanos, la vida en común, la cohesión social, la cooperación y solidaridad entre los pueblos así como la adquisición de valores que propicien el respeto hacia los seres vivos..."

"La preparación para el ejercicio de la ciudadanía, para la inserción en la sociedad que le rodea y para la participación activa en la vida económica, social y cultural, con actitud crítica y responsable y con capacidad de adaptación a las situaciones cambiantes de la sociedad del conocimiento."

En consecuencia, es necesario hablar de una educación en valores que implica el compromiso de educar para la convivencia y, cuya responsabilidad recae en la sociedad al completo. Esta idea, responde a la cuestión planteada sobre quién o quiénes son los responsables de ejecutar la tarea educativa. Según Agúndez (2015), la familia se encuentra perdida y desbordada en su función socializadora, ante una sociedad cambiante y demandante. Mientras que en las escuelas se percibe el complejo entramado social en que están insertadas. Por ello, es fundamental la tarea educadora de cada uno de los miembros que forman e integran la sociedad. Es necesario concienciar que, la educación es tarea y responsabilidad de todos. La educación tiene una dimensión social muy importante, en la que cada uno debe aportar su grano de arena, de ahí el dicho popular de "cada grano de arena cuenta". En consecuencia, cada miembro social es relevante en la consecución de una cultura de armonía y bienestar. La educación, puede ser proclamada salvadora de las situaciones y circunstancias hostiles y conflictivas, que se están vivenciando en los distintos ámbitos sociales en los últimos años.

Toda esta teoría llevada al ámbito empresarial y, más concretamente al de los conflictos en las organizaciones, pone de manifiesto la necesidad urgente de planteamientos sobre la instauración de sistemas que permitan la educación en las empresas. Estos deben establecer compromisos encaminados al crecimiento de sus miembros no sólo a nivel profesional, sino también en el plano personal. Ahora no sólo hay que preocuparse de la formación de los trabajadores y jefes sino, también y más importante, ocuparse de la educación o, mejor dicho, de la reeducación de estos. Esta compleja tarea, se torna imprescindible, como medida para aprender a afrontar y gestionar el conflicto desde los valores éticos y morales adquiridos, que puedan facilitar comportamientos y actitudes adecuadas para lograr la cordialidad en las interacciones que se establecen en las empresas. Es el momento de poner en valor el principio moral de libertad en sus últimos términos, tal y como fue defendido por el filósofo Jean-Paul Sartre: "mi libertad se termina dónde empieza la de los demás".

No obstante, se asiste a una dicotomía social en cuanto a, cuál es la forma correcta de comportamiento y, respecto a qué normas y valores son los más adecuados para transferir y sobre los que reeducar en la empresa. Se asiste a una sociedad caracterizada por una pluralidad tan acentuada en este sentido, que dificulta en extremo el compartimento de normas y valores, capaces de formar una cultura unánimemente aceptada, para la educación de la convivencia y la vida cívica. Se tiene la sensación de que, gran parte de la población comienza a acostumbrarse a conductas hostiles y acciones poco empáticas. Es de todos conocidas, multitud de situaciones cotidianas de desavenencias, intolerancia y faltas de respeto entre individuos. Ya no asombran los comportamientos de coacción y disputas entre parejas, entre compañeros de estudio o trabajo, entre amigos y desconocidos. Las noticias de los hechos cotidianos constatan que se viven tiempos en los que, la población, ya no sólo incurre, narra o describe situaciones desagradables de violencia, de peleas y/o de crueldad verbal y/o física. Desde hace algún tiempo, "está de moda" inmortalizar esos momentos con capturas de imágenes e, incluso, con montajes de historias de videos, de reels con música y otros recursos. Se ha normalizado que, mientras unos pelean, otros graban o, permanecen impasibles a lo que está ocurriendo. En ocasiones, hasta pueden oírse expresiones de ánimo hacia una de las partes implicadas, si se detienen a escuchar con atención. A estos comportamientos, hay que sumarle el morbo, curiosidad o, no se sabe muy bien cómo podría definirse, el gusto por visualizar imágenes y/o videos violentos que queda verificado, por la virilización de estos a través de las distintas redes sociales o las múltiples plataformas de internet. Parece, que ahora se apuesta por lograr la mejor escena grabada de mayor violencia y sufrimiento ajeno, para contabilizar cuantos más "likes" (refuerzo) mejor, quedando así justificado moralmente, cualquier tipo comportamiento.

Estas circunstancias comportamentales, que se viven a nivel social, se extienden a cualquier área personal incluyendo, por supuesto, la dimensión laboral. En este sentido, el conflicto en el trabajo no es más que el fiel reflejo de la situación y el patrón comportamental que caracteriza actualmente la cultura occidental. El comportamiento de obreros y empresarios, también se encuentra afectado por la falta de consenso con respecto a la aceptación de normas éticas y morales, lo que dificulta una cultura de paz y bienestar en las organizaciones. Todo ello, sumado a determinados aspectos como las presiones a las que están sometidos los obreros por la necesidad de las empresas de obtener altos rendimientos en productividad, por ejemplo, o por lo que conlleva, el estado de inseguridad laboral con los continuos recortes de personal, o la consideración de un sueldo no digno en relación al puesto desempeñado, hacen que el esfuerzo e interés por la realización de un trabajo eficiente y eficaz disminuya, que las tensiones afloren y se produzcan comportamientos poco adecuados dentro de las organizaciones, dando lugar al surgimiento de los conflictos. Es decir, las características del mundo organizacional propician el que, en ocasiones, se tomen decisiones poco acertadas rompiendo normas o, incurriendo en comportamientos que no son del todo correcto. Cada vez son más frecuentes, las noticias sobre como altos cargos o funcionarios públicos de gran reconocimiento social, toman atajos cuestionables para lograr determinados objetivos. A su vez, la resolución de estas circunstancias parece estar cada vez más alejada de la búsqueda de soluciones basadas en el diálogo y la negociación. Por el contrario, el surgimiento de conflictos cada vez más duros e interminables parece acrecentarse.

Por todo ello, es imprescindible, que las organizaciones adopten medidas que faciliten y guíen a los miembros que la integran, en la disyuntiva de tomar soluciones correctas o incorrectas. Los obreros tienen que saber definir cuáles son las decisiones comportamentales adecuadas y, cuáles se han convertido ya en costumbres cuestionables. Discernir los procedimientos éticos para la resolución de conflicto de las soluciones inmorales, con conciencia de cómo deben plantearse las distintas soluciones para el mayor beneficio de las partes implicadas. En este sentido, es importante creer y confiar en el potencial de la educación, como posibilitadora de cambio.

Para ello, desde las organizaciones, hay que apostar y trabajar para fomentar una cultura de paz, cuya instauración y desarrollo es posible a través de la reeducación de los miembros que forman la empresa. La educación, hace posible la evolución de las personas hacia escenarios alejados de violencia, donde los conflictos son resueltos a través del diálogo y la mediación, determinando cuáles fueron las causas de los mismos, lo cual facilita la búsqueda de posibles soluciones. Se tiene la certeza de que la instauración y desarrollo de una cultura empresarial basada en valores morales y éticos, es posible a través de la educación.

En este sentido, son varios los autores que han tratado de definir lo que es la cultura organizacional. Entre tantas, algunas de las más citadas y representativas puede ser, por ejemplo, la de Marcoulides y Heck (1993), quienes la definen como los patrones de valores y creencias compartidas en el tiempo, que producen las normas de comportamiento que se adoptan en la resolución de problemas (aludiendo así a cómo proceder en las resoluciones de conflicto). También la de Cheung, Wong y Lam (2012), quienes consideran que dicha acepción está referida al patrón de supuestos básicos, que se manifiestan a través del comportamiento de una organización. Otra a destacar, es la de Garibaldi, Wetzel y Ferreira (2009), como el conjunto de significados y valores que los miembros de una organización tienen. Además, entienden que dichos significados y valores, son los bloques de construcción de la cultura organizacional y se expresan mediante símbolos, comportamientos y estructura. Por último, se puede describir el sentido que para Sanders y Cooke (2005) tiene la cultura organizacional como, las creencias y valores compartidos que guían los estilos de pensamiento y de conducta de los miembros. Todas ellas comparten la idea de que la cultura empresarial es un manifiesto de los valores, comportamientos y pensamientos comunes de los miembros que integran la empresa. De ahí la necesidad de elaborar, por un lado, un código ético comportamental que de contenido a la cultura organizacional que marcará la seña identidad de la empresa si se asegura su cumplimiento. Y, por otro, la creación de programas de educación empresarial, que ayuden a romper con la disyuntiva ética a la que, cada vez con mayor frecuencia, deben enfrentarse los empleados de las organizaciones tanto públicas como privadas.

3.1. El código ético comportamental en las organizaciones

El código ético en las organizaciones será entendido como referente de guía comportamental, para todos y cada uno de los miembros de una empresa. Debe contener, unas normas morales y unos valores éticos que los integrantes de las organizaciones deben comprometerse a respetar y poner en práctica, para una convivencia cívica en armonía. El código ético dará contenido al proceso de reeducación en el espacio empresarial, con el fin de lograr una cultura de paz. No obstante, se sabe de la dificultad que existe a la hora de poner límites a ciertos comportamientos. Parece que la línea de lo correcto y/o lo incorrecto, se torna más difuminada que nunca. Al igual que ocurre en la educación en general, se asiste a cierta confusión o crisis a la hora de determinar las normas y valores que aporten contenido al código ético de las organizaciones. En cualquier caso, lo que está claro, es que se debe establecer unas normas morales de comportamiento basadas en valores éticos, como implica cualquier proceso educativo.

En este sentido se aconseja que, independientemente del número de normas que contenga el código y/o de los términos en los que se describan, éstas se elaboren en base a unos aspectos morales fundamentales que puedan asegurar, en igualdad de condiciones, el cumplimiento de los derechos humanos fundamentales de todos los individuos que conforman la organización. También parece fundamental, que las normas favorezcan el trato no discriminatorio o de privilegio de algunas personas de la organización, en función de la formación académica, el tipo de trabajo que ejecute o, el cargo que ostente. Por último, todas las normas deben garantizar el derecho de libertad fundamental de la humanidad.

Con respecto a cuáles son los valores que se deben tener en cuenta en la elaboración del código ético empresarial, se podría asegurar que todos aquellos que, de alguna forma, favorezcan comportamientos y actitudes encaminadas al logro de una cultura de paz. Rengel, Ramírez, y Campoverde (2019), afirman que los valores marcan y guían los patrones de conducta que se asume en lo individual, para posteriormente compartirlos en lo colectivo. Por ello, tras una revisión profunda sobre el tema, se ha realizado una compilación de los principales valores que ayudan a generar comportamientos capaces de promover interacciones favorables, para una convivencia laboral en concordia. A posteriori, se ha realizado un estudio de cada uno de ellos, lo que ha permitido por un lado, cohesionar algunos pudiéndose presentar en pareja de forma conjunta; por otro, definir comportamientos habituales que manifiestan las personas que han sido educadas en dichos valores; y, por último, definir algunos de los sentimientos que las conductas descritas pueden generar en otros. Todo este compendio se presenta a continuación a modo de tabla, estableciendo los valores más relevantes que deben formar parte del contenido básico de todo código ético organizacional (primera columna). En la segunda, aparecen los comportamientos correspondientes que conlleva el aprendizaje y puesta en práctica de dichos valores. Por último, en la tercera de las columnas, se determinan posibles sentimientos que pueden generar en el otro, el comportamiento descrito del primero.

TABLA 1. *Valores éticos, comportamientos que favorecen y posibles sentimientos que provocan en el otro*

Valores éticos	Comportamientos y actitudes	Sentimientos
Respeto y tolerancia	Amabilidad Asertividad Escucha Aceptación Inclusión	Seguridad y confianza en sí mismo Valía personal Apertura a la experiencia y al otro Bienestar
Empatía y compasión	Comprensión Sin prejuicios Escucha Preocupación Integración Permisividad	Agradecimiento Amor Ternura Bienestar Igualdad
Responsabilidad	Autonomía Positividad Cumplimiento de normas	Admiración Motivación Bienestar
Interacción y cooperación	Comunicación, diálogo Participación Trabajo en equipo Colaboración	Valía personal Agradecimiento Pacifismo
Generosidad y bondad	Altruismo Servicialidad Benignidad Magnanimidad	Agradecimiento Amor Bienestar
Iniciativa y compromiso	Autonomía Entusiasmo Aporte de soluciones, resolutiva/o Cumplidor/a	Seguridad Confianza Motivación Predisposición
Honestidad y sinceridad	Fidelidad Transparencia Autenticidad Justicia Amabilidad	Admiración Agradecimiento Amor Confianza Complicidad Pacifismo

Sin embargo, no basta con redactar un código ético comportamental. También es necesario que, desde las organizaciones se aseguren, por un lado el aprendizaje de los valores que están contenidos en el mismo y, por otro y más importante, que sean puestos en práctica a través de las actitudes manifiestas en el día a día. Para facilitar estos comportamientos acordes con el código ético establecido, se recomienda llevar a cabo un proceso reeducativo a través de programas educativos con métodos de modelado comportamental. Este proceso dará como resultado, la instauración una cultura de paz que conformará con el tiempo la seña de identidad de la empresa.

3.2. Programas de educación empresarial

El comportamiento, se aprende desde cualquier dimensión vital incluida el ámbito laboral. El aprendizaje implica cambio en el comportamiento (o en el conocimiento), que debe ser duradero en el tiempo y que se produce como resultado de la práctica, de la experiencia y/o de la maduración. No obstante, lo realmente interesante, en este momento, es explicar cómo se aprenden las conductas para, a partir de este conocimiento, poder plantear posibilidades de cambio cuando sea necesario. En este sentido, se va a presentar una breve descripción sobre las teorías que describen el aprendizaje comportamental. Desde el paradigma de la psicología de la educación, que viene dando sustento al presente capítulo, son dos los postulados que manifiestan el proceso a través del cual las personas aprenden y desarrollan unos comportamientos determinados y no otros: el conductismo y el aprendizaje social.

3.2.1. El conductismo

Desde la teoría conductista, hay que diferenciar entre el aprendizaje por condicionamiento clásico y el aprendizaje por condicionamiento operante. La tradicional teoría sobre el condicionamiento clásico o respondiente, basada en los experimentos de Pavlov, explica los comportamientos reactivos sencillos. En este tipo de aprendizaje, no se incorporan nuevos comportamientos al repertorio conductual establecido, pero si respuestas ante estímulos para los que en un primer momento no estaban previstas las mismas. Su relevancia también viene dada por la capacidad de desaprender a reaccionar, cuando dos estímulos dejan de presentarse de manera conjunta, lo cual se hace posible gracias al denominado proceso de extinción. Un caso de aprendizaje por condicionamiento clásico sería, por ejemplo, cuando el jefe de una empresa cada vez que llega a la planta de confección, tiene una actitud de crítica negativa infravalorando la labor realizada por los empleados, destacando únicamente los desperfectos en la fabricación, levantando la voz y acompañándola de fuertes aspavientos con los brazos y con ceño fruncido. Este comportamiento dará lugar a que, ante su simple presencia, los trabajadores reaccionen con un estado de tensión y nerviosismo. Además, la repetida actitud del patrón propiciará, ante el temor a futuras broncas, un ambiente de trabajo muy poco recomendable en el que, muy probablemente, se originen frecuentes situaciones de conflicto entre compañeros. Ante estas circunstancias, sería recomendable que el jefe se sometiera a un programa educativo, especialmente diseñado para el aprendizaje de una actitud de crítica favorable. La elaboración y desarrollo de este le facilitaría, a través del proceso reeducativo, la transformación hacia nuevas formas explicativas cordiales, respetuosas y empáticas, además de enseñarle a hacer uso de un lenguaje corporal capaz de transmitir confianza y altas expectativas hacia la labor de sus obreros. Este cambio comportamental del jefe propiciaría que, las tensiones y los temores de los obreros, fueran desapareciendo a medida que percibieran el cambio en las supervisiones sucesivas, gracias al anteriormente explicado proceso de extinción. Ahora el ambiente de trabajo y las relaciones entre compañeros se tornarían favorables, logrando un ambiente de armonía y de cordialidad con predisposición a la colaboración y mejora en la ejecución de la tarea. Esta nueva situación, además, promovería el logro de un estado de bienestar y satisfacción personal que, a su vez, provocaría actitudes de positividad y entrega, favoreciendo el cumplimiento de normas y deberes, el logro de la felicidad propia y de la de los demás, así como los ambientes de colaboración y de respeto entre los compañeros, indistintamente del lugar jerárquico que ocupara cada uno de ellos en el trabajo. El estado emocional de las personas es muy relevante en el aspecto comportamental, ya que las emociones impulsan o inhiben al sujeto hacia la acción en uno u otro sentido. Existe una correlación positiva entre lo emocional y lo comportamental. Un estado emocional negativo, conllevan a comportamientos negativos, dañinos para la persona que lo ejecuta y, con pésimas consecuencias para la convivencia social. Un estado emocional positivo, genera comportamientos de cordialidad, de colaboración, de respeto, en definitiva, conductas amorosas hacia uno mismo y hacia el prójimo, facilitando un estado de felicidad y favoreciendo el desarrollo de una convivencia cívica y una cultura de paz en cualquier área vital.

Por su parte, la teoría del condicionamiento operante o instrumental, explica los comportamientos en función de las consecuencias de estos. Es decir, cuando ante un determinado comportamiento se obtienen consecuencias agradables, la probabilidad de que el sujeto repita la acción aumenta. Toda consecuencia que aumenta la probabilidad de repetición de una conducta, se denomina refuerzo. Los reforzadores pueden ser positivos o negativos. Un reforzamiento positivo sería por ejemplo, cuando ante las horas extras que ha trabajado el obrero por circunstancias excepcionales de la empresa, el jefe le recompensa con una remuneración económica. En el uso de refuerzos positivos, el sujeto recibe algo agradable tras la ejecución de la conducta. El reforzamiento negativo en la situación anteriormente descrita se produciría si, el jefe, ante las horas extras que ha trabajado el empleado, le diera libre el siguiente día de fiesta que le tocaba trabajar. El refuerzo negativo se produce ante la retirada de un estímulo aversivo existente, contingente a la conducta. Sin embargo, ante conductas que van seguidas de resultados aversivos, la probabilidad de que ese comportamiento se vuelva a dar disminuye. En este caso, se está haciendo alusión al uso del castigo. Por ejemplo, si el obrero llega a su trabajo con comportamientos no adecuados como consecuencia de una alta ingesta de alcohol, el jefe lo manda una semana a casa sin empleo y sueldo. El uso de castigos reduce la probabilidad de repetición de la conducta castigada y/o, la elimina de forma permanente. En este sentido, también, en ocasiones, es muy recomendable reforzar los comportamientos contrarios a los que se quiere eliminar. Es importante resaltar que, el aprendizaje comportamental a través del condicionamiento operante es voluntario.

En relación a los comportamientos que deben mantenerse para llegar a conseguir objetivos a muy largo plazo, existe una técnica conductista que ayuda a las personas, u obreros en este caso, a que no abandonen en el intento y persistan hacia la meta fijada. Es la conocida técnica de aproximaciones sucesivas, que consiste en ir reconociendo, premiando, en definitiva, reforzando pequeños logros a lo largo del proceso de consecución del objetivo impuesto. Por ejemplo, cuando los comerciantes son sometidos a logros u objetivos excesivos, la empresa puede ir recompensando metas de dificultad media para que la perspectiva de alcanzar el objetivo final, no se perciba tan lejana o imposible de alcanzar y se siga manteniendo el interés por el trabajo. Esta situación, también favorecerá el bienestar personal del empleado, que se sentirá motivado y valorado, evitando conductas de malestar que puedan propiciar la aparición de situaciones conflictivas.

Por todo ello, no cabe la menor duda que, los programas educativos en las empresas basados en las teorías conductistas del aprendizaje, ofrecen una gran oportunidad de reeducar para optimizar el comportamiento organizacional. El conductismo, puede ser entendido como una potente herramienta para modelar el comportamiento de las personas que forman parte de la empresa, independientemente del cargo y del rango que cada una ocupe. Supone un gran potencial, para la transformación de comportamientos que puedan generar situaciones de conflicto en cualquier escenario laboral. Es una vía que facilita el camino, hacia el logro de una cultura de paz en las organizaciones.

3.2.2. Aprendizaje social

Las personas nacen con un carácter genéticamente definido pero, la influencia del entorno es la que define, en mayor medida, su comportamiento futuro en sociedad. La conducta del hombre tiene una esencia genética, pero responde a las interacciones que se establecen con el ambiente, desde el momento de la concepción hasta el final de sus días (Vega, 2013). El carácter marca la tendencia en la forma de actuar, pero es la influencia del entorno la que determina los comportamientos a lo largo del desarrollo vital. En este sentido, y en continuidad con la perspectiva educativa, uno de los aprendizajes más relevantes en la justificación del comportamiento humano es el denominado aprendizaje social, también conocido como aprendizaje por imitación u observacional. Este tipo de aprendizaje, tiene una gran relevancia en el comportamiento general de las personas. En este caso, el aprendizaje se produce, como su nombre indica, al observar los comportamientos y actitudes de otros e intentar imitarlas. No obstante, no se imita el comportamiento de cualquier persona. Se tiende a observar y a querer comportarse, como las personas que, por algún motivo, son significativas para el sujeto. Estas personas, se convierten en modelos a imitar en el más amplio sentido de la palabra. Son las personas que mayor poder de influencia tienen en el comportamiento y en otras facetas de la vida del individuo. A través de la observación no sólo aprenden comportamientos, sino también se imitan formas de hablar, gestos, estilo en el vestir e, incluso, aficiones, creencias y pensamientos. Gran parte del repertorio conductual manifiesto, se adquiere a través del aprendizaje social.

Las organizaciones, en su mayoría, se caracterizan por una identidad propia que se han ido forjando a lo largo de su historia existencial. El contenido de esta identidad viene determinado por el código ético instaurado en la empresa, como se ha explicado con anterioridad. En el día a día, se viven situaciones que son afrontadas con actitudes en las que, por ejemplo, se pueden percibir los límites comportamentales marcados, o darse cuenta de las consecuencias positivas que tienen determinados comportamientos de algún compañero (refuerzo vicario), o incluso las recompensas que se reciben por conductas propias (refuerzo directo o autoproducido). En definitiva, las empresas tienen unos reglamentos comportamentales, que son percibidos por los miembros que la integran y que, poco a poco, van adquiriendo, sobre todo, a través del aprendizaje por imitación. Es una especie de cultura organizacional implícita donde los comportamientos adecuados serán los valorados y, por tanto, los de mayor tendencia a ser imitados. En este sentido, las consecuencias favorables del aprendizaje por imitación, podrían ser entendidas desde un doble prisma: los comportamientos positivos llevados a cabo en la sociedad, podrían ser entendidos como referente de la cultura de paz para las organizaciones o, las buenas actitudes de las organizaciones cono contribución para la transformación de una cultura de paz social. En cualquier caso, todo comportamiento favorable contribuye, en general, a una convivencia cívica, en definitiva, a la instauración de una cultura de paz.

IV. EDUCAR EN EL CONFLICTO

Nuevamente hay que poner de relieve el valor de la educación como creadora de posibilidades, destacando su capacidad transformadora. En este sentido, desde el enfoque del paradigma de la psicología de la educación, se va a exponer brevemente, las aportaciones que un cambio en la perspectiva de la significatividad del conflicto a través del proceso educativo, puede suponer para el logro de una cultura de paz en las organizaciones. Generalmente, las situaciones conflictivas, son percibidas como generadoras de discusiones, enfrentamientos e incluso violencia. Sin embargo, la educación tiene la capacidad de modificar las connotaciones negativas que tiene el conflicto. Las situaciones conflictivas pueden llegar a entenderse como, oportunidades para que los miembros de las organizaciones desarrollen habilidades, valores y comportamientos que favorezcan las interacciones positivas facilitando, a su vez, el logro de una cultura de paz.

El conflicto, desde psicología educativa, puede ser entendido como posibilitador y creador de situaciones de encuentros para fomentar las relaciones caracterizadas por la comunicación, la apertura para el intercambio e incluso para la adaptación. Este cambio de enfoque o perspectiva, desde la cual puede ser entendido el conflicto, es el que según Fisas (1998), contempla todas estas características, como las perseguidas para lograr una cultura de paz. En este sentido, los programas educativos encaminados a la reeducación de los miembros de las organizaciones, deben integrar también la necesidad de reeducar en el conflicto.

El conflicto en cualquier ámbito vital, a partir de ahora, hay que hacer un esfuerzo por entenderlo como una oportunidad para el diálogo que favorece la comunicación interpersonal y/o intergrupal. Los conflictos generan oportunidades para la toma de decisiones conjuntas, posibilita el aprendizaje de la reconciliación, de la tolerancia desde el momento que se es capaz de respetar la opinión o actitud contraria de otro, la empatía y la aceptación y, la gestión de la frustración. Puede darse la circunstancia, por ejemplo, que en una empresa los trabajadores estén enfrentados por no llegar a un acuerdo respecto a la fecha de, cuándo debe comenzar el periodo vacacional que tiene que ser elegido por los empleados. Estas circunstancias de disputa, puede tornarse como oportunidad para el diálogo, la comunicación, la empatía y la búsqueda de acuerdos y soluciones que favorezcan a todos/as o a la mayoría.

En este sentido, se hace indispensable hacer alusión a la necesidad de educar para fomentar el desarrollo de la creatividad, como cualidad que tiene una gran relevancia en el tema del conflicto por su gran potencial para aportar soluciones. La creatividad puede llegar a ser el origen de avances en la resolución de conflictos, por la variedad de posibilidades que puede añadir. La creatividad, puede y debe ser estimulada desde la educación y, sería muy interesante incidir en ella en los programas de reeducación de las empresas, sobre todo, para favorecer la variedad de posibilidades en la gestión de resolución de conflicto y contribuir así, a alcanzar la paz en las organizaciones.

V. BIBLIOGRAFÍA

AGÚNDEZ GÓMEZ, D. "Educar en valores. Teoría y práctica". *Supervisión 21. Revista de Educación e Inspección,* 37, 2015, 1-36.

CHEUNG, S. WONG, P. Y LAM, A. "An investigation of the relationship between organizational culture and the performance of construction organizations". *Journal of Business Economics and Management,* 13, 4, 2012, 688-704.

CRUZ C. "Introducción a la Psicología de la educación y paradigmas de aprendizaje", en *Psicología de la Educación, Grado en educación infantil y primaria,* Pirámide, 2016, Madrid, pp. 15-27

FISAS, V. "Una cultura de paz", en *Cultura de paz y gestión de conflictos,* cap.XI, Icaria/NESCO, Barcelona, 1998, pp. 1-26

GARIBALDI, A, WETZEL, U. FERREIRA, V."Organizational culture and performance: a Brazilian case". *Management Research News,* Vol. 32, 2009, 99 – 119.

MARCOULIDES, G y HECK, R. "Organizational culture and performance: proposing and testing a model". *Organization science,* 4, 2, 1993, 209-225.

MARINA, J. A. "La educación cívica". *Educación y Futuro, 13,* 2005, 11-23.

REAL ACADEMIA ESPAÑOLA. "Diccionario de la lengua española", 23.ª ed., [versión 23.7 en línea]. <https://dle.rae.es> [Consulta: 27 de diciembre de 2023].

RENGEL, V., RAMÍREZ, M. y CAMPOVERDE, A. "La práctica de valores hacia una cultura de paz en empresas públicas y privadas del Ecuador". *Revista Ibérica de Sistemas e tecnologías de Informação,* E 20, mayo 2019, 364-376.

SANDERS, E. y COOKE, R (2005). "Financial returns from organizational culture improvement: Translating soft changes into hard dollars. *ASTD Research-to-Practice Conference Proceedings, Orlando.* 2005.

VEGA, F. "Genética, criminalidad y filosofía". *Revista Digital De Ciencias Penales De Costa Rica,* (en línea), (2013), Disponible en

<https://revistas.ucr.ac.cr/index.php/RDMCP/article/view/12628>.

Capítulo 4.

La gestión positiva del Conflicto en las Organizaciones Saludables

MARISA SALANOVA SORIA
Y ANTONIO ORTIZ VÁZQUEZ
Universitat Jaume I de Castelló

I. Introducción; II. ¿Qué es una Organización Saludable (o HERO)?; III. Abordaje del conflicto dentro de Organizaciones Saludables y Resilientes; IV. Conclusiones; V. Glosario de términos; VI. Bibliografía

I. INTRODUCCIÓN

El conflicto es una realidad inevitable en cualquier organización o grupo de personas. Sin embargo, no todos los conflictos son necesariamente negativos, y por supuesto su gestión positiva puede tener resultados adaptativos en la organización. En concreto por ejemplo, en el contexto de las Organizaciones Saludables y Resilientes, los conflictos pueden ser una oportunidad para el crecimiento, la innovación y el fortalecimiento de las relaciones laborales (Zinchenko et al, 2017). Este capítulo se enfoca en explorar cómo las organizaciones pueden manejar el conflicto de manera positiva y efectiva para promover un entorno laboral saludable y resiliente.

Este tipo de organizaciones se caracterizan por fomentar una cultura y un clima organizacional positivo, donde el bienestar y la resiliencia de los empleados son prioridades fundamentales (Rathi y Srivastava, 2024). Estas organizaciones, lejos de evitar el conflicto, desarrollan estrategias y herramientas para abordarlo constructivamente.

A lo largo de este capítulo, se detallarán los pasos esenciales para el manejo positivo del conflicto dentro de una Organización Saludable. Desde la evaluación y diagnóstico inicial, pasando por la implementación de programas de intervención psicológica positiva (IPP), hasta la evaluación de los resultados y la continuidad en el mantenimiento a lo largo del tiempo de los efectos positivos logrados.

A través de este capítulo, se espera proporcionar una guía comprensible y práctica para aquellos interesados en promover la salud y la resiliencia dentro de sus propias organizaciones, convirtiendo el conflicto en una herramienta para el desarrollo y el bienestar.

II. ¿QUÉ ES UNA ORGANIZACIÓN SALUDABLE (O HERO)?

Según Salanova y colaboradores (2012, 2019) una Organización Saludable y Resiliente o HERO (acrónimo de HEalthy & Resilient Organizations) se caracteriza por implementar acciones sistemáticas, planificadas y proactivas, enfocadas en mejorar los procesos y resultados de sus empleados y de la organización en su conjunto. Estas organizaciones son resilientes porque logran mantener un ajuste positivo en situaciones desafiantes, se fortalecen ante la adversidad y son capaces de sostener su funcionamiento y resultados bajo presión (pág. 86).

El equipo WANT (www.want.uji.es), de la Universitat Jaume I, ha desarrollado una metodología validada científicamente para fomentar instituciones positivas: el **Modelo HERO** (Salanova et al., 2012, 2019). Esta metodología combina elementos de la psicología organizacional positiva y la gestión de recursos humanos para ofrecer una alternativa moderna a los modelos tradicionales de estrés laboral y salud ocupacional. Las ventajas de esta metodología son múltiples:

1. **Participación Integral:** Invita a la participación de diversos actores dentro de la organización, incluyendo la percepción de la dirección, grupos de trabajadores y supervisores. Esta inclusión garantiza una evaluación integral y multifacética de la salud organizacional.
2. **Metodologías Combinadas:** Utiliza una combinación de metodologías cualitativas y cuantitativas, como entrevistas semiestructuradas, grupos focales y cuestionarios en línea, para obtener un panorama completo y detallado de la salud organizacional.
3. **Enfoque desde el modelo IGLO:** Destaca la importancia de la naturaleza multinivel de la organización en donde coexisten diferentes niveles como el nivel **I**ndividual, **G**rupal, referentes al **L**iderazgo, y **O**rganizacional de los instrumentos de medición, ofreciendo un enfoque novedoso y práctico para estudiar la salud ocupacional de forma holística e integrativa (Nielsen et al., 2018).
4. **Análisis Multinivel:** Promueve el análisis y tratamiento de datos a nivel colectivo, considerando las percepciones grupales y organizacionales en lugar de centrarse únicamente en el individuo.

El Modelo HERO se estructura en tres bloques principales que describen los componentes esenciales para crear y mantener organizaciones saludables y resilientes, pudiendo estos mismos componentes ser fuente de conflictos cuando no son evaluados de forma positiva. Estos bloques son: Prácticas y Recursos Organizacionales Saludables, Empleados Saludables y Resultados Organizacionales Saludables.

Imagen 1. Modelo HERO (Salanova et al., 2012)

El bloque de **Recursos y Prácticas Organizacionales Saludables** se enfoca en tanto en la prácticas y recursos que la organización ofrece o da acceso a sus empleados/as, así como en las demandas que estos/as mismos/as pueden encontrar en el entorno laboral. De esta forma, siguiendo la teoría del Modelo de Demandas-Recursos (Demerouti et al., 2001), se puede realizar un análisis completo del entorno del/la empleado/a. Las variables que se evalúan en este bloque son: sobrecarga cuantitativa, sobrecarga mental, sobrecarga emocional, disonancia emocional, ambigüedad de rol, conflicto de rol y mobbing como variables referentes a **demandas laborales**; y autonomía, feedback, clima de apoyo, coordinación y liderazgo transformacional como variables referentes a **recursos laborales**.

El bloque de **Empleados Saludables** hace referencia a variables más centradas en el bienestar de las personas trabajadoras y de los grupos que éstas componen. Estas variables se podrían catalogar en dos grupos dentro de este bloque: aquellas que se enfocan en **recursos personales** (competencia mental, competencia emocional, optimismo y resiliencia), y aquellas que ponen el foco en variables relacionadas con el **bienestar** (engagement, confianza horizontal, confianza vertical y prevención del burnout).

Por último, el bloque de **Resultados Organizacionales** hace referencia a variables referentes al desempeño de los individuos y los grupos que componen la organización y que son el **resultado o consecuencia del buen funcionamiento** de los mismos. Estas variables son: desempeño intra-rol, desempeño extra-rol y compromiso.

Como se puede observar, el modelo HERO integra una serie de variables que son fundamentales para promover un entorno de trabajo saludable y resiliente. Sin embargo, **estas mismas variables pueden ser fuentes potenciales de conflictos** si no se gestionan de forma adecuada, especialmente aquellas pertenecientes al bloque de Prácticas y Recursos Organizacionales Saludables. La sobrecarga laboral y la falta de claridad en los roles pueden generar tensiones, estrés y agotamiento entre los empleados (Kim y Wang, 2018). Asimismo, la insuficiencia de recursos como el apoyo organizacional, la coordinación o estilos de liderazgo negligentes puede llevar a la frustración, desmotivación y a faltas de entendimiento en la comunicación, ya sea esta ascendente, descendente u horizontal (Verheyen y Guerry, 2018).

Estos conflictos no solo afectan la salud y el bienestar de los empleados a medio y largo plazo, sino que también impactan negativamente en los resultados organizacionales, disminuyendo el desempeño y el compromiso (Monyei et al., 2023), corriendo el riesgo de caer en **espirales viciosas** que describen ciclos negativos donde los el exceso de demandas y la falta de recursos y los posibles conflictos derivados se agravan entre sí, creando un entorno de trabajo cada vez más tóxico y disfuncional (Repenning y Sterman, 2002).

III. ABORDAJE DEL CONFLICTO DENTRO DE ORGANIZACIONES SALUDABLES Y RESILIENTES

El manejo positivo del conflicto en organizaciones saludables requiere un enfoque sistemático que evalúe, identifique y aborde las causas subyacentes de manera eficaz. Esto comienza con una evaluación exhaustiva y un diagnóstico preciso que combinen metodologías cualitativas y cuantitativas para obtener una visión completa y lo más objetiva posible de la situación. Los métodos cualitativos que incluye el modelo HERO, como entrevistas y grupos focales, proporcionan comprensión detallada de las experiencias de los empleados, mientras que los métodos cuantitativos, como la encuesta HERO, o su versión reducida HEROCheck, ofrecen datos estadísticos sobre la magnitud y prevalencia de las variables que pueden ser el origen del conflicto. La combinación de ambos enfoques permite un diagnóstico holístico, facilitando la identificación de las causas raíz y el diseño de intervenciones psicológicas precisas y efectivas, contribuyendo a un entorno de trabajo más saludable y resiliente.

3.1. Evaluación y diagnóstico

En primer lugar, es fundamental comprender que una evaluación exhaustiva constituye el pilar esencial para la gestión eficaz de conflictos en organizaciones saludables. A menudo, se destinan tiempo y recursos a aspectos superficiales que parecen ser la causa del conflicto, cuando en realidad el origen subyacente reside en factores más profundos. La evaluación tiene como objetivo identificar las variables que pueden estar generando o exacerbando los conflictos existentes, proporcionando una comprensión integral de la dinámica organizacional. Además, un aspecto positivo de este tipo de evaluaciones es que no solo permite conocer el estado actual de la organización, sino también identificar las áreas más problemáticas y comprender las dinámicas interpersonales y grupales. Esto facilita la identificación precisa de los focos que requieren mayor atención y recursos, optimizando así las estrategias de intervención.

Para realizar una correcta evaluación se deben tener en cuenta los siguientes aspectos:

- **Tamaño de la muestra:** Seleccionar una muestra representativa de la organización es crucial para asegurar que los resultados de la evaluación reflejen con precisión las dinámicas y problemas existentes. Desde el Equipo WANT se aconseja aplicar la fórmula de tamaño de muestra tanto para el total de la empresa como por departamentos: $n=400/(1+(400/N)$, donde n es el tamaño de la muestra y N el número total de personas que componen el grupo. En organizaciones grandes o muy departamentalizadas, subdividir la muestra proporcionalmente entre los diferentes departamentos para evitar la sobrerrepresentación o infrarrepresentación.
- **Supervisión y compromiso con el proceso:** Es fundamental que la alta dirección y los supervisores se involucren activamente en el proceso de evaluación. Su compromiso no solo legitima el proceso, sino que también garantiza que las recomendaciones y resultados sean considerados e implementados. La supervisión constante del proceso asegura que se sigan los métodos y procedimientos establecidos.
- **Entrevistas a Agentes Clave:** Realizar entrevistas en profundidad con personas que ocupan posiciones estratégicas dentro de la organización (líderes, gerentes, representantes de empleados, etc.) puede proporcionar información valiosa sobre las percepciones y experiencias relacionadas con los conflictos. Estas entrevistas ayudan a identificar factores subyacentes y ofrecen una perspectiva más completa del entorno organizacional.

- **Análisis de resultados:** Una vez recopilados los datos, es necesario realizar un análisis detallado que incluya tanto métodos cuantitativos como cualitativos. Este análisis debe centrarse en identificar patrones, tendencias y relaciones entre diferentes variables que puedan estar contribuyendo a los conflictos. El uso de herramientas estadísticas y de análisis de contenido es imprescindible en esta etapa.
- **Diagnóstico:** Basado en los resultados del análisis, se elabora un diagnóstico que describe las principales causas de los conflictos y las áreas de la organización que requieren atención. El diagnóstico debe ser claro, preciso y ofrecer una visión general de los problemas identificados, así como de sus posibles consecuencias si no se abordan adecuadamente.
- **Grupos Focales:** Organizar grupos focales con empleados de diferentes niveles y departamentos permite obtener una comprensión más profunda de las percepciones y experiencias colectivas relacionadas con los conflictos. Estos grupos proporcionan un espacio seguro para discutir abiertamente los problemas y proponer soluciones, enriqueciendo así la información obtenida y ayudando a validar los hallazgos de la evaluación.

3.2. Intervenciones Psicológicas Positivas

Las intervenciones psicológicas en las organizaciones se refieren a la aplicación de principios y técnicas psicológicas por parte de un profesional especializado con la intención de asistir a las personas y grupos en una organización. Estas intervenciones buscan ayudar a entender los problemas, reducirlos o superarlos y/o mejorar las capacidades individuales o las relaciones con el entorno (López-Mena, 2008).

En el contexto de las Organizaciones Saludables, el abordaje del conflicto se beneficia enormemente de las Intervenciones Psicológicas Positivas (IPP). Siguiendo las bases de la Psicología Positiva, definida por Seligman y Csikszentmihalyi (2000), estas intervenciones no solo abordan los déficits o necesidades de la organización, sino que también destacan y potencian los aspectos positivos que la organización ya posee. Por lo tanto, las IPP se describen como actividades o métodos destinados a identificar, desarrollar y/o ampliar cualquier aspecto positivo, ya sea experiencias subjetivas o elementos positivos dentro de la organización, abarcando tres niveles: individual (micro), grupos y equipos de trabajo (meso), y organizacional (macro) (Meyers et al., 2013). Anteriormente, Sin y Lyubomirsky (2009) definieron las IPP de forma más amplia, considerándolas como todas aquellas intervenciones dirigidas a aumentar los sentimientos, comportamientos y cogniciones positivas.

En resumen, las IPP buscan el "florecimiento" de la organización, es decir, no solo se trata de cubrir los déficits o debilidades, sino de mejorar aspectos en otras áreas que ya funcionen adecuadamente para, así, optimizar su funcionamiento. Este enfoque es particularmente útil en la gestión de conflictos, ya que fomenta un ambiente donde se valora y se construye sobre las fortalezas existentes, lo que a su vez puede facilitar la resolución de conflictos de manera más constructiva y sostenible.

Cada vez existe más evidencia científica que respalda la eficacia y efectividad de las Intervenciones Psicológicas Positivas (IPP). Un estudio reciente realizado por Carr et al. (2023) evaluó 198 metaanálisis, integrando datos de 4.065 estudios con una muestra total de 501.335 personas. Los resultados indicaron que las IPP tienen un impacto significativo en el bienestar y la calidad de vida de los trabajadores, así como en la optimización de las dinámicas laborales. Sin embargo, no se debe proceder al diseño y desarrollo de IPP de manera indiscriminada; es fundamental que exista una motivación o justificación sólida para su aplicación. Por ello, es crucial realizar una evaluación exhaustiva previa. Una vez identificadas, a través del análisis de datos y el diagnóstico, las variables que originan los conflictos, se implementarán las IPP necesarias para abordar dichas problemáticas.

Las IPP que se han desarrollado desde el Equipo WANT, y que han sido implementadas en numerosas organizaciones del ámbito nacional e internacional demostrando su efectividad, son las siguientes:

Emocionalidad Saludable: se define como una estrategia destinada a mejorar la regulación emocional, aumentar la resiliencia y fomentar el bienestar general de los participantes en todos los aspectos de su vida. Esta intervención se centra en desarrollar habilidades emocionales clave como la atención, la autoconciencia, la perspectiva, la intuición social y la sensibilidad al contexto. Su objetivo es proporcionar a los trabajadores las herramientas necesarias para manejar de manera equilibrada y adaptativa las experiencias vitales, promoviendo un entorno de trabajo más compasivo y solidario, y mejorando tanto el bienestar individual como las dinámicas organizacionales. Esta IPP se enfocaría principalmente en el **nivel individual** del modelo IGLO, y sería indicada su aplicación cuando se obtienen se detectan como conflictivas las siguientes variables: sobrecarga emocional, disonancia emocional, ambigüedad de rol, conflicto de rol, mobbing, competencia emocional, resiliencia, clima de apoyo, engagement y prevención del burnout.

Mejora del Buen Trato en la Interacción Social: se centra en desarrollar relaciones sociales positivas en el entorno laboral mediante la mejora de habilidades sociales y emocionales. Basada en los principios de la Psicología Positiva, esta intervención busca promover la regulación emocional, la compasión y autocompasión, la comunicación positiva y la gratitud entre los empleados.

Su objetivo es fomentar un ambiente de trabajo saludable, mejorar la interacción social y mitigar los efectos negativos de un entorno laboral hostil. Esta IPP se enfocaría principalmente en el **nivel grupal** del modelo IGLO, y sería indicada su aplicación cuando se obtienen se detectan como conflictivas las siguientes variables: sobrecarga emocional, disonancia emocional, confianza horizontal, confianza vertical, mobbing, competencia emocional, clima de apoyo y desempeño extra-rol.

Desarrollo de Equipos de Trabajo Saludables: está diseñada para mejorar el bienestar y la productividad de los equipos de trabajo mediante la promoción de habilidades emocionales y sociales. Esta intervención se centra en la regulación emocional, la compasión y autocompasión, el desarrollo de fortalezas de carácter y la comunicación no violenta y asertiva. Su objetivo es mitigar factores estresantes en el entorno laboral y fomentar un ambiente colaborativo y saludable, que beneficie tanto a los individuos como al grupo en su conjunto. Esta IPP se enfocaría principalmente en el **nivel grupal e individual** del modelo IGLO, y sería indicada su aplicación cuando se obtienen se detectan como conflictivas las siguientes variables: ambigüedad de rol, conflicto de rol, sobrecarga emocional, mobbing, clima de apoyo, confianza horizontal, coordinación, competencia emocional, engagement y prevención del burnout.

Coaching de Equipos basado en Fortalezas: se enfoca en el desarrollo de las fortalezas individuales y colectivas dentro de un equipo para mejorar su cohesión, desempeño y bienestar general. Esta intervención utiliza técnicas de coaching para identificar y potenciar las capacidades naturales de los miembros del equipo, promoviendo la colaboración, el compromiso y la efectividad en el cumplimiento de objetivos comunes. El Coaching de Equipos se basa en el modelo de Psicología Positiva, enfatizando la importancia de utilizar las fortalezas personales y colectivas para lograr un rendimiento óptimo y un entorno de trabajo saludable. Esta IPP se enfocaría principalmente en el **nivel grupal** del modelo IGLO, y sería indicada su aplicación cuando se obtienen se detectan como conflictivas las siguientes variables: conflicto de rol, ambigüedad de rol, clima de apoyo, confianza horizontal, confianza vertical, coordinación, engagement y desempeño intra-rol.

Líder Coach: se centra en el desarrollo de las habilidades de liderazgo mediante la integración de técnicas de coaching (Peláez Zuberbühler, 2023). Esta intervención está diseñada para capacitar a los líderes en la creación de un entorno laboral positivo y colaborativo, promoviendo el crecimiento personal y profesional de sus equipos. Se basa en la Psicología del Coaching, que utiliza un enfoque empírico y metodológico para facilitar el cambio de comportamiento intencionado, mejorar el rendimiento y fomentar el bienestar tanto a nivel individual como organizacional. Los líderes que adoptan este enfoque actúan como facilitadores, ayudando a sus colaboradores a establecer y alcanzar objetivos, desarrollar competencias, superar obstáculos y mantener relaciones positivas. Esta IPP se enfocaría principalmente en el **nivel líder** del modelo IGLO, aunque también incide consecuentemente a nivel individual y grupal. Esta IPP sería indicada su aplicación cuando se obtienen se detectan como conflictivas las siguientes variables: liderazgo transformacional, engagement, confianza vertical y compromiso.

Survey Feedback Apreciativo: es una metodología de intervención organizacional que combina la Retroalimentación de la Encuestas (French & Bell, 1995) con la Indagación Apreciativa (Cooperrider y Srivastva, 1987). Esta técnica está diseñada para recoger y analizar las percepciones de los miembros de una organización mediante encuestas y luego devolver estos resultados al grupo. El objetivo es facilitar la identificación de problemas y la formulación de soluciones colaborativas a través de grupos de trabajo utilizando una comunicación bidireccional en todo el proceso. A diferencia de los enfoques tradicionales centrados en problemas, el SFA se enfoca en identificar y potenciar las fortalezas de individuos, líderes y grupos dentro de la organización, promoviendo una visión positiva hacia el cambio organizacional saludable. Esta IPP incide en el **nivel organizacional** del modelo IGLO. Debido a la versatilidad de esta IPP, su aplicación es adecuada para abordar y profundizar en cualquier variable que se haya identificado como conflictiva tras la evaluación HERO. La información cualitativa que se extrae de esta IPP nutre al resto de IPP en caso de que se desarrolle más de una.

Cada una de estas intervenciones dispone de sus propios instrumentos de evaluación, los cuales están diseñados específicamente para medir su efectividad, satisfacción y transferencia. Estas evaluaciones se realizan en tres momentos clave: evaluación pre-intervención, evaluación post-intervención y evaluación de seguimiento (*follow-up*). Estos tiempos de **medidas proximales** permiten una evaluación exhaustiva y continua de los impactos de las IPP.

La aplicación de estas IPP permite a las organizaciones abordar de manera específica y efectiva las diversas variables conflictivas identificadas mediante el modelo HERO. Cada una de estas intervenciones está diseñada para actuar en niveles específicos del modelo IGLO, garantizando un enfoque multifacético y holístico. La creciente evidencia científica respalda la efectividad de estas prácticas, destacando la importancia de un enfoque integrado y continuo en la promoción del bienestar y la salud organizacional. De esta manera, las IPP no solo ayudan a resolver conflictos de manera más constructiva y sostenible, sino que también fomentan un entorno laboral saludable y positivo, esencial para el éxito a largo plazo de cualquier organización.

Para obtener información detallada de cada intervención, así como de los diferentes momentos de evaluación, se recomienda al lector la lectura del libro Monográfico "Intervenciones Psicológicas Positivas en las Organizaciones en tiempos convulsos" (Salanova y Llorens, en prensa).

3.3. Evaluación en Tiempo 2

La evaluación a lo largo del tiempo es un componente fundamental para garantizar la efectividad y sostenibilidad de las Intervenciones Psicológicas Positivas (IPP) en las organizaciones. La Evaluación en Tiempo 2, o post-evaluación, utilizando el instrumento HERO o HEROCheck, se realiza después de completar todo el proceso de IPP, incluyendo sus tres medidas proximales. Esta evaluación permite medir el impacto de las intervenciones en las variables psicosociales a corto y medio plazo, y también identificar áreas que puedan requerir ajustes para mantener y potenciar los efectos logrados. Tanto la primera evaluación con el HERO como esta segunda se denominan evaluaciones distales, ya que evalúan el impacto de las IPP en las variables psicosociales medidas inicialmente. Así, se distingue entre **evaluaciones proximales** (que forman parte de la IPP) y **evaluaciones distales** (que evalúan la evolución de las variables psicosociales del modelo HERO).

Las diferencias observadas entre la evaluación distal en tiempo 1 (T1) y la evaluación distal en tiempo 2 (T2) son cruciales para entender la efectividad de las IPP. En el T1, se obtienen datos basales sobre las variables psicosociales, proporcionando una línea de base contra la cual se medirán los cambios. Posteriormente, la evaluación en T2 permite identificar las mejoras logradas en estas variables gracias a las IPP implementadas. Generalmente, se espera observar una disminución en las variables pertenecientes al bloque de demandas laborales, y un aumento en el resto de bloques: recursos laborales, recursos personales, bienestar y resultados organizacionales. Estas mejoras reflejan no solo la resolución de conflictos existentes, sino también un fortalecimiento general del entorno laboral.

3.4. Evaluación en Tiempo 3 y sostenibilidad de los efectos

La Evaluación distal de seguimiento o T3 se lleva a cabo típicamente a los tres, seis y doce meses después de la intervención con el mismo instrumento de evaluación utilizado en T1 y T2, en este caso el HERO o HEROCheck. Este seguimiento continuo es esencial para:

1. **Medir la Sostenibilidad de los Efectos:** Evaluar si los beneficios obtenidos se mantienen a lo largo del tiempo. Esto implica verificar que las mejoras en el bienestar, el clima laboral y las dinámicas organizacionales observadas inicialmente no solo persisten, sino que también se integran en la cultura organizacional de manera sostenible.

2. **Identificar Factores de Éxito y Áreas de Mejora:** Determinar qué aspectos de la intervención están funcionando bien y cuáles pueden necesitar ajustes o refuerzos adicionales. Esta identificación permite reconocer los elementos de la IPP que han tenido el mayor impacto positivo, así como detectar posibles obstáculos que hayan impedido una implementación más efectiva.
3. **Ajustar y Refinar Intervenciones:** Basar las decisiones de ajuste en datos empíricos para mejorar la efectividad continua de las IPP. Los resultados obtenidos en T3 proporcionan una base sólida para realizar modificaciones necesarias, adaptar estrategias y desarrollar acciones de refuerzo específicas que aseguren la continuidad de los efectos positivos.

3.4.1. Continuidad para Mantenimiento de los Efectos

Mantener los efectos positivos de las IPP a lo largo del tiempo requiere la implementación de **acciones de "refuerzo" o "r*efreshment*"**. Estas acciones están diseñadas para recordar y actualizar los aprendizajes adquiridos durante el periodo de implementación de IPP, facilitando su transferencia continua al puesto de trabajo. Algunas de las estrategias clave incluyen:

1. **Recordatorios Individuales y Masivos:** Utilización de medios como emails, mensajes de texto o recordatorios en reuniones para mantener la atención en las prácticas aprendidas.
2. **Reuniones de Recuerdo:** Sesiones grupales periódicas para compartir experiencias, refrescar conceptos y fortalecer el compromiso con los cambios implementados.
3. **Sesiones de Refuerzo Individuales:** Disponibilidad de recursos como grabaciones, resúmenes y materiales adicionales para que los participantes puedan revisar y aplicar lo aprendido de manera continua.
4. **Acciones de Colaboración entre Iguales:** Fomentar el apoyo social y la colaboración entre compañeros para fortalecer los comportamientos deseados y facilitar la transferencia de conocimientos.
5. **Acciones de Liderazgo:** Involucrar a los líderes en el proceso de refuerzo, utilizando el modelado y el refuerzo positivo para consolidar los aprendizajes.

3.4.2. Obstáculos y Facilitadores de la Sostenibilidad

Es fundamental anticipar y abordar **posibles obstáculos** que pueden surgir durante la fase de mantenimiento de las Intervenciones Psicológicas Positivas

(IPP). La **resistencia al cambio** es un fenómeno común en las organizaciones; los empleados pueden sentirse cómodos con sus rutinas actuales y mostrar reticencia a adoptar nuevas prácticas. Esta resistencia puede manifestarse de diversas formas, desde la falta de participación activa hasta el rechazo abierto de las nuevas iniciativas. Además, la **falta de apoyo continuo** por parte de la dirección puede hacer que los empleados pierdan el impulso inicial generado por la intervención. Sin el compromiso constante de los líderes, proporcionando recursos y reconocimiento, es difícil mantener el entusiasmo y la motivación. Por otro lado, la **sobrecarga cuantitativa** puede distraer a los empleados de aplicar lo aprendido en las IPP. Cuando están abrumados por sus responsabilidades diarias, es menos probable que dediquen tiempo y energía a nuevas prácticas, incluso si reconocen sus beneficios.

Para contrarrestar estos obstáculos, es esencial implementar **facilitadores clave** que promuevan la sostenibilidad de las IPP. El **respaldo de la alta dirección** es crucial; los líderes deben mostrar un compromiso visible con las IPP, asignando recursos adecuados y proporcionando incentivos para la participación. Esto crea un entorno donde las nuevas prácticas son valoradas y priorizadas. Asimismo, es necesario **diseñar un entorno que facilite la implementación de las nuevas habilidades adquiridas**. Esto puede incluir la reestructuración de tareas para permitir tiempo dedicado a la práctica, la creación de espacios físicos donde se puedan realizar actividades relacionadas con las IPP y la promoción de una cultura organizacional que valore el aprendizaje y la mejora continua.

Ofrecer **oportunidades continuas de capacitación y desarrollo** también ayuda a reforzar las habilidades adquiridas durante las IPP. Programas de formación adicionales, talleres y sesiones de seguimiento pueden mantener a los empleados comprometidos y actualizados sobre las mejores prácticas. El **apoyo entre compañeros** puede ser un poderoso facilitador de la sostenibilidad. Fomentar una cultura de colaboración y apoyo mutuo permite que los empleados se motiven y se ayuden unos a otros en la aplicación de nuevas prácticas. Grupos de apoyo, mentorías y actividades de equipo pueden fortalecer este aspecto.

Al anticipar y abordar estos obstáculos, y al promover facilitadores clave, las organizaciones pueden mejorar significativamente la sostenibilidad de las IPP, asegurando que los beneficios obtenidos perduren a largo plazo y se integren plenamente en la cultura organizacional.

IV. CONCLUSIONES

En conclusión, la metodología HERO ha demostrado ser efectiva para gestionar positivamente los conflictos en las organizaciones. Las Organizaciones Saludables y Resilientes (HERO) además de ver el conflicto como inevitable, lo utiliza como una oportunidad para el crecimiento y el fortalecimiento de la dinámica laboral. Este enfoque proactivo mejora la comunicación, la colaboración y el respeto mutuo, transformando los conflictos en catalizadores de mejora continua y florecimiento organizacional. Así, las organizaciones se vuelven más resilientes y capaces de adaptarse a los desafíos del entorno empresarial, promoviendo un entorno laboral saludable y productivo.

V. GLOSARIO DE TÉRMINOS

Autonomía: Grado en que la persona empleada posee suficiente control para decidir las tareas (y la cantidad de estas) que realizará durante el día, el orden en que las llevará a cabo y el momento en que las empezará y/o las acabará.

Feedback: Información que recibe la persona empleada sobre cómo es su desempeño. Este feedback puede provenir de la propia tarea en sí misma, de los compañeros y compañeras, de la persona que le supervisa, y también de otras personas como clientes, familia, amistades, etc.

Clima de apoyo social: Grado en que la persona empleada se siente apoyada por sus compañeros y compañeras, y por la persona que le supervisa a la hora de resolver problemas en su trabajo.

Coordinación: Grado en que quienes forman parte del grupo de trabajo maneja eficazmente los acontecimientos inesperados, conocen el trabajo que realizan el resto de compañeros y compañeras del grupo y se coordinan entre sí.

Competencia mental: Grado en que la persona empleada se siente competente a nivel cognitivo para afrontar las demandas que el puesto de trabajo requiere.

Competencia emocional: Grado en que la persona empleada se siente competente a nivel emocional para afrontar las demandas que el puesto de trabajo requiere.

Liderazgo transformacional: Grado en que la persona que supervisa trata a los empleados y empleadas teniendo en cuenta sus sentimientos y opiniones, establece y planifica objetivos y tareas a realizar y distribuye responsabilidades.

Dentro del liderazgo transformacional se miden cinco dimensiones del liderazgo: Visión, Comunicación, Estimulación, Apoyo y Reconocimiento.

Sobrecarga cuantitativa: Grado en que la cantidad de trabajo que debe realizar la persona empleada le 'sobrepasa', ya sea por falta de tiempo o por exceso de tareas. Bajas puntuaciones en esta escala indican subcarga, indicando que la persona tiene menos trabajo del que podría desarrollar, y que también puede tener consecuencias negativas (e.g., aburrimiento).

Sobrecarga mental: Grado en que el trabajo exige concentración, precisión, tener que estar pendiente de varias cosas a la vez (atención diversificada) y recordarlas.

Sobrecarga emocional: Grado en que el trabajo exige la implicación del empleado a nivel emocional, ya sea por tener que tratar con personas (pacientes/familiares, ciudadanos, estudiantes, compañeros) difíciles o por tener que persuadir o convencer a otros/as.

Ambigüedad de rol: Grado en que la persona empleada no percibe claramente la función y las tareas que debe desarrollar en su puesto de trabajo. No tiene claro qué debe hacer, cómo debe hacerlo, y por qué debe hacerlo, etc. Junto con el conflicto de rol, forman el así llamado: estrés de rol.

Conflicto de rol: Grado en que la persona empleada percibe demandas que son incompatibles entre sí. Es decir, que por realizar una tarea debe dejar de hacer otra. O que por realizar algo correctamente, deberá hacer algo mal. Quizá reciba órdenes contradictorias de dos personas diferentes (ya sea por supervisores/as o compañeros/as) o que la manera en la que le dicen que debe realizar las tareas no es exactamente como ellos/ellas las harían. Junto con la ambigüedad de rol, forman el así llamado: estrés de rol.

Rutina: Grado en que las tareas que se realizan en el puesto de trabajo son poco novedosas, no motivadoras ni retadoras, repetitivas y poco cambiantes y no implican el uso de diferentes habilidades para realizar el trabajo.

Indicadores de Mobbing: "Comunicación hostil y no ética, dirigida de una manera sistemática por uno o varios individuos generalmente hacia un individuo quien, debido al mobbing, es empujado hacia una posición de indefensión, manteniéndole en esta a través de actividades de acoso continuas. Estas acciones ocurren de manera frecuente (definición estadística: al menos una vez a la semana) y durante un tiempo prolongado (definición estadística: al menos seis meses). Debido a la alta frecuencia y a la duración de esta conducta hostil, este maltrato resulta en miseria psicológica, psicosomática y social" (Leymann, 1996: 168).

Disonancia emocional: Grado en que la persona empleada tiene que expresar emociones en su puesto de trabajo que realmente no siente. Por ejemplo, tener que mostrarse agradable y con simpatía ante un cliente que se muestra prepotente o muy exigente.

Creencias de eficacia: Creencia en las capacidades del grupo para desarrollar con éxito en el futuro las tareas relacionadas con su trabajo.

Engagement: Grado en que en el grupo de trabajo existe un clima positivo de plenitud o ilusión del empleado ante su trabajo.

Confianza: Grado en que la persona empleada tiene confianza con la gente con la que trabaja, confía en lo que hace y disfruta con las personas que trabaja. **Confianza horizontal**: Grado de confianza que se da entre compañeros/as y/o entre supervisores/as. **Confianza vertical**: Grado de confianza que se da de arriba-abajo y de abajo-arriba, es decir, confianza de los trabajadores y trabajadoras con quienes les supervisan y confianza de los superiores y supervisoras con las personas a las que supervisan.

Resiliencia: Grado en que el grupo de trabajo se mantiene fuerte y vencedor ante la adversidad, la incertidumbre, los conflictos y los fracasos en el trabajo, y es capaz de salir de las situaciones adversas fortalecido psicológicamente, con recursos personales de sus empleados más potentes.

Burnout: Síndrome de estar quemado por el trabajo. Compuesto por cuatro indicadores: cinismo, agotamiento, despersonalización e ineficacia.

Optimismo: Grado en el que el grupo de trabajo se ha sentido con energía en la realización de sus actividades laborales.

Desempeño intra-rol: Es aquella conducta que es requerida o esperada como parte de la ejecución de las obligaciones y responsabilidades del rol asignado.

Desempeño extra-rol: Es aquella conducta que beneficia a la organización y/o que tiene la intención de beneficiar a la organización, es espontánea y que va más allá de las expectativas de rol existentes. Por ejemplo, conductas voluntarias, intenciones positivas y desinteresadas.

Compromiso organizacional: Grado de aceptación de los objetivos y valores organizacionales y una tendencia a realizar un esfuerzo para formar parte de la organización y un deseo de continuar siendo miembro de la organización.

VI. BIBLIOGRAFÍA

CARR, A., FINNERAN, L., BOYD, C., SHIREY, C., CANNING, C., STAFFORD, O. & BURKE, T. The evidence-base for positive psychology interventions: a mega-analysis of meta-analyses. The Journal of Positive Psychology, 1–15. 2023. https://doi.org/10.1080/17439760.2023.2168564

COOPERRIDER, D., & SRIVASTVA, S. Appreciative inquiry in organizational life. In WOODMAN, R. & PASMORE, W. (Eds.), Research in organizational change and development, Vol. 1, pp. 129–169. 1987.

DEMEROUTI, E., BAKKER, A. B., NACHREINER, F., & SCHAUFELI, W. B. The job demands-resources model of burnout. Journal of Applied Psychology, 86(3), 499. 2001.

FRENCH, W. L., & BELL, C. Organization development: Behavioral science interventions for organization improvement. Pearson Educación. 1995.

KIM, S., & WANG, J. The role of job demands–resources (JDR) between service workers' emotional labor and burnout: New directions for labor policy at local government. International Journal of Environmental Research and Public Health, 15(12), 2894. 2018.

LÓPEZ-MENA, L. Intervención psicológica en la empresa. Madrid: Pirámide. 2008.

MEYERS, M., VAN WOERKOM, M., & BAKKER, A. B. The added value of the positive: A literature review of positive psychology interventions in organizations. European Journal of Work and Organizational Psychology, 22(5), 618–632. 2013. https://doi.org/10.1080/1359432X.2012.694689

MONYEI, F. E., EZINWA, P. N., AGBEAZE, E. K., UKPERE, W. I., UGBAM, C. O., & NDU, V. Workplace conflict and the productivity of employees in the healthcare sector: A case study. Corporate Governance and Organizational Behavior Review, 7(3), 70–79. 2023.

NIELSEN, K., YARKER, J., MUNIR, F., & BÜLTMANN, U. IGLOO: An integrated framework for sustainable return to work in workers with common mental disorders. Work & Stress, 32(4), 400–417. 2018.

PELÁEZ ZUBERBÜHLER, M. J., COO CALCAGNI, C., MARTÍNEZ, I. M., & SALANOVA, M. Development and validation of the coaching-based leadership scale and its relationship with psychological capital, work engagement, and performance. Current Psychology, 42(1), 648–669. 2023.

RATHI, G., & SRIVASTAVA, A. K. Organizational culture & employee well-being (with special reference to automotive sector). Revista Review Index Journal of Multidisciplinary, 4(1), 55–65. 2024.

REPENNING, N. P., & STERMAN, J. D. Capability traps and self-confirming attribution errors in the dynamics of process improvement. Administrative Science Quarterly, 47(2), 265–295. 2002.

SALANOVA, M., LLORENS, S., CIFRE, E., & MARTÍNEZ, I. M. We need a hero! Toward a validation of the healthy and resilient organization (HERO) model. Group & Organization Management, 37(6), 785–822. 2012.

SALANOVA, M., LLORENS, S., & MARTÍNEZ, I. M. Organizaciones saludables. Una mirada desde la psicología positiva (1ª ed.). Aranzadi. 2019.

SELIGMAN, M. E., & CSIKSZENTMIHALYI, M. Positive psychology: An introduction. American Psychological Association, 55(1), 5. 2000.

VERHEYEN, T., & GUERRY, M. A. Motives for (non) practicing demotion. Employee Relations, 40(2), 244–263. 2018.

ZINCHENKO, A., OBERMEIER, C., KANSKE, P., SCHRÖGER, E., & KOTZ, S. A. Positive emotion impedes emotional but not cognitive conflict processing. Cognitive, Affective, & Behavioral Neuroscience, 17, 665–677. 2017.

Capítulo 5.

Los conflictos laborales ante un modelo de negocio y de gestión empresarial orientado hacia la sostenibilidad en un escenario laboral en clave transicional

ROBERTO FERNÁNDEZ VILLARINO
Universidad de Huelva

I. Introducción; II. Marco teórico; 2.1 La necesaria honestidad y fiabilidad de la información, de la mano de la presión normativa; 2.2 El contenido laboral del reporte de sostenibilidad; 2.3 La sostenibilidad y el Derecho del Trabajo; 2.4 Indicadores de satisfacción laboral y su vinculación con el mayor valor de la empresa: la ventaja competitiva; III. Un contexto laboral agitado por el factor transicional; 3.1 La transición ecológica; 3.2 El modelo de empresa; 3.3 Cambios en el mercado laboral; 3.4 Las condiciones laborales decentes; IV. Caracterización del conflicto ante este escenario; V. Bibliografía

Resumen: La incorporación de la sostenibilidad en el modelo de negocio de las organizaciones de la mano de una presión normativa europea cada vez más exigente (normativa de reporte de información sobre sostenibilidad junto con propuestas legales diseñadas para para evitar el green washing o el ecopostureo), están favoreciendo entre otros factores, una efectiva participación de los actores internos de la empresa (personas trabajadores y su representación legal) en la organización y depuración de la información de carácter laboral (condiciones laborales fundamentalmente) que hay que reportar al resto de grupos de interés o stakeholders. Normas de naturaleza mercantil con repercusiones en el ámbito laboral, que por esta vía abren espacios de mayor confianza entre trabajadores y empresa. De la calidad, honestidad y verificabilidad de este reporte, no sólo se evaluará el desempeño ambiental, social y de gobernanza de las empresas, sino también afectará a su reputación y acceso a mejores condiciones de financiación. A su vez, este argumento es contemporáneo de un contexto laboral en claro estado de transición (normativa laboral, mercado de trabajo, impacto de las tecnologías, etc). La confluencia temporal de estos elementos en el mismo afectará a los factores que componen el conflicto laboral y los vehículos a través de los que se canalizan y resuelven. Inventariarlos y contextualizarlos contribuirá a anticipar sus claves.

I. INTRODUCCIÓN

Se entiende por conflicto de trabajo, en sentido amplio, toda discusión o controversia manifestada externamente entre empresarios y trabajadores con causa en las relaciones de trabajo. Hablamos de las disputas que versen sobre cualquier materia objeto de la relación laboral. A partir esta definición básica y general, comúnmente aceptada por la bibliografía iuslaboralista, suelen establecerse las distinciones clásicas entre conflictos colectivos o individuales atendiendo a su alcance general en el ámbito correspondiente, para terminar con los instrumentos de resolución judicial o extrajudicial de los mismos[1].

Nos interesa partir de esta primera definición general, a los efectos de reconsiderarla desde la perspectiva de la irrupción de un elemento del modelo de gestión empresarial contemporáneo que consideramos clave: la incorporación de la sostenibilidad en el modelo de negocio. Más recientemente dentro de un concepto cada vez más amplio y complejo de sostenibilidad, que incluye los aspectos Ambiental, Social y de Gobernanza de las organizaciones (en adelante ASG)[2]. Una visión que tiene como singularidad el hecho de que a su vez converge con un escenario en el que el derecho del trabajo, las relaciones laborales y el mercado laboral se encuentran en profundo estado de transición. Unas materias e instituciones que por su propia naturaleza y configuración histórica están en permanente proceso de adaptación al modelo y coyuntura económica. No obstante el vigente contexto social, económico, tecnológico pero sobre todo ambiental, le otorgan a ese ADN, una particularidad y relevancia global que demandan cambios necesariamente más ágiles y drásticos en los modelos y sistemas jurídicos que están alrededor de la empresa y que igualmente afectarán a la propia configuración del conflicto laboral. Ello sin perder de vista la existencia de elementos inherentes al conflicto que ya venían ofreciendo clara muestra de agotamiento y necesidad de actualización, en especial su propio marco jurídico[3].

Así, la empresa ya no se entiende sin considerar su entorno social, territorial, cultural, político y medioambiental, tal y como apuntan, Engert y Baumgartner, (2016) o Schönherr et al. (2019). Poco a poco se va adoptando una

---

1 Entre otros muchos, Marín Valverde A. Y VARIOS "Derecho del Trabajo". Tecnos, 2016 p 412.

2 La incorporación de estos tres factores garantiza un camino hacia el crecimiento de alta calidad y un futuro resiliente. Elementos, además fuertemente vinculados con el valor económico de las empresas a partir de su propio desempeño financiero en línea con lo que sostiene HOJDA, M. H.. "Resilience for the future: between economic value and esg struggle to deliver value". Revista economía contemporánea, 7(1), 2022, 96-103.

3 En España aún vigente el Real Decreto-Ley 17/1977, de 4 de marzo sobre relaciones de trabajo.

visión de la Responsabilidad Social (en adelante RS) y del Desarrollo Sostenible (en adelante DS) que los convierten en un marco global y de referencia para la empresa, prestándose más atención a aspectos tales como la ética empresarial, las políticas de cumplimiento de la normativa, las condiciones laborales dignas, la consideración de los riesgos sociales, el modelo de liderazgo, la comunicación interna y el compromiso con la mejora del aprendizaje y la formación (Schönborn et al., 2018). Aspectos que forman parte de su propio modelo de negocio y que se consideran al mismo nivel de importancia de los resultados económicos[4].

Hablamos de la orientación estratégica de las empresas hacia la sostenibilidad en un contexto económico, social pero sobre todo climático, que ya no resulta ajeno al modelo de negocio de las empresas pertenecientes a cualquier sector económico o industria. Por lo que respecta a la situación climática se ha evidenciado que el medio ambiente se está degradando exponencialmente debido al impacto de la industria pero también como consecuencia del estilo de vida y hábitos del mundo desarrollado. Así lo ponen de manifiesto los últimos informes del Grupo Intergubernamental de Expertos sobre el Cambio Climático (IPCC)[5] que llevan advirtiendo de esta situación desde los años 90 del siglo pasado. Estamos ante una emergencia climática generada por la acción humana, con graves consecuencias, alguna de las cuales ya se están materializando provocando situaciones irreversibles (Lara Ortiz, M.L. 2021). Pero también hay riesgos, fundamentalmente los derivados de las denominadas prácticas de green washing y social washing o ecopostureo, cada vez más preocupantes entre un número relevante de académicos, legisladores, reguladores y partes interesadas de la industria (In y Schumacher 2021). Se trata de un fenómeno que distorsiona las propias reglas del mercado[6] y sobre el que la Unión Europea viene adoptando una férrea presión normativa. Entre ellas la más novedosa, el proyecto de ley de la Comisión Europea de 15 de mayo

---

4 Indicador de ello son los denominados informes de reporte integrados, que incorporan los datos de impacto social, ambiental y de gobernanza junto con los datos económicos que anualmente se aprueban por los órganos de societarios de las organizaciones (International Integrated Reporting Council (IIRC)

5 https://www.ipcc.ch/report/sixth-assessment-report-cycle/ [Consulta a 04.04.2024]

6 Más recientemente en España tenemos la demanda que la entidad mercantil Iberdrola ha interpuesto frente a Repsol precisamente por el denominado ecopostureo o 'greenwashing'. Más concretamente la acusa de promocionar iniciativas sostenibles, "cuando su oferta multi producto busca fomentar el uso de carburantes", así como de "centrarse en la sostenibilidad, cuando constituye un elemento menor de sus actividades actuales". El proceso se va a ventilar en el Juzgado de lo Mercantil nº 2 de Santander [Consulta a 18.03.2024]

de 2023 para mejorar el etiquetado y la durabilidad de los productos y acabar con la publicidad engañosa[7].

A resultas de lo anterior, la consideración de la sostenibilidad en el modelo de gestión pasa por generar una cultura que impregne a toda la organización partiendo del compromiso claro de los órganos de dirección. Sólo así podrá reportarse información honesta y verificable del desempeño ASG a sus grupos de interés (stakeholders) más significativos. En este proceso de inventariar, clasificar y organizar la información que se reportará, será absolutamente determinante la efectiva implicación de las personas trabajadoras, de los sindicatos y de la representación legal de los trabajadores, en un proceso de diálogo social transparente y constructivo con la empresa (Cremers, 2013). Partimos además de una relación directa entre el reconocimiento de condiciones laborales dignas y la mejora del ambiente de trabajo en la empresa con el incremento de sus resultados económicos. Así, la literatura más reciente evidencia que una adecuada estrategia fundamentada en los factores ASG repercute positivamente sobre los indicadores de satisfacción y bienestar del trabajador y favorece la retención del talento (Yu et al., 2020; Naseem et al., 2021). Estos argumentos a su vez impulsan un nuevo relato de la sostenibilidad en términos de: ventaja competitiva, reputación corporativa, activación de marca y de negocio con un comportamiento alineado con las inquietudes medioambientales de un nuevo consumidor.

Todos estos elementos pueden contrarrestar los factores que ahora caracterizan al mercado laboral, en el que confluyen las fricciones provocadas entre la rápida adecuación de las empresas a este nuevo contexto económico / productivo global, y la reacción frente a ellos por parte de una amplia masa de personas trabajadores de muy heterogénea y compleja identificación. Así se observan los clásicos problemas de encuadramiento del trabajo por cuenta propia o ajena (falsos autónomos entre otros), la generalización del trabajo autónomo y de la extensión del mismo a todo tipo de actividades y sectores (favorecido / acompañado por nuevos modelos de prestación de servicios en plataformas digitales), o el incremento del teletrabajo y del nomadismo digital, así como la falta la demanda de trabajo cualificado en sectores tecnológicos con la consiguiente dificultad de las empresas por cubrirlos, la alta rotación del personal en determinadas industrias o la falta de reemplazo en determinadas profesiones u oficios. El soporte teórico de estos profundos procesos de cambio, viene de la mano de un nuevo contrato social orientado al abordaje de los retos del futuro (entre otros muchos Guitart Martin 2022). De

[7] Accesible a 30.03.2024 en https://www.europarl.europa.eu/news/es/press-room/20230505IPR85011/el-pe-a-favor-de-los-productos-sostenibles-y-duraderos-y-contra-el-ecopostureo

tal manera que los modelos contemporáneos de gestión tienen ahora el objetivo de adecuar la competitividad a las exigencias de un concepto complejo de sostenibilidad, en el que los factores sociales se convierten en los impulsores de un desarrollo integrado, equilibrado y razonable.

Unas nuevas exigencias en un panorama agitado por los propios procesos de cambios que genera la tecnología en múltiples aspectos, en especial los operados en las formas en las que la sociedad se comunica y relaciona a diario. Unos nuevos medios que en el ámbito laboral han superado notablemente a los instrumentos clásicos de información y comunicación[8] y la dimensión que estas pueden tener especialmente desde el punto de vista de la organización o la amplificación del conflicto, a través del uso de las redes sociales. Instrumentos que permiten poner en marcha estrategias de presión al empleador más allá de la utilización de las herramientas habituales para ello: paros o huelga. Huelga que a su vez, en las últimas décadas ya venía dando claras muestras no sólo de reducción[9] sino de de readaptación a las necesidades del sistema de relaciones laborales fuertemente marcadas por un contexto que como veremos no es muy proclive a esta medida[10].

En definitiva, aquellos elementos que componen la definición del conflicto, -la consideración de trabajador asalariado, el modelo de empresa actual, las condiciones de trabajo y modelo de relaciones laborales, el rol de la representación legal de los trabajadores y sindicatos o los procesos de diálogo social-, están determinadas por un nuevo escenario que sin duda está modelando y perfilará una nueva caracterización del mismo y muy probablemente

---

8 A modo de ejemplo el ya obsoleto reconocimiento de derechos al tablón, del art. 81 ET, o a la distribución física de información prevista en los arts. 68.d) ET y 8.1.b] LOLS. Así, tal como sostiene PESET, J. M. G. "Digitalización y derecho de huelga". Temas laborales: Revista andaluza de trabajo y bienestar social, 155, 2020, p. 98, "con independencia de que estas normas continúen vigentes, caben señalar que en los últimos años la jurisprudencia, constitucional y ordinaria ha desarrollado un rápido camino de puesta al día de los instrumentos de comunicación sindical. Entre otras muchas la conocida STC 281/2005, de 7 de noviembre, en ciertas condiciones, la facultad sindical de utilización de estos instrumentos de comunicación, el correo electrónico o la intranet, puede derivarse directamente de la libertad sindical".

9 Una aproximación a estos datos en SOLÀ/MARTÍNEZ, 2007, pp. 5 ss. Para la evolución posterior, puede verse CES, Memoria sobre la situación socioeconómica y laboral. España 2016, pp. 437 ss.

10 No lo era ya desde hace unos años, por las causas que ya apuntaba PESET J.M.G. en "Ejercicio del derecho de huelga en el contexto de la descentralización productiva" XXVIII Congreso AEDTSS, 2018 Santiago Compostela p 3 "El contexto no es nada favorable. Y ello por múltiples razones (...) y que incluyen desde la introducción de las políticas de flexibilidad en los años 70, hasta un futuro del trabajo que se anuncia negro, pasando por las derivadas de la última gran recesión; y las secuelas de todo ello en términos de precariedad".

también de los instrumentos o herramientas para su resolución. A resultas de lo cual, cabe analizar si la tendencia a la confección de una información ASG más honesta y verificable, entre ella la información sobre las condiciones de trabajo, reorientará la gestión de conflictos hacia su prevención más que a su resolución. Ello por cuanto, la preparación de la información a reportar exige no sólo la participación sino la implicación de trabajadores, disponiendo por ello de datos e información más fiable sobre la marcha de la empresa, reduciendo los espacios de desconfianza o incertidumbre que tradicionalmente han dado pie al conflicto.

II. MARCO TEÓRICO

2.1 La necesaria honestidad y fiabilidad de la información, de la mano de la presión normativa

La Ley 11/2018 de Información no Financiera y Diversidad[11], (en adelante Ley 11/2018) supuso la transposición a nuestro ordenamiento jurídico de la Directiva 2014/95/UE[12]. Norma que a su vez ha sido recientemente superada por la Directiva sobre presentación de información sobre Sostenibilidad de 10 de noviembre 2022[13] (en adelante Directiva sobre Sostenibilidad). El objetivo general de la normativa de reporte es ofrecer a los grupos de interés, una herramienta de conocimiento que trascienda a un mero acompañamiento de la información financiera y ofrezca una imagen fiel del desempeño ASG de la empresa en su entorno. Así como mejorar la coherencia y la comparabilidad de la misma[14].

---

11 BOE de 28.12.2018

12 A su vez modifica la Directiva 2013/34/UE en lo que respecta a la información no financiera e información sobre diversidad por parte de determinadas grandes empresa y determinados grupos.

13 Directiva que deberá ser traspuesta por los estados miembros a los 18 meses de entrada en vigor de la misma (art. 5 transposición)

14 Conforme al artículo primero de la Ley 11/2018 que da nueva redacción al apartado y se añaden cuatro nuevos apartados 6, 7, 8 y 9 en el artículo 49 del Código de Comercio, aprobado por Real Decreto de 22 de agosto de 1885, serán aquéllas que: "Están obligadas a presentar esta información aquellas sociedades que formulen cuentas consolidadas y, deberán incluir en el informe de gestión consolidado el estado de información no financiera, siempre que concurran los siguientes requisitos: a) Que el número medio de trabajadores empleados por las sociedades del grupo durante el ejercicio sea superior a 500; b) Que o bien, tengan la consideración de entidades de interés público de conformidad con la legislación de auditoría de cuentas, o bien, durante dos ejercicios consecutivos reúnan, a la fecha de cierre de cada uno de ellos,

Esta sucesión de directivas, no sólo indican el grado de evolución y madurez del concepto de RS y DS o su enfoque estratégico más allá del cumplimiento, sino también su capacidad para orientarse a la corrección de desviaciones que se han dado en el reporte de información no financiera. Precisamente este contexto ambiental, social y económico impulsa la creación y evolución de esta normativa europea. De tal manera que habría que preguntarse ¿qué ha ocurrido para que en un espacio moderadamente reducido de tiempo, la Directiva de 2014 haya sido enmendada por la Directiva de 2022? El informe de la Comisión, de 21 de abril de 2021, nos ofrece respuestas claras[15]. En él se narra con claridad la detección de problemas relacionados con la eficacia de la Directiva 2014/95/UE. Tal y como se expone en el propio Considerando 13 del texto de la Directiva de Sostenibilidad: "Existen pruebas manifiestas de que muchas empresas no presentan información significativa sobre todos los temas importantes relacionados con la sostenibilidad, en particular información relacionada con el clima, como el total de emisiones de gases de efecto invernadero y los factores que afectan a la biodiversidad".

En consecuencia, no cabe ninguna duda de que se necesita un marco de presentación de información sólido y asequible, acompañado de prácticas de auditoría eficaces, para garantizar la fiabilidad de los datos y evitar el blanqueo ecológico y el doble cómputo. Un problema que dificulta el diálogo con las partes interesadas por cuanto la falta de parámetros y métodos generalmente aceptados para medir, valorar y gestionar los riesgos relacionados con la sostenibilidad dificulta entablar un diálogo con sindicatos y RLT en general. O dicho de otra forma, si las empresas mejorasen la información sobre sostenibilidad, repercutiría positivamente en beneficio de los ciudadanos y ahorradores, incluidos los sindicatos y los representantes de los trabajadores, que estarían adecuadamente informados y, por lo tanto, podrían participar en mejores condiciones en el diálogo social.

Además de este déficit en la calidad y acierto de la información, se evidencia un aumento muy significativo en la demanda de información sobre

---

al menos dos de las circunstancias siguientes: 1.º Que el total de las partidas del activo consolidado sea superior a 20.000.000 de euros; 2.º Que el importe neto de la cifra anual de negocios consolidada supere los 40.000.000 de euros; 3.º Que el número medio de trabajadores empleados durante el ejercicio sea superior a doscientos cincuenta. Las sociedades cesarán en la obligación de elaborar el estado de información no financiera si dejan de reunir, durante dos ejercicios consecutivos cualquiera de los requisitos anteriormente establecidos".

15 Se trata de un informe sobre las cláusulas de revisión de las Directivas 2013/34/UE, 2014/95/UE y 2013/50/UE y el correspondiente control de adecuación relativo al marco de la UE sobre publicación de información por parte de las empresas (ampliamente desarrollado en el "Informe de la Comisión sobre las cláusulas de revisión y correspondiente control de adecuación").

sostenibilidad de las empresas, en especial por parte de la comunidad inversora. Este aumento de la demanda se debe a la naturaleza cambiante de los riesgos a los que se enfrentan las empresas y a la creciente concienciación de los inversores sobre las implicaciones financieras de dichos riesgos[16]. A su vez, desde la irrupción de la pandemia de COVID-19 se ha acelerado aún más el aumento de las necesidades de información de los usuarios, en particular porque ha puesto de manifiesto las vulnerabilidades de los trabajadores y de las cadenas de valor de las empresas[17].

2.2 El contenido laboral del reporte de sostenibilidad

La información a reportar incluye expresamente información sobre materias propias del ámbito de las relaciones de trabajo de las empresas. Así, la Ley 11/2018, indica que, en materia de personal debe incluir (sic): "Cuestiones sociales y relativas al personal, la información facilitada en el estado puede hacer referencia a las medidas adoptadas para garantizar la igualdad de género, la aplicación de convenios fundamentales de la Organización Internacional del Trabajo, las condiciones de trabajo, el diálogo social, el respeto del derecho de los trabajadores a ser informados y consultados, el respeto de los derechos sindicales, la salud y seguridad en el lugar de trabajo y el diálogo con las comunidades locales y las medidas adoptadas para garantizar la protección y el desarrollo de esas comunidades".

La Ley 11/2018 es a su vez, tributaria de una serie de estándares internacionales que ya venían siendo utilizado por las empresas. Por ejemplo, la Global Reporting Initiative (GRI, 2013), la ISO 26000 (ISO, 2010) y el Pacto Mundial (UNGC, 2014), incluyen aspectos como: libertad de asociación y negociación colectiva; eliminación de todas las formas de trabajo forzoso; abolición de todas las formas de explotación del trabajo infantil; eliminación de la discriminación en el lugar de trabajo; seguridad y salud/condiciones de trabajo y protección social; empleo y relaciones laborales/compensación, prestaciones

---

16 El aumento de la demanda de información sobre sostenibilidad también se debe al crecimiento de los productos de inversión que tratan expresamente de cumplir determinadas normas de sostenibilidad o de alcanzar determinados objetivos de sostenibilidad y de garantizar la coherencia con los objetivos del Acuerdo de París, adoptado el 12 de diciembre de 2015 en virtud de la Convención Marco de las Naciones Unidas sobre el Cambio Climático (en lo sucesivo, «Acuerdo de París»), el Convenio de las Naciones Unidas sobre la Diversidad Biológica y las políticas de la Unión. Parte de este aumento es la consecuencia lógica de la legislación de la Unión adoptada anteriormente, en particular los Reglamentos (UE) 2019/2088 y (UE) 2020/852.

17 En considerandos 11 y 12 de la Directiva sobre Sostenibilidad.

y política de carrera/relaciones laborales y gobernanza; y formación y educación/desarrollo humano y formación.

2.3 La Sostenibilidad y el Derecho del Trabajo

La salud y calidad del diálogo social se asientan sobre la accesibilidad y manejo de información honesta, en la medida que resulta verificada. Este es una de los argumentos clave de cómo la gestión estratégica de la sostenibilidad, sobre la base de estos nuevos parámetro legales, plantea un interesante espacio para el Derecho del Trabajo y la configuración, diseño y gobernanza de las Relaciones Laborales. Un espacio con múltiples variantes que parten del diálogo social, y que transitan por el valor de los intangibles y su repercusión en los procesos de reestructuración y venta de las unidades productivas, la retención del talento, o los efectos del buen ambiente laboral sobre la productividad y los mejores resultados para la empresa. Todo ello sin olvidarnos del reconocimiento y protección de las condiciones laborales dignas.

El común denominador de estos factores, reside en la consideración del trabajador como uno de los principales stakeholders de la empresa. Un grupo de interés que manifiesta fuertes vínculos de interrelación positiva con la gestión que se haga de la sostenibilidad. En este sentido, una revisión de la literatura académica (Domínguez, A. y Prieto, A 2022), muestra que la RS se dirige a los trabajadores como grupo prioritario de partes interesadas, y que existe una conciencia creciente del potencial de cambio organizativo en este campo, lo cual es especialmente importante en un entorno cambiante, complejo y competitivo como el actual.

La teoría de las partes interesadas (Freeman, 1984) proporciona una base teórica rigurosa para explicar el efecto potencial de la protección de los trabajadores en la relación entre el riesgo ASG y la mejora del rendimiento financiero. Según esta teoría, el objetivo social y económico de una empresa es generar y difundir valor añadido a la parte interesada principal sin favorecer a un grupo a costa de otro (Clarkson, 1995). Por lo tanto, cabe esperar que las leyes a favor de este importante grupo de partes interesadas afecten positivamente a la relación entre el riesgo ASG y los resultados financieros (Westerholm, M 2022)

2.4 Indicadores de satisfacción laboral y su vinculación con el mayor valor de la empresa: la ventaja competitiva.

A los efectos de sostener un marco teórico justificativo del valor de las teorías de la empresa centradas en el capital humano con la gestión y gobernanza de las relaciones de trabajo y su reporte, entiendo relevante subrayar la muy extendida consideración entre los académicos y los profesionales desde hace años, entre otros Mnzava B, (2013), acerca de cómo el rendimiento individual de los empleados tiene implicaciones para el éxito de la empresa. Entre otros beneficios se encuentra un mayor sentido de la RS entre los trabajadores y una mayor capacidad para contratar y retener talentos. Como documentan Paillé et al. (2020), es probable que las empresas que invierten en RS obtengan retorno positivo de varias maneras tales como, la satisfacción del cliente, la excelencia en la contratación de personal y la innovación, algo que contribuye directamente a su rendimiento social (Kim et al., 2019; Awan et al., 2021). Otros estudios asocian la sostenibilidad empresarial con el aumento de la productividad de las personas trabajadoras, la reducción de los gastos de contratación y desgaste, y la reducción de los riesgos estratégicos y operativos (Tang, G.; Chen, Y.; Jiang, Y.; Paillé, P.; Jia, J. 2017). Todo ello tiene un impacto positivo sobre las oportunidades de negocio, la motivación de los propios empleados, la imagen pública de la marca y / o negocio y el cumplimiento de las políticas y leyes respetuosas con el medio ambiente o reducir la rotación de personal[18].

III. UN CONTEXTO LABORAL AGITADO POR EL FACTOR TRANSICIONAL

Si bien, como apuntamos la normativa de reporte sobre el desempeño ASG de las organizaciones puede provocar un escenario positivo, que trascienda al propio cumplimiento normativo, no podemos obviar que estamos en un escenario que puede tensionar todos estos elementos de distinta manera, poniendo en cuestión los elementos que componen esta argumentación.

3.1 La transición ecológica

Así, fundamentalmente (que no exclusivamente) estamos en un escenario en el que se generará un posible impacto inherente al propio proceso de tran-

---

[18] Las políticas de sostenibilidad empresarial son determinantes para más del 60% de los trabajadores españoles. El 63% de los/as candidatos/as españoles/as aseguran que si la empresa a la que optan no tuviera un programa de sostenibilidad (ESG) esto influiría en su decisión de solicitar o aceptar el empleo. encuesta PageGroup Sustainability Insights, realizada a 4.755 profesionales y candidatos/as de toda Europa continental en https://www.michaelpage.es/advice/empresas/atraer-y-retener-talento/satw23-sostenibilidad-en-el-trabajo-descubre-los-resultados-de-nuestra-encuesta [Consulta a 3.04.2024]

sición de un modelo productivo (gris) a otros con menor impacto ambiental (verde), lo que impulsa un proceso de transición a empleos verdes, con los conocidos riesgos de exclusión de grupos de trabajadores con más dificultades de adaptación.

Desde la perspectiva jurídico-laboral, la transición ecológica ha de ser justa, "que no deje a nadie atrás" y que asuma y defienda en su desarrollo el trabajo decente, la inclusión social, la erradicación de la pobreza y el respeto y defensa del medioambiente, es decir, un sistema productivo capaz de aunar ecología y empleo (Henar Cuesta 2023). Para ello los principios del Proceso de Transición Justa (en adelante PTJ) plantean garantizar un Desarrollo Sostenible con mercados laborales inclusivos, generadores de empleos verdes, y conseguir una sociedad socialmente justa. La creación de empleos verdes es uno de los retos principales, por cuanto implican la destrucción o reconversión de empleos en sectores altamente contaminantes hacia nuevos empleos en sectores no contaminantes. Unos nuevos empleos que conforme a los objetivos del PTJ, plantean la exigencia de deber ser dignos, de calidad, estables y sostenibles. El objetivo es el de evitar nuevos focos de desigualdad y pobreza, en concordancia con los Objetivos de Desarrollo Sostenible (en adelante ODS), los Principios del Trabajo decente OIT, y la transición justa hacia economías y sociedades ambientales sostenibles para todos (Ginebra: OIT, 2018). Tal como apunta Sierra Hernáiz E. (2023), su puesta en marcha y desarrollo se materializa a través de tres ejes fundamentales: el papel de la formación profesional, de la negociación colectiva y de la perspectiva de género.

3.2 El modelo de empresa

Convivimos con un modelo de empresa que parte de la conflictividad laboral propia de la descentralización productiva[19], así como empresas transnacionales con efectos en las condiciones laborales sobre las empresas de la cadena

---

19 Con la problemática de la propia configuración del conflicto apuntaba GOERLICH PESSET, J.M. 2018 Ejercicio del derecho de huelga en el contexto de la descentralización productiva" ob. cit "(...) el cese de la actividad una de las organizaciones implicadas en la red empresarial puede afectar a su conjunto. Por otro lado, la empresa afectada por el paro no sólo ha de soportar la presión de la inactividad de sus trabajadores, sino que puede verse afectada por la de sus clientes. Estos podrían recurrir a otro competidor para la provisión de los correspondientes bienes o servicios –y hacerlo incluso de forma definitiva2–. Además, podrían exigirle las específicas responsabilidades derivadas del incumplimiento – sobre la que volveré de inmediato– (....) la descentralización también supone graves obstáculos al ejercicio de la huelga y a su efectividad. De un lado, en términos de política sindical, aquella implica una fragmentación de los intereses de los trabajadores lo que supone una primera dificultad para su efectividad".

de valor. No obstante, ahora se observa una transformación de las organizaciones a un concepto mucho más “líquida” que sus antecesoras. Por su objeto, por la utilización de la técnica o por ambos factores, sus plantillas presentan una consistencia muy inferior a la que ha sido normal en épocas anteriores. No es ajeno a este fenómeno la aparición y potenciación de nuevas formas de coordinación entre organizaciones. Un fenómeno que va más allá de la clásica descentralización productiva, porque el factor tecnológico permite reconstruir de manera satisfactoria un proceso productivo que puede dividirse en fragmentos de manera infinita, generando una mayor atomización de las unidades productivas.

Asimismo, las empresas se diversifican, en función de la forma en que se organizan e incorporan la tecnología: desaparecen los modelos estándar de organización que han caracterizado momentos históricos anteriores[20]. Esta configuración de la empresa, repercute directamente sobre la propia fisonomía de las relaciones laborales, tal como sostiene Peset (2020) frente a la concentración de los trabajadores, se impone la dispersión en un modelo de prestación de servicios que puede desarrollarse en cualquier lugar y es requerida solo cuando es necesario. En este sentido ni siquiera se precisa que todos los trabajadores la desarrollen a la misma vez.

3.3 Cambios en el mercado laboral

El mercado laboral contemporáneo parte de la multiplicación del trabajo autónomo y de la extensión del mismo a todo tipo de actividades y sectores, impulsado no sólo por nuevos modelos de prestación de servicios en plataformas digitales, sino por el propio dinamismo del vigente modelo económico[21]. Pero también se evidencia una generalización del teletrabajo[22], o el incremen-

---

20 Fruto del impacto de las tecnologías en el modelo productivo empresarial. Entre otros, PESET, J.M.G “Digitalización y derecho de Huelga” ob. cit.

21 En los últimos datos emitidos por el Ministerio de Trabajo y Economía Social (02.04.2024), se confirma una interesante tendencia que vas allá del puntual crecimiento del número de autónomos en 15.434 afiliados, respectó a febrero de 2024 (estamos ahora en 3.3520.000 autónomos en nuestro país), sino el descenso del numero de autónomos en el sector del comercio (sector económico en el que tradicionalmente se había manifestado), por el aumento de 10.286, respecto al mismo mes de 2023 en actividades profesionales científicas y técnicas, https://www.sepe.es/HomeSepe/que-es-el-sepe/estadisticas/datos-avance/paro.html [Consulta a 4.04.2024]

22 No sólo se manifiesta en el incremento en términos cuantitativos y alcanza ya los 3,06 millones de personas trabajadoras conforme a los últimos datos del informe Monitor Adecco de Oprtunidades y satisfacciones el Empleo https://www.adeccoinstitute.es/empleo-y-relaciones-laborales/monitor-adecco-de-oportunidades-y-satisfaccion-en-el-empleo-3/, [Consulta a 23.03.2024] sino además en el hecho de que trabajadores que

to del nomadismo digital[23]. Además de estos factores, se observa la concurrencia de otros tales como:

a) la dificultad de las empresas por cubrir determinados puestos de trabajo por la falta de candidatos[24] (lo que está impulsando a que las empresas comiencen a mejorar esas ofertas desde lo económico a la flexibilidad de la jornada o a incorporar elementos más vinculados con la sosteniblidad para generar sentimiento de pertenencia con los trabajadores);

b) alta rotación del personal factor vinculado con ese déficit de sentimiento de pertenencia[25].

Esta transformación del mercado laboral no sólo es facilitada por este nuevo modelo o contexto económico, sino ante la propia actitud de las personas trabajadoras que probablemente trascienda a la identificación con una mera cuestión generacional. Estamos ante un concepto de personas que ya no comparten el paradigma de un empleo para toda la vida, que valoran especialmente su tiempo libre y que igualmente comienzan a considerar un comportamiento de sus empresas más sensible con el entorno y con el impacto de su territorio. Este nuevo patrimonio social de las personas trabajadoras comienza a tener consecuencias claras sobre sus decisiones y se materializan en aspectos tales como, lo que Rodriguez Piñero R (2023) define como una

---

disfrutando del teletrabajo por causa COVID no quieren regresar a sus puestos de trabajo presenciales, en la mayoría de los casos como consecuencia de haber adaptado sus circunstancias familiares o de vivienda a esta modalidad, lo que está generando un incremento de pleitos, de procedimientos judiciales, vinculados fundamentalmente al régimen jurídico relacionado con la adaptación de la jornada. Art. 37 del E.T, https://elpais.com/economia/negocios/2024-02-25/de-la-playa-no-me-mueven-asi-es-la-batalla-de-los-ultimos-mohicanos-del-teletrabajo.html [Consulta a 4.04.2024]

23 En el mundo se estiman más de 35 millones de personas en 2023 cifra que podría llegar a 100 millones en 2035, según Think Remote, https://thinkremote.com/digital-nomad-statistics/#:~:text=How Many Digital Nomads Are,million workers recorded in 2022 [Consulta a 4.04.2024]

24 Ocho de cada diez compañías reconoce encontrarse con esta problemática hoy en día, siendo las más afectadas aquellas con un mayor tamaño, según el informe *Caminos que convergen: jóvenes y empresas ante el reto del talento* elaborado por KPMG y la Fundación Princesa de Girona en colaboración con la Fundación Universitaria San Pablo CEU y Enagás, https://kpmg.com/es/es/home/tendencias/2023/05/caminos-convergen-jovenes-empresas-talento.html [Consulta a 4.04.2024]

25 Una de cada cuatro empresas tiene un índice de rotación alto: entre el 20% y el 40%; los principales motivos son la competencia por una mayor demanda de perfiles y la caiera en el sentimiento de pertenencia a la compañía. Informe Infojobs https://nosotros.infojobs.net/prensa/notas-prensa/casi-un-tercio-de-las-empresas-considera-alta-la-rotacion-laboral-frente-a-la-mitad-de-los-profesionales-que-la-considera-estable [Consulta a 4.04.2024]

reducción del umbral de tolerancia que están dispuestas a aceptar por tener una ocupación. O bien la valoración de otros elementos distintos a los tradicionales de una relación laboral, en especial el cambio de empleador es visto como un aspecto positivo por cuanto mejora las competencias, conocimientos de otros sectores, o la relación con otros compañeros de trabajo.

Una situación que a su vez se ve en cierta forma favorecida por una serie de reformas laborales que profundizan con el avance en materia de derechos individuales tales como el respeto a los procesos de desconexión digital, el avance en derechos relacionados con el respeto a la conciliación de la vida personal y familiar, sin dejar a un lado el incipiente debate generado por la incorporación de la reducción de la jornada laboral a 35 horas semanales, cambios todos orientados hacia el bienestar de las personas[26].

3.4 Las condiciones laborales decentes

Todas estas circunstancias afloran a su vez las sobresalientes diferencias entre grupos de trabajadores carentes de condiciones laborales decentes con otros que, manteniéndolas ganan espacios para más tiempo libre, compatibilizan mejor el cuidado de familiares a su cargo, disponen de un ambiente laboral orientado a su bienestar (como mecanismo para la mejora de la productividad) y con mayores dosis de protección social.

Factores que repercutirán sobre el contenido y la naturaleza del conflicto. Así, los asuntos que accionan los conflictos no están necesariamente vinculados a las características novedosas del trabajo a través de plataformas, sino en mayor medida a los conflictos clásicos relativos a la calidad de la distribución salarial y las condiciones de trabajo[27]. Hablamos de las condiciones laborales dignas o el trabajo decente y su vinculación con la sostenibilidad. La literatura especializada ha venido utilizando el concepto de empleo decente que fue

---

26 En parecidos términos RODRÍGUEZ-PIÑERO ROYO M.C ob cit. "En el plano normativo las más recientes reformas laborales han querido alterar el equilibrio entre las distintas facetas de la vida, mediante una regulación más favorable para los trabajadores de distintos aspectos de la ordenación del tiempo de trabajo. Se busca una flexibilidad laboral bilateral, en la que tanto trabajadores como emplea dores puedan adaptar y reorganizar la prestación de servicios de los servicios de aquéllos a éstas. Ya no se busca sólo la eficiencia empresarial, sino también incrementar la calidad de la vida de las personas que desarrollan una carrera profesional. No es sólo hacer compatible la vida laboral y familiar, sino incluir en la ecuación, como se ha hecho en las últimas leyes, la personal. La atención a los riesgos psicosociales y al bien estar psicológico de las personas apuntan también en esta misma dirección"

27 En parecidos términos TRAPPMANN, V., NEUMANN, D., STUART, M. "New forms of labour unrest in platform work: Insights from Germany", 2020. Manuscrito.

resultado, sobre todo, de la necesidad de hacer frente a las precarias condiciones de trabajo, especialmente en los países en desarrollo, como en el caso de las "fábricas de explotación" (Block et al., 2001; Chan, 2001; O'Rourke, 2003). Los movimientos a favor de una mayor preocupación por los trabajadores han venido cobrando fuerza en el entorno empresarial mediante el debate sobre la sostenibilidad empresarial (Sarkis, 2001). De manera tal que las cuestiones relacionadas con el trabajo ya se vienen mencionando desde hace tiempo de una manera explícita como un elemento fundamental en muchos enfoques de sostenibilidad (Elkington, 1997; Van Marrewijk y Werre, 2003; Littig y Griessler, 2005; Epstein, 2008; Lozano, 2013). Es más que probable que toda esta presión de la normativa de reporte europeo y nacional, impulsen esta orientación hacia las condiciones laborales, en un escenario que igualmente hace revivir este debate de la mano de las propias circunstancias del contexto laboral que estamos describiendo.

Por lo que respecta a la reivindicación de estos derechos, la bibliografía percibe un repunte de la naturaleza del poder asociativo de las personas trabajadoras en especial a aquellos que trabajan en plataformas digitales. Su importancia fue resaltada por investigadores que estudian las luchas de trabajadoras y trabajadores precarios o informales en el Sur global –o en empleos muy inseguros del Norte global–, a menudo en ausencia de afiliaciones u organizaciones sindicales (Murray 2017; Doellgast et al. 2018; Eaton et al. 2017; Rizzo y Atzeni 2020). Frente a acciones colectivas militantes y autoorganizadas sin presencia sindical, algunos autores apuntan la necesidad de adoptar una concepción más amplia del poder asociativo que supere las limitaciones de la representación sindical (cf. Atzeni y Ness 2018). Además, en el caso de las personas trabajadoras sin derechos laborales formales en la medida que carecen de recursos de poder de representación, la extensión de la cobertura institucional se convierte a menudo en el objetivo de las acciones colectivas, en lugar de constituirse en su condición previa o su resultado (Doellgast et al. 2018). Este hecho indica, una vez más, la necesidad de contar con un concepto amplio del poder asociativo, capaz de englobar a las colectividades emergentes (cada vez más heterogéneas), y captar la naturaleza y dinámica de la conflictividad entre las personas, en un panorama de relaciones laborales cada vez más precarias.

IV. CARACTERIZACIÓN DEL CONFLICTO LABORAL ANTE ESTE ESCENARIO.

La sostenibilidad ya es un factor que impulsa una ventaja competitiva para la empresa que la tiene efectiva y honestamente incorporada a su modelo de negocio. Se gestiona de manera estratégica, lo que implica pasar de las palabras a los hechos cuidando el método para hacerlo (diligencia debida). Sin olvidar el recurrente argumento de mejora general de la eficiencia, implícita en cualquier proceso de gestión y depuración de la información y datos en una empresa. Que todos estos factores funcionen correctamente, depende fundamentalmente de un ambiente laboral no sólo respetuoso con unas condiciones laborales dignas, sino reconocido en todo el valor etimológico del concepto "capital" humano como patrimonio intangible de la empresa. De tal manera que desarrollar una política de recursos humanos orientada a este fin está directamente relacionada con ser más competitivo, un escenario en el que aparentemente hay menos espacio para la conflictividad laboral por ser un elemento que pone claramente en riesgo estos objetivos. Decimos aparentemente por cuanto consideramos clave la traslación de este argumento más allá de las empresas que por su tamaño y facturación tengan la obligación legal de reportar en estos términos. Esto implica que el reto reside en que las empresas de la cadena de valor incorporen voluntariamente este enfoque, al no resultarles de obligado cumplimiento. De nuevo el factor de riesgo que puede limitar o complicar la extensión de este relato y que está fundamentado en un modelo empresarial en el que predomina la pequeña y mediana empresa, sobrecargada de obligaciones y deberes formales por la aplicación de diversas normas de naturaleza similar.

El valor de la información ASG veraz y evidenciable pasa por la efectiva participación del capital humano en su elaboración. Una información que en todo caso deberá aprobarse junto con la cuentas anuales por los socios de la empresa y auditados y verificados por terceros independientes que otorgan certeza en el reporte de estos datos. Un informe de sostenibilidad que se publicará en la web de la empresa para ser escrutado por un variado ecosistema de actores con interés directo en conocer su situación y evolución. De tal manera que impulsar procesos de participación efectiva de las personas trabajadoras en el proceso anual de inventariar, organizar y sistematizar la información de naturaleza laboral que formará parte de aquel, es en si mismo un elemento que tiende a reducir los espacios para la conflictividad laboral. Por otra parte la información de carácter laboral: su rigor, honestidad y transparencia, más allá de como vienen reguladas en el E.T., la LOLS, o en los convenios colectivos de aplicación, constituyen permanente y tradicionalmente un foco de conflictividad en las empresas. Hablamos de información y datos relacionados con los procesos de promoción interna, criterios de contratación (bolsas de empleo), etc. Compartirla, depurarla y gestionarla con frecuencia recurrente, además de optimizar los propios mecanismos de comunicación interna, constituyen un claro indicador de confianza entre las partes. Facilita de igual modo la capacidad de empatía de las personas trabajadoras frente a las decisiones que la empresa deba tomar al hilo de la propia evolución de su modelo de negocio, de las particularidades del sector o de la situación económica general del territorio. Estos factores apuntan a una orientación del conflicto a sus estados previos, afectan positivamente al ambiente en el que se comienzan a gestarse posicionamientos encontrados, clarifica las situaciones en la medida que la información y datos son más y mejor conocidos por las partes además de estar más depurados.

A resultas de lo anterior, se demanda un nuevo papel de los sindicatos y de los representantes legales de los trabajadores, ante todo más conscientes y mejor informados de la nueva dimensión que la gestión de la sostenibilidad puede desempeñar en el ámbito de sus competencias y funciones tradicionales. Será un actor-aliado estratégico, lo que terminará trasladando fiabilidad y credibilidad en decisiones tan delicadas como eventuales procesos de reestructuraciones, o de venta de unidades productivas, entre otros (Cremers, J 2013). Un rol que además va más allá de participar en estos procesos internos, para ser factor de transmisión de la propia cultura de la sostenibilidad dentro de la empresa, a la manera en la que lo hizo, a modo de ejemplo con la legislación de prevención de riesgos laborales, o más recientemente los planes de prevención de delitos o los planes y medidas de igualdad entre mujeres y hombres así como la trascendencia de los distintos mecanismos que garantizan su aplicación (canales de denuncia fundamentalmente). Requiere por tanto de las mismas atenciones que han venido demandando todas estas sucesivas reformas para que tengan éxito: cultura organizacional.

En definitiva, evidenciado que una buena política de sostenibilidad en la empresa garantiza menores porcentajes de rotación de la plantilla, también mejora la cultura de la sostenibilidad al reducir parte de los problemas apuntados en el contexto del mercado laboral: altas tasas de rotación mejorando el umbral de tolerancia de los trabajadores al generar la empresa un ecosistema que hace más atractivo el desarrollo al completo de una vida laboral más extensa: una verdadera experiencia laboral.

V. BIBLIOGRAFÍA

ATZENI, M., NESS, I.(comps.) “Global Perspectives on Workers’ and Labour Organizations”. *Springer.* 2018

CREMERS, J. “Non-financial reporting beyond the strict minimum: is the workforce a well-informed stakeholder?” *UvA-DARE (Digital Academic Repository) University of Amsterdam.* 2013

DOELLGAST, V., LILLIE, N., PULIGNANO, V. “Reconstructing solidarity: Labour unions, precarious work, and the politics of institutional change in Europe”. *Oxford, UK: Oxford University Press.* 2018

DOMÍNGUEZ, Á. A., & PRIETO, A. B. "La Responsabilidad Social de las empresas: Un análisis del bienestar laboral a través de los informes GRI de las grandes empresas en

España". *Revista Internacional de Organizaciones.* International Journal of Organizations, 28, 2022, 35-62.

EATON, A., SCHURMAN, S., CHEN, M. (comps.) "Informal Workers and Collective Action: A Global Perspective". *Ithaca*; Londres: Cornell University Press. 2017

ENGERT, S., RAUTER, R. & BAUMGARTNER, R.J. 'Exploring the Integration of Corporate Sustainability into Strategic Management: A Literature Review'. *Journal of Cleaner Production* 112: 2833–50, 2016 https://doi.org/10.1016/j.jclepro.2015.08.031.

FREEMAN, R. E. "Strategic Management: A Stakeholder Approach". *Pitman Series in Business and Public Policy.* 1984

CUESTA, H. Á."Transición ecológica y empleos verdes: una visión desde la negociación colectiva". *Revista Galega de Dereito Social,* 18, 9-40. 2023

LÓPEZ FUENTES, R. (2022). "¿Nuevos paradigmas laborales? Hacia una construcción de un derecho del trabajo de construcción conceptualmente transnacional?" Laborum et scienciae: libro homenaje al prof. Dr. Juan Raso Delgue. 2022 https://idus.us.es/bitstream/handle/11441/140763/Nuevos%20paradigmas%20laborales.pdf?sequence=1.

NAVARRETE, C. M., & GÁMEZ, M. R. V.. "De la economía digital a la sociedad del e-work decente: Condiciones sociolaborales para una industria 4.0 justa e inclusiva". *Aranzadi/Civitas.* 2022https://books.google.es/books?hl=es&lr=&id=OCpdEAAAQBAJ&oi=fnd&pg=PT5&dq=gesti%C3%B3n+del+conflicto+laboral+nomadismo+digital&ots=hwCA0uObC2&sig=N2ncLlL6dfW9L_-Zjhj18HTXimM

PAILLÉ, P.; CHEN, Y.; BOIRAL, O.; JIN, J. "The Impact of Human Resource Management on Environmental Performance: An EmployeeLevel Study". *J. Bus. Ethics* 2014, 121, 451–466.

PESET, J. M. G. "Ejercicio del derecho de huelga en el contexto de la descentralización productiva. Descentralización productiva y nuevas formas de trabajo y organización empresarial". XXVIII Congreso de Derecho del Trabajo y de la Seguridad Social, 2018. https://www.aedtss.com/wp-content/uploads/2018/05/3-1-JMGoerlich-derecho-de-huelga-en-descentralizacion-productiva.pdf

PESET, J. M. G. "Digitalización y derecho de huelga". Temas laborales: Revista andaluza de trabajo y bienestar social, 155, 2020, 93-108. https://dialnet.unirioja.es/descarga/articulo/7801692.pdf

RIZZO, M. Y ATZENI, M. "Workers' Power in Resisting Precarity: Comparing Transport Workers in Buenos Aires y Dar es-Salam". *Work, Employment and Society.* 2020

RODRÍGUEZ-PIÑERO ROYO, M. . "¿Qué pasa en el mercado de trabajo español? Aproximación al Trabexit". *Trabajo, Persona, Derecho, Mercado: Revista de Estudios sobre Ciencias del Trabajo y Protección Social,* 7, 2023, 13-18.

SAURA, J. E. R.. "Reinventar el conflicto colectivo en las nuevas relaciones laborales del siglo XXI: El caso de las empresas de plataforma". *Lan Harremanak-Revista de Relaciones Laborales,* 2023 https://ojs.ehu.eus/index.php/Lan_Harremanak/article/view/24599

SIERRA HERNAIZ, E. "El proceso de transición justa: Los empleos verdes como instrumentos para su implementación". *Foro: Revista de Derecho,* 40, 2023, 69-82.

SOLÀ MONELLS, X. y MARTÍNEZ FONS, D., "Cambios en las relaciones de trabajo y derecho a la huelga", Madrid *(Fundación Alternativas),* 2007.

MARÍN VALVERDE A. Y VARIOS "Derecho del Trabajo". Tecnos, 2016

MNZAVA, BERNARD. "Do Intangible Investments Matter? Evidence from Soccer Corporations". *Sport, Business and Management: An International Journal.* 2013

MURRAY, G. Union Renewal: What Can We Learn from Three Decades of Research? Transfer: European Review of Labour and Research, 23(1), 2017, 9–29.

SOLÀ MONELLS, X. y MARTÍNEZ FONS, D., "Cambios en las relaciones de trabajo y derecho a la huelga", Madrid *(Fundación Alternativas),* 2007.

TANG, G.; CHEN, Y.; JIANG, Y.; PAILLÉ, P.; JIA, J. "Green human resource management practices: Scale development and validity". *Asia Pac. J. Hum. Resour.* 2017, 56, 31–55.

TRAPPMANN, V., NEUMANN, D., STUART, M. "New forms of labour unrest in platform work: Insights from Germany". Manuscrito, 2020.

Capítulo 6.

La Hiperconectividad en la Era Digital: Exploración del Conflicto entre Trabajo y Vida Personal

GABRIELA TOPA CANTISANO
Universidad Nacional de Educación a Distancia. UNED

Mª ÁNGELES LÓPEZ GONZÁLEZ, FRANCISCO RODRÍGUEZ CIFUENTES Y SAMUEL FERNÁNDEZ-SALINERO SAN MARTÍN
Universidad Rey Juan Carlos, España

I. Introducción; II. Hiperconectividad laboral y tecnologías emergentes en la transformación del trabajo; III. Conflicto entre trabajo y la vida personal en la era digital: desafíos y nuevas dinámicas; IV. Impacto de la hiperconectividad en la salud mental y el equilibrio trabajo-vida personal; V. Recuperación y desconexión: estrategias para restaurar el equilibrio en la era de la hiperconectividad; VI. Desafíos y consideraciones futuras en la gestión de la hiperconectividad laboral; VII. Conclusiones; VIII. Bibliografía

I. INTRODUCCIÓN

La transformación digital ha provocado un profundo cambio en las sociedades, alterando la manera en que vivimos, trabajamos y nos relacionamos. Según un informe de la OCDE (2019), tanto el acceso generalizado a Internet como la expansión de tecnologías digitales, el Internet de las Cosas (IoT) o la Inteligencia Artificial (IA) han modificado de manera significativa nuestras interacciones sociales, laborales y cívicas. Esta realidad ofrece nuevas oportunidades para la conectividad y la eficiencia; sin embargo, introduce desafíos importantes al impactar en prácticamente todos los aspectos de la vida de las personas, desde las relaciones personales hasta la organización social.

En este marco, la Era de la información ha traído consigo una profunda reconfiguración de las estructuras sociales, en las que las funciones y procesos clave de nuestra sociedad se organizan cada vez más en torno a redes. Como ya señaló Manuel Castells (2009), estas redes han emergido como una nueva morfología social, transformando los sistemas de producción, las dinámicas de poder y las expresiones culturales. La expansión del Internet y las tecnologías inalámbricas, que ahora conectan prácticamente a toda la humanidad, ha sido decisiva en este cambio. Castells (2014) también subrayaba que Internet, como la tecnología clave de la Era de la Información, ha trascendido las limitaciones espaciales y temporales, facilitando una comunicación multimodal e interactiva en tiempo real a una escala global sin precedentes, aunque con notables desigualdades en el acceso y la eficiencia del servicio.

En este contexto, el creciente uso de dispositivos digitales ha transformado nuestras vidas, manteniéndonos en un estado de constante conexión. La omnipresencia de la tecnología digital ha facilitado un acceso a la información sin precedentes y ha promovido una conectividad global, permitiendo que individuos y organizaciones operen de manera más eficiente y flexible. Sin embargo, esta hiperconectividad también trae consigo desafíos importantes. Mientras que plataformas digitales han democratizado el acceso al conocimiento, optimizando procesos productivos y fomentando una mayor eficiencia profesional (Mansour y Tremblay, 2018), su influencia se extiende más allá del ámbito laboral, penetrando en la vida personal y familiar de los seres humanos. Además, la rápida evolución tecnológica genera percepciones tanto utópicas como distópicas, donde la sociedad debe adaptarse continuamente a los cambios impulsados por la digitalización (Castells, 2014).

El rápido desarrollo de la esfera de la información está no solo alterando la estructura del trabajo y el empleo, creando nuevas ocupaciones, sino también impactando las relaciones interpersonales y el equilibrio entre vida laboral y personal (Kommers, 2022). A medida que más individuos se integran en esta sociedad de la información, se enfrentan al reto de adaptarse a un entorno donde la constante conectividad y la disponibilidad ininterrumpida pueden complicar la desconexión necesaria para la salud mental y la calidad de vida (Keshwani y Patel, 2023).

El reto principal para las generaciones actuales y futuras radica en encontrar un equilibrio adecuado que permita aprovechar las ventajas de la hiperconectividad sin sacrificar el bienestar personal y familiar. La tecnología, si bien ofrece posibilidades casi infinitas para el desarrollo personal y profesional, también exige un manejo constante y ético de sus usos para evitar que su influencia sobrepase los límites de lo saludable y sostenible en la vida cotidiana (Khalaf et al., 2023).

La creciente dependencia de dispositivos digitales ha suscitado preocupaciones sobre la privacidad y la seguridad. La recolección masiva de datos y la vigilancia constante por parte de plataformas y gobiernos han incrementado la vulnerabilidad frente a violaciones de privacidad, afectando la autonomía individual (Zuboff, 2019). Este fenómeno no solo plantea interrogantes éticos sobre el manejo de la información personal, sino que también induce un comportamiento autocontrolado y conformista debido a la constante vigilancia. La vigilancia digital limita la libertad personal y la capacidad de expresarse libremente, transformando las dinámicas de poder y socavando la privacidad de los individuos en la era digital (Andrejevic, 2014; Lyon, 2018; Marwick y Boyd, 2014).

En cuanto a los problemas sociales derivados de la digitalización, el uso intensivo de tecnología ha alterado significativamente las dinámicas de interacción en las comunidades. A pesar de la facilidad para conectarse con otras personas, la digitalización ha propiciado una superficialidad en las relaciones interpersonales y un incremento del aislamiento social. Las relaciones virtuales, aunque convenientes, no sustituyen de manera efectiva la conexión emocional que proporciona el contacto humano directo, afectando negativamente la calidad de la socialización y aumentado la sensación de soledad en muchos individuos (Primarck et al., 2017). Este cambio también ha influido en la forma en que socializamos, con impactos notables en la cohesión social y el sentido de comunidad. Las redes sociales y otras plataformas digitales, aunque permiten una comunicación instantánea y en tiempo real, tienden a promover interacciones más superficiales, lo que puede debilitar los lazos sociales tradicionales y aumentar la sensación de desconexión en la vida real (Hampton et al., 2011; Orbest et al., 2017).

Además, la dependencia digital ha ejercido un impacto considerable en la salud mental. El uso problemático de redes sociales y dispositivos digitales ha propiciado o exacerbado la aparición de numerosos iTrastornos (Gentina et al., 2018) o adicciones comportamentales como la nomofobia (el miedo a estar sin móvil), el síndrome FoMO (Fear of Missing Out: miedo a perderse eventos o experiencias importantes), tecnoestrés (ver Ragu-Nathan et al., 2008) y trastornos como el trastorno dismórfico corporal, la ansiedad, la depresión o alteraciones del sueño como el insomnio (Ahmed et al., 2019; Rodríguez-García et al., 2020; Sun et al., 2022). Diversos estudios han vinculado el uso de redes sociales con efectos adversos adicionales, como el acoso, y la adicción a internet y a los teléfonos inteligentes (ver Arias de la Torre et al., 2020). Asimismo, la exposición prolongada a pantallas contribuye a la fatiga digital y a una disminución en la calidad del sueño, repercutiendo negativamente en el bienestar general (Arab y Díaz, 2015).

El tecnoestrés es un concepto clave aquí. Se refiere al estrés y la ansiedad que pueden surgir del uso intensivo de las TIC. Factores como la comunicación instantánea, la conectividad permanente, la multitarea excesiva y las interrupciones constantes contribuyen a este estado psicológico negativo (Brod, 1984; Ragu-Nathan et al., 2008). Durante la pandemia, aunque las TIC permitieron a muchos seguir trabajando, también aumentaron los niveles de tecnoestrés entre los empleados (Ioannou et al., 2022; Molino et al., 2020; Satpathy et al., 2021; Ayyagari et al., 2011; Tarafdar et al., 2007).

Otro de los efectos preocupantes de esta transformación es la sobrecarga informativa, un concepto que Alvin Toffler anticipó en 1970 en su influyente libro *Future Shock.* Tofler advirtió sobre los problemas cognitivos y psicológicos que pueden surgir cuando las personas se enfrentan a un volumen de información que supera su capacidad de asimilación. Desde entonces, numerosos autores (ver Eppler y Mengis, 2004) han explorado las implicaciones de esta sobrecarga en un contexto cada vez más digitalizado, destacando fenómenos relacionados como la infobesidad. Esta condición, reconocida como una de las principales "patologías de la información", no solo se manifiesta en la saturación de datos, sino que también da lugar a problemas como la evitación de la información, la ansiedad informativa y la ansiedad bibliotecaria (Bawden y Robinson, 2009). Estas complicaciones pueden entenderse en términos de una "paradoja de la elección", en la que la abundancia de opciones y datos puede resultar en parálisis decisional y malestar psicológico. Además, la sobrecarga informativa ha facilitado la propagación de noticias falsas y desinformación, socavando la confianza en las instituciones y desorientando a la opinión pública (Vosoughi et al., 2018).

Además de las transformaciones estructurales y sociales previamente mencionadas, el uso de dispositivos digitales ha revolucionado las dinámicas laborales. La evolución de la tecnología emergente ha traído consigo nuevos desafíos que exigen adaptación constante. La pandemia de la COVID-19 obligó a las empresas a replantearse sus prácticas laborales y el diseño organizacional; para muchos trabajadores de oficina, esto significó la implementación repentina del trabajo remoto desde casa (WFH, por sus siglas en inglés) o del trabajo flexible (Saridakis et al., 2023). El WFH se convirtió en la norma, transformando el hogar en un espacio laboral y sustituyendo las interacciones cara a cara por conexiones digitales. Aunque la pandemia ha sido superada, el trabajo híbrido persiste en numerosos sectores. Antes de la pandemia, la tecnología no se utilizaba de manera óptima para proporcionar flexibilidad laboral, lo que sugiere un considerable margen para redefinir el espacio de trabajo (Kalleberg y Dunn, 2023). Esta flexibilidad ha fomentado la colaboración global y la innovación (Wegner et al., 2024), pero también ha difuminado las fronteras entre el trabajo y la vida personal, generando tensiones en el ámbito familiar. Establecer expectativas claras, gestionar la carga de trabajo y garantizar el derecho a desconectar son aspectos cruciales para prevenir el agotamiento (McPhail et al., 2023). Además, es necesario promover estrategias de comunicación inclusiva y revisar los métodos de evaluación del desempeño y la capacitación. En resumen, la hiperconectividad laboral exige una gestión constante para equilibrar las demandas en el trabajo con el bienestar personal, lo que representa un desafío significativo en la era digital.

Así pues, la Era de la Información ha traído consigo una reconfiguración profunda de las estructuras sociales y laborales, donde las funciones y procesos clave en nuestra sociedad se organizan cada vez más en torno a redes. Este proceso de reorganización está basado en lo que llamamos conectividad. La conectividad se refiere a la capacidad de dispositivos, redes y personas para estar interconectados y comunicarse entre sí a través de infraestructuras digitales, como Internet y redes móviles (ver Ray, 2023). Sin embargo, a medida que estas redes se han expandido y se han integrado más profundamente en todos los aspectos de nuestra vida cotidiana, hemos entrado en una fase que va más allá de la simple conectividad. La hiperconectividad se caracteriza por una interconexión constante en tiempo real y omnipresente entre personas, dispositivos y sistemas digitales. En lugar de una simple existencia de redes, la hiperconectividad implica una saturación de conexiones que redefine nuestra forma de trabajar y vivir. La hiperconectividad refleja cómo estamos en un estado continuo de interacción, donde las barreras entre el trabajo y la vida personal se vuelven cada vez más difusas (ver Li y Lin, 2019).

II. HIPERCONECTIVIDAD LABORAL Y TECNOLOGÍAS EMERGENTES EN LA TRANSFORMACIÓN DEL TRABAJO

Las tecnologías emergentes como la Inteligencia Artificial (IA), el blockchain y el Internet de las Cosas (IoT), junto con las Tecnologías de la Información y Comunicación (TIC) están revolucionando el ámbito laboral al expandir y redefinir cómo se realiza y gestiona el trabajo. La integración de ecosistemas digitales y herramientas basadas en la nube ha permitido una conexión más fluida entre el trabajo y la vida cotidiana, superando las barreras físicas tradicionales y modificando profundamente la relación entre la vida laboral y personal. Además, la automatización de procesos mediante tecnologías avanzadas como la IA, está alterando la naturaleza de las tareas laborales y desafiando las estructuras laborales convencionales.

En este contexto de omnipresencia tecnológica, el trabajo se infiltra en todos los aspectos de la vida cotidiana. Este proceso ha sido descrito como un cambio estructural en la organización del tiempo y el espacio laboral, donde la hiperproductividad se convierte en una expectativa constante (Mazmanian et al., 2013). A medida que las barreras tradicionales entre el trabajo y la vida personal se desdibujan, las implicaciones de esta conectividad ininterrumpida se hacen cada vez más evidentes, afectando tanto el bienestar como las dinámicas laborales.

El uso generalizado de dispositivos inteligentes, como smartphones, y el desarrollo de aplicaciones móviles de productividad diseñadas para mejorar la eficiencia y gestión del tiempo, han sido fundamentales en esta transformación. Además, el despliegue de redes de comunicación avanzadas y aplicaciones de mensajería síncronas como Microsoft Teams, Google Meet o Zoom, ha facilitado la colaboración en tiempo real, extendiendo el trabajo más allá de las fronteras tradicionales (Cavazotte et al., 2014). Estas tecnologías permiten a los trabajadores realizar tareas desde sus teléfonos personales en cualquier momento y lugar, facilitando el trabajo en remoto (Navarro y Helms, 2020). Un ejemplo claro de esta tendencia son los gestores de correo electrónico, que posibilitan acceder a sus correos corporativos incluso fuera del horario laboral y desde lugares no relacionados con el trabajo, como durante eventos sociales o actividades familiares (Derks et al., 2014). Esta transformación ha dado lugar a nuevas formas de trabajo, como las de los nómadas digitales, profesionales que utilizan internet para trabajar desde cualquier lugar del mundo, combinando su trabajo con el deseo de viajar y explorar diferentes lugares.

Históricamente, las actividades laborales estaban limitadas a horarios específicos y a un espacio físico determinado, con rutinas diarias, semanales y anuales claramente definidas (Towers et al., 2006). Sin embargo, la constante conectividad ha difuminado las fronteras entre el tiempo personal y laboral, extendiendo informalmente la jornada laboral para alinearse con las demandas organizacionales, a menudo sin compensación adicional. Por otro lado, es habitual que muchas grandes empresas cuenten con un número importante de trabajadores satélite que se hallan fuera de la sede principal, pero necesitan estar conectados a través de las nuevas tecnologías. Esto ha alterado los ciclos tradicionales de tiempo social e incrementado la carga laboral, incluso durante períodos que solían estar reservados para el descanso. Estos cambios sociales y organizacionales exigen, en muchos casos, ajustes personales para poder enfrentar las nuevas demandas del entorno laboral.

Si aceptamos que la incorporación de las tecnologías emergentes está difuminando los límites entre el trabajo y la vida personal, las consecuencias de estos límites más permeables para los individuos y las familias son objeto de intenso debate. Para muchos investigadores, la erosión de estas fronteras es potencialmente perjudicial, ya que fomenta el exceso de trabajo (Galinsky et al., 2001) y conduce a una vida desbordada (Chesley, 2005). Sin embargo, otros autores sostienen que la tecnología puede facilitar formas de trabajo, como el desarrollo de la economía *gig* y el trabajo *freelance*, promoviendo así mayor autonomía y flexibilidad (Stephen, 2024). Aunque esta autonomía puede mejorar el equilibrio entre la vida laboral y personal en algunos casos (Valcour y Hunter, 2005), también introduce nuevos desafíos, como las condiciones laborales precarias y las fronteras difusas entre el trabajo y el tiempo libre.

Otro de los cambios tecnológicos importantes ha venido derivado del desarrollo de la Inteligencia Artificial (IA). Está generando una transformación profunda en el ámbito laboral, reconfigurando tanto las tareas operativas como las estructuras organizativas. La automatización impulsada por la IA está optimizando procesos y asumiendo tareas repetitivas, lo que permite a los trabajadores enfocarse en actividades más estratégicas y creativas (Bessen, 2018).

A medida que la IA avanza, se espera que su influencia sobre la estructura del trabajo sea aún más profunda, lo que exigirá que los trabajadores adquieran habilidades tecnológicas especializadas (Brynjolfsson y McAfee, 2014). Este proceso no solo redibuja los roles laborales tradicionales, incrementando la demanda de habilidades que la IA no puede replicar fácilmente, como el pensamiento crítico y la creatividad, sino que también plantea retos significativos en términos de capacitación y adaptación laboral. Con aproximadamente el 40% del empleo global expuesto a la IA, se prevé que esta tecnología no solo reemplazará ciertos roles laborales, sino que también potenciará y complementará otros (Cazzaniga et al., 2024).

El impacto de la IA sobre el conflicto trabajo-familia dependerá en gran medida de cómo se implementen y gestionen estas tecnologías. Si bien existen riesgos significativos, como la intensificación de la carga laboral y la difuminación de los límites entre el tiempo personal y profesional, la IA también ofrece un potencial considerable para mejorar el equilibrio entre la vida laboral y personal. Para maximizar estas oportunidades y mitigar los riesgos, es crucial desarrollar estrategias que equilibren la integración de la IA con la gestión del bienestar y la flexibilidad laboral. La clave radica en encontrar un balance que permita a los trabajadores aprovechar las ventajas de la IA sin comprometer su calidad de vida ni su bienestar familiar (Bessen, 2018).

III. CONFLICTO ENTRE TRABAJO Y LA VIDA PERSONAL EN LA ERA DIGITAL: DESAFÍOS Y NUEVAS DINÁMICAS

3.1. Formas de gestión entre trabajo y vida personal: integración vs. separación

La hiperconectividad laboral, manifestada en la constante conexión de los trabajadores a dispositivos tecnológicos como s*martphones y laptops* tanto durante como fuera del horario laboral, ejerce una presión significativa sobre la vida personal de los empleados. Esta presión incluye la demanda de responder rápidamente a correos electrónicos, mensajes y otras solicitudes laborales, independientemente de su urgencia. Aunque las organizaciones no siempre exigen una respuesta inmediata, los trabajadores pueden experimentar una obligación internalizada de priorizar estas demandas laborales. Como resultado, pueden sacrificar aspectos cruciales de su vida personal, como las relaciones familiares, generando un conflicto entre el trabajo y la vida familiar. Este conflicto se manifiesta como una interferencia entre roles, en la que las demandas del ámbito laboral y familiar resultan ser incompatibles en ciertos aspectos.

Greenhaus y Beutell (1985) identifican tres formas principales de conflicto trabajo-familia: (a) conflicto basado en el tiempo, que ocurre cuando las obligaciones laborales reducen el tiempo disponible para actividades personales y de ocio; (b) conflicto basado en la tensión, que surge cuando el estrés y la presión laboral afectan negativamente la capacidad del individuo para disfrutar y cumplir con sus responsabilidades personales; y (c) conflicto basado en el comportamiento, que surge cuando los comportamientos y demandas en un rol interfieren con el desempeño en otro rol; por ejemplo, la irritabilidad o el agotamiento causados por el trabajo pueden afectar la interacción y la calidad de las relaciones en el ámbito familiar o personal.

Kossek (2016) amplía esta perspectiva al abordar la gestión de los límites entre el trabajo y la vida personal de manera integral, considerando todos los aspectos de la vida de la persona más allá del entorno familiar. La autora sostiene que la gestión de estos límites ha ganado relevancia, abordándose desde dos enfoques principales: integración y separación. La integración implica combinar de manera flexible las responsabilidades laborales y personales, lo que puede ofrecer beneficios significativos como la capacidad de ajustar horarios y tareas según las necesidades individuales. En profesiones como la de desarrolladores de *software* o profesores universitarios, que permiten ajustes en horarios y lugares de trabajo, esta integración puede facilitar una combinación más fluida de las actividades laborales y personales. Esta flexibilidad puede ser especialmente beneficiosa para aquellas personas que valoran la capacidad de alternar diferentes roles, ya que permite una adaptación más dinámica a las demandas tanto del ámbito laboral como del personal (Creecy et al., 2021). No obstante, esta integración también presenta desafíos significativos. Un claro ejemplo es la cultura del "trabajo absorbente", en la cual la flexibilidad puede transformarse en una expectativa de disponibilidad constante, dificultando la desconexión y aumentando el riesgo de agotamiento debido a la falta de límites claros entre trabajo y vida personal (Kossek, 2016). Por ejemplo, un empleado que trabaja desde casa puede enfrentar la presión de estar siempre disponible para responder a correos electrónicos o mensajes fuera del horario laboral regular, lo que complica la desconexión mental y emocional y puede llevar al agotamiento. Por otro lado, en los entornos laborales deslocalizados, donde los trabajadores realizan sus tareas desde casa, la integración de los roles laborales y personales puede no ser una ventaja. En estos casos, la separación entre trabajo y vida personal puede ser realmente difícil de mantener, ya que pueden enfrentarse a interrupciones constantes por parte de su familia, lo que afecta su concentración en las tareas laborales y refuerza la necesidad de estar continuamente conectado. Esta intersección constante entre ambas esferas puede complicar aún más la gestión efectiva de los roles.

En contraste, la separación entre trabajo y vida personal se basa en establecer límites claros para facilitar una mayor recuperación y concentración en cada ámbito (Kossek et al., 2012). Este enfoque puede ser beneficioso en entornos laborales donde el trabajo y la vida personal están claramente diferenciados. Por ejemplo, un empleado en una planta de producción que puede desconectarse completamente al finalizar su jornada laboral tiene la oportunidad de dedicar su tiempo libre a actividades personales sin la intrusión de demandas laborales.

Sin embargo, en entornos de trabajo modernos, especialmente en contextos de trabajo remoto o flexible, mantener una separación estricta puede ser complicado debido a la conectividad constante y la intersección frecuente entre ambos dominios (Keshwani y Patel, 2023). En profesiones con jornadas laborales extensas o en situaciones de alta demanda, como médicos de guardia, abogados en períodos críticos o militares en maniobras, la separación física entre trabajo y vida personal puede no ser suficiente. Aunque alejados de sus responsabilidades familiares, el exceso de trabajo o la prolongada ausencia limita el tiempo disponible para el descanso y la vida personal, dificultando el equilibrio adecuado entre ambos ámbitos.

La capacidad de integrar el trabajo en la vida personal o mantener límites claros entre ambos dominios influye significativamente en el equilibrio trabajo-vida personal, con cada enfoque ofreciendo ventajas y desventajas. Los constructos personales de disponibilidad, dedicación y centralidad del trabajo, que se desarrollan en etapas tempranas de socialización, juegan un papel crucial en esta dinámica. Identificar a los trabajadores más sensibles a las medidas de conciliación permite a las organizaciones asignar recursos de apoyo de manera más eficiente, dirigiéndolos a quienes más necesitan estas prácticas (Mansour y Tremblay, 2016).

No obstante, la responsabilidad de gestionar el conflicto entre trabajo y vida personal no es una responsabilidad que recaiga únicamente sobre los trabajadores; las organizaciones también desempeñan un papel crucial. Para fomentar un equilibrio saludable, las empresas deben crear un entorno que aborde de manera efectiva los desafíos impuestos por la hiperconectividad. Las políticas organizacionales de conciliación, como horarios flexibles, teletrabajo o licencias familiares, son fundamentales para ayudar a los empleados a gestionar sus responsabilidades laborales y personales de manera equilibrada (Kossek et al., 2011).

La hiperconectividad añade una capa de complejidad al conflicto trabajo-familia, ya que la constante disponibilidad tecnológica puede intensificar las demandas laborales, incluso fuera del horario de trabajo. Sin embargo, como sugieren Higgins y Duxbury (1992), la implicación en roles familiares puede contrarrestar este efecto, proporcionando una fuente adicional de gratificación y resiliencia que ayuda a manejar mejor el conflicto entre trabajo y familia. Aunque las teorías de la acumulación de roles y las funciones protectoras de los roles múltiples, propuestas por Nieva (1985) y Piotrkowski y Repetti (1984), no abordaron la hiperconectividad explícitamente, sus ideas pueden extrapolarse al contexto actual. Estas teorías, originalmente aplicadas a las mujeres con carreras duales (trabajo profesional y en el hogar), también son relevantes para hombres y mujeres en entornos de hiperconectividad. A pesar de la creciente presión para estar siempre disponible, aquellos trabajadores y trabajadoras que logran involucrarse activamente en sus roles familiares pueden encontrar en estos una fuente de satisfacción y apoyo que mitigue los efectos negativos de la hiperconectividad en su bienestar. Por lo tanto, más allá de la simple separación o integración de roles, es la calidad de la experiencia en cada uno lo que determina la intensidad del conflicto trabajo-familia en un entorno hiperconectado.

3.2. Efectos del conflicto trabajo-vida personal en el bienestar y el equilibrio personal

Diversos estudios han demostrado que la hiperconectividad está estrechamente relacionada con un aumento en el conflicto entre trabajo y vida familiar. Investigaciones como las de Derks et al. (2015) y Barber et al. (2019) sugieren que a mayor hiperconectividad, mayores niveles de conflicto entre el trabajo y la vida familiar. Lógicamente, el disponer de menos tiempo para dedicar a la familia puede redundar en un menoscabo de las responsabilidades familiares, generando un ciclo en el que la persona no tiene tiempo para recuperarse ni para atender a su familia, lo que puede llevar a mayores niveles de estrés que afectan el desempeño laboral (Olson-Buchanan y Boswell, 2016). Reconocer estas dinámicas permite diseñar estrategias para una mejor planificación del tiempo, que podrían resolver dicha situación.

Uno de los aspectos más afectados por el conflicto trabajo-vida familiar derivado de la hiperconectividad laboral son las relaciones interpersonales. Investigaciones previas han señalado que la hiperconectividad se relaciona con el aumento de conflictos tanto con la familia como con amigos. Dedicar tanto tiempo a estar conectado al trabajo a través de dispositivos electrónicos puede contribuir al aislamiento, afectar la cohesión familiar o reducir el apoyo social percibido (Boswell y Olson-Buchanan, 2007). Además, el papel de los progenitores en la próxima generación es crucial, ya que sus acciones sirven como modelo de aprendizaje para la relación con las tecnologías emergentes en la futura fuerza laboral (Hammer et al., 2021).

También es fundamental considerar las diferencias culturales en la percepción del trabajo. Existen evidencias de variaciones culturales en la valoración de la dedicación al trabajo. En sociedades donde el trabajo ocupa un papel central, como en muchas culturas occidentales, la hiperconectividad es vista como un valor deseable y atractivo. Algunas investigaciones sugieren que la hiperconectividad puede abrir puertas a mayores oportunidades laborales y desarrollo profesional (Mazmanian et al., 2013). En estos contextos, estar siempre disponible puede ser interpretado como un signo de compromiso y dedicación, alineándose con las expectativas profesionales de las organizaciones. En contraste, en culturas que valoran más el bienestar del grupo, el tiempo personal o la dedicación familiar, como en algunas regiones de Escandinavia o en ciertas áreas de Asia, la hiperconectividad laboral puede ser percibida como una invasión del tiempo y el espacio privado. En estos contextos, la prioridad se centra en mantener un equilibrio saludable entre el trabajo y la vida personal, y la hiperconectividad puede ser vista como una amenaza a este equilibrio.

En cuanto a las diferencias de género y rol, la hiperconectividad laboral puede exacerbar las desigualdades de género, afectando especialmente a las mujeres que combinan mayores responsabilidades en el hogar con sus trabajos. La necesidad de estar siempre disponible en el trabajo puede dificultar el equilibrio entre carrera profesional y vida personal, afectando más a las mujeres que asumen o son responsables de más cargas familiares (Wajcman et al., 2010).

En conjunto, estos factores ilustran cómo el conflicto entre trabajo y vida personal, exacerbada por la hiperconectividad, impacta profundamente en el bienestar y el equilibrio personal. La comprensión de estas dinámicas es esencial para desarrollar estrategias efectivas que aborden los desafíos del equilibrio trabajo-vida personal en un entorno hiperconectado.

IV. IMPACTO DE LA HIPERCONECTIVIDAD EN LA SALUD MENTAL Y EL EQUILIBRIO TRABAJO-VIDA PERSONAL

Aunque las redes sociales y la hiperconectividad ofrecen oportunidades significativas para mejorar la salud mental, al facilitar la conexión social, la formación de identidad y la expresión creativa, también plantean desafíos importantes. El uso de redes sociales puede fortalecer el sentido de comunidad y aceptación, y se ha demostrado su potencial en la detección, tratamiento y prevención de problemas de salud mental (Khalaf et al., 2023). Sin embargo, junto con estos beneficios, la hiperconectividad también ha sido documentada como un factor que puede contribuir al aumento del estrés y está asociada a emociones negativas, depresión, ansiedad, episodios de violencia, entre otros. (Ahmad y Murad, 2020) que llevan a un menor bienestar general (Tapu et al., 2023).

El conflicto entre la vida familiar y laboral no se limita únicamente a la carga de trabajo o a las responsabilidades laborales directas. En realidad, las relaciones interpersonales y las dinámicas sociales dentro del entorno laboral juegan un papel crucial en la generación de este conflicto. Las interacciones sociales, las expectativas de *networking*, y la constante necesidad de estar conectado con colegas y superiores pueden intensificar las tensiones entre el trabajo y la vida personal. Este fenómeno, que podríamos denominar "conflicto relacional" trabajo-vida personal, pone de relieve cómo las demandas sociales y relacionales en el trabajo, exacerbadas por la hiperconectividad, pueden afectar negativamente el equilibrio y el bienestar de los trabajadores, contribuyendo al estrés y reduciendo la satisfacción tanto en la vida laboral como en la familiar.

Uno de los conceptos emergentes en este contexto es el "Fear of Missing Out" (FoMO), un fenómeno que, aunque inicialmente conceptualizado fuera del entorno digital (Przybylski et al., 2013), ha ganado relevancia en la era digital, especialmente en el uso de redes sociales (Tandon et al., 2021). El FoMO se refiere al miedo a perderse experiencias gratificantes o a quedar excluido de eventos sociales importantes, así como a una preocupación persistente de que otros estén experimentando eventos gratificantes en los que uno no está participando (Przybylski et al., 2013).

En el pasado, la falta de visibilidad respecto a lo que uno se perdía en eventos sociales mitigaba este sentimiento. Sin embargo, las redes sociales han transformado esta dinámica, permitiendo a las personas acceder a lo que no experimentaron directamente, exacerbando así el sentimiento de exclusión y generando una compulsión por estar siempre informados y conectados (Przybylski et al., 2013). Esta compulsión genera una ansiedad constante por mantenerse al tanto de lo que ocurre en las redes sociales.

En este sentido, Budnick et al. (2020) propusieron una definición ampliada del FoMO en el entorno de trabajo, donde se manifiesta como una preocupación generalizada por perder valiosas oportunidades para la carrera, como establecer relaciones profesionales importantes, obtener información socialmente relevante, o contribuir a decisiones y proyectos clave dentro de la organización. Este tipo de ansiedad no solo está relacionada con el miedo a perder información social crítica, sino también, y en gran medida, con el temor a quedar excluido de las dinámicas interpersonales y sociales que se desarrollan en el trabajo.

En cuanto a las consecuencias laborales de FoMO, diversos estudios han demostrado que los individuos con altos niveles de esta variable tienden a experimentar un mayor conflicto entre la vida familiar y el trabajo (Vodanivoch et al., 2021). Esta tendencia también se asocia con niveles elevados de fatiga y agotamiento emocional, así como una menor satisfacción laboral. Además, el FoMO se relaciona con un aumento del estrés laboral y la ansiedad (Elhai et al., 2020), y se ha encontrado que afecta negativamente la calidad del sueño (Görlich y Katzorke, 2020). Las personas con una alta susceptibilidad al FoMO también enfrentan mayores dificultades en la autorregulación (Milyavskaya et al., 2018), lo que resalta la importancia de implementar políticas de desconexión laboral ajustadas a los diferentes perfiles de trabajadores dentro de las organizaciones. Estas políticas podrían ayudar a mitigar los efectos negativos del FoMO y promover un equilibrio más saludable entre la vida laboral y personal.

El FoMO se entrelaza con las expectativas relacionales dentro del entorno laboral, llevando a los trabajadores a un estado constante de hiperconectividad que puede resultar perjudicial para su salud mental y su capacidad para mantener un equilibrio adecuado entre su vida laboral y personal. Diversos hallazgos subrayan el impacto del FoMO en la salud mental; a medida que las personas se sienten obligadas a estar continuamente conectadas para no perderse "lo que está sucediendo", aumentan las probabilidades de experimentar tecnoestrés (Tarafdar et al., 2017), fatiga en redes sociales (Dhir et al., 2018) y otros impactos negativos en su bienestar psicológico. Esto pone de relieve cómo la constante necesidad de estar conectado puede llevar a un desgaste psicológico significativo.

El tecnoestrés, en particular, se ha convertido en un fenómeno central en la era digital, definido como un trastorno de adaptación que surge cuando las personas no pueden gestionar las crecientes demandas de las nuevas tecnologías. Este tipo de estrés se caracteriza por un proceso psicológico negativo vinculado tanto al uso actual como a la anticipación del uso futuro de la tecnología, causado por un desajuste entre las demandas tecnológicas y los recursos personales y laborales disponibles (Salanova y Nadal, 2004).

Estudios recientes, como el metaanálisis de Nastjuk (2024), han demostrado que los efectos adversos del tecnoestrés se manifiestan tanto en entornos laborales como personales, afectando profundamente la salud mental y el comportamiento. Factores como la complejidad tecnológica, la invasión del tiempo personal, la sobrecarga informativa y la inseguridad en el uso de tecnologías son fuentes principales de tecnoestrés. Estas presiones no solo contribuyen al agotamiento emocional, sino que también pueden llevar a la fatiga digital y a la saturación mental derivadas del uso excesivo de plataformas tecnológicas. Además, el tecnoestrés está relacionado con la adicción a estar constantemente conectado, lo que puede deteriorar funciones cognitivas esenciales como la memoria y la atención.

El impacto del tecnoestrés puede variar según las diferencias individuales, las estrategias de afrontamiento y la capacidad de adaptación. En este sentido, Caro y Sethi (1985) introdujeron una distinción entre el tecno-eustrés, que motiva a las personas a enfrentar desafíos tecnológicos mejorando sus habilidades, y el tecno-distrés, que ocurre cuando las demandas tecnológicas se perciben como abrumadoras, superando la capacidad de afrontamiento y generando efectos perjudiciales tanto en lo personal como en lo laboral.

En la última década, han surgido nuevas definiciones en torno al tecnoestrés. El Kiassi y Jahidi (2023) destacan conceptos como la tecnoadicción y el síndrome de agotamiento tecnológico (SAT). La tecnoadicción se caracteriza por una compulsión incontrolable de usar la tecnología en todo momento y lugar, relacionada con la adicción al trabajo, aunque es importante considerar si se trata realmente de una adicción a la tecnología o de una imposición laboral. El SAT, por su parte, se manifiesta como una respuesta fisiológica y psicológica a la presión constante de la tecnología en el entorno laboral, limitando la capacidad de los empleados para manejar la presencia tecnológica de manera saludable. Oliveri y Pélissier (2019) introducen el concepto de riesgos tecno-sociales, que se refiere a una variedad de trastornos físicos y psicológicos que pueden surgir cuando TICs juegan un papel central en el entorno laboral. Estos riesgos incluyen la infobesidad o sobrecarga informativa, la ansiedad tecnológica debido al miedo al cibercrimen o la falta de dominio de herramientas tecnológicas, y problemas relacionales como el ciberacoso y la hiperconexión. Además, los riesgos también pueden manifestarse físicamente, con síntomas como la fatiga permanente, o psicológicamente, a través de la desmotivación y el agotamiento profesional. Este concepto refleja el amplio espectro de impactos que la tecnología puede tener en la salud mental y el bienestar de los empleados

En resumen, el reconocimiento creciente del tecnoestrés y sus derivados, como la tecnoadicción y el SAT, subraya la necesidad urgente de abordar su impacto en la salud mental. La omnipresencia tecnológica en el entorno laboral no solo afecta el bienestar psicológico, sino que también plantea desafíos significativos para mantener un equilibrio saludable entre el trabajo y la tecnología.

V. RECUPERACIÓN Y DESCONEXIÓN: ESTRATEGIAS PARA RESTAURAR EL EQUILIBRIO EN LA ERA DE LA HIPERCONECTIVIDAD

Como ya hemos mencionado, la constante conexión digital ha transformado profundamente nuestro entorno laboral y personal, presentando tanto oportunidades como desafíos significativos. La hiperconectividad laboral, si bien facilita la comunicación y el acceso a la información, puede llevar a un desgaste físico y mental considerable, afectando la capacidad de los individuos para recuperar su equilibrio entre el trabajo y la vida personal. En este contexto, se vuelve esencial implementar estrategias efectivas de recuperación y desconexión que permitan a los trabajadores gestionar el estrés asociado y promover una salud integral. Este apartado explora diversas estrategias personales y organizacionales diseñadas para mitigar los efectos adversos de la hiperconectividad laboral y restaurar un equilibrio saludable, garantizando tanto el bienestar individual como la eficacia en el entorno laboral

5.1. Estrategias personales

En el contexto de la hiperconectividad laboral es fundamental que los trabajadores desarrollen estrategias personales que les permitan gestionar de manera efectiva el uso de la tecnología y mitigar sus efectos negativos. Para ello, es crucial comenzar con una sólida base de formación y concienciación, que brinde las herramientas necesarias para entender los riesgos asociados con un uso excesivo de dispositivos y cómo abordarlos.

Una vez establecida esta base, se puede avanzar hacia prácticas específicas como el *Digital Detox,* que promuevan la desconexión periódica de la tecnología, y el *Mindfulness Digital,* que integra técnicas de conciencia plena para mantener un uso equilibrado y saludable de las herramientas digitales. Este enfoque progresivo, que comienza con la educación y culmina en la implementación de hábitos saludables, asegura una gestión integral y efectiva de la hiperconectividad en el ámbito personal.

5.1.1. Formación en hiperconectividad para la Prevención de Riesgos Laborales

Una de las herramientas más efectivas para combatir los efectos negativos de la hiperconectividad es la formación. La capacitación en estrategias para gestionarla ha demostrado ser crucial para mejorar la capacidad de los trabajadores en áreas como la desconexión efectiva, la gestión del tiempo y la recuperación del trabajo. Según estudios como los de Pangert et al. (2019), esta formación puede reducir significativamente los niveles de estrés, al proporcionar a los trabajadores habilidades para establecer límites claros entre el trabajo y la vida personal, así como promover un descanso adecuado.

Además, la formación en hiperconectividad también debe abordar problemas como la fatiga digital, un fenómeno que surge del uso intensivo de tecnologías tanto dentro como fuera del entorno laboral. Reinecke et al. (2017) han demostrado que enseñar un uso consciente y controlado de las tecnologías emergentes puede disminuir la fatiga digital y mejorar la salud mental general. La fatiga digital, a menudo relacionada con la adicción al trabajo y la baja calidad del sueño, es un factor de riesgo significativo para la somnolencia diurna y otros problemas de salud. Por lo tanto, enseñar a los trabajadores a desconectar y a gestionar su interacción con la tecnología es crucial para prevenir consecuencias negativas en su bienestar.

La ergonomía es un aspecto esencial en la formación, ya que ayuda a minimizar el impacto físico del uso prolongado de dispositivos electrónicos. Las empresas pueden tomar diversas medidas para mantener la productividad en la era del trabajo remoto. Por ejemplo, pueden desarrollar programas de supervisión o rutinas de trabajo desde casa (Jiang y Duffy, 2021). También pueden sensibilizar sobre el uso de estrategias como filtros de pantalla para reducir la fatiga visual y la implementación de pausas regulares durante el trabajo frente a pantallas. Enseñar estas prácticas no solo protege la salud física de los empleados, sino que también contribuye a crear un entorno de trabajo más saludable y sostenible.

Por último, es importante destacar que la formación en hiperconectividad no solo mejora el bienestar de los empleados, sino que también tiene un impacto positivo en la productividad. Barber y Santuzzi (2015) subrayan que una adecuada gestión de las herramientas digitales puede conducir a una plantilla más productiva, sana y motivada. En consecuencia, la promoción de la recuperación laboral a través de la formación no solo es beneficiosa para los empleados, sino que también es esencial para el éxito organizacional a largo plazo.

5.1.2. Digital Detox: los beneficios de desconectarse periódicamente de la tecnología

El concepto de "digital detox" se refiere a la práctica de desconectarse intencionalmente de las tecnologías digitales durante un período determinado, con el fin de reducir el estrés y recuperar el equilibrio mental. Esta estrategia permite a los individuos recargar energías, mejorar su concentración y fortalecer sus relaciones personales al reducir la dependencia de dispositivos digitales. Estudios han demostrado que incluso breves períodos de desconexión pueden tener un impacto positivo en la salud mental y el bienestar general, ayudando a las personas a restablecer una relación más saludable con la tecnología.

5.1.3. Mindfulness Digital: técnicas de conciencia plena para un uso saludable de la tecnología

El mindfulness digital se centra en la aplicación de técnicas de conciencia plena para gestionar de manera saludable el uso de la tecnología. Esta práctica implica estar plenamente presente y consciente durante el uso de dispositivos digitales, evitando el uso compulsivo y promoviendo una interacción más intencional con la tecnología. Al aplicar el mindfulness digital, los individuos pueden reducir la ansiedad y el estrés asociados con la hiperconectividad, mejorando así su capacidad para mantener un equilibrio entre trabajo y vida personal

Por último, hay evidencia de que prácticas como el mindfulness o la toma de consciencia del momento presente puede ayudar a separar los espacios de trabajo y vida personal para establecer límites claros y evitar las actividades laborales en horario de descanso (Barber y Santuzzi, 2015).

5.1.4. Modos No-Molestar de los dispositivos y aplicaciones bloqueadoras de aplicaciones.

Los dispositivos tecnológicos han implementado funcionalidades que ayudan a los usuarios a gestionar mejor su tiempo. Dado que, a menudo se utilizan los mismos dispositivos tanto para el trabajo como para el ocio y las comunicaciones personales, es fundamental poder gestionar ambos espacios de manera efectiva. El modo no-molestar está disponible en la gran mayoría de dispositivos móviles. Adicionalmente, Android ha desarrollado modos configurables que permiten al usuario silenciar notificaciones, llamadas y alertas durante el tiempo deseado. De este modo, el usuario puede crear espacios libres de notificaciones y distracciones que pueden servir para gestionar mejor el tiempo personal o con la familia.

Por otro lado, y con el reciente interés de la gestión de la concentración y la atención en el mundo digital, se han desarrollado aplicaciones que sirven para bloquear determinadas aplicaciones para que el usuario no pueda ejecutarlas. Los bloqueos son configurables y el usuario puede decidir que el dispositivo no le permita abrir la aplicación seleccionada a una determinada hora, o tras determinado tiempo en la aplicación o después de haberla abierto un número determinado de veces. Un dato respecto de estas aplicaciones es la implementación de un modo estricto donde el usuario no puede desactivar los bloqueos y la aplicación le obliga a desconectar. Por último, el sistema operativo y estas aplicaciones tienen estadísticas que informan del tiempo de uso de determinadas aplicaciones y del dispositivo en general. Esto puede ayudar a tomar conciencia de la gestión del propio tiempo, y planificar momentos libres de tecnología.

5.2. Estrategias organizacionales

En la era de la hiperconectividad, es crucial garantizar que los trabajadores puedan desconectarse del trabajo fuera del horario laboral para preservar su bienestar y mantener un equilibrio saludable entre la vida profesional y personal. Las organizaciones deben establecer políticas claras que fomenten esta desconexión, como la prohibición de enviar correos electrónicos o realizar llamadas laborales fuera del horario establecido, y la implementación de períodos "sin conexión". Estas medidas no solo permiten a los empleados recuperarse adecuadamente, sino que también promueven un entorno laboral más sostenible y productivo.

Además, es fundamental promover normativas internas para prevenir problemas como el burnout digital. Muchas organizaciones están adoptando prácticas como limitar el envío de correos electrónicos fuera del horario laboral, fomentar pausas regulares y diseñar entornos de trabajo que apoyen un equilibrio saludable entre el trabajo y la vida personal. Estas acciones contribuyen a un ambiente laboral más saludable y a una mayor satisfacción de los empleados.

Las empresas deben crear un entorno que aborde los desafíos derivados de la hiperconectividad, ya que puede ocasionar problemas de salud mental relacionados con la ansiedad y el estrés, intensificando el conflicto entre las responsabilidades laborales y familiares (Derks et al., 2015; Barber et al., 2019). Este conflicto no solo puede menoscabar las obligaciones familiares, sino que también puede generar un ciclo en el que los empleados no tienen tiempo para recuperarse ni para atender a sus familias, aumentando así los niveles de estrés y afectando negativamente su desempeño laboral. La literatura científica documenta cómo los individuos pueden sentirse atrapados por el estrés, tanto por las demandas laborales como por las demandas familiares (Olson-Buchanan y Boswell, 2016). Reconocer y abordar estas dinámicas de manera proactiva es crucial para promover una mejor gestión del tiempo y prevenir la escalada de estos problemas.

Todas estas consideraciones subrayan la importancia de que las empresas implementen políticas que no solo prevengan el burnout digital, sino que también ayuden a equilibrar las responsabilidades laborales y familiares, reduciendo así el estrés y mejorando el bienestar general de los empleados. Integrar políticas laborales flexibles y establecer límites claros entre el trabajo y la vida personal son fundamentales para mejorar el bienestar de los trabajadores (Kossek y Ozebi, 1998). Además, establecer normas claras sobre el uso de la tecnología y ofrecer programas de apoyo al bienestar son prácticas organizacionales esenciales para manejar los problemas asociados con la conectividad continua (Creecy et al., 2020).

Por otro lado, las diferencias individuales también juegan un papel importante en cómo los empleados experimentan la hiperconectividad. Un concepto relevante en este contexto es la telepresión laboral, que se refiere a la presión que sienten los trabajadores para responder a las comunicaciones laborales incluso fuera del horario de trabajo. Esta telepresión se relaciona negativamente con la capacidad de desconexión y recuperación, lo que puede disminuir la satisfacción laboral y aumentar el agotamiento (burnout) (Barber y Santuzzi, 2015).

La telepresión resalta un desafío específico dentro del ámbito del bienestar digital y refuerza la necesidad de que las organizaciones desarrollen estrategias que aborden esta presión, mejorando así la capacidad de los empleados para desconectarse y recuperarse del trabajo. Esto enfatiza cómo las políticas organizacionales deben considerar las diferencias individuales y las presiones psicológicas para ser realmente efectivas.

En conjunto, estas estrategias y enfoques son claves para reducir el impacto negativo de la hiperconectividad laboral y mejorar la calidad de vida laboral de los empleados. Al centrarse en políticas de bienestar digital, las organizaciones pueden no solo prevenir el burnout digital, sino también fomentar un entorno de trabajo más saludable y equilibrado

5.3. Estrategias gubernamentales y comunitarias

5.3.1 Derecho a la desconexión: legislación y protección del tiempo personal

La gestión de la hiperconectividad depende de las normativas legales que cada país ha adoptado. Desde la perspectiva del derecho a la salud, es esencial ayudar a los ciudadanos a gestionar sus vidas laborales de manera que promuevan una mejor calidad de vida. En países como Estados Unidos y Japón, la expectativa de disponibilidad absoluta fuera del horario laboral es frecuente, mientras que, en otros, como Alemania y Francia, se promueve activamente la desconexión, incluso a través de legislación.

En Francia, la Loi Travail (Ley nº 2016-1088) establece el derecho del trabajador a no responder correos electrónicos u otras comunicaciones laborales fuera de su horario, lo que ha contribuido a reducir el conflicto entre la vida familiar y laboral. Este marco legal se ha convertido en un modelo de referencia para otras naciones que buscan mitigar los efectos negativos de la hiperconectividad.

En Alemania, aunque no existe una ley específica sobre la hiperconectividad, algunas empresas han adoptado políticas internas para reducirla. Estas políticas han demostrado mejorar la satisfacción laboral y reducir el agotamiento profesional (burnout). Por ejemplo, Volkswagen y BMW han implementado restricciones en la comunicación fuera del horario laboral, promoviendo una cultura que respeta el tiempo personal de sus empleados.

En Asia, las realidades varían. Japón, conocido por su cultura de trabajo intensiva, ha comenzado a abordar el problema de la hiperconectividad en respuesta al fenómeno del Karoshi, o "muerte por exceso de trabajo". Este problema de salud pública ha impulsado al gobierno japonés a incentivar a las organizaciones a cuidar aspectos como la hiperconectividad, aunque las medidas legislativas aún son limitadas. En China, donde el esquema 996 (trabajar de 9 a.m. a 9 p.m., 6 días a la semana) es común, el gobierno ha empezado a promover políticas para mejorar las condiciones laborales, buscando reducir los impactos negativos de jornadas laborales excesivas.

En España, en 2018, se legisló el derecho a la desconexión digital dentro de la Ley Orgánica de Protección de Datos y Garantía de los Derechos Digitales. Esta medida fue diseñada para enfrentar la hiperconectividad y reducir los síntomas de ansiedad, depresión y conflictos en la conciliación entre vida familiar y trabajo. No obstante, tras la pandemia de COVID-19 y en el contexto de la transformación digital actual, se hace necesario que tanto las organizaciones como los individuos tomen medidas adicionales para gestionar de manera efectiva esta nueva realidad.

Estas iniciativas reflejan un reconocimiento creciente de la importancia de proteger el tiempo personal de los empleados en un mundo cada vez más conectado. Implementar políticas de desconexión efectivas es crucial no solo para el bienestar de los trabajadores, sino también para la sostenibilidad y productividad a largo plazo de las organizaciones.

5.3.2. Campañas de concienciación pública: iniciativas para promover la salud digital

A nivel gubernamental y comunitario, las campañas de concienciación pública son clave para promover la salud digital. Estas iniciativas buscan educar a la población sobre los riesgos de la hiperconectividad y fomentar prácticas saludables en el uso de la tecnología, como la gestión del tiempo de pantalla y la desconexión digital (Kushlev y Dunn, 2015).

Además, incluyen programas de capacitación para mejorar la alfabetización digital y promover "desafíos de desconexión", incentivando a las personas a reducir su uso de dispositivos en momentos específicos. Estas campañas también colaboran con empresas para establecer códigos de conducta que respeten los límites entre el trabajo y la vida personal, lo cual es esencial para prevenir el burnout digital y mejorar el bienestar general (Derks et al., 2015).

VI. DESAFÍOS Y CONSIDERACIONES FUTURAS EN LA GESTIÓN DE LA HIPERCONECTIVIDAD LABORAL

La gestión de la hiperconectividad en el entorno laboral moderno plantea desafíos complejos y multidimensionales, que requieren un enfoque estratégico tanto a nivel organizacional como individual. A medida que la tecnología sigue evolucionando y transformando el modo en que trabajamos, surgen nuevas consideraciones para abordar los efectos de la hiperconectividad laboral en la salud mental y el equilibrio entre el trabajo y la vida personal.

6.1. Retos Actuales en la gestión de la hiperconectividad

Uno de los desafíos centrales en la gestión de la hiperconectividad laboral es el papel dual de la tecnología. Las herramientas tecnológicas han transformado el panorama laboral al proporcionar una flexibilidad sin precedentes. La posibilidad de trabajar de forma remota y ajustar los horarios según las necesidades personales ha permitido una mayor autonomía y adaptabilidad en la vida laboral. No obstante, esta misma tecnología ha difuminado las fronteras entre el trabajo y la vida personal, lo que dificulta la desconexión y potencia el riesgo de fenómenos como el technostress y la fatiga digital (Barber et al., 2019; Derks et al., 2015; Stephen et al., 2024). La necesidad de gestionar estos efectos adversos es crucial para mantener un equilibrio saludable.

La revolución del trabajo remoto, acelerada por la pandemia de COVID-19, ha sido un cambio significativo en el ámbito laboral. Aunque el teletrabajo ha aportado beneficios notables, como la reducción del tiempo de desplazamiento y una mejora en el equilibrio entre la vida laboral y personal, también ha puesto de manifiesto desigualdades significativas. No todos los sectores ni todos los trabajadores han tenido el mismo acceso a estas oportunidades, lo que ha exacerbado las brechas existentes en el ámbito laboral (Mazmanian et al., 2013). Este desafío de igualdad de acceso y oportunidades es esencial a medida que avanzamos hacia modelos de trabajo más flexibles.

En respuesta a la difuminación de los límites entre el trabajo y la vida personal, es fundamental que tanto individuos como organizaciones desarrollen y refuercen estrategias para gestionar estos límites de manera efectiva. Crear espacios de trabajo designados en el hogar, junto con una gestión del tiempo rigurosa, puede ayudar a mitigar los efectos negativos de la hiperconectividad. Las estrategias de gestión de límites, tales como el establecimiento de horarios claros y la utilización de herramientas digitales para controlar la disponibilidad, son esenciales para enfrentar este reto (Olson-Buchanan y Boswell, 2016). La implementación efectiva de estas estrategias puede ofrecer una mayor separación entre el tiempo dedicado al trabajo y el tiempo personal, promoviendo un entorno laboral más equilibrado.

Además, se deben considerar estrategias para una desconexión efectiva, como establecer prácticas de desconexión digital, limitar el acceso a dispositivos fuera del horario laboral y fomentar actividades que faciliten la recuperación del trabajo, como el contacto con la naturaleza. Estas medidas no solo apoyan la recuperación mental y emocional, sino que también ayudan a mantener un equilibrio saludable entre el trabajo y la vida personal.

La identificación y gestión de estos retos actuales permitirán a las organizaciones y a los individuos enfrentar de manera efectiva los desafíos asociados con la hiperconectividad, promoviendo un entorno laboral más equilibrado y sostenible en el futuro.

6.2. Evaluación de políticas y legislación en curso

La creciente preocupación por los efectos adversos de la hiperconectividad ha llevado a varios países a implementar políticas para regular el uso de tecnologías digitales y promover el derecho a la desconexión. Estas políticas buscan mitigar problemas como el estrés y la fatiga digital, al proporcionar a los empleados un marco legal que limita la disponibilidad fuera del horario laboral.

Sin embargo, para asegurar que estas políticas sean efectivas a largo plazo, es esencial realizar evaluaciones continuas. La evaluación longitudinal es crucial para comprender cómo estas medidas impactan el bienestar de los empleados con el tiempo y si las actitudes hacia la hiperconectividad evolucionan (Creecy et al., 2020). Sin estudios longitudinales, no es posible determinar si las políticas están cumpliendo sus objetivos o si los beneficios se mantienen a lo largo del tiempo.

Por ejemplo, en Francia, la "Loi Travail" garantiza el derecho a la desconexión digital, con el objetivo de reducir el estrés y el agotamiento relacionados con la hiperconectividad. Evaluar la efectividad de esta ley requiere estudios que analicen si, en efecto, ha disminuido el estrés de los empleados y si los beneficios se mantienen con el tiempo. Evaluar la estabilidad y efectividad de estas políticas internas ayudará a entender si realmente contribuyen al bienestar a largo plazo y si los efectos positivos se mantienen o se desvanecen con el tiempo.

6.3. Experiencia de recuperación en el ocio digital

Otro aspecto que merece atención es la experiencia de recuperación en el contexto del ocio digital. A medida que el ocio se digitaliza cada vez más, con el aumento del consumo de entretenimiento online, es necesario comprender cómo este tipo de ocio afecta la capacidad de los individuos para recuperarse del trabajo. La hiperconectividad no se limita al ámbito laboral; también invade el tiempo libre, lo que plantea preguntas sobre si el uso intensivo de plataformas de *streaming*, videojuegos o redes sociales realmente permite la desconexión y recuperación necesarias para mantener un equilibrio saludable entre el trabajo y la vida personal y familiar.

Investigar estos aspectos podría revelar que, en algunos casos, el ocio digital puede no ser tan reparador como se percibe, especialmente si se lleva a cabo en un entorno de constante conectividad. Este conocimiento sería crucial para desarrollar recomendaciones sobre cómo equilibrar el uso de tecnologías durante el tiempo libre para maximizar la recuperación y minimizar el estrés residual asociado al trabajo (Mazmanian et al., 2013).

6.4. Impacto en grupos vulnerables

Finalmente, es esencial analizar cómo la hiperconectividad afecta a grupos vulnerables dentro de la fuerza laboral. Trabajadores jóvenes, empleados en puestos de trabajo precarios, y aquellos en sectores con alta demanda tecnológica, como el sector tecnológico o financiero, están particularmente expuestos a los riesgos de la hiperconectividad. Estos grupos pueden enfrentar mayores dificultades para desconectarse debido a la inseguridad laboral o la presión por demostrar su valía en entornos competitivos.

La hiperconectividad en estos contextos no solo aumenta el riesgo de agotamiento, sino que también puede agravar las desigualdades en el lugar de trabajo, afectando de manera desproporcionada a aquellos con menos recursos para gestionar estas demandas. Comprender estas dinámicas y desarrollar estrategias específicas para apoyar a estos grupos es crucial para mitigar los impactos negativos de la hiperconectividad y promover un entorno laboral más equitativo y saludable (Barber y Santuzzi, 2015).

VII. CONCLUSIONES

La hiperconectividad laboral, impulsada por la omnipresencia de dispositivos móviles y tecnologías digitales, ha reformado profundamente el entorno de trabajo y el equilibrio entre la vida personal y profesional. Aunque estas tecnologías ofrecen oportunidades sin precedentes para la flexibilidad y la autonomía, han introducido desafíos significativos relacionados con la intrusión del trabajo en el tiempo personal. La integración de smartphones, laptops y otras tecnologías portátiles ha permitido que las demandas laborales se extiendan más allá del entorno laboral, permeando el tiempo personal de los trabajadores. Esta constante presencia de herramientas digitales ha difuminado las fronteras entre el trabajo y la vida personal, resultando en un incremento del estrés, el agotamiento y dificultades para desconectarse de las tareas laborales (Stephen, 2024).

El fenómeno de la conectividad "siempre activa" ha puesto de relieve la erosión de las fronteras tradicionales entre el trabajo y el tiempo personal, exacerbando el riesgo de technostress y fatiga digital. Este cambio ha subrayado la necesidad urgente de políticas sociales, organizacionales y cambios personales que promuevan un equilibrio saludable entre el trabajo y la vida personal y familiar. Los empleadores, reconociendo la importancia de estas cuestiones, están implementando cada vez más medidas para apoyar el bienestar de sus trabajadores. Entre estas políticas, la desintoxicación digital ha emergido como una herramienta clave. Similar a la atención plena, la desintoxicación digital se enfoca en la toma de descansos breves para aliviar el estrés y fomentar la auto-regulación, contribuyendo así a un equilibrio más saludable (Glomb et al., 2011).

A medida que avanzamos, es crucial abordar las preocupaciones relacionadas con el uso voluntario de las TIC y sus efectos en el equilibrio trabajo-vida personal. Los estudios recientes han resaltado la necesidad de una mayor claridad conceptual en esta área, sugiriendo que la investigación debe centrarse más en el individuo y en los distintos tipos de usuarios de TIC para comprender mejor el impacto de la tecnología en la vida personal y laboral. La integración de diferentes disciplinas y enfoques metodológicos será fundamental para avanzar en este campo y desarrollar estrategias efectivas que puedan ser adaptadas a las necesidades y características particulares de cada contexto.

En conclusión, mientras la hiperconectividad presenta ventajas significativas, también requiere una gestión cuidadosa para mitigar sus efectos negativos. Implementar políticas organizacionales efectivas, fomentar prácticas de desintoxicación digital y abordar las diferencias individuales y culturales en el uso de la tecnología son pasos cruciales para promover un equilibrio saludable entre el trabajo y la vida personal. La investigación continua y la adaptación de estrategias serán esenciales para enfrentar estos desafíos y mejorar el bienestar general de los empleados en la era digital.

VIII. BIBLIOGRAFÍA

AHMAD, A. R. y MURAD, H. R. *The impact of social media on panic during the COVID-19 pandemic in Iraqi Kurdistan: Online questionnaire study. Journal of Medical Internet Research,* 22(5), Artículo e19556. 2020. https://doi.org/10.2196/19556

AHMED, S., POKHREL, N., ROY, S. y SAMUEL, A. J. *Impact of nomophobia: A nondrug addiction among students of physiotherapy course using an online cross-sectional survey. Indian Journal of Psychiatry,* 61(1), 77–80. 2019.

https://doi.org/10.4103/psychiatry.IndianJPsychiatry_361_18

ANDREJEVIC, M. *The big data divide: How data analytics create different futures. International Journal of Communication,* 8, 26–47. 2014.

ARAB, L. E. y DÍAZ, G. A. *Impacto de las redes sociales e internet en la adolescencia: aspectos positivos y negativos. Revista Médica Clínica Las Condes,* 26(1), 7–13. 2015. https://doi.org/10.1016/j.rmclc.2014.12.001

ARIAS-DE LA TORRE, J., PUIGDOMENECH, E., GARCÍA, X., VALDERAS, J. M., EIROA-OROSA, F. J., FERNÁNDEZ-VILLA, T., MOLINA, A. J., MARTÍN, V., SERRANO-BLANCO, A., ALONSO, J., ESPALLARGUES, M. *Relationship between depression and the use of mobile technologies and social media among adolescents: Umbrella review. Journal of Medical Internet Research,* 22(8), Artículo e16388. 2020. https://doi.org/10.2196/16388

BAWDEN, D. y ROBINSON, L. *The dark side of information: Overload, anxiety and other paradoxes and pathologies. Journal of Information Science,* 35, 180–191. 2009. https://doi.org/10.1177/0165551508095781

BARBER, L. K. & SANTUZZI, A. M. *Please respond ASAP: Workplace telepressure and employee recovery. Journal of Occupational Health Psychology,* 20(2), 172–189. 2015. https://doi.org/10.1037/a0038278

BARBER, L. K. & SANTUZZI, A. M. *Telepressure and college student employment: The costs of staying connected across social contexts. Stress and Health,* 35(2), 143–151. 2019. https://doi.org/10.1002/smi.2668

BESSEN, J. E. *AI and jobs: The role of demand (NBER Working Paper No. 24235).* National Bureau of Economic Research. 2018. https://doi.org/10.3386/w24235

BOSWELL, W. R. & OLSON-BUCHANAN, J. B. *The use of communication technologies after hours: The role of work attitudes and work-life conflict. Journal of Management,* 33(4), 592–610. 2007. https://doi.org/10.1177/01492063073025

BRYNJOLFSSON, E. y McAFEE, A. *The second machine age: Work, progress, and prosperity in a time of brilliant technologies.* Norton. 2014.

BUDNICK, C. J., ROGERS, A. P. y BARBER, L. K. *The fear of missing out at work: Examining costs and benefits to employee health and motivation. Computers in Human Behavior,* 104, Artículo 106161. 2020. https://doi.org/10.1016/j.chb.2019.106161

CARO, D. H. J. y SETHI, A. S. *Strategic management of technostress: The chaining of Prometheus. Journal of Medical Systems,* 9(5-6), 291–304. 1985. https://doi.org/10.1007/BF00992568

CASTELLS, M. *The rise of the network society.* Wiley. 2009.

CASTELLS, M. *The impact of the Internet on society: A global perspective.* MIT Technology. 2014. Recuperado de www.technologyreview.com/s/530566/the-impact-of-the-internet-on-society-a-globalperspective

CAVAZOTTE, F., LEMOS, A. H. y VILLADSEN, K. *Corporate smartphones: Professionals' conscious engagement in escalating work connectivity. New Technology, Work and Employment,* 29(1), 72–87. 2014. https://doi.org/10.1111/ntwe.12022

CAZZANIGA, M., JAUMOTTE, F., LI, L., MELINA, G., PANTON, A. J., PIZZINELLI, C.,

ROCKALL, E. J. y MENDES TAVARES, M. *Gen-AI: Artificial intelligence and the future of work. Staff Discussion Notes,* 1, Artículo A001. 2024. https://doi.org/10.5089/9798400262548.006.A001

CREECY, R., THOMPSON, D. y EDWARDS, J. *Managing the boundary between work and personal life: The role of policies and practices. Journal of Business and Psychology,* 35(4), 453–466. 2021. https://doi.org/10.1007/s10869-019-09627-0

DERKS, D. & BAKKER, A. B. *Smartphone use, work-home interference, and burnout: A diary study on the role of recovery. Applied Psychology,* 63(3), 411–440. 2014. https://doi.org/10.1111/j.1464-0597.2012.00530.x

DERKS, D., VAN DUIN, D., TIMS, M. & BAKKER, A. B. *Smartphone use and work-home interference: The moderating role of social norms and employee work engagement. Journal of Occupational and Organizational Psychology,* 88(1), 155–177. 2015. https://doi.org/10.1111/joop.12083

DERKS, D., VAN MIERLO, H. & SCHMITZ, E. B. *A diary study on work-related smartphone use, psychological detachment and exhaustion: Examining the role of the perceived segmentation norm. Journal of Occupational Health Psychology,* 19(1), 74–84. 2014. https://doi.org/10.1037/a0035076

DHIR, A., YOSSATORN, Y., KAUR, P. y CHEN, S. *Online social media fatigue and psychological well-being—A study of compulsive use, fear of missing out, fatigue, anxiety, and depression. International Journal of Information Management,* 40, 141–152. 2018.

ELHAI, J. D., LEVINE, J. C., DVORAK, R. D. y HALL, B. J. *The relationship between fear of missing out (FoMO) and anxiety and depression: A meta-analysis. Psychiatry Research,* 290, Artículo 113119. 2020. https://doi.org/10.1016/j.psychres.2020.113119

ELHAI, J. D., YANG, H., FANG, J., BAI, X. & HALL, B. J. *Depression and anxiety symptoms are related to problematic smartphone use severity in Chinese young adults: Fear of missing out as a mediator. Addictive Behaviors,* 101, 105962. 2020. https://doi.org/10.1016/j.addbeh.2019.04.020

EPPLER, M. J. y MENGIS, J. *The concept of information overload: A review of literature from organization science, accounting, marketing, MIS, and related disciplines. The Information Society,* 20(5), 325–344. 2004. https://doi.org/10.1080/01972240490507974

EL KIASSI, J. y JAHIDI, R. *Technostress: A concept analysis. International Journal of Accounting, Finance, Auditing, Management and Economics,* 4(3–1), 154–169. 2023. https://doi.org/10.5281/zenodo.8002337

FLORIDI, L. *The fourth revolution: How the infosphere is reshaping human reality.* Oxford University Press. 2014.

GADEYNE, N., VERBRUGGEN, M., DELANOEIJE, J. & DE COOMAN, R. *All wired, all tired? Work-related ICT-use outside work hours and work-to-home conflict: The role of integration preference, integration norms and work demands. Journal of Vocational Behavior,* 107, 86–99. 2018. https://doi.org/10.1016/j.jvb.2018.03.008

GENTINA, E., TANG, T. L.-P. y DANCOINE, P.-F. *Does Gen Z's emotional intelligence promote iCheating (cheating with iPhone) yet curb iCheating through reduced nomophobia? Computers & Education,* 126, 231–247. 2018. https://doi.org/10.1016/j.compedu.2018.07.011

GÖRLICH, D. y KATZORKE, A. *The effects of fear of missing out on sleep quality and job performance: A longitudinal study. Sleep Medicine Reviews*, 50, Artículo 101272. 2020. https://doi.org/10.1016/j.smrv.2019.101272

GREENHAUS, J. H. y BEUTELL, N. J. *Sources of conflict between work and family roles. The Academy of Management Review*, 10(1), 76–88. 1985. https://doi.org/10.2307/258214

HAMMER, M., SCHEITER, K. & STÜRMER, K. *New technology, new role of parents: How parent's beliefs and behavior affect students' digital media self-efficacy. Computers in Human Behavior*, 116, 106642. 2021. https://doi.org/10.1016/j.chb.2020.106642

HAMPTON, K. N., SESSIONS, L. F. y HER, E. J. *Social isolation and new technology: How the Internet and mobile phones impact Americans' social networks. Sociological Forum*, 26(2), 312–336. 2011. https://doi.org/10.1111/j.1573-7861.2011.01223.x

JIANG, J. y DUFFY, V. G. *Modern workplace ergonomics and productivity – A systematic literature review.* En *HCI International 2021 - Late Breaking Papers: HCI Applications in Health, Transport, and Industry*, Lecture Notes in Computer Science, vol 13097. Springer,

Cham. 2021. https://doi.org/10.1007/978-3-030-90966-6_35

KESHWANI, P. y PATEL, S. *The impact of technology on work life balance. Iconic Research and Engineering Journals*, 6(12), 1142–1150. 2023.

KHALAF, A. M., ALUBIED, A. A., KHALAF, A. M. y RIFAEY, A. A. *The impact of social media on the mental health of adolescents and young adults: A systematic review. Cureus*, 15(8), Artículo e42990. 2023. https://doi.org/10.7759/cureus.42990

KIM, J. J. & DIAMOND, D. M. *The stressed hippocampus, synaptic plasticity and lost memories. Nature Reviews Neuroscience*, 3(6), 453–462. 2002. https://doi.org/10.1038/nrn849

KINNUNEN, U., FELDT, T., SILTALOPPI, M. & SONNENTAG, S. *Job demands–resources model in the context of recovery: Testing recovery experiences as mediators. European Journal of Work and Organizational Psychology*, 20(6), 805–832. 2011. https://doi.org/10.1080/1359432X.2010.524411

KOMMERS, P. *The information age.* En P. Kommers (Ed.), *Sources for a better education: Lessons from research and best practices* (pp. 293–300). Springer. 2022. https://doi.org/10.1007/978-3-030-88903-6_19

KOSSEK, E. E. *Managing work–life boundaries in the digital age. Organizational Dynamics*, 45(3), 258–270. 2016. https://doi.org/10.1016/j.orgdyn.2016.07.010

KOSSEK, E. E. & OLLIER-MALATERRE, A. *Work-life policies: Linking national contexts, organizational practice and people for multi-level change.* En *Expanding the boundaries of work-family research: A vision for the future* (pp. 3–31). Palgrave Macmillan UK. 2013. https://doi.org/10.1057/9781137006004_1

KOSSEK, E. E. y OZEKI, C. *Work-family conflict, policies, and the job-life satisfaction relationship: A review and meta-analysis. Journal of Applied Psychology*, 83(2), 139–149. 1998. https://doi.org/10.1037/0021-9010.83.2.139

KOSSEK, E. E., RUDERMAN, M., BRADDY, P. y LYNESS, K. S. *Work-family conflict and work-family facilitation: The role of organizational support and work-family culture.* En K. K. ALLEN, E. E. KOSSEK, M. A. RUDERMAN y S. M. McCORMICK (Eds.), *The work-family interface: An introduction* (pp. 15–40). Routledge. 2012.

KUNIGITA, H., JAVED, A. & KOHDA, Y. *Solicited PWYW donations on social live streaming services through reciprocal actions between streamers and viewers. Computers in Human Behavior Reports*, 12, Artículo 100339. 2023.

KUSHLEV, K. y DUNN, E. W. *Checking email less frequently reduces stress. Computers in Human Behavior*, 43, 220–228. 2015. https://doi.org/10.1016/j.chb.2014.11.005

LEY N.º 2016-1088, de 8 de agosto de 2016. *Relativa al trabajo, la modernización del diálogo social y la seguridad de las carreras. Diario Oficial de la República Francesa* (JORF), 184, de 9 de agosto de 2016. https://travail-emploi.gouv.fr/IMG/pdf/loi_no2016-1088_du_8_aout_2016_version_initiale.pdf

LEY ORGÁNICA 3/2018, de 5 de diciembre. *De Protección de Datos Personales y garantía de los derechos digitales. Boletín Oficial del Estado*, 294, de 6 de diciembre de 2018. https://www.boe.es/eli/es/lo/2018/12/05/3

LI, L. y LIN, T. T. C. *Over-connected? A qualitative exploration of smartphone addiction among working adults in China. BMC Psychiatry*, 19, Artículo 186. 2019. https://doi.org/10.1186/s12888-019-2170-z

LYON, D. *The culture of surveillance: Watching as a way of life.* PoliPoint Press. 2018.

MARWICK, A. E. y BOYD, D. *Networked privacy: How teenagers negotiate context in social media. New Media & Society*, 16(7), 1051–1067. 2014.

MATSUMOTO, D. & JUANG, L. *Culture and psychology*. Pacific Grove, pp. 266–270. 1996.

MAZMANIAN, M., ORLIKOWSKI, W. J. y YATES, J. *The autonomy paradox: The implications of mobile email devices for knowledge professionals. Organization Science*, 24(5), 1337–1357. 2013. https://doi.org/10.1287/orsc.1120.0806

McPHAIL, R., CHAN, X. W. (CARYS), MAY, R. & WILKINSON, A. *Post-COVID remote working and its impact on people, productivity, and the planet: An exploratory scoping review. The International Journal of Human Resource Management*, 35(1), 154–182. 2023. https://doi.org/10.1080/09585192.2023.2221385

MILYAVSKAYA, M., SAFFRAN, M., HOPE, N. & KOESTNER, R. *Fear of missing out: Prevalence, dynamics, and consequences of experiencing FOMO. Motivation and Emotion*, 42(5), 725–737. 2018. https://doi.org/10.1007/s11031-018-9683-5

NASTJUK, I., TRANG, S., GRUMMECK-BRAAMT, J. V., ADAM, M. T. & TARAFDAR, M. *Integrating and synthesising technostress research: A meta-analysis on technostress creators, outcomes, and IS usage contexts. European Journal of Information Systems*, 33(3), 361–382. 2024. https://doi.org/10.1080/0960085X.2022.2154712

OECD. *How's life in the digital age?: Opportunities and risks of the digital transformation for people's well-being.* OECD Publishing, París. 2019. https://doi.org/10.1787/9789264311800-en

OLIVERI, N. y PÉLISSIER, N. *Repenser les dispositifs numériques des organisations au prisme des risques technosociaux (RTS): Identification, évaluation, prévention. Les Cahiers du Numérique*, 15(1), 87–111. 2019.

OLSON-BUCHANAN, J. B., BOSWELL, W. R. & MORGAN, T. J. *The role of technology in managing the work and nonwork interface.* En *The Oxford Handbook of Work and Family* (pp. 333–348). Oxford Press. 2016.

OBERST, U., WEGMANN, E., STODT, B., BRAND, M. y CHAMARRO, A. *Negative consequences from heavy social networking in adolescents: The mediating role of fear of missing out. Journal of Adolescence*, 55, 51–60. 2017.

PRIMACK, B. A., SHENSA, A., SIDANI, J. E., WHAITE, E. O., LIN, L. Y., ROSEN, D., COLDITZ, J. B., RADOVIC, A. y MILLER, E. *Social media use and perceived social isolation among young adults in the U.S. American Journal of Preventive Medicine*, 53(1), 1–8. 2017. https://doi.org/10.1016/j.amepre.2017.01.010

PRZYBYLSKI, A. K., MURAYAMA, K., DeHAAN, C. R. & GLADWELL, V. *Motivational, emotional, and behavioral correlates of fear of missing out. Computers in Human Behavior*, 29(4), 1841–1848. 2013. https://doi.org/10.1016/j.chb.2013.02.014

RAGU-NATHAN, T. S., TARAFDAR, M., RAGU-NATHAN, B. S. y TU, Q. *The consequences of technostress for end users in organizations: Conceptual development and empirical validation. Information Systems Research*, 19(4), 417–433. 2008. https://doi.org/10.1287/isre.1070.0165

RAY, S. *The evolution of communication: Connecting in the digital age. American Journal of Computer Science and Information Technology*, 11(3), 10. 2023.

REINECKE, L., AUFENANGER, S., BEUTEL, M. E., DREIER, M., QUIRING, O., STARK, B., ... & MÜLLER, K. W. *Digital stress over the life span: The effects of communication load and internet multitasking on perceived stress and psychological health impairments in a German probability sample. Media Psychology*, 20(1), 90–115. 2017. https://doi.org/10.1080/15213269.2015.1121832

RODRÍGUEZ-GARCÍA, A.-M., MORENO-GUERRERO, A.-J. y LÓPEZ BELMONTE, J. *Nomophobia: An individual's growing fear of being without a smartphone—A systematic literature review. International Journal of Environmental Research and Public Health*, 17, Artículo 580. 2020. https://doi.org/10.3390/ijerph17020580

SALANOVA, M. y NADAL, M. *Sobre el concepto y medida del tecnoestrés.* Universitat Jaume I. 2004. Recuperado de http://www.uji.es/bin/publ/edicions/jfi8/psi/24.pdf

SARIDAKIS, G., GEORGELLIS, Y., BENSON, V., GARCIA, S., JOHNSTONE, S. y LAI, Y. *Guest editorial: Work from home (WFH), employee productivity and wellbeing: Lessons from COVID-19 and future implications. Information Technology & People*, 36(5), 175–1765. 2023. https://doi.org/10.1108/ITP-08-2023-993

SCHAUFELI, W. B. & TARIS, T. W. *A critical review of the job demands-resources model: Implications for improving work and health.* En BAUER, G. F. & JENNY, G. J. (Eds.), *Salutogenic organizations and change* (pp. 43–68). Springer. 2014. https://doi.org/10.1007/978-94-007-5640-3_4

SCHEIN, E. H. *Organizational culture and leadership* (Vol. 2). John Wiley & Sons. 2010.

SPAGNOLI, P., BALDUCCI, C., FABBRI, M., MOLINARO, D. & BARBATO, G. *Workaholism, intensive smartphone use, and the sleep-wake cycle: A multiple mediation analysis. International Journal of Environmental Research and Public Health*, 16, 3517. 2019. https://doi.org/10.3390/ijerph16193517

SUN, C., SUN, B., LIN, Y. y ZHOU, H. *Problematic mobile phone use increases with the fear of missing out among college students: The effects of self-control, perceived social support and future orientation. Psychology Research and Behavior Management*, 15, 1–8. 2022. https://doi.org/10.2147/PRBM.S345650

STEPHEN, D. *Technology and its role in shaping the future of work-life balance. Educational Administration: Theory and Practice*, 30, 1045–1053. 2024. https://doi.org/10.53555/kuey.v30i5.3005

TANDON, A., DHIR, A., ISLAM, N., TALWAR, S. y MÄNTYMÄKI, M. *Psychological and behavioral outcomes of social media-induced fear of missing out at the workplace. Journal of Business Research*, 136, 186–197. 2021. https://doi.org/10.1016/j.jbusres.2021.07.036

TAPU, M. A. B. S., AKASH, R. S., AL FAHIM, H., JARIN, T. M., BHUIYAN, T., REZA, A. W. y AREFIN, M. S. *A review on the impacts of social media on the mental health. Intelligent Computing and Optimization*, Cham. 2023.

TARAFDAR, M., COOPER, C. L. y STICH, J. F. *The technostress trifecta—Techno eustress, techno distress and design: Theoretical directions and an agenda for research. Information Systems Journal,* 29(6), 6–42. 2017.

TOFFLER, A. *Future shock.* Random House. 1970.

TOWERS, I., DUXBURY, L., HIGGINS, C. y THOMAS, J. *Time thieves and space invaders: Technology, work and the organization. Journal of Organizational Change Management,* 19(5), 593–618. 2006. https://doi.org/10.1108/09534810610686076

VAN ZOONEN, W. & SIVUNEN, A. *The impact of remote work and mediated communication frequency on isolation and organizational commitment: An examination of social media use. Information Systems Research,* 31(4), 1096–1109. 2020. https://doi.org/10.1080/1359432X.2021.2002299

VODANIVOCH, S., SALGADO, J. F. y SÁNCHEZ, J. I. *The impact of fear of missing out on work-life balance and job satisfaction. Journal of Business and Psychology,* 36(3), 503–518. 2021. https://doi.org/10.1007/s10869-020-09770-8

VOSOUGHI, S., ROY, D. y ARAL, S. *The spread of true and false news online. Science,* 359(6380), 1146–1151. 2018. https://doi.org/10.1126/science.aap9559

WAJCMAN, J., BITTMAN, M. & BROWN, J. E. *Families without borders: Mobile phones, connectedness and work-home divisions. Sociology,* 44(3), 455–472. 2010. https://doi.org/10.1177/0038038508091620

WEGNER, D., DA SILVEIRA, A. B., MARCONATTO, D. y MITREGA, M. *A systematic review of collaborative digital platforms: Structuring the domain and research agenda. Review of Managerial Science,* 18(9), 2663–2695. 2024. https://doi.org/10.1007/s11846-023-00695-0

YAMAMOTO, I. *The impact of AI and information technologies on worker stress. VoxEU.* 14 de marzo de 2019. Recuperado de https://voxeu.org/article/impact-ai-and-information-technologies-worker-stress

ZUBOFF, S. *The age of surveillance capitalism: The fight for a human future at the new frontier of power.* PublicAffairs. 2019.

Capítulo 7.
Gestionar la diversidad en el conflicto organizacional

MARTA EVELIA APARICIO GARCÍA
Universidad Complutense de Madrid

MARÍA DOLORES VALLELLANO PÉREZ
Universidad de Huelva

I. Diversidad en las organizaciones; 1.1. Recorrido histórico sobre la gestión de la diversidad en las empresas; 1.2. Principales hitos en la conceptualización de la gestión de la diversidad; II. Modelos de gestión de la diversidad; 2.1. Modelo de Gestión de la Diversidad Estructural; 2.2. Modelo de Gestión de la Diversidad Cultural, 2.3. Modelo de Gestión de la Diversidad basado en la Equidad; 2.4. Modelo de Gestión de la Diversidad centrado en el Desempeño, 2.5. Modelo de Gestión de la Diversidad Global; 2.6. Situación actual de la gestión de la diversidad en las organizaciones III. Relación con los Objetivos de Desarrollo Sostenible; IV. Las organizaciones actuales; 4.1. Propuestas de gestión de la diversidad en organizaciones actuales, 4.2. Ventajas de incluir políticas de apoyo a la diversidad en las empresas V. Conclusiones; VI. Bibliografía

I. DIVERSIDAD EN LAS ORGANIZACIONES

La gestión de la diversidad en las organizaciones, como enfoque estratégico de búsqueda del aprovechamiento y gestión eficaz de las diferencias individuales y grupales dentro del entorno laboral, consiste en crear y mantener un ambiente inclusivo donde se valoren y respeten las diferencias individuales de cualquier naturaleza de manera que los distintos enfoques y experiencias de cada persona empleada redunden en un beneficio para la empresa.

Este enfoque implica políticas y programas diseñados para fomentar la igualdad de oportunidades, eliminar la discriminación y promover la equidad en el lugar de trabajo, así como prácticas concretas de gestión de la diversidad.

La importancia del estudio de la diversidad en las organizaciones ha sido puesta de manifiesto en diferentes estudios. Jackson et al. (2003) en su revisión de artículos (de 1997 a 2002) analizó el impacto de la diversidad en entornos laborales, planteándose una serie de cuestiones para abordar este fenómeno como la investigación sobre atributos personales estudiados, las consecuencias para equipos y organizaciones, el papel del contexto en la configuración de estos efectos y las complejidades multinivel asociadas. Evaluó tanto los puntos fuertes como las limitaciones de la investigación hasta ese momento además de identificar las posibilidades para futuras investigaciones y destacar los desafíos para avanzar en este campo. La tabla 1 recoge el resumen de sus aportaciones:

Tabla 1. *Resumen de Aportaciones de Jackson et al. 2003*

Atributos más estudiados	
Oportunidades Incorporar dimensiones infrarrepresentadas de la diversidad (por ejemplo, la religión) Evaluar la diversidad subyacente, así como la que se detecta fácilmente. Desarrollar nuevas teorías incorporando la investigación sobre: Conflicto social y competencia. Economía laboral. Integrar lo micro con lo macro. Utilizar una gama más amplia de métodos y medidas, como: Redes sociales. Narrativas etnográficas cualitativas. Análisis de contenido.	**Obstáculos** No controlar la tendencia central, o evaluar los efectos separados de la tendencia central y la diversidad. Ignorar los contornos específicos de la diversidad: Contenido específico de los atributos Perfiles multiatributo. Contornos estructurales (por ejemplo, solos, líneas de falla, no linealidad).
Las consecuencias de la diversidad	
Oportunidades Estudiar las diferencias de estatus. Examinar la interacción entre liderazgo y diversidad. Ampliar la gama de consecuencias estudiadas para incluir: Unidades organizativas mayores que los equipos de trabajo. Dinámicas entre equipos (por ejemplo, flujos de conocimiento). Resultados laborales individuales.	**Obstáculos** Seguir aceptando el supuesto de que la diversidad →procesos de equipos→ los resultados de los equipos, sin pruebas que lo demuestren. No desarrollar ni considerar nuevos modelos teóricos.
El papel del contexto	
Oportunidades Incluir descripciones del contexto en los informes de investigación. Determinar qué efectos de la diversidad difieren según los tipos de tareas. Examinar la dinámica temporal de la diversidad. Examinar la diversidad dentro de las redes.	**Obstáculos** Incapacidad para evaluar todas las dimensiones importantes del contexto. No reconocer el papel de los acontecimientos sociales que pueden estar relacionados con la diversidad en el lugar de trabajo. Falta de una teoría sólida que guíe a los investigadores preocupados por reconocer y comprender el papel del contexto.

Complejidades multinivel	
Oportunidades Evaluar la diversidad en niveles de análisis múltiples o mixtos. Incorporar el uso de herramientas estadísticas avanzadas para modelar fenómenos multinivel con mayor precisión.	**Obstáculos** No lograr que las medidas y los métodos coincidan adecuadamente con el nivel de teoría establecida. Permitir que las consideraciones estadísticas limiten la investigación y el desarrollo teórico.

Fuente: Jackson et al., 2003, p. 21.

La diversidad incluye la comprensión de las variables interseccionales que atraviesan a las personas y que, por sus diferentes circunstancias, conllevan situaciones como la discriminación, el rechazo social o la falta de oportunidades. Se trata de tener en cuenta la diversidad étnica, la orientación sexual, la identidad de género, la religión, la situación de migración, etc.

1.1. Recorrido histórico sobre la gestión de la diversidad en las empresas

La publicación del informe "Workforce 2000" por parte del Instituto Hudson, centrado en temas relacionados con la diversidad en el entorno laboral, marcó un punto de partida importante en la comprensión y abordaje de dicho aspecto.

Las principales cuestiones tratadas en dicho informe fueron que las dinámicas demográficas constituyen un factor crucial a considerar en el análisis de la fuerza laboral, evidenciando cambios significativos en su composición que abarcan aspectos tales como la diversidad racial, étnica, de género y generacional. Estas tendencias demográficas plantean una serie de implicaciones para el mercado laboral, entre las que se destacan la gestión efectiva de una mano de obra diversa, las necesidades imperantes de capacitación y formación, así como el desafío que enfrentan las organizaciones para adecuarse a este contexto. En este sentido, las estrategias de gestión adquieren un papel primordial al ofrecer recomendaciones orientadas a optimizar la eficacia en la administración, abordando aspectos como las políticas de contratación, los programas de capacitación y desarrollo, así como la promoción de una cultura inclusiva. Además, se resaltan los beneficios empresariales asociados a la diversidad relacionados con una mejor creatividad, rendimiento e innovación.

A continuación, abordamos los hitos fundamentales en la conceptualización de la diversidad incluyendo los marcos normativos preeminentes que han emergido en el contexto de la gestión de la diversidad en entornos empresariales.

1.2. Principales hitos en la conceptualización de la gestión de la diversidad

La conceptualización de la gestión de la diversidad en las organizaciones ha ido evolucionando a lo largo del tiempo, desde un modelo de compensación de las diferencias hasta un modelo de inclusión y valoración de las mismas. La Figura 1 recoge los principales hitos.

Figura 1. *Principales Hitos en la Conceptualización de la Diversidad*

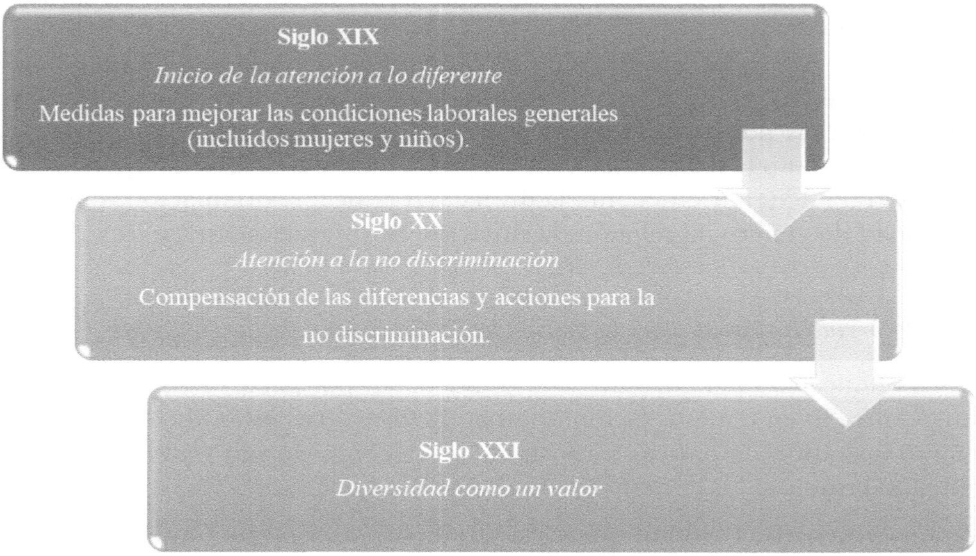

Siglo XIX
Inicio de la atención a lo diferente
Medidas para mejorar las condiciones laborales generales (incluidos mujeres y niños).

Siglo XX
Atención a la no discriminación
Compensación de las diferencias y acciones para la no discriminación.

Siglo XXI
Diversidad como un valor

En el siglo XIX, hubo algunos esfuerzos incipientes para considerar a colectivos laborales desfavorecidos, aunque fueron limitados y no pueden equipararse a los estándares contemporáneos de inclusión y equidad laboral.

Los movimientos sindicales y laborales, centrados en mejorar las condiciones de trabajo y los salarios para la clase trabajadora, impulsaron las leyes de protección laboral, especialmente en Europa occidental, que ofrecían cierta protección a ciertos colectivos como mujeres y niños empleados en las fábricas.

En el contexto español, durante el siglo XIX, se promulgaron algunas leyes y reglamentos que buscaban regular las condiciones de trabajo en el país. Ejemplo de ello es la Ley de Trabajo en Fábricas (1842), aunque no abordaba directamente la inclusión de grupos desfavorecidos.

El movimiento antiesclavitud promovió la igualdad de derechos para todos los grupos, lo que indirectamente afectaría al acceso al trabajo para las personas esclavizadas, especialmente personas negras y migrantes.

En el siglo XX, la Carta fundacional de las Naciones Unidas en 1945 ya incluía entre sus objetivos de cooperación internacional el abordar *"problemas internacionales de índole económica, cultural o humanitaria"*, así como fomentar "*el respeto a los derechos humanos y las libertades fundamentales para todos, sin discriminación por motivos de raza, sexo, idioma o religión*" (artículo 1.3). Por su parte, la Declaración Universal de Derechos Humanos, promulgada en diciembre de 1948, establece que cada individuo posee derechos y libertades "*sin distinción alguna de raza, color, sexo, idioma, religión, opinión política u otra índole, origen nacional o social, posición económica, nacimiento o cualquier otra condición*". Es evidente cómo esta declaración de 1948 profundiza mucho más en el principio de igualdad de oportunidades que la anterior de 1945.

Por su parte, la Organización de las Naciones Unidas para la Educación, la Ciencia y la Cultura (UNESCO) reconoce y enfatiza la importancia fundamental de la Diversidad Cultural como un catalizador esencial para la creatividad y la innovación en su Declaración Universal. En el Artículo 3 de esta declaración se resalta el papel crucial de la Diversidad Cultural como un factor de desarrollo integral: *"La Diversidad Cultural amplía las posibilidades de elección que se brindan a todos; es una de las fuentes del desarrollo, entendido no solamente en términos de crecimiento económico, sino también como medio de acceso a una existencia intelectual, afectiva, moral y espiritual satisfactoria"*. Más allá de simplemente ampliar las opciones disponibles para todas las personas, la Diversidad Cultural se considera una fuente vital de desarrollo. Este desarrollo se entiende no sólo en términos de crecimiento económico, sino también como un medio para acceder a una existencia más enriquecedora e integral en aspectos intelectuales, afectivos, morales y espirituales. La riqueza de perspectivas, tradiciones y expresiones culturales que ofrece la Diversidad Cultural no solo enriquece la vida de los individuos, sino que también fortalece el tejido social y promueve la comprensión mutua entre comunidades y naciones. En esencia, la promoción y protección de la Diversidad Cultural son fundamentales para el avance hacia sociedades más justas, inclusivas y prósperas en todo el mundo.

El Tratado de Ámsterdam, firmado el 2 de octubre de 1997, sentó las bases para varias iniciativas y directivas europeas relacionadas con la gestión de la diversidad en las organizaciones. Dos directivas clave que surgieron como resultado del Tratado de Ámsterdam son:

– Directiva sobre Igualdad de Trato en el Empleo y la Ocupación (Directiva 2000/78/CE): Esta directiva prohíbe la discriminación laboral basada en motivos de religión o convicciones, discapacidad, edad u orientación sexual. Establece un marco para promover la igualdad de trato en el ámbito laboral y garantizar que todas las personas tengan acceso a oportunidades de empleo y condiciones laborales justas.

- Directiva Marco sobre Igualdad de Trato en el Empleo y la Ocupación (Directiva 2006/54/CE): Esta directiva amplía la protección contra la discriminación en el ámbito laboral, abordando cuestiones como la igualdad de remuneración entre hombres y mujeres, la promoción profesional y el acceso al empleo. Su objetivo es garantizar la igualdad de trato y oportunidades para hombres y mujeres en el lugar de trabajo.

Ambas directivas tienen como objetivo promover la diversidad y la inclusión en el entorno laboral europeo, fomentando la igualdad de oportunidades y protegiendo a los trabajadores contra la discriminación.

La noción contemporánea de inclusión laboral o la gestión de la diversidad en el lugar de trabajo surgió mucho después, fruto de los movimientos sociales y cambios legislativos posteriores dirigidos a colectivos específicos.

En el contexto de la inclusión laboral de personas con discapacidad, destacan ciertos momentos trascendentales que han marcado pautas significativas, entre los cuales se incluyen:

- La Declaración Universal de Derechos Humanos (1948) que establece que todas las personas tienen derecho al trabajo, sin discriminación por motivos de discapacidad.
- La Ley de Rehabilitación Vocacional (Estados Unidos, 1973) propició la inclusión laboral de personas con discapacidad al dotar de fondos federales a los para programas de rehabilitación vocacional y servicios de empleo para personas con discapacidad.
- La Convención sobre los Derechos de las Personas con Discapacidad (2006) de Naciones Unidas incluye el derecho al trabajo en condiciones de igualdad, siendo ratificado por numerosos países y ha impulsado cambios legislativos para promover la inclusión laboral en todo el mundo.
- La Ley de Estadounidenses con Discapacidades (ADA) (1990) que prohíbe la discriminación por motivos de discapacidad en el empleo y exige que los empleadores proporcionen adaptaciones razonables para personas con discapacidad en el lugar de trabajo.
- La Directiva de la Unión Europea sobre igualdad en el empleo (2000) que establece el marco legal para combatir la discriminación en el empleo por motivos de discapacidad en los países miembros de la Unión Europea, exigiendo a los empleadores tomar medidas para proporcionar igualdad de oportunidades a las personas con discapacidad.

Con respecto a la igualdad de oportunidades laborales de las mujeres a lo largo del siglo XX en muchos países se fueron consiguiendo derechos como:

- Derecho al voto. En Estados Unidos las mujeres obtuvieron el derecho al voto a nivel federal el 26 de agosto de 1920, cuando la 19ª Enmienda de la Constitución de los Estados Unidos fue ratificada. En España 1 de octubre de 1931, tras la aprobación de la Ley de Reforma Constitucional (artículo 36 de la Constitución de la II República).
- Derechos laborales básicos, como el salario igual por trabajo igual y la protección contra la discriminación en el lugar de trabajo. Ley de Igualdad de Remuneración (Equal Pay Act), en Estados Unidos de 1963.
- Ley de Igualdad Laboral y No Discriminación de promoción de la igualdad de oportunidades entre mujeres y hombres en el ámbito laboral, así como la prevención y sanción de cualquier forma de discriminación por motivos de género.
- Ley de Igualdad Salarial para la consecución de igual remuneración por un trabajo de igual valor.
- Ley de Conciliación de la Vida Laboral y Familiar que proporciona medidas como la licencia por maternidad y paternidad, el horario flexible y el teletrabajo, para facilitar la participación equitativa de mujeres y hombres en el mercado laboral.
- Ley de Prevención y Protección contra el Acoso Laboral y Sexual que establece protocolos para la prevención, detección y sanción de estas conductas.
- Ley de Cuotas en la Representación de Género en Consejos de Administración, con el fin de promover una mayor participación de las mujeres en los niveles de toma de decisiones.

España cuenta desde 1995 con la Ley de Prevención y Protección contra el Acoso Laboral y Sexual que establece medidas concretas con objeto de garantizar un entorno laboral seguro y libre de discriminación por razón de género. En el año 2000 entró en vigor la Ley de Conciliación de la Vida Laboral y Familiar, que regula aspectos como la jornada laboral, el permiso por maternidad y paternidad, el derecho a la reducción de jornada por cuidado de hijos/as o familiares, así como otras medidas para favorecer la conciliación de la vida laboral y familiar de mujeres y hombres. En 2007 fueron aprobadas la Ley de Igualdad Efectiva entre Mujeres y Hombres, de promoción de la igualdad de género en el ámbito laboral y en la empresa, estableciendo medidas para prevenir la discriminación por razón de sexo y fomentar la igualdad de trato y de oportunidades entre mujeres y hombres, y la Ley Orgánica para la Igualdad Efectiva de Mujeres y Hombres para la eliminación de la discriminación por razón de género en todos los ámbitos de la sociedad, incluido el laboral, mediante la adopción de medidas específicas de acción positiva. Por último en 2008 fue aprobada la Ley de Igualdad en la Representación en Órganos de Gobierno de Sociedades que establece cuotas de representación equilibrada entre mujeres y hombres en los órganos de administración y dirección de empresas, con el fin de fomentar una participación más igualitaria en la toma de decisiones empresariales.

Entre las disposiciones legislativas dirigidas a personas migrantes en lo que concierne a su inclusión en el mercado laboral, se destacan:

- Declaración Universal de Derechos Humanos (DUDH) que el principio de igualdad y no discriminación en el acceso al empleo, sin importar el origen nacional o la condición migratoria.
- Convenio Internacional sobre la Protección de los Derechos de Todos los Trabajadores Migratorios y de sus Familiares (Naciones Unidas, 1990), donde se establecen sus derechos y el de sus familias.
- Convención Internacional sobre la Eliminación de todas las Formas de Discriminación Racial (CERD).
- Convenio sobre el Estatuto de los Refugiados de 1951 y su Protocolo de 1967.
- La Agenda 2030 para el Desarrollo Sostenible, a través de los Objetivos de Desarrollo Sostenible (ODS) incluye la promoción del empleo pleno y productivo y el trabajo decente para todos.

En nuestro país existen algunas cuestiones que abordan la inclusión laboral de este colectivo, como la Ley de Extranjería que regula la situación jurídica de los extranjeros en España, incluidos aspectos relacionados con el trabajo y la residencia. La Ley de Integración de los Inmigrantes, que promueve la integración social y laboral, e incluye disposiciones relacionadas con la formación, la educación, el acceso al empleo y la igualdad de trato en el ámbito laboral. La Estrategia Nacional de Inclusión Social de Personas Inmigrantes en la que se establecen medidas y políticas concretas y acciones para mejorar el acceso al empleo y combatir la discriminación laboral. Los Planes de Integración Laboral de Personas Inmigrantes de algunas comunidades autónomas y municipios, que incluyen acciones de orientación laboral, formación y apoyo en la búsqueda de empleo.

Recientemente se ha aprobado también la Ley 4/2023, de 28 de febrero, para la igualdad real y efectiva de las personas trans y para la garantía de los derechos de las personas LGTBI. En esta ley se plantean medidas para la igualdad de trato y de oportunidades de las personas LGTBI en el ámbito laboral y de igualdad y no discriminación LGTBI en las empresas. Se impulsa, entre otras cosas, incluir en la negociación colectiva la inclusión de cláusulas de promoción de la diversidad en materia de orientación sexual, identidad sexual y expresión de género.

En el siglo XXI se plantea un cambio de paradigma en la gestión de la diversidad en las organizaciones. El foco de atención se centra ahora en las ventajas que tiene una plantilla diversa, ya que promueve la creatividad y la innovación al reunir una variedad de perspectivas, experiencias y habilidades que pueden generar soluciones más efectivas y adaptadas a un entorno empresarial globalizado y en constante cambio. Además, fomenta un entorno laboral inclusivo que redunda en la satisfacción laboral, la motivación y el compromiso con la empresa. La diversidad también mejora la reputación de la empresa, atrayendo y reteniendo talento diverso y diversificado, lo que contribuye a la competitividad y al éxito, en un mercado global, diverso y multicultural.

II. MODELOS DE GESTIÓN DE LA DIVERSIDAD

La diversidad en el ámbito organizativo es un reflejo de la configuración de la sociedad cuyo dinamismo ha de tenerse en cuenta en la gestión de las personas que componen las plantillas laborales. Los principales inductores de la diversidad organizativa son la globalización, que propicia la convergencia de individuos de diferentes culturas; la composición demográfica de los mercados laborales, donde grupos de trabajo con mayor diversidad en relación al género o edad; la emergencia de nuevas modalidades organizativas, como el trabajo en red y el aumento del sector servicios (Martín Alcázar et al., 2006).

Ahora bien, la propia conceptualización del término diversidad requiere un análisis previo. No se trata de entenderla como un conjunto de características sumadas en un individuo u organización. De acuerdo con Taitli (2011), un enfoque sistémico para el estudio interseccional de la diversidad en el trabajo es necesario ya que reconoce y prioriza las categorías de diversidad que emergen de la experiencia y la realidad local, en contraste con categorías predefinidas o universales. En este enfoque, las categorías de diversidad no se imponen desde afuera, sino que se identifican a partir de la observación y el análisis de las dinámicas de poder, privilegio, ventaja, desventaja, discriminación y desigualdad en un contexto específico, como el entorno laboral. Por tanto se trata de una reestructuración de las estrategias de gestión de la diversidad en recursos humanos.

Atendiendo a la taxonomía clásica de los modelos sobre diversidad se pueden establecer cuatro enfoques: universalista, contingente, configuracional y contextual. (Martín Alcázar et al., 2005) La siguiente tabla recoge las principales características de cada uno de ellos.

Tabla 2. *Características de los Modelos de Gestión Atendiendo a su Clasificación Clásica*

Modelo	Foco	Acción	Propuesta
Universalista	Políticas organizativas	Propone principios y prácticas de atención a la diversidad	Implementación de prácticas y políticas universales como: • Fomento de la igualdad de oportunidades • Flexibilidad horaria • Flexibilidad retributiva • Formación intercultural • Cómo estrategias específicas pueden influir en el entorno laboral y el rendimiento de los empleados.
Contingente	Interactividad entre variables	Análisis empírico de variables de contingencia	No hay prácticas universales que garanticen un desempeño superior, las estrategias y propuestas varían según el contexto específico de cada organización y las circunstancias particulares.
Configuracional	Interacción de diferentes prácticas de gestión de la diversidad	Énfasis en la interacción	• Integración de prácticas de diversidad: pueden incluir programas de capacitación, políticas de contratación inclusivas, programas de mentoría y redes de empleados diversos. • Enfoque en resultados organizacionales ya que las prácticas de diversidad afectan los resultados y el desempeño organizacional en su conjunto, en lugar de centrarse únicamente en resultados específicos o en la satisfacción de los empleados.
Contextual	Factores contextuales	Análisis de los factores específicos del contexto que pueden modificar el impacto de las prácticas de gestión de la diversidad	Algunos de esos factores son: • Cultura organizacional • Tipo de industria y sector • Tamaño de la organización • Demografía de la fuerza laboral • Entorno legal y regulatorio

Fuente: *Elaboración propia a partir de Martín Alcázar et al. 2016.*

Con el paso del tiempo han ido surgiendo diferentes paradigmas de gestión de la diversidad como un aspecto significativo en el contexto organizacional. Los principales se relacionan a continuación:

2.1. Modelo de Gestión de la Diversidad Estructural

Este modelo surgió en la década de 1970 y fue desarrollado por los sociólogos Martin N. Davidson y David A. Thomas y se centró en la creación de estructuras organizativas que facilitarán la inclusión de grupos diversos en la fuerza laboral, es decir, en cómo pueden diseñarse las estructuras organizativas para la gestión de la diversidad de manera eficaz. Este modelo de gestión conceptualiza la fuerza laboral como una entidad homogénea sin tomar en consideración las diversas particularidades culturales inherentes a los individuos que la componen, ya que parte del reconocimiento de que las estructuras organizativas tradicionales pueden excluir a ciertos grupos minoritarios y perpetuar desigualdades.

Algunas de las propuestas de este enfoque son:

- Diseño de políticas de contratación inclusivas que promuevan la diversidad y la igualdad de oportunidades, evitando sesgos y discriminación en el proceso de selección de personal. Ejemplo de ello son las prácticas de reclutamiento que lleguen a una amplia gama de personas y la incorporación de criterios de selección basados en competencias y habilidades, en lugar de características personales.
- Creación de equipos de trabajo diversos que reflejen la diversidad presente en la sociedad.
- Desarrollo de programas de capacitación y sensibilización que aborden la conciencia sobre la diversidad y la importancia de la inclusión en el lugar de trabajo, entre los que se incluyen cuestiones como el sesgo inconsciente, la comunicación intercultural o la gestión de conflictos.
- Promoción de la diversidad en la toma de decisiones con el fin de garantizar la representación de diversos grupos en los procesos de toma de decisiones dentro de la organización a través de políticas de promoción interna que fomenten la diversidad en la carrera profesional, en los comités y en los grupos de trabajo relevantes.
- Revisión de políticas y prácticas organizativas que puedan perpetuar desigualdades, como incluir políticas de licencia parental equitativas, programas de apoyo para empleados con discapacidades o medidas para abordar la brecha salarial de género.

El resumen de las propuestas más representativas del modelo está centrada en la modificación de las estructuras organizativas, el fomento de la representación diversa en la toma de decisiones y la promoción de equipos de trabajo diversos.

2.2. Modelo de Gestión de la Diversidad Cultural

A fines de la década de 1980 y principios de la de 1990, esta perspectiva comenzó a ganar relevancia, destacando la importancia de comprender y gestionar las diferencias culturales en el entorno laboral.

Entre las propuestas de este modelo están:

- La promoción de la sensibilidad cultural con el fin de aumentar la comprensión y el respeto hacia las diferentes culturas presentes en la organización, entre otras cuestiones se incluyen sesiones de capacitación, talleres interculturales y actividades de intercambio cultural.
- Desarrollo de políticas inclusivas que reconozcan y valoren la diversidad cultural, promoviendo la igualdad de oportunidades para todos los empleados independientemente de su origen cultural (políticas de reclutamiento, selección y desarrollo profesional que eviten la discriminación basada en la nacionalidad o la etnia).
- Fomento de la comunicación intercultural entre empleados/as de diferentes culturas mediante la implementación de programas de mentoría intercultural, la creación de grupos de trabajo mixtos y el establecimiento de canales de comunicación abiertos y transparentes.
- Creación de un ambiente de trabajo multicultural en los que tengan cabida los eventos culturales y la creación de espacios de intercambio cultural.
- Fomentar el compromiso de la alta dirección con la diversidad cultural mediante la inclusión de objetivos y métricas relacionadas con la diversidad en las estrategias organizativas, así como la asignación de recursos y apoyo para la implementación de iniciativas de diversidad cultural.

Las propuestas de este modelo están relacionadas con la sensibilización cultural, formación intercultural y promoción de la cultura organizativa intercultural.

Algunos autores como Martín Alcázar et al. (2013) afirman que hasta la fecha, la elaboración de modelos interculturales y orientados a la diversidad aún no ha alcanzado su plena concreción, existiendo limitaciones identificadas en investigaciones en relación con la diversidad.

2.3. Modelo de Gestión de la Diversidad basado en la Equidad

Este enfoque, desarrollado en la década de 1990, hizo hincapié en la equidad y la justicia en las políticas y prácticas organizativas para garantizar la igualdad de oportunidades para todos los empleados.

Algunas de las propuestas fundamentales delineadas por este modelo son:

- Análisis de brechas y desigualdades en la organización en términos de contratación, promoción, compensación y otros aspectos relevantes.
- Diseño de políticas y prácticas equitativas que promuevan la equidad y la inclusión en todas las áreas de la gestión de recursos humanos, desde la contratación y la promoción hasta la evaluación del desempeño y la compensación. Esto puede incluir la implementación de procesos de selección imparciales, la adopción de políticas de compensación justa y transparente, entre otras.
- Promover la representación diversa en los procesos de toma de decisiones dentro de la organización a través de la creación de comités de diversidad o grupos de trabajo específicos.
- Formación en equidad y diversidad para empleados/as y líderes donde se aborden aspectos como el sesgo implícito, el entrenamiento en habilidades de comunicación intercultural, etc.

Al adoptar un enfoque multinivel relacional para la gestión de la diversidad, las organizaciones pueden alcanzar tanto resultados comerciales mejorados como equidad en su fuerza laboral diversa. Este tipo de marco contempla la implementación de lo que se conoce como "gestión de la diversidad socialmente responsable".

Syed y Kramar (2009), afirman que las organizaciones pueden lograr mejores resultados comerciales, así como resultados de equidad asociados con una fuerza laboral diversa, al adoptar un marco relacional multinivel para gestionar la diversidad. Un marco de este tipo prevé la creación de lo que se denomina "gestión de la diversidad socialmente responsable".

2.4. Modelo de Gestión de la Diversidad centrado en el Desempeño

A partir del año 2000, fue cambiando el paradigma y se enfatizaron la medición y evaluación de los resultados en términos de diversidad, inclusión y rendimiento organizacional.

La evaluación del rendimiento depende de cómo se definen y miden los objetivos y resultados (en términos económicos u otros). Aguilera et al. (2024), tras una revisión de publicaciones sobre el modelo de gestión basado en resultados, proponen reconsiderar la noción de éxito en términos de logro de objetivos, desafiando así el enfoque tradicional de evaluar el rendimiento y el éxito en función del logro de resultados positivos según cualquier indicador.

Bajo este modelo se delinean aspectos centrales que incluyen:

- Establecimiento de objetivos específicos relacionados con la diversidad, la inclusión y la equidad en la organización.
- Seguimiento y medición del desempeño, donde se pueden incluir la recopilación de datos sobre la representación de diferentes grupos en la fuerza laboral, la evaluación del clima organizacional en términos de inclusión y equidad, y el seguimiento de indicadores de rendimiento relacionados con la diversidad, como la retención y promoción de empleados diversos.
- Revisión y ajuste de políticas y prácticas organizativas que puedan contribuir a la exclusión o la desigualdad que redunden en el desempeño del puesto.
- Establecer incentivos y reconocimientos para aquellos empleados/as y equipos que demuestren un compromiso sobresaliente con la diversidad, la inclusión y la equidad en el lugar de trabajo.
- Establecer mecanismos de rendición de cuentas y transparencia para garantizar que los líderes y la organización en su conjunto sean responsables de los resultados en materia de diversidad y equidad, como por ejemplo la divulgación pública de datos relacionados con la diversidad y la inclusión, así como la implementación de procesos de revisión y evaluación periódicos para monitorear el progreso hacia las metas establecidas.

El modelo de gestión de la diversidad centrado en el desempeño se enfoca en la consecución de resultados tangibles en términos de inclusión y equidad, la definición de metas claras, el seguimiento del desempeño, la revisión de políticas y prácticas organizativas, el establecimiento de incentivos y reconocimientos, así como la rendición de cuentas y transparencia.

2.5. Modelo de Gestión de la Diversidad Global

Como consecuencia de la globalización de los negocios en las últimas décadas, surgió un enfoque específico en la gestión de la diversidad en contextos globales, donde se abordan las complejidades asociadas con la diversidad cultural y geográfica en las organizaciones multinacionales.

El modelo presenta diversas propuestas clave, entre las cuales se destacan:

- Adaptación de políticas y prácticas organizativas para que sean sensibles a las diferencias culturales y las necesidades específicas de los empleados en diferentes contextos culturales y geográficos.
- Revisión de políticas y prácticas de recursos humanos como las políticas de contratación, promoción, compensación y desarrollo profesional.
- Fomentar la diversidad e inclusión en toda la cadena de suministro de la organización, trabajando con proveedores y socios comerciales que compartan los valores de diversidad y equidad.
- Desarrollo de políticas de expatriación e inclusión de asignaciones internacionales.
- Creación de redes y grupos de afinidad para empleados con diferentes antecedentes culturales.

Tabla 3. *Resumen de Paradigmas y Características*

Modelo	Foco	Acción	Propuesta
Estructural	Estructura organizativa	Realiza propuestas concretas	• Modificación de las estructuras organizativas: • Fomento de la representación diversa en la toma de decisiones • Promoción de equipos de trabajo diversos
Cultural	Dinámicas de diferencias culturales	Propone medidas de promoción del valor de las diferencias culturales	Programas de: • Sensibilización cultural • Formación intercultural • Promoción cultura organizativa intercultural
Equidad	Abordar desigualdades sistémicas	Propuestas específicas de promoción de la equidad	• Análisis periódicos de brechas y desigualdades • Programas de capacitación en equidad y diversidad • Representación diversa en la toma de decisiones

Desempeño	Centrado en los resultados	Consecución de resultados tangibles	• Definición de metas claras • Seguimiento del desempeño • Revisión de políticas y prácticas • Establecimiento de incentivos y reconocimientos • Rendición de cuentas y transparencia
Diversidad Global	Entender la diversidad en el contexto internacional y multicultural	Medidas concretas de inclusión y equidad en un entorno globalizado	• Sensibilización intercultural • Revisión de políticas de recursos humanos • Promoción de la diversidad en el liderazgo • Fomentar la diversidad e inclusión en toda la cadena de suministro de la organización • Desarrollo de políticas de expatriación y la creación de redes de diversidad global

2.6. Situación actual de la gestión de la diversidad en las organizaciones

La revisión de las investigaciones sobre los diferentes modelos de gestión de la diversidad en las organizaciones sugiere que debe haber un cambio de paradigma. Se requiere una visión holística que aborde todas las interseccionalidades presentes en la organización y proponga medidas para una gestión más inclusiva de los recursos humanos. Se incluye a continuación cuál es la agenda presente en estos momentos, teniendo en cuenta la inclusión en la empresa de la agenda 2030 relacionada con los Objetivos de Desarrollo Sostenible (ODS).

III. RELACIÓN CON LOS OBJETIVOS DE DESARROLLO SOSTENIBLE

La UNESCO juega un papel significativo en la promoción y el avance hacia los ODS establecidos en la Agenda 2030, la cual fue aprobada por la Asamblea General de las Naciones Unidas en 2015. A través de una variedad de programas y acciones, la UNESCO se compromete a abordar los desafíos globales en áreas clave como la educación, la cultura, las ciencias naturales y sociales, la comunicación y la información. Estos programas no solo buscan impulsar el progreso hacia metas específicas de los ODS, sino que también promueven la cooperación internacional, la innovación y la inclusión para garantizar un desarrollo sostenible y equitativo a nivel mundial. Además, la UNESCO trabaja en colaboración con gobiernos, organizaciones no gubernamentales y otras partes interesadas para fortalecer la capacidad institucional y promover políticas y prácticas que contribuyan a la realización plena de la Agenda 2030 y sus objetivos.

La gestión de la diversidad en las organizaciones está vinculada a varios ODS de la Agenda 2030 de las Naciones Unidas. Algunos de los ODS relevantes incluyen:

- ODS 5: Igualdad de género: Promover la igualdad de género en todos los niveles, incluida la igualdad de oportunidades en el empleo y la participación equitativa en la toma de decisiones, contribuye a una gestión más diversa y equitativa en las organizaciones.
- ODS 8: Trabajo decente y crecimiento económico: Fomentar un entorno laboral inclusivo y diverso puede contribuir al crecimiento económico sostenible al aprovechar el talento y las habilidades de diversos grupos de la sociedad.
- ODS 10: Reducción de las desigualdades: La gestión de la diversidad en las organizaciones puede ayudar a reducir las desigualdades al garantizar que todas las personas, independientemente de su origen étnico, género, orientación sexual, discapacidad u otras características, tengan igualdad de oportunidades en el empleo y acceso a recursos y beneficios laborales.
- ODS 16: Paz, justicia e instituciones sólidas: Fomentar la diversidad en la composición de las organizaciones y garantizar la igualdad de trato y oportunidades puede contribuir a sociedades más justas, pacíficas e inclusivas.
- ODS 17: Alianzas para lograr los objetivos: La colaboración entre organizaciones, gobiernos y la sociedad civil para promover la gestión de la diversidad y la inclusión en el lugar de trabajo es fundamental para alcanzar los objetivos de desarrollo sostenible de manera efectiva y sostenible.

IV. LAS ORGANIZACIONES ACTUALES

De acuerdo con Blanz (2006), los nuevos entornos laborales son el resultado de la interacción "*del proceso de innovación tecnológica (TIC, digitalización, internalización, etc.), geoestratégico y político-económico (globalización), organizacio-*

nal (flexibilización, ideológico (neoliberalización) y sociolaboral (precarización de las condiciones contractuales, individualización de las relaciones laborales…".

Los procesos de expansión de las organizaciones conllevan una exposición a la diversidad de mercados, culturas y talentos en todo el mundo. Esta diversificación no solo implica la presencia física en diferentes regiones geográficas, sino también la adopción de modelos de negocio y estructuras organizativas más flexibles y adaptativas para responder a las demandas cambiantes del mercado.

La globalización ha generado nuevas formas de organización en donde los equipos de trabajo están geográficamente dispersos, lo que permite que los miembros del equipo estén ubicados en diferentes lugares geográficos, lo que puede presentar desafíos en términos de comunicación, coordinación y colaboración (Zander, et al. 2012). La complejidad de determinados entornos empresariales que presentan modelos matriciales de estructura organizativa donde los empleados deben reportar a más de un superior o departamento, donde las tareas son interdependientes y requieren la colaboración entre múltiples funciones o áreas de la empresa. El aumento de la diversidad cultural en las plantillas puede suponer una ventaja respecto a la innovación, creatividad, rendimiento, acceso a mercados diversos y reputación corporativa, pero también supone un desafío para la comunicación, la resistencia al cambio, los sesgos inconscientes o costes adicionales.

Por tanto, esta nueva realidad organizacional requerirá un enfoque especial en la comunicación efectiva, el establecimiento de procesos claros, el uso de tecnologías de colaboración remota y la construcción de equipos virtuales sólidos para garantizar el éxito y la eficiencia del trabajo en un entorno tan complejo. Aquellas organizaciones que se adapten a los cambios contarán con una oportunidad y ventaja competitiva (Stone y Deadrick , 2015).

4.1. Propuestas de gestión de la diversidad en organizaciones actuales

La pertenencia a una organización (por ejemplo de ámbito laboral) fomenta la integración social al proporcionar a los individuos un sentido de pertenencia y contribución a la sociedad. Aunque la construcción social del trabajo ha sufrido un proceso de cambio a lo largo de la historia, el acceso al empleo permite a los empleados acceder a una red de relaciones sociales, que promueven la interacción y el intercambio de experiencias propicio para el crecimiento profesional y personal, alentando el desarrollo de habilidades, la adquisición de conocimientos y el logro de metas individuales. Por otra parte, para la organización, es una ventaja contar con plantillas diversas, como se ha descrito anteriormente. Conjugar estos aspectos requiere identificar estrategias y acciones concretas.

Algunas estrategias comunes de gestión de la diversidad incluyen la capacitación en sensibilización y diversidad, el establecimiento de políticas antidiscriminatorias, la implementación de programas de reclutamiento y selección inclusivos, la promoción de la equidad salarial y de oportunidades de desarrollo profesional, y la creación de grupos de afinidad o redes de empleados para apoyar la diversidad y la inclusión en la organización.

Acciones concretas sobre diversidad e inclusión LGBT en la empresa han sido recogidas en un informe con datos españoles (Muñoz, 2019). Una de las más valoradas por los empleados LGBT era tener un protocolo claro para prevenir y actuar contra situaciones de acoso, promover la igualdad laboral, sensibilizar sobre diversidad LGBT y utilizar lenguaje inclusivo. En segundo lugar, valoran ofrecer flexibilidad a la hora de poder escoger las vacaciones o los horarios de trabajo independientemente del calendario escolar que rige en la mayoría de los entornos escolares, ya que más del 80% de las personas LGBT en España no tiene hijos. En tercer lugar, se señala la importancia que tiene para las personas LGBT que la empresa ejerza una labor de visibilización social de su compromiso con la diversidad LGBT por medio de comunicación externa (ej: desarrollar acciones de marketing inclusivo de sus productos y servicios) e interna, donde se incluya explícitamente la diversidad LGBT (con terminología e imágenes inclusivas). Dentro de estas acciones, tiene especial relevancia que la empresa comunique y celebre el día del Orgullo LGBT interna y externamente y que disponga de información sobre diversidad LGBT en su intranet para todos/as los/as empleados/as. Por último, disponer de una red de empleados LGBT y organizar charlas con referentes LGBT externos fueron las acciones que despertaron menor interés entre las personas encuestadas, aunque la mitad de ellas lo consideran importante.

En el último informe "*Diversidad en la empresa: Más allá del género*" (McKinsey & Company, 2023), se evidencia una correlación estadísticamente significativa entre la diversidad observada en los consejos de administración y los equipos ejecutivos, y una mejora sustancial en el impacto global, incluyendo aspectos medioambientales y sociales, a pesar de los desafíos persistentes en el ámbito empresarial. Para generar un impacto perdurable en estas esferas, las empresas deben adoptar una actitud audaz, trascendiendo la mera promoción de la diversidad en la representación, y deben integrar de manera integral la diversidad, la equidad y la inclusión en un enfoque orientado por un propósito.

En la guía práctica de la Organización Internacional del Trabajo (OIT) "*Fomentando la diversidad y la inclusión mediante ajustes en el lugar de trabajo: una guía práctica*" es una valiosa herramienta para ayudar a las empresas y organizaciones a promover la diversidad y la inclusión mediante la implementación de ajustes en el lugar de trabajo que permitan la plena participación de todas las personas, incluidas aquellas con discapacidad.

Otra guía es la de "*Diversidad e inclusión en el lugar de trabajo: Buenas prácticas y estrategias de éxito*" de la Fundación Bertelsmann. Es un recurso que proporciona una visión integral sobre cómo promover la diversidad y la inclusión en el ámbito laboral, donde se destacan buenas prácticas y estrategias exitosas implementadas por diversas organizaciones para fomentar un entorno laboral más inclusivo y diverso. Esta guía ofrece ejemplos concretos de cómo las empresas pueden abordar la diversidad en áreas como la selección de personal, el desarrollo profesional, la cultura organizacional y la gestión de equipos. Además, se describen casos de éxito que ilustran cómo las organizaciones han superado los desafíos y han cosechado beneficios al promover la diversidad y la inclusión en sus lugares de trabajo. También se abordan temas importantes relacionados con la sensibilización, la formación y el liderazgo inclusivo, así como la importancia de establecer políticas y prácticas que fomenten la igualdad de oportunidades para todos los empleados, independientemente de su origen, género, orientación sexual, edad, discapacidad u otras características.

La Agencia Europea para la Seguridad y la Salud en el Trabajo ofrece guías y recursos gratuitos sobre diversidad e inclusión en el lugar de trabajo como: la *Guía sobre Diversidad e Inclusión en el Lugar de Trabajo*, que proporciona información sobre cómo promover la diversidad y la inclusión en el lugar de trabajo, incluyendo consejos prácticos y ejemplos de buenas prácticas; los informes temáticos que exploran diferentes aspectos de la diversidad e inclusión en el lugar de trabajo, como la inclusión de personas con discapacidad, la diversidad generacional y la igualdad de género y los recursos en línea que abordan temas relacionados con la diversidad e inclusión en el trabajo.

La Fundación Europea para la Mejora de las Condiciones de Vida y de Trabajo (Eurofound) ha publicado diversas guías sobre diversidad en el lugar de trabajo, incluyendo temas como la inclusión de personas con discapacidad y la gestión de la diversidad generacional.

4.2. Ventajas de incluir políticas de apoyo a la diversidad en las empresas

En una revisión reciente, Badgett y colaboradores (2013) analizaron el impacto de las políticas de apoyo al colectivo LGTBI sobre el clima laboral y los resultados empresariales. Encontraron que las políticas de apoyo a las personas LGTBI y el clima laboral están relacionadas con un mayor compromiso laboral, mejores relaciones en el lugar de trabajo, mayor satisfacción laboral, mejores resultados en materia de salud y mayor productividad entre los empleados LGTBI. Sin embargo, ninguno de los estudios proporciona estimaciones cuantitativas directas del impacto en la cuenta de resultados.

El aumento de empresas que incluyen políticas de apoyo al colectivo LGBTI ha ido creciendo rápidamente en los últimos 20 años. En 1999, el 72%

de las empresas de la lista Fortune 500 incluían la orientación sexual en sus políticas de no discriminación, y sólo unas pocas incluían la identidad de género (Human Rights Campaign, 1999). En 2009, el 87% de dichas empresas incluían la orientación sexual y el 41% la identidad de género en sus políticas de no discriminación (Luther, 2009). En el mismo periodo de tiempo, el porcentaje de empresas de la lista Fortune 500 que ofrecían prestaciones a las parejas de hecho aumentó del 14% al 59% (Human Rights Campaign, 1999; Luther, 2009). De hecho, se señala que el argumento empresarial a favor de la diversidad motiva a los/as empleadores/as a adoptar este tipo de medidas (Sears & mallory, 2011). Sin embargo, los estudios que se han realizado para evaluar la validez de los argumentos empresariales a favor de la diversidad en relación con la raza, el sexo, la edad, la experiencia y otras dimensiones de la diversidad en el empleo no son cooncluyentes en cuanto a los resultados empresariales (Badgett et al., 2013). Pero en su lugar, el "argumento empresarial" se ha centrado cada vez más en la gestión de la diversidad, haciendo hincapié en la competencia cultural, la formación en habilidades de proceso de grupo y los esfuerzos hacia la plena inclusión de empleados de distintos grupos sociales como forma de crear valor a partir de una plantilla diversa.

Como hemos ido señalando anteriormente, diferentes estudios han evidenciado la importancia de adoptar un enfoque holístico, más allá del impacto económico, hacia la diversidad en el lugar de trabajo.

V. CONCLUSIONES

La apuesta por la diversidad en las empresas no es sólo una realidad en un mundo globalizado, sino que es una cuestión de derechos humanos que impacta en el rendimiento empresarial. Los/as empleados/as del siglo XXI son cada vez más conscientes de su propia diversidad y promueven también en sus entornos laborales que esta realidad se vea reflejada en las propuestas organizacionales. El obviar esta realidad derivará en mayor conflictividad social dentro de las empresas, puesto que cada vez más se pedirá que sean escuchadas y visibilizadas voces diversas y propuestas creativas para afrontar la realidad social en la empresa. Los modelos que se han ido proponiendo en este capítulo van marcando el camino para hacer propuestas que mejoren el clima laboral y reduzcan el conflicto en las organizaciones, por lo que son una apuesta de futuro.

Además es importante señalar que abordar la diversidad desde una perspectiva interseccional no solo es una cuestión de equidad y justicia social, sino que también puede ser una poderosa ventaja competitiva para las empresas en un entorno empresarial cada vez más diverso y globalizado.

VI. BIBLIOGRAFÍA

AGUILERA, R. V., DE MASSIS, A., FINI, R. & VISMARA, S. *Organizational goals, outcomes, and the assessment of performance: Reconceptualizing success in management studies. Journal of Management Studies,* 61(1), 1–36. 2024. https://doi.org/10.1111/joms.12994

BADGETT, M. V., DURSO, L. E., MALLORY, C. & KASTANIS, A. *The business impact of LGBT-supportive workplace policies.* 2013. https://escholarship.org/uc/item/3vt6t9zx

BLANCH, J. M. *El trabajo como valor en las sociedades humanas.* En GARRIDO, A. (Ed.), *Psicosociología del trabajo* (pp. 57–97). Barcelona. 2006. https://www.researchgate.net/publication/341590711_Blanch_2006_El_trabajo_como_valor_en_las_sociedades_humanas

CONSEJO DE LA UNIÓN EUROPEA. *Directiva 2000/78/CE del Consejo, de 27 de noviembre de 2000, relativa al establecimiento de un marco general para la igualdad de trato en el empleo y la ocupación. Diario Oficial de la Unión Europea,* L 303/16. 2000. https://www.boe.es/buscar/doc.php?id=DOUE-L-2000-82357

HUMAN RIGHTS CAMPAIGN. *State of the workplace for lesbian, gay, bisexual and transgendered Americans.* 1999. http://www.hrc.org/documents/sotw1999.pdf

JACKSON, S. E., JOSHI, A. & ERHARDT, N. L. *Recent research on team and organizational diversity: SWOT analysis and implications. Journal of Management,* 29(6), 801–830. 2003. https://doi.org/10.1016/S0149-2063(03)00080-1

LEY 4/2023, de 28 de febrero. *Para la igualdad real y efectiva de las personas trans y para la garantía de los derechos de las personas LGTBI. Boletín Oficial del Estado,* núm. 51, 1 de marzo de 2023. https://www.boe.es/buscar/act.php?id=BOE-A-2023-5366

MARTÍN ALCÁZAR, F., ROMERO FERNÁNDEZ, P. M. & SÁNCHEZ GARDEY, G. *Strategic human resource management: Integrating the universalistic, contingent, configurational and contextual perspectives. The International Journal of Human Resource Management,* 16(5), 633–659. 2005. https://doi.org/10.1080/09585190500082519

MARTÍN ALCÁZAR, F., ROMERO FERNÁNDEZ, P. M. & SÁNCHEZ GARDEY, G. *Modelo explicativo de la influencia de la diversidad sobre el desempeño de los grupos de trabajo. El efecto moderador de la dirección estratégica de los recursos humanos. Investigaciones Europeas de Dirección y Economía de la Empresa,* 12(1), 225–250. 2006.

MARTÍN ALCÁZAR, F., ROMERO FERNÁNDEZ, P. M. & SÁNCHEZ GARDEY, G. *Workforce diversity in strategic human resource management models. A critical review of the literature and implications for future research. Cross Cultural Management,* 20(1), 39–49. 2013. https://psycnet.apa.org/doi/10.1108/13527601311296247

McKINSEY & COMPANY. *Diversidad en la empresa: Más allá del género.* 2023. https://www.mckinsey.com/featured-insights/destacados/la-diversidad-importa-aun-mas-los-argumentos-a-favor-del-impacto-holistico/esInforme

MUÑOZ, O. *La diversidad LGBT en el contexto laboral en España.* 2019. Recuperado de https://mpatika.com/wp-content/uploads/2019/05/La-Diversidad-LGBT-en-el-Contexto-Laboral-en-España.pdf

ORGANIZACIÓN INTERNACIONAL DEL TRABAJO. *Fomentando la diversidad y la inclusión mediante ajustes en el lugar de trabajo: Una guía práctica.* 2017. https://www.ilo.org/wcmsp5/groups/public/---ed_norm/---declaration/documents/publication/wcms_560782.pdf

PARLAMENTO EUROPEO Y CONSEJO DE LA UNIÓN EUROPEA. *Directiva 2006/54/CE, de 5 de julio de 2006, relativa a la aplicación del principio de igualdad de oportunidades e igualdad de trato entre hombres y mujeres en asuntos de empleo y ocupación (refundición). Diario Oficial de la Unión Europea,* L 204/23. 2006. https://www.boe.es/buscar/doc.php?id=DOUE-L-2006-81416

SYED, J. & KRAMAR, R. *Socially responsible diversity management. Journal of Management & Organization,* 15(5), 639–651. 2009. https://doi.org/10.5172/jmo.15.5.639

STONE, D. L. & DEADRICK, D. L. *Challenges and opportunities affecting the future of Human Resource Management. Human Resource Management Review,* 25(2), 139–145. 2015. http://dx.doi.org/10.1016/j.hrmr.2015.01.003

TATLI, A. & ÖZBILGIN, M. F. *An emic approach to intersectional study of diversity at work: A bourdieuan framing. International Journal of Management Reviews,* 14, 180–200. 2011. https://doi.org/10.1111/j.1468-2370.2010.00291.x

ZANDER, L., MOCKAITIS, A. I. & BUTLER, C. L. *Leading global teams. Journal of World Business,* 47(4), 592–603. 2012. https://doi.org/10.1016/j.jwb.2012.01.012

Birkhäuser

Progress in Mathematics
Volume 307

For further volumes:
http://www.springer.com/series/4848

Xavier Tolsa

Analytic Capacity, the Cauchy Transform, and Non-homogeneous Calderón–Zygmund Theory

Xavier Tolsa
ICREA and Departament de Matemàtiques
Universitat Autònoma de Barcelona
Bellaterra (Cerdanyola)
Catalonia

ISSN 0743-1643 ISSN 2296-505X (electronic)
ISBN 978-3-319-34544-4 ISBN 978-3-319-00596-6 (eBook)
DOI 10.1007/978-3-319-00596-6
Springer Cham Heidelberg New York Dordrecht London

Softcover reprint of the hardcover 1st edition 2014

Printed on acid-free paper

Springer is part of Springer Science+Business Media (www.birkhauser-science.com)

Ferran Sunyer i Balaguer (1912–1967) was a self-taught Catalan mathematician who, in spite of a serious physical disability, was very active in research in classical mathematical analysis, an area in which he acquired international recognition. His heirs created the Fundació Ferran Sunyer i Balaguer inside the Institut d'Estudis Catalans to honor the memory of Ferran Sunyer i Balaguer and to promote mathematical research.

Each year, the Fundació Ferran Sunyer i Balaguer and the Institut d'Estudis Catalans award an international research prize for a mathematical monograph of expository nature. The prize-winning monographs are published in this series. Details about the prize and the Fundació Ferran Sunyer i Balaguer can be found at

`http://ffsb.iec.cat/EN`

This book has been awarded the Ferran Sunyer i Balaguer 2013 prize.

The members of the scientific commitee of the 2013 prize were:

Alejandro Adem
University of British Columbia

Núria Fagella
Universitat de Barcelona

Joseph Oesterlé
Université de Paris VI

Eero Saksman
University of Helsinki

Alan Weinstein
University of California at Berkeley

Ferran Sunyer i Balaguer Prize winners since 2003:

2003 Fuensanta Andreu-Vaillo, Vincent Caselles and José M. Mazón
Parabolic Quasilinear Equations Minimizing Linear Growth Functionals, PM 223

2004 Guy David
Singular Sets of Minimizers for the Mumford-Shah Functional, PM 233

2005 Antonio Ambrosetti and Andrea Malchiodi
Perturbation Methods and Semilinear Elliptic Problems on R^n, PM 240

José Seade
On the Topology of Isolated Singularities in Analytic Spaces, PM 241

2006 Xiaonan Ma and George Marinescu
Holomorphic Morse Inequalities and Bergman Kernels, PM 254

2007 Rosa Miró-Roig
Determinantal Ideals, PM 264

2008 Luis Barreira
Dimension and Recurrence in Hyperbolic Dynamics, PM 272

2009 Timothy D. Browning
Quantitative Arithmetic of Projective Varieties, PM 277

2010 Carlo Mantegazza
Lecture Notes on Mean Curvature Flow, PM 290

2011 Jayce Getz and Mark Goresky
Hilbert Modular Forms with Coefficients in Intersection Homology and Quadratic Base Change, PM 298

2012 Angel Cano, Juan Pablo Navarrete and José Seade
Complex Kleinian Groups, PM 303

To Montse, Laura, and Sílvia

Contents

Introduction **1**

Basic notation **11**

1 Analytic capacity **15**
1.1 Introduction 15
1.2 Definition and basic properties of analytic capacity 15
1.3 Removable sets and the Painlevé problem 20
1.4 Two technical lemmas 21
1.5 The Cauchy transform and Vitushkin's localization operator 22
1.6 Relationship with Hausdorff measures 28
1.7 Rectifiable sets and Vitushkin's conjecture 34
1.8 Historical remarks, the semiadditivity of γ, etc. 37
1.8.1 Some historical remarks 37
1.8.2 Uniform approximation by rational functions and the semiadditivity of analytic capacity 37
1.8.3 The approach by duality to analytic capacity 39
1.8.4 Other spaces and capacities 40
1.8.5 Hausdorff measures 41

2 Calderón-Zygmund theory with non-doubling measures **45**
2.1 Introduction 45
2.2 Preliminaries 47
2.3 Covering theorems and maximal operators 49
2.4 Doubling cubes and balls 53
2.5 Some standard estimates 55
2.6 Calderón-Zygmund decomposition 57
2.7 Weak (1,1) boundedness of Calderón-Zygmund operators 60
2.8 Cotlar's inequality 63
2.9 The good lambda method 68
2.10 Historical remarks and further results 73

3 **The Cauchy transform and Menger curvature** 75
3.1 Introduction 75
3.2 The curvature of a measure 76
3.3 The $T1$ theorem for the Cauchy singular integral operator 81
3.4 The Cauchy transform on Lipschitz graphs 84
3.5 The Cauchy transform on AD regular curves 88
3.6 Curvature and Jones' β's 91
3.7 Historical remarks and further results 98
3.7.1 The Cauchy transform and curvature 98
3.7.2 The $T1$ theorem 98
3.7.3 The Cauchy transform on Lipschitz graphs and AD regular curves 99
3.7.4 Application of the curvature method to other kernels 99

4 **The capacity γ_+** 103
4.1 Introduction 103
4.2 Smoothing of the Cauchy kernel by mollification 104
4.3 Dualization of the weak (1,1) inequality 107
4.4 The Denjoy conjecture 110
4.5 Semiadditivity of γ_+ 112
4.6 Some potential theory for γ_+ 115
4.6.1 A couple of technical lemmas about curvature 115
4.6.2 A maximum principle for curvature and for U_μ 117
4.6.3 A dual version for the capacity γ_+ 120
4.7 The capacity γ_+ of some Cantor sets 125
4.8 A quantitative version of Denjoy's conjecture 127
4.9 Relationship between γ_+ and Wolff's potentials 129
4.10 Historical remarks and further results 132
4.10.1 Denjoy's conjecture, the Davie-Øksendal dualization, and γ_+ . . 132
4.10.2 Analytic capacity and curvature 132
4.10.3 The analytic capacity of the Cantor sets $E(\lambda)$ and Wolff's potentials 133
4.10.4 Capacities associated with the signed Riesz kernels 134

5 **A *Tb* theorem of Nazarov, Treil and Volberg** 137
5.1 Introduction 137
5.2 The exceptional set S 138
5.3 The suppressed operators K_Θ 140
5.4 Dyadic lattices and the martingale decomposition 143
5.4.1 The dyadic Carleson embedding theorem 143
5.4.2 Random dyadic lattices 145
5.4.3 Transit and terminal squares 146
5.4.4 The martingale decomposition 146
5.5 Good and bad squares and functions 152

5.6 Estimates for good functions . . . 153
5.6.1 The main lemma for good functions . . . 153
5.6.2 Beginning of the proof of Lemma 5.13 . . . 154
5.7 Estimate of the sum S_1: distant squares . . . 156
5.8 Estimate of the sum S_4 . . . 160
5.8.1 Splitting of S_4 . . . 160
5.8.2 Estimate of $S_{4,1}^{tr}$ via a paraproduct . . . 161
5.8.3 Estimate of $S_{4,1}^{term}$ . . . 168
5.9 Estimate of $S_2 + S_3$: the diagonal term . . . 172
5.10 Cotlar's inequality revisited . . . 176
5.11 The final probabilistic argument . . . 181
5.11.1 The low probability of bad squares and functions . . . 181
5.11.2 The nice set G . . . 185
5.11.3 The functions Φ, Ψ_w, and the operators $\widetilde{K}$ and $\widetilde{\mathcal{C}}$ . . . 187
5.11.4 The key estimates involving $\widetilde{\mathcal{C}}$ and $\widetilde{K}$ . . . 188
5.11.5 The final step . . . 191
5.12 Historical remarks and further results . . . 193
5.12.1 The Tb theorem and analytic capacity . . . 193
5.12.2 Other Tb-like theorems . . . 194

6 The comparability between γ and γ_+ 195
6.1 Introduction . . . 195
6.2 An argument for sets of finite length . . . 196
6.3 Outline of the argument for proving that $\gamma \approx \gamma_+$ . . . 200
6.4 An intermediate approximation in terms of γ_+ . . . 202
6.5 Construction of the good measures μ and ν . . . 206
6.5.1 The construction of μ and ν and the proof of (a)–(c) . . . 207
6.5.2 The exceptional set H and the proof of (e), (f) . . . 208
6.5.3 Proof of (d) . . . 209
6.5.4 Proof of (g) . . . 213
6.6 Dyadic lattices and the exceptional sets $H_{\mathcal{D}}$ and $T_{\mathcal{D}}$ . . . 216
6.6.1 The construction of $H_{\mathcal{D}}$ . . . 216
6.6.2 The accretivity condition and the exceptional set $T_{\mathcal{D}}$ . . . 217
6.6.3 The size of $H_{\mathcal{D}} \cup T_{\mathcal{D}}$ . . . 217
6.7 Application of a Tb theorem . . . 218
6.8 The final induction argument . . . 220
6.9 Estimate of the Cauchy integral and AD regular curves . . . 221
6.9.1 Estimate of the Cauchy integral . . . 221
6.9.2 Another proof of the L^2 boundedness of the Cauchy transforms on AD regular curves . . . 225
6.10 Historical remarks and further results . . . 226
6.10.1 Analytic capacity . . . 226
6.10.2 Other capacities . . . 228

7 Curvature and rectifiability **231**
7.1 Introduction . . . 231
7.2 The quantitative version of the David-Léger theorem . . . 233
7.3 The two squares condition, Jones' β's, and curvature . . . 235
7.4 The sets Z, E_1 and E_2 . . . 241
7.5 Construction of the Lipschitz graph . . . 243
7.6 E and Γ are close to each other . . . 253
7.7 The set E_1 is small . . . 256
7.8 The set E_2 is small . . . 258
7.8.1 The implications E_2 big $\Rightarrow \|A'\|_2$ big $\Rightarrow c^2(\mathcal{H}^1\lfloor\Gamma)$ big . . . 258
7.8.2 The implication $c^2(\mathcal{H}^1\lfloor\Gamma)$ big $\Rightarrow c^2(\mu)$ big . . . 259
7.9 Three applications . . . 276
7.9.1 A characterization of rectifiable sets in terms of pointwise curvature . . . 276
7.9.2 A quantitative version of David's theorem . . . 277
7.9.3 Characterization of γ in terms of measures with bounded upper density . . . 279
7.10 Curvature, β's, and rectifiability in the AD regular case . . . 281
7.11 Historical remarks and further results . . . 286
7.11.1 About the results in this chapter . . . 286
7.11.2 Rectifiability, uniform rectifiability and Riesz transforms in arbitrary dimensions . . . 286
7.11.3 Other results in connection with curvature . . . 288

8 Principal values for the Cauchy transform **289**
8.1 Introduction . . . 289
8.2 L^2 boundedness implies existence of principal values . . . 290
8.2.1 Reduction to a class of dense functions . . . 290
8.2.2 Existence of principal values on Lipschitz graphs and rectifiable sets . . . 293
8.2.3 Plemelj formulas on Lipschitz graphs . . . 296
8.2.4 Weak convergence and existence of principal values for measures with zero density . . . 300
8.2.5 The final argument for the proof of Theorem 8.1 . . . 307
8.3 Finiteness of the maximal Cauchy transform . . . 309
8.4 Some consequences . . . 312
8.5 Historical remarks and further results . . . 314
8.5.1 Existence of principal values on rectifiable sets . . . 314
8.5.2 From the analytic information to rectifiability . . . 315

9 $RBMO(\mu)$ and $H^1_{atb}(\mu)$ **319**
9.1 Introduction . . . 319
9.2 The space $RBMO(\mu)$ . . . 321
9.2.1 Introduction . . . 321

9.2.2 The coefficients $K_{Q,R}$ . . . 321
9.2.3 The definition of $RBMO(\mu)$ . . . 323
9.2.4 Equivalent definitions . . . 326
9.2.5 Boundedness of CZO's from $L^\infty(\mu)$ to $RBMO(\mu)$ . . . 330
9.2.6 Some examples . . . 334
9.3 The John-Nirenberg inequality . . . 336
9.4 The Hardy spaces $H^{1,p}_{atb}(\mu)$ . . . 340
9.5 The duality $H^{1,p}_{atb}(\mu)$ - $RBMO(\mu)$ . . . 347
9.6 Another maximal operator and another covering theorem . . . 353
9.7 The sharp maximal operator . . . 356
9.8 Two interpolation theorems . . . 360
9.9 The $T1$ theorem for the Cauchy transform again . . . 365
9.10 The $T1$ theorem in terms of $RBMO(\mu)$ and $BMO_\rho(\mu)$ . . . 369
9.11 Historical remarks and further results . . . 376
9.11.1 About $RBMO(\mu)$ and $BMO(\mu)$ . . . 376
9.11.2 Other related results . . . 376
9.11.3 Tb theorems . . . 378

Bibliography **381**

Index **393**

Introduction

This book studies some of the striking advances that have occurred regarding analytic capacity and its relationship with rectifiability in the decade 1995-2005. The Cauchy transform plays a fundamental role in this area and it is one of the main themes of the book too. Another important topic is the so-called non-homogeneous Calderón-Zygmund theory, whose development has been largely motivated by the problems arising in connection with analytic capacity.

The analytic capacity of a compact set $E \subset \mathbb{C}$ is defined as

$$\gamma(E) = \sup |f'(\infty)|,$$

where the supremum is taken over all analytic functions $f : \mathbb{C} \setminus E \to \mathbb{C}$ whose modulus is bounded by 1, and $f'(\infty) = \lim_{z\to\infty} z\big(f(z) - f(\infty)\big)$. Analytic capacity was introduced by Ahlfors in 1947 in order to study the Painlevé problem. This problem consists in characterizing removable singularities for bounded analytic functions (removable, for short) in metric and/or geometric terms. Ahlfors showed that a compact set in the complex plane is removable if and only if its analytic capacity vanishes. This characterization is neither geometric nor metric, and thus is far from being a solution of Painlevé's problem.

In the 1950's analytic capacity was rediscovered by Vitushkin while he was studying uniform approximation of analytic functions by rational functions in compact subsets of the plane. Indeed, some of the criteria he gave for uniform rational approximation were stated in terms of analytic capacity and a variant of this notion, the continuous analytic capacity. Further, because of the application to this type of problems, he raised the question on the semiadditivity of analytic capacity. Namely, does there exist an absolute constant c such that all compact sets $E, F \subset \mathbb{C}$ satisfy

$$\gamma(E \cup F) \leq c\big(\gamma(E) + \gamma(F)\big)\,?$$

Another relevant contribution of Vitushkin is connected to the Painlevé problem. He showed that there are compact sets with positive length (or 1-dimensional Hausdorff measure) which are removable. The example that he constructed turned out to have orthogonal projections of zero length in almost all directions. So he conjectured that all removable sets are of this form. This became known as Vitushkin's conjecture and remained open for a long time. Let us remark that, by a well-known theorem of Besicovitch, for a compact set $E \subset \mathbb{C}$ with finite length, Vitushkin's conjecture is equivalent to saying that E is removable if and only if it is purely unrectifiable (i.e. its intersection with any rectifiable curve has zero length).

Given a measure μ on $\mathbb{C}$ and a function $f \in L^1_{loc}(\mu)$, the Cauchy transform (or Cauchy singular integral operator) is defined by

$$\mathcal{C}_\mu f(z) = \int \frac{1}{w-z}\, f(w)\, d\mu(w),$$

whenever the integral makes sense. In 1977 Calderón [5] proved that the Cauchy transform is bounded in $L^2(\mu)$ for μ equal to the arc length on a Lipschitz graph with sufficiently small slope. As a corollary of this result, it follows that any rectifiable set with positive length has positive analytic capacity and thus it is non-removable. This result, previously known as Denjoy's conjecture, is equivalent to saying that any removable set with finite length is purely unrectifiable. So this is the solution of one of the implications in Vitushkin's conjecture for sets with finite length.

In 1986 Mattila [98] showed that Vitushkin's conjecture in full generality is false. He proved this in a quite astonishing way: he showed that for sets with non-σ-finite length the property of having projections of zero length in almost all directions is not invariant by conformal mappings, unlike removability. Later on, Jones and Murai [76] showed an explicit example of a non-removable set (with non-σ-finite length) with projections of zero length in almost all directions. So the conjecture fails for sets with non-σ-finite length.

The discovery of the relationship between the Cauchy kernel and Menger curvature by Melnikov in 1995 is a factor of major importance in the subsequent advances concerning analytic capacity and the Painlevé problem. While studying a discrete version of analytic capacity in [113] he found the nice identity

$$\sum_{\sigma \in S_3} \frac{1}{z_{\sigma_1} - z_{\sigma_2}} \, \frac{1}{\overline{z_{\sigma_1} - z_{\sigma_3}}} = \frac{1}{R(z_1,z_2,z_3)^2}, \qquad z_1, z_2, z_3 \in \mathbb{C}, \tag{0.1}$$

where S_3 is the group of permutations of three elements and $R(z_1,z_2,z_3)$ stands for the radius of the circumference through z_1, z_2, z_3. The reciprocal of $R(z_1,z_2,z_3)$ is called Menger curvature of z_1, z_2, z_3. The preceding formula is so surprising and has so many relevant consequences that is quite often called "Melnikov's miracle".

Given a finite measure with linear growth μ, that is,

$$\mu(B(x,r)) \leq c_0\, r \qquad \text{for all } x \in \mathbb{R}^d \text{ and all } r > 0, \tag{0.2}$$

by integrating the identity (0.1) with respect to μ three times one easily deduces that, for all $\varepsilon > 0$,

$$\int \left| \int_{|z-w|>\varepsilon} \frac{1}{w-z}\, d\mu(w) \right|^2 d\mu(z) \\ = \frac{1}{6} \iiint_{T_\varepsilon} \frac{1}{R(z_1,z_2,z_3)^2}\, d\mu(z_1)\, d\mu(z_2)\, d\mu(z_3) + O(\mu(\mathbb{C})), \qquad (0.3)$$

where $|O(\mu(\mathbb{C}))| \le c\,\mu(\mathbb{C})$ and T_ε is the set of triples (z_1, z_2, z_3) such that $|z_i - z_j| > \varepsilon$ for $i \ne j$. This identity was proved by Melnikov and Verdera [114] and it is very important because it relates the $L^2(\mu)$ norm of the ε-truncated Cauchy transform of μ on the left side with something metric/geometric, namely the triple integral of squared Menger curvature with respect to μ. Following Melnikov, this triple integral will be called curvature of μ in this book. In a sense, the equation (0.3) provides a bridge between the $L^2(\mu)$ boundedness of the Cauchy singular integral and rectifiability.

After Melnikov's discovery, to complete the solution of Vitushkin's conjecture for sets of finite length, it remained to show that if $E \subset \mathbb{C}$ is a purely unrectifiable compact set with finite length, then it is removable. This was accomplished by Mattila, Melnikov and Verdera [103] in 1996 under the additional assumption that E is Ahlfors-David regular, that is,

$$c^{-1} r \le \mathcal{H}^1(E \cap B(z,r)) \le c\, r \qquad \text{for } 0 < r \le \operatorname{diam}(E),\ z \in E, \qquad (0.4)$$

where $\mathcal{H}^1$ stands for the Hausdorff 1-dimensional (or length) measure. Besides the relationship between the Cauchy kernel and curvature described above, their arguments used deep results from harmonic analysis and geometric measure theory.

The proof of Vitushkin's conjecture in full generality for sets of finite length was finally obtained by David [23] in 1998. To this end, he had to develop suitable tools from geometric measure theory and harmonic analysis, analogous to the ones used by Mattila, Melnikov and Verdera [103], now without any regularity assumption on the set E. It is also worth mentioning that very shortly after David's celebrated completion of the proof of Vitushkin's conjecture, Nazarov, Treil and Volberg [126] obtained a very powerful Tb theorem which provides an alternative argument for the proof of the last step of the conjecture.

For sets with infinite length, Painlevé's problem does not have a solution so nice as David's one for sets with finite length. We have to content ourselves with a characterization of removability in terms of the notion of curvature of measures. This characterization is a corollary of the comparability (proved by Tolsa [160] in 2003) between analytic capacity and another capacity denoted by γ_+ which has a useful quantitative description in terms of measures with linear growth and finite curvature. Another important consequence of the comparability between γ and γ_+ deals with the semiadditivity question. Indeed, from the aforementioned quantitative description of γ_+, one easily deduces that γ_+ is semiadditive. Then the fact that γ and γ_+ are comparable implies that γ is semiadditive too.

The advances regarding analytic capacity that culminated in the proof of Vitushkin's conjecture for sets with finite length and the proof of the semiadditivity of analytic capacity were possible because of the spectacular progress that occurred previously in the areas of harmonic analysis (more precisely, Calderón-Zygmund theory) and geometric measure theory. This is an example where some problems from complex analysis are solved using real variable techniques.

The connection between analytic capacity and Calderón-Zygmund theory stems from the essential role that the Cauchy transform plays in many questions arising in complex analysis. For example, concerning the Painlevé problem, we have already mentioned above the relevance of Calderón's theorem on the L^2 boundedness of the Cauchy transform on Lipschitz graphs with small slope for the proof of Denjoy's conjecture. The smallness assumption on the slope was removed in 1982 by Coifman, McIntosh and Meyer in their outstanding work [16].

To study the $L^2(\mu)$ boundedness of singular integral operators such as the one given by the Cauchy transform, some powerful tools were developed. This is the case, for instance, of the so-called $T1$ theorem of David and Journé [25] and of other various Tb theorems like the ones in David, Journé and Semmes [26] or Christ [14].

In almost all the classical Calderón-Zygmund theory, and in particular, in the $T1$ and Tb theorems just mentioned, an essential assumption is that the underlying measure μ in the space is doubling, that is,

$$\mu(B(x,2r)) \leq c\,\mu(B(x,r)) \qquad \text{for all } x \in \operatorname{supp}(\mu) \text{ and all } r > 0.$$

By the early 1990's it was a general belief in the area that the framework of homogeneous spaces, where the underlying measure is assumed to be doubling, was the most natural context where one could obtain reasonable results. However, often to deal with questions on analytic capacity one is faced with problems in Calderón-Zygmund theory where the doubling assumption fails. For example, typically to estimate the analytic capacity of an arbitrary compact set $E \subset \mathbb{C}$ one has to work with measures such as the Hausdorff 1-dimensional measure $\mathcal{H}^1\lfloor E$, which may not satisfy the above doubling condition. Instead of this assumption, one is led naturally to consider measures μ which satisfy the linear growth condition (0.2). Under this assumption on the growth of the μ (or an analogous n-dimensional version), in the decade 1995-2005 it was shown that large parts of the classical Calderón-Zygmund theory remain valid. For example, a non-doubling version of the $T1$ theorem for the Cauchy transform was proved by Tolsa [154] and for general singular integral operators by Nazarov, Treil and Volberg [123]. Also, in addition to the Tb theorems suitable to study analytic capacity proved by David [23] and by Nazarov, Treil and Volberg [126], other Tb-like theorems for non-homogeneous spaces appeared in Nazarov, Treil and Volberg [127] and [125]. To summarize, Calderón-Zygmund theory was developed in the setting of non-homogeneous spaces.

Concerning the aforementioned advances on geometric measure theory, the development of multiscale techniques for rectifiability played a fundamental role in the solution of Vitushkin's conjecture and in the study of the relationship between the L^2 boundedness of the Cauchy transform and rectifiability. The development of these techniques started in 1990 with the celebrated "traveling salesman theorem" of Peter Jones [75], where he obtained a characterization of rectifiable sets in terms of the so-called β coefficients. This characterization is reminiscent of the multiscale methods from Littlewood-Paley theory. David and Semmes ([28], [29]) made further progress in these techniques, even in higher dimensions, and introduced the notion of "uniform rectifiability". It turns out that the n-dimensional uniformly rectifiable sets are a natural framework to study the L^2 boundedness of n-dimensional singular integral operators with an odd kernel.

This book contains complete proofs of most of the results explained above. In particular, the reader will find the detailed arguments for Vitushkin's conjecture and for the semiadditivity of analytic capacity. In the text, the relationship between the L^2 boundedness of the Cauchy integral operator, the existence of principal values, and rectifiability is also discussed. The necessary non-homogeneous Calderón-Zygmund theory to prove these results is studied too, together with additional topics, such as the theory about *BMO* and Hardy spaces.

There are other books which study questions about analytic capacity. Some classical references are the books by Gamelin [47] or Garnett [54], which were written more than thirty years ago, and so they do not discuss the exceptional advances from the last decade. Mattila's text [100] from 1995 is more modern, although not enough to include these advances either. It contains a chapter which is devoted to analytic capacity and the Painlevé problem and another to singular integrals and rectifiability. There is more overlap between our text and the books by Pajot [132] and Dudziak [35], which are more recent. The book by Pajot contains the proof of Vitushkin's conjecture for sets satisfying the Ahlfors-David regularity condition (0.4). On the other hand, Dudziak's book includes detailed arguments of the full conjecture. However, the comparability $\gamma \approx \gamma_+$ and the semiadditivity of analytic capacity are not proved, neither in Pajot [132] nor in Dudziak [35]. Moreover, the non-homogeneous Calderón-Zygmund theory is discussed in much less detail in these books than in the present one. It is also worth mentioning Volberg's book [180]. Although, strictly speaking it does not deal with analytic capacity but with its higher dimensional version, the so-called Lipschitz harmonic capacity κ, the arguments in the book to show the comparability between κ and κ_+ also apply to analytic capacity, perhaps with minor modifications.

I will now describe briefly the content of each chapter of this book. The first one summarizes some classical results on analytic capacity and the Painlevé problem. The relationship of these notions with Hausdorff measures is discussed. Also, the important localization operator of Vitushkin is introduced. Most of the material from this chapter is well known and can be found in references such as Gamelin [47], Garnett [54], or Mattila [100]

In Chapter 2 some basic results on non-homogeneous Calderón-Zygmund theory are obtained. In particular, by means of a suitable Calderón-Zygmund decomposition, it is shown that the $L^2(\mu)$ boundedness of singular integral operators implies that they are of weak type $(1,1)$ (and also bounded from the space of finite real measures $M(\mathbb{R}^n)$ to $L^{1,\infty}(\mu)$). Also, it is proved that Cotlar's inequality holds in this context. Finally, a localization result that follows from a good lambda inequality is discussed.

Chapter 3 is concerned with the Cauchy integral operator. Its relationship with Menger curvature is explained, and the identities (0.1) and (0.3) are proved. Using this relationship and the localization result obtained at the end of Chapter 2, we prove the $T1$ theorem for the Cauchy transform. The L^2 boundedness of the Cauchy transform on Lipschitz graphs is deduced from this $T1$ theorem and a Fourier type estimate for the curvature of the arc length measure. A new application of the good lambda type theorem from Chapter 2 yields the L^2 boundedness of the Cauchy transform with respect to arc length on Ahlfors-David regular curves. At the end of the chapter, a different approach to estimating curvature and the Cauchy transform on Lipschitz graphs and Ahlfors-David regular curves which is based on the β numbers of Peter Jones is described.

In Chapter 4 we introduce the capacity γ_+. We show how this can be estimated from below by means of a suitable dualization of the weak $(1,1)$ estimate for the Cauchy transform (or more precisely, of the boundedness from the space $M(\mathbb{C})$ to $L^{1,\infty}(\mu)$). At this point, by using the $L^2(\mu)$ boundedness of the Cauchy transform on Lipschitz graphs, we are ready to prove Denjoy's conjecture. Recall that this asserts that any subset of positive length of a rectifiable curve is non-removable. In this chapter we also characterize γ_+ in terms of measures μ with linear growth and finite curvature, or equivalently, in terms of the $L^2(\mu)$ norm of the Cauchy singular integral operator $\mathcal{C}_\mu$. An immediate corollary of this characterization is the semiadditivity of γ_+. Next, by variational arguments, it is proved that this capacity admits a dual formulation, analogous to the one of many classical capacities originated by positive kernels. This new characterization will play an important role in the proof of the comparability between γ and γ_+. Finally, the behavior of γ_+ on some Cantor sets and its connection with another capacity from non-linear potential theory is discussed.

Chapter 5 is devoted to proving the Tb theorem for non-doubling measures from Nazarov, Treil and Volberg [126] mentioned above , which will be used to show later the comparability between γ and γ_+. This will be also a necessary tool for Vitushkin's conjecture. The proof of this Tb theorem is one of the most technical and delicate parts of the book. Nevertheless, some of the techniques involved are very powerful and original, like the "suppressed operators" or the random dyadic lattices, and they have been applied to other different situations (for instance, to the solution of the A_2 conjecture by Hytönen [68]). So surely the reader will benefit a lot from a careful reading of the chapter.

The main result of Chapter 6 is the comparability between γ and γ_+, and as a corollary one gets the semiadditivity of analytic capacity. The argument for comparability involves an induction on scales technique and a careful application of the Tb theorem proved in the previous chapter. At the end of the chapter we see how the comparability can be applied to deduce an estimate of the Cauchy integral on Ahlfors-David regular Jordan curves which generalizes an old result of Melnikov valid for analytic curves [111].

In Chapter 7 we prove that if a set has finite length and its arc length measure has finite curvature, then it is rectifiable. This is the so-called "David-Léger curvature theorem". This result was first obtained by David. However, his arguments have remained unpublished and instead a different proof by Léger [83] appeared later. The book follows the arguments of Léger, although some steps of the proof have been modified substantially. The David-Léger theorem, together with the comparability of γ_+ and γ, yields the proof of Vitushkin's conjecture. Let us remark that the original proof of Vitushkin's conjecture by Guy David was somewhat different. Moreover, for the sake of exposition, we have reversed the historical order of the two main ingredients of the proof. Indeed, the first step of David's proof consisted of the curvature theorem, while the last one was an appropriate Tb-like theorem (which relied on a previous joint result with Mattila [27]). In our book, the Tb part of the proof of Vitushkin's conjecture is subsumed in the comparability $\gamma \approx \gamma_+$, which in turn uses the Tb theorem of Nazarov, Treil and Volberg explained in Chapter 5 instead of the original one of David.

Chapter 8 discusses the relationship among existence of principal values for the Cauchy transform, finiteness of the maximal Cauchy transform, and rectifiability. It is shown that if $\mathcal{C}_\mu$ is bounded in $L^2(\mu)$ and μ has no point masses, then the principal values of $\mathcal{C}_\mu f(z)$ exist μ-a.e. for any $f \in L^p(\mu)$, with $1 \leq p < \infty$. Also, the sets $E \subset \mathbb{C}$ with finite length which are rectifiable are characterized in terms of the principal values of $\mathcal{C}_{\mathcal{H}^1\lfloor E}1$ and in terms of the corresponding maximal Cauchy transform. The David-Léger curvature theorem is an essential tool for many results in this chapter,

The last chapter of the book, Chapter 9, goes back to the subject of Calderón-Zygmund theory in non-homogeneous spaces. It deals with some questions concerning the space $RBMO(\mu)$ and the Hardy space $H^{1,\infty}_{atb}(\mu)$, which are some variants of the classical spaces $BMO(\mu)$ and the atomic Hardy space $H^{1,\infty}_{at}(\mu)$. In the usual homogeneous setting, the space $BMO(\mu)$ plays an important role in the study of Calderón-Zygmund operators. For instance, Calderón-Zygmund operators which are bounded in $L^2(\mu)$ are also bounded from $L^\infty(\mu)$ into $BMO(\mu)$. This turns out to be false when the underlying measure μ is non-doubling. As a consequence, the space $BMO(\mu)$ is not suitable to deal with Calderón-Zygmund operators when the underlying measure μ is non-doubling. We will see that $RBMO(\mu)$ (which stands for "regular bounded mean oscillations") is an appropriate substitute. In particular, Calderón-Zygmund operators are bounded from $L^\infty(\mu)$ to $RBMO(\mu)$. Also, some variant of the classical John-Nirenberg inequality holds for $RBMO(\mu)$. Further, its predual is a Hardy type space, denoted by $H^{1,\infty}_{atb}(\mu)$. By interpolating between the pairs $(L^\infty(\mu), RBMO(\mu))$ and $(H^{1,\infty}_{atb}(\mu), L^1(\mu))$ we will obtain a new proof of the $T1$ theorem for the Cauchy integral operator. Moreover, we will show that the $T1$ theorem admits a formulation analogous to the classical one in terms of the condition of $\mathcal{C}_\mu 1 \in RBMO(\mu)$. The same holds for any singular integral operator with a Calderón-Zygmund kernel.

There are some parts of the book that can be read independently of the others. For example, a reader who is only interested in Calderón-Zygmund theory in non-homogeneous spaces might read only Chapter 2, Chapter 3 (if he is interested on the Cauchy transform), and Chapter 9. On the other hand, to understand the semiadditivity of analytic capacity Chapters 1-6 suffice, and for Vitushkin's conjecture also Chapter 7. For most of the results that deal with the relationship between the Cauchy transform and rectifiability it is enough to read Chapters 2, 3, 7 and 8.

A sufficient prerequisite to read this book is a basic knowledge of measure theory, integration, L^p spaces, and complex analysis. Knowing the classical homogeneous Calderón-Zygmund theory is not necessary to understand the content of the book, although the reader might find it interesting to compare the classical "homogeneous" techniques with the ones explained in this book. No knowledge of geometric measure theory (Hausdorff measures and rectifiability) is needed either. In fact, no profound result from geometric measure theory is used in the book. Most of the required results from this area are proved in the text, and otherwise an appropriate reference is provided.

There are some topics on analytic capacity that are not covered in the text. For instance, the theory about uniform rational approximation developed by Vitushkin and his school is not studied (see Gamelin [47], for example), and the useful continuous analytic capacity is not discussed either. The book does not discuss the approach to analytic capacity by duality using the Garabedian function either. This approach is studied in detail in the books by Garnett [54] and Dudziak [35]. Indeed, in the latter reference, this is a crucial ingredient for the proof of Vitushkin's conjecture. In our book we have preferred to follow a real variable approach, which relies more on the use of non-homogeneous Calderón-Zygmund theory and is more appropriate to study the capacity γ_+. Another result that is out the scope of this text is the proof (from Tolsa [163]) of the fact that bilipschitz maps keep analytic capacity invariant modulo multiplicative estimates. That is to say, if $f : \mathbb{C} \to \mathbb{C}$ is bilipschitz, then $\gamma(E) \approx \gamma(f(E))$, where the constant involved in the comparability only depends on the bilipschitz constant of f.

I have tried to give appropriate references of all the results proved in the text. Moreover, at the end of each chapter there is a section where additional related results and references are mentioned. However, there is no attempt at completeness. The selection of references only reflects my personal interests and/or knowledge. I apologize in advance for any possible (undesired) inaccuracy or lack of recognition.

Acknowledgements. I would like to thank the following people for reading some parts of this book, finding misprints, and making useful suggestions: Vasilis Chousionis, John Garnett, Daniel Girela Sarrión, Joan Mateu, Pertti Mattila, Mark

Melnikov, Joan Orobitg, Mari Carmen Reguera, and Joan Verdera. Of course, I am solely responsible for any error or lack of recognition.

While I was writing this book I was partially supported by the grants MTM2010-16232 (Spain) and 2009SGR-000420 (Catalonia).

Basic notation

Most of the notation used in this book is standard. Otherwise, it will be introduced when necessary. However, for the reader's convenience, in this section we record some basic definitions and useful notation that we will use.

Given $A \subset \mathbb{R}^d$, the characteristic function of A is defined by $\chi_A(x) = 1$ if $x \in A$ and 0 otherwise. The complementary of A is denoted either by $\mathbb{R}^d \setminus A$ or A^c. The symmetric difference of two sets A, B equals $A \Delta B = (A \setminus B) \cup (B \setminus A)$. The closure of A is denoted by $\overline{A}$, its interior by $\overset{\circ}{A}$, and its boundary by ∂A. The distance from $x \in \mathbb{R}^d$ to A is denoted by $\operatorname{dist}(x, A)$, and the diameter of A by $\operatorname{diam}(A)$. Also, for a given $\delta > 0$, $\mathcal{U}_\delta(A)$ stands for the δ-neighborhood of A. That is, $\mathcal{U}_\delta(A) = \{x \in \mathbb{R}^d : \operatorname{dist}(x, A) < \delta\}$.

An open ball centered at x with radius r is denoted by $B(x, r)$, and a closed ball by $\bar{B}(x, r)$. The radius of a ball B sometimes will be written as $r(B)$. By a cube $Q \subset \mathbb{R}^d$ (or a square, in the planar case) we mean a cube (or square) with sides parallel to the axes. We denote by $\ell(Q)$ its side length. The notation $Q(x, r)$ stands for an open cube with center x and side length $2r$. The analogous notation $\bar{Q}(x, r)$ is used for closed cubes. In general, cubes are assumed to be closed unless they are dyadic, or written in the form $Q(x, r)$, or stated otherwise.

We recall now the definition of dyadic cubes in $\mathbb{R}^d$. For $m \in \mathbb{Z}$, $\mathcal{D}_m$ is the family of cubes of the form

$$\{x \in \mathbb{R}^d : k_i\, 2^{-m} \le x_i < (k_i + 1)\, 2^{-m} \text{ for } 1 \le i \le d\},$$

where k_i are arbitrary integers and $x = (x_1, \ldots, x_d)$. Cubes of this form are called dyadic. The family of all dyadic cubes (the so-called dyadic lattice) is written as $\mathcal{D} = \bigcup_{m \in \mathbb{Z}} \mathcal{D}_m$. Observe that, for each $m \in \mathbb{Z}$, the cubes from $\mathcal{D}_m$ form a partition of $\mathbb{R}^d$. Given $Q \in \mathcal{D}_m$, there are 2^d cubes from $\mathcal{D}_{m+1}$ which are contained in Q. They are the so-called children or sons of Q. Also, given $j \ge 0$, $\mathcal{D}_j(Q)$ denotes the family of the dyadic cubes contained in Q with side length $2^{-j}\ell(Q)$.

The line that passes through two points $x, y \in \mathbb{R}^d$ is denoted by $L_{x,y}$. Given two lines L_1, L_2, the notation $\measuredangle L_1, L_2$ stands for the angle they form (the smallest one, say). Also, for $x, y, z \in \mathbb{R}^d$, $\widehat{x, y, z}$ is the angle with vertex y and sides y, x and y, z.

As usual in the field of harmonic analysis, the letters c and C stand for positive constants (quite often absolute constants) which may change their values at different occurrences. On the other hand, constants with subscripts, such as c_1, retain their value at different occurrences in a same chapter (and they change among different chapters). The notation $A \lesssim B$ means that there is a positive constant c such that $A \leq cB$. Also, $A \approx B$ is equivalent to $A \lesssim B \lesssim A$.

For a function $f : \mathbb{C} \to \mathbb{C}$, ∂f and $\bar{\partial} f$ stand for the complex derivatives

$$\partial f(z) = \frac{1}{2}\Big(\partial_x f(z) - i\,\partial_y f(z)\Big),$$

$$\bar{\partial} f(z) = \frac{1}{2}\Big(\partial_x f(z) + i\,\partial_y f(z)\Big).$$

All measures in this book are assumed to be Borel measures. Recall that a Radon measure μ in a metric space X is a Borel measure such that

(i) $\mu(K) < \infty$ for all compact sets $K \subset X$,

(ii) $\mu(V) = \sup\{\mu(K) : K \subset V \text{ is compact}\}$ for all open sets $V \subset X$,

(iii) $\mu(A) = \inf\{\mu(V) : A \subset V,\ V \text{ is open}\}$ for all $A \subset X$.

If A is μ-measurable and μ is Radon, then for all $\varepsilon > 0$ there exists a closed set $C \subset A$ such that $\mu(A \setminus C) < \varepsilon$.

It turns out that, in $\mathbb{R}^d$, any Borel measure which is locally finite is a Radon measure.

The closed support (or just, support) of a measure μ is denoted by $\operatorname{supp}(\mu)$. The restriction of μ to a set $A \subset \mathbb{R}^d$ is written as $\mu\lfloor A$. That is, for $B \subset \mathbb{R}^d$, one sets $\mu\lfloor A(B) = \mu(A \cap B)$. The image measure (or push forward) of μ on X under a mapping $f : X \to Y$ is a measure on Y defined by $f\#\mu(A) = \mu(f^{-1}(A))$.

Real and complex measures are also assumed to be Borel in the book. The variation of a real or complex measure ν is denoted by $|\nu|$. Its total variation is $\|\nu\| = |\nu|(\mathbb{R}^d)$. The vector space of all Borel real (or complex if we are in the complex plane) finite measures is denoted by $M(\mathbb{R}^d)$. This is a Banach space with the total variation norm. On the other hand, $M_+(\mathbb{R}^d)$ stands for the subset of positive measures from $M(\mathbb{R}^d)$.

The Lebesgue measure in $\mathbb{R}^d$ is written as $\mathcal{L}^d$, or just by dx (or dy or $dt\dots$) inside some integral if the meaning is clear from the context. On the other hand, for a rectifiable curve $\Gamma \subset \mathbb{C}$ with a parameterization $\gamma : [a,b] \to \Gamma$, dz (or dz_Γ, or $dw\dots$) stands for the usual complex measure on Γ given by the image measure of $\gamma'(t)\,dt$, with the usual orientation when Γ is closed.

For $1 \leq p \leq \infty$, we denote by $L^p(\mu)$ the Banach spaces of the μ-measurable functions $f : \mathbb{R}^d \to \mathbb{R}$ (or $\mathbb{C}$) such that the following norm is finite:

$$\|f\|_{L^p(\mu)} = \left(\int |f|^p\,d\mu\right)^{1/p}.$$

For $p = \infty$, $L^\infty(\mu)$ is also a Banach space with the norm $\|\cdot\|_{L^\infty(\mu)}$ equal to the μ-essential supremum. As usual, p' will denote the conjugate index of p, i.e. $p' = p/(p-1)$, so that $L^{p'}(\mu)$ is the dual of $L^{p'}(\mu)$ for $1 \leq p < \infty$.

We also consider the weak Lebesgue spaces $L^{p,\infty}(\mu)$, for $1 \leq p < \infty$. Recall that $f \in L^{p,\infty}(\mu)$ if

$$\|f\|_{L^{p,\infty}(\mu)} = \sup_{\lambda>0} \lambda\, \mu\left(\{x \in \mathbb{R}^d : |f(x)| > \lambda\}\right)^{1/p}$$

is finite. When μ coincides with the Lebesgue measure on $\mathbb{R}^d$, for short we write $\|\cdot\|_p = \|\cdot\|_{L^p(\mu)}$ and $\|\cdot\|_{p,\infty} = \|\cdot\|_{L^{p,\infty}(\mu)}$

The identity operator in a vector space such as $L^p(\mu)$ is denoted by Id.

Chapter 1

Analytic capacity

1.1 Introduction

In this chapter we will introduce the notion of analytic capacity and we will study some of its basic properties, its connection with the Painlevé problem, and its relationship with Hausdorff measures. We will also review some results on the Cauchy transform and Vitushkin's localization operator that are useful for the study of analytic capacity.

Most of the results in this chapter are rather classical and have already appeared in several books or monographs, such as Gamelin [47], Garnett [54], Pajot [132], or Verdera [174], for example.

1.2 Definition and basic properties of analytic capacity

The **analytic capacity** of a compact set $E \subset \mathbb{C}$ is

$$\gamma(E) := \sup |f'(\infty)|, \tag{1.1}$$

where the supremum is taken over all analytic functions $f : \mathbb{C} \setminus E \longrightarrow \mathbb{C}$ with $|f| \leq 1$ in $\mathbb{C} \setminus E$, and $f'(\infty) = \lim_{z\to\infty} z(f(z) - f(\infty))$.

One says that a function $f : \mathbb{C} \setminus E \longrightarrow \mathbb{C}$ is admissible for E if it is analytic and bounded by 1 in modulus in $\mathbb{C} \setminus E$. So the supremum that defines $\gamma(E)$ is taken over all admissible functions for E.

Let us consider a couple of easy examples: the capacity of a point is zero, because the only functions that are analytic and bounded in the complementary are constants. On the other hand the capacity of a ball $\bar{B}(0,r)$ is positive, as can be seen by taking the function $f(z) = r/z$.

Consider the Laurent expansion of f near ∞:

$$f(z) = a_0 + \frac{a_1}{z} + \frac{a_2}{z^2} + \cdots .$$

Clearly, $f'(\infty) = a_1$, and also

$$f'(\infty) = \frac{1}{2\pi i} \int_\Gamma f(z)\, dz, \tag{1.2}$$

where Γ is any rectifiable curve surrounding E with a suitable orientation. Let us remark that, in general, $f'(\infty) \neq \lim_{z\to\infty} f'(z)$. Instead, $f'(\infty) = g'(0)$ for $g(z) = f(\frac{1}{z})$.

If $A \subset \mathbb{C}$ is an arbitrary set, then we define

$$\gamma(A) = \sup_{E\subset A,\, E \text{ compact}} \gamma(E).$$

The outer boundary of a compact set E is the boundary of the unbounded component of $\mathbb{C} \setminus E$. It is denoted by $\partial_o E$. Obviously, $\partial_o E \subset \partial E$.

Proposition 1.1. *The following properties hold:*

(a) *If $E \subset F$, then $\gamma(E) \leq \gamma(F)$.*

(b) *For all $z, \lambda \in \mathbb{C}$,*

$$\gamma(z + \lambda E) = |\lambda|\gamma(E).$$

(c) *For every compact set $E \subset \mathbb{C}$,*

$$\gamma(E) = \gamma(\partial_o E).$$

Proof. The statements (a) and (c) are straightforward consequences of the definition, while (b) follows by an easy change of variables. □

Proposition 1.2. *Let $E \subset \mathbb{C}$ be compact. The supremum in* (1.1) *is attained, and any admissible function f which attains it satisfies $f(\infty) = 0$ if $\gamma(E) > 0$.*

As a consequence, of this proposition, one obtains an equivalent definition for $\gamma(E)$ if in the supremum (1.1) one asks $f(\infty) = 0$ too.

Proof. To see that the supremum is attained one just has to notice that the family of admissible functions for E is a normal family, and so one can consider a sequence of admissible functions $\{f_k\}_k$ such that $f_k'(\infty) \to \gamma(E)$, and take f to be the limit of a convergent subsequence.

To check that $f(\infty) = 0$ if f is admissible and attains the supremum when $\gamma(E) > 0$, consider the function

$$g(z) = \frac{f(z) - f(\infty)}{1 - \overline{f(\infty)}\, f(z)}.$$

It is clear $|g(z)| \leq 1$ for all $z \in \mathbb{C} \setminus E$, $g(\infty) = 0$, and moreover,

$$g'(\infty) = \lim_{z\to\infty} \frac{z\big(f(z) - f(\infty)\big)}{1 - \overline{f(\infty)}\, f(z)} = \frac{f'(\infty)}{1 - |f(\infty)|^2},$$

and thus, $|g'(\infty)| > |f'(\infty)|$ if $\gamma(E) = f'(\infty) \neq 0$. □

Proposition 1.3. *Let $E \subset \mathbb{C}$ be a compact connected set different from a single point, and let f be a conformal map of the unbounded connected component of $\mathbb{C}_\infty \setminus E$ to the unit disk satisfying $f(\infty) = 0$. Then $\gamma(E) = |f'(\infty)|$.*

Proof. Since f is admissible, it is obvious that $\gamma(E) \geq |f'(\infty)|$. On the other hand, if g is also admissible and $g(\infty) = 0$, then $g \circ f^{-1} : B(0,1) \to B(0,1)$ is analytic and fixes the origin. Thus, by the Schwarz lemma, $|g \circ f^{-1}(z)| \leq |z|$ for all z in the unit disk. Consequently, $|g(z)| \leq |f(z)|$ for all $z \in \mathbb{C} \setminus E$, which implies that $|g'(\infty)| \leq |f'(\infty)|$. □

Proposition 1.4. *The analytic capacity of a disk is its radius. The analytic capacity of a segment of length ℓ equals $\ell/4$.*

Proof. The first statement follows by taking into account that, for a disk $B(z_0, r)$, the function

$$f(z) = \frac{r}{z - z_0}$$

maps conformally $\mathbb{C}_\infty \setminus \bar{B}(z_0, r)$ to the unit disk and $f'(\infty) = r$.

For the second one, notice that the function

$$f(z) = \left(z + \frac{1}{z}\right)\frac{\ell}{4}$$

maps conformally the unit disk to $\mathbb{C}_\infty \setminus [-\ell/2, \ell/2]$ and satisfies $f(0) = \infty$. Therefore,

$$\gamma\big([-\ell/2, \ell/2]\big) = \lim_{z\to\infty} |z\, f^{-1}(z)| = \lim_{z\to 0} |f(z)\, z| = \frac{\ell}{4}. \tag{1.3}$$

□

Recall that the 1/4 Koebe theorem asserts that if $f : B(0,1) \to \mathbb{C}$ is analytic, univalent, and $f(0) = 0$, $f'(0) = 1$, then $B(0, 1/4) \subset f\big(B(0,1)\big)$. In the next proposition we show an important application of this result to analytic capacity.

Proposition 1.5. *If $E \subset \mathbb{C}$ is compact and connected, then*

$$\operatorname{diam}(E)/4 \leq \gamma(E) \leq \operatorname{diam}(E).$$

Proof. The second inequality follows from the preceding proposition and the fact that E is contained in a closed disk with radius $\operatorname{diam}(E)$.

For the first one, let $U \subset \mathbb{C}_\infty$ be the unbounded component of $\mathbb{C}_\infty \setminus E$ and consider the conformal mapping $f : U \to B(0,1)$, with $f(\infty) = 0$. Take $z_1, z_2 \in E$ such that $|z_1 - z_2| = \operatorname{diam}(E)$ and consider the function

$$g(z) = \frac{\gamma(E)}{f^{-1}(z) - z_1}.$$

This is a univalent map in the unit disk because f^{-1} is so. Further, $g(0) = 0$ and arguing as in (1.3), $|z\, f^{-1}(z)| \to \gamma(E)$ as $z \to 0$, and thus

$$|g'(0)| = \lim_{z\to 0} \left| \frac{\gamma(E)}{z\big(f^{-1}(z) - z_1\big)} \right| = 1.$$

As z_2 is not in the range of f^{-1}, $\gamma(E)/(z_2 - z_1)$ is not either in the range of g. Therefore, by Koebe's 1/4 theorem,

$$\frac{\gamma(E)}{|z_2 - z_1|} \geq \frac{1}{4},$$

and the proposition follows. □

Corollary 1.6. *If $\gamma(E) = 0$, then E is totally disconnected.*

As shown above, for a continuum $E \subset \mathbb{C}$, the analytic capacity can be computed easily if one knows the conformal mapping between the unbounded component of $\mathbb{C}_\infty \setminus E$ and the unit disk, and moreover one has the estimate $\operatorname{diam}(E)/4 \leq \gamma(E) \leq \operatorname{diam}(E)$. For disconnected sets the situation is much more difficult. Obtaining precise identities in simple cases is already difficult and estimates analogous to the preceding one are missing. See Murai [120], for example, for some results involving the analytic capacity of two parallel segments of equal length.

Proposition 1.7 (Outer regularity of γ). *Let $\{E_n\}_{n\geq 0}$ be a sequence of compact sets in $\mathbb{C}$ such that $E_{n+1} \subset E_n$ for each n. Then*

$$\gamma\Big(\bigcap_{n\geq 0} E_n\Big) = \lim_{n\to\infty} \gamma(E_n).$$

Proof. Let us write $E = \bigcap_{n\geq 0} E_n$. Since $\{\gamma(E_n)\}_n$ is a non-increasing sequence, it is clear that the limit on the right-hand side above exists. Also, taking into account that $E \subset E_n$ for all n, we get $\gamma(E) \leq \lim_{n\to\infty} \gamma(E_n)$.

For the converse inequality, for each n, take a function f_n admissible for E_n such that $f_n'(\infty) = \gamma(E_n)$. Since $\{f_n\}_n$ is a normal family on $\mathbb{C} \setminus E$, there exists some subsequence $\{f_{n_k}\}_k$ which is uniformly convergent on compact subsets of $\mathbb{C} \setminus E$ to some function f. It turns out that f is admissible for E and moreover, using (1.2),

$$f'(\infty) = \lim_{k\to\infty} f_{n_k}'(\infty) = \lim_{k\to\infty} \gamma(E_{n_k}) = \lim_{n\to\infty} \gamma(E_n).$$

Therefore, $\gamma(E) \geq |f'(\infty)| = \lim_{n\to\infty} \gamma(E_n)$. □

Corollary 1.8. *If $E \subset \mathbb{C}$ is compact, then*

$$\gamma(E) = \inf\{\gamma(U) : \ U \text{ open, } U \supset E\}.$$

Proposition 1.9. *For every compact set E, there is an admissible function f for E such that $f'(\infty) = \gamma(E)$. Such a function is unique in the unbounded component of $\mathbb{C}_\infty \setminus E$ if $\gamma(E) > 0$.*

The function f in the proposition is called the **Ahlfors function** of E.

Proof. The existence of f has already been shown in Proposition 1.2. So let us turn to the uniqueness. Suppose that there are two admissible functions f_1, f_2, such that $f_1'(\infty) = f_2'(\infty) = \gamma(E)$ and $f_1(\infty) = f_2(\infty) = 0$. Then $f = \dfrac{f_1 + f_2}{2}$ is also admissible and $f'(\infty) = \gamma(E)$, $f(\infty) = 0$. Let $g = \dfrac{f_2 - f_1}{2}$, so that $f_1 = f - g$ and $f_2 = f + g$. From the inequalities

$$|f \pm g|^2 = |f|^2 + |g|^2 \pm 2\,\mathrm{Re}(f\overline{g}) \le 1,$$

we infer that $|f|^2 + |g|^2 \le 1$. Using also that $1 + |f| \le 2$, we deduce

$$\frac{|g|^2}{2} \le \frac{1 - |f|^2}{2} = \frac{(1 - |f|)\,(1 + |f|)}{2} \le 1 - |f|.$$

Thus,

$$|f| + \frac{|g|^2}{2} \le 1.$$

If $f_1 \ne f_2$ near ∞, then $g \ne 0$ in the unbounded component of $\mathbb{C} \setminus E$, and we may consider the Laurent series of $\dfrac{g^2}{2}$ for z near ∞:

$$\frac{g(z)^2}{2} = \frac{a_n}{z^n} + \frac{a_{n+1}}{z^{n+1}} + \cdots, \qquad a_n \ne 0.$$

Since $g(\infty) = 0$, we have $n \ge 2$.

For $\varepsilon > 0$, take the function

$$\widetilde{f}(z) = f(z) + \varepsilon\,\overline{a_n}\,z^{n-1}\,\frac{g(z)^2}{2}.$$

If ε is small enough so that $|\varepsilon\,\overline{a_n}\,z^{n-1}| \le 1$ in some bounded neighborhood of E, then we deduce that

$$|\widetilde{f}(z)| \le |f(z)| + \left|\varepsilon\,\overline{a_n}\,z^{n-1}\,\frac{g(z)^2}{2}\right| \le |f(z)| + \frac{|g(z)|^2}{2} \le 1$$

in that neighborhood, and thus in the whole unbounded component of $\mathbb{C} \setminus E$ by the maximum principle. On the other hand,

$$\widetilde{f}\,'(\infty) = f'(\infty) + \varepsilon\,|a_n|^2 > \gamma(E),$$

which is a contradiction. □

Let us remark that a slight modification in the arguments for Proposition 1.7 shows that the Ahlfors functions of E_n, $n \ge 0$, converge on compact subsets to the Ahlfors function of $\bigcap_{n\ge 0} E_n$.

1.3 Removable sets and the Painlevé problem

A compact set $E \subset \mathbb{C}$ is said to be **removable** for bounded analytic functions (or just, removable) if for every open set Ω containing E, each bounded function analytic on $\Omega \setminus E$ has an analytic extension to Ω. For example, by a well-known theorem of Riemann, if E is a finite collection of points, then it is removable. Also, using Baire's category theorem, one can extend this result to the case where E is countable and compact. On the other hand, a disk $\bar{B}(z_0, r)$ is not removable: just consider the function $f(z) = 1/(z - z_0)$, which is analytic and bounded in $\mathbb{C} \setminus \bar{B}(z_0, r)$ and cannot be extended analytically to the whole $\bar{B}(z_0, r)$.

Painlevé's problem consists in characterizing removable sets for bounded analytic functions in a metric/geometric way. Because of the next result, essentially due to Ahlfors [2], this turns out to be equivalent to describing compact sets with zero analytic capacity in metric/geometric terms.

Proposition 1.10. *Let $E \subset \mathbb{C}$ be compact. The following are equivalent:*

(i) *E is removable for bounded analytic functions.*

(ii) *There exists an open set $\Omega \supset E$ such that every bounded function analytic in $\Omega \setminus E$ has an analytic extension to Ω.*

(iii) *Every function analytic and bounded in $\mathbb{C} \setminus E$ is constant.*

(iv) $\gamma(E) = 0$.

Proof. That (i) $\Rightarrow$ (ii) is trivial. The implication (ii) $\Rightarrow$ (iii) is also immediate: given $f : \mathbb{C} \setminus E \to \mathbb{C}$ analytic and bounded, considering its restriction to $\Omega \setminus E$, it turns out that f can be extended to an entire bounded function, and thus it must be constant by Liouville's theorem.

(iii) $\Rightarrow$ (iv) is a direct consequence of the definition of γ. To prove the converse implication, let $E \subset \mathbb{C}$ be compact with $\gamma(E) = 0$. Suppose that there exists a non-constant bounded analytic function $f : \mathbb{C} \setminus E \to \mathbb{C}$, so that $f(\infty) \neq f(z_0)$ for some $z_0 \in \mathbb{C} \setminus E$. Consider the function

$$g(z) = \frac{f(z) - f(z_0)}{z - z_0} \qquad \text{for } z \neq z_0,$$

and $g(z) = f'(z_0)$. It is easy to check that g is bounded in $\mathbb{C} \setminus E$, $g(\infty) = 0$ and $g'(\infty) = f(\infty) - f(z_0) \neq 0$, and thus $\gamma(E) > 0$, which is a contradiction.

To show that (iii) $\Rightarrow$ (ii), just take $\Omega = \mathbb{C}$. Finally, let us see that (iii) $\Rightarrow$ (i). To this end, consider an arbitrary open set $\Omega \supset E$ and take $f : \Omega \setminus E \to \mathbb{C}$ analytic and bounded. We have to show that f can be extended analytically to the whole of Ω. We may assume that Ω is connected (otherwise, we consider each component separately). Then $\Omega \setminus E$ is connected because E is totally disconnected (by Corollary 1.6, since (iii) implies that $\gamma(E) = 0$). Take smooth curves $\Gamma_1, \Gamma_2 \subset \Omega$ surrounding E, with Γ_2 very close to E, and consider a point z inside Γ_1 and outside Γ_2. Then we have

$$f(z) = \frac{1}{2\pi i}\int_{\Gamma_1} \frac{f(w)}{w-z}\,dw - \frac{1}{2\pi i}\int_{\Gamma_2} \frac{f(w)}{w-z}\,dw = f_1(z) + f_2(z).$$

It is easy to check that $f_1(z)$ and $f_2(z)$ do not depend on the precise curves Γ_1, Γ_2, as long as z is inside Γ_1 and outside Γ_2. Then f_1 is analytic in Ω and f_2 in $\mathbb{C} \setminus E$. Moreover, since f_1 is bounded near ∂E, it turns out that f_2 is also bounded near ∂E, and so in the whole $\mathbb{C} \setminus E$, by the maximum principle. Since f_2 vanishes at ∞, (iii) implies that $f_2 = 0$, and thus $f = f_1$ is analytic in Ω. □

Let us insist on the fact that saying that a compact set is removable is the same as saying that it has zero analytic capacity. In a sense, the reader should think that analytic capacity measures the size of a set as a non-removable singularity for bounded analytic functions.

A stronger version of the implication (iv) ⇒ (i) will be proved in Proposition 1.18 below. Moreover, that proof avoids the technical problem of the construction of the curves Γ_1 and Γ_2 in the preceding proposition.

1.4 Two technical lemmas

Lemma 1.11. *Let $E \subset \mathbb{C}$ be compact. Suppose that $E \subset \bar{B}(z_0, \delta)$. Let f be admissible for E and consider the Laurent expansion of f centered at z_0:*

$$f(z) = \sum_{n=1}^{\infty} \frac{a_n}{(z-z_0)^n}, \qquad |z - z_0| > \delta.$$

We have $|a_n| \leq n\delta^{n-1}\gamma(E)$.

Proof. Suppose for simplicity that $z_0 = 0$. The function

$$g(z) = z^{n-1}\left(f(z) - \sum_{j=1}^{n-1} \frac{a_j}{z^j}\right)$$

is analytic outside E and satisfies $g(\infty) = 0$. Moreover, since $|a_j| \leq \delta^j$, we infer that for $z \in B(0, \delta)$,

$$|g(z)| \leq |z^{n-1} f(z)| + \sum_{j=1}^{n-1} \delta^j \, |z^{n-1-j}| \leq n\delta^{n-1}.$$

By the maximum principle, $\|g\|_\infty \leq n\delta^{n-1}$. Hence, $g/n\delta^{n-1}$ is admissible for E and thus

$$|a_n| = |g'(\infty)| \leq n\delta^{n-1}\gamma(E).$$ □

From the preceding lemma we deduce the following property of γ, which will be very useful for the proof of the semiadditivity of analytic capacity in Chapter 6.

Lemma 1.12. *Let $E \subset \mathbb{C}$ be compact. Suppose that f is admissible for E and satisfies $f(\infty) = 0$. Then, for all $z \in \mathbb{C}$ such that* $\operatorname{dist}(z, E) \geq \frac{3}{2} \operatorname{diam}(E)$, *we have*

$$|f(z)| \leq c \frac{\gamma(E)}{\operatorname{dist}(z, E)}.$$

If moreover $f'(\infty) = 0$, then

$$|f(z)| \leq c \frac{\operatorname{diam}(E)\, \gamma(E)}{\operatorname{dist}(z, E)^2}.$$

Proof. Set $\delta = \operatorname{diam}(E)$. Take $z_0 \in E$. Then $E \subset \bar{B}(z_0, \delta)$. We consider the Laurent expansion of f centered at z_0:

$$f(z) = \sum_{n=1}^{\infty} \frac{a_n}{(z - z_0)^n}, \qquad |z - z_0| > \delta.$$

Notice that the condition $\operatorname{dist}(z, E) \geq \frac{3}{2}\, \delta$ implies that $|z - z_0| \geq \frac{3}{2}\, \delta$. From the preceding lemma we deduce that

$$|f(z)| \leq \sum_{n=1}^{\infty} \frac{n\, \delta^{n-1} \gamma(E)}{|z - z_0|^n} \leq \frac{c\, \gamma(E)}{|z - z_0|}.$$

If moreover $f'(\infty) = 0$, then

$$|f(z)| \leq \sum_{n=2}^{\infty} \frac{n\, \delta^{n-1} \gamma(E)}{|z - z_0|^n} \leq \frac{c\, \delta\, \gamma(E)}{|z - z_0|^2}. \qquad \square$$

1.5 The Cauchy transform and Vitushkin's localization operator

The **Cauchy transform** of a (possibly complex) finite measure ν on $\mathbb{C}$ is defined by

$$\mathcal{C}\nu(z) = \int \frac{1}{\xi - z}\, d\nu(\xi). \tag{1.4}$$

The integral is absolutely convergent for a.e. $z \in \mathbb{C}$, with respect to Lebesgue measure. This follows easily from Fubini's theorem, taking into account that $\int_K \frac{1}{|z|}\, d\mathcal{L}^2(z) < \infty$ on compact sets K.

The Cauchy transform appears naturally in complex analysis. For instance, by Cauchy's integral formula, if f is a function analytic in a simply connected open set $\Omega \subset \mathbb{C}$, $\Gamma \subset \Omega$ is a closed rectifiable Jordan curve, and z is a point which belongs to the bounded component of $\mathbb{C} \setminus \Gamma$ (and so $z \in \Omega$), then $f(z) = \mathcal{C}\nu(z)$, where ν is the complex measure

$$\nu = \frac{1}{2\pi i} f(z)\, dz_\Gamma.$$

Proposition 1.13. *If ν is a complex measure, then $\mathcal{C}\nu$ is locally integrable in $\mathbb{C}$ (with respect to Lebesgue measure). Moreover, the integral that defines the Cauchy transform in (1.4) is absolutely convergent for a.e. $z \in \mathbb{C}$, with respect to Lebesgue measure. Further, $\mathcal{C}\nu$ is analytic in $\mathbb{C} \setminus \operatorname{supp} \nu$, $\mathcal{C}\nu(\infty) = 0$ and $(\mathcal{C}\nu)'(\infty) = -\nu(\mathbb{C})$.*

The easy proof is left for the reader.

A straightforward consequence of the proposition is that, if a set E supports a measure ν such that $\nu(\mathbb{C}) \neq 0$ and $\mathcal{C}\nu$ is bounded in $\mathbb{C} \setminus E$, then $\gamma(E) \neq 0$ and so E is not removable. One should view the Cauchy transform as a tool for constructing analytic functions. Usually, the difficulties arise when one tries to check that the constructed functions are bounded in modulus.

In the remainder of this section we assume that the reader is familiar with the very basics of the theory of distributions. By using distributions, the properties of the Cauchy transform and the localization operator of Vitushkin that we will see below become much more natural. In fact, it is possible to talk about Vitushkin's localization operator without appealing to distributions, like in Gamelin [47], but then the results look less transparent. The current section is the only place in the book where distributions are used. The reader will find all the necessary results, and much more, in Rudin [141, Chapter 6], for example.

The definition of Cauchy transform also makes sense if ν is a compactly supported (complex) distribution. In this case we set

$$\mathcal{C}\nu = -\frac{1}{z} * \nu.$$

A key fact that explains why the Cauchy transform is so important in complex analysis is the following:

Theorem 1.14. *The kernel $\dfrac{1}{\pi z}$ is the fundamental solution of the $\bar\partial$ operator. That is,*

$$\bar\partial \frac{1}{\pi z} = \delta_0,$$

where δ_0 is the Dirac delta at the origin. As a consequence, if ν is a compactly supported distribution on $\mathbb{C}$,

$$\bar\partial(\mathcal{C}\nu) = -\pi\, \nu. \tag{1.5}$$

Also, if $f \in L^1_{loc}(\mathbb{C})$ (or, more generally, $f \in \mathcal{D}'$) is analytic in a neighborhood of ∞ and $f(\infty) = 0$, then

$$\mathcal{C}(\bar\partial f) = -\pi\, f.$$

All the identities in the preceding theorem must be understood in the sense of distributions. For the proof, see Conway [19, p. 195], for instance. Notice that, as a consequence of the last statement in the theorem, if a distribution ν satisfies $\bar{\partial}\nu = 0$ (and, in particular, it is analytic in a neighborhood of ∞) and vanishes at ∞, then $\nu = 0$. Further, any function $f \in L^1_{loc}(\mathbb{C})$ or distribution $f \in \mathcal{D}'$ which is analytic in a neighborhood of ∞ and vanishes at ∞ is the Cauchy transform of a unique compactly supported distribution, namely $\frac{1}{\pi}\bar{\partial} f$.

Proposition 1.15. *If ν is a compactly supported distribution, then $\mathcal{C}\nu$ is analytic in $\mathbb{C} \setminus \operatorname{supp}(\nu)$, and moreover,*

$$\mathcal{C}\nu(\infty) = 0 \qquad \text{and} \qquad (\mathcal{C}\nu)'(\infty) = -\langle \nu, 1\rangle = -\nu(\mathbb{C}).$$

Here, $\langle \cdot, \cdot \rangle$ stands for the pairing between distributions of compact support and the corresponding test functions (i.e. C^∞ functions).

Proof. By the preceding theorem, $\bar{\partial}(\mathcal{C}\nu) = -\pi\,\nu$, and so $\mathcal{C}\nu$ is analytic out of $\operatorname{supp}(\nu)$. To show that $\mathcal{C}\nu(\infty) = 0$, take $r > 0$ such that $\operatorname{supp}(\nu) \subset B(0,r)$, and let $\varphi : \mathbb{C} \to \mathbb{R}$ be a C^∞ radial function such that $0 \le \varphi \le 1$, which vanishes on $B(0,r/2)$, and equals 1 on $\mathbb{C} \setminus B(0,r)$. Write $k_r(z) = \varphi(z)\,\frac{1}{z}$, for $z \in \mathbb{C}$. It is easy to check that

$$\nu * \frac{1}{z} = \nu * k_r \qquad \text{in } \mathbb{C} \setminus \bar{B}(0,2r),$$

in the sense of distributions. Moreover, since $k_r(z)$ is a C^∞ radial function,

$$\nu * k_r(z) = \langle \nu,\, \tau_z k_r\rangle,$$

where $\tau_z k_r(w) = k_r(w - z)$. It is easy to check that $\tau_z k_r \to 0$ as $z \to \infty$ in C^∞ with the topology of test functions, and so

$$\langle \nu,\, \tau_z k_r\rangle \to 0 \qquad \text{as } z \to \infty.$$

That is, $\mathcal{C}\nu(\infty) = -\nu * \frac{1}{z}(\infty) = -\nu * k_r(\infty) = 0$.

To prove that $(\mathcal{C}\nu)'(\infty) = \langle \nu, -1\rangle$, consider a radial C^∞ approximation of the identity $\{\psi_\varepsilon\}_{\varepsilon>0}$, so that $\operatorname{supp}\psi_\varepsilon \subset B(0,\varepsilon)$ and $\int \psi_\varepsilon \, d\mathcal{L}^2 = 1$ for all $\varepsilon > 0$. Then we have

$$\psi_\varepsilon * \mathcal{C}\nu = \psi_\varepsilon * \left(-\frac{1}{z} * \nu\right) = -\frac{1}{z} * (\psi_\varepsilon * \nu) = \mathcal{C}(\psi_\varepsilon * \nu).$$

Thus we deduce that $\mathcal{C}(\psi_\varepsilon * \nu)$ is analytic in $\mathbb{C} \setminus \overline{\mathcal{U}_\varepsilon(\operatorname{supp}(\nu))}$, converges locally uniformly to $\mathcal{C}\nu$ on compact subsets of $\mathbb{C} \setminus \overline{\mathcal{U}_\varepsilon(\operatorname{supp}(\nu))}$, and vanishes at ∞. From equation (1.2) one infers easily that

$$\lim_{\varepsilon\to 0} \big(\mathcal{C}(\psi_\varepsilon * \nu)\big)'(\infty) = (\mathcal{C}\nu)'(\infty).$$

On the other hand, by Proposition 1.13, since $\psi_\varepsilon * \nu$ is a C^∞ function (and thus a measure),

$$(\mathcal{C}(\psi_\varepsilon * \nu))'(\infty) = -\int 1\, d(\psi_\varepsilon * \nu) = -\langle(\psi_\varepsilon * \nu), 1\rangle = -\langle \nu, 1 * \psi_\varepsilon\rangle = -\langle \nu, 1\rangle,$$

and thus the last claim in the proposition follows. □

Given $f \in L^1_{loc}(\mathbb{C})$ and $\varphi \in C^\infty$ compactly supported, we define

$$V_\varphi f := \varphi f + \frac{1}{\pi}\mathcal{C}(f\,\bar\partial\varphi). \tag{1.6}$$

For a fixed function φ, one calls V_φ **Vitushkin's localization operator** (associated with φ). The same definition (1.6) makes sense if f is a distribution from $\mathcal{D}'$.

Proposition 1.16. *Let $f \in L^1_{loc}(\mathbb{C})$ (or more generally, $f \in \mathcal{D}'$) and $\varphi \in C^\infty$ be compactly supported. Then we have*

$$V_\varphi f = \frac{-1}{\pi}\mathcal{C}(\varphi\,\bar\partial f),$$

in the sense of distributions.

In the identity above, $\bar\partial f$ should be understood in the sense of distributions.

Proof. By (1.6) and (1.5),

$$\bar\partial(V_\varphi f) = f\,\bar\partial\varphi + \varphi\,\bar\partial f + \frac{1}{\pi}\,\bar\partial\mathcal{C}(f\,\bar\partial\varphi) = \varphi\,\bar\partial f = \bar\partial\Big(\frac{-1}{\pi}\mathcal{C}(\varphi\,\bar\partial f)\Big).$$

Moreover, since φf, $f\,\bar\partial\varphi$ and $\varphi\,\bar\partial f$ are all compactly supported, it follows that both $V_\varphi f$ and $\frac{-1}{\pi}\mathcal{C}(\varphi\,\bar\partial f)$ are analytic in a neighborhood of ∞ and vanish at ∞. By the remark after Theorem 1.14, it turns out that both distributions are equal. □

Observe that if $f = \mathcal{C}\nu$, where ν is a compactly supported complex measure or distribution, then

$$V_\varphi(\mathcal{C}\nu) = \mathcal{C}(\varphi\nu). \tag{1.7}$$

This fundamental identity justifies why V_φ is called (Vitushkin's) localization operator: $\mathcal{C}\nu$ is a analytic in $\mathbb{C}\setminus\operatorname{supp}(\nu)$, and so $\operatorname{supp}(\nu)$ can be understood as the set of singularities of $\mathcal{C}\nu$. By (1.7), it turns out that $V_\varphi(\mathcal{C}\nu)$ is analytic in the larger set $\mathbb{C}\setminus\operatorname{supp}(\varphi\nu)$. So the singularities are now localized to $\operatorname{supp}(\nu)\cap\operatorname{supp}(\varphi)$.

In the next proposition we show that the operator V_φ enjoys other nice properties, besides the one about localization of singularities.

Proposition 1.17. *Let $\varphi \in C^\infty$ be supported in a ball B_r of radius r, with $\|\varphi\|_\infty \le c_4$ and $\|\nabla\varphi\|_\infty \le c_4/r$. For any function $f \in L^1_{loc}(\mathbb{C})$, the following properties hold:*

(i) $\|V_\varphi f\|_\infty \le c_5\|f\,\chi_{B_r}\|_\infty$,

(ii) $\|V_\varphi f\|_\infty \le c_6\, \omega_f(r)$, *where* ω_f *stands for the modulus of continuity of* f,

(iii) $V_\varphi f$ *is holomorphic outside* $\operatorname{supp}(\bar\partial f) \cap \operatorname{supp}(\varphi)$,

(iv) *if* f *is bounded in* B_r, *then* $V_\varphi f$ *is continuous where* f *is.*

The constants c_5 *and* c_6 *depend only on* c_4.

Proof. By (1.6),

$$\|V_\varphi f\|_\infty \le \|\varphi f\|_\infty + \frac{1}{\pi}\,\|\mathcal{C}(f\,\bar\partial\varphi)\|_\infty.$$

Clearly, $\|\varphi f\|_\infty \le c_4\,\|\chi_{B_r} f\|_\infty$. Also, for any $z \in \mathbb{C}$,

$$\begin{aligned} |\mathcal{C}(f\,\bar\partial\varphi)(z)| &\le \int_{B_r} \frac{1}{|w-z|}\,|f(w)|\,|\bar\partial\varphi(w)|\,d\mathcal{L}^2(w) \\ &\le \|f\chi_{B_r}\|_\infty\,\|\nabla\varphi\|_\infty \int_{B_r} \frac{1}{|w-z|}\,d\mathcal{L}^2(w) \le c\,\|f\chi_{B_r}\|_\infty, \end{aligned}$$

and thus (i) follows.

By Proposition 1.16, V_φ vanishes on constants. Then replacing f by $f - f(z_0)$ in (i), where z_0 is the center of B_r, we get (ii).

The third statement is a direct consequence of the identity $V_\varphi f = \frac{-1}{\pi}\,\mathcal{C}(\varphi\,\bar\partial f)$. The fourth one follows from (1.6), taking into account that the integral

$$\int \frac{f(w)}{w-z}\,d\mathcal{L}^2(w)$$

depends continuously on z when f is bounded on B_r. □

Proposition 1.18. *Let* $\Omega \subset \mathbb{C}$ *be open and* $E \subset \mathbb{C}$ *compact with* $\gamma(E) = 0$. *Then every function analytic and bounded in* $\Omega \setminus E$ *can be extended analytically to the whole set* Ω.

Notice that it is not assumed that $E \subset \Omega$. In particular, it may happen that $E \cap \partial\Omega \neq \varnothing$. This is the main difference with Proposition 1.10 above.

Proof. We may assume Ω to be bounded. Consider a grid of squares $\{Q_i\}_{i\in I}$ in $\mathbb{C}$ with side length $\ell(Q_i) = \ell$ for every $i \in I$. Let $\{\varphi_i\}_{i\in I}$ be a partition of unity of C^∞ functions subordinated to the squares $\{2Q_i\}_{i\in I}$, so that $\operatorname{supp}(\varphi_i) \subset 2Q_i$ for each $i \in I$ and $\sum_{i\in I}\varphi_i \equiv 1$ on $\mathbb{C}$.

Extend f by zero to $\mathbb{C} \setminus (\Omega \setminus E)$. Since f vanishes out of a bounded set, $f = \frac{-1}{\pi}\,\mathcal{C}(\bar\partial f)$ and $V_\varphi f$ is identically zero except for finitely many indices $i \in I$. So we have

$$f = \frac{-1}{\pi}\sum_{i\in I}\mathcal{C}(\varphi_i\,\bar\partial f) = \sum_{i\in I} V_{\varphi_i} f.$$

Notice that, since $\operatorname{supp}(\bar\partial f) \subset E \cup \partial\Omega$, then for each $i \in I$,

$$\operatorname{supp}\big(\bar\partial V_{\varphi_i} f\big) \subset 2Q_i \cap (E \cup \partial\Omega).$$

As a consequence, if $2Q_i \cap \partial\Omega = \varnothing$, then $V_{\varphi_i} f$ is analytic out of $2Q_i \cap E$. Since $V_{\varphi_i} f$ vanishes at ∞, $\|V_\varphi f\|_\infty < \infty$ (by (i) in the preceding proposition), and

$$\gamma(2Q_i \cap E) \leq \gamma(E) = 0,$$

we infer that

$$V_{\varphi_i} f \equiv 0 \qquad \text{if } 2Q_i \cap \partial\Omega = \varnothing.$$

Therefore,

$$f = \sum_{i \in I: 2Q_i \cap \partial\Omega \neq \varnothing} V_{\varphi_i} f.$$

Thus, f is analytic in $\Omega \setminus \overline{\mathcal{U}_{4\ell}(\partial\Omega)}$. Since ℓ is arbitrarily small, it turns out that f is analytic in the whole of Ω. □

In the next proposition we show how Vitushkin's localization operator can be used to prove the semiadditivity of analytic capacity in two very particular cases, which will be useful for future purposes in this book.

Proposition 1.19. (a) *For a compact set $E \subset \mathbb{C}$ and a closed disk or square $D \subset \mathbb{C}$, we have*

$$\gamma(E \cup D) \leq c\,(\gamma(E) + \gamma(D)).$$

(b) *Given two closed rectangles $R, S \subset \mathbb{C}$ (we do not assume their sides to be parallel to the axes),*

$$\gamma(R \cup S) \leq c\,(\gamma(R) + \gamma(S)).$$

Proof. Let f be the Ahlfors function of $E \cup D$, and extend it by zero on $E \cup D$. Let $\varphi \in C^\infty$ be supported on $2D$ such that $\varphi = 1$ in a neighborhood of D, with $\|\nabla\varphi\|_\infty \leq c\,r^{-1}$, where r is the radius (or side length) of D. Now set $f_1 = V_\varphi f$ and $f_2 = f - f_1$. By Proposition 1.17, f_1 is bounded by some constant c', and so the same holds for f_2 (for another constant c''). Therefore, since f_1 is holomorphic off $2D$ and f_2 off E,

$$\gamma(E \cup D) \leq \big(|f_1'(\infty)| + |f_2'(\infty)|\big) \leq c\big(\gamma(2D) + \gamma(E)\big).$$

Then (a) follows from the fact that $\gamma(2D) = 2\,\gamma(D)$.

Consider now the rectangles R and S. Let L_R, ℓ_R be the side lengths of R, and L_S, ℓ_S the side lengths of S. Suppose $\ell_R \leq L_R$ and $\ell_S \leq L_S$. Assume first that $L_R = M\ell_R$ and $L_S = N\ell_S$ with $M, N \in \mathbb{Z}$. So we can write $R = \bigcup_{i=1}^M P_i$ and $S = \bigcup_{j=1}^N Q_j$, where P_i and Q_j are squares of side lengths ℓ_R and ℓ_S respectively. Take positive functions $\varphi_i \in C^\infty$, $1 \leq i \leq M$, with $\operatorname{supp}(\varphi_i) \subset 2P_i$ for each i, satisfying $\sum_{i=1}^M \varphi_i \leq 1$ on $\mathbb{C}$, $\sum_{i=1}^M \varphi_i = 1$ on R, and $\|\nabla\varphi_i\|_\infty \leq c\ell_R^{-1}$. Let ψ_j,

$1 \le j \le N$, be the analogous functions for S. Suppose that $\ell_R \ge \ell_S$. Setting $\widetilde{\psi}_j = \psi_j\big(1 - \sum_{i=1}^M \varphi_i\big)$, we have

$$\sum_{i=1}^M \varphi_i + \sum_{j=1}^N \widetilde{\psi}_j = 1$$

on $R \cup S$ and so, if f is the Ahlfors function of $R \cup S$ extended by zero to $R \cup S$, we have

$$f = \sum_{i=1}^M V_{\varphi_i} f + \sum_{j=1}^N V_{\widetilde{\psi}_j} f.$$

Moreover, for some $c > 0$, $cV_{\varphi_i} f$ is admissible for $2P_i$, and also $cV_{\widetilde{\psi}_j} f$ for $2Q_j$ (because it is easy to check that $\|\widetilde{\psi}_j\|_\infty \le 1$ and $\|\nabla\widetilde{\psi}_j\|_\infty \le c\,\ell_S^{-1}$). Thus,

$$\begin{aligned} |f'(\infty)| &\le \sum_{i=1}^M \gamma(2P_i) + \sum_{j=1}^N \gamma(2Q_j) \\ &\le c\,(M\ell_R + N\ell_S) \le c\,\big(\gamma(R) + \gamma(S)\big), \end{aligned}$$

where we used that for any connected set (in particular, any square), its analytic capacity is comparable to its diameter.

Suppose now that R and S are arbitrary rectangles. Let M be the least integer such that $M \ge L_R/\ell_R$, and N the least integer such that $N \ge L_S/\ell_S$. Let R_0 be a rectangle containing R with side lengths ℓ_R and $M\ell_R$, and S_0 another rectangle containing S with side lengths ℓ_S and $N\ell_S$. Then

$$\gamma(R \cup S) \le \gamma(R_0 \cup S_0) \le c\big(\gamma(R_0) + \gamma(S_0)\big) \approx \gamma(R) + \gamma(S),$$

where in the last inequality we took into account that $\gamma(R) \approx \operatorname{diam}(R) \approx \operatorname{diam}(R_0) \approx \gamma(R_0)$, and analogously for S and S_0. □

1.6 Relationship with Hausdorff measures

We start by recalling the definition of Hausdorff measure and Hausdorff dimension (in $\mathbb{R}^d$). Given $s \ge 0$ and $0 < \varepsilon \le \infty$, for $A \subset \mathbb{R}^d$, we write

$$\mathcal{H}^s_\varepsilon(A) = \inf\Big\{\sum_i \operatorname{diam}(A_i)^s : A \subset \bigcup_i A_i,\ \operatorname{diam}(A_i) \le \varepsilon\Big\}. \tag{1.8}$$

The s-dimensional **Hausdorff measure** of A is:

$$\mathcal{H}^s(A) = \sup_{\varepsilon > 0} \mathcal{H}^s_\varepsilon(A) = \lim_{\varepsilon \to 0} \mathcal{H}^s_\varepsilon(A).$$

It is well known that $\mathcal{H}^s$ is a Borel regular measure (see Mattila [100, Chapter 4], for instance), although it is not a Radon measure because it is not locally finite, except in the case $s = d$. It is also immediate to check that $\mathcal{H}^0$ coincides with the counting measure. On the other hand, for $s = d$ one has

$$\mathcal{H}^d = 2^d \, \alpha(d)^{-1} \mathcal{L}^d,$$

where $\alpha(d)$ stands for the Lebesgue measure of the d-dimensional unit ball. In the 1-dimensional case, which is the most relevant for the study of analytic capacity, the measure $\mathcal{H}^1$, is also called length. It coincides with other classical definitions of length in sets such as rectifiable curves.

When $\varepsilon = \infty$ (and so there is no restriction on the diameters of the sets A_i in (1.8)), the quantity $\mathcal{H}^s_\infty(A)$ is called s-dimensional **Hausdorff content** of A. Although this is not a Borel measure, it is subadditive and it is straightforward to check that

$$\mathcal{H}^s(A) = 0 \quad \Leftrightarrow \quad \mathcal{H}^s_\infty(A) = 0.$$

Moreover, the Hausdorff content has some advantages over the Hausdorff measure. For instance, it is always finite on bounded sets and quite usually it is easier to estimate than the Hausdorff measure. On the other hand, we will see below that analytic capacity is very connected to the 1-dimensional Hausdorff content.

Next, we wish to introduce the notion of Hausdorff dimension. To this end, we need first the following auxiliary result.

Lemma 1.20. *For $0 \leq s < t$ and $A \subset \mathbb{R}^d$, we have*

(i) *If $\mathcal{H}^s(A) < \infty$, then $\mathcal{H}^t(A) = 0$.*

(ii) *If $\mathcal{H}^t(A) > 0$, then $\mathcal{H}^s(A) = \infty$.*

Proof. Clearly, both statements are equivalent. To prove (i), consider a covering $A \subset \bigcup_i A_i$ with $\operatorname{diam}(A_i) \leq \varepsilon$ and $\sum_i \operatorname{diam}(A_i)^s \leq \mathcal{H}^s_\varepsilon(A) + 1$. Then

$$\mathcal{H}^t_\varepsilon(A) \leq \sum_i \operatorname{diam}(A_i)^t \leq \varepsilon^{t-s} \sum_i \operatorname{diam}(A_i)^s \leq \varepsilon^{t-s} \big(\mathcal{H}^s_\varepsilon(A) + 1\big).$$

Letting $\varepsilon \to 0$, the right side tends to 0 if $\mathcal{H}^s(A) < \infty$, and so we deduce that $\mathcal{H}^t(A) = 0$. □

The **Hausdorff dimension** of a non-empty set $A \subset \mathbb{R}^d$ is defined as

$$\dim_H(A) = \sup\{s : \mathcal{H}^s(A) > 0\}.$$

We also set $\dim(\varnothing) = 0$. It is easy to realize that the Hausdorff dimension is a monotone set function:

$$E \subset F \quad \Rightarrow \quad \dim_H(E) \leq \dim_H(F).$$

Since $\mathcal{H}^d(\mathbb{R}^d)$ is σ-finite, from the preceding lemma it turns out that $\dim_H(A) \leq d$ for all sets $A \subset \mathbb{R}^d$. One also deduces that $\mathcal{H}^s(A) = \infty$ if $s < \dim_H(A)$, and

$\mathcal{H}^t(A) = 0$ if $t > \dim_H(A)$. In the borderline case $s = \dim_H(A)$, $\mathcal{H}^s(A)$ can attain any value from $[0, +\infty]$.

For much more information on Hausdorff measures, we suggest that the reader have a look at any of the books Mattila [100], Falconer [40], Federer [42], Carleson [7], or Rogers [140], for example.

The first result that connects Hausdorff measures and contents to analytic capacity is the following old theorem, essentially due to Painlevé.

Theorem 1.21 (Painlevé). *For every compact set $E \subset \mathbb{C}$, we have*

$$\gamma(E) \leq \mathcal{H}^1_\infty(E).$$

In particular, if $\mathcal{H}^1(E) = 0$, then E is removable.

Proof. Given $\varepsilon > 0$, cover E with a family of sets A_i such that $\sum_i \operatorname{diam}(A_i) \leq \mathcal{H}^1_\infty(E) + \varepsilon$. One can replace each A_i by an open ball B_i of radius r_i slightly bigger than $\operatorname{diam}(A_i)$ if necessary so that $E \subset \bigcup_i B_i$ and $\sum_i r_i \leq \mathcal{H}^1_\infty(E) + 2\varepsilon$. Since E is compact we may assume that this is a finite family. Consider the curve $\Gamma = \partial_o\big(\bigcup_i B_i\big)$. By (1.2), if f is the Ahlfors function of E, we have

$$\begin{aligned} |f'(\infty)| &= \left| \frac{1}{2\pi i} \int_\Gamma f(z)\, dz \right| \leq \sum_i \frac{1}{2\pi} \int_{\Gamma \cap \partial B_i} |f(z)|\, d\mathcal{H}^1(z) \\ &\leq \sum_i r_i \leq \mathcal{H}^1_\infty(E) + 2\varepsilon. \end{aligned}$$

Since $\varepsilon > 0$ is arbitrary, the theorem follows. □

The inequality in the preceding theorem can be sharpened to $\gamma(E) \leq \frac{1}{2}\mathcal{H}^1_\infty(E)$, which is optimal, as shown if one chooses E to be a ball (see Dudziak [35, p. 25] for some details, for example).

For subsets of the real line we have additional information: it turns out that

$$\gamma(E) = \frac{1}{4}\mathcal{H}^1(E) \qquad \text{if } E \subset \mathbb{R}. \tag{1.9}$$

Notice that for this type of sets, the Hausdorff measure $\mathcal{H}^1$ coincides with the content $\mathcal{H}^1_\infty$. We will not prove the identity (1.9). Instead, we will content ourselves with the following estimate.

Proposition 1.22. *If $E \subset \mathbb{C}$ is a compact set contained in $\mathbb{R}$, then*

$$\frac{1}{4}\mathcal{H}^1(E) \leq \gamma(E) \leq \frac{1}{\pi}\mathcal{H}^1(E).$$

Let us remark that the precise and more difficult estimate $\gamma(E) \leq \frac{1}{4}\mathcal{H}^1(E)$ in (1.9) (which we will not prove) is due to Pommerenke [135].

Proof. By the outer regularity of analytic capacity and by compactness, we may assume that E is a finite collection of disjoint intervals. In this case, for any $\varepsilon > 0$, one can easily construct a curve (or a family of curves) Γ surrounding E with $\mathcal{H}^1(\Gamma) \leq 2\mathcal{H}^1(E) + \varepsilon$. Arguing as in the proof of Theorem 1.21, if f is an admissible function for E, we obtain

$$|f'(\infty)| = \left|\frac{1}{2\pi i}\int_\Gamma f(z)\,dz\right| \leq \frac{1}{2\pi}\,\mathcal{H}^1_\infty(\Gamma) \leq \frac{1}{\pi}\left(\mathcal{H}^1_\infty(E) + \varepsilon\right).$$

Consequently, $\gamma(E) \leq \mathcal{H}^1_\infty(E)/\pi$.

For the other inequality, consider the function $f = \frac{1}{2}\mathcal{C}(\mathcal{H}^1\lfloor E)$. Observe that if $z = x + i\,y \notin E$, then

$$\operatorname{Im} f(z) = \frac{1}{2}\int_E \operatorname{Im}\frac{1}{t-z}\,d\mathcal{H}^1(t) = \frac{1}{2}\int_E \frac{y}{(t-x)^2+y^2}\,d\mathcal{H}^1(t).$$

Therefore, $\operatorname{Im} f(z) = 0$ if $y = 0$, and otherwise,

$$|\operatorname{Im} f(z)| < \frac{1}{2}\int_{\mathbb{R}} \frac{|y|}{t^2+y^2}\,d\mathcal{H}^1(t) = \frac{\pi}{2}.$$

So f maps $\mathbb{C}\setminus E$ to the strip $|\operatorname{Im}(z)| < \pi/2$.

Consider the map

$$\varphi(z) = \frac{e^z - 1}{e^z + 1}.$$

Notice that φ maps conformally the strip $|\operatorname{Im}(z)| < \pi/2$ to the unit disk. Then $g = \varphi \circ f$ is admissible for E, and since $f(\infty) = 0$ and $g(\infty) = \varphi(0) = 0$, we have

$$\gamma(E) \geq |g'(\infty)| = \lim_{z\to\infty} |z\,g(z)| = \lim_{z\to\infty} |z\,f(z)|\left|\frac{\varphi(f(z))}{f(z)}\right| = |f'(\infty)\,\varphi'(0)|.$$

Using that $f'(\infty) = -\mathcal{H}^1(E)/2$ and $\varphi'(0) = 1/2$, we get $\gamma(E) \geq \mathcal{H}^1(E)/4$. □

Analogously to (1.9), when $E \subset \partial B(0,1)$, one has

$$\gamma(E) = \sin\frac{\mathcal{H}^1(E)}{4}.$$

We will not prove this estimate. See Murai [118] for further details.

The proposition just proved shows that the compact subsets of lines are removable if and only if they have zero length. Denjoy tried to extend this result to subsets of rectifiable curves and he believed he had managed in [33]. However there was an important gap in his proof, and this question remained open for a long time. This became known as **Denjoy's conjecture**, and it was only solved in the affirmative, by Calderón [5], after the proof of the L^2 boundedness of the Cauchy transform on Lipschitz graphs with small enough slope. In this book, we will prove Denjoy's conjecture in Chapter 4.

Now we turn to sets of Hausdorff dimension bigger than one. First we need to review a key tool: Frostman's Lemma. The proof below is somewhat different from the classical one that can be found in the literature (for example, in Mattila [100, Chapter 4] or Carleson [7, Chapter 2]).

Theorem 1.23 (Frostman Lemma). *Let $0 < s \leq d$ and consider a compact set $E \subset \mathbb{R}^d$. Then $\mathcal{H}^s_\infty(E) > 0$ if and only if there exists a non-trivial Borel measure μ supported on E such that $\mu(B) \leq r(B)^s$ for any ball B. Furthermore, we can find μ so that $\mu(E) \geq c^{-1}\mathcal{H}^s_\infty(E)$, with the constant c depending only on d.*

Proof. Suppose first that such a measure μ exists, and let us see that $\mathcal{H}^s_\infty(E) > 0$. Indeed, consider a covering $\bigcup_i A_i \supset E$, and take for each i a point $x_i \in A_i$. Since the union of the balls $B(x_i, \operatorname{diam}(A_i))$ covers E, we get

$$\sum_i \operatorname{diam}(A_i)^s \geq c^{-1} \sum_i \mu\big(B(x_i, \operatorname{diam}(A_i))\big) \geq c^{-1}\mu(E).$$

Taking the infimum over all possible coverings of E, we obtain $\mathcal{H}^s_\infty(E) \geq c^{-1}\,\mu(E)$.

For the converse implication of the theorem, assume that E is contained in a dyadic cube Q_0. The measure μ will be constructed as a weak limit of measures μ_n, $n \geq 0$. The first measure is

$$\mu_0 = \mathcal{H}^s_\infty(E)\, \frac{\mathcal{L}^d \lfloor Q_0}{\mathcal{L}^d(Q_0)}.$$

For $n \geq 1$, each measure μ_n vanishes in $\mathbb{R}^d \setminus Q_0$, it is absolutely continuous with respect to Lebesgue measure, and in each cube from $\mathcal{D}_n(Q_0)$, it has constant density. It is defined from μ_{n-1} as follows. If $P \in \mathcal{D}_n(Q_0)$ and P is a dyadic child of $Q \in \mathcal{D}_{n-1}(Q_0)$ (then we write $P \in \mathcal{C}h(Q)$), we set

$$\mu_n(P) = \frac{\mathcal{H}^s_\infty(P \cap E)}{\sum_{R \in \mathcal{C}h(Q)} \mathcal{H}^s_\infty(R \cap E)}\, \mu_{n-1}(Q). \tag{1.10}$$

Observe that

$$\sum_{P \in \mathcal{C}h(Q)} \mu_n(P) = \mu_{n-1}(Q) \qquad \text{for all } Q \in \mathcal{D}_{n-1}(Q_0),$$

and thus $\mu_n(\mathbb{R}^d) = \mu_{n-1}(\mathbb{R}^d)$.

As said above, μ is just a weak limit of the measures μ_n. The fact that μ is supported on E is easy to check: from the definition of μ_n in (1.10), $\mu_n(P) = 0$ if $P \in \mathcal{D}_n(Q_0)$ does not intersect E. As a consequence, $\mu_k(P) = 0$ for all $k \geq n$ too, and thus,

$$\operatorname{supp}(\mu_k) \subset \mathcal{U}_{2^{-n+1}\operatorname{diam}(Q_0)}(E) \qquad \text{for all } k \geq n.$$

From this condition, one gets that $\operatorname{supp}(\mu) \subset \mathcal{U}_{2^{-n+1}\operatorname{diam}(Q_0)}(E)$, for all $n \geq 0$, which proves the claim.

Next we will show that

$$\mu_n(P) \le \mathcal{H}^s_\infty(P\cap E) \qquad \text{for all } P \in \mathcal{D}_n(Q_0).$$

This follows easily by induction: it is clear for $n=0$, and if it holds for $n-1$ and Q is the dyadic parent of P, then

$$\mu_{n-1}(Q) \le \mathcal{H}^s_\infty(Q\cap E) \le \sum_{R\in Ch(Q)} \mathcal{H}^s_\infty(R\cap E).$$

Thus, from (1.10), we infer that $\mu_n(P) \le \mathcal{H}^s_\infty(P\cap E)$, as claimed. As a consequence, for all $j\ge n$,

$$\mu_j(P) \le \mathcal{H}^s_\infty(P\cap E) \qquad \text{for all } P \in \mathcal{D}_n(Q_0).$$

Moreover, by construction, all the dyadic cubes which do not intersect Q_0 have zero measure μ_j.

Since every open ball B_r of radius r with $2^{-n-1}\ell(Q_0) \le r < 2^{-n}\ell(Q_0)$ is contained in a union of at most 2^d dyadic cubes P_k with side length $2^{-n}\ell(Q_0)$, we get

$$\mu_j(B_r) \le \sum_{k=1}^{2^d} \mu_j(P_k) \le \sum_{k=1}^{2^d} \mathcal{H}^s_\infty(P_k\cap E) \le 2^d \operatorname{diam}(P_k)^s \le c\, r^s,$$

for all $j\ge n$. Letting $j\to\infty$, we infer that $\mu(B_r)\le c\,r^s$. □

Remark 1.24. In fact, in the preceding proof we have shown that for any compact set $E\subset\mathbb{R}^d$,

$$\mathcal{H}^s_\infty(E) \approx \sup\{\mu(E) :\, \mu(B(x,r)) \le r^s \;\forall x\in\mathbb{R}^d,\, r>0\}.$$

Theorem 1.25. *Let $s>1$. For every compact set $E\subset\mathbb{C}$, we have*

$$\gamma(E) \ge c(s)\, \mathcal{H}^s_\infty(E)^{1/s},$$

where $c(s) = c'\,\frac{s-1}{s} > 0$ and c' is an absolute constant.

Observe that $c(s)\to 0$ as $s\to 1$.

Proof. Let μ be a Borel measure supported on E such that $\mu(E)\ge c^{-1}\mathcal{H}^s_\infty(E)$ satisfying $\mu(B(z,r))\le r^s$ for all $z\in\mathbb{C}$, $r>0$. Consider the function $f=\mathcal{C}\mu$. Observe that $f(\infty)=0$ and $|f'(\infty)|=\mu(E)$. To estimate $\|f\|_\infty$, for any $z\in\mathbb{C}$ we write

$$\begin{aligned}|\mathcal{C}\mu(z)| &\le \int \frac{1}{|w-z|}\,d\mu(w) = \int_0^\infty \mu(\{w :\, 1/|w-z| > t\})\,dt\\ &= \int_0^\infty \mu(B(z,1/t))\,dt \le \int_0^\infty \min(\mu(E),\, 1/t^s)\,dt.\end{aligned}$$

The last integral equals

$$\int_0^{1/\mu(E)^{1/s}} \mu(E)\,dt + \int_{1/\mu(E)^{1/s}}^{\infty} 1/t^s\,dt = \mu(E)^{1-\frac{1}{s}} + \frac{1}{s-1}\left(\mu(E)^{\frac{1}{s}}\right)^{s-1}$$
$$= \frac{s}{s-1}\,\mu(E)^{1-\frac{1}{s}}.$$

Therefore, $\|f\|_\infty \leq \frac{s}{s-1}\,\mu(E)^{1-\frac{1}{s}}$, and so

$$\gamma(E) \geq \frac{|f'(\infty)|}{\|f\|_\infty} \geq \frac{s-1}{s}\,\mu(E)^{1/s} \geq c\,\frac{s-1}{s}\,\mathcal{H}^s_\infty(E)^{1/s}. \qquad \square$$

In the case $s = 2$, in the plane, $\mathcal{H}^2_\infty$ coincides with the area modulo a scaling factor, and so we have $\gamma(E) \geq c\,\mathcal{L}^2(E)^{1/2}$, for some absolute constant $c > 0$. Arguing as in Theorem 1.25, a more careful estimate of the integral that defines $\mathcal{C}(\mathcal{L}^2\lfloor E)$ shows that $\gamma(E) \geq \sqrt{\mathcal{L}^2(E)/\pi}$. This inequality is sharp since equality holds when E is a disk. See Garnett [54, p.79] or Dudziak [35, p.16].

1.7 Rectifiable and purely unrectifiable sets and Vitushkin's conjecture

To summarize, in the preceding section we have seen that the relationship between Hausdorff measure and analytic capacity is the following:

- If $\dim_H(E) > 1$, then $\gamma(E) > 0$.
- $\gamma(E) \leq \mathcal{H}^1_\infty(E) \leq \mathcal{H}^1(E)$. In particular, if $\dim_H(E) < 1$, then $\gamma(E) = 0$.

By the statements above, it turns out that dimension 1 is the critical dimension in connection with analytic capacity. Moreover, a natural question arises: is it true that $\gamma(E) > 0$ if and only if $\mathcal{H}^1(E) > 0$?

It took some time to realize that the answer is *no*. This was first shown by Vitushkin in the 1960's, by constructing a compact set with positive length and vanishing analytic capacity. A typical example of such a set is the so-called corner quarters Cantor set. It is constructed in the following way: consider a square Q^0 with side length 1. Now replace Q^0 by four squares Q^1_i, $i = 1, \ldots, 4$, with side length $1/4$ contained in Q^0, so that each Q^1_i contains a different vertex of Q^0. Analogously, in the next stage each Q^1_i is replaced by four squares with side length $1/16$ contained in Q^1_i so that each one contains a different vertex of Q^1_i. So we will have 16 squares Q^2_k of side length $1/16$. We proceed inductively (see Figure 1.1), and we set $E_n = \bigcup_{i=1}^{4^n} Q^n_i$ and $E = \bigcap_{n=1}^{\infty} E_n$. This is the **corner quarters Cantor set**. It is not difficult to check that $0 < \mathcal{H}^1(E) < \infty$. Indeed, from the fact that

$$\sum_{i=1}^{4^n} \ell(Q^n_i) = 1 \qquad \text{for all } n \geq 1,$$

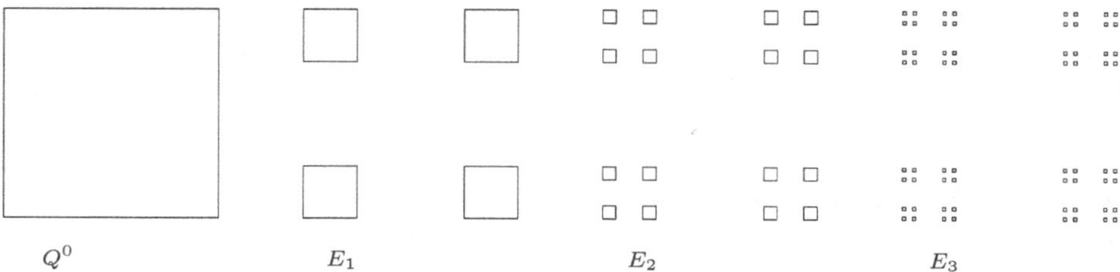

Figure 1.1: The square Q^0 and the sets E_1, E_2 and E_3, which appear in the first stages of the construction of the corner quarters Cantor set.

one deduces that $\mathcal{H}^1_{2^{-n+1/2}}(E) \leq \mathcal{H}^1_{2^{-n+1/2}}(E_n) \leq 2^{1/2}$, and thus letting $n \to \infty$, it follows that $\mathcal{H}^1(E) \leq 2^{1/2}$. To show that $\mathcal{H}^1(E) > 0$ we will use Frostman's lemma: consider a probability measure μ supported on E such that $\mu(Q_i^n) = 4^{-n}$ for all i, n. It follows easily that μ has linear growth. That is, $\mu(B(z,r)) \leq cr$ for all $z \in \mathbb{C}$ and all $r > 0$. This implies that

$$\mathcal{H}^1(E) \geq \mathcal{H}^1_\infty(E) \geq c^{-1}\mu(E) = c^{-1}.$$

The proof of the fact that $\gamma(E) = 0$ is more difficult, and it was obtained independently by Garnett [53] and Ivanov [69], [70], shortly after Vitushkin's example. In this book we will obtain a different proof of this result, as a corollary of the main theorem of Chapter 6, namely the comparability between analytic capacity and the so-called capacity γ_+.

In [179], Vitushkin suggested that sets of zero analytic capacity can be characterized in terms of the Favard length. To define this notion, we need some notation: for $\theta \in [0, \pi)$, let p_θ denote the orthogonal projection onto the line through the origin and direction $(\cos\theta, \sin\theta)$. Given a Borel set $E \subset \mathbb{C}$, its **Favard length** is

$$\mathrm{Fav}(E) = \int_0^\pi \mathcal{H}^1(p_\theta(E))\, d\theta. \tag{1.11}$$

Vitushkin conjectured that $\gamma(E) > 0$ if and only if $\mathrm{Fav}(E) > 0$. In 1986 Mattila [98] showed that this conjecture is false. He proved this in a quite astonishing way: he showed that the property of having positive Favard length is not invariant under conformal mappings while removability for bounded analytic functions is. Observe that Mattila's argument does not tell which implication in the above conjecture is false.

In [76] Jones and Murai constructed a set with zero Favard length and positive analytic capacity. An easier example using curvature was obtained more recently by Joyce and Mörters [79]. It is not known yet if the converse implication in Vitushkin's conjecture holds. That is, it is not known if there exist sets with positive Favard length and zero analytic capacity.

Although Vitushkin's conjecture is not true in full generality, it turns out that it holds in the particular case of sets with finite length. This was proved by G. David [23] in 1998. In the case of finite length, the notion of Favard length is closely related to the one of rectifiability. A set $E \subset \mathbb{R}^d$ is called countably **rectifiable** (or just, abusing language, rectifiable) if it is $\mathcal{H}^1$-almost all contained in a countable union of rectifiable curves (a rectifiable curve is a curve of finite length). That is to say, there are curves Γ_i, $i \geq 1$, with $\mathcal{H}^1(\Gamma_i) < \infty$ such that

$$\mathcal{H}^1\Big(E \setminus \bigcup_i \Gamma_i\Big) = 0.$$

On the other hand, $E \subset \mathbb{R}^d$ is called **purely unrectifiable** if it intersects any rectifiable curve at most in a set of zero length.

Theorem 1.26. *Let $E \subset \mathbb{R}^d$ with $\mathcal{H}^1(E) < \infty$. Then there exists a rectifiable Borel set B such that $E \setminus B$ is purely unrectifiable. Thus, E can be decomposed as $E = E_r \cup E_u$, where E_r is rectifiable and E_u is purely unrectifiable, and the decomposition is unique up to sets of zero length.*

Proof. Let $s = \sup_B \mathcal{H}^1(E \cap B)$, where the sup is taken over all rectifiable Borel sets $B \subset \mathbb{R}^d$. For every $j \geq 1$, take a Borel set B_j such that $\mathcal{H}^1(E \cap B_j) \geq s - 1/j$. Consider the set $B = \bigcup_j B_j$. Then $E \setminus B$ is purely unrectifiable, since otherwise there would be a Borel set A such that $A \cap B = \varnothing$ and $\mathcal{H}^1(A \cap E) > 0$, and so

$$\mathcal{H}^1((A \cup B) \cap E) = \mathcal{H}^1(E \cap A) + \mathcal{H}^1(E \cap B) > \mathcal{H}^1(E \cap B).$$

For the decomposition above, set $E_r = E \cap B$ and $E_u = E \setminus B$. The uniqueness up to sets of zero length is straightforward. □

In his work on Vitushkin's conjecture, David proved the following.

Let $E \subset \mathbb{C}$ be compact with $\mathcal{H}^1(E) < \infty$. Then $\gamma(E) = 0$ if and only if E is purely unrectifiable.

To be precise, let us remark that the "if" part is not due to David. In fact, it is an easy consequence of the solution of Denjoy's conjecture. The "only if" part of the theorem, which is more difficult, is the one proved by David. This result can be considered as the solution of Painlevé's problem for sets with finite length. We will see a complete proof along this book. The main steps are contained in Chapters 5, 6, and 7.

A well-known theorem of Besicovitch asserts that, for sets E of finite length, $\mathrm{Fav}(E) = 0$ if and only if E is purely unrectifiable. In particular, the corner quarters Cantor set described above is purely rectifiable and has zero Favard length. Because of the Besicovitch theorem, David's result is equivalent to saying that $\gamma(E) = 0$ if and only $\mathrm{Fav}(E) = 0$.

We will not prove the Besicovitch theorem on projections in this book. See Mattila [100, Chapter 18] or Falconer [40, Chapter 6] for detailed arguments, for example.

1.8 Historical remarks, uniform approximation by rational functions, the semiadditivity of analytic capacity, and further results

1.8.1 Some historical remarks

Painlevé [131] proved in 1888 that if a set has zero 1-dimensional Hausdorff measure, then it is removable. He did not state this result exactly in this way because at that time the notion of Hausdorff measure had not been introduced. Although he studied the problem of the removability by bounded analytic functions, it is not clear if he formulated explicitly what now is known as the Painlevé problem. See Pajot [132, p.78] for more information on this question.

Analytic capacity was introduced by Ahlfors in 1947 in [2]. In this work he showed that $E \subset \mathbb{C}$ is removable if and only if $\gamma(E) = 0$. Also, he deduced several properties of the Ahlfors function. For example, assuming that E is a finite union of n disjoint analytic arcs, by using variational arguments he proved that the Ahlfors function is unique and that it has $n+1$ zeros in the unbounded component of $\mathbb{C}_\infty \setminus E$ (on the other hand, the proof of the uniqueness of the Ahlfors function for arbitrary domains is due to Havinson, and the proof that we showed in this chapter is from Fisher [46]).

1.8.2 Uniform approximation by rational functions and the semiadditivity of analytic capacity

Vitushkin in the 1950's and 1960's studied problems on uniform rational approximation on compact sets of the complex plane. He showed that analytic capacity plays an essential role in this type of problems.

Let $A(E)$ be the algebra of the complex continuous functions on E which are analytic in $\overset{\circ}{E}$. Also, denote by $R(E)$ the algebra formed by uniform limits of rational functions with poles off E, which by Runge's theorem coincide with uniform limits of functions analytic in neighborhoods of E. Recall that if $\mathbb{C} \setminus E$ is connected, the classical theorem of Mergelyan asserts that all functions from $A(E)$ are uniform limits (in E) of analytic polynomials, and thus $A(E) = R(E)$. For a general compact set E, Vitushkin proved the next result (see Vitushkin [179]).

Theorem 1.27. *Let $E \subset \mathbb{C}$ be compact and let $f \in C(\mathbb{C})$. The following are equivalent:*

(a) $f \in R(E)$.

(b) *For any open disk $D \subset \mathbb{C}$ with radius δ and all $\varphi \in C_c^\infty(D)$,*

$$\left| \int f \, \bar{\partial}\varphi \, d\mathcal{L}^2 \right| \leq \varepsilon(\delta) \, \delta \, \|\nabla\varphi\|_\infty \, \gamma(D \setminus E),$$

where $\varepsilon(\cdot)$ is some function such that $\varepsilon(\delta) \to 0$ as $\delta \to 0$.

(c) *For any open square $Q \subset \mathbb{C}$ with side length δ,*

$$\left| \int_{\partial Q} f(z)\, dz \right| \leq c\, \varepsilon(\delta)\, \gamma(Q \setminus E),$$

where $\varepsilon(\cdot)$ is some function such that $\varepsilon(\delta) \to 0$ as $\delta \to 0$.

Let us remark that, by a result of Paramonov [134], the squares Q in (c) can be replaced by disks. That is, the conditions above are equivalent to the following:

(c′) *For any open disk $D \subset \mathbb{C}$ with radius δ,*

$$\left| \int_{\partial D} f(z)\, dz \right| \leq c\, \varepsilon(\delta)\, \gamma(D \setminus E),$$

where $\varepsilon(\cdot)$ is some function such that $\varepsilon(\delta) \to 0$ as $\delta \to 0$.

To state another of the main theorems of Vitushkin in this area we need first to define the so-called continuous analytic capacity. Given a compact set $E \subset \mathbb{C}$, its **continuous analytic capacity** is

$$\alpha(E) = \sup |f'(\infty)|,$$

where the supremum is taken over all *continuous* functions $f : \mathbb{C} \longrightarrow \mathbb{C}$ with $\|f\|_\infty \leq 1$ which are analytic in $\mathbb{C} \setminus E$. If $A \subset \mathbb{C}$ is an arbitrary set, then one defines

$$\alpha(A) = \sup_{E \subset A,\, E \text{ compact}} \alpha(E).$$

We have:

Theorem 1.28 (Vitushkin [179]). *For a compact set $E \subset \mathbb{C}$ the following are equivalent:*

(a) *$R(E) = A(E)$.*

(b) *$\alpha(D \setminus \mathring{E}) = \alpha(D \setminus E)$ for all open disks D.*

(c) *For some constant c, $\alpha(D \setminus \mathring{E}) \leq c\, \alpha(D \setminus E)$ for all open disks D.*

Because of the applications to this type of problems, Vitushkin raised the question of the semiadditivity of γ and α. Namely, does there exist an absolute constant c such that

$$\gamma(E \cup F) \leq c\, (\gamma(E) + \gamma(F))\,? \tag{1.12}$$

Also, does this hold for α instead of γ?

A first result concerning these questions was obtained in the 1960's by Melnikov [111]. He showed that the semiadditivity of γ and α holds for subsets E

and F which are separated by an analytic curve Γ, with the constant c in (1.12) depending on Γ. Vitushkin [179] extended the result to the case where the curve which separates E and F is piecewise $C^{1+\varepsilon}$. Davie [30] showed that it is enough to assume that the curve is C^1 and its derivative is Dini continuous.

On the other hand, for disjoint connected compact sets E, F, Suita [152] proved in 1984 the subadditivity of γ, that is, (1.12) holds with $c = 1$ in this particular case. It is not known if the subadditivity holds for arbitrary compact sets $E, F \subset \mathbb{C}$.

For arbitrary compact sets E, F, the semiadditivity of γ was proved in 2003 in Tolsa [160], by showing its comparability with the so-called capacity γ_+, by real analytic methods, unlike the preceding partial results of Melnikov, Vitushkin, Davie, and Suita. In this book, we will see the proof of this result in Chapter 6.

The semiadditivity of α also holds, as shown in Tolsa [162]. The arguments for α follow, up to some point, the scheme of the ones for γ, although the adaptation is non-trivial. The proof of the semiadditivity of α is not included in this book because the main interest of this capacity lies in the application to the theory of uniform rational approximation, which will not be studied here. An interesting consequence of this result is the so-called *inner boundary conjecture.* The inner boundary of a compact set $E \subset \mathbb{C}$, is the subset of the boundary points of E which do not belong to the boundary of any component of $\mathbb{C} \setminus E$.

Theorem 1.29 (Inner boundary conjecture, Tolsa [162]). *Let $E \subset \mathbb{C}$ be compact and let $\partial_i E$ be its inner boundary. If $\alpha(\partial_i E) = 0$, then $R(E) = A(E)$.*

For more information on the relationship between analytic capacity and the theory of uniform approximation by rational functions, see the books by Gamelin [47] and Zalcman [183], or the more modern survey by Verdera [174], for example.

1.8.3 The approach by duality to analytic capacity

This is another topic that is not covered in this book. Given a domain $\Omega \subset \mathbb{C}$ and $0 < p < \infty$, let $H^p(\Omega)$ be the Hardy space of the analytic functions $h : \Omega \to \mathbb{C}$ such that $|h(z)|^p$ has a harmonic majorant. Garabedian [48] proved that if E consists of a finite union of disjoint analytic arcs and Ω is the unbounded connected component of $\mathbb{C}_\infty \setminus E$, then

$$\gamma(E) = \inf \frac{1}{2\pi} \int_E |h| \, d\mathcal{H}^1, \tag{1.13}$$

where the infimum is taken over all functions in $H^1(\Omega)$ such that $h(\infty) = 1$. It turns out that there is a unique function $h \in H^1(\Omega)$ which attains the infimum above. This is the so-called Garabedian function, which has a close relationship with the Szëgo kernel. From (1.13) and the study of the properties of the Garabedian function it follows that

$$\gamma(E) = \sup |f'(\infty)|^2, \tag{1.14}$$

where the supremum is taken over all functions $f \in H^2(\Omega)$ such that $f(\infty) = 0$ and

$$\|f\|_{H^2(\Omega)} := \limsup_{\varepsilon \to 0} \left(\frac{1}{2\pi} \int_{\partial(\Omega \setminus \mathcal{U}_\varepsilon(E))} |f(z)|^2 \, d\mathcal{H}^1(z) \right)^{1/2} \leq 1.$$

The preceding results are explained in detail in Garnett [54, Chapter 1]. The book by Carleson [7] also discusses this topic in some detail in Chapter 6, by somewhat different arguments. For other questions and other approaches by duality to analytic capacity, see Khavinson [80] and the references therein.

1.8.4 Other spaces and capacities

The problem of removability for bounded analytic functions and the theory of uniform rational approximation also make sense for other spaces of functions. For example, one can think of the removability of compact sets for *BMO* or Lip^s analytic functions. One says that $f : \mathbb{R}^d \to \mathbb{R}$ belongs to $BMO(\mathbb{R}^d)$ if

$$\sup_Q \frac{1}{\mathcal{L}^d(Q)} \int_Q |f - m_Q f| \, d\mathcal{L}^d < \infty, \tag{1.15}$$

where the supremum is taken over all the cubes Q in $\mathbb{R}^d$ and $m_Q f$ is the mean of f over Q with respect to the Lebesgue measure. It turns out that E is removable for $BMO(\mathbb{C})$ analytic functions if and only if E has zero length. This was shown by Král [82].

Recall that a function $f : \Omega \to \mathbb{C}$ is from $\mathrm{Lip}^s(\Omega)$ if there exists a constant c such that

$$|f(z) - f(w)| \leq c\,|z - w|^s \qquad \text{for all } z, w \in \Omega.$$

For $0 < s < 1$, Carleson [6] proved that a compact set $E \subset \mathbb{C}$ with $\mathcal{H}^{1+s}(E) = 0$ is removable for Lip^s analytic functions. Later on, Dolzhenko [34] showed that the Lip^s removability of E is equivalent to the condition $\mathcal{H}^{1+s}(E) = 0$. Further, Melnikov [112] proved that the corresponding capacity associated with this problem is comparable to the Hausdorff content $\mathcal{H}^{s+1}_\infty$. The case $s = 1$ is more difficult and was solved by Uy [171]. Other results in connection with removability for some classes of analytic and harmonic functions are discussed in Carleson [7, Chapters 6,7].

Vitushkin's theorems on uniform rational approximation have been extended to the approximation in *BMO* (Verdera [172]), Lip^s (O'Farrell [128]), and other norms. See the survey by Verdera [174] for more information and additional references to related works. See also the remarkable works by Mazalov [106] and [107] on approximation by bianalytic functions and by solutions of elliptic partial differential equations.

The natural generalization of analytic capacity to higher dimensions is the so-called Lipschitz harmonic capacity κ. This is defined as follows. For a compact set $E \subset \mathbb{R}^d$, one sets

$$\kappa(E) = \sup\big|\langle \Delta\varphi, 1\rangle\big|$$

where the supremum is taken over all Lipschitz functions $\varphi : \mathbb{R}^d \to \mathbb{R}$ which are harmonic in $\mathbb{R}^d \setminus E$ with $\|\nabla\varphi\|_\infty \leq 1$. Also $\langle \Delta\varphi, 1\rangle$ denotes the action of the compactly supported distributional Laplacian $\Delta\varphi$ on the function 1. It turns out that $E \subset \mathbb{R}^d$ is removable for Lipschitz harmonic functions if and only if $\kappa(E) = 0$. Moreover, κ and its C^1 version κ_c are the relevant capacities to study the problem of C^1 harmonic approximation in compact subsets of $\mathbb{R}^d$, as shown by Paramonov [133], who has extended Vitushkin's approximation theorems to this context.

As in the case of bounded analytic functions, the description of removable sets for Lipschitz harmonic functions in metric and geometric terms is a difficult problem, because Lipschitz harmonic capacity is difficult to describe in such terms. See Section 6.10 of Chapter 6 and Section 7.11 of Chapter 7 for additional information on this topic.

1.8.5 Hausdorff measures

First we will recall some results on Hausdorff densities. To this end, we need to define the upper and lower s-dimensional densities of a Borel measure μ at x. Given $s > 0$, we set

$$\Theta^{*s}(x,\mu) := \limsup_{r\to 0} \frac{\mu(B(x,r))}{(2r)^s}, \qquad \Theta^{s}_{*}(x,\mu) := \liminf_{r\to 0} \frac{\mu(B(x,r))}{(2r)^s}. \tag{1.16}$$

These are the upper and lower s-dimensional densities, respectively. If they agree, then $\Theta^s(x,\mu) := \Theta^{*s}(x,\mu) = \Theta^s_*(x,\mu)$ is the so-called s-dimensional density of μ at x. For $\mu = \mathcal{H}^s\lfloor A$, we write $\Theta^{*s}(x,A) = \Theta^{*s}(x,\mathcal{H}^s\lfloor A)$, and analogously for $\Theta^s_*(x,A)$ and $\Theta^s(x,A)$.

The following result is rather elementary:

Theorem 1.30. *Let $A \subset \mathbb{R}^d$ with $\mathcal{H}^s(A) < \infty$.*

(a) $2^{-s} \leq \Theta^{*s}(x,A) \leq 1$ *for $\mathcal{H}^s$-almost all $x \in A$.*

(b) *If A is $\mathcal{H}^s$-measurable, then $\Theta^{*s}(x,A) = 0$ for $\mathcal{H}^s$-almost all $x \in \mathbb{R}^d \setminus A$.*

For the proof see Mattila [100, Chapter 6], for example.

In the preceding section we introduced the notion of rectifiability. There is an analogous notion in higher dimensions: a set $A \subset \mathbb{R}^d$ is called n-rectifiable if there are Lipschitz functions $f_i : \mathbb{R}^n \to \mathbb{R}^d$, $i = 1, 2, \ldots$ such that

$$\mathcal{H}^n\Big(A \setminus \bigcup_i f_i(\mathbb{R}^n)\Big) = 0.$$

On the other hand, A is called purely n-unrectifiable if $\mathcal{H}^n(A \cap F) = 0$ for every n-rectifiable set A. Any set with finite $\mathcal{H}^n$-measure can be decomposed into an

n-rectifiable set and a purely n-unrectifiable set, such as in Theorem 1.26. The proof is very similar.

Rectifiable sets can be characterized in terms of densities. The following theorem is due to Besicovitch in the case $n = 1$, $d = 2$, to Marstrand [88] for $n = 2$, $d = 3$, and to Mattila [97] in full generality.

Theorem 1.31. *Let n be a positive integer and let A be an $\mathcal{H}^n$-measurable subset of $\mathbb{R}^d$ with $\mathcal{H}^n(A) < \infty$.*

(a) *A is n-rectifiable if and only if the density $\Theta^n(x, A)$ exists and equals 1 for $\mathcal{H}^n$-almost all $x \in A$.*

(b) *A is purely unrectifiable if and only if $\Theta^n_*(x, A) < 1$ for $\mathcal{H}^n$-almost all $x \in A$.*

Let us remark that in the case $n = 1$, $d = 2$, Besicovitch proved that if A is purely unrectifiable, then $\Theta^1_*(x, A) \leq 3/4$ for $\mathcal{H}^n$-almost all $x \in A$. Preiss and Tišer [139] have improved this result by showing that 3/4 can be replaced by $(2+\sqrt{46})/12 \simeq 0.7319$. The (still open) conjecture is that 1/2 is the right constant.

Another important result regarding densities is the following.

Theorem 1.32. *Let μ be a finite Radon measure in $\mathbb{R}^d$ and $s > 0$. Suppose that the density $\Theta^s(x, \mu)$ exists and is positive and finite for μ-almost all $x \in \mathbb{R}^d$. Then s is an integer and μ is rectifiable, that is, μ is of the form $\mu = g\,\mathcal{H}^n\lfloor A$, for some rectifiable Borel set A and some non-negative function $g \in L^1(\mathcal{H}^n\lfloor A)$.*

The fact that s must be integer in the preceding result is due to Marstrand [89], while the more difficult fact that μ is rectifiable is a celebrated theorem of Preiss [138].

Rectifiable and purely unrectifiable sets can also be characterized in terms of their orthogonal projections. This has already been mentioned in Section 1.7. We recall the precise result below. For simplicity we only state the 1-dimensional result in $\mathbb{R}^2$, which is due to Besicovitch. However, there is a natural generalization to n-dimensional Hausdorff measures in $\mathbb{R}^d$ by Federer, which we skip.

Theorem 1.33. *Let $E \subset \mathbb{C}$ be an $\mathcal{H}^1$-measurable set with $0 < \mathcal{H}^1(E) < \infty$. The following are equivalent:*

(a) *E is purely unrectifiable.*

(b) *$\mathcal{H}^1(p_\theta(E)) = 0$ for almost all $\theta \in [0, \pi)$.*

(c) *There are two different angles $\theta_1, \theta_2 \in [0, \pi)$ such that*

$$\mathcal{H}^1(p_{\theta_1}(E)) = \mathcal{H}^1(p_{\theta_2}(E)) = 0.$$

The criterion in (c) is a very useful tool to show that some Cantor type sets are purely unrectifiable. For example, the corner quarters Cantor set from Section

1.7 has zero length projections on the horizontal and vertical axes (in fact, they have Hausdorff dimension 1/2). This implies that the set is purely unrectifiable.

For most of the results stated above some good references are the books of Falconer [40], Federer [42], and Mattila [100], for example. Falconer's text deals mainly with the 1-dimensional case in the plane, while the ones of Federer and Mattila consider the general n-dimensional case in $\mathbb{R}^d$. On the other hand, the aforementioned theorem of Preiss is explained in detail in the nice book [32] by De Lellis.

Chapter 2

Basic Calderón-Zygmund theory with non-doubling measures

2.1 Introduction

In this chapter we will obtain some basic results of Calderón-Zygmund theory in $\mathbb{R}^d$. In the classical literature, the underlying measure μ is assumed to be **doubling**. That is, there exists some constant $c > 0$ such that

$$\mu(B(x,2r)) \leq c\,\mu(B(x,r)) \quad \text{for all } x \in \operatorname{supp}(\mu),\ r > 0.$$

Notice that this condition is asked only for $x \in \operatorname{supp}(\mu)$.

However, for many applications to geometric analysis, in particular for questions related to analytic capacity, the preceding doubling assumption is too restrictive. Instead, it is more natural to ask for an upper growth condition for μ. So, to study n-dimensional singular integral operators (SIO's) in $\mathbb{R}^d$, with $0 < n \leq d$, we will consider measures μ satisfying the following growth condition of **degree** n:

$$\mu(B(x,r)) \leq c_0\, r^n \quad \text{for all } x \in \mathbb{R}^d,\ r > 0. \tag{2.1}$$

(when $n = 1$, we say that μ has **linear growth**). Sometimes we will also talk about c_0-growth of degree n or about c_0-linear growth if we are interested in the dependence of some estimates on precise value of the constant c_0. It turns out that if μ has no point masses, the growth of degree n for μ is necessary for the $L^2(\mu)$ boundedness of any SIO whose kernel $K(x,y)$ satisfies $|K(x,y)| \approx |x-y|^{-n}$ (see David [22, p. 56]).

One of the main difficulties that arises when one deals with a non-doubling measure μ is due to the fact that the **non-centered maximal Hardy-Littlewood operator**

$$M_\mu^{nc} f(x) := \sup \left\{ \frac{1}{\mu(B)} \int_B |f|\, d\mu : B \text{ closed ball, } x \in B \right\}$$

may fail to be of weak type $(1,1)$ (the superindex "nc" stands for non-centered). Sometimes the centered version of the operator, that is,

$$M_\mu f(x) = \sup_{r>0} \frac{1}{\mu(B(x,r))} \int_{B(x,r)} |f|\, d\mu,$$

is a good substitute of $M_\mu^{nc} f$, because using Besicovitch's covering theorem one can show that M_μ is bounded from $L^1(\mu)$ into $L^{1,\infty}(\mu)$, and in $L^p(\mu)$, for $1 < p \leq \infty$. However, one cannot always use the centered maximal Hardy-Littlewood operator instead of the non-centered one. In these cases other arguments are required.

Let us see some examples of non-doubling measures in the plane. Consider first the function $f : \mathbb{R} \to \mathbb{R}$ given by

$$f(x) = \frac{1}{x^2}\, e^{-1/x} \quad \text{if } x \neq 0, \quad \text{and } f(0) = 0.$$

Let μ be the planar Lebesgue measure which is located between the graph of f and the horizontal axis, for $0 \leq x \leq 1$. Let us see that μ fails to be doubling at the origin. Indeed, for $r > 0$ small, we have

$$\mu(Q(0,r)) = \mu\left(\{(x,y) : 0 \leq x \leq r\}\right) = \int_0^r f(x)\, dx = e^{-1/r}.$$

Also, $\mu(Q(0,2r)) = e^{-1/2r}$. Therefore,

$$\frac{\mu(Q(0,2r))}{\mu(Q(0,r))} = \frac{e^{-1/2r}}{e^{-1/r}} = e^{1/2r} \to \infty \qquad \text{as } r \to 0.$$

Of course, this implies that $\frac{\mu(B(0,2r))}{\mu(B(0,r))}$ also tends to ∞ as $r \to 0$.

In our second example (also in the plane), we set

$$\mu = \mathcal{H}^2 \lfloor [-1,1]^2 + \mathcal{H}^1 \lfloor ([-1,1] \times \{0\}).$$

That is, μ is the addition of area on a square and length on a segment that bisects the square. Let $Q_n = Q(x_n, \ell_n)$ be a sequence of squares contained in $[-1,1]^2$ with $\ell_n \to 0$ such that each Q_n does not intersect the segment $[-1,1] \times \{0\}$, while $2Q_n$ does, so that $\mu(Q_n) = \ell_n^2$ and $\mu(2Q_n) = 2\ell_n + 4\ell_n^2$. We have

$$\frac{\mu(2Q_n)}{\mu(Q_n)} > \frac{2\ell_n}{\ell_n^2} = \frac{2}{\ell_n} \to \infty \qquad \text{as } n \to \infty.$$

Our third example is more sophisticated and was explained to me by Mattila. Given a positive sequence of integers $\{N_m\}_{m \geq 1}$ tending to ∞, we construct a planar Cantor set E of the form

$$E = \bigcap_{m=0}^{\infty} E_m, \qquad E_m = \bigcup_{j \in J_m} D_j^m,$$

where the sets D_j^m of the generation m are closed disks of equal radius $r_m = 1/\#J_m$ for all $j \in J_m$. For $m = 0$, the family J_0 is made up of a unique element, corresponding to $D_1^0 = \bar{B}(0,1)$. For $m \geq 1$,

$$\#J_m = N_m \cdot \#J_{m-1}.$$

To construct the disks D_j^m, $j \in J_m$, we perform the following procedure in each disk D_i^{m-1}: we choose N_m disks of the family $\{D_j^m\}_{j\in J_m}$ to be contained in D_i^{m-1}, so that one of them is concentric with D_i^{m-1}, while the other $N_m - 1$ disks are internally tangent to ∂D_i^{m-1} and they are uniformly separated (see Figure 2.1).

Since $E_m \subset E_{m-1}$ for all $m \geq 1$, the Cantor set E is non-empty. In fact, one can even check that it has positive and finite length, taking into account that the $\sum_{j\in J_m} \operatorname{diam}(D_j^m) = 2$ for any fixed generation m.

We choose μ to be the natural associated probability measure, so that

$$\mu(D_j^m) = \frac{1}{\#J_m} \qquad \text{for all } j \in J_m.$$

It is easy to check that μ has linear growth. Let us see that it is not doubling. For $m \geq 1$, $j \in J_{m-1}$, consider a disk D_j^{m-1}. Notice that its center belongs to E, and that inside $\frac{1}{2} D_j^{m-1}$ there is only one disk of the family $\{D_k^m\}_{k\in J_m}$, call it $D_{s(j)}^m$. Therefore, $\mu(\frac{1}{2} D_j^{m-1}) = \mu(D_{s(j)}^m) = 1/\#J_m$. Thus,

$$\frac{\mu(D_j^{m-1})}{\mu(\frac{1}{2} D_j^{m-1})} = \frac{\#J_m}{\#J_{m-1}} = N_m \to \infty \qquad \text{as } m \to \infty,$$

which implies that μ is not doubling. Moreover, if N_m grows slow enough so that $\sum_{m=1}^{\infty} \frac{1}{N_m} = \infty$, then μ-almost every $x \in E$ belongs to infinitely many disks $\frac{1}{2} D_j^{m-1}$. This follows easily from the second Borel-Cantelli lemma (we leave it for the reader to check the details). It can be shown that this implies that there does not exist any measurable subset $A \subset E$ of positive μ-measure such that $\mu\lfloor A$ is doubling.

2.2 Preliminaries

Recall that a Radon measure on $\mathbb{R}^d$ has growth of degree n if there exists some constant c_0 such that $\mu(B(x,r)) \leq c_0 r^n$ for all $x \in \mathbb{R}^d$, $r > 0$. Sometimes for short, we will just say that μ is of degree n. When $n = 1$, we say that μ has linear growth. If there exists some constant c such that

$$c^{-1} r^n \leq \mu(B(x,r)) \leq c\, r^n \quad \text{for all } x \in \operatorname{supp}(\mu),\ 0 < r \leq \operatorname{diam}(\operatorname{supp}(\mu)), \tag{2.2}$$

then we say that μ is n-dimensional AD regular or, simply, AD regular. On the other hand, a set $E \subset \mathbb{R}^d$ is called n-dimensional AD regular if $\mathcal{H}^n\lfloor E$ is n-dimensional AD regular. Clearly, if a measure is AD regular, then it is doubling.

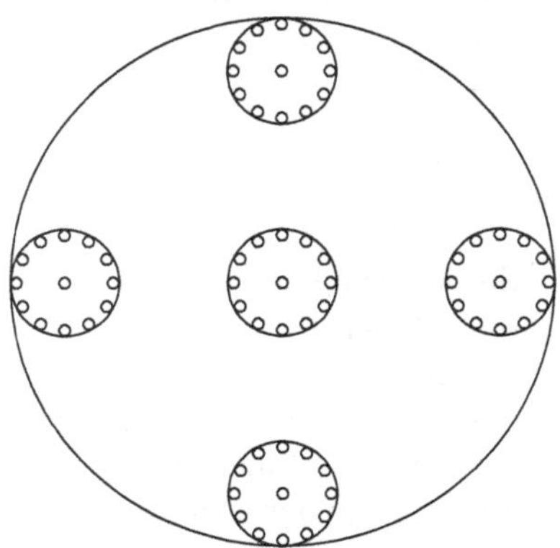

Figure 2.1: The disk D_1^0 and the families of disks $\{D_j^1\}_{j\in J_1}$ and $\{D_j^2\}_{j\in J_2}$ for the construction of the Cantor set E, with $N_1 = 5$, $N_2 = 13$.

The space of finite complex Radon measures in $\mathbb{R}^d$ is denoted by $M(\mathbb{R}^d)$. This is a Banach space with the norm of the total variation: $\|\nu\| = |\nu|(\mathbb{R}^d)$.

We say that $K(\cdot,\cdot) : \mathbb{R}^d \times \mathbb{R}^d \setminus \{(x,y) \in \mathbb{R}^d \times \mathbb{R}^d : x = y\} \to \mathbb{C}$ is an n-dimensional **Calderón-Zygmund kernel** if there exist constants $c > 0$ and η, with $0 < \eta \leq 1$, such that the following inequalities hold for all $x, y \in \mathbb{R}^d$, $x \neq y$:

$$\begin{aligned} &|K(x,y)| \leq \frac{c}{|x-y|^n}, \qquad \text{and, if } |x-x'| \leq |x-y|/2, \\ &|K(x,y) - K(x',y)| + |K(y,x) - K(y,x')| \leq \frac{c\,|x-x'|^\eta}{|x-y|^{n+\eta}}. \end{aligned} \tag{2.3}$$

Notice that, without the condition $|x - x'| \leq |x - y|/2$, the last inequality also holds if $|x - y| \approx |x' - y|$, possibly with a different constant c. This follows easily using the first inequality in (2.3).

Given a Radon measure ν on $\mathbb{R}^d$, possibly complex, we define

$$T\nu(x) := \int K(x,y)\,d\nu(y), \qquad \text{for } x \in \mathbb{R}^d \setminus \operatorname{supp}(\nu). \tag{2.4}$$

We also define $T\nu(x)$ as above for any $x \in \mathbb{R}^d$ where the integral on the right side makes sense. We say that T is an n-dimensional **singular integral operator** (SIO) with kernel $K(\cdot,\cdot)$. The integral in the definition may not be absolutely convergent if $x \in \operatorname{supp}(\nu)$. For this reason, we consider the following ε-truncated operators T_ε, $\varepsilon > 0$:

$$T_\varepsilon\nu(x) := \int_{|x-y|>\varepsilon} K(x,y)\,d\nu(y), \qquad x \in \mathbb{R}^d.$$

Observe that now the integral on the right-hand side converges absolutely if, for instance, $|\nu|(\mathbb{R}^d) < \infty$.

Given a fixed positive Radon measure μ on $\mathbb{R}^d$ and $f \in L^1_{loc}(\mu)$, we write

$$T_\mu f(x) := T(f\,\mu)(x) \qquad x \in \mathbb{R}^d \setminus \operatorname{supp}(f\,\mu),$$

and

$$T_{\mu,\varepsilon} f(x) := T_\varepsilon(f\,\mu)(x).$$

The integral that defines $T_\varepsilon(f\,\mu)(x)$ is absolutely convergent for all $x \in \mathbb{R}^d$ if, for example, $f \in L^p(\mu)$ for some $1 \leq p < \infty$ and μ is of degree n. Indeed, from the polynomial growth of degree n of μ, one easily deduces that

$$\left(\int_{|x-y|>\varepsilon} |K(x,y)|^{p'}\, d\mu(y) \right)^{1/p'} < \infty.$$

We say that T_μ is bounded in $L^p(\mu)$ if the operators $T_{\mu,\varepsilon}$ are bounded in $L^p(\mu)$ uniformly on $\varepsilon > 0$. Analogously, with respect to the boundedness from $L^1(\mu)$ into $L^{1,\infty}(\mu)$. We also say that T is bounded from $M(\mathbb{R}^d)$ to $L^{1,\infty}(\mu)$ if there exists some constant c such that for all $\nu \in M(\mathbb{R}^d)$ and all $\lambda > 0$,

$$\mu\left(\{x \in \mathbb{R}^d : |T_\varepsilon \nu| > \lambda\}\right) \leq \frac{c\|\nu\|}{\lambda}$$

uniformly on $\varepsilon > 0$.

Singular integral operators which are bounded in $L^2(\mu)$ are called **Calderón-Zygmund operators** (CZO's).

The Cauchy transform is the SIO in $\mathbb{C}$ originated by the kernel

$$K(x,y) := \frac{1}{y-x}, \qquad x, y \in \mathbb{C}.$$

It is denoted by $\mathcal{C}$. That is to say,

$$\mathcal{C}\nu(x) := \int \frac{1}{y-x}\, d\nu(y), \qquad x \in \mathbb{C} \setminus \operatorname{supp}(\nu).$$

2.3 Covering theorems and maximal operators

First we recall the classical $3r$-covering theorem.

Theorem 2.1. *Let $\mathcal{B}$ be a finite family either of closed balls or of open balls from a metric space. Then there exists a subfamily $\{B_i\}_{i\in I} \subset \mathcal{B}$ of pairwise disjoint balls such that*

$$\bigcup_{B\in\mathcal{B}} B \subset \bigcup_{i\in I} 3B_i.$$

Proof. Let $\mathcal{B} = \{B_j\}_{j=1}^N$ and assume that $r(B_j) \geq r(B_{j+1})$ for $j = 1, \dots, N-1$. Set $B_{j_1} := B_1$. Let B_{j_2} be a biggest ball from $\mathcal{B}$ which is not contained in $3B_{i_1}$ (if it exists). Let B_{j_3} be a biggest ball which is not contained in $3B_{j_1} \cup 3B_{j_2}$ (if it exists). We continue this selection process as long as possible. Since the total number of balls is finite, the process finishes after a finite number of steps. We set $I = \{j_1, j_2, \dots\}$. It is clear that, by construction,

$$\bigcup_{B \in \mathcal{B}} B \subset \bigcup_{i \in I} 3B_i.$$

Moreover, the balls from $\mathcal{B}$ are pairwise disjoint. Indeed, consider $B_{j_h}, B_{j_k} \in \mathcal{B}$ with $j_h < j_k$, so that $r(B_{j_h}) \geq r(B_{j_k})$. If these balls intersect, then $3B_{j_h} \supset B_{j_k}$, which is not possible by the construction above. □

The following is a variant of the result above for infinite families.

Theorem 2.2. *Let $\mathcal{B}$ be a family either of closed balls or of open balls from a metric space such that*

$$\sup\{\operatorname{diam}(B) : B \in \mathcal{B}\} < \infty.$$

Then there exists a finite or countable sequence $\{B_i\}_{i \in I}$ of pairwise disjoint balls such that

$$\bigcup_{B \in \mathcal{B}} B \subset \bigcup_{i \in I} 5B_i.$$

The proof is quite similar to the one of Theorem 2.1. For the detailed arguments, see Mattila [100, Chapter 2], for example.

Notice that Theorems 2.1 and 2.2 are valid in the general setting of metric spaces. In particular, they hold for families of cubes in $\mathbb{R}^d$.

Now we recall the Besicovitch covering theorem.

Theorem 2.3. *There are integer constants p_d and q_d depending only on d such that, if $A \subset \mathbb{R}^d$ is bounded and each $x \in A$ is the center of some closed ball B_x, then:*

(a) *There exists a subfamily $\{B_i\}_{i \in I} \subset \{B_x\}_{x \in A}$ such that*

$$\chi_A \leq \sum_{i \in I} \chi_{B_i} \leq p_d.$$

In other words, the balls B_i cover A and have bounded overlap.

(b) *There are subfamilies $\mathcal{B}_1, \dots, \mathcal{B}_{q_d} \subset \{B_x\}_{x \in A}$ such that the balls from each family $\mathcal{B}_i$ are pairwise disjoint and*

$$A \subset \bigcup_{i=1}^{q_d} \bigcup_{B \in \mathcal{B}_i} B.$$

For the proof, we refer the reader to Mattila [100, Chapter 2] again.

A family of cubes or balls with finite overlap, such as the one in the statement (a), is said to be *almost disjoint.*

Remark 2.4. The preceding theorem is not valid in general metric spaces. However, it also holds with cubes instead of balls.

Recall that the **centered maximal Hardy-Littlewood operator** M_μ applied to a complex Radon measure ν is defined by

$$M_\mu \nu(x) = \sup_{r>0} \frac{|\nu|(B(x,r))}{\mu(B(x,r))},$$

so that for $f \in L^1_{loc}(\mu)$ we have $M_\mu f = M_\mu(f\,\mu)$. It is straightforward to check that in the supremum defining M_μ it does not matter if we take open or closed balls.

Using Besicovitch's covering theorem we will prove the following result:

Theorem 2.5. *Let μ be a Radon measure in $\mathbb{R}^d$. The centered maximal Hardy-Littlewood operator M_μ is bounded from $M(\mathbb{R}^d)$ to $L^{1,\infty}(\mu)$ and in $L^p(\mu)$, for $1 < p \leq \infty$.*

Let us remark that this theorem holds for an arbitrary Radon measure μ in $\mathbb{R}^d$. Neither doubling conditions nor growth conditions on μ are necessary.

Proof. It is immediate to check that M_μ is bounded in $L^\infty(\mu)$, and thus, by the Marcinkiewicz interpolation theorem, it is enough to show that it is bounded from $M(\mathbb{R}^d)$ to $L^{1,\infty}(\mu)$ (which implies that M_μ is of weak type $(1,1)$ with respect to μ). To this end, fix $R > 0$, take $\nu \in M(\mathbb{R}^d)$ and $\lambda > 0$, and write

$$\Omega_R = \big\{x \in \operatorname{supp}(\mu) \cap B(0,R) : M_\mu \nu(x) > \lambda\big\}.$$

For each $x \in \Omega_R$, let B_x be a ball centered at x such that

$$\frac{|\nu|(B_x)}{\mu(B_x)} > \lambda.$$

By the Besicovitch covering theorem, there exists some subfamily $\{B_i\}_{i\in I} \subset \{B_x\}_x$ which covers Ω_R with bounded overlapping, that is, $\sum_{i\in I} \chi_{B_i} \leq p_d$. Then

$$\mu(\Omega_R) \leq \sum_{i\in I} \mu(B_i) \leq \sum_{i\in I} \frac{|\nu|(B_i)}{\lambda} \leq \frac{p_d}{\lambda} \|\nu\|.$$

Since this holds for all $R > 0$, we get

$$\mu\left(\big\{x \in \mathbb{R}^d : M_\mu \nu(x) > \lambda\big\}\right) \leq \frac{p_d}{\lambda} \|\nu\|. \qquad \square$$

Another maximal operator that we will use below is the following:

$$N_\mu \nu(x) = \sup\left\{\frac{|\nu|(B)}{\mu(B)} : B \text{ open ball, } x \in B,\ \mu(3B) \leq 3^{d+1}\mu(B)\right\}. \tag{2.5}$$

For $f \in L^1_{loc}(\mu)$ we set $N_\mu f \equiv N_\mu(f\,\mu)$.

Using now the $3r$-covering theorem we will prove the following:

Theorem 2.6. *Let μ be a Radon measure in $\mathbb{R}^d$. The maximal operator N_μ is bounded from $M(\mathbb{R}^d)$ to $L^{1,\infty}(\mu)$ and in $L^p(\mu)$, for $1 < p \leq \infty$. Moreover, for any complex Radon measure ν and any $\lambda > 0$, the following holds:*

$$\mu(\{x : N_\mu\nu(x) > \lambda\}) \leq c\frac{1}{\lambda}\,|\nu|(\{x : N_\mu\nu(x) > \lambda\}). \tag{2.6}$$

Proof. The $L^p(\mu)$ boundedness, for $1 < p < \infty$ follows by interpolation from the boundedness from $M(\mathbb{R}^d)$ to $L^{1,\infty}(\mu)$ and in $L^\infty(\mu)$. In turn, the boundedness from $M(\mathbb{R}^d)$ to $L^{1,\infty}(\mu)$ is a straightforward consequence of (2.6).

Given $\nu \in M(\mathbb{R}^d)$ and $\lambda > 0$, let

$$\Omega = \{x \in \operatorname{supp}(\mu) : N_\mu\nu(x) > \lambda\}.$$

Let $K \subset \Omega$ be an arbitrary compact subset. For each $x \in K$, let B_x be an open ball containing x such that $\mu(3B_x) \leq 3^{d+1}\mu(B_x)$ and

$$\frac{|\nu|(B_x)}{\mu(B_x)} > \lambda.$$

Consider a finite subfamily $B_{x_1}, \dots, B_{x_m}$ such that $K \subset \bigcup_{j=1}^m B_{x_j}$. By the $3r$-covering Theorem 2.1, there exists a disjoint subfamily $\{B_i\}_{i\in I} \subset \{B_{x_j}\}_{1\leq j\leq m}$ such that the balls $3B_i$, $i \in I$, cover K. Then we have

$$\mu(K) \leq \sum_{i\in I}\mu(3B_i) \leq 3^{d+1}\sum_{i\in I}\mu(B_i) \leq 3^{d+1}\sum_{i\in I}\frac{|\nu|(B_i)}{\lambda}.$$

Since $N_\mu\nu(x) > \lambda$ for all $x \in \bigcup_{i\in I} B_i$,

$$\sum_{i\in I}|\nu|(B_i) \leq |\nu|(\{x : N_\mu\nu(x) > \lambda\}).$$

As the preceding estimates are independent of K, we get

$$\mu(\{x \in \mathbb{R}^d : N_\mu\nu(x) > \lambda\}) \leq \frac{3^{d+1}}{\lambda}\,|\nu|(\{x : N_\mu\nu(x) > \lambda\}). \qquad \square$$

Remark 2.7. If in the definition of N_μ one asks the balls B to satisfy

$$\mu(\alpha B) \leq \beta\,\mu(B)$$

for fixed constants $\alpha, \beta > 1$ instead of $\mu(3B) \leq 3^{d+1}\mu(B)$, the resulting operator is also bounded from $M(\mathbb{R}^d)$ to $L^{1,\infty}(\mu)$ and in $L^p(\mu)$, for $1 < p \leq \infty$. This is a straightforward consequence of the results from Section 9.6 of Chapter 9, which rely on a slightly more difficult covering theorem.

Finally, we introduce the n-dimensional radial maximal operator:

$$M_{R,n}\nu(x) = \sup_{r>0} \frac{|\nu|(B(x,r))}{r^n}. \tag{2.7}$$

Notice that if μ has growth of degree n, then

$$M_{R,n}\nu(x) \leq c_0 \, M_\mu \nu(x), \tag{2.8}$$

and thus $M_{R,n}$ is bounded in $L^p(\mu)$, $1 < p \leq \infty$, and from $M(\mathbb{R}^d)$ to $L^{1,\infty}(\mu)$ (in fact, this can also be deduced by a direct application of the previous $3r$-covering theorem, arguing as in the proof of Theorem 2.6).

2.4 Doubling cubes and balls

Given $\alpha, \beta > 1$, we say that a cube (or ball) Q is **(α, β)-doubling** if $\mu(\alpha Q) \leq \beta\, \mu(Q)$, where αQ is the cube (ball) concentric with Q with diameter α diam(Q). For definiteness, if α and β are not specified, by a doubling cube (ball) we mean a $(2, 2^{d+1})$-doubling cube (ball).

For $\beta > \alpha^n$, as μ satisfies the growth condition (2.1), there are a lot of "big" doubling cubes and balls. To be precise, given any point $x \in \operatorname{supp}(\mu)$ and $c > 0$, there exists some (α, β)-doubling cube (or ball) Q centered at x with $\ell(Q) \geq c$ (respectively, with $r(Q) > c$). Indeed, suppose that there are no doubling cubes centered at x with side length greater than c. Then we take $Q = Q(x, c)$, and it follows that $\mu(\alpha^m Q) > \beta^m \mu(Q)$ for each $m \geq 1$, and so

$$\frac{\mu(\alpha^m Q)}{\ell(\alpha^m Q)^n} > \frac{\beta^{m-1}\mu(\alpha Q)}{\ell(\alpha^m Q)^n} = \left(\frac{\beta}{\alpha^n}\right)^{m-1} \frac{\mu(\alpha Q)}{\ell(\alpha Q)^n} \to \infty \qquad \text{as } m \to \infty,$$

since $\beta > \alpha^n$ and $\mu(\alpha Q) > 0$. It is clear then that (2.1) is violated for m big enough. A similar argument works with balls instead of cubes.

The next lemma states that there are a lot of "small" doubling cubes too:

Lemma 2.8. *Let $\beta > \alpha^d$. If μ is a Radon measure in $\mathbb{R}^d$, then for μ-a.e. $x \in \mathbb{R}^d$ there exists a sequence of (α, β)-doubling cubes (or balls) $\{Q_k\}_k$ centered at x with $\ell(Q_k) \to 0$ as $k \to \infty$ (respectively, with $r(Q_k) \to 0$).*

Notice that the preceding statement is valid for any Radon measure on $\mathbb{R}^d$. In particular, it is not necessary to assume the growth condition (2.1).

Proof. We show the detailed arguments for cubes. The proof for balls is almost identical.

Let $Z \subset \mathbb{R}^d$ be the set of points x such that there does not exist a sequence of (α, β)-doubling cubes $\{Q_k\}_{k\geq 0}$ centered at x with side length decreasing to 0; and let $Z_j \subset \mathbb{R}^d$ be the set of points x such that there does not exist any (α, β)-doubling cube Q centered at x with $\ell(Q) \leq 2^{-j}$. Clearly, $Z = \bigcup_{j\geq 0} Z_j$, and thus proving the lemma is equivalent to showing that $\mu(Z_j) = 0$ for every $j \geq 0$.

Let Q_0 be a fixed cube with side length 2^{-j} and let $k \geq 1$ be some integer. For each $z \in Q_0 \cap Z_j$, let Q_z be a cube centered at z with side length $\alpha^{-k}\ell(Q_0)$. Since the cubes $\alpha^h Q_z$ are not (α, β)-doubling for $h = 0, \dots, k-1$ and $\alpha^k Q_z \subset 2Q_0$, we have

$$\mu(Q_z) \leq \beta^{-1}\mu(\alpha Q_z) \leq \cdots \leq \beta^{-k}\mu(\alpha^k Q_z) \leq \beta^{-k}\mu(2Q_0). \tag{2.9}$$

By the Besicovitch theorem, there exists a subfamily $\{z_m\} \subset Q_0 \cap Z_j$ such that $Q_0 \cap Z_j \subset \bigcup_m Q_{z_m}$ and moreover $\sum_m \chi_{Q_{z_m}} \leq p_d$. This is a finite family and the number N of points z_m can be easily estimated as follows. If $\mathcal{L}^d$ stands for the Lebesgue measure on $\mathbb{R}^d$,

$$N\,(\alpha^{-k}\ell(Q_0))^d = \sum_{m=1}^{N} \mathcal{L}^d(Q_{z_m}) \leq p_d \mathcal{L}^d(2Q_0) = p_d\,(2\ell(Q_0))^d.$$

Thus,

$$N \leq p_d 2^d \alpha^{kd}.$$

As a consequence, since the family $\{Q_{z_m}\}_{1\leq m\leq N}$ covers $Q_0 \cap Z_j$, using (2.9) we get

$$\mu(Q_0 \cap Z_j) \leq \sum_{m=1}^{N} \mu(Q_{z_m}) \leq N\beta^{-k}\mu(2Q_0) \leq p_d 2^d \alpha^{kd}\beta^{-k}\mu(2Q_0).$$

Since $\beta > \alpha^d$, the right-hand side tends to 0 as $k \to \infty$. Therefore $\mu(Q_0 \cap Z_j) = 0$, and since the cube Q_0 is arbitrary, we are done. □

Remark 2.9. The preceding proof shows that the sequence of cubes (or balls) $\{Q_k\}$ in Lemma 2.8 can be taken so that $\ell(Q_k) = \alpha^{n_k}$, for some integer n_k such that $n_k \to -\infty$ as $k \to \infty$. Also, it is immediate to check that we may assume the cubes or balls to be either open or closed.

Remark 2.10. Given $f \in L^1_{loc}(\mu)$ and $\beta > \alpha^d$, by the Lebesgue differentiation theorem, for μ-almost all $x \in \mathbb{R}^d$, every sequence of cubes $\{Q_k\}_k$ centered at x with $\ell(Q_k) \to 0$ satisfies

$$\lim_{k\to\infty} \frac{1}{\mu(Q_k)} \int_{Q_k} f\,d\mu = f(x). \tag{2.10}$$

By the preceding lemma, for μ-a.e. $x \in \mathbb{R}^d$, there exists a sequence of (α, β)-doubling cubes $\{Q_k\}_k$ with $\ell(Q_k) \to 0$ satisfying (2.10). As a consequence,

$$|f(x)| \leq \limsup_{r\to 0} \frac{\beta}{\mu(Q(x,\alpha r))} \left| \int_{Q(x,r)} f\, d\mu \right| \qquad \text{for } \mu\text{-a.e. } x \in \mathbb{R}^d.$$

Since this holds for all $\beta > \alpha^d$, we infer that

$$|f(x)| \leq \limsup_{r\to 0} \frac{\alpha^d}{\mu(Q(x,\alpha r))} \left| \int_{Q(x,r)} f\, d\mu \right| \qquad \text{for } \mu\text{-a.e. } x \in \mathbb{R}^d.$$

The analogous statements hold for balls instead of cubes.

2.5 Some standard estimates

In this section we collect some easy standard estimates which will be used later.

Lemma 2.11. *Let μ be a positive measure on $\mathbb{R}^d$, $x \in \mathbb{R}^d$, and $\rho, \eta > 0$, such that*

$$\mu(B(x,r)) \leq c_0 r^n$$

for all $r \geq \rho$. Then

$$\int_{|y-x|\geq\rho} \frac{1}{|y-x|^{n+\eta}}\, d\mu(y) \leq c(n,\eta)\, \frac{c_0}{\rho^\eta}.$$

Proof. We split the domain of integration into annuli centered at x:

$$\begin{aligned}
\int_{|y-x|\geq\rho} \frac{1}{|y-x|^{n+\eta}}\, d\mu(y) &= \sum_{k=0}^{\infty} \int_{2^k\rho\leq|y-x|<2^{k+1}\rho} \frac{1}{|y-x|^{n+\eta}}\, d\mu(y) \\
&\leq \sum_{k=0}^{\infty} \frac{\mu(B(x,2^{k+1}\rho))}{2^{(n+\eta)k}\rho^{n+\eta}} \\
&\leq \sum_{k=0}^{\infty} \frac{c_0\,(2^{k+1}\rho)^n}{2^{(n+\eta)k}\rho^{n+\eta}} = \frac{c(n,\eta)c_0}{\rho^\eta}.
\end{aligned}$$

□

Lemma 2.12. *Let ν be a complex measure on $\mathbb{R}^d$. Let $x, x' \in \mathbb{R}^d$ such that $|x-x'| \leq \frac{1}{2}\operatorname{dist}(x, \operatorname{supp}\nu) =: \rho$. If T is an n-dimensional SIO, we have*

$$|T\nu(x) - T\nu(x')| \leq c\, \frac{|x-x'|^\eta}{\rho^\eta}\, M_{R,n}\,\nu(x). \tag{2.11}$$

Proof. Using the second inequality in (2.3), we get

$$\begin{aligned}
|T\nu(x) - T\nu(x')| &\leq \int |K(x,y) - K(x',y)|\, d|\nu|(y) \\
&\leq \int_{|x-y|>\rho} \frac{c|x-x'|^\eta}{|x-y|^{n+\eta}}\, d|\nu|(y).
\end{aligned}$$

Since

$$|\nu|(B(x,r)) \leq M_{R,n}\nu(x)\, r^n \qquad \text{for all } r > 0,$$

from Lemma 2.11 with $\mu = |\nu|$ and $c_0 = M_{R,n}\nu(x)$, we get (2.11). □

In the above lemma, if instead of assuming $|x - x'| \leq \frac{1}{2}\operatorname{dist}(x, \operatorname{supp}\nu)$, we suppose $|x - x'| \leq \tau \operatorname{dist}(x, \operatorname{supp}\nu)$ for some $\tau < 1$, by analogous calculations we get $|T\nu(x) - T\nu(x')| \leq c\, M_{R,n}\,\nu(x)$, with c depending on τ.

Lemma 2.13. *Let T be an n-dimensional SIO and μ be a Radon measure with growth of degree n. Let ν be a complex measure on $\mathbb{R}^d$ supported on a cube Q, such that $\nu(Q) = 0$. Then*

$$\int_{\mathbb{R}^d \setminus 2Q} |T_\varepsilon \nu(x)|\, d\mu(x) \leq c\,\|\nu\|.$$

Proof. We split the integral above as follows:

$$\int_{\mathbb{R}^d \setminus 2Q} |T_\varepsilon \nu(x)|\, d\mu(x) \leq \int_{\substack{x \notin 2Q \\ \operatorname{dist}(x,Q) > \varepsilon}} |T_\varepsilon \nu(x)|\, d\mu(x) + \int_{\substack{x \notin 2Q \\ \operatorname{dist}(x,Q) \leq \varepsilon}} |T_\varepsilon \nu(x)|\, d\mu(x). \tag{2.12}$$

To estimate the first integral on the right-hand side, we use that $\nu(Q) = 0$, and then, by the second condition in the definition of a Calderón-Zygmund kernel, if $x \notin 2Q$ and $\varepsilon < \operatorname{dist}(x, Q)$, we have

$$\begin{aligned} |T_\varepsilon \nu(x)| &= \left| \int_{|x-y|>\varepsilon} K(x,y)\, d\nu(y) \right| \\ &= \left| \int \big(K(x,y) - K(x,z_Q)\big)\, d\nu(y) \right| \leq \frac{c\,\ell(Q)^\eta}{|x - z_Q|^{n+\eta}}\, \|\nu\|. \end{aligned}$$

Thus, by Lemma 2.11,

$$\int_{\substack{x \notin 2Q \\ \operatorname{dist}(x,Q) > \varepsilon}} |T_\varepsilon \nu(x)|\, d\mu(x) \leq c\,\ell(Q)^\eta\, \|\nu\| \int_{x \notin 2Q} \frac{1}{|x - z_Q|^{n+\eta}}\, d\mu(x) \leq c\,\|\nu\|.$$

For the last integral on the right-hand side of (2.12), notice that in the domain of integration we may assume that $Q \cap B(x,\varepsilon)^c \neq \varnothing$, because otherwise $T_\varepsilon \nu(x) = 0$. Then it turns out that for x in the domain of integration, $\operatorname{dist}(x, Q) \approx |x - z_Q| \approx \varepsilon$, and so

$$\int_{\substack{x \notin 2Q \\ \operatorname{dist}(x,Q) \leq \varepsilon}} |T_\varepsilon \nu(x)|\, d\mu(x) \leq \int_{c^{-1}\varepsilon \leq |x - z_Q| \leq c\varepsilon} \frac{c\|\nu\|}{|x - z_Q|^n}\, d\mu(x) \leq c\,\|\nu\|.$$

□

2.6 Calderón-Zygmund decomposition

Lemma 2.14 (Calderón-Zygmund decomposition). *Let μ be a Radon measure on $\mathbb{R}^d$. For every $\nu \in M(\mathbb{R}^d)$ with compact support and every $\lambda > 2^{d+1}\,\|\nu\|/\|\mu\|$, we have:*

(a) *There exists a family of almost disjoint cubes $\{Q_i\}_i$ and a function $f \in L^1(\mu)$ such that*

$$|\nu|(Q_i) > \frac{\lambda}{2^{d+1}}\,\mu(2Q_i), \tag{2.13}$$

$$|\nu|(\eta Q_i) \leq \frac{\lambda}{2^{d+1}}\,\mu(2\eta Q_i) \quad \text{for } \eta > 2, \tag{2.14}$$

$$\nu = f\,\mu \quad \text{in } \mathbb{R}^d \setminus \textstyle\bigcup_i Q_i, \ \text{ with } |f| \leq \lambda \ \ \mu\text{-a.e.} \tag{2.15}$$

(b) *For each i, let R_i be a $(6, 6^{n+1})$-doubling cube concentric with Q_i, with $\ell(R_i) > 4\ell(Q_i)$ and let $w_i = \frac{\chi_{Q_i}}{\sum_k \chi_{Q_k}}$. Then there exists a family of functions φ_i with $\operatorname{supp}(\varphi_i) \subset R_i$, each φ_i with constant sign, satisfying*

$$\int \varphi_i\,d\mu = \int_{Q_i} w_i\,d\nu, \tag{2.16}$$

$$\sum_i |\varphi_i| \leq B\,\lambda \tag{2.17}$$

(where B is some fixed constant depending only on d and n), and

$$\|\varphi_i\|_{L^\infty(\mu)}\,\mu(R_i) \leq c\,|\nu|(Q_i). \tag{2.18}$$

Let us remark that if the measure ν above is complex, then instead of real functions φ_i with constant sign, in (b) we get functions of the form $\varphi_i = \alpha_i\,h_i$, where $\alpha_i \in \mathbb{C}$ is constant and h_i is a non-negative function.

Proof. (a) Let H be the set of those points from $\operatorname{supp}(\nu)$ such that there exists some cube Q centered at x satisfying

$$|\nu|(Q) > \frac{\lambda}{2^{d+1}}\,\mu(2Q).$$

For each $x \in H$, let Q_x be a cube centered at x such that the preceding inequality holds for Q_x but fails for the cubes Q centered at x with $\ell(Q) > 2\ell(Q_x)$. Notice that the condition $\lambda > 2^{d+1}\,\|\nu\|/\|\mu\|$ guaranties the existence of Q_x.

Now we can apply Besicovitch's covering theorem to get an almost disjoint subfamily of cubes $\{Q_i\}_i \subset \{Q_x\}_x$ which cover H and satisfy (2.13) and (2.14) by construction.

To prove (2.15), denote by Z the set of points $y \in \operatorname{supp}(\nu)$ such that there does not exist a sequence of $(2, 2^{d+1})$-$|\nu|$-doubling cubes centered at y with side length tending to 0, so that $|\nu|(Z) = 0$, by Lemma 2.8. By the definitions of H and Z, for every $x \in \operatorname{supp}(\nu) \setminus (H \cup Z)$, there exists a sequence of $(2, 2^{d+1})$-$|\nu|$-doubling cubes P_k centered at x, with $\ell(P_k) \to 0$, such that

$$|\nu|(P_k) \leq \frac{\lambda}{2^{d+1}} \mu(2P_k),$$

and thus

$$|\nu|(2P_k) \leq 2^{d+1}|\nu|(P_k) \leq \lambda \, \mu(2P_k).$$

This implies that $\nu\lfloor(H \cup Z)^c$ is absolutely continuous with respect to μ and that $\nu\lfloor H^c = \nu\lfloor(H \cup Z)^c = f\mu$ with $|f| \leq \lambda$, by the Lebesgue-Radon-Nikodym theorem (see Mattila [100, p. 36-39], for instance).

(b) Assume first that the family of cubes $\{Q_i\}_i$ is finite. Then we may suppose that this family is ordered in such a way that the sizes of the cubes R_i are non-decreasing (i.e. $\ell(R_{i+1}) \geq \ell(R_i)$). The functions φ_i that we will construct will be of the form $\varphi_i = \alpha_i \, \chi_{A_i}$, with $\alpha_i \in \mathbb{R}$ (or $\alpha_i \in \mathbb{C}$) and $A_i \subset R_i$. We set $A_1 = R_1$ and $\varphi_1 = \alpha_1 \, \chi_{R_1}$, where the constant α_1 is chosen so that $\int_{Q_1} w_1 \, d\nu = \int \varphi_1 \, d\mu$.

Suppose that $\varphi_1, \ldots, \varphi_{k-1}$ have been constructed, satisfy (2.16) and

$$\sum_{i=1}^{k-1} |\varphi_i| \leq B \, \lambda,$$

where B is some constant which will be fixed below.

Let $R_{s_1}, \ldots, R_{s_m}$ be the subfamily of $R_1, \ldots, R_{k-1}$ such that $R_{s_j} \cap R_k \neq \varnothing$. As $\ell(R_{s_j}) \leq \ell(R_k)$ (because of the non-decreasing sizes of R_i), we have $R_{s_j} \subset 3R_k$. Taking into account that for $i = 1, \ldots, k-1$

$$\int |\varphi_i| \, d\mu \leq |\nu|(Q_i)$$

by (2.16), and since R_k is $(6, 6^{n+1})$-doubling and (2.14), we get

$$\sum_j \int |\varphi_{s_j}| \, d\mu \leq \sum_j |\nu|(Q_{s_j}) \leq c|\nu|(3R_k) \leq c\lambda\mu(6R_k) \leq c_2\lambda \, \mu(R_k).$$

Therefore,

$$\mu\left(\left\{\textstyle\sum_j |\varphi_{s_j}| > 2c_2\lambda\right\}\right) \leq \frac{\mu(R_k)}{2}.$$

So we set

$$A_k = R_k \cap \left\{\textstyle\sum_j |\varphi_{s_j}| \leq 2c_2\lambda\right\},$$

and then $\mu(A_k) \geq \mu(R_k)/2$.

The constant α_k is chosen so that for $\varphi_k = \alpha_k \chi_{A_k}$ we have $\int \varphi_k \, d\mu = \int_{Q_k} w_k \, d\nu$. Then we obtain

$$|\alpha_k| \leq \frac{|\nu|(Q_k)}{\mu(A_k)} \leq \frac{2|\nu|(\frac{1}{2}R_k)}{\mu(R_k)} \leq c_3\lambda$$

(this calculation also applies to $k = 1$). Thus,

$$|\varphi_k| + \sum_j |\varphi_{s_j}| \leq (2c_2 + c_3)\,\lambda \qquad \text{in } A_k.$$

If we choose $B = 2c_2 + c_3$, (2.17) follows, by induction.

Now it is easy to check that (2.18) also holds. Indeed we have

$$\|\varphi_i\|_{L^\infty(\mu)}\, \mu(R_i) \leq c\,|\alpha_i|\, \mu(A_i) = c\left|\int_{Q_i} w_i \, d\nu\right| \leq c\,|\nu|(Q_i).$$

Suppose now that the collection of cubes $\{Q_i\}_i$ is not finite. For each fixed N we consider the family of cubes $\{Q_i\}_{1\leq i\leq N}$. Then, as above, we construct functions $\varphi_1^N, \ldots, \varphi_N^N$ with $\operatorname{supp}(\varphi_i^N) \subset R_i$ satisfying

$$\int \varphi_i^N \, d\mu = \int_{Q_i} w_i \, d\nu,$$

$$\sum_{i=1}^N |\varphi_i^N| \leq B\,\lambda,$$

and

$$\|\varphi_i^N\|_{L^\infty(\mu)}\, \mu(R_i) \leq c\,|\nu|(Q_i).$$

Notice that the sign of φ_i^N equals the sign of $\int w_i \, d\nu$ and so it does not depend on N.

Then there is a subsequence $\{\varphi_1^k\}_{k\in I_1}$ which is convergent in the weak $*$ topology of $L^\infty(\mu)$ to some function $\varphi_1 \in L^\infty(\mu)$. Now we can consider a subsequence $\{\varphi_2^k\}_{k\in I_2}$ with $I_2 \subset I_1$ which is also convergent in the weak $*$ topology of $L^\infty(\mu)$ to some function $\varphi_2 \in L^\infty(\mu)$. In general, for each j we consider a subsequence $\{\varphi_j^k\}_{k\in I_j}$ with $I_j \subset I_{j-1}$ that converges in the weak $*$ topology of $L^\infty(\mu)$ to some function $\varphi_j \in L^\infty(\mu)$. It is easily checked that the functions φ_j satisfy the required properties. □

In the next lemma we prove a very useful estimate involving non-doubling cubes which relies on the idea that the mass μ which lives on non-doubling cubes must be small.

Lemma 2.15. *Let μ be a Radon measure on $\mathbb{R}^d$. If $Q \subset R$ are concentric cubes such that there are no (α, β)-doubling cubes (with $\beta > \alpha^n$) of the form $\alpha^k Q$, $k \geq 0$, with $Q \subset \alpha^k Q \subset R$, and x_Q stands for the center of Q, then*

$$\int_{R \setminus Q} \frac{1}{|x - x_Q|^n} \, d\mu(x) \leq c_1 \frac{\mu(R)}{\ell(R)^n},$$

where c_1 depends only on α, β, n, and d.

Proof. Let N be the least integer such that $\alpha^N Q \subset R$. For $0 \leq k \leq N$ we have $\mu(\alpha^k Q) \leq \mu(\alpha^N Q)/\beta^{N-k}$. Then

$$\begin{aligned}
\int_{\alpha^N Q \setminus Q} \frac{1}{|x - x_Q|^n} \, d\mu(x) &\leq \sum_{k=1}^{N} \int_{\alpha^k Q \setminus \alpha^{k-1} Q} \frac{1}{|x - x_Q|^n} \, d\mu(x) \\
&\leq c \sum_{k=1}^{N} \frac{\mu(\alpha^k Q)}{\ell(\alpha^k Q)^n} \\
&\leq c \sum_{k=1}^{N} \frac{\beta^{k-N} \, \mu(\alpha^N Q)}{\alpha^{(k-N)n} \, \ell(\alpha^N Q)^n} \\
&\leq c \frac{\mu(\alpha^N Q)}{\ell(\alpha^N Q)^n} \sum_{j=0}^{\infty} \left(\frac{\alpha^n}{\beta} \right)^j \leq c \frac{\mu(R)}{\ell(R)^n}.
\end{aligned}$$

Also, since $\ell(\alpha^N Q) \approx \ell(R)$,

$$\int_{R \setminus \alpha^N Q} \frac{1}{|x - x_Q|^n} \, d\mu(x) \leq c \frac{\mu(R)}{\ell(R)^n}.$$

□

2.7 Weak (1,1) boundedness of Calderón-Zygmund operators

Theorem 2.16. *Let μ be a Radon measure on $\mathbb{R}^d$ satisfying the growth condition* (2.1). *If T_μ is an n-dimensional singular integral operator which is bounded in $L^2(\mu)$, then T is bounded from $M(\mathbb{R}^d)$ to $L^{1,\infty}(\mu)$. In particular, T_μ is of weak type* $(1, 1)$.

The preceding result was first obtained by Nazarov, Treil and Volberg [124], although a previous proof valid only for the Cauchy transform appeared in Tolsa [154]. The proof below is from Tolsa [158].

Proof. We have to show that for any $\nu \in M(\mathbb{R}^d)$ and $\lambda > 0$,

$$\mu\left(\{x \in \mathbb{R}^d : |T_\varepsilon \nu(x)| > \lambda\}\right) \leq c \frac{\|\nu\|}{\lambda}. \tag{2.19}$$

Suppose first that ν has compact support. Clearly, we may assume that $\lambda > 2^{d+1}\|\nu\|/\|\mu\|$.

Let $\{Q_i\}_i$ be the almost disjoint family of cubes of Lemma 2.14. Let R_i be the smallest $(6, 6^{n+1})$-doubling cube of the form $6^k Q_i$, $k \geq 1$. Then we can write $\nu = g\,\mu + \beta$, with

$$g\mu = \chi_{\mathbb{R}^d \setminus \bigcup_i Q_i}\nu + \sum_i \varphi_i \mu$$

and

$$\beta = \sum_i \beta_i := \sum_i (w_i\,\nu - \varphi_i \mu),$$

where the functions φ_i satisfy (2.16), (2.17), (2.18) and $w_i = \frac{\chi_{Q_i}}{\sum_k \chi_{Q_k}}$.

By (2.13) we have

$$\mu\Big(\bigcup_i 2Q_i\Big) \leq \frac{c}{\lambda}\sum_i |\nu|(Q_i) \leq \frac{c}{\lambda}\,\|\nu\|.$$

So we have to show that

$$\mu\Big(\Big\{x \in \mathbb{R}^d \setminus \bigcup_i 2Q_i : |T_\varepsilon \nu(x)| > \lambda\Big\}\Big) \leq \frac{c}{\lambda}\,\|\nu\|. \tag{2.20}$$

Since $\beta_i(R_i) = 0$ and $\text{supp}(\beta_i) \subset R_i$, using also that $\|\beta_i\| \leq c\,|\nu|(Q_i)$, by Lemma 2.13 we deduce that

$$\int_{\mathbb{R}^d \setminus 2R_i} |T_\varepsilon \beta_i|\,d\mu \leq c\,\|\beta_i\| \leq c\,|\nu|(Q_i).$$

Let us see now that

$$\int_{2R_i \setminus 2Q_i} |T_\varepsilon \beta_i|\,d\mu \leq c\,|\nu|(Q_i) \tag{2.21}$$

too. On the one hand, by (2.18) and using the $L^2(\mu)$ boundedness of T_μ and that R_i is $(6, 6^{n+1})$-doubling we get

$$\begin{aligned}\int_{2R_i} |T_{\mu,\varepsilon}\varphi_i|\,d\mu &\leq \Big(\int_{2R_i} |T_{\mu,\varepsilon}\varphi_i|^2\,d\mu\Big)^{1/2} \mu(2R_i)^{1/2} \\ &\leq c\Big(\int |\varphi_i|^2\,d\mu\Big)^{1/2} \mu(R_i)^{1/2} \leq c\,|\nu|(Q_i).\end{aligned}$$

On the other hand, since $\text{supp}(w_i\nu) \subset Q_i$, if $x \in 2R_i \setminus 2Q_i$, then $|T_\varepsilon(w_i\nu)(x)| \leq c\,|\nu|(Q_i)/|x - x_{Q_i}|^n$, and so

$$\int_{2R_i \setminus 2Q_i} |T_\varepsilon(w_i\,\nu)|\,d\mu \leq c\,|\nu|(Q_i) \int_{2R_i \setminus 2Q_i} \frac{1}{|x - x_{Q_i}|^n}\,d\mu(x).$$

By Lemma 2.15, the integral on the right-hand side is bounded by some constant independent of Q_i and R_i, since there are no $(6, 6^{n+1})$-doubling cubes of the form $6^k Q_i$ between $6Q_i$ and R_i. Therefore, (2.21) holds.

Then we have

$$\begin{aligned}\int_{\mathbb{R}^d\setminus\bigcup_k 2Q_k} |T_\varepsilon\beta|\,d\mu &\le \sum_i \int_{\mathbb{R}^d\setminus 2Q_i} |T_\varepsilon\beta_i|\,d\mu\\ &\le c\sum_i |\nu|(Q_i) \le c\,\|\nu\|.\end{aligned}$$

Therefore,

$$\mu\Big(\Big\{x\in\mathbb{R}^d\setminus\bigcup_i 2Q_i : |T_\varepsilon\beta(x)| > \lambda/2\Big\}\Big) \le \frac{c}{\lambda}\|\nu\|. \tag{2.22}$$

The corresponding integral for the function g is easier to estimate. Taking into account that $|g|\le c\,\lambda$, we get

$$\mu\Big(\Big\{x\in\mathbb{R}^d\setminus\bigcup_i 2Q_i : |T_{\mu,\varepsilon}g(x)| > \lambda/2\Big\}\Big) \le \frac{c}{\lambda^2}\int |g|^2\,d\mu \le \frac{c}{\lambda}\int |g|\,d\mu. \tag{2.23}$$

Also, we have

$$\begin{aligned}\int |g|\,d\mu &\le |\nu|\Big(\mathbb{R}^d\setminus\bigcup_i Q_i\Big) + \sum_i\int|\varphi_i|\,d\mu\\ &\le \|\nu\| + \sum_i |\nu|(Q_i) \le c\,\|\nu\|.\end{aligned}$$

Now, from (2.22) and (2.23) we get (2.20).

Suppose now that ν is not compactly supported while μ has compact support. Let N_0 be such that $\operatorname{supp}\mu\subset B(0,N_0)$, and for some $N>N_0$, let $\nu_N = \chi_{B(0,N)}\,\nu$. Then, for $x\in\operatorname{supp}(\mu)$,

$$|T_\varepsilon(\nu-\nu_N)(x)| \le c\,\frac{|\nu|(\mathbb{R}^d\setminus B(0,N))}{N-N_0} \le c\,\frac{\|\nu\|}{N-N_0} \le \frac{\lambda}{2}$$

if $N-N_0 > 2c\|\nu\|/\lambda$. Thus, for such N, since both μ and ν_N have compact support,

$$\begin{aligned}\mu(\{x\in\mathbb{R}^d : |T_\varepsilon\nu(x)|>\lambda\}) &\le \mu(\{x\in\mathbb{R}^d : |T_\varepsilon\nu_N(x)|>\lambda/2\})\\ &\le c\,\frac{\|\nu_N\|}{\lambda} \le c\,\frac{\|\nu\|}{\lambda}.\end{aligned}$$

On the other hand, if μ is not compactly supported, then we take $\mu_N = \mu\lfloor B(0,N)$. Clearly, if T_μ is bounded in $L^2(\mu)$, then T_{μ_N} is bounded in $L^2(\mu_N)$, and so

$$\mu_N(\{x\in\mathbb{R}^d : |T_\varepsilon\nu(x)|>\lambda\}) \le c\frac{\|\nu\|}{\lambda}$$

uniformly on N, and then (2.19) follows in full generality. □

Remark 2.17. In fact, in the preceding theorem we showed that, for any given $\varepsilon > 0$, if $T_{\mu,\varepsilon}$ is bounded in $L^2(\mu)$, then T_ε is bounded from $M(\mathbb{R}^d)$ to $L^{1,\infty}(\mu)$, with a bound depending only on the growth constant c_0 and on $\|T_{\mu,\varepsilon}\|_{L^2(\mu)\to L^2(\mu)}$.

2.8 Cotlar's inequality

This inequality involves a new maximal operator which we proceed to define. Given $\nu \in M(\mathbb{R}^d)$, we set

$$\widetilde{M}_\mu\nu(x) = \sup\left\{\frac{|\nu|(B(x,r))}{\mu(B(x,r))} : r > 0,\ \mu(B(x,3r)) \leq 3^{d+1}\mu(B(x,r))\right\}.$$

As usual, for $f \in L^1_{loc}(\mu)$ we set $\widetilde{M}_\mu f \equiv \widetilde{M}_\mu(f\,\mu)$. Notice that $\widetilde{M}_\mu\nu \leq M_\mu\nu$, and so $\widetilde{M}_\mu$ is bounded in $L^p(\mu)$, and from $M(\mathbb{R}^d)$ to $L^{1,\infty}(\mu)$ (this can be deduced from the fact that $\widetilde{M}_\mu\nu \leq N_\mu$ too).

If T is a SIO, the *maximal operator* T_* is

$$T_*\nu(x) = \sup_{\varepsilon>0}|T_\varepsilon\nu(x)| \qquad \text{for } \nu \in M(\mathbb{R}^d),\ x \in \mathbb{R}^d,$$

and the *δ-truncated maximal operator* $T_{*,\delta}$ is

$$T_{*,\delta}\nu(x) = \sup_{\varepsilon>\delta}|T_\varepsilon\nu(x)| \qquad \text{for } \nu \in M(\mathbb{R}^d),\ x \in \mathbb{R}^d.$$

We also set $T_{\mu,*}\,f \equiv T_*\,(f\,\mu)$ and $T_{\mu,*,\delta}\,f \equiv T_{*,\delta}\,(f\,\mu)$ for $f \in L^1_{loc}(\mu)$.

Theorem 2.18 (Cotlar's inequality). *Let μ be a positive Radon measure on $\mathbb{R}^d$ and let T be an n-dimensional SIO. Let $0 < s \leq 1$, and $0 < \delta \leq \varepsilon$. Suppose that for some fixed $x \in \mathbb{R}^d$,*

$$\mu(B(x,r)) \leq c_0\,r^n \qquad \text{for } r \geq \varepsilon \tag{2.24}$$

and that T_δ is bounded from $M(\mathbb{R}^d)$ to $L^{1,\infty}(\mu)$. Then we have

$$|T_\varepsilon\,\nu(x)| \leq c_s\widetilde{M}_\mu(|T_\delta\nu|^s)(x)^{1/s} + c_{s,T}\,M_\mu\nu(x), \qquad \text{for } \nu \in M(\mathbb{R}^d). \tag{2.25}$$

Thus, if μ has growth of degree n, then for all $x \in \mathbb{R}^d$,

$$T_{*,\delta}\,\nu(x) \leq c_s\widetilde{M}_\mu(|T_\delta\nu|^s)(x)^{1/s} + c_{s,T}\,M_\mu\nu(x), \qquad \text{for } \nu \in M(\mathbb{R}^d). \tag{2.26}$$

The constant c_s depends only on the constant c_0 in (2.24), s, n, and d, and $c_{s,T} = c(1 + \|T_\delta\|_{M(\mathbb{R}^d)\to L^{1,\infty}(\mu)})$, with c depending only on c_0, s, n and d.

If we assume that there exists $T\nu$ defined in a reasonable sense (for instance, as a principal value, or as some kind of a weak limit), then we get the more classical version of Cotlar's inequality

$$T_*\,\nu(x) \leq c_s\left(\widetilde{M}_\mu(|T\nu|^s)(x)^{1/s} + M_\mu\nu(x)\right).$$

Cotlar's inequality with non-doubling measures is due to Nazarov, Treil and Volberg [124], although not in the form stated above, which is from Tolsa [153].

To prove Theorem 2.18 we will need some lemmas. In the first one we review the well-known Kolmogorov's inequality:

Lemma 2.19. *Let μ be a positive Radon measure on $\mathbb{R}^d$ and $f : \mathbb{R}^d \longrightarrow \mathbb{C}$ a Borel function from $L^{1,\infty}(\mu)$. Then for $0 < s < 1$ and for any μ-measurable set $A \subset \mathbb{R}^d$ with $\mu(A) < \infty$,*

$$\left(\frac{1}{\mu(A)}\int_A |f|^s d\mu\right)^{1/s} \leq (1-s)^{-1/s}\,\frac{\|f\|_{L^{1,\infty}(\mu)}}{\mu(A)}.$$

Proof. We have

$$\begin{aligned}\int_A |f|^s d\mu &= \int_0^\infty s\,\lambda^{s-1}\,\mu(\{x\in A : |f(x)| > \lambda\})\,d\lambda\\ &\leq \int_0^\infty s\,\lambda^{s-1}\,\min\Big(\mu(A), \lambda^{-1}\,\|f\|_{L^{1,\infty}(\mu)}\Big)\,d\lambda.\end{aligned}$$

Letting $a = \|f\|_{L^{1,\infty}(\mu)}/\mu(A)$, the last integral equals

$$\begin{aligned}\int_0^a s\,\lambda^{s-1}\,\mu(A)\,d\lambda + \int_a^\infty s\,\lambda^{s-2}\,\|f\|_{L^{1,\infty}(\mu)}\,d\lambda &= \mu(A)\,a^s + \frac{s\,\|f\|_{L^{1,\infty}(\mu)}\,a^{s-1}}{1-s}\\ &= \frac{1}{1-s}\,\mu(A)^{1-s}\,\|f\|^s_{L^{1,\infty}(\mu)}. \qquad \square\end{aligned}$$

Also, we will need the following result (notice the resemblances to Lemma 2.15).

Lemma 2.20. *Let $x \in \mathbb{R}^d$, $0 < r < R$, with $R = 3^N r$, and take $\beta > 3^n$. If*

$$\beta\,\mu(B(x, 3^k r)) \leq \mu(B(x, 3^{k+1} r)) \qquad \text{for } k = 1, \ldots, N-1,$$

then we have

$$|T_R\nu(x) - T_r\nu(x)| \leq c(\beta)\,\frac{\mu(B(x,R))}{R^n}\,M_\mu\nu(x),$$

for all $\nu \in M(\mathbb{R}^d)$.

Proof. We set $B_k = B(x, 3^k r)$. Then

$$\begin{aligned}|T_R\nu(x) - T_r\nu(x)| &= \left|\int_{r<|y-x|\leq 3^N r} K(x,y)\,d\nu(y)\right|\\ &\lesssim \sum_{k=1}^N \int_{3^{k-1}r<|y-x|\leq 3^k r} \frac{1}{|y-x|^n}\,d|\nu|(y)\\ &\lesssim \sum_{k=1}^N \frac{|\nu|(B_k)}{(3^k r)^n} \lesssim \sum_{k=1}^N \frac{\mu(B_k)}{(3^k r)^n}\,M_\mu\nu(x).\end{aligned}$$

We have

$$\mu(B_1) \le \frac{1}{\beta}\,\mu(B_2) \le \cdots \le \frac{1}{\beta^{N-1}}\,\mu(B_N).$$

Thus

$$\frac{\mu(B_1)}{(3r)^n} \le \frac{3^n}{\beta}\,\frac{\mu(B_2)}{(3^2r)^n} \le \cdots \le \left(\frac{3^n}{\beta}\right)^{N-1}\,\frac{\mu(B_N)}{(3^Nr)^n}.$$

Since $\frac{3^n}{\beta} < 1$, we get

$$\sum_{k=1}^{N} \frac{\mu(B_k)}{(3^kr)^n} \le c\,\frac{\mu(B_N)}{(3^Nr)^n},$$

and the lemma follows. □

We are ready now for the proof of Cotlar's inequality. This will follow by combining Lemma 2.20 with the usual arguments for doubling measures.

Proof of Theorem 2.18. Clearly, it is enough to prove the estimate (2.25). Let $\varepsilon > \delta$ and $x \in \mathbb{R}^d$. From the growth condition (2.24) we infer that there exists some $m \ge 1$ such that

$$0 < \mu(B(x, 3^m\varepsilon)) \le 3^{d+1}\mu(B(x, 3^{m-1}\varepsilon)) \tag{2.27}$$

(see Section 2.4). We assume that m is the least integer ≥ 1 such that (2.27) holds. Set $\varepsilon' = 3^m\varepsilon$. By Lemma 2.20,

$$|T_\varepsilon\nu(x) - T_{\varepsilon'/3}\nu(x)| \le cM_\mu\nu(x).$$

Also, it is straightforward to check that $|T_{\varepsilon'/3}\nu(x) - T_{\varepsilon'}\nu(x)| \le cM_\mu\nu(x)$. Therefore,

$$|T_\varepsilon\nu(x) - T_{\varepsilon'}\nu(x)| \le cM_\mu\nu(x).$$

Thus it only remains to show that

$$|T_{\varepsilon'}\nu(x)| \le c_s\widetilde{M}_\mu(|T_\delta\nu|^s)(x)^{1/s} + c'_{s,T}M_\mu\nu(x). \tag{2.28}$$

Since

$$\mu(B(x,\varepsilon')) \le 3^{d+1}\mu(B(x,\varepsilon'/3)), \tag{2.29}$$

we can apply the usual "doubling argument" to prove (2.28). To this end, we set

$$\nu_1 = \chi_{B(x,\varepsilon')}\nu, \qquad d\nu_2 = \nu - d\nu_1.$$

For $y \in B(x,\varepsilon'/3)$, since $\varepsilon' > 3\delta$ we have $T_{\varepsilon'}\nu_2(x) = T_\delta\nu_2(x) = T\nu_2(x)$ and $T_\delta\nu_2(y) = T\nu_2(y)$. Using the growth condition (2.24) and the gradient condition for the kernel of T, arguing as in Lemma 2.12, it follows that

$$|T_\delta\nu_2(y) - T_\delta\nu_2(x)| = |T\nu_2(y) - T\nu_2(x)| \le c\sup_{r\ge\varepsilon}\frac{|\nu_2|(B(x,r))}{r^n} \le c_2M_\mu\nu(x).$$

Therefore,

$$\begin{aligned} |T_{\varepsilon'}\nu(x)| = |T_\delta\nu_2(x)| &\le |T_\delta\nu_2(y)| + c_2 M_\mu\nu(x) \\ &\le |T_\delta\nu_1(y)| + |T_\delta\nu(y)| + c_2 M_\mu\nu(x). \end{aligned} \tag{2.30}$$

Assume first $s = 1$. If $T_{\varepsilon'}\nu(x) \neq 0$, let $0 < \lambda < |T_{\varepsilon'}\nu(x)|$. For $y \in B(x, \varepsilon'/3)$, by (2.30) either $c_2 M_\mu\nu(x) > \lambda/3$ or $|T_\delta\nu(y)| > \lambda/3$ or $|T_\delta\nu_1(y)| > \lambda/3$. Therefore, either

$$\lambda < 3c_2 M_\mu\nu(x),$$

or

$$\begin{aligned} B(x, \varepsilon'/3) = &\{y \in B(x, \varepsilon'/3) : |T_\delta\nu(y)| > \lambda/3\} \\ &\cup \{y \in B(x, \varepsilon'/3) : |T_\delta\nu_1(y)| > \lambda/3\}. \end{aligned}$$

We have

$$\begin{aligned} \mu(\{y \in B(x, \varepsilon'/3) : |T_\delta\nu(y)| > \lambda/3\}) &\le \frac{3}{\lambda}\int_{B(x,\varepsilon'/3)} |T_\delta\nu|\,d\mu \\ &\le \frac{3}{\lambda}\,\mu(B(x, \varepsilon'/3))\,\widetilde{M}_\mu(T_\delta\nu)(x), \end{aligned}$$

and by the boundedness of T_δ from $M(\mathbb{R}^d)$ to $L^{1,\infty}(\mu)$ and (2.29), setting $c_T = \|T_\delta\|_{M(\mathbb{R}^d)\to L^{1,\infty}(\mu)}$,

$$\begin{aligned} \mu(\{y \in B(x, \varepsilon'/3) : |T_\delta\nu_1(y)| > \lambda/3\}) &\le c_T\,\frac{\|\nu_1\|}{\lambda} = c_T\,\frac{|\nu|(B(x, \varepsilon'))}{\lambda} \\ &\le c\,c_T\,\frac{\mu(B(x, \varepsilon'/3))}{\lambda}\,M_\mu\nu(x). \end{aligned}$$

Thus,

$$\mu(B(x, \varepsilon'/3)) \le \frac{\mu(B(x, \varepsilon'/3))}{\lambda}\left(3\,\widetilde{M}_\mu(T_\delta\nu)(x) + c\,c_T\,M_\mu\nu(x)\right).$$

In any case we obtain $\lambda < 3\widetilde{M}_\mu(T_\delta\nu)(x) + c(1 + c_T)M_\mu\nu(x)$. Since this holds for $0 < \lambda < |T_{\varepsilon'}\nu(x)|$, (2.28) follows when $s = 1$.

Assume now $0 < s < 1$. From (2.30) we get

$$|T_{\varepsilon'}\nu(x)|^s \le |T_\delta\nu_1(y)|^s + |T_\delta\nu(y)|^s + c\,M_\mu\nu(x)^s.$$

Integrating with respect to μ for $y \in B(x, \varepsilon'/3)$, dividing by $\mu(B(x, \varepsilon'/3))$ and raising to the power $1/s$ we obtain

$$\begin{aligned} |T_{\varepsilon'}\nu(x)| \;\le\; c_s \Bigg[&\left(\frac{1}{\mu(B(x, \varepsilon'/3))}\int_{B(x,\varepsilon'/3)} |T_\delta\nu_1|^s\,d\mu\right)^{1/s} \\ &+ \left(\frac{1}{\mu(B(x, \varepsilon'/3))}\int_{B(x,\varepsilon'/3)} |T_\delta\nu|^s\,d\mu\right)^{1/s} + M_\mu\nu(x)\Bigg]. \end{aligned} \tag{2.31}$$

Recalling (2.29), the second term on the right-hand side of (2.31) can be estimated by $\widetilde{M}_\mu(|T_\delta\nu|^s)(x)^{1/s}$. On the other hand, the first term is estimated using Kolmogorov's inequality, the boundedness of T_δ from $M(\mathbb{R}^d)$ to $L^{1,\infty}(\mu)$, and (2.29):

$$\begin{aligned}\left(\frac{1}{\mu(B(x,\varepsilon'/3))}\int_{B(x,\varepsilon'/3)}|T_\delta\nu_1|^s d\mu\right)^{1/s} &\lesssim \frac{\|T_\delta\nu_1\|_{L^{1,\infty}(\mu)}}{\mu(B(x,\varepsilon'/3))}\\ &\leq \frac{c_T\,\|\nu_1\|}{\mu(B(x,\varepsilon'/3))}\leq c\,c_T M_\mu\nu(x).\end{aligned}$$

Now (2.28) follows. □

As in the classical doubling case, a direct consequence of Cotlar's inequality and Theorem 2.16 is the following result.

Theorem 2.21. *Let μ be a Radon measure on $\mathbb{R}^d$ of degree n. If T_μ is an n-dimensional SIO bounded in $L^2(\mu)$, then $T_{\mu,*}$ is bounded in $L^p(\mu)$, for $p\in(1,\infty)$, and T_* is bounded from $M(\mathbb{R}^d)$ to $L^{1,\infty}(\mu)$.*

Proof. By Theorem 2.16, interpolation, and duality, T_μ is bounded in $L^p(\mu)$, $p\in(1,\infty)$, and from $M(\mathbb{R}^d)$ to $L^{1,\infty}(\mu)$. Then by Cotlar's inequality (2.26) with $s=1$ it is clear that $T_{\mu,*,\delta}$ is bounded in $L^p(\mu)$, $p\in(1,\infty)$, uniformly on $\delta>0$. Hence, by monotone convergence, $T_{\mu,*}$ is also bounded in $L^p(\mu)$, $p\in(1,\infty)$. The boundedness of T_* from $M(\mathbb{R}^d)$ to $L^{1,\infty}(\mu)$, as in the classical doubling case, requires some additional work. By monotone convergence, it is enough to show that

$$\mu(\{x: T_{*,\delta}\,\nu(x)>\lambda\})\lesssim\frac{\|\nu\|}{\lambda}\tag{2.32}$$

uniformly on $\lambda,\delta>0$. By Cotlar's inequality (2.26) with $s=1/2$, for $\lambda>0$ we have

$$\begin{aligned}\mu(\{x: T_{*,\delta}\nu(x)>\lambda\})\leq{}&\mu\Big(\Big\{x: M_\mu\nu(x)>\frac{\lambda}{2c_{1/2,T}}\Big\}\Big)\\ &+\mu\Big(\Big\{x:\widetilde{M}_\mu(|T_\delta\nu|^{1/2})(x)^2>\frac{\lambda}{2c_{1/2}}\Big\}\Big).\end{aligned}\tag{2.33}$$

The first term on the right-hand side of (2.33) satisfies

$$\mu\Big(\Big\{x: M_\mu\nu(x)>\frac{\lambda}{2c_{1/2,T}}\Big\}\Big)\leq c\,\frac{\|\nu\|}{\lambda},$$

by the boundedness of M_μ from $M(\mathbb{R}^d)$ to $L^{1,\infty}(\mu)$. To estimate the second term on the right-hand side of (2.33) we will use the non-centered restricted maximal

Hardy-Littlewood operator N_μ introduced above. Obviously,

$$\mu\Big(\Big\{x : \widetilde{M}_\mu(|T_\delta\nu|^{1/2})(x)^2 > \frac{\lambda}{2c_{1/2}}\Big\}\Big) \\ \leq \mu\Big(\Big\{x : N_\mu(|T_\delta\nu|^{1/2})(x) > \frac{\lambda^{1/2}}{(2c_{1/2})^{1/2}}\Big\}\Big). \tag{2.34}$$

Recall that, by the doubling condition on the balls $B(y, r)$, the operator N_μ is bounded from $M(\mathbb{R}^d)$ to $L^{1,\infty}(\mu)$. In fact, for any $\sigma \in M(\mathbb{R}^d)$, the following sharper condition holds:

$$\mu(\{x : N_\mu\sigma(x) > \lambda\}) \leq c\frac{1}{\lambda}\,|\sigma|(\{x : N_\mu\sigma(x) > \lambda\}). \tag{2.35}$$

Let us remark that an estimate such as this one does not hold for the centered operator $\widetilde{M}_\mu$, in general.

Now take

$$A = \Big\{x : N_\mu(|T_\delta\nu|^{1/2})(x) > \frac{\lambda^{1/2}}{(2c_{1/2})^{1/2}}\Big\}.$$

Applying (2.35) to $\sigma = |T_\delta\nu|^{1/2}\mu$ and using Kolmogorov's inequality, we obtain

$$\begin{aligned} \mu(A) &\leq c\frac{1}{\lambda^{1/2}}\int_A |T_\delta\nu|^{1/2} d\mu \\ &\leq c\frac{1}{\lambda^{1/2}}\,\mu(A)^{1/2}\,\|T_\delta\nu\|^{1/2}_{L^{1,\infty}(\mu)} \leq c\frac{1}{\lambda^{1/2}}\,\mu(A)^{1/2}\,\|\nu\|^{1/2}. \end{aligned}$$

Therefore, $\mu(A) \leq c\,\|\nu\|/\lambda$, and by (2.34),

$$\mu\Big(\Big\{x : \widetilde{M}_\mu(|T_\delta\nu|^{1/2})(x)^2 > \frac{\lambda}{2c_{1/2}}\Big\}\Big) \leq c\frac{\|\nu\|}{\lambda},$$

and so (2.32) holds. □

2.9 The good lambda method

In this section we will prove the following theorem, which will be an essential ingredient for the proof of the $T1$ theorem for the Cauchy transform in next chapter.

Theorem 2.22. *Let μ be a Radon measure on $\mathbb{R}^d$ of degree n and T_μ an n-dimensional SIO. Let $\beta > 0$ be big enough (depending only on d) and let $\theta > 0$. Suppose that for every $(2, \beta)$-doubling cube Q there exists some subset $G_Q \subset Q$, with $\mu(G_Q) \geq \theta\,\mu(Q)$, such that T_* is bounded from $M(\mathbb{R}^d)$ to $L^{1,\infty}(\mu\lfloor G_Q)$, with norm bounded uniformly on Q. Then T_μ is bounded in $L^p(\mu)$, for $1 < p < \infty$, with its norm depending on p and on the preceding constants.*

Roughly speaking, this result asserts that if for every doubling square there exists a big piece (in terms of μ) where T_* is bounded from $M(\mathbb{R}^d)$ to $L^{1,\infty}$, then T_μ is bounded in $L^p(\mu)$, for $1 < p < \infty$. This will be proved by a means of a good lambda inequality, which is a well-known technique in the classical Calderón-Zygmund theory that extends quite well to the non-doubling setting (although one has to take care of some additional subtleties).

To prove Theorem 2.22 we will use a Whitney's decomposition of some open set. In the next lemma we show the precise version of the required decomposition.

Lemma 2.23. *If $\Omega \subset \mathbb{R}^d$ is open, $\Omega \neq \mathbb{R}^d$, then Ω can be decomposed as*

$$\Omega = \bigcup_{i \in I} Q_i,$$

where Q_i, $i \in I$, are closed dyadic cubes with disjoint interiors such that for some constants $R > 20$ and $D_0 \geq 1$ the following holds:

(i) $10Q_i \subset \Omega$ *for each* $i \in I$.

(ii) $RQ_i \cap \Omega^c \neq \varnothing$ *for each* $i \in I$.

(iii) *For each cube Q_i, there are at most D_0 cubes Q_j such that $10Q_i \cap 10Q_j \neq \varnothing$. Further, for such cubes Q_i, Q_j, we have $\ell(Q_i) \approx \ell(Q_j)$.*

Moreover, if μ is a positive Radon measure on $\mathbb{R}^d$ and $\mu(\Omega) < +\infty$, the subfamily of $(10, 2D_0)$-doubling cubes $\{Q_j\}_{j \in S}$ from $\{Q_i\}_{i \in I}$ satisfies

$$\mu\Big(\bigcup_{j \in S} Q_j\Big) \geq \frac{1}{2}\,\mu(\Omega). \tag{2.36}$$

The cubes Q_i from the above decomposition are usually called *Whitney cubes.*

Proof. Whitney's decomposition in dyadic cubes satisfying (i), (ii) and (iii) is a well-known result. See for example Stein [148, pp. 167-169].

To prove that the subfamily of $(10, 2D_0)$-doubling cubes $\{Q_j\}_{i \in S}$ from $\{Q_i\}_{i \in I}$ satisfies (2.36), observe that

$$\mu(Q_j) < \frac{1}{2D_0}\mu(10Q_j) \qquad \text{if } j \in I \setminus S.$$

Since

$$\sum_{j \in I} \chi_{10Q_j} \leq D_0 \chi_\Omega,$$

we deduce that

$$\sum_{j \in I \setminus S} \mu(Q_j) \leq \frac{1}{2D_0} \sum_{j \in I} \mu(10Q_j) \leq \frac{1}{2}\mu(\Omega).$$

Thus,

$$\mu\Big(\bigcup_{j \in S} Q_j\Big) = \mu(\Omega) - \mu\Big(\bigcup_{j \in I \setminus S} Q_j\Big) \geq \frac{1}{2}\,\mu(\Omega). \qquad \square$$

For technical reasons, in the proof of Theorem 2.22 it will be more convenient to use the centered maximal Hardy-Littlewood operator associated with cubes instead of balls. For $\nu \in M(\mathbb{R}^d)$, we define

$$M_\mu^Q \nu(x) = \sup_{r>0} \frac{|\nu|(Q(x,r))}{\mu(Q(x,r))}.$$

As usual, we set $M_\mu^Q(f) \equiv M_\mu^Q(f\,\mu)$. From the Besicovitch covering theorem (which also holds for cubes), arguing as in the proof of Theorem 2.5, it follows that M_μ^Q is bounded from $M(\mathbb{R}^d)$ to $L^{1,\infty}(\mu)$, and in $L^p(\mu)$, for $1 < p \leq \infty$. If μ has growth of degree n, then it turns out that

$$M_{R,n}\nu(x) \leq c\, M_\mu^Q \nu(x),$$

analogously to (2.8).

Proof of Theorem 2.22. We will assume that for every $(10, 2D_0)$-doubling cube Q (where D_0 is the constant in Lemma 2.23) there exists some subset $G_Q \subset Q$, with $\mu(G_Q) \geq \theta\,\mu(Q)$, such that T_* is bounded from $M(\mathbb{R}^d)$ into $L^{1,\infty}(\mu\lfloor G_Q)$, with norm bounded uniformly on Q. This is a weaker assumption than the one in the theorem, since $(10, 2D_0)$-doubling cubes are $(2, D_0)$-doubling.

As mentioned above, our arguments rely on a *good λ inequality*. More precisely, we will prove that for all $\varepsilon > 0$ there exists $\delta = \delta(\varepsilon) > 0$ such that

$$\mu(\{x \colon T_{\mu,*}f(x) > (1+\varepsilon)\lambda,\ M_\mu^Q f(x) \leq \delta\lambda\}) \leq \left(1 - \frac{\theta}{4}\right) \mu(\{x \colon T_{\mu,*}f(x) > \lambda\}) \tag{2.37}$$

for every compactly supported $f \in L^1(\mu)$. We will show below that the $L^p(\mu)$ boundedness of $T_{\mu,*}$ follows from this estimate.

To prove (2.37) consider a Whitney decomposition of the open set

$$\Omega_\lambda = \{x : T_{\mu,*}f(x) > \lambda\}$$

into a family of dyadic cubes $\{Q_i\}_{i\in I}$ with disjoint interior such that, for each $i \in I$, $10Q_i \subset \Omega_\lambda$ and $RQ_i \cap \Omega_\lambda^c \neq \varnothing$, as in Lemma 2.23. To this end, notice that the fact that $f \in L^1(\mu)$ is compactly supported implies that Ω_λ is a bounded set and thus has finite measure.

Consider a cube Q_i, $i \in I$. We claim that if $x \in Q_i$ satisfies $T_{\mu,*}f(x) > (1+\varepsilon)\lambda$ and $M_\mu^Q f(x) \leq \delta\lambda$, then

$$T_{\mu,*}(\chi_{2Q_i} f)(x) > \varepsilon\lambda/2, \tag{2.38}$$

assuming that δ is small enough. To show this, take $z \in RQ_i \setminus \Omega_\lambda$, so that $T_{\mu,*}f(z) \leq \lambda$. Since $x, z \in RQ_i \subset B(z, d^{1/2}R\ell(Q_i)) =: B_i$, using the linear growth of μ, by standard arguments (such as the ones in Lemma 2.12) it follows easily that

$$\left|T_{\mu,*}(\chi_{\mathbb{R}^d\setminus 2B_i} f)(x) - T_{\mu,*}(\chi_{\mathbb{R}^d\setminus 2B_i} f)(z)\right| \leq c\, M_\mu^Q f(x).$$

Since $2B_i$ is a ball centered at $z \notin \Omega_\lambda$, by definition, we have

$$T_{\mu,*}(\chi_{\mathbb{R}^d\setminus 2B_i} f)(z) \le T_{\mu,*}f(z) \le \lambda.$$

Also, since $x \in Q_i$, it is easy to check that $T_{\mu,*}(\chi_{2B_i\setminus 2Q_i} f)(x) \le c\, M_\mu^{\mathcal{Q}} f(x)$. Therefore,

$$\begin{aligned} T_{\mu,*}(\chi_{\mathbb{R}^d\setminus 2Q_i} f)(x) &\le T_{\mu,*}(\chi_{2B_i\setminus 2Q_i} f)(x) + T_{\mu,*}(\chi_{\mathbb{R}^d\setminus 2B_i} f)(x) \\ &\le T_{\mu,*}(\chi_{2B_i\setminus 2Q_i} f)(x) + T_{\mu,*}(\chi_{\mathbb{R}^d\setminus 2B_i} f)(z) \\ &\quad + \big|T_{\mu,*}(\chi_{\mathbb{R}^d\setminus 2B_i} f)(x) - T_{\mu,*}(\chi_{\mathbb{R}^d\setminus 2B_i} f)(z)\big| \\ &\le c\, M_\mu^{\mathcal{Q}} f(x) + \lambda + c\, M_\mu^{\mathcal{Q}} f(x) \le (1 + c_{10}\delta)\lambda, \end{aligned}$$

and thus

$$T_{\mu,*}(\chi_{2Q_i} f)(x) \ge T_{\mu,*}f(x) - T_{\mu,*}(\chi_{\mathbb{R}^d\setminus 2Q_i} f)(x) > (1+\varepsilon)\lambda - (1 + c_{10}\delta)\lambda.$$

So the claim follows if we choose δ such that $c_{10}\delta \le \varepsilon/2$.

Let $\{Q_i\}_{i\in S} \subset \{Q_i\}_{i\in I}$ be the subfamily of those cubes such that

$$\mu(10Q_i) \le 2D_0 \mu(Q_i), \qquad \text{if } i \in S.$$

Notice that, by Lemma 2.23,

$$\mu\Big(\bigcup_{i\in S} Q_i\Big) \ge \frac{1}{2}\mu(\Omega_\lambda). \tag{2.39}$$

Recall now that, by the assumptions in the theorem, taking $\beta \ge 2D_0$, for each $i \in S$ there exists a subset $G_i \subset Q_i$ with $\mu(G_i) \ge \theta\, \mu(Q_i)$ such that T_* is bounded from $M(\mathbb{R}^d)$ to $L^{1,\infty}(\mu\lfloor G_i)$. Together with (2.38) this implies that

$$\begin{aligned} &\mu(\{x \in G_i : T_{\mu,*}f(x) > (1+\varepsilon)\lambda,\ M_\mu^{\mathcal{Q}} f(x) \le \delta\lambda\}) \\ &\qquad \le \mu(\{x \in G_i : T_{\mu,*}(\chi_{2Q_i} f)(x) > \varepsilon\lambda/2\}) \le \frac{c}{\varepsilon\lambda}\, \|\chi_{2Q_i} f\|_{L^1(\mu)}. \end{aligned}$$

Notice that, if Q_i contains some point x such that $M_\mu^{\mathcal{Q}} f(x) \le \delta\lambda$, then

$$\begin{aligned} \|\chi_{2Q_i} f\|_{L^1(\mu)} &\le \int_{Q(x,2\ell(Q_i))} |f|\, d\mu \le \mu(Q(x, 2\ell(Q_i)))\, M_\mu^{\mathcal{Q}} f(x) \\ &\le \mu(5Q_i)\, M_\mu^{\mathcal{Q}} f(x) \le 2D_0\delta\lambda\, \mu(Q_i). \end{aligned}$$

Thus,

$$\mu(\{x \in G_i : T_{\mu,*}f(x) > (1+\varepsilon)\lambda,\ M_\mu^{\mathcal{Q}} f(x) \le \delta\lambda\}) \le \frac{c_{11}\delta}{\varepsilon}\, \mu(Q_i).$$

Using the preceding estimate for all the cubes Q_i, $i \in S \subset I$, and the fact that $\mu(G_i) \geq \theta\, \mu(Q_i)$, we get

$$\begin{aligned}\mu\big(\{x:\ T_{\mu,*}f(x) > (1+\varepsilon)\lambda,\ M_\mu^{\mathcal{Q}}f(x) \leq \delta\lambda\}\big)&\\ \leq \sum_{i\in I\setminus S} \mu(Q_i) + \sum_{i\in S} \mu(Q_i \setminus G_i)&\\ + \sum_{i\in S} \mu\big(\{x \in G_i : T_{\mu,*}f(x) > (1+\varepsilon)\lambda,\ M_\mu^{\mathcal{Q}}f(x) \leq \delta\lambda\}\big)&\\ \leq \sum_{i\in I\setminus S} \mu(Q_i) + \sum_{i\in S}(1-\theta)\,\mu(Q_i) + \sum_{i\in S} \frac{c_{11}\delta}{\varepsilon}\,\mu(Q_i)&\\ = \mu(\Omega_\lambda) - \theta \sum_{i\in S} \mu(Q_i) + \sum_{i\in S} \frac{c_{11}\delta}{\varepsilon}\,\mu(Q_i).&\end{aligned}$$

By (2.39), we obtain

$$\mu\big(\{x:\ T_{\mu,*}f(x) > (1+\varepsilon)\lambda,\ M_\mu^{\mathcal{Q}}f(x) \leq \delta\lambda\}\big) \leq \Big(1 - \frac{\theta}{2}\Big)\,\mu(\Omega_\lambda) + \frac{c_{11}\delta}{\varepsilon}\,\mu(\Omega_\lambda).$$

Therefore, if we choose $\delta = \delta(\varepsilon)$ small enough, the right-hand side does not exceed $\big(1 - \frac{\theta}{4}\big)\ \mu(\Omega_\lambda)$, and so (2.37) follows.

It remains to check that (2.37) implies the $L^p(\mu)$ boundedness of $T_{\mu,*}$. The arguments are standard. Take $f \in L^p(\mu)$ with compact support. Then we have

$$\begin{aligned}\mu\big(\{x\colon T_{\mu,*}f(x) > (1+\varepsilon)\lambda\}\big) &\leq \mu\big(\{x\colon T_{\mu,*}f(x) > (1+\varepsilon)\lambda,\ M_\mu^{\mathcal{Q}}f(x) \leq \delta\lambda\}\big)\\ &\quad + \mu\big(\{x : M_\mu^{\mathcal{Q}}f(x) > \delta\lambda\}\big)\\ &\leq \Big(1 - \frac{\theta}{4}\Big)\,\mu\big(\{x : T_{\mu,*}f(x) > \lambda\}\big)\\ &\quad + \mu\big(\{x : M_\mu^{\mathcal{Q}}f(x) > \delta\lambda\}\big).\end{aligned}$$

Multiplying by $p\lambda^{p-1}$ this inequality and integrating with respect to λ in $(0,\infty)$, we obtain

$$\frac{1}{(1+\varepsilon)^p}\,\|T_{\mu,*}f\|_{L^p(\mu)}^p \leq \Big(1 - \frac{\theta}{4}\Big)\|T_{\mu,*}f\|_{L^p(\mu)}^p + \frac{1}{\delta^p}\,\|M_\mu^{\mathcal{Q}}f\|_{L^p(\mu)}^p. \tag{2.40}$$

Thus, assuming that $\|T_{\mu,*}f\|_{L^p(\mu)} < \infty$ and taking $\varepsilon > 0$ so that

$$(1+\varepsilon)^p\Big(1 - \frac{\theta}{4}\Big) = \Big(1 - \frac{\theta}{8}\Big)$$

(recall that θ does not depend on ε, unlike δ), we deduce that

$$\|T_{\mu,*}f\|_{L^p(\mu)} \leq c(\theta,\delta)\,\|M_\mu^{\mathcal{Q}}f\|_{L^p(\mu)} \leq c(\theta,\delta)\,\|f\|_{L^p(\mu)}.$$

If we do not assume that $\|T_{\mu,*}f\|_{L^p(\mu)} < \infty$, then notice that, for any $m \geq 1$, the function $g_m = \inf(m, T_{\mu,*}f)$ also satisfies the inequality (2.37). Moreover, since $f \in L^p(\mu)$ has compact support, it is easy to check that $g_m \in L^p(\mu)$ (since g_m is bounded and $|g_m(x)| \leq c(g_m)/|x|^n$ for $x \to \infty$). Thus arguing as above, we get $\|g_m\|_{L^p(\mu)} \leq c(\theta, \delta)\, \|f\|_{L^p(\mu)}$, and letting $m \to \infty$, we are done. □

Remark 2.24. With minor modifications in the arguments above, one can ask the assumption in Theorem 2.22 to hold only for $(2, \beta')$-doubling cubes or balls centered on $\operatorname{supp}(\mu)$, instead of all the $(2, \beta)$-doubling cubes.

Observe also that from Theorems 2.21 and 2.22 one easily infers that the boundedness of T from $M(\mathbb{R}^d)$ to $L^{1,\infty}(\mu)$ implies the $L^2(\mu)$ boundedness of T_μ. This has the following, a priori non-trivial, consequence.

Proposition 2.25. *Let μ and σ be Borel measures of degree n in $\mathbb{R}^d$, and let T be an n-dimensional SIO such that T_μ is bounded in $L^2(\mu)$ and T_σ is bounded in $L^2(\sigma)$. Then $T_{\mu+\sigma}$ is bounded in $L^2(\mu + \sigma)$.*

Proof. It is clear that if both μ and σ are measures with growth of degree n, then so is $\mu + \sigma$ (possibly with a worse constant). By Theorem 2.21, T_* is bounded from $M(\mathbb{R}^d)$ to $L^{1,\infty}(\mu)$ and from $M(\mathbb{R}^d)$ to $L^{1,\infty}(\sigma)$. Trivially, this implies that T_* is bounded from $M(\mathbb{R}^d)$ to $L^{1,\infty}(\mu + \sigma)$, which is equivalent to the $L^2(\mu + \sigma)$ boundedness of $T_{\mu+\sigma}$, as explained above. □

2.10 Historical remarks and further results

As mentioned in the Introduction, for a long time it was believed that the natural framework to study singular integral operators is the one of homogenous spaces, where the underlying measure μ is assumed to be doubling. The doubling assumption is basic in many parts of the classical Calderón-Zygmund theory. This "classical doubling theory" is covered in many books on harmonic analysis. See Coifman and Weiss [18], Duoandikoetxea [36], Grafakos [57], Journé [78], Stein [148], Stein [149], or Torchinsky [170], for example. A main motivation to develop the Calderón-Zygmund theory for non-doubling measures in $\mathbb{R}^d$ arises from the application to the study of analytic capacity.

There are other important works in the area of non-homogeneous Calderón-Zygmund theory which appeared more or less simultaneously to the contributions of Nazarov, Treil, Volberg and Tolsa explained in this chapter. In particular, it is worth mentioning that in 1998 David solved Vitushkin's conjecture for sets with finite length by proving a suitable Tb theorem which did not assume any doubling condition. This result relied on a previous joint work with Mattila [27] (although it was published later).

Concerning the good lambda theorem explained in Section 2.9, in some earlier works Sawyer ([144], [145]) already noticed that the good lambda inequalities are good tools to deal with non-doubling weights and fractional integrals, by using the finite superposition of the Whitney cubes. In the Ahlfors-David regular case, David [20] used a good lambda inequality to show that for the $L^p(\mu)$ boundedness of a singular integral operator T_μ it suffices that each cube Q centered at supp(μ) contains a big piece $G_Q \subset Q$ where $T_{\mu\lfloor G_Q}$ is bounded in $L^2(\mu\lfloor G_Q)$. Theorem 2.22 is a variant of this fact, adapted to the non-doubling situation. On the other hand, as far as I know, the use of the boundedness from $M(\mathbb{R}^d)$ to $L^{1,\infty}(\mu\lfloor G_Q)$ to prove the good lambda inequality is rather new. It has the advantage of avoiding duality (that is used in David [20]) and thus it can be extended more easily to operators which may be non-linear. Other related good lambda inequalities useful for non-doubling measures appeared in the works by Tolsa [154] and Verdera [175], in connection with the $T1$ theorem for the Cauchy transform.

Most of the results from the non-homogeneous Calderón-Zygmund theory from this chapter also hold in more general settings. Indeed, Nazarov, Treil and Volberg proved in [124] that if μ is a measure with growth of degree n in a general separable metric space, the $L^2(\mu)$ boundedness of n-dimensional Calderón-Zygmund operators implies their boundedness from $L^1(\mu)$ to $L^{1,\infty}(\mu)$. Further, they showed that Cotlar's inequality remains valid in this situation too.

Other results on non-homogeneous Calderón-Zygmund theory have been extended to the so-called geometrically doubling spaces. A metric space X is called **geometrically doubling** if every ball $B(x,r) \subset X$ does not contain more than N disjoint balls of radius $r/2$, with N independent of x, R. The polynomial growth of the measure μ in $\mathbb{R}^d$ is replaced by an upper doubling condition for μ in X: one assumes that there exists a function $\lambda(x,r)$, non-decreasing in r, such that $\mu(B(x,r)) \leq c\lambda(x,r)$ and $\lambda(x,2r) \leq c\lambda(x,r)$ for any point $x \in X$ and all $r > 0$. In this context, one considers singular integral operators whose kernels satisfy some size and smoothness conditions involving the function λ. It turns out that the $L^2(\mu)$ boundedness of these operators implies that they are also bounded in $L^p(\mu)$, for $1 < p < \infty$, and of weak $(1,1)$ type. Analogously, by a Cotlar type inequality it follows that the associated maximal operators are bounded in the same range of spaces. Some of the additional difficulties that appear in the setting of the geometrically doubling spaces are due to the fact that the Besicovitch covering theorem may fail. These difficulties can be overcome by using alternative covering arguments. See the works of Anh and Duong [3] and Hytönen, Liu, Yang and Yang [65] for the detailed results and techniques.

Chapter 3

The Cauchy transform and Menger curvature

3.1 Introduction

Recall that the Cauchy transform is the 1-dimensional singular integral in $\mathbb{C}$ associated with the kernel

$$K(x,y) := \frac{1}{y-x}, \quad x,y \in \mathbb{C}.$$

So the Cauchy transform of a Radon measure μ in $\mathbb{C}$ equals

$$\mathcal{C}\mu(x) := \int \frac{1}{y-x}\, d\mu(y), \qquad x \in \mathbb{C} \setminus \operatorname{supp}(\mu).$$

When μ is fixed, we set $\mathcal{C}_\mu(f) = \mathcal{C}(f\,\mu))$.

Of course, the results and techniques of Calderón-Zygmund theory explained in Chapter 2 apply to the Cauchy transform (with the parameters $n = 1$, $d = 2$). Moreover, because of the relationship of the Cauchy kernel with Menger curvature, discovered by Melnikov [113], some results are easier to prove for the Cauchy transform than for general SIO's.

In this chapter we will explain in detail the relationship between the Cauchy transform and Menger curvature, and we will exploit this connection to give a rather simple proof of the $T1$ theorem for the Cauchy singular integral operator, i.e. for $\mathcal{C}_\mu$. As a byproduct, we will obtain a proof of the L^2 boundedness of the Cauchy transform on Lipschitz graphs and on regular curves, with respect to arc length.

3.2 The curvature of a measure

Given three pairwise different points $x, y, z \in \mathbb{C}$, their **Menger curvature** is

$$c(x,y,z) = \frac{1}{R(x,y,z)},$$

where $R(x,y,z)$ is the radius of the circumference passing through x, y, z (with $R(x,y,z) = \infty$, $c(x,y,z) = 0$ if x, y, z lie on a same line). If two among the points x, y, z coincide, for convenience, we set $c(x,y,z) = 0$.

Proposition 3.1. *Let $x, y, z \in \mathbb{C}$ be pairwise different. Then*

$$c(x,y,z) = \frac{2\,\operatorname{dist}(x, L_{y,z})}{|x-y|\,|x-z|} = \frac{4\,S(x,y,z)}{|x-y|\,|x-z|\,|y-z|} = \frac{2\sin\widehat{xyz}}{|x-z|}, \tag{3.1}$$

where $L_{y,z}$ is the line passing through y, z, $S(x,y,z)$ stands for the area of the triangle of vertices x, y, z, and $\widehat{xyz}$ is the angle in the same triangle opposite to the side xz.

The preceding identities follow by elementary geometry. However, for the reader's convenience we show the detailed arguments.

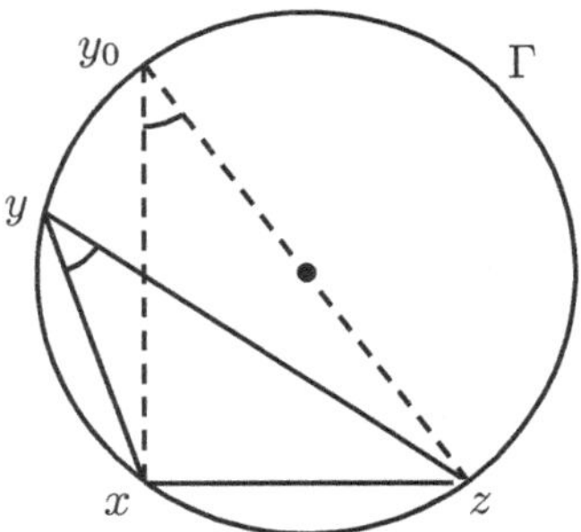

Figure 3.1: The circumference Γ and the points x, y, y_0, z.

Proof. Denote by Γ the circumference passing through x, y, z, and by R its radius. Let $y_0 \in \Gamma$ be the point opposite to z in Γ, so that the segment with end points y_0, z is a diameter of Γ. See Figure 3.1. In this situation, if y and y_0 are in the same half plane determined by the line $L_{x,z}$, then $\widehat{xyz} = \widehat{xy_0z}$. If they are in different half planes, then $\widehat{xyz} = \pi - \widehat{xy_0z}$. So, in any case,

$$\sin\widehat{xyz} = \sin\widehat{xy_0z}.$$

On the other hand, $\widehat{y_0xz}$ is a right angle because y_0, z are the end points of a diameter of Γ. Thus

$$\sin\widehat{xy_0z} = \frac{|x-z|}{|y_0-z|} = \frac{|x-z|}{2R}.$$

So

$$c(x,y,z) = \frac{1}{R} = \frac{2\sin \widehat{xy_0z}}{|x-z|} = \frac{2\sin \widehat{xyz}}{|x-z|}.$$

Since $\operatorname{dist}(x, L_{y,z}) = |x-y| \sin \widehat{xyz}$, we infer that

$$c(x,y,z) = \frac{2 \operatorname{dist}(x, L_{y,z})}{|x-y|\,|x-z|}.$$

Finally, from the fact that $S(x,y,z) = \frac{1}{2}\,|y-z| \operatorname{dist}(x, L_{y,z})$, we get

$$c(x,y,z) = \frac{4\,S(x,y,z)}{|x-y|\,|x-z|\,|y-z|}.$$

□

The relationship between Menger curvature, the Cauchy transform and analytic capacity originates from the following striking identity, discovered by Melnikov:

Proposition 3.2. *Let $z_1, z_2, z_3 \in \mathbb{C}$ be pairwise different. We have*

$$c(z_1,z_2,z_3)^2 = \sum_{s\in S_3} \frac{1}{(z_{s_2}-z_{s_1})\overline{(z_{s_3}-z_{s_1})}}, \tag{3.2}$$

where S_3 is the group of permutations of three elements.

Proof. Setting $a = z_2 - z_1$, $b = z_3 - z_1$, the sum on the right-hand side of (3.2) equals

$$2\operatorname{Re}\left(\frac{1}{a\bar{b}} + \frac{1}{(a-b)\bar{a}} + \frac{1}{b(\bar{b}-\bar{a})}\right) = 4\,\frac{|a|^2|b|^2 - \operatorname{Re}(a\bar{b})^2}{|a|^2|b|^2|b-a|^2}.$$

Since

$$\begin{aligned} |a|^2|b|^2 - \operatorname{Re}(a\bar{b})^2 &= |a|^2|b|^2\big(1-\cos^2 \widehat{z_2z_1z_3}\big) \\ &= |a|^2|b|^2 \sin^2 \widehat{z_2z_1z_3} = 4\,S(z_1,z_2,z_3)^2, \end{aligned}$$

the lemma follows. □

For a positive Radon measure μ, we write

$$c_\mu^2(x) = \iint c(x,y,z)^2\, d\mu(y)d\mu(z),$$

and we define the **curvature of μ** as

$$c^2(\mu) = \int c_\mu^2(x)\, d\mu(x) = \iiint c(x,y,z)^2\, d\mu(x)d\mu(y)d\mu(z). \tag{3.3}$$

The notion of curvature of a measure was introduced by Melnikov [113]. In this paper he studied a discrete version of analytic capacity and he proved a lower bound for analytic capacity involving the curvature of measures. See Section 4.10 from the next chapter for more details.

Let us see some examples. Suppose first that μ is the arc length measure on a circumference Γ of radius r. Then $R(x,y,z) = r$ for all $x, y, z \in \Gamma$, and thus

$$c_\mu^2(x) = \frac{1}{r^2}\,\mu(\Gamma)^2 = 4\pi^2$$

and $c^2(\mu) = 8\pi^3 r$.

Consider now the case where μ is the arc length on a segment L. Clearly, $c_\mu^2(x) = 0$ for all $x \in L$, and so $c^2(\mu) = 0$. Let us calculate $c_\mu^2(x)$ for $x \notin L$. By translation and rotation invariance, we may assume that L is contained in the real axis and x belongs to the imaginary upper half axis. So $L = [a,b]$, with $a, b \in \mathbb{R}$, and $x = (0,h)$. Then

$$\begin{aligned} c_\mu^2(x) &= \iint_{y,z\in L} \left(\frac{2\,d(x,L)}{|x-y|\,|x-z|}\right)^2 d\mathcal{H}_L^1(y)\,d\mathcal{H}_L^1(z) \\ &= 4h^2 \left(\int_L \frac{1}{|x-y|^2}\,d\mathcal{H}_L^1(y)\right)^2. \end{aligned}$$

The last integral equals

$$\int_a^b \frac{1}{t^2+h^2}\,dt = \frac{1}{h}\left(\arctan\frac{b}{h} - \arctan\frac{a}{h}\right).$$

Thus,

$$c_\mu^2(x) = 4\left(\arctan\frac{b}{h} - \arctan\frac{a}{h}\right)^2.$$

Notice that if $a < 0 < b$, then $c_\mu^2(x)$ tends to $4\pi^2$ as $h \to 0$. So the function $c_\mu^2(\cdot)$ is not continuous in $\mathbb{C}$. On the other hand, the preceding identity also shows that $c_\mu^2(x) \le 4\pi^2$ for all $x \in \mathbb{C}$.

In our third example we consider the corner quarters Cantor set E described in Section 1.7 of Chapter 1, and we let μ be the Hausdorff 1-dimensional measure on E. We are going to check that $c_\mu^2(x) = \infty$ for all $x \in E$, and so $c^2(\mu) = \infty$. Recall that $E = \bigcap_{n=1}^\infty E_n$, where E_n is made up of a disjoint union of 4^n squares Q_i^n with side length 4^{-n}. For a fixed $n \ge 0$, denote by $Q_n(x)$ the square Q_i^n that contains x. We write

$$c_\mu^2(x) \ge \sum_{k=1}^\infty \int_{y\in Q_{k-1}(x)\setminus Q_k(x)} \int_{z\in Q_{k-1}(x)\setminus[Q_k(x)\cup Q_k(y)]} c(x,y,z)^2 d\mu(y)d\mu(z). \quad (3.4)$$

By the geometry of the set E it is easy to check that, given $y \in Q_{k-1}(x) \setminus Q_k(x)$, we have

$$c(x,y,z) \ge C\,\frac{1}{\ell(Q_k(x))} \quad \text{for all } z \in Q_{k-1}(x) \setminus (Q_k(x) \cup Q_k(y)),$$

for some constant $C > 0$. Moreover, by the self-similarity of E,

$$\mu(Q_i^k) = 4^{-k}\,\mu(E) \approx 4^{-k} \quad \text{for } 1 \le i \le 4^k,$$

and so $\mu(Q_{k-1}(x) \setminus [Q_k(x) \cup Q_k(y)]) \approx \mu(Q_{k-1}(x) \setminus Q_k(x)) \approx 4^{-k}$. Hence,

$$c_\mu^2(x) \ge C \sum_{k=1}^{\infty} \int_{y \in Q_{k-1}(x)\setminus Q_k(x)} \frac{4^{-k}}{\ell(Q_k(x))^2}\, d\mu(y) \approx \sum_{k=1}^{\infty} \left(\frac{4^{-k}}{4^{-k}}\right)^2 = \infty.$$

From the above examples the reader may suspect that, given a set $E \subset \mathbb{C}$ with $\mathcal{H}^1(E) < \infty$ and $\mu = \mathcal{H}^1 \lfloor E$, the finiteness of $c^2(\mu)$ is related to the rectifiability properties of E. This is indeed the case: the David-Léger curvature theorem asserts that if $c^2(\mu) < \infty$, then E is rectifiable. This is a deep and difficult result that will be proved in Chapter 7.

On the other hand, one may consider the curvature of measures different from the arc length on some subset. For example, take a set $E \subset \mathbb{C}$ with finite area and set $\mu = \mathcal{L}^2 \lfloor E$. Then using symmetry and the estimate $R(x,y,z) \ge |x-y|/2$, one gets

$$\begin{aligned} c_\mu^2(x) &\le 2 \iint_{|x-y|\ge|x-z|} \frac{1}{R(x,y,z)^2}\, d\mu(y)\, d\mu(z) \\ &\le 8 \iint_{|x-y|\ge|x-z|} \frac{1}{|x-y|^2}\, d\mu(y)\, d\mu(z) \\ &\le 8 \int \frac{\pi|x-y|^2}{|x-y|^2}\, d\mu(y) = 8\pi\mathcal{L}^2(E). \end{aligned}$$

Thus, $c^2(\mu) \le 8\pi\mathcal{L}^2(E)^2$.

When one integrates three times with respect to μ the identity (3.2), one gets another nice identity, which relates the Cauchy transform of a measure to its curvature. The precise result, from Melnikov and Verdera [114], is in the next proposition. The statement involves the ε-truncated curvature

$$c_\varepsilon^2(\mu) = \iiint_{\substack{|x-y|>\varepsilon \\ |y-z|>\varepsilon \\ |x-z|>\varepsilon}} c(x,y,z)^2\, d\mu(x) d\mu(y) d\mu(z).$$

Proposition 3.3. *Let μ be a finite Radon measure on $\mathbb{C}$ with c_0-linear growth. We have*

$$\|\mathcal{C}_\varepsilon\mu\|_{L^2(\mu)}^2 = \frac{1}{6} c_\varepsilon^2(\mu) + O(\mu(\mathbb{C})), \tag{3.5}$$

with

$$|O(\mu(\mathbb{C}))| \le c\, c_0^2\, \mu(\mathbb{C}),$$

where c is some absolute constant.

The identity (3.5) is remarkable because it relates an analytic notion (the Cauchy transform of a measure) with a metric-geometric one (curvature). It has played a key role in many of the recent results on analytic capacity.

Proof. We have

$$\begin{aligned}
\|\mathcal{C}_\varepsilon\mu\|_{L^2(\mu)}^2 &= \iiint_{\substack{|x-y|>\varepsilon\\|x-z|>\varepsilon}} \frac{1}{(y-x)\overline{(z-x)}}\,d\mu(y)d\mu(z)d\mu(x)\\
&= \iiint_{\substack{|x-y|>\varepsilon\\|x-z|>\varepsilon\\|y-z|>\varepsilon}} \frac{1}{(y-x)\overline{(z-x)}}\,d\mu(y)d\mu(z)d\mu(x)\\
&\quad + \iiint_{\substack{|x-y|>\varepsilon\\|x-z|>\varepsilon\\|y-z|\le\varepsilon}} \frac{1}{(y-x)\overline{(z-x)}}\,d\mu(y)d\mu(z)d\mu(x)\\
&=: I_1 + I_2.
\end{aligned} \tag{3.6}$$

Consider first the integral I_1. Permuting x, y, z and using Fubini and Melnikov's identity (3.2), by the symmetry of the domain of integration we get

$$\begin{aligned}
I_1 &= \frac{1}{6}\iiint_{\substack{|z_1-z_2|>\varepsilon\\|z_1-z_3|>\varepsilon\\|z_2-z_3|>\varepsilon}} \sum_{s\in S_3} \frac{1}{(z_{s_2}-z_{s_1})\overline{(z_{s_3}-z_{s_1})}}\,d\mu(z_1)d\mu(z_2)d\mu(z_3)\\
&= \frac{1}{6}\iiint_{\substack{|z_1-z_2|>\varepsilon\\|z_1-z_3|>\varepsilon\\|z_2-z_3|>\varepsilon}} c(z_1,z_2,z_3)^2\,d\mu(z_1)d\mu(z_2)d\mu(z_3) = \frac{1}{6}\,c_\varepsilon^2(\mu).
\end{aligned}$$

To estimate the integral I_2 in (3.6), notice that, by the conditions in the domain of integration, the side with vertices y, z is the shortest one in the triangle with vertices x, y, z. Thus, $|x-y| \approx |x-z|$, and so

$$|I_2| \le c\iiint_{\substack{|x-y|>\varepsilon\\|x-z|>\varepsilon\\|y-z|\le\varepsilon}} \frac{1}{|y-x|^2}\,d\mu(y)d\mu(z)d\mu(x).$$

Integrating with respect to z, by the linear growth of μ, we derive

$$|I_2| \le c\,c_0\,\varepsilon \iint_{|x-y|>\varepsilon} \frac{1}{|y-x|^2}\,d\mu(y)d\mu(x).$$

Using again the linear growth of μ, splitting the domain $\{y : |x-y| > \varepsilon\}$ into annuli, it follows that

$$\int_{x:|x-y|>\varepsilon} \frac{1}{|y-x|^2}\,d\mu(x) \le c\,\frac{c_0}{\varepsilon}.$$

Thus we get,

$$|I_2| \le c\,c_0^2\mu(\mathbb{C}),$$

and the proposition follows. □

In the next lemma we generalize the identity (3.5) to the case involving three possibly different measures. To simplify notation, we will denote by M_R the 1-dimensional radial maximal operator, instead of $M_{R,1}$.

Lemma 3.4. *Let ν_j, $j = 1, 2, 3$, be finite real Radon measures on $\mathbb{C}$. Then we have*

$$\sum_{s \in S_3} \int \mathcal{C}_\varepsilon(\nu_{s_2}) \overline{\mathcal{C}_\varepsilon(\nu_{s_3})}\, d\nu_{s_1} = \iiint_{\substack{|x-y|>\varepsilon \\ |x-z|>\varepsilon \\ |y-z|>\varepsilon}} c(x,y,z)^2\, d\nu_1(x) d\nu_2(y) d\nu_3(z) + R,$$

where

$$|R| \le C \sum_{s \in S_3} \int M_R\nu_{s_2}\, M_R\nu_{s_3}\, d\nu_{s_1},$$

with C being an absolute constant.

Proof. Arguing as in the preceding proposition, we get

$$\begin{aligned} \int \mathcal{C}_\varepsilon(\nu_2) \overline{\mathcal{C}_\varepsilon(\nu_3)}\, d\nu_1 &= \iiint_{\substack{|x-y|>\varepsilon \\ |x-z|>\varepsilon}} \frac{d\nu_1(x)\, d\nu_2(y)\, d\nu_3(z)}{(y-x)\overline{(z-x)}} \\ &= \iiint_{\substack{|x-y|>\varepsilon \\ |x-z|>\varepsilon \\ |y-z|>\varepsilon}} \cdots + \iiint_{\substack{|x-y|>\varepsilon \\ |x-z|>\varepsilon \\ |y-z|\le\varepsilon}} \cdots =: I_1 + I_2. \end{aligned} \tag{3.7}$$

As above, in the domain of integration I_2, we have $|x-y| \approx |x-z|$, and thus

$$I_2 \lesssim \iiint_{\substack{|x-y|>\varepsilon \\ |y-z|\le\varepsilon}} \frac{d\nu_1(x)\, d\nu_2(y)\, d\nu_3(z)}{|y-x|^2} = \iint_{|x-y|>\varepsilon} \frac{\nu_3(B(y,\varepsilon))\, d\nu_1(x)\, d\nu_2(y)}{|y-x|^2}.$$

Since

$$\int_{|x-y|>\varepsilon} \frac{1}{|y-x|^2}\, d\nu_1(x) \lesssim \frac{1}{\varepsilon} M_R\nu_1(y),$$

we deduce

$$I_2 \lesssim \int \frac{\nu_3(B(y,\varepsilon))}{\varepsilon} M_R\nu_1(y) d\nu_2(y) \lesssim \int M_R\nu_1(y)\, M_R\nu_3(y)\, d\nu_2(y).$$

Permuting the indices $1, 2, 3$ in (3.7) and summing over all possible permutations, using the identity (3.2), we are done. □

3.3 The $T1$ theorem for the Cauchy singular integral operator

We will prove the following version of the $T1$ theorem for the Cauchy singular integral operator.

Theorem 3.5. *Let μ be a Radon measure on $\mathbb{C}$ with linear growth. The following conditions are equivalent:*

(a) *$\mathcal{C}_\mu$ is bounded in $L^2(\mu)$.*

(b) *For all $\varepsilon > 0$ and all the squares $Q \subset \mathbb{C}$,*

$$\|\mathcal{C}_{\mu,\varepsilon}\chi_Q\|_{L^2(\mu\lfloor Q)} \leq c\,\mu(2Q)^{1/2},$$

with c independent of ε.

(c) *For all the squares $Q \subset \mathbb{C}$,*

$$c^2(\mu\lfloor Q) \leq c\,\mu(2Q).$$

To prove this theorem we will exploit the relationship between the Cauchy transform and Menger curvature and we will use Theorem 2.22, which was obtained by means of a good λ inequality. Our arguments are new, although they have some resemblances to the ones in Tolsa [154] and, especially, in Verdera [175].

Notice that the equivalence (b) $\Leftrightarrow$ (c) follows by a direct application of (3.5) to the measure $\mu\lfloor Q$, for all the squares $Q \subset \mathbb{C}$. So we only have to prove (b) $\Rightarrow$ (a). To this end, we need the following key lemma:

Lemma 3.6. *Let μ be a finite measure with linear growth on $\mathbb{C}$, that is,*

$$\mu(B(x,r)) \leq c_0 r \quad \text{for all } x \in \mathbb{C},\ r > 0.$$

Suppose that $\|\mathcal{C}_\varepsilon\mu\|^2_{L^2(\mu)} \leq c_1\mu(\mathbb{C})$ for all $\varepsilon > 0$. Then there exists a subset $G \subset \mathbb{C}$ with $\mu(G) \geq \mu(\mathbb{C})/4$ such that $\mathcal{C}_{\mu\lfloor G} : L^2(\mu\lfloor G) \to L^2(\mu\lfloor G)$ is bounded with norm bounded above by some constant depending only on c_0 and c_1.

Proof. From the assumptions in the lemma and Proposition 3.3, we deduce

$$c^2(\mu) \leq c_2\,\mu(\mathbb{C}).$$

Given $c_3 > 0$, let

$$A_\varepsilon := \{x \in \mathbb{C} : |\mathcal{C}_\varepsilon\mu(x)| \leq c_3 \text{ and } c^2_\mu(x) \leq c_3^2\}.$$

Since $\int c^2_\mu(x)\,d\mu(x) = c^2(\mu) \leq c_2\mu(\mathbb{C})$ and $\int |\mathcal{C}_\varepsilon\mu|^2\,d\mu \leq c\mu(\mathbb{C})$, we infer that $\mu(A_\varepsilon) \geq \mu(\mathbb{C})/2$ if c_3 is chosen big enough, by Chebyshev.

We want to show that the Cauchy integral operator $\mathcal{C}_{\mu\lfloor A_\varepsilon,\varepsilon}$ is bounded in $L^2(\mu\lfloor A_\varepsilon)$. To this end we introduce an auxiliary "curvature operator": for $x, y \in A_\varepsilon$, consider the kernel $K(x,y) := \int c(x,y,z)^2\,d\mu(z)$, and let T be the operator

$$Tf(x) = \int K(x,y)f(y)\,d\mu(y).$$

By Schur's lemma, T is bounded in $L^p(\mu\lfloor A_\varepsilon)$ for all $p \in [1,\infty]$, because for all $x \in A_\varepsilon$,

$$\int_{A_\varepsilon} K(x,y)\,d\mu(y) = \int_{A_\varepsilon} K(y,x)\,d\mu(y)$$
$$= \int_{y\in A_\varepsilon} c(x,y,z)^2\,d\mu(y)d\mu(z) \le c_\mu^2(x) \le c_3^2.$$

From Lemma 3.4 we deduce that, given a non-negative (real) function f supported on A_ε, we have

$$4\int |\mathcal{C}_\varepsilon(f\,\mu)|^2\,d\mu = \iiint_{\substack{|x-y|>\varepsilon\\|x-z|>\varepsilon\\|y-z|>\varepsilon}} c(x,y,z)^2 f(x)f(y)\,d\mu(x)d\mu(y)d\mu(z)$$
$$-2\,\mathrm{Re}\int (\mathcal{C}_\varepsilon\mu)\,\overline{\mathcal{C}_\varepsilon(f\,\mu)}\,f\,d\mu + O(\|f\|^2_{L^2(\mu)}).$$

Thus,

$$\int |\mathcal{C}_\varepsilon(f\,\mu)|^2\,d\mu \le \frac{1}{4}|\langle Tf,\,f\rangle| + \frac{1}{2}\int |(\mathcal{C}_\varepsilon\mu)\,\mathcal{C}_\varepsilon(f\,\mu)\,f|\,d\mu + c\|f\|^2_{L^2(\mu)}. \tag{3.8}$$

To estimate the first term on the right-hand side we use the $L^2(\mu\lfloor A_\varepsilon)$ boundedness of T (recall that $\mathrm{supp}(f) \subset A_\varepsilon$):

$$|\langle Tf,\,f\rangle| \le \|Tf\|_{L^2(\mu)}\,\|f\|_{L^2(\mu)} \le c\|f\|^2_{L^2(\mu)}.$$

To deal with the second integral on the right-hand side of (3.8), notice that $|\mathcal{C}_\varepsilon\mu| \le c_3$ on the support of f, and so

$$\int |(\mathcal{C}_\varepsilon\mu)\,\mathcal{C}_\varepsilon(f\,\mu)\,f|\,d\mu \le c_3\int |\mathcal{C}_\varepsilon(f\,\mu)\,f|\,d\mu \le c_3\|\mathcal{C}_\varepsilon(f\,\mu)\|_{L^2(\mu)}\|f\|_{L^2(\mu)}.$$

By (3.8) we get

$$\|\mathcal{C}_\varepsilon(f\,\mu)\|^2_{L^2(\mu)} \le c\|f\|^2_{L^2(\mu)} + \frac{c_3}{2}\,\|\mathcal{C}_\varepsilon(f\,\mu)\|_{L^2(\mu)}\|f\|_{L^2(\mu)},$$

which implies that $\|\mathcal{C}_\varepsilon(f\,\mu)\|_{L^2(\mu)} \le c\|f\|_{L^2(\mu)}$.

So far we have proved the $L^2(\mu\lfloor A_\varepsilon)$ boundedness of $\mathcal{C}_{\mu\lfloor A_\varepsilon,\varepsilon}$. If A_ε were independent of ε, we would set $G := A_\varepsilon$ and we would be done. Unfortunately this is not the case and we have to work a little more. We set

$$G_\varepsilon := \{x \in \mathbb{C} : \mathcal{C}_{*,\varepsilon}\mu(x) \le c_4 \text{ and } c_\mu^2(x) \le c_4^2\},$$

where c_4 is some constant big enough (with $c_4 > c_3$) to be chosen below. By Remark 2.17, Theorem 2.21, and the discussion above, we know that $\mathcal{C}_{*,\varepsilon}$ is bounded from $M(\mathbb{C})$ into $L^{1,\infty}(\mu\lfloor A_\varepsilon)$ (with constants independent of ε). Thus,

$$\mu(\{x \in A_\varepsilon : \mathcal{C}_{*,\varepsilon}\mu(x) > c_4\}) \le \frac{c\mu(\mathbb{C})}{c_4}.$$

If c_4 is big enough, the right-hand side of the preceding inequality does not exceed $\mu(\mathbb{C})/4 \le \mu(A_\varepsilon)/2$. Thus,

$$\mu(G_\varepsilon) \ge \mu(\{x \in A_\varepsilon : \mathcal{C}_{*,\varepsilon}\mu(x) \le c_4\}) \ge \frac{1}{2}\,\mu(A_\varepsilon) \ge \frac{1}{4}\,\mu(\mathbb{C}).$$

We set

$$G := \bigcap_{\varepsilon>0} G_\varepsilon.$$

Notice that, by definition, $G_\varepsilon \subset G_\delta$ if $\varepsilon > \delta$ and so we have

$$\mu(G) = \lim_{\varepsilon\to 0} \mu(G_\varepsilon) \ge \frac{1}{4}\,\mu(\mathbb{C}).$$

By the same argument used for A_ε, it follows that $\mathcal{C}_{\mu\lfloor G_\varepsilon,\varepsilon}$ is bounded on $L^2(\mu\lfloor G_\varepsilon)$ (with constant independent of ε), and thus $\mathcal{C}_{\mu\lfloor G}$ is bounded on $L^2(\mu\lfloor G)$. □

Proof of Theorem 3.5. As remarked above, we only have to prove (b) ⇒ (a). This follows by a direct application of the preceding lemma and Theorem 2.22. Indeed, for any given $\beta > 0$, consider a $(2, \beta)$-doubling square Q. By the assumption (b),

$$\|\mathcal{C}_{\mu,\varepsilon}\chi_Q\|_{L^2(\mu\lfloor Q)} \le c\mu(2Q)^{1/2} \le c\beta^{1/2}\,\mu(Q)^{1/2}$$

uniformly on $\varepsilon > 0$. By Lemma 3.6 applied to the measure $\mu\lfloor Q$, we infer that there exists some subset $G_Q \subset Q$ with $\mu(G_Q) \ge \mu(Q)/4$ such that the Cauchy transform is bounded in $L^2(\mu\lfloor G_Q)$, and thus $\mathcal{C}_*$ is bounded from $M(\mathbb{C})$ into $L^{1,\infty}(\mu)$. Then Theorem 2.22 ensures that $\mathcal{C}_\mu$ is bounded in $L^2(\mu)$. □

Remark 3.7. By the Remark 2.24 just after the proof of Theorem 2.22, one can ask conditions (a) and (b) in Theorem 3.5 to hold only for squares or balls centered on $\mathrm{supp}(\mu)$, instead of all the squares.

3.4 The Cauchy transform on Lipschitz graphs

In this section we will prove that the Cauchy transform is bounded on Lipschitz graphs. This important result was first proved by Calderón [5] assuming the slope of the Lipschitz graph small enough. The proof in full generality was obtained later by Coifman, McIntosh, and Meyer [16].

The arguments below are not the original ones. They are due to Melnikov and Verdera [114]. They rely on the use of curvature by means of the identity (3.5) and the $T1$ theorem.

For $x, y, z \in \mathbb{C}$, we have

$$S(x,y,z) = \frac{1}{2}\,\big|(y_1 - x_1)(z_2 - x_2) - (y_2 - x_2)(z_1 - x_1)\big|,$$

where the subindices 1, 2 stand for the horizontal and vertical coordinates, respectively. Therefore, we have

$$c(x,y,z) = 2\,\frac{\big|(y_1-x_1)(z_2-x_2)-(y_2-x_2)(z_1-x_1)\big|}{|x-y|\,|x-z|\,|y-z|}$$
$$= 2\,\frac{|x_1-y_1|\,|x_1-z_1|\,|y_1-z_1|}{|x-y|\,|x-z|\,|y-z|}\left|\frac{\dfrac{z_2-x_2}{z_1-x_1}-\dfrac{y_2-x_2}{y_1-x_1}}{z_1-y_1}\right|. \tag{3.9}$$

Remark 3.8. Let $I \subset \mathbb{R}$ be an interval and $A : I \to \mathbb{R}$ a Lipschitz function. Consider three points $X = (x, A(x))$, $Y = (y, A(y))$, and $Z = (z, A(z))$, with $x, y, z \in I$. By the preceding identity

$$\frac{2}{\left(1+\|A'\|_\infty^2\right)^{3/2}}\left|\frac{\dfrac{A(z)-A(x)}{z-x}-\dfrac{A(y)-A(x)}{y-x}}{z-y}\right|$$
$$\le c(X,Y,Z) \le 2\left|\frac{\dfrac{A(z)-A(x)}{z-x}-\dfrac{A(y)-A(x)}{y-x}}{z-y}\right|. \tag{3.10}$$

Let us see how the last term on the right-hand side can be estimated in terms of $\|A''\|_\infty$, assuming A' to be Lipschitz. To simplify notation, for $a < b$, write

$$m_{[a,b]}A' = \frac{1}{b-a}\int_a^b A'(t)\,dt.$$

That is, $m_{[a,b]}A'$ is the mean of A' over the interval $[a, b]$. Suppose that $x < y < z$. By the fundamental theorem of calculus, we have

$$\frac{A(z)-A(x)}{z-x}-\frac{A(y)-A(x)}{y-x} = m_{[x,z]}A' - m_{[x,y]}A' \tag{3.11}$$
$$= \left(\frac{y-x}{z-x}\,m_{[x,y]}A' + \frac{z-y}{z-x}\,m_{[y,z]}A'\right) - m_{[x,y]}A'$$
$$= \frac{z-y}{z-x}\left(m_{[y,z]}A' - m_{[x,y]}A'\right).$$

Observe now that

$$\left|m_{[y,z]}A' - A'(y)\right| \le \|A''\|_\infty\,(z-y) \quad\text{and}\quad \left|m_{[x,y]}A' - A'(y)\right| \le \|A''\|_\infty\,(y-x).$$

Therefore,

$$\left|m_{[y,z]}A' - m_{[x,y]}A'\right| \le \|A''\|_\infty\,(z-y) + \|A''\|_\infty\,(y-x) = \|A''\|_\infty\,(z-x).$$

From this estimate and (3.11), we derive

$$\left| \frac{\frac{A(z)-A(x)}{z-x} - \frac{A(y)-A(x)}{y-x}}{z-y} \right| \leq \|A''\|_\infty \tag{3.12}$$

and so

$$c(X,Y,Z) \leq 2\|A''\|_\infty. \tag{3.13}$$

In the preceding remark we have estimated the Menger curvature of three points in terms of $\|A''\|_\infty$. Integrating with respect to arc length, one can bound the curvature of the arc length measure on the graph of A in terms of $\|A''\|_\infty$. Nevertheless, using the Plancherel identity, it turns out that the curvature of arc length measure can be estimated in terms of the first derivative of A, instead of the second one.

Lemma 3.9. *Let $A : \mathbb{R} \to \mathbb{R}$ be an absolutely continuous function such that $A' \in L^2(\mathbb{R})$. We have*

$$\iiint_{\mathbb{R}^3} \left| \frac{\frac{A(z)-A(x)}{z-x} - \frac{A(y)-A(x)}{y-x}}{z-y} \right|^2 dx\,dy\,dz = 2\pi^2 \|A'\|_2^2, \tag{3.14}$$

and

$$\frac{8\pi^2\|A'\|_2^2}{\left(1+\|A'\|_\infty^2\right)^3} \leq \iiint_{\mathbb{R}^3} c\Big((x,A(x)),(y,A(y)),(z,A(z))\Big)^2 dx\,dy\,dz \leq 8\pi^2\|A'\|_2^2. \tag{3.15}$$

Proof. Let us consider new variables $h = y-x$ and $k = z-x$. Applying Plancherel in x, the triple integral in (3.14) equals

$$\begin{aligned} &\iiint_{\mathbb{R}^3} \left| \frac{\frac{e^{2\pi i k\xi}-1}{k} - \frac{e^{2\pi i h\xi}-1}{h}}{k-h} \right|^2 |\widehat{A}(\xi)|^2 \, d\xi\, dh\, dk \\ &= \iiint_{\mathbb{R}^3} \left| \frac{\frac{e^{2\pi i u}-1}{u} - \frac{e^{2\pi i v}-1}{v}}{u-v} \right|^2 |\xi\widehat{A}(\xi)|^2 \, d\xi\, du\, dv \\ &= \frac{1}{4\pi^2}\|A'\|^2 \iint_{\mathbb{R}^2} \left| \frac{\frac{e^{2\pi i u}-1}{u} - \frac{e^{2\pi i v}-1}{v}}{u-v} \right|^2 du\,dv. \end{aligned}$$

Let $E(u) = (e^{2\pi i u} - 1)/u$, so that the last double integral equals

$$I = \iint_{\mathbb{R}^2} \left| \frac{E(u+t) - E(u)}{t} \right|^2 du\, dt.$$

Since the Fourier transform of $E(u)$ is $2\pi i\, \chi_{[0,1]}(\xi)$, we get

$$I = 4\pi^2 \int_{\mathbb{R}} \int_0^1 \left| \frac{e^{2\pi i \xi t} - 1}{t} \right|^2 d\xi\, dt = 4\pi^2 \int_{\mathbb{R}} \int_0^1 \left| \frac{e^{2\pi i u} - 1}{u} \right|^2 |\xi|\, d\xi\, du.$$

By Plancherel in u:

$$I = 4\pi^2 \, \|E\|_2^2 \int_0^1 \xi\, d\xi = 8\pi^4,$$

and so we are done with (3.14).

Finally, the inequality (3.15) is a straightforward consequence of (3.10) and (3.14). □

From the last lemma we get:

Lemma 3.10. *Let $A : \mathbb{R} \to \mathbb{R}$ a Lipschitz function and let $\Gamma \subset \mathbb{R}^2$ be its graph. Let Π be the orthogonal projection onto the horizontal axis, and let μ be the measure on Γ given by*

$$d\mu(x) = \frac{1}{\sqrt{1 + |A'(\Pi(x))|^2}}\, d\mathcal{H}^1 \lfloor \Gamma(x).$$

Then, for any interval $I \subset \mathbb{R}$, we have

$$c^2(\mu \lfloor \Pi^{-1}(I)) \leq 16\pi^2 \, \|A'\|_\infty^2 \, \ell(I).$$

Proof. The lemma follows by localizing the estimates obtained above. Since the curvature is invariant by translation, we may assume that $I = [0, b]$ and that $A(b) = 0$. Consider the auxiliary Lipschitz function $\widetilde{A}$ given by:

$$\widetilde{A}(x) = \begin{cases} 0 & \text{if } x \leq -b, \\ A(0)\, b^{-1}\, x + A(0) & \text{if } -b < x \leq 0, \\ A(x) & \text{if } 0 < x \leq b, \\ 0 & \text{if } x > b. \end{cases}$$

Then, since the image measure of μ by Π is the Lebesgue measure on the x axis, we have

$$\begin{aligned} c^2(\mu \lfloor \Pi^{-1}(I)) &\leq \iiint_{\mathbb{R}^3} c\Big((x, \widetilde{A}(x)),\, (y, \widetilde{A}(y)),\, (z, \widetilde{A}(z))\Big)^2 dx\, dy\, dz \\ &\leq 8\pi^2 \|\widetilde{A}'\|_2^2. \end{aligned}$$

Since $\|\widetilde{A}'\|_\infty \leq \|A'\|_\infty$, we have $\|\widetilde{A}'\|_2^2 \leq 2\ell(I)\|A'\|_\infty^2$. □

Theorem 3.11. *Let $A : \mathbb{R} \to \mathbb{R}$ be a Lipschitz function and $\Gamma \subset \mathbb{R}^2$ its Lipschitz graph. Consider the measure $\mu = \mathcal{H}^1\lfloor\Gamma$. Then the Cauchy transform $\mathcal{C}_\mu$ is bounded in $L^2(\mu)$, and the norm does not exceed some constant depending only on $\|A'\|_\infty$.*

Proof. We will use the $T1$ theorem proved in the previous section. So it is enough to show that there exists some constant c depending only on $\|A'\|_\infty$ such that for every square Q,

$$\|\mathcal{C}_{\mu,\varepsilon}(\chi_Q)\|_{L^2(\mu)}^2 \leq c\,\mu(2Q),$$

uniformly on $\varepsilon > 0$, or equivalently, that

$$c^2(\mu\lfloor Q) \leq c\,\mu(2Q).$$

Obviously, we may assume that $Q \cap \Gamma \neq \varnothing$. By the previous lemma,

$$c^2(\mu\lfloor Q) \leq c(\|A'\|_\infty)\ell(Q) \leq c(\|A'\|_\infty)\mu(2Q),$$

and so we are done. Notice that the last inequality holds because $Q \cap \Gamma \neq \varnothing$.

Another possible approach towards the application of the $T1$ theorem consists in considering only squares Q centered in Γ, recalling Remark 3.7. In this case, we have

$$c^2(\mu\lfloor Q) \leq c(\|A'\|_\infty)\ell(Q) \leq c(\|A'\|_\infty)\mu(Q).$$ □

Let us remark that, in order to prove the preceding theorem, it is not necessary to apply a $T1$ theorem for non-doubling measures, since the measure $\mathcal{H}^1\lfloor\Gamma$ is clearly doubling. So the usual "doubling" $T1$ theorem of David and Journé suffices. Moreover, changing slightly the arguments above, one can also prove the theorem by interpolation between the pairs $(H^1(\mathbb{R}), L^1(\mathbb{R}))$ and $(L^\infty(\mathbb{R}), BMO(\mathbb{R}))$. See Melnikov and Verdera [114] for more details.

3.5 The Cauchy transform on AD regular curves

In this section we will show that the Cauchy transform is bounded in L^2 with respect to arc length on AD regular curves. This was first proved by David in [20]. Recall that an AD regular curve is a curve Γ satisfying

$$\mathcal{H}^1(\Gamma \cap B(x,r)) \leq c_0\,r \qquad \text{for all } x \in \mathbb{C},\ r > 0.$$

Notice that since Γ is a connected set, it automatically satisfies the lower estimate $\mathcal{H}^1(\Gamma \cap B(x,r)) \geq r/2$ for all $x \in \Gamma$ and $0 < r < \operatorname{diam}(\Gamma)$. For the proof we will follow the original argument of David, which consists in showing that Γ has big pieces of Lipschitz graphs. That is, for every ball B centered at Γ with radius $r(B) \leq \operatorname{diam}(\Gamma)$ there exists a possibly rotated Lipschitz graph G_B with its slope bounded above uniformly such that $\mathcal{H}^1(\Gamma \cap G_B \cap B) \geq c^{-1}\,r$. Applying then the good lambda Theorem 2.22 and the fact that the Cauchy transform is bounded on Lipschitz graphs, one derives the $L^2(\mathcal{H}^1\lfloor\Gamma)$ boundedness of $\mathcal{C}_{\mathcal{H}^1\lfloor\Gamma}$.

Let us remark that, since $\mathcal{H}^1\lfloor\Gamma$ is a doubling measure, the full strength of Theorem 2.22 is not needed. A suitable doubling version would suffice, as in David [20].

Recall also that the L^2 boundedness of the Cauchy transform implies the linear growth condition. Together with David's theorem, this characterizes the AD regular curves as those curves such that the Cauchy transform is bounded in L^2 with respect to arc length.

Theorem 3.12. *Let $\Gamma \subset \mathbb{C}$ be an AD regular curve. Then $\mathcal{C}_{\mathcal{H}^1\lfloor\Gamma}$ is bounded in $L^2(\mathcal{H}^1\lfloor\Gamma)$, with its norm bounded above by some constant depending only on the AD regularity constant of Γ.*

As remarked above, it is enough to prove the following.

Lemma 3.13. *Let $\Gamma \subset \mathbb{C}$ be an AD regular curve. For every ball B centered at Γ with radius $r(B) \leq \operatorname{diam}(\Gamma)$ there exists a (possibly rotated) Lipschitz graph G_B with slope bounded above uniformly such that*

$$\mathcal{H}^1(\Gamma \cap G_B \cap B) \geq c^{-1}r.$$

Proof. Set $B = B(x_0, r)$ and let $g = (g_1, g_2) : [0, s_0] \longrightarrow \mathbb{C}$ be an arc length parametrization of the arc of Γ between x_0 and the first time that Γ hits $\partial B(x_0, r)$, so that $g(0) = x_0$ and $g(s_0) \in \partial B(x_0, r)$. After, a change of coordinates we may assume that $x_0 = 0$ and $g(s_0) = (r, 0)$.

We will find the required subset $\Gamma \cap G_B$ in $g([0, s_0])$. To this end, we will prove the following.

Claim. *There exist a set $E \subset [0, s_0]$ and a Lipschitz function $h : [0, s_0] \to \mathbb{R}$ such that $\mathcal{L}^1(E) \geq r/2$,*

$$h(s) = g_1(s) \qquad \textit{for all } s \in E,$$

and

$$\frac{1}{2c_0} \leq h'(s) \leq 1 \qquad \textit{for all } s \in [0, s_0].$$

To check that the lemma follows from this claim, notice that h is invertible and h^{-1} is Lipschitz, and then consider the curve

$$\widetilde{\Gamma} = \{(h(s), g_2(s)) : s \in [0, s_0]\} = \{(t, g_2 \circ h^{-1}(t)) : t \in h([0, s_0])\}.$$

Clearly, $\widetilde{\Gamma}$ is the graph of the Lipschitz function $g_2 \circ h^{-1}$ and, setting $\widetilde{g}(t) = (t, g_2 \circ h^{-1}(t))$, we get

$$\Gamma \cap \widetilde{\Gamma} \supset g(E) = \widetilde{g} \circ h(E).$$

So choosing $G_B = \widetilde{\Gamma}$, we have $\mathcal{H}^1(G_B \cap \Gamma) \geq \mathcal{H}^1(\widetilde{g}(h(E))) \geq \mathcal{L}^1(h(E)) \geq r/2c_0$, and we are done.

To prove the claim, we apply the rising sun lemma. Notice first that

$$s_0 = \mathcal{H}^1(g([0, s_0])) \leq c_0\, r = c_0\, g_1(s_0). \tag{3.16}$$

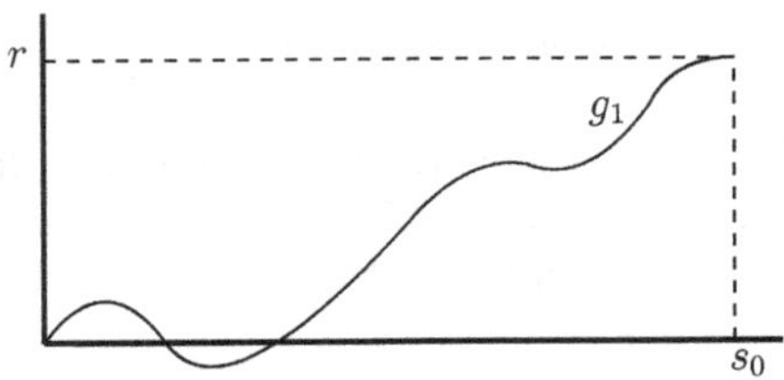

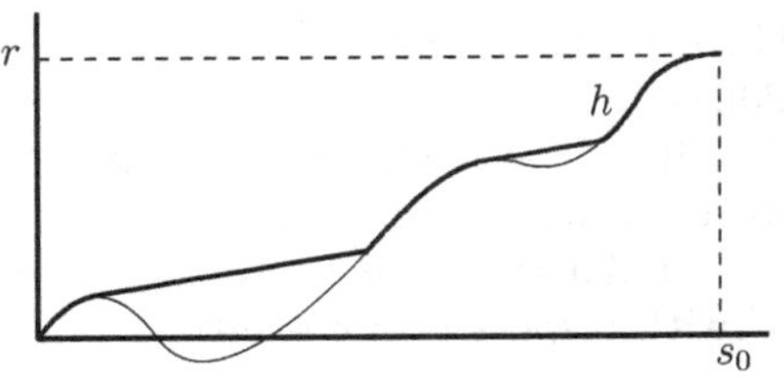

Figure 3.2: On the left, the function g_1. On the right, the function h is drawn with thick lines.

Now we take the function

$$h(s) = \sup_{0 \le t \le s} \left[g_1(t) + \frac{1}{2c_0}(s-t) \right].$$

See Figure 3.2. This is a Lipschitz function, and from the fact that $|g'| = 1$ a.e. we infer that $\|g_1'\|_\infty \le 1$, and then it easily follows that

$$\|h'\|_\infty \le 1.$$

Moreover, by construction

$$h'(s) \ge \frac{1}{2c_0} \quad \text{for a.e. } s \in [0, s_0].$$

The set E of those $s \in [0, s_0]$ where $h(s) = g_1(s)$ is closed. Thus, its complementary in $(0, s_0)$ is an, at most, countable union of open intervals I_k. In each interval I_k, by construction we have $h' = 1/(2c_0)$. Thus, using also (3.16),

$$\int_{[0,s_0]\setminus E} h'(s)\, ds = \sum_k \frac{1}{2c_0}\, \ell(I_k) \le \frac{s_0}{2c_0} \le \frac{r}{2}.$$

On the other hand,

$$\int_0^{s_0} h'(s)\, ds = h(s_0) - h(0) \ge g_1(s_0) - g_1(0) = r.$$

Therefore,

$$\mathcal{L}^1(E) \ge \mathcal{L}^1(E)\, \|h'\|_\infty \ge \int_E h'(s)\, ds \ge \frac{r}{2},$$

and so the claim and the lemma hold. □

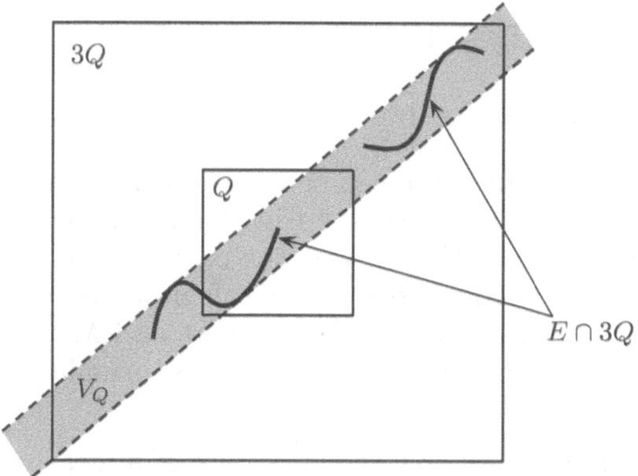

Figure 3.3: The squares Q, $3Q$, and the strip V_Q in the definition of $\beta_E(Q)$.

3.6 Curvature and Jones' β's

In this section we investigate the relationship between curvature of measures and the Jones β numbers. From this relationship, in combination with the Jones' traveling salesman theorem and the $T1$ theorem, we will get a new a proof of the L^2 boundedness of the Cauchy transform on Lipschitz graphs and on AD regular curves. Moreover, by means of this new approach we will get a sharp bound for the L^2 norm of the Cauchy transform on Lipschitz graphs, as well as sharp quantitative estimates for the analytic capacity of subsets of rectifiable curves in Chapter 4. However, the results in this section are not necessary either for the proof of Vitushkin's conjecture or for the semiadditivity of analytic capacity, and thus can be skipped without much harm if preferred.

To state the traveling salesman theorem of Peter Jones [75], first we introduce some notation. Given $E \subset \mathbb{C}$ and a square Q, let V_Q be an infinite closed strip (or line in the degenerate case) of smallest possible width which contains $E \cap 3Q$, and let $w(V_Q)$ denote the width of V_Q. Then we set

$$\beta_E(Q) = \frac{w(V_Q)}{\ell(Q)}. \tag{3.17}$$

See Figure 3.3. So $\beta_E(Q)$ measures in a scale invariant way how well E can be approximated in $3Q$ by some line.

Theorem 3.14 (Jones' traveling salesman theorem). *A set $E \subset \mathbb{C}$ is contained in a rectifiable curve Γ (with finite length) if and only if*

$$\sum_{Q \in \mathcal{D}} \beta_E(Q)^2 \ell(Q) < \infty. \tag{3.18}$$

Moreover, the length of the shortest curve Γ *containing* E *satisfies*

$$\mathcal{H}^1(\Gamma) \approx \operatorname{diam}(E) + \sum_{Q\in\mathcal{D}} \beta_E(Q)^2 \ell(Q),$$

with absolute constants.

The theorem also holds for sets E contained in $\mathbb{R}^d$. The proof of the "if" part of the theorem in Jones [75] is also valid in this case. The "only if" part for $\mathbb{R}^d$ was obtained by Okikiolu [129]. We will not prove Jones' theorem in this book. We refer the reader either to the original proofs in Jones [75] and Okikiolu [129], or to the more friendly arguments from Garnett and Marshall [56, Chapter X]. An alternative proof based on the use of Crofton's formula is given in Bishop and Peres [4].

The next theorem shows how the curvature of a measure with linear growth supported on a curve or, more generally, a connected set can be estimated in terms of Jones β's.

Theorem 3.15. *If* μ *is a measure with* c_0*-linear growth supported on a connected set* $\Gamma \subset \mathbb{C}$*, then*

$$c^2(\mu) \leq c\, c_0^2 \sum_{Q\in\mathcal{D}} \beta_\Gamma(Q)^2 \mu(Q),$$

where c *is an absolute constant.*

For the proof we need a couple of auxiliary results. The first one is the following.

Lemma 3.16. *Let* $E \subset \mathbb{C}$ *and consider a square* $Q \subset \mathbb{C}$*. Let* $x, y, z \in 3Q \cap E$ *be such that*

$$|x-y| \approx |x-z| \approx |y-z| \approx \ell(Q). \tag{3.19}$$

Then

$$c(x,y,z) \leq c\, \frac{\beta_E(Q)}{\ell(Q)},$$

with c *depending on the comparability constants in* (3.19).

Proof. Let V be a closed strip that contains $E\cap 3Q$, and thus x, y, z. Since $V\cap 3Q$ is convex, the triangle with vertices x, y, z is contained in $V \cap 3Q$. Thus, the area of $V\cap 3Q$ is greater than or equal to the area $S(x, y, z)$ of the triangle with vertices x, y, z. On the other hand,

$$\text{Area of } V \cap 3Q \leq w(V) \operatorname{diam}(Q)$$

(recall that $w(V)$ is the width of V). Thus, $S(x, y, z) \leq 2^{1/2}\, w(V)\, \ell(Q)$. Since this holds for all the strips V containing $E \cap 3Q$, we deduce that $S(x, y, z) \leq 2^{1/2}\, \beta(Q)\, \ell(Q)^2$, and so

$$c(x,y,z) = \frac{4\, S(x,y,z)}{|x-y|\,|x-z|\,|y-z|} \leq c\, \frac{\beta(Q)\, \ell(Q)^2}{\ell(Q)^3} = c\, \frac{\beta(Q)}{\ell(Q)}. \qquad \square$$

In the preceding lemma we have seen how the Menger curvature of the triple (x, y, z) can be estimated in terms of the β's when the sides of the triangle with vertices x, y, z have comparable lengths. To deal with the triples of points which originate triangles whose sides lengths are not comparable we will use the following lemma.

Lemma 3.17. *Let $x, y \in \mathbb{C}$, and for $i = 1, \dots, N$, let $z_i \in \mathbb{C}$ be such that*

$$|x - z_i| \leq 2^{-i}|x - y| \qquad \text{for } i = 1, \dots, N.$$

Then

$$c(x, y, z_N) \leq \sum_{i=1}^{N} 2^{-i+3}\, c(x, z_{i-1}, z_i),$$

where $z_0 = y$.

Proof. Denote by Π_L the orthogonal projection onto a line L. For $i = 1, \dots, N$, define inductively $w_N = z_N$ and $w_{i-1} = \Pi_{L_{x,z_{i-1}}}(w_i)$. See Figure 3.4. Then we have

$$\operatorname{dist}(z_N, L_{x,y}) \leq \sum_{i=1}^{N} |w_{i-1} - w_i|.$$

By Thales theorem,

$$|w_{i-1} - w_i| = \operatorname{dist}(w_i, L_{x,z_{i-1}}) = \operatorname{dist}(z_i, L_{x,z_{i-1}})\,\frac{|w_i - x|}{|z_i - x|}.$$

Therefore, we get

$$c(x, y, z_N) = \frac{2\,\operatorname{dist}(z_N, L_{x,y})}{|z_N - x|\,|z_N - y|} \leq \sum_{i=1}^{N} \frac{2\,\operatorname{dist}(z_i, L_{x,z_{i-1}})}{|z_N - x|\,|z_N - y|}\,\frac{|w_i - x|}{|z_i - x|}.$$

Observe now that, for all i,

$$|w_i - x| \leq |w_{i+1} - x| \leq \cdots \leq |w_N - x| = |z_N - x|.$$

So we have

$$c(x, y, z_N) \leq \sum_{i=1}^{N} \frac{2\,\operatorname{dist}(z_i, L_{x,z_{i-1}})}{|z_i - x|\,|z_N - y|}.$$

Now we take into account that

$$|y - z_N| \geq |x - y| - |x - z_N| \geq \frac{1}{2}|x - y|,$$

and

$$|z_i - z_{i-1}| \leq |z_i - x| + |z_{i-1} - x| \leq 2^{-i+2}\,|x - y| \leq 2^{-i+3}\,|y - z_N|.$$

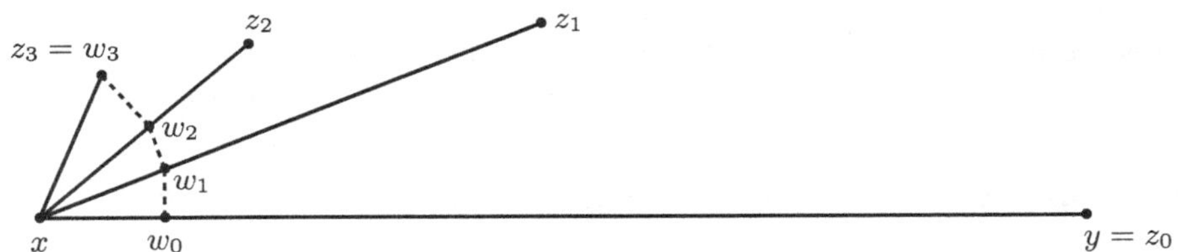

Figure 3.4: The points $x, y, z_0, \ldots, z_3$, and $w_0, \ldots, w_3$ in the proof of Lemma 3.17, with $N = 3$.

Then we obtain

$$c(x, y, z_N) \le \sum_{i=1}^{N} 2^{-i+3} \frac{2 \operatorname{dist}(z_i, L_{x,z_{i-1}})}{|z_i - x|\,|z_i - z_{i-1}|} = \sum_{i=1}^{N} 2^{-i+3}\, c(x, z_{i-1}, z_i). \qquad \square$$

Proof of Theorem 3.15. We have

$$c^2(\mu) \le 6 \iiint_{|x-y|\ge|y-z|\ge|x-z|} c(x,y,z)^2\, d\mu(x)\, d\mu(y)\, d\mu(z).$$

Given a square $Q \subset \mathbb{C}$, we write $(x, y) \in \widetilde{Q}$ if $x \in Q$ and moreover $\frac{1}{2}\ell(Q) \le |x-y| \le \ell(Q)$. For every pair of points $x, z \in \mathbb{C}$ it is easy to check that there exists a square $Q \in \mathcal{D}$ such that $(x, z) \in \widetilde{Q}$. Also, if $|x-y| \ge |x-z|$, then there exists some dyadic square $R \supset Q$ such that $(x, y) \in \widetilde{R}$. Then we have

$$c^2(\mu) \le 6 \sum_{\substack{Q,R\in\mathcal{D}\\ R\supset Q}} \iint_{(x,z)\in\widetilde{Q}} \left(\int_{\substack{y:(x,y)\in\widetilde{R}\\ |x-y|\ge|y-z|\ge|x-z|}} c(x,y,z)^2\, d\mu(y) \right) d\mu(x)\, d\mu(z). \tag{3.20}$$

To estimate $c(x, y, z)$ for $x, y, z \in \Gamma$ as in the integrals above we wish to apply Lemma 3.17. Notice that in the domain of integration, $|x-z| \le |x-y|/2$, so there exists $N \ge 1$ such that

$$2^{-N-1}|x-y| < |x-z| \le 2^{-N}|x-y|.$$

Since Γ is connected, for $i = 1, \ldots, N-1$ there are points $z_i \in \Gamma$ such that $|x - z_i| = 2^{-i}|x-y|$. Then we have

$$c(x, y, z) \le 8 \sum_{i=1}^{N} 2^{-i}\, c(x, z_{i-1}, z_i),$$

with $z_0 = y$ and $z_N = z$. Observe that from the condition $|x - z_i| = 2^{-i}|x - y| \leq 2^{-i}\ell(R)$ for $i = 0, \dots, N$, we infer that $z_{i-1}, z_i \in 3S$, where S is the $(i-1)$-th descendant of R which contains Q. Moreover,

$$|x - z_i| \approx |x - z_{i-1}| \approx |z_i - z_{i-1}| \approx \ell(S).$$

Then, by Lemma 3.16, we have $c(x, z_{i-1}, z_i) \leq c\,\beta_\Gamma(S)/\ell(S)$ and thus

$$c(x,y,z) \leq c \sum_{S\in\mathcal{D}:Q\subset S\subset R} \frac{\ell(S)}{\ell(R)}\,\frac{\beta_\Gamma(S)}{\ell(S)} = c \sum_{S\in\mathcal{D}:Q\subset S\subset R} \frac{\beta_\Gamma(S)}{\ell(R)}.$$

Now, by the Cauchy-Schwarz inequality,

$$\begin{aligned}\Bigg(\sum_{S\in\mathcal{D}:Q\subset S\subset R} \beta_\Gamma(S)\Bigg)^2 &\leq \Bigg(\sum_{S\in\mathcal{D}:Q\subset S\subset R} \beta_\Gamma(S)^2 \frac{\ell(R)^{1/2}}{\ell(S)^{1/2}}\Bigg)\Bigg(\sum_{S\in\mathcal{D}:Q\subset S\subset R} \frac{\ell(S)^{1/2}}{\ell(R)^{1/2}}\Bigg)\\ &\leq c \sum_{S\in\mathcal{D}:Q\subset S\subset R} \beta_\Gamma(S)^2 \frac{\ell(R)^{1/2}}{\ell(S)^{1/2}}.\end{aligned}$$

As a consequence,

$$c(x,y,z)^2 \leq c \sum_{S\in\mathcal{D}:Q\subset S\subset R} \frac{\beta_\Gamma(S)^2}{\ell(R)^{3/2}\ell(S)^{1/2}}.$$

We plug the preceding estimate into (3.20), and we take into account that $(x,z) \in \widetilde{Q}$ implies that $z \in 3Q$, and $(x,y) \in \widetilde{R}$ that $y \in 3R$, and then we obtain

$$\begin{aligned}c^2(\mu) &\leq c \sum_{\substack{Q,R\in\mathcal{D}\\ R\supset Q}} \iint_{(x,z)\in\widetilde{Q}} \Bigg(\int_{y\in 3R} \sum_{\substack{S\in\mathcal{D}:\\ Q\subset S\subset R}} \frac{\beta_\Gamma(S)^2}{\ell(R)^{3/2}\ell(S)^{1/2}}\,d\mu(y)\Bigg)\,d\mu(x)\,d\mu(z)\\ &\leq c \sum_{\substack{Q,R\in\mathcal{D}\\ R\supset Q}} \sum_{\substack{S\in\mathcal{D}:\\ Q\subset S\subset R}} \frac{\beta_\Gamma(S)^2}{\ell(R)^{3/2}\ell(S)^{1/2}}\mu(3R)\mu(Q)\mu(3Q).\end{aligned}$$

By the linear growth of μ and Fubini, we get

$$\begin{aligned}c^2(\mu) &\leq c\,c_0^2 \sum_{S\in\mathcal{D}} \beta_\Gamma(S)^2 \sum_{Q\in\mathcal{D}:Q\subset S} \mu(Q)\frac{\ell(Q)}{\ell(S)^{1/2}} \sum_{R\in\mathcal{D}:R\supset S} \frac{1}{\ell(R)^{1/2}}\\ &\leq c\,c_0^2 \sum_{S\in\mathcal{D}} \beta_\Gamma(S)^2 \sum_{Q\in\mathcal{D}:Q\subset S} \mu(Q)\,\frac{\ell(Q)}{\ell(S)}.\end{aligned}$$

Finally, notice that

$$\sum_{Q\in\mathcal{D}:Q\subset S} \mu(Q)\,\frac{\ell(Q)}{\ell(S)} = \sum_{k\geq 0} 2^{-k} \sum_{\substack{Q\in\mathcal{D}:Q\subset S\\ \ell(Q)=2^{-k}\ell(S)}} \mu(Q) \leq 2\,\mu(S),$$

and so the theorem follows. □

Remark 3.18. By analogous arguments to the ones used above, one can show that if μ is an AD regular measure with AD regularity constant c_0 (i.e., the constant c in (2.2) equals c_0), then

$$c^2(\mu) \leq c_5 \sum_{Q\in\mathcal{D}} \beta_E(Q)^2 \mu(Q),$$

where $E = \operatorname{supp}\mu$ and c_5 depends on c_0.

In the next theorem we apply the preceding results to prove a sharp estimate for the L^2 norm of the Cauchy transform on Lipschitz graphs which is due to Murai [115].

Theorem 3.19. *Let $A : \mathbb{R} \to \mathbb{R}$ be a Lipschitz function and $\Gamma \subset \mathbb{C}$ its graph. Consider the measure*

$$d\mu(x) = \frac{1}{\sqrt{1+|A'(\Pi(x))|^2}}\, d\mathcal{H}^1\lfloor\Gamma(x).$$

Then the Cauchy transform $\mathcal{C}_\mu$ is bounded in $L^2(\mu)$, and

$$\|\mathcal{C}_\mu\|_{L^2(\mu)\to L^2(\mu)} \leq c\,(1+\|A'\|_\infty)^{1/2}, \tag{3.21}$$

where c is some absolute constant.

Observe that the statement in the theorem is equivalent to saying that the singular integral operator

$$T_A f(x) = \int \frac{x-y+i\big(A(x)-A(y)\big)}{|x-y|^2+|A(x)-A(y)|^2}\, f(y)\, dy$$

is bounded in $L^2(\mathbb{R})$ with $\|T_A\|_{L^2(\mathbb{R})\to L^2(\mathbb{R})} \leq c\,(1+\|A'\|_\infty)^{1/2}$.

Proof. Write

$$S = \sup_Q \frac{\|\mathcal{C}_\mu(\chi_Q)\|_{L^2(\mu\lfloor Q)}}{\mu(Q)^{1/2}},$$

where the supremum is taken over all the squares Q centered at Γ. We have

$$\|\mathcal{C}_\mu\|_{L^2(\mu)\to L^2(\mu)} \leq c\,(c_0+S), \tag{3.22}$$

where c_0 is the linear growth constant of μ. This follows easily by applying the $T1$ theorem to the measure $\sigma = \frac{1}{c_0+S}\,\mu$. Observe further that in our case $c_0 \leq 2$, since for any interval $I \subset \mathbb{R}$, $\mu(I\times\mathbb{R}) = \ell(I)$.

By (3.22), to prove the theorem it suffices to show that

$$\|\mathcal{C}_\mu(\chi_Q)\|^2_{L^2(\mu\lfloor Q)} \leq c\,(1+\|A'\|_\infty)\mu(Q)$$

for any square Q centered at Γ. Consider such a square Q, and let $\Gamma_Q = \partial Q \cup (\Gamma \cap Q)$. This is a connected set (this may fail for $\Gamma \cap Q$ when $\|A'\|_\infty$ is big) which contains $\operatorname{supp}(\mu\lfloor Q)$. From Theorems 3.15 and 3.14, we deduce

$$c^2(\mu\lfloor Q) \leq c \sum_{P\in\mathcal{D}} \beta_{\Gamma_Q}(P)^2 \mu(P) \leq c \sum_{P\in\mathcal{D}} \beta_{\Gamma_Q}(P)^2 \ell(P) \leq c\,\mathcal{H}^1(\Gamma_Q).$$

Notice now that

$$\mathcal{H}^1(\Gamma_Q) = 4\ell(Q) + \mathcal{H}^1(\Gamma \cap Q) \leq 5\mathcal{H}^1(\Gamma \cap Q),$$

because $\mathcal{H}^1(\Gamma \cap Q) \geq \ell(Q)$ (recall that Q is centered on Γ). Therefore,

$$c^2(\mu\lfloor Q) \leq c\,\mathcal{H}^1(\Gamma \cap Q) \leq c\,(1 + \|A'\|_\infty)\mu(Q).$$

By the Melnikov-Verdera identity from Proposition 3.3, we deduce that

$$\|\mathcal{C}_\mu(\chi_Q)\|^2_{L^2(\mu\lfloor Q)} \leq \frac{1}{6}\,c^2(\mu\lfloor Q) + c\,\mu(Q) \leq c\,(1 + \|A'\|_\infty)\mu(Q),$$

and so we are done. □

Theorem 3.20. *Let $\Gamma \subset \mathbb{C}$ be an AD regular curve with constant c_0. That is, $\mathcal{H}^1\lfloor\Gamma$ has c_0-linear growth. Then $\mathcal{C}_{\mathcal{H}^1\lfloor\Gamma}$ is bounded in $L^2(\mathcal{H}^1\lfloor\Gamma)$ and*

$$\|\mathcal{C}_{\mathcal{H}^1\lfloor\Gamma}\|_{L^2(\mathcal{H}^1\lfloor\Gamma)\to L^2(\mathcal{H}^1\lfloor\Gamma)} \leq c\,c_0^{3/2},$$

where c is some absolute constant.

Proof. Write

$$S = \sup_B \frac{\|\mathcal{C}_{\mathcal{H}^1\lfloor\Gamma}(\chi_B)\|_{L^2(\mathcal{H}^1\lfloor\Gamma\cap B)}}{\mathcal{H}^1(\Gamma \cap B)^{1/2}},$$

where the supremum is taken over all the balls $B \subset \mathbb{C}$ centered at Γ. Since

$$\|\mathcal{C}_{\mathcal{H}^1\lfloor\Gamma}\|_{L^2(\mathcal{H}^1\lfloor\Gamma)\to L^2(\mathcal{H}^1\lfloor\Gamma)} \leq c\,(c_0 + S),$$

to prove the theorem it suffices to show that

$$\|\mathcal{C}_{\mathcal{H}^1\lfloor\Gamma}(\chi_B)\|^2_{L^2(\mathcal{H}^1\lfloor\Gamma\cap B)} \leq c\,c_0^3 \mathcal{H}^1(\Gamma \cap B)$$

for any ball B centered at Γ. To prove this estimate, reducing B if necessary, we may assume that $\partial B \cap \Gamma \neq \varnothing$. Let $\Gamma_B = \partial B \cup (\Gamma \cap B)$. Notice that this a connected AD regular set which contains $\Gamma \cap B$ with an AD regularity constant not exceeding $c\,c_0$. Then, from the fact that $c^2(\mathcal{H}^1\lfloor\Gamma\cap B) \leq c^2(\mathcal{H}^1\lfloor\Gamma_B)$ together with Theorems 3.15 and 3.14, we derive

$$c^2(\mathcal{H}^1\lfloor\Gamma\cap B) \leq c\,c_0^2 \sum_{Q\in\mathcal{D}} \beta_{\Gamma_B}(Q)^2 \mathcal{H}^1(\Gamma_B \cap Q) \leq c\,c_0^3 \mathcal{H}^1(\Gamma_B) \leq c\,c_0^3\,\mathcal{H}^1(\Gamma \cap B).$$

From Proposition 3.3 we deduce that

$$\|\mathcal{C}_{\mathcal{H}^1\lfloor\Gamma}(\chi_B)\|^2_{L^2(\mathcal{H}^1\lfloor\Gamma\cap B)} \leq c\,(c_0^3 + c_0^2)\,\mathcal{H}^1(\Gamma \cap B) \leq c\,c_0^3\,\mathcal{H}^1(\Gamma \cap B).$$ □

3.7 Historical remarks and further results

3.7.1 The Cauchy transform and curvature

As mentioned above, the relationship between the Cauchy kernel and Menger curvature was discovered by Melnikov [113] while studying a discrete version of analytic capacity. The nice identity (3.5) was proved by Melnikov and Verdera in [114] in order to obtain a new proof of the L^2 boundedness of the Cauchy transform on Lipschitz graphs, similar to the first one explained in this chapter.

The limit of the "error term" $O(\mu(\mathbb{C}))$ in (3.5) as $\varepsilon \to 0$ can be computed precisely. In fact, in Tolsa and Verdera [169], assuming that $M_R\mu \in L^2(\mu)$ and $c^2(\mu) < \infty$, the following identity is proved:

$$\|\text{p.v.}\mathcal{C}\mu\|_{L^2(\mu)}^2 = \frac{1}{6}\, c^2(\mu) + \frac{\pi^2}{3}\int \Theta^1(z,\mu)^2 d\mu(z),$$

where p.v.$\mathcal{C}\mu$ stands for the principal value of the Cauchy transform of μ:

$$\text{p.v.}\mathcal{C}\mu(z) = \lim_{\varepsilon\to 0} \mathcal{C}_\varepsilon\mu(z).$$

Let us remark that this principal value exists μ-a.e. under the above assumptions (see Corollary 8.2 in this book). Recall also that

$$\Theta^1(z,\mu) = \lim_{r\to 0} \frac{\mu(B(z,r))}{2r}.$$

From the conditions $M_R\mu \in L^2(\mu)$ and $c^2(\mu) < \infty$ and the David-Léger curvature Theorem 7.1, one can easily show that $\Theta^1(z,\mu)$ exists for μ-a.e. $z \in \mathbb{C}$.

3.7.2 The $T1$ theorem

The idea of using a good lambda inequality to prove the $T1$ theorem for the Cauchy transform stems from Tolsa [154], and it was further exploited in Verdera [175]. For general singular integral operators, this technique is not so useful (as far as I know). The $T1$ theorem for n-dimensional singular integral operators with respect to a measure of degree n which may be non-doubling was proved by Nazarov, Treil and Volberg [123], almost at the same time that the proof for the Cauchy transform was obtained in Tolsa [154]. The result from Nazarov, Teil and Volberg [123] reads as follows.

Theorem 3.21 ($T1$ theorem). *Let μ be a Borel measure on $\mathbb{R}^d$ with growth of degree n, with $0 < n \leq d$. Let T_μ be an n-dimensional singular integral operator. Then T_μ is bounded in $L^2(\mu)$ if and only if*

$$\|T_{\mu,\varepsilon}\chi_Q\|_{L^2(\mu)} \leq c\,\mu(Q)^{1/2} \quad \text{and} \quad \|T^*_{\mu,\varepsilon}\chi_Q\|_{L^2(\mu)} \leq c\,\mu(Q)^{1/2} \tag{3.23}$$

uniformly on $\varepsilon > 0$, for any cube $Q \subset \mathbb{R}^d$.

The proof of the preceding result in Nazarov, Treil and Volberg [123] is based on the study of the matrix of T_μ with respect to the Haar basis associated with random dyadic lattices. The techniques are similar (although considerably simpler) to the ones that will be used in Chapter 5 to prove a Tb theorem suitable for the study of analytic capacity.

A different proof of the above $T1$ theorem appears in a subsequent paper from Tolsa [157]. Instead of the Haar basis, it relies on some kind of smooth wavelets, following some ideas from Coifman's proof of the $T1$ theorem on homogeneous spaces and from David, Journé and Semmes [26] for the Tb theorem.

Let us remark that the conditions (3.23) can be weakened. For instance, they can be replaced by

$$\|T_{\mu,\varepsilon}\chi_Q\|_{L^2(\mu\lfloor Q)} \leq c\,\mu(2Q)^{1/2} \qquad \text{and} \qquad \|T^*_{\mu,\varepsilon}\chi_Q\|_{L^2(\mu\lfloor Q)} \leq c\,\mu(2Q)^{1/2}$$

uniformly on $\varepsilon > 0$, for any cube $Q \subset \mathbb{R}^d$. This follows from the results in Tolsa [157] or Nazarov, Treil and Volberg [127]. Moreover, the $T1$ theorem can also be stated in terms of BMO type conditions, as in the classical doubling setting. This will be explained in more detail in Section 9.10 of Chapter 9.

3.7.3 The Cauchy transform on Lipschitz graphs and AD regular curves

By now there are many different proofs of the L^2 boundedness of the Cauchy transform on Lipschitz graphs with respect to arc length. In addition to the original one by Coifman, McIntosh and Meyer [16] and to the ones in this chapter, one can find others in David [20], Coifman, Journé, and Semmes [15], Jones [74], Journé [78], or Murai [117], for example.

The proof of the L^2 boundedness of the Cauchy transform on AD regular curves in Section 3.5 is based on the original argument of David [20] and on his exposition in [22, Section III.4]. On the other hand, Theorem 3.15 on the relationship between curvature and β's is due to Peter Jones, although it was first published in Pajot [132, Chapter 3]. The fact that this result in combination with Jones' traveling salesman theorem and the $T1$ theorem yields the boundedness of the Cauchy transform on Lipschitz graphs with the sharp power $1/2$ was explained to me by Verdera. The sharpness of the power $1/2$ in (3.21) was shown by David [21] by constructing a Lipschitz graph which approximates the corner quarters Cantor set.

3.7.4 Application of the curvature method to other kernels

The curvature method (or symmetrization method) applied in this chapter to the Cauchy kernel does not work for most of the other Calderón-Zygmund kernels. This is due to the fact that, for most of the kernels K, the sum

$$S(z_1, z_2, z_3) = \sum_{s \in S_3} K(z_{s_2} - z_{s_1})\,\overline{K(z_{s_3} - z_{s_1})} \tag{3.24}$$

may be negative for some triples of pairwise different points $z_1, z_2, z_3 \in \mathbb{C}$.

One of the Calderón-Zygmund kernels for which the sum above is always non-negative is the real part of the Cauchy kernel:

$$K(z) = \frac{-\operatorname{Re} z}{|z|^2}.$$

In this case one gets, for $z_1, z_2, z_3 \in \mathbb{C}$:

$$\frac{1}{2}\, c(z_1, z_2, z_3)^2 = \sum_{s \in S_3} K(z_{s_2} - z_{s_1})\, \overline{K(z_{s_3} - z_{s_1})}.$$

So if μ is a compactly supported measure with linear growth, one deduces that

$$\| \operatorname{Re} \mathcal{C}_\varepsilon \mu\|^2_{L^2(\mu)} = \frac{1}{12} c^2_\varepsilon(\mu) + O(\mu(\mathbb{C})).$$

By using the $T1$ theorem, it turns out that, somewhat surprisingly, the $L^2(\mu)$ boundedness of $\operatorname{Re} \mathcal{C}_\mu$ is equivalent to the $L^2(\mu)$ boundedness of $\mathcal{C}_\mu$. Of course, an analogous phenomenon occurs with the imaginary part of the Cauchy kernel.

For each $n \geq 1$, consider the 1-dimensional kernel

$$K_n(z) = \frac{(\operatorname{Re} z)^{2n-1}}{|z|^{2n}}. \tag{3.25}$$

Notice that K_1 coincides with the real part of the Cauchy kernel (modulo the minus sign). It turns out that the symmetrization method also works for each kernel K_n, $n \geq 1$. This happens because the sum $S(z_1, z_2, z_3)$ in (3.24) with K replaced by K_n is non-negative for any triple of pairwise different points $z_1, z_2, z_3 \in \mathbb{C}$. See Chousionis, Mateu, Prat and Tolsa [10].

Other interesting kernels for which the curvature method is useful are the ones of the Calderón commutators. Recall that they are the Calderón-Zygmund operators in $\mathbb{R}$ associated with the kernels

$$C_n(x, y) = \frac{1}{x - y} \left(\frac{A(x) - A(y)}{x - y} \right)^n, \qquad x, y \in \mathbb{R},\ x \neq y,$$

where $A : \mathbb{R} \to \mathbb{R}$ is a Lipschitz function and $n \geq 1$. Mateu and Verdera (see [176]) discovered that the sum analogous to the one in (3.24) with $C_n(x_i, x_j)$ instead of $K(z_i - z_j)$ is always non-negative. Moreover, in the case of C_1, this is comparable to the square of the Menger curvature of the points $\{(x_i, A(x_i))\}_{i=1,2,3}$.

For some 1-dimensional kernels in $\mathbb{R}^d$ we have analogous results. For instance, for the 1-dimensional Riesz kernel $K(x) = x/|x|^2$, with $x \in \mathbb{R}^d \setminus \{0\}$, we always have $S(x_1, x_2, x_3) \geq 0$ too [in this case the product in (3.24) should be replaced by the scalar product $K(z_{s_2} - z_{s_1}) \cdot K(z_{s_3} - z_{s_1})$]. However, for n-dimensional kernels with n greater than 1 the situation is much worse. It seems that there are no interesting kernels in this case for which the symmetrization method can be applied. For example, for the n-dimensional Riesz kernels $x/|x|^{n+1}$, $x \in \mathbb{R}^d \setminus \{0\}$, $n > 1$, the sum $S(x_1, x_2, x_3)$ may change sign (see Farag [41]). This causes great difficulties for the extension of some of the results in this book, such as Vitushkin's conjecture, to higher dimensions (where analytic functions are replaced by Lipschitz harmonic functions).

On the other hand, for the fractional signed Riesz kernels with homogeneity $-\alpha$, with $0 < \alpha < 1$, that is for $K_\alpha(x) = x/|x|^{\alpha+1}$, it turns out that

$$0 \leq S(x_1, x_2, x_3) \approx \frac{1}{\max_{1 \leq i < j \leq 3}(|x_i - x_j|)^{2\alpha}}. \tag{3.26}$$

This was noticed by Prat [136], and she used it to prove there are no sets $E \subset \mathbb{R}^d$ with $0 < \mathcal{H}^\alpha(E) < \infty$ such that the α-dimensional Riesz transform

$$R_\mu^\alpha f(x) = \int \frac{x - y}{|x - y|^{\alpha+1}} f(y)\, d\mu(y) \tag{3.27}$$

is bounded in $L^2(\mu)$, for $\mu = \mathcal{H}^\alpha \lfloor E$. See also Mateu, Prat and Verdera [93] for an alternative argument.

Chapter 4

The capacity γ_+

4.1 Introduction

The capacity γ_+ of a compact set $E \subset \mathbb{C}$ is

$$\gamma_+(E) := \sup\{\mu(E) : \operatorname{supp}(\mu) \subset E,\ \|\mathcal{C}\mu\|_{L^\infty(\mathbb{C})} \leq 1\}, \tag{4.1}$$

and the capacity γ_+ of an arbitrary set $A \subset \mathbb{C}$ is defined as

$$\gamma_+(A) = \sup\{\gamma_+(E) : E \subset A,\ E \text{ compact}\}.$$

Notice that γ_+ is defined like γ in (1.1) with the additional constraint that f has to coincide with $\mathcal{C}\mu$, where μ is some positive Radon measure supported on E (observe that $(\mathcal{C}\mu)'(\infty) = -\mu(\mathbb{C})$ for any Radon measure μ). To be precise, there is another little difference: in (1.1) we asked $\|f\|_{L^\infty(\mathbb{C}\setminus E)} \leq 1$, while in (4.1) $\|f\|_{L^\infty(\mathbb{C})} \leq 1$ (for $f = \mathcal{C}\mu$). Trivially, we have $\gamma_+(E) \leq \gamma(E)$. In Chapter 6 we will show that the converse inequality $\gamma(E) \leq c\,\gamma_+(E)$ also holds. For the moment in this chapter we will study the capacity γ_+. We will characterize it in terms of the Cauchy transform and also in terms of curvature, and finally we will exploit some (basic) techniques of potential theory to get further information on γ_+.

In the next proposition we state some easy properties of γ_+, whose proof is left for the reader.

Proposition 4.1. *Let $E, F \subset \mathbb{C}$ be compact. The following properties hold:*

(a) *If $E \subset F$, then $\gamma_+(E) \leq \gamma_+(F)$.*

(b) *For all $z, \lambda \in \mathbb{C}$, $\gamma_+(z + \lambda E) = |\lambda|\, \gamma_+(E)$.*

From the definition it is not clear if $\gamma_+(E) = \gamma_+(\partial_o E)$ or $\gamma_+(E) \approx \gamma_+(\partial_o E)$. The latter assertion is true, but its proof is not elementary: this follows from the fact that $\gamma(E) = \gamma(\partial_o E)$ and the theorem stating that $\gamma \approx \gamma_+$.

4.2 Smoothing of the Cauchy kernel by mollification and outer regularity of γ_+

For some arguments, the fact that the truncated Cauchy kernel $\chi_{|z|>\varepsilon} \frac{-1}{z}$ is not smooth may cause troubles. Usually, a good solution in these situations consists in considering a smooth version of $\chi_{|z|>\varepsilon} \frac{-1}{z}$. The smoothing by mollification of $\frac{-1}{z}$ is particularly convenient. In this section we deal with this question.

Lemma 4.2. *Let $\varphi \in L^\infty(\mathbb{C})$ be a non-negative radial function supported in a ball $B(0,r)$ with $L^1(\mathbb{C})$ norm (with respect to Lebesgue measure) equal to 1. The function $K(z) = \dfrac{-1}{z} * \varphi$ is continuous and satisfies*

$$K(z) = \frac{-1}{z} \quad \text{if } |z| \geq r,$$

and

$$\|K\|_\infty \leq 2\pi r \, \|\varphi\|_\infty.$$

Proof. The function K is continuous because the Cauchy kernel is in L^p_{loc} for $1 \leq p < 2$ and φ is compactly supported and in L^∞. Also, $K(z) = -1/z$ for $|z| \geq r$ because the Cauchy kernel is analytic (and thus harmonic) in the interior of the ball $B(z,r)$, φ is radial, and $\int \varphi(z)\, d\mathcal{L}^2(z) = 1$.

Also, for any $z \in \mathbb{C}$,

$$|K(z)| \leq \|\varphi\|_\infty \int_{|z-\xi|\leq r} \frac{1}{|z-\xi|}\, d\mathcal{L}^2(\xi) \leq 2\pi r \, \|\varphi\|_\infty. \qquad \square$$

As in the preceding chapter, to simplify notation we will use the notation $M_R\nu$ instead of $M_{R,1}\nu$. That is, for any complex measure ν and $x \in \mathbb{C}$, we set

$$M_R\nu(x) = \sup_{r>0} \frac{|\nu|(B(x,r))}{r}.$$

Lemma 4.3. *Let $\varphi \in L^\infty(\mathbb{C})$ be a non-negative radial function supported in the ball $B(0,1)$ with $L^1(\mathbb{C})$ norm (with respect to Lebesgue measure) equal to 1. Write*

$$\varphi_\varepsilon(x) = \frac{1}{\varepsilon^2}\,\varphi\Big(\frac{x}{\varepsilon}\Big), \qquad \text{for } x \in \mathbb{C},$$

and let $\widetilde{\mathcal{C}}_\varepsilon$ the integral operator associated with the kernel $\dfrac{-1}{z} * \varphi_\varepsilon$. If ν is a complex measure, then $\widetilde{\mathcal{C}}_\varepsilon \nu$ is a continuous function satisfying

$$|\mathcal{C}_\varepsilon \nu(x) - \widetilde{\mathcal{C}}_\varepsilon \nu(x)| \leq C_\varphi \, M_R\nu(x), \tag{4.2}$$

where C_φ depends only on φ. As a consequence, if μ is some measure with linear growth, the Cauchy transform is bounded in $L^p(\mu)$ if and only if $\widetilde{\mathcal{C}}_{\mu,\varepsilon}$ is bounded in $L^p(\mu)$ uniformly in $\varepsilon > 0$, and it is bounded from $M(\mathbb{C})$ to $L^{1,\infty}(\mu)$ if and only if the same holds for $\widetilde{\mathcal{C}}_{\mu,\varepsilon}$ uniformly in ε.

Proof. By Lemma 4.2, the kernel $K_\varepsilon = \dfrac{-1}{z} * \varphi_\varepsilon$ is uniformly continuous and coincides with the Cauchy kernel on $\mathbb{C} \setminus B(0,\varepsilon)$. Then it follows that $\widetilde{\mathcal{C}}_\varepsilon \nu$ is continuous and satisfies

$$\widetilde{\mathcal{C}}_\varepsilon \nu(x) - \mathcal{C}_\varepsilon \nu(x) = \int_{|x-y|\le\varepsilon} K_\varepsilon(x-y)\, d\nu(y).$$

Thus,

$$|\widetilde{\mathcal{C}}_\varepsilon \nu(x) - \mathcal{C}_\varepsilon \nu(x)| \le \|K_\varepsilon\|_\infty\, |\nu|(B(x,\varepsilon)) \le \|K_\varepsilon\|_\infty \varepsilon\, M_R\nu(x).$$

By Lemma 4.2,

$$\|K_\varepsilon\|_\infty \le 2\pi\varepsilon\, \|\varphi_\varepsilon\|_\infty = \frac{2\pi}{\varepsilon}\, \|\varphi\|_\infty,$$

and so (4.2) follows with $C_\varphi = 2\pi\, \|\varphi\|_\infty$.

The last assertions in the lemma follow from (4.2) applied to $f\,\mu$, because the maximal operator M_R is bounded in $L^p(\mu)$ and from $M(\mathbb{C})$ to $L^{1,\infty}(\mu)$ when μ has linear growth. □

Example. Let $\varphi = \pi^{-1}\chi_{B(0,1)}$. Then one can check that

$$-\frac{1}{z} * \varphi_\varepsilon = \begin{cases} -\dfrac{1}{z} & \text{if } |z| > \varepsilon, \\[2ex] -\dfrac{\overline{z}}{\varepsilon^2} & \text{if } |z| \le \varepsilon. \end{cases} \tag{4.3}$$

We will need the following technical lemma below.

Lemma 4.4. *Let φ and $\widetilde{\mathcal{C}}_\varepsilon$ be as in Lemma 4.3 and let ν be a complex measure. For $0 < \varepsilon \le \delta$, we have*

$$\|\widetilde{\mathcal{C}}_\delta \nu\|_\infty \le \|\widetilde{\mathcal{C}}_\varepsilon \nu\|_\infty + C'_\varphi \|M_R\nu\|_\infty, \tag{4.4}$$

with $C'_\varphi = 12\pi\|\varphi\|_\infty$. Also,

$$\|\mathcal{C}_\delta \nu\|_\infty \le \|\mathcal{C}_\varepsilon \nu\|_\infty + C''_\varphi \|M_R\nu\|_\infty. \tag{4.5}$$

Proof. Write $K_\varepsilon = \dfrac{-1}{z} * \varphi_\varepsilon$ and $K_{\varepsilon,\delta} = \dfrac{-1}{z} * \varphi_\varepsilon * \varphi_\delta$. Notice that

$$K_{\varepsilon,\delta} * \nu = (K_\varepsilon * \nu) * \varphi_\delta = \widetilde{\mathcal{C}}_\varepsilon \nu * \varphi_\delta,$$

and thus

$$\|K_{\varepsilon,\delta} * \nu\|_\infty \le \|\widetilde{\mathcal{C}}_\varepsilon \nu\|_\infty.$$

Recall that $K_\delta(z) = -1/z$ if $z \ge \delta$, and since $\operatorname{supp}(\varphi_\delta * \varphi_\varepsilon) \subset B(0,\varepsilon+\delta)$, by Lemma 4.2, $K_{\varepsilon,\delta}(z) = -1/z$ if $z \ge \varepsilon + \delta$. Therefore,

$$\begin{aligned} |K_\delta * \nu(x) - K_{\varepsilon,\delta} * \nu(x)| &\le \int_{|x-y|\le\varepsilon+\delta} |K_\delta(x-y) - K_{\varepsilon,\delta}(x-y)|\, d|\nu|(y) \\ &\le \left(\|K_\delta\|_\infty + \|K_{\varepsilon,\delta}\|_\infty\right) |\nu|(B(0,\varepsilon+\delta)). \end{aligned} \tag{4.6}$$

By Lemma 4.2 again,

$$\|K_\delta\|_\infty \le 2\pi\delta\,\|\varphi_\delta\|_\infty = 2\pi\delta^{-1}\,\|\varphi\|_\infty$$

and

$$\|K_{\varepsilon,\delta}\|_\infty \le 2\pi(\varepsilon+\delta)\,\|\varphi_\varepsilon * \varphi_\delta\|_\infty \le 4\pi\delta\|\varphi_\delta\|_\infty = 4\pi\delta^{-1}\,\|\varphi\|_\infty.$$

Thus, by (4.6),

$$|K_\delta * \nu(x) - K_{\varepsilon,\delta} * \nu(x)| \le 6\pi\delta^{-1}\,\|\varphi\|_\infty\,|\nu|(B(0,2\delta)) \le 12\pi\|\varphi\|_\infty\,\|M_R\nu\|_\infty.$$

Then (4.4) is deduced from this estimate and the fact that $\|K_{\varepsilon,\delta} * \nu\|_\infty \le \|\widetilde{\mathcal{C}}_\varepsilon \nu\|_\infty$.

Now, (4.5) follows easily from (4.4) and the estimate $\|\mathcal{C}_\lambda\nu - \widetilde{\mathcal{C}}_\lambda\nu\|_\infty \le C_\varphi\|M_R\nu\|_\infty$ for every $\lambda > 0$, by (4.2). □

Now we turn to the outer regularity of γ_+ The arguments are quite standard.

Proposition 4.5. *Let $E_n \subset \mathbb{C}$, $n \ge 1$, be a sequence of compact sets such that $E_{n+1} \subset E_n$ for all n. For $E = \bigcap_n E_n$, we have*

$$\gamma_+(E) = \lim_{n\to\infty} \gamma_+(E_n).$$

Proof. Since $\{\gamma_+(E_n)\}_n$ is a non-increasing sequence, it is convergent. Moreover

$$\gamma_+(E) \le \lim_{n\to\infty} \gamma_+(E_n),$$

because $E \subset E_n$ for each n. To prove the converse inequality, given $\varepsilon > 0$, for each n let μ_n be a (positive) measure supported on E_n such that $\gamma_+(E_n) \le \mu(E_n) + \varepsilon$ and $\|\mathcal{C}\mu_n\|_{L^\infty(\mathbb{C})} \le 1$. Let μ be a weak $*$ limit of a subsequence $\{\mu_{n_k}\}_k$. Then μ is supported on E. To check that $\|\mathcal{C}\mu\|_{L^\infty(\mathbb{C})} \le 1$ we will use the mollification trick: we consider the function $\varphi = \pi^{-1}\chi_{B(0,1)}$, and for each $\varepsilon > 0$ we set

$$\widetilde{\mathcal{C}}_\varepsilon \mu_{n_k} := \varphi_\varepsilon * (\mathcal{C}\mu_{n_k}) = \left(\frac{-1}{z} * \varphi_\varepsilon\right) * \mu_{n_k}.$$

Since $\|\mathcal{C}\mu_{n_k}\|_{L^\infty(\mathbb{C})} \le 1$, it turns out that

$$\|\widetilde{\mathcal{C}}_\varepsilon \mu_{n_k})\|_{L^\infty(\mathbb{C})} = \|\varphi_\varepsilon * (\mathcal{C}\mu_{n_k})\|_{L^\infty(\mathbb{C})} \le 1.$$

Moreover, by the weak $*$ convergence of μ_{n_k} to μ and the continuity of the kernel $\frac{-1}{z} * \varphi_\varepsilon$,

$$\left(\frac{-1}{z} * \varphi_\varepsilon\right) * \mu_{n_k}(z) \to \left(\frac{-1}{z} * \varphi_\varepsilon\right) * \mu(z) \qquad \text{for all } z \in \mathbb{C}.$$

As a consequence, $\|\widetilde{\mathcal{C}}_\varepsilon \mu\|_{L^\infty(\mathbb{C})} \le 1$. Since by the Lebesgue differentiation theorem

$$\widetilde{\mathcal{C}}_\varepsilon \mu(z) \to \mathcal{C}\mu(z) \qquad \text{for a.e. } z \in \mathbb{C} \text{ as } \varepsilon \to 0,$$

we infer that $\|\mathcal{C}\mu\|_{L^\infty(\mathbb{C})} \le 1$.

Finally we obtain

$$\gamma_+(E) \ge \mu(E) = \lim_{k\to\infty} \mu_{n_k}(E_{n_k}) \ge \limsup_{k\to\infty} \gamma_+(E_{n_k}) - \varepsilon = \lim_{n\to\infty} \gamma_+(E_n) - \varepsilon. \qquad \square$$

4.3 Dualization of the weak (1,1) inequality

In this section we show how the weak $(1,1)$ inequality for the Cauchy transform can be dualized. This is a key step which will allow us to connect analytic capacity and the capacity γ_+ to the L^2 boundedness of the Cauchy transform.

Given a locally compact Hausdorff space X, let $C_0(X)$ be the set of $\mathbb{C}$-valued continuous functions vanishing at ∞. This is a Banach space when equipped with the sup norm. Let $M(X)$ be the space of complex Radon measures, which is a Banach space dual from $C_0(X)$ when it is equipped with the total variation norm.

Let X and Y be locally compact Hausdorff spaces, and $T : M(X) \to C_0(Y)$ a bounded linear operator. We say that $T^t : M(Y) \to C_0(X)$ is the transpose of T if

$$\int T(\nu)\,d\sigma = \int T^t\sigma\,d\nu \qquad \text{for all } \nu \in M(X) \text{ and } \sigma \in M(Y).$$

The next theorem is due to Davie and Øksendal [31], although for the proof we follow the approach from Christ [13, p. 107] quite closely.

Theorem 4.6. *Let X, Y be locally compact Hausdorff spaces, μ a Radon measure on X, and $T : M(X) \to C_0(X)$ a bounded linear operator. Suppose that the transpose operator $T^t : M(Y) \to C_0(X)$ is bounded from $M(Y)$ to $L^{1,\infty}(\mu)$, that is, there is some constant A such that*

$$\mu(\{x \in X : |T^t\nu(x)| > \lambda\}) \le A\frac{\|\nu\|}{\lambda} \qquad \forall \lambda > 0$$

for all $\nu \in M(X)$. Then for each Borel set $E \subset X$ with $\mu(E) < \infty$ there exists some Borel function h supported on E, with $0 \le h \le 1$, such that

$$\mu(E) \le 2\int h\,d\mu \quad \text{and} \quad \|T(h\,\mu)\|_\infty \le 3A.$$

Proof. Suppose that this fails for some Borel set $E \subset X$. Write

$$\begin{aligned} B_0 &= \{f : X \to [0,1] : \ f \text{ is a Borel function such that} \\ &\qquad\qquad f = 0 \text{ in } X \setminus E \text{ and } \textstyle\int f\,d\mu \ge \mu(E)/2\}, \\ B_1 &= \{T(f\mu) : f \in B_0\}, \\ B_2 &= \{g \in C_0(Y) : \|g\|_\infty < 3A\}. \end{aligned}$$

Since B_1 and B_2 are disjoint convex sets from $C_0(Y)$ and B_2 is open, by the Hahn-Banach theorem (see Rudin [142, Theorem 4.3]) there exists some $\nu \in C_0(Y)^* = M(Y)$ such that $\operatorname{Re}\nu(h) > \operatorname{Re}\nu(g)$ for all $h \in B_1$ and $g \in B_2$. This is equivalent to saying that

$$\operatorname{Re}\Big(\int T(f\,\mu)\,d\nu\Big) > \operatorname{Re}\Big(\int g\,d\nu\Big) \qquad \text{for all } f \in B_0,\ g \in B_2.$$

Since

$$\sup_{g\in B_2} \operatorname{Re}\Big(\int g\, d\nu\Big) = 3A\|\nu\|,$$

we infer that

$$\operatorname{Re}\Big(\int f\, T^t\nu\, d\mu\Big) \geq 3A\|\nu\| \quad \text{for all } f \in B_0. \tag{4.7}$$

By the weak $(1,1)$ inequality above with $\lambda = 2A\|\nu\|/\mu(E)$, we deduce

$$\mu(\{x \in X : |T^t\nu(x)| > \lambda\}) \leq A\frac{\|\nu\|}{\lambda} = \frac{\mu(E)}{2},$$

and thus

$$\mu(\{x \in E : |T^t\nu(x)| \leq \lambda\}) \geq \frac{\mu(E)}{2}.$$

Let f be the characteristic function of the set in the left-hand side above, so that $f \in B_0$. Then we have

$$\Big|\int f\, T^t\nu\, d\mu\Big| \leq \lambda\, \mu(E) = 2A\|\nu\|,$$

which contradicts (4.7). □

The following lemma relates weak $(1,1)$ estimates for the Cauchy integral operator to L^∞ estimates (which are then connected to γ_+ and γ).

Lemma 4.7. *let μ be a Radon measure with linear growth on $\mathbb{C}$. The following statements are equivalent:*

(a) *The Cauchy transform is bounded from $M(\mathbb{C})$ to $L^{1,\infty}(\mu)$.*

(b) *For any Borel $E \subset \mathbb{C}$ with $\mu(E) < \infty$ there exists some function h supported on E, with $0 \leq h \leq 1$, such that*

$$\mu(E) \leq 2\int h\, d\mu, \quad \textit{and} \quad \|\mathcal{C}_\varepsilon(h\,\mu)\|_{L^\infty(\mathbb{C})} \leq c \quad \forall \varepsilon > 0.$$

The constant c in (b) *depends only on the norm of the Cauchy transform from $M(\mathbb{C})$ to $L^{1,\infty}(\mu)$, and conversely.*

Proof. First we show (b) ⇒ (a). It is enough to prove that for any complex measure $\nu \in M(\mathbb{C})$ and any $\lambda > 0$,

$$\mu(\{x \in \mathbb{C} : \operatorname{Re}(\mathcal{C}_\varepsilon\nu(x)) > \lambda\}) \leq \frac{c\|\nu\|}{\lambda}.$$

To this end, let E be a Borel subset of the set on left-hand side above, with $\mu(E) < \infty$, and let h be a function supported on E fulfilling the properties in the statement (b) of the lemma. Then we have

$$\mu(E) \leq 2 \int h \, d\mu \leq \frac{2}{\lambda} \operatorname{Re}\Big(\int (\mathcal{C}_\varepsilon \nu) \, h \, d\mu \Big)$$
$$= \frac{-2}{\lambda} \operatorname{Re}\Big(\int \mathcal{C}_\varepsilon(h\,\mu) \, d\nu \Big) \leq \frac{c\|\nu\|}{\lambda}.$$

Let us turn our attention to the implication (a) $\Rightarrow$ (b). We may assume E to be compact, by the inner regularity of μ. Consider the function $\varphi = \pi^{-1}\chi_{B(0,1)}$ and, for each $\varepsilon > 0$, the integral operator $\widetilde{\mathcal{C}}_\varepsilon$ associated with the smooth kernel $\frac{-1}{z} * \varepsilon$, as in Section 4.2. If the Cauchy transform is bounded from $M(\mathbb{C})$ to $L^{1,\infty}(\mu)$, then the operators $\widetilde{\mathcal{C}}_\varepsilon$ are also bounded from $M(\mathbb{C})$ to $L^{1,\infty}(\mu)$ uniformly on ε. They are also bounded from $M(\mathbb{C})$ to $C_0(\mathbb{C})$ with norm depending on ε. On the other hand, for each ε, the transpose of $\widetilde{\mathcal{C}}_\varepsilon$ is $-\widetilde{\mathcal{C}}_\varepsilon$, and so, by Theorem 4.6, there exists some function h_ε supported on E, with $0 \leq h_\varepsilon \leq 1$, such that

$$\mu(E) \leq 2 \int h_\varepsilon \, d\mu \quad \text{and} \quad \|\widetilde{\mathcal{C}}_\varepsilon(h_\varepsilon\,\mu)\|_\infty \leq c.$$

Since $\|M_R(h_\varepsilon\,\mu)\|_\infty \leq \|M_R\mu\|_\infty \leq c$, from Lemma 4.4 we deduce that

$$\|\widetilde{\mathcal{C}}_\delta(h_\varepsilon\,\mu)\|_\infty \leq c' \quad \text{for } \delta \geq \varepsilon.$$

Let $h : \mathbb{C} \to [0,1]$ be a weak-$\star$ limit in $L^\infty(\mu)$ of some subsequence $\{h_{\varepsilon_k}\}_{k\geq 0}$, with $\varepsilon_k \searrow 0$, so that h is also supported on E and

$$\mu(E) \leq 2 \int h \, d\mu.$$

Since $\|\widetilde{\mathcal{C}}_\delta(h_{\varepsilon_k}\,\mu)\|_\infty \leq c'$ for $\delta \geq \varepsilon_k$, and the kernel of $\mathcal{C}_\delta$ is in $L^1_{loc}(\mu)$, we infer that

$$\|\widetilde{\mathcal{C}}_\delta(h\,\mu)\|_\infty \leq c' \quad \text{for every } \delta > 0,$$

and thus, by (4.2),

$$\|\mathcal{C}_\delta(h\,\mu)\|_\infty \leq c'' \quad \text{for every } \delta > 0.$$ □

Remark 4.8. Notice that if E supports a non-zero Radon measure μ with linear growth such that the Cauchy integral operator $\mathcal{C}_\mu$ is bounded in $L^2(\mu)$, then there exists some non-zero function h with $0 \leq h \leq \chi_E$ such that $\|\mathcal{C}_\varepsilon(h\,\mu)\|_{L^\infty(\mathbb{C})} \leq c$ uniformly on ε, by Theorem 2.16 and the preceding lemma. Letting $\varepsilon \to 0$, we infer that $|\mathcal{C}(h\,\mu)(z)| \leq c$ for all $z \notin E$ also for a.e. $z \in \mathbb{C}$ (with respect to Lebesgue measure), and so $\gamma(E) \geq \gamma_+(E) > 0$. A more precise result will be proved in Theorem 4.14 below.

4.4 The Denjoy conjecture

In this section we will prove the so-called Denjoy conjecture:

Theorem 4.9 (The Denjoy conjecture). *Let $\Gamma \subset \mathbb{C}$ be a rectifiable curve and $E \subset \Gamma$ compact. Then $\gamma(E) > 0$ if and only if and $\mathcal{H}^1(E) > 0$.*

Recall that a set $E \subset \mathbb{C}$ is called rectifiable (or countably rectifiable) if it is $\mathcal{H}^1$-almost all contained in a countable union of curves of finite length, and it is purely unrectifiable it does not have rectifiable subset with positive length. An equivalent way of stating Denjoy's conjecture consists in saying that, for a rectifiable set $E \subset \mathbb{C}$, $\gamma(E) > 0$ if and only if $\mathcal{H}^1(E) > 0$.

To prove Theorem 4.9 we need first a couple of lemmas.

Lemma 4.10. *Let $F \subset \mathbb{C}$ satisfy the following property:*

$$\left|\frac{\operatorname{Im} z - \operatorname{Im} w}{\operatorname{Re} z - \operatorname{Re} w}\right| \leq c_F \qquad \textit{for all } z, w \in F, \tag{4.8}$$

for some fixed constant c_F. Then F is contained in the graph of a Lipschitz function $A : \mathbb{R} \to \mathbb{R}$.

Proof. From (4.8), it turns out that if $z, w \in F$ and $\operatorname{Re} z = \operatorname{Re} w$, then $z = w$. Thus we can define the map

$$\begin{aligned} \widetilde{A} : \operatorname{Re} F &\longrightarrow \operatorname{Im} F \subset \mathbb{R} \\ \operatorname{Re} z &\longmapsto \operatorname{Im} z. \end{aligned}$$

By (4.8), it is clear that $\widetilde{A}$ is Lipschitz with constant $\leq c_F$. Moreover, $\widetilde{A}$ can be extended to a Lipschitz map $A : \mathbb{R} \to \mathbb{R}$ by the formula:

$$A(x) = \inf\left\{\widetilde{A}(x) + c_F\,|x - y| \,:\, y \in \operatorname{Re} F\right\}.$$

It is straightforward to check that $A(x) = \widetilde{A}(x)$ if $x \in \operatorname{Re} F$, and that, moreover, A is Lipschitz, with Lipschitz constant $\leq c_F$. □

Lemma 4.11. *Let Γ be a rectifiable curve and $E \subset \Gamma$ with $\mathcal{H}^1(E) > 0$. Then there exists a compact subset $F \subset E$ with $\mathcal{H}^1(F) > 0$ which is contained in the (possibly rotated) graph of a Lipschitz function $A : \mathbb{R} \to \mathbb{R}$.*

Proof. Consider an arc length parametrization of Γ, $g : [a, b] \to \mathbb{C}$, so that $\Gamma = g([a, b])$, g is differentiable a.e. in $[a, b]$, and $|g'(t)| = 1$ a.e. $t \in [a, b]$. Let $t_0 \in (a, b)$ be a Lebesgue point for g' and suppose (after a rotation if necessary), that $g'(t_0) = 1$ (i.e. the tangent at $g(t_0)$ is horizontal). Let $I_0 \subset [a, b]$ be an interval containing t_0 such that

$$\int_{I_0} |g'(t) - g'(t_0)|\,dt \leq \frac{1}{20}\,\mathcal{L}^1(I_0). \tag{4.9}$$

Let $G = \{t \in I_0 : \exists\, g'(t) \text{ and } |g'(t) - 1| \leq 1/10\}$. From (4.9), it follows that $\mathcal{L}^1(G) > 0$. For each $m \geq 1$, consider the set

$$G_m = \left\{ t \in G : \left| \frac{g(s) - g(t)}{s - t} - g'(t) \right| \leq \frac{1}{10} \text{ if } |s - t| \leq \frac{1}{m} \right\}.$$

Since $\bigcup_{m \geq 1} G_m = G$, we infer that $\mathcal{L}^1(G_m) > 0$ for m big enough. For such an m, consider an interval $J \subset I_0$ of length $1/2m$ such that $\mathcal{L}^1(J \cap G_m) > 0$. Observe then that if $s, t \in J \cap G_m$, then

$$\left| \frac{g(s) - g(t)}{s - t} - 1 \right| \leq \left| \frac{g(s) - g(t)}{s - t} - g'(t) \right| + |g'(t) - 1| \leq \frac{1}{10} + \frac{1}{10} = \frac{1}{5}.$$

This implies that

$$\left| \frac{\operatorname{Re} g(s) - \operatorname{Re} g(t)}{s - t} \right| \geq 1 - \frac{1}{5} = \frac{4}{5}$$

and

$$\left| \frac{\operatorname{Im} g(s) - \operatorname{Im} g(t)}{s - t} \right| \leq \frac{1}{5}.$$

Thus,

$$\left| \frac{\operatorname{Im} g(s) - \operatorname{Im} g(t)}{\operatorname{Re} g(s) - \operatorname{Re} g(t)} \right| \leq \frac{1}{4} \qquad \text{for all } s, t \in J \cap G_m.$$

Therefore, by the preceding lemma, $g(J \cap G_m)$ is contained in the graph of a Lipschitz function $y = A(x)$. Thus, by taking a compact subset $F_0 \subset J \cap G_m$ with $\mathcal{L}^1(F_0) > 0$ and letting $F = g(F_0)$, we are done. □

Proof of Denjoy's conjecture. Recall that, by Theorem 1.21, $\gamma(E) \leq \mathcal{H}^1_\infty(E) \leq \mathcal{H}^1(E)$. Thus we only have to show that, for $E \subset \Gamma$ with $\mathcal{H}^1(E) > 0$, we have $\gamma(E) > 0$. By Lemma 4.11, there exists a compact subset $F \subset E$ with $\mathcal{H}^1(F) > 0$ contained in a (possibly rotated) Lipschitz graph. Since the Cauchy transform is bounded in L^2 with respect to arc length on this Lipschitz graph, it is also bounded in $L^2(\mathcal{H}^1 \lfloor F)$. As shown in Remark 4.8, $\gamma_+(F) > 0$, and thus $\gamma(E) \geq \gamma_+(E) \geq \gamma_+(F) > 0$. □

Notice that, in fact, the preceding argument shows that $\gamma_+(E) > 0$ for $E \subset \Gamma$ with $\mathcal{H}^1(E) > 0$. So what we have proved can be restated as follows.

Corollary 4.12. *Let $E \subset \mathbb{C}$ be a subset with finite length, that is, $\mathcal{H}^1(E) < \infty$. If $\gamma_+(E) = 0$, then E is purely unrectifiable.*

Finally in this section, using Lemma 4.11, we prove the following characterization of rectifiable sets with finite length, which we will need later.

Proposition 4.13. *Let $E \subset \mathbb{C}$. Then E is (countably) rectifiable if and only if there exist $Z \subset \mathbb{C}$ with $\mathcal{H}^1(Z) = 0$ and a family $\{\Gamma_i\}_{i \geq 0}$ of possibly rotated Lipschitz graphs such that*

$$E \subset Z \cup \bigcup_i \Gamma_i.$$

Proof. It is clear that if $E \subset Z \cup \bigcup_i \Gamma_i$, with Z and Γ_i as above, then E is rectifiable.

To prove the converse implication it is enough to show that if $G \subset \mathbb{C}$ is a rectifiable curve with finite length, then there exist Z and Γ_i as above such that

$$G \subset Z \cup \bigcup_i \Gamma_i.$$

To this end, write $s = \sup_B \mathcal{H}^1(G \cap B)$, where the sup is taken over all sets B which are given by a countable union of possibly rotated Lipschitz graphs. Then from Lemma 4.11 it follows easily that $s = \mathcal{H}^1(\Gamma)$.

For every $j \geq 1$, take a set B_j which coincides with a countable union of possibly rotated Lipschitz graphs such that $\mathcal{H}^1(G \cap B_j) \geq s - 1/j$. Consider the set $B = \bigcup_j B_j$. Then $Z = G \setminus B$ has zero length and B can be written as a countable union of possibly rotated Lipschitz graphs, and thus the proposition follows. □

4.5 Semiadditivity of γ_+ and its characterization in terms of curvature

We denote by $\Sigma(E)$ the set of Radon measures supported on E such that $\mu(B(x,r)) \leq r$ for all $x \in \mathbb{C}$, $r > 0$.

Theorem 4.14. *For any compact set $E \subset \mathbb{C}$ we have*

$$\begin{aligned}
\gamma_+(E) &\approx \sup\{\mu(E) : \mu \in \Sigma(E),\ \|\mathcal{C}_\varepsilon \mu\|_{L^\infty(\mu)} \leq 1\, \forall \varepsilon > 0\} \\
&\approx \sup\{\mu(E) : \mu \in \Sigma(E),\ \|\mathcal{C}_\varepsilon \mu\|^2_{L^2(\mu)} \leq \mu(E)\, \forall \varepsilon > 0\} \\
&\approx \sup\{\mu(E) : \mu \in \Sigma(E),\ c^2(\mu) \leq \mu(E)\} \\
&\approx \sup\{\mu(E) : \mu \in \Sigma(E),\ \|\mathcal{C}_\mu\|_{L^2(\mu)\to L^2(\mu)} \leq 1\}.
\end{aligned}$$

In the statement above, $\|\mathcal{C}_\mu\|_{L^2(\mu)\to L^2(\mu)}$ stands for the operator norm of $\mathcal{C}_\mu$ on $L^2(\mu)$. That is, $\|\mathcal{C}_\mu\|_{L^2(\mu)\to L^2(\mu)} = \sup_{\varepsilon>0} \|\mathcal{C}_{\mu,\varepsilon}\|_{L^2(\mu)\to L^2(\mu)}$.

Proof. We write

$$\begin{aligned}
S_1 &:= \sup\{\mu(E) : \mu \in \Sigma(E),\ \|\mathcal{C}_\varepsilon \mu\|_{L^\infty(\mu)} \leq 1\, \forall \varepsilon > 0\}, \\
S_2 &:= \sup\{\mu(E) : \mu \in \Sigma(E),\ \|\mathcal{C}_\varepsilon \mu\|^2_{L^2(\mu)} \leq \mu(E)\, \forall \varepsilon > 0\}, \\
S_3 &:= \sup\{\mu(E) : \mu \in \Sigma(E),\ c^2(\mu) \leq \mu(E)\}, \\
S_4 &:= \sup\{\mu(E) : \mu \in \Sigma(E),\ \|\mathcal{C}_\mu\|_{L^2(\mu)\to L^2(\mu)} \leq 1\}.
\end{aligned}$$

We will show that $\gamma_+(E) \lesssim S_1 \lesssim S_2 \approx S_3 \lesssim S_4 \lesssim \gamma_+(E)$. The inequality $S_3 \lesssim S_4$ requires more work than the others. We will prove this in two different ways: one uses the $T1$ theorem and the other not (and so it is more elementary).

Proof of $\gamma_+(E) \lesssim S_1$. Let μ be supported on E such that $\|\mathcal{C}\mu\|_{L^\infty(\mathbb{C})} \leq 1$ with $\gamma_+(E) \leq 2\mu(E)$. It is enough to show that μ has linear growth and $\|\mathcal{C}_\varepsilon\mu\|_{L^\infty(\mu)} \leq c$ uniformly on $\varepsilon > 0$.

First we will prove the linear growth of μ. For any $x \in \mathbb{C}$ and $R > 0$, we have

$$\iint_{z:|z-x|\leq R} \frac{1}{|z-\xi|} \, d\mathcal{L}^2(z)\, d\mu(\xi) \leq 2\pi R\, \mu(E).$$

Then by Fubini it turns out that for almost all $r > 0$,

$$\iint_{z:|z-x|=r} \frac{1}{|z-\xi|} \, d\mathcal{H}^1(z)\, d\mu(\xi) < \infty.$$

For such r, by Fubini again, we have

$$\mu(B(x,r)) = -\int_{|z-x|=r} \mathcal{C}\mu(z)\, \frac{dz}{2\pi i} \leq r.$$

By approximation the same estimate holds for every $r > 0$, and thus the linear growth of μ follows.

To deal with the $L^\infty(\mu)$ norm of $\mathcal{C}_\varepsilon$, we use the smoothed operator $\widetilde{\mathcal{C}}_\varepsilon$ associated with the kernel $\frac{-1}{z} * (\pi\varepsilon^2)^{-1}\chi_{B(0,\varepsilon)}$. Since μ is compactly supported, we have the following identity:

$$\widetilde{\mathcal{C}}_\varepsilon\mu = \frac{1}{z} * \frac{\chi_\varepsilon}{\pi\varepsilon^2} * \mu = \frac{\chi_\varepsilon}{\pi\varepsilon^2} * \mathcal{C}\mu.$$

This equality must be understood in the sense of distributions and $\mathcal{C}\mu$ as a function from $L^1_{loc}(\mathbb{C})$. As a consequence, if $\|\mathcal{C}\mu\|_{L^\infty(\mathbb{C})} \leq 1$, we infer that $\|\widetilde{\mathcal{C}}_\varepsilon\mu\|_{L^\infty(\mathbb{C})} \leq 1$ and so $\|\widetilde{\mathcal{C}}_\varepsilon\mu\|_{L^\infty(\mu)} \leq 1$ by the continuity of $\widetilde{\mathcal{C}}_\varepsilon\mu$, for all $\varepsilon > 0$. Since μ has linear growth, we have

$$|\widetilde{\mathcal{C}}_\varepsilon\mu(x) - \mathcal{C}_\varepsilon\mu(x)| \leq c \quad \text{for all } x \in \mathbb{C}.,$$

and so $\|\mathcal{C}_\varepsilon\mu\|_{L^\infty(\mu)} \leq c$ uniformly on $\varepsilon > 0$.

Proof of $S_1 \lesssim S_2$. Trivial.

Proof of $S_2 \approx S_3$. This is a direct consequence of Proposition 3.3.

Proof of $S_3 \lesssim S_4$ *using the* $T1$ *theorem*. Let μ be supported on E with linear growth such that $c^2(\mu) \leq \mu(E)$ and $S_3 \leq 2\mu(E)$. We set

$$A := \{x \in E : c^2_\mu(x) \leq 2\}.$$

By Chebyshev $\mu(A) \geq \mu(E)/2$. Moreover, for any set $B \subset \mathbb{C}$,

$$\begin{aligned} c^2(\mu\lfloor B \cap A) &\leq \iiint_{x \in B\cap A} c(x,y,z)^2\, d\mu(x)d\mu(y)d\mu(z) \\ &= \int_{x\in B\cap A} c^2_\mu(x)\, d\mu(x) \leq 2\mu(B). \end{aligned}$$

In particular, this estimate holds when B is any square in $\mathbb{C}$, and so $\mathcal{C}_{\mu\lfloor A}$ is bounded on $L^2(\mu\lfloor A)$, by Theorem 3.5. Thus $S_4 \gtrsim \mu(A) \approx S_3$.

Proof of $S_3 \lesssim S_4$ using Lemma 3.6. Take μ supported on E with linear growth such that $c^2(\mu) \leq \mu(E)$ and $S_3 \leq 2\mu(E)$. By Proposition 3.3, we deduce that $\|\mathcal{C}_\varepsilon\mu\|^2_{L^2(\mu)} \leq c\mu(E)$ uniformly on $\varepsilon > 0$. By Lemma 3.6, there exists $G \subset E$ with $\mu(G) \geq \mu(E)/4$ such that $\mathcal{C}_{\mu\lfloor G} : L^2(\mu\lfloor G) \to L^2(\mu\lfloor G)$ is bounded with norm bounded above by some absolute constant. Thus, the measure $\nu = \mu\lfloor G$ is supported on E, has linear growth, and satisfies $\nu(E) \geq \mu(E)/4$ and $\|\mathcal{C}_\nu\|_{L^2(\nu),L^2(\nu)} \leq c$.

Proof of $S_4 \lesssim \gamma_+(E)$. This is a direct consequence of Lemma 4.7, the subsequent Remark 4.8, and the fact that the $L^2(\mu)$ boundedness of $\mathcal{C}_\mu$ implies its boundedness from $M(\mathbb{C})$ to $L^{1,\infty}(\mu)$, as shown in Theorem 2.16. □

Recall that for an arbitrary set $A \subset \mathbb{C}$, $\gamma_+(A) = \sup\{\gamma_+(E) : E \subset A$ compact$\}$. It is straightforward to check that the characterizations on γ_+ obtained in Theorem 4.14 also hold for arbitrary sets $A \subset \mathbb{C}$.

From the preceding theorem, since the term

$$\sup\{\mu(E) : \mu \in \Sigma(E),\ \|\mathcal{C}_\mu\|_{L^2(\mu)\to L^2(\mu)} \leq 1\}$$

is countably semiadditive, we deduce that γ_+ is also countably semiadditive.

Corollary 4.15. *The capacity γ_+ is countably semiadditive on Borel sets. That is, if E_i, $i = 1, 2, \ldots$, is a countable (or finite) family of Borel sets, we have*

$$\gamma_+\Big(\bigcup_{i=1}^{\infty} E_i\Big) \leq C \sum_{i=1}^{\infty} \gamma_+(E_i).$$

Proposition 4.16. *If ν is any complex measure on $\mathbb{C}$, then*

$$\gamma_+(\{x : \mathcal{C}_*\nu(x) > \lambda\}) \leq C\frac{\|\nu\|}{\lambda}. \tag{4.10}$$

In [173] Verdera asked if the estimate (4.10) is true with γ_+ replaced by γ. Obviously, one obtains a positive answer after showing that $\gamma \approx \gamma_+$ holds.

Proof. Let $G = \{x : \mathcal{C}_*\nu(x) > \lambda\}$. Take $\mu \in \Sigma(G)$ such that $\gamma_+(G) \approx \mu(G)$ so that the Cauchy transform is bounded in $L^2(\mu)$ with norm ≤ 1. Then the maximal Cauchy transform is bounded from $M(\mathbb{C})$ to $L^{1,\infty}(\mu)$ and so

$$\gamma_+(G) \lesssim \mu(G) = \mu\big(\{\mathcal{C}_*\nu(x) > \lambda\}\big) \lesssim \frac{\|\nu\|}{\lambda}.$$ □

4.6 Some potential theory for γ_+

Another consequence of Theorem 4.14 is that the capacity γ_+ can be characterized in terms of the following potential, introduced by Verdera [175]:

$$U_\mu(x) = M_R\mu(x) + c_\mu^2(x)^{1/2}. \tag{4.11}$$

The precise result is the following.

Corollary 4.17. *For any compact set $E \subset \mathbb{C}$ we have*

$$\gamma_+(E) \approx \sup\{\mu(E) : \operatorname{supp}(\mu) \subset E,\, U_\mu(x) \le 1\, \forall x \in E\}. \tag{4.12}$$

The proof of this corollary follows easily from the fact that

$$\gamma_+(E) \approx \sup\{\mu(E) : \mu \in \Sigma(E),\, c^2(\mu) \le \mu(E)\},$$

using Chebyshev.

The preceding characterization of γ_+ in terms of U_μ is interesting because it suggests that some techniques of potential theory could be useful to study γ_+. In this section we will obtain some results which support this assertion.

4.6.1 A couple of technical lemmas about curvature

Next we show how the Menger curvature of three points changes as one of these points moves.

Lemma 4.18. *Let $x, y, z \in \mathbb{C}$ be three pairwise different points, and let $x' \in \mathbb{C}$ be such that*

$$A^{-1}|x-y| \le |x'-y| \le A|x-y|, \tag{4.13}$$

where $A > 0$ is some constant. Then

$$|c(x,y,z) - c(x',y,z)| \le (4+2A)\frac{|x-x'|}{|x-y||x-z|}. \tag{4.14}$$

Proof. Since $x \neq y$, we have $x' \neq y$ by (4.13). If $x' = z$, then $c(x',y,z) = 0$. In this case, (4.14) is straightforward:

$$|c(x,y,z) - c(x',y,z)| = c(x,y,z) \le \frac{2}{|x-y|} = 2\frac{|x-x'|}{|x-y||x-z|}.$$

For $x' \neq y$ and $x' \neq z$ we have

$$\begin{aligned} |c(x,y,z) - c(x',y,z)| &= \left| \frac{2\operatorname{dist}(x, L_{yz})}{|x-y||x-z|} - \frac{2\operatorname{dist}(x', L_{yz})}{|x'-y||x'-z|} \right| \\ &\le 2\frac{|\operatorname{dist}(x, L_{yz}) - \operatorname{dist}(x', L_{yz})|}{|x-y||x-z|} \\ &\quad + 2\operatorname{dist}(x', L_{yz}) \left| \frac{1}{|x-y||x-z|} - \frac{1}{|x'-y||x'-z|} \right| \\ &= I + II. \end{aligned} \tag{4.15}$$

To estimate the term I, notice that $|\operatorname{dist}(x, L_{yz}) - \operatorname{dist}(x', L_{yz})| \le |x - x'|$ and so

$$I \le 2\frac{|x-x'|}{|x-y||x-z|}.$$

We turn now to the term II in (4.15). We have

$$II = 2\ \operatorname{dist}(x', L_{yz}) \left| \frac{|x'-y||x'-z| - |x-y||x-z|}{|x-y||x-z||x'-y||x'-z|} \right|.$$

Now we write

$$\begin{aligned} &\big|\, |x'-y||x'-z| - |x-y||x-z| \,\big| \\ &\qquad\qquad = \big|\, (|x'-y| - |x-y|)\, |x'-z| + (|x'-z| - |x-z|)\, |x-y| \,\big| \\ &\qquad\qquad \le |x'-x||x'-z| + |x'-x||x-y|. \end{aligned}$$

Thus, using that $\operatorname{dist}(x', L_{yz}) \le |x'-y|$ and $\operatorname{dist}(x', L_{yz}) \le |x'-z|$, we obtain

$$\begin{aligned} II &\le 2|x-x'| \left(\frac{\operatorname{dist}(x', L_{yz})|x'-z|}{|x-y||x-z||x'-y||x'-z|} + \frac{\operatorname{dist}(x', L_{yz})|x-y|}{|x-y||x-z||x'-y||x'-z|} \right) \\ &\le 2\frac{|x-x'|}{|x-y||x-z|} + 2\frac{|x-x'|}{|x'-y||x-z|} \le (2+2A)\frac{|x-x'|}{|x-y||x-z|}. \end{aligned}$$

Now, adding the inequalities obtained for I and II, we get (4.14). □

Given two Radon measures ν and μ (with no point masses, say) and $x \in \mathbb{C}$, we write

$$c^2(x, \mu, \nu) = \iint \frac{1}{R(x,y,z)^2}\, d\mu(y) d\nu(z).$$

We also set

$$c(x, \mu, \nu) = \left(c^2(x, \mu, \nu)\right)^{1/2}.$$

Our next objective consists in estimating the difference between $c(x, \mu, \nu)$ and $c(x, \mu, \nu)$ when x and x' are far from the supports of μ and ν.

Lemma 4.19. *Let $x, x' \in \mathbb{C}$ and μ and ν Radon measures on $\mathbb{C}$. Let $r > 0$ and suppose that $x' \in B(x, r)$ and* $\operatorname{supp}(\mu) \cup \operatorname{supp}(\nu) \subset B(x, 2r)^c$*. Then*

$$|c(x, \mu, \nu) - c(x', \mu, \nu)| \le C\left(M_R\mu(x)\, M_R\nu(x)\right)^{1/2} \approx \left(M_R\mu(x')\, M_R\nu(x')\right)^{1/2}. \tag{4.16}$$

Proof. It is immediate to check that $M_R\mu(x) \approx M_R\mu(x')$ and $M_R\nu(x) \approx M_R\nu(x')$, using that μ and ν are supported far away from x and x'. Thus,

$$M_R\mu(x)\, M_R\nu(x) \approx M_R\mu(x')\, M_R\nu(x').$$

Also, by Lemma 4.18,

$$\begin{aligned}\Bigg|\left(\iint c(x,y,z)^2\,d\mu(y)d\nu(z)\right)^{1/2} &- \left(\iint c(x',y,z)^2\,d\mu(y)d\nu(z)\right)^{1/2}\Bigg| \\ &\leq \left(\iint |c(x,y,z)-c(x',y,z)|^2\,d\mu(y)d\nu(z)\right)^{1/2} \\ &\leq c\left(\iint \frac{|x-x'|^2}{|x-y|^2|x-z|^2}\,d\mu(y)d\nu(z)\right)^{1/2} \\ &\leq cr\left(\int \frac{1}{|x-y|^2}\,d\mu(y)\int \frac{1}{|x-z|^2}\,d\nu(z)\right)^{1/2}.\end{aligned}$$

Since $|x-y|>r$ for $y\in\operatorname{supp}(\mu)$, it follows by standard estimates (splitting the domain of integration into annuli, for example) that

$$\int \frac{1}{|x-y|^2}\,d\mu(y) \leq \frac{c}{r}\,M_R\mu(x),$$

and analogously,

$$\int \frac{1}{|x-z|^2}\,d\nu(z) \leq \frac{c}{r}\,M_R\nu(x),$$

and then (4.16) follows. □

4.6.2 A maximum principle for curvature and for U_μ

In the next lemma we prove a kind of maximum principle for $c^2(x,\mu,\nu)$ which will be needed to obtain a new characterization for γ_+, dual to the one in Corollary 4.17.

Lemma 4.20. *Let μ and ν be positive Radon measures such that*

$$c^2(x,\mu,\nu)\leq\beta \quad \textit{for all } x\in\operatorname{supp}(\nu).$$

Then

$$c^2(x,\mu,\nu)\leq 2\beta + C_1\,M_R\nu(x)\,\min\Big(M_R\mu(x),\ \sup_{z\in\operatorname{supp}(\nu)} M_R\mu(z)\Big) \quad \textit{for all } x\in\mathbb{C}, \tag{4.17}$$

where C_1 is some absolute constant.

Proof. We only have to prove (4.17) when $x\notin\operatorname{supp}(\nu)$. Let $r=\operatorname{dist}(x,\operatorname{supp}(\nu))>0$, and let $x'\in\operatorname{supp}(\nu)$ be such that $|x-x'|=r$. Then we split $c^2(x,\mu,\nu)$ as follows:

$$\begin{aligned}c^2(x,\mu,\nu) &= c^2(x,\mu\lfloor B(x,2r),\nu\lfloor B(x,2r)) + c^2(x,\mu\lfloor B(x,2r),\nu\lfloor B(x,2r)^c) \\ &\quad + c^2(x,\mu\lfloor B(x,2r)^c,\nu\lfloor B(x,2r)) + c^2(x,\mu\lfloor B(x,2r)^c,\nu\lfloor B(x,2r)^c).\end{aligned} \tag{4.18}$$

We shall estimate each one of the terms on the right-hand side above separately. For the first one, using $c(x,y,z) \leq 2|x-z|^{-1} \leq 2r^{-1}$ for $z \in \operatorname{supp}(\nu)$, we obtain

$$\begin{aligned} c^2(x, \mu\lfloor B(x,2r), \nu\lfloor B(x,2r)) &= \frac{4}{r^2} \int_{|y-x|<2r} \int_{|x-z|<2r} d\mu(y)d\nu(z) \\ &\leq \frac{4\mu(B(x,2r))\,\nu(B(x,2r))}{r^2}. \end{aligned}$$

We have

$$\frac{\mu(B(x,2r))}{r} \leq 2M_R\mu(x) \quad \text{and} \quad \frac{\nu(B(x,2r))}{r} \leq 2M_R\nu(x). \tag{4.19}$$

For the first quotient, we can also use the estimate

$$\frac{\mu(B(x,2r))}{r} \leq \frac{\mu(B(x',3r))}{r} \leq 3M_R\mu(x'). \tag{4.20}$$

Thus we get

$$c^2(x, \mu\lfloor B(x,2r), \nu\lfloor B(x,2r)) \leq c\,M_R\nu(x)\,\min\bigl(M_R\mu(x),\, M_R\mu(x')\bigr).$$

For the second term in (4.18) we have:

$$\begin{aligned} c^2(x, \mu\lfloor B(x,2r), \nu\lfloor B(x,2r)^c) &\leq \int_{y\in B(x,2r)} \int_{|x-z|\geq 2r} \frac{4}{|x-z|^2}\, d\mu(y)d\nu(z) \\ &= \mu(B(x,2r)) \int_{|x-z|\geq 2r} \frac{4}{|x-z|^2} d\nu(z). \end{aligned}$$

Using the estimates (4.19) and (4.20) for $\mu(B(y,2r))$ and the fact that the last integral above does not exceed $c\,M_R\nu(x)$, we get again

$$c^2(x, \mu\lfloor B(x,2r), \nu\lfloor B(x,2r)^c) \leq c\,M_R\nu(x)\,\min\bigl(M_R\mu(x),\, M_R\mu(x')\bigr).$$

For the third term we argue analogously:

$$\begin{aligned} c^2(x, \mu\lfloor B(x,2r)^c, \nu\lfloor B(x,2r)) &\leq \int_{|x-y|\geq 2r} \int_{z\in B(x,2r)} \frac{4}{|x-y|^2} d\mu(y)d\nu(z) \\ &= \nu(B(x,2r)) \int_{|x-y|\geq 2r} \frac{4}{|x-y|^2}\, d\mu(y) \\ &\leq c\,M_R\nu(x)\,M_R\mu(x). \end{aligned}$$

Taking into account that $|x-y| \approx |x'-y|$ in the integral above, we also have

$$\int_{|x-y|\geq 2r} \frac{4}{|x-y|^2}\, d\mu(y) \leq c \int_{|x'-y|>c^{-1}r} \frac{1}{|x'-y|^2}\, d\mu(y) \leq c\,M_R\mu(x'),$$

and thus

$$c^2(x, \mu\lfloor B(x,2r)^c, \nu\lfloor B(x,2r)) \le c\, M_R\nu(x)\, \min\big(M_R\mu(x),\, M_R\mu(x')\big).$$

Finally, we consider the last term in (4.18). Applying Lemma 4.19 to $\mu\lfloor B(x,2r)^c$ and $\nu\lfloor B(x,2r))^c$, we get

$$\begin{aligned}|c(x, \mu\lfloor B(x,2r)^c, \nu\lfloor B(x,2r)^c) - c(x', \mu\lfloor B(x,2r)^c, \nu\lfloor B(x,2r)^c)|\\ \lesssim \Big(M_R\left(\mu\lfloor B(x,2r)^c\right)(x)\, M_R\left(\nu\lfloor B(x,2r)^c\right)(x)\Big)^{1/2}.\end{aligned}$$

Therefore,

$$c^2(x, \mu\lfloor B(x,2r)^c, \nu\lfloor B(x,2r)^c) \le 2c^2(x', \mu, \nu) + cM_R\left(\mu\lfloor B(x,2r)^c\right)(x)\, M_R\nu(x).$$

Since $M_R\left(\mu\lfloor B(x,2r)^c\right)(x) \approx M_R\left(\mu\lfloor B(x,2r)^c\right)(x')$, we have

$$M_R\left(\mu\lfloor B(x,2r)^c\right)(x) \lesssim \min\big(M_R\mu(x),\, M_R\mu(x')\big),$$

and thus

$$\begin{aligned}c^2(x, \mu\lfloor B(x,2r)^c, \nu\lfloor B(x,2r)^c)\\ \le 2c^2(x', \mu, \nu) + c\, M_R\nu(x)\, \min\big(M_R\mu(x),\, M_R\mu(x')\big).\end{aligned}$$

Adding all the estimates obtained for the terms in (4.18), recalling that $x' \in \operatorname{supp}(\nu)$, we derive (4.17). □

Let us remark that, by slightly more accurate estimates, one can prove that

$$c^2(x, \mu, \nu)^{1/2} \le \beta^{1/2} + C_1\, M_R\nu(x)^{1/2} \cdot \min\Big(M_R\mu(x),\, \sup_{z \in \operatorname{supp}(\nu)} M_R\mu(z)\Big)^{1/2}.$$

Also, 2β can be replaced by $\alpha\beta$ in (4.17), for arbitrary $0 < \alpha < 1$, at the price of increasing C_1.

Corollary 4.21. *If μ is a Radon measure such that $U_\mu(x) \le A$ for all $x \in \operatorname{supp}(\mu)$, then*

$$U_\mu(x) \le c\, A \quad \textit{for all } x \in \mathbb{C},$$

where c is an absolute constant.

Proof. Since $M_R\mu(x) \le A$ for all $x \in \operatorname{supp}(\mu)$, we infer that for $y \notin \operatorname{supp}(\mu)$,

$$\mu(B(y,r)) \le \mu(B(y',2r)) \quad \text{for all } r > 0,$$

where y' is a closest point to y in $\operatorname{supp}(\mu)$. Thus, $M_R\mu(y) \le 2A$ for all $x \in \mathbb{C}$. From the preceding lemma with $\mu = \nu$, since $c^2(x, \mu, \mu) \le A^2$ for all $x \in \operatorname{supp}(\mu)$, we deduce that

$$c^2(y, \mu, \mu) \le cA^2.$$ □

Corollary 4.22. *For any compact set $E \subset \mathbb{C}$ we have*

$$\gamma_+(E) \approx \sup\big\{\mu(E) : \operatorname{supp}(\mu) \subset E,\ U_\mu(x) \le 1\ \forall x \in \mathbb{C}\big\}. \tag{4.21}$$

4.6.3 A dual version for the capacity γ_+

In this section we will obtain a characterization of γ_+ in terms of the potential U which can be understood as a dual version of (4.12) or (4.21).

Theorem 4.23. *If μ is any positive Radon measure on $\mathbb{C}$, then*

$$\gamma_+(\{x \in \mathbb{C} : U_\mu(x) > \lambda\}) \leq c\,\frac{\|\mu\|}{\lambda}. \tag{4.22}$$

Proof. Consider the Borel sets

$$E = \{x : U_\mu(x) > \lambda\},$$
$$E_1 = \{x : M_R\mu(x) > \lambda/2\}$$

and

$$E_2 = \{x : M_R\mu(x) \leq \lambda/2 \text{ and } c_\mu(x) > \lambda/2\}.$$

Hence, $E \subset E_1 \cup E_2$, and $\gamma_+(E) \leq c(\gamma_+(E_1) + \gamma_+(E_2))$.

It is not difficult to check that

$$\gamma_+(E_1) \leq c\frac{\|\mu\|}{\lambda}. \tag{4.23}$$

Indeed, we only have to take $\nu \in \Sigma(E_1)$ such that $\gamma_+(E_1) \approx \|\nu\|$ and $c_\nu^2(x) \leq 1$ for all $x \in \mathbb{C}$. By the linear growth of ν, the maximal operator M_R is bounded from $M(\mathbb{C})$ to $L^{1,\infty}(\nu)$, and thus we get

$$\gamma_+(E_1) \leq c\,\nu(E_1) = \nu\big(\{M_R\mu(x) > \lambda/2\}\big) \leq c\frac{\|\mu\|}{\lambda}.$$

Now we will show that

$$\gamma_+(E_2) \leq c\frac{\|\mu\|}{\lambda}. \tag{4.24}$$

Let us take $\nu \in \Sigma(E_2)$, such that $\gamma_+(E_2) \approx \|\nu\|$ and $c_\nu^2(x) \leq 1$ for all $x \in \mathbb{C}$. Observe that

$$c^2(\mu, \nu, \nu) \leq \|\mu\| = \beta\|\nu\|,$$

where $\beta = \|\mu\|/\|\nu\|$. Then there exists a closed subset $F \subset \operatorname{supp}(\nu)$ such that $\nu(F) \geq \|\nu\|/4$ and $c^2(x, \mu, \nu) \leq 2\beta$ for all $x \in F$. Therefore, $c^2(x, \mu, \nu\lfloor F) \leq 2\beta$ for all $x \in F$, and by Lemma 4.20,

$$c^2(x, \mu, \nu\lfloor F) \leq c\,\lambda + 4\beta$$

for all $x \in \mathbb{C}$, since $M_R\mu(z) \leq \lambda/2$ for all $z \in \operatorname{supp}(\nu)$. Thus, using Fubini,

$$\begin{aligned}
\gamma_+(E_2) &\leq c\int d\nu\lfloor F \;\leq\; \frac{c}{\lambda^2}\int c^2(x,\mu,\mu)\,d\nu\lfloor F(x) \\
&= \frac{c}{\lambda^2}\int c^2(y,\mu,\nu\lfloor F)\,d\mu(y) \;\leq\; \frac{c}{\lambda^2}\int (c\,\lambda + 4\beta)\,d\mu \\
&\leq \frac{c}{\lambda^2}\left(\lambda\,\|\mu\| + \frac{\|\mu\|^2}{\|\nu\|}\right).
\end{aligned}$$

So we obtain

$$\gamma_+(E_2) \leq c_2 \left(\frac{\|\mu\|}{\lambda} + \frac{\|\mu\|^2}{\lambda^2 \gamma_+(E_2)} \right). \tag{4.25}$$

From this inequality we derive (4.24). Indeed, if $\|\mu\|/\lambda \geq \|\mu\|^2/(\lambda^2\gamma_+(E_2))$, then (4.25) implies $\gamma_+(E_2) \leq 2c_2\frac{1}{\lambda}\|\mu\|$, and if $\|\mu\|/\lambda \leq \|\mu\|^2/(\lambda^2\gamma_+(E_2))$ we also get (4.24). □

Theorem 4.24. *For $E \subset \mathbb{C}$ compact, we have*

$$\gamma_+(E) \approx \inf\{\|\mu\| : \mu \in M_+(\mathbb{C}),\, U_\mu(x) \geq 1\, \forall x \in E\}. \tag{4.26}$$

Before proving Theorem 4.24 we will state and prove the following corollary.

Corollary 4.25. *Let $E \subset \mathbb{C}$ be compact. Then $\gamma_+(E) = 0$ if and only if there exists some measure $\mu \in M_+(\mathbb{C})$ such that $U_\mu(x) = \infty$ for all $x \in E$.*

Proof. If $U_\mu(x) = \infty$ for all $x \in E$, then $\gamma_+(E) = 0$. This follows easily from Theorem 4.24 or directly from (4.22).

Suppose that $\gamma_+(E) = 0$. By Theorem 4.24, for each n there exists some measure $\mu_n \in M_+(\mathbb{C})$ with $\|\mu_n\| \leq 2^{-n}$ and such that $M_R\mu_n(x) + c_{\mu_n}(x) \geq 1$ for all $x \in E$. We set $\mu = \sum_{n=1}^{\infty} n\, \mu_n$. Then $\mu \in M_+(\mathbb{C})$ and, for each n, $M_R\mu(x) + c_\mu(x) \geq n\,(M_R\mu_n(x) + c_{\mu_n}(x)) \geq n$ for $x \in E$. □

Let us remark that, with a little of additional effort, the measure μ in the proof of the corollary can be constructed so that it also satisfies $U_\mu(y) < \infty$ for all $y \in E^c$.

In Section 3.2 of Chapter 3 we saw that for the corner quarters set E and the measure $\mu = \mathcal{H}^1\lfloor E$, $c_\mu^2(x) = \infty$ for all $x \in E$. From the above corollary we infer that $\gamma_+(E) = 0$.

We will need the following estimate for the proof of Theorem 4.24:

Lemma 4.26. *Let $\nu \in M_+(\mathbb{C})$. Let $Q \subset \mathbb{C}$ be a closed square with side length δ. Let L be a closed segment of length $\delta/2$ parallel to one side of Q and concentric with Q. Suppose that $\nu\lfloor Q = a \cdot \mathcal{H}^1\lfloor L$ and $\nu\left(\frac{3}{2}Q \setminus Q\right) = 0$. Then there exists some absolute constant c_3 such that for all $x, y \in Q$,*

$$c_\nu^2(x) \leq \frac{10}{9}\, c_\nu^2(y) + c_3 \min\bigl(M_R\nu(x),\, M_R\nu(y)\bigr)^2.$$

Proof. Notice first that, by Lemma 4.19,

$$|c_{\nu\lfloor\mathbb{C}\setminus\frac{3}{2}Q}(x) - c_{\nu\lfloor\mathbb{C}\setminus\frac{3}{2}Q}(y)| \lesssim M_R\Bigl(\nu\lfloor\mathbb{C}\setminus\frac{3}{2}Q\Bigr)(x) \lesssim \min\bigl(M_R\nu(x),\, M_R\nu(y)\bigr).$$

Therefore,

$$c^2_{\nu\lfloor\mathbb{C}\setminus\frac{3}{2}Q}(x) \leq \frac{10}{9}\, c^2_{\nu\lfloor\mathbb{C}\setminus\frac{3}{2}Q}(y) + c\min\bigl(M_R\nu(x),\, M_R\nu(y)\bigr)^2.$$

On the other, by an application of Lemma 4.20 (or by a direct calculation), it easily follows that

$$c^2_{\nu\lfloor\frac{3}{2}Q}(x) = c^2_{\nu\lfloor L}(x) \lesssim M_R(\nu\lfloor L)(x)^2 \approx a^2 \approx M_R(\nu\lfloor L)(y)^2.$$

Thus,

$$c^2_{\nu\lfloor\frac{3}{2}Q}(x) \lesssim \min\bigl(M_R\nu(x),\, M_R\nu(y)\bigr)^2.$$

Finally, denoting by c_Q the center of Q, we have

$$c^2(x, \nu\lfloor\tfrac{3}{2}Q, \nu\lfloor\mathbb{C}\setminus\tfrac{3}{2}Q) \leq c\int_{z\in L}\int_{t\notin\frac{3}{2}Q}\frac{1}{|c_Q - t|^2}\,d\nu(z)d\nu(t),$$

since $|z-t| \approx |c_Q - t|$ for z, t in the domain of integration. Therefore,

$$\begin{aligned}
c^2(x, \nu\lfloor\tfrac{3}{2}Q, \nu\lfloor\mathbb{C}\setminus\tfrac{3}{2}Q) &\lesssim \nu(Q)\int_{t\notin\frac{3}{2}Q}\frac{1}{|c_Q - t|^2}\,d\nu(t)\\
&\lesssim \frac{\nu(Q)}{\ell(Q)}\,M_R(\nu\lfloor\mathbb{C}\setminus\tfrac{3}{2}Q)(c_Q)\\
&\lesssim \min\bigl(M_R\nu(x),\, M_R\nu(y)\bigr)^2.
\end{aligned}$$

Adding the different estimates for the curvature, our claim follows. □

To prove Theorem 4.24 we will need to apply a variational argument on some 'nice' approximation of E by another compact $\widetilde{E}$. The following lemma deals with the variational argument on $\widetilde{E}$.

Lemma 4.27. *Consider a grid of squares of side length $\delta > 0$ in $\mathbb{C}$ with sides parallel to the axes. Take a finite collection of closed squares $\{Q_i\}_{i\in I}$ of the grid. For each $i \in I$, let L_i be the closed segment of length $\delta/2$ concentric with Q_i and parallel to the x axis. Set $\widetilde{E} = \bigcup_{i\in I} L_i$. Let $\Sigma_0(\widetilde{E})$ be the subset of $\Sigma(\widetilde{E})$ of measures μ of the form $\mu = \sum_{i\in I} a_i\,\mathcal{H}^1\lfloor L_i$. There exists a measure $\nu \in \Sigma_0(\widetilde{E})$ such that*

$$\frac{\|\nu\|^2}{\|\nu\| + c^2(\nu)} = \sup_{\mu\in\Sigma_0(\widetilde{E})}\frac{\|\mu\|^2}{\|\mu\| + c^2(\mu)}. \tag{4.27}$$

Any maximal measure ν satisfies

$$c^2(\nu) \leq 2\|\nu\| \tag{4.28}$$

and

$$U_\nu(x) \geq c_4 \tag{4.29}$$

for all $x \in \widetilde{E}$, where $c_4 > 0$ is some absolute constant.

Proof. The existence of ν follows easily by a compactness argument. We leave the details for the reader.

Let us see that (4.28) holds. Since ν is maximal and $\nu/2$ is also in $\Sigma_0(\widetilde{E})$, we have

$$\frac{\|\nu\|^2}{\|\nu\| + c^2(\nu)} \geq \frac{\|\nu\|^2/4}{\|\nu\|/2 + c^2(\nu)/8}.$$

Therefore,

$$\frac{\|\nu\|}{2} + \frac{c^2(\nu)}{8} \geq \frac{\|\nu\|}{4} + \frac{c^2(\nu)}{4}.$$

That is, $c^2(\nu) \leq 2\|\nu\|$.

Now we turn our attention to (4.29). Let $x \in \widetilde{E}$ and let L_i be such that $x \in L_i$. Suppose that $M_R\nu(x) \leq 1/20$. For each $\lambda > 0$, we define the measure $\nu_\lambda = \nu + \lambda\,\mathcal{H}^1\lfloor L_i$. We claim that if λ is small enough, then

$$M_R\nu_\lambda(y) \leq 1 \quad \text{for all } y \in \widetilde{E}. \tag{4.30}$$

This is easy to check for $y \in L_i$. Indeed, taking into account that ν is a constant multiple of $\mathcal{H}^1\lfloor L_i$ on L_i, it follows easily that $M_R\nu(y) \leq 1/5$ for all $y \in L_i$. So, for λ small enough,

$$M_R\nu_\lambda(y) \leq 1/4 \quad \text{for all } y \in L_i. \tag{4.31}$$

Consider now the case $y \in \widetilde{E}\setminus L_i$. If $B(y,r)\cap L_i = \varnothing$, then $\nu_\lambda(B(y,r)) = \nu(B(y,r))$. Otherwise, $B(y,r)$ contains some point $y' \in L_i$ and so $B(y,r) \subset B(y',2r)$. From (4.31) we deduce that

$$\frac{\nu_\lambda(B(y,r))}{r} \leq \frac{\nu_\lambda(B(y',2r))}{r} \leq 2\,M\nu_\lambda(y') \leq \frac{1}{2}.$$

Thus in any case our claim (4.30) holds. That is to say, $\nu_\lambda \in \Sigma_0(\widetilde{E})$ for $\lambda > 0$ small enough.

Since ν satisfies (4.27), the function

$$f(\lambda) = \frac{\|\nu_\lambda\|^2}{\|\nu_\lambda\| + c^2(\nu_\lambda)},$$

satisfies $f'(0) \leq 0$. Observe that $f(\lambda)$ equals

$$\frac{(\|\nu\| + \lambda\,\delta/2)^2}{\|\nu\| + \lambda\,\delta/2 + c^2(\nu) + 3\lambda\,c^2(\mathcal{H}^1\lfloor L_i,\nu,\nu) + 3\lambda^2 c^2(\nu,\mathcal{H}^1\lfloor L_i,\mathcal{H}^1\lfloor L_i)}.$$

So,

$$f'(0) = \frac{\|\nu\|\,\delta\,(\|\nu\| + c^2(\nu)) - \|\nu\|^2\,(\delta/2 + 3\,c^2(\mathcal{H}^1\lfloor L_i,\nu,\nu))}{(\|\nu\| + c^2(\nu))^2}.$$

Therefore, $f'(0) \leq 0$ if and only if

$$\delta\,(\|\nu\| + c^2(\nu)) \leq \|\nu\|\,(\delta/2 + 3\,c^2(\mathcal{H}^1\lfloor L_i,\nu,\nu)).$$

That is,

$$\frac{\|\nu\| + 2c^2(\nu)}{\|\nu\|} \leq \frac{6\, c^2(\mathcal{H}^1\lfloor L_i, \nu, \nu)}{\delta}.$$

Therefore, $c^2(\mathcal{H}^1\lfloor L_i, \nu, \nu)/\delta \geq \frac{1}{6}$. So there exists some $x' \in L_i$ such that $c^2(x', \nu, \nu) \geq \frac{1}{3}$. By Lemma 4.26

$$c_\nu^2(x) \geq \frac{9}{10}\left(\frac{1}{3} - c_3\, M_R\nu(x)^2\right).$$

If $c_3 \cdot M_R\nu(x)^2 \leq 1/6$, then

$$c_\nu^2(x) \geq \frac{3}{20}. \tag{4.32}$$

So we have proved that if $M_R\nu(x) \leq \min(1/20,\, 1/(6c_3)^{1/2})$, then (4.32) holds, and the lemma follows. □

Proof of Theorem 4.24. Let $\mu \in M_+(\mathbb{C})$ be such that $M_R\mu(x) + c_\mu(x) \geq 1$ for all $x \in E$. By Theorem 1, $\gamma_+(E) \leq c\,\|\mu\|$.

It remains to show that for each $\varepsilon > 0$ there exists some measure $\mu \in M_+(\mathbb{C})$ such that $\gamma_+(E) \geq c\,\|\mu\| - \varepsilon$, where $c > 0$ is some absolute constant, with μ satisfying $M_R\mu(x) + c_\mu(x) \geq 1$ on E. From the outer regularity of γ_+ on compact sets proved in Proposition 4.5, there exists some $\delta > 0$ such that $\gamma_+(E) \geq \gamma_+(\mathcal{U}_{2\delta(E)}) - \varepsilon$, where $\mathcal{U}_{2\delta}(E)$ stands for the 2δ-neighborhood of E. Consider a grid of squares of side length $\delta > 0$ with sides parallel to the axes. Let $\{Q_i\}_{i\in I}$ the closed squares of the grid that intersect E. For each $i \in I$, let L_i be the closed segment of length $\delta/2$ centered in Q_i and parallel to the x axis. Let $\widetilde{E} = \bigcup_{i\in I} L_i$. Notice that $\widetilde{E} \subset \mathcal{U}_{2\delta}(E)$. Thus $\gamma_+(E) \geq \gamma_+(\widetilde{E}) - \varepsilon$.

Let $\nu \in \Sigma_0(\widetilde{E})$ be the maximal measure of Lemma 4.27 for the compact set $\widetilde{E}$. Since $c^2(\nu) \leq 2\|\nu\|$, we have $\gamma_+(\widetilde{E}) \geq c\,\|\nu\|$. We know that $M_R\nu(x) + c_\nu(x) \geq c_4$ for all $x \in \widetilde{E}$, with $c_4 > 0$. We are going to show that this also holds for $x \in E$, changing the constant c_4 by another constant c_4' smaller enough. Clearly, this will finish the proof of the theorem: just take $\mu = \nu/c_4'$.

Let $x \in E$. Suppose that $M_R\nu(x) \leq c_5$, where $c_5 > 0$ is some constant much smaller than c_4, which will be fixed below. Let Q_i be a square of the grid such that $x \in Q_i$. It is not difficult to check that for $y \in L_i$, $M_R\nu(y) \leq 4\,c_5$. Thus for $y \in L_i$, $c_\nu(y) \geq c_4 - 4\,c_5 \geq c_4/2$, assuming $c_5 \leq c_4/8$. Now, by Lemma 4.26

$$c_\nu^2(x) \geq \frac{9}{10}\left(\frac{c_4^2}{4} - c_3\, M_R\nu(x)^2\right) \geq \frac{9}{10}\left(\frac{c_4^2}{4} - c_3 \cdot c_5^2\right) \geq \frac{c_4^2}{16},$$

if c_5 is chosen small enough. □

4.7 The capacity γ_+ of some Cantor sets

We construct a Cantor set $E(\lambda) \subset \mathbb{C}$ as follows. Let $\lambda := \{\lambda_n\}_n \subset \mathbb{R}$ be a sequence satisfying $0 < \lambda_n \leq 1/3$ for all n. In $\mathbb{R}$, we consider the sets $K_0 = [0,1]$, $K_1 = [0, \lambda_1] \cup [1 - \lambda_1, 1]$, and for each n, K_n made up of a finite union of closed intervals which have been obtained from K_{n-1} in the following way. We replace each connected component $K_{n-1,j}$ of K_{n-1} by the two endmost closed intervals contained in this same component, each one with length equal to λ_n times the length of connected component $K_{n-1,j}$. We set

$$K(\lambda) = \bigcap_{n=1}^{\infty} K_n,$$

and then

$$E(\lambda) = K(\lambda) \times K(\lambda).$$

Let us observe that K_n is the union of 2^n closed intervals of length $\ell_n = \lambda_1 \cdots \lambda_n$. So, if we set $E_n = K_n \times K_n$, we have

$$E(\lambda) = \bigcap_{n=0}^{\infty} E_n,$$

with

$$E_n = \bigcup_{j=1}^{4^n} Q_{n,j}, \tag{4.33}$$

where $Q_{n,j}$ is a square with side length ℓ_n for every $j = 1, ..., 4^n$.

If $\lambda_n = 1/4$ for all n, then $E(\lambda)$ coincides with the corner quarters Cantor set from Section 1.7 in Chapter 1. Recall that this is a self similar set with positive and finite 1-dimensional Hausdorff measure which is purely unrectifiable.

The Cantor sets $E(\lambda)$ were introduced by Garnett in [54], where he asked for which sequences λ the set $E(\lambda)$ has non-zero analytic capacity.

Let μ be the probability measure supported on $E(\lambda)$ which assigns equal measure to each square $Q_{n,j}$ from the same generation n, so that $\mu(Q_{n,j}) = 4^{-n}$. Notice that the quotient $\frac{4^{-n}}{\ell_n}$ coincides with the linear density $\mu(Q_{n,j})/\ell(Q_{n,j}) =:$ θ_n for $1 \leq j \leq 4^n$.

Theorem 4.28. *Let $E(\lambda)$ be as above. There exists an absolute constant c such that*

$$c^{-1} \Big(\sum_{k=0}^{\infty} \theta_k^2\Big)^{-1/2} \leq \gamma_+(E(\lambda)) \leq c \Big(\sum_{k=0}^{\infty} \theta_k^2\Big)^{-1/2}. \tag{4.34}$$

We need the following lemma.

Lemma 4.29. *Let μ be the probability measure on $E(\lambda)$ defined above. There exists some constant $C > 0$ such that for all $x \in E(\lambda)$,*

$$C^{-1}\, c_\mu^2(x) \leq \sum_{k=0}^{\infty} \theta_k^2 \leq C\, c_\mu^2(x). \tag{4.35}$$

Proof. Let us see the left inequality of (4.35) first. Given $x \in E(\lambda)$ and $k \geq 0$ we denote by $Q_k(x)$ the square of generation k that contains x. We have

$$\begin{aligned} c_\mu^2(x) &\leq 2\sum_{k=1}^{\infty} \int_{y\in Q_{k-1}(x)\setminus Q_k(x)} \int_{z\in Q_{k-1}(x)} c(x,y,z)^2\, d\mu(y)d\mu(z) \\ &\leq C\sum_{k=1}^{\infty} \int_{y\in Q_{k-1}(x)\setminus Q_k(x)} \int_{z\in Q_{k-1}(x)} \frac{1}{\ell_k^2}\, d\mu(y)d\mu(z) \\ &= C\sum_{k=1}^{\infty} \int_{y\in Q_{k-1}(x)\setminus Q_k(x)} \frac{4^{-k}}{\ell_k^2}\, d\mu(y) = C\sum_{k=1}^{\infty} \left(\frac{4^{-k}}{\ell_k}\right)^2. \end{aligned}$$

Now, we are going to prove the right-hand inequality in (4.35). As in (3.4), we write

$$c_\mu^2(x) \geq \sum_{k=1}^{\infty} \int_{y\in Q_{k-1}(x)\setminus Q_k(x)} \int_{z\in Q_{k-1}(x)\setminus [Q_k(x)\cup Q_k(y)]} c(x,y,z)^2 d\mu(y)d\mu(z).$$

By the geometry of the set $E(\lambda)$, given $x \in E(\lambda)$ and $y \in Q_{k-1}(x) \setminus Q_k(x)$ we have

$$c(x,y,z) \geq C\,\frac{1}{\ell_k} \quad \text{for all } z \in Q_{k-1}(x) \setminus (Q_k(x) \cup Q_k(y)),$$

for some constant $C > 0$. Hence,

$$c_\mu^2(x) \geq C\sum_{k=1}^{\infty} \int_{y\in Q_{k-1}(x)\setminus Q_k(x)} \frac{4^{-k}}{\ell_k^2}\, d\mu(y) \geq C\sum_{k=1}^{\infty} \left(\frac{4^{-k}}{\ell_k}\right)^2,$$

with $C > 0$. □

Proof of Theorem 4.28. Let μ the probability measure on $E(\lambda)$ defined above. It is straightforward to check that for all $x \in E(\lambda)$, $M_R\mu(x) \lesssim \sup_k \theta_k$ and so

$$M_R\mu(x) \lesssim \Big(\sum_k \theta_k^2\Big)^{1/2}.$$

Thus,

$$U_\mu(x) = M_R\mu(x) + c_\mu(x) \approx \Big(\sum_k \theta_k^2\Big)^{1/2}.$$

Consider the measure

$$\widetilde{\mu} = \mu \cdot \left(\sum_{k=0}^{\infty} \theta_k^2 \right)^{-1/2}.$$

Since $U_{\widetilde{\mu}}(x) \approx 1$ for all $x \in E(\lambda)$, from Corollary 4.17 we deduce that

$$\gamma_+(E(\lambda)) \gtrsim \Big(\sum_k \theta_k^2 \Big)^{-1/2},$$

and from Theorem 4.24,

$$\gamma_+(E(\lambda)) \lesssim \Big(\sum_k \theta_k^2 \Big)^{-1/2}. \qquad \square$$

Remark 4.30. Arguing as above, we also get that for E_n as in (4.33),

$$\gamma_+(E_n) \approx \Big(\sum_{k=0}^{n} \theta_k^2 \Big)^{-1/2}. \tag{4.36}$$

In particular, for the n-generation of the corner quarters Cantor set, we obtain

$$\gamma_+(E_n) \approx \frac{1}{n^{1/2}}.$$

4.8 A quantitative version of Denjoy's conjecture

In this section we go back to Denjoy's conjecture. By using the Jones' traveling salesman Theorem 3.14 and the relation between β's and curvature from Theorem 3.15, we will prove the following result, which can be understood as a quantitative version of Denjoy's conjecture.

Theorem 4.31. *Let $\Gamma \subset \mathbb{C}$ be a rectifiable curve and let $E \subset \Gamma$ be compact. Then*

$$\gamma_+(E) \geq c^{-1} \frac{\mathcal{H}^1_\infty(E)^{3/2}}{\mathcal{H}^1(\Gamma)^{1/2}}. \tag{4.37}$$

This was first proved by Murai [116] in the particular case where Γ is a rectifiable graph. Verdera realized that the more general statement in Theorem 4.31 follows from Jones' theorems and the relationship between analytic capacity and curvature discovered by Melnikov.

Proof. By Frostman's lemma, there exists a measure μ supported on E such that $\mu(E) \approx \mathcal{H}^1_\infty(E)$ and $\mu(B(x,r)) \leq r$ for all $x \in \mathbb{C}$ and $r > 0$. By Theorems 3.15 and 3.14,

$$c^2(\mu) \leq c \sum_{Q \in \mathcal{D}} \beta_\Gamma(Q)^2 \mu(Q) \leq c \sum_{Q \in \mathcal{D}} \beta_\Gamma(Q)^2 \ell(Q) \leq c_6\, \mathcal{H}^1(\Gamma),$$

where c_6 is some absolute constant.

Consider now the measure

$$\sigma = \left(\frac{\mu(E)}{c_6\mathcal{H}^1(\Gamma)}\right)^{1/2} \mu.$$

Since $\mu(E) \lesssim \mathcal{H}^1_\infty(E) \leq \mathcal{H}^1(\Gamma)$, it follows that σ has c-linear growth, for some absolute constant c. On the other hand,

$$c^2(\sigma) = \left(\frac{\mu(E)}{c_6\mathcal{H}^1(\Gamma)}\right)^{3/2} c^2(\mu) \leq \frac{\mu(E)^{3/2}}{[c_6\mathcal{H}^1(\Gamma)]^{1/2}} = \sigma(E).$$

Thus, by Theorem 4.14,

$$\gamma_+(E) \gtrsim \sigma(E) = \frac{\mu(E)^{3/2}}{[c_6\mathcal{H}^1(\Gamma)]^{1/2}}. \qquad \square$$

Murai [119] also proved that the power 3/2 in the (4.37) is optimal in the following sense: if $\mathcal{H}^1(\Gamma) = 1$ and $E \subset \Gamma$, then the estimate $\gamma_+(E) \gtrsim \mathcal{H}^1_\infty(E)^\alpha$ fails for $\alpha < 3/2$. We are going to prove this by using a variation of Murai's ideas.

Consider the n-th generation E_n of the corner quarters Cantor set. Then it is easy to check that ∂E_n is contained in a curve Γ_n of length at most cn, where c is some absolute constant. Indeed, we may take

$$\Gamma_n = \bigcup_{j=0}^{n} \partial E_j.$$

Note that Γ_n is a curve with self intersections, by taking a suitable parameterization. See Figure 4.1. Contracting Γ_n and ∂E_n by a factor of c/n, we get a curve G_n with $\mathcal{H}^1(G_n) = 1$ and a set $F_n \subset G_n$ with

$$\mathcal{H}^1_\infty(F_n) \approx \frac{1}{n}\,\mathcal{H}^1_\infty(\partial E_n) \approx \frac{1}{n}$$

and

$$\gamma_+(F_n) \approx \frac{1}{n}\,\gamma_+(\partial E_n) \approx \frac{1}{n^{3/2}},$$

since $\gamma(\partial E_n) \approx 1/n^{1/2}$ (see Remark 4.30). As $\mathcal{H}^1_\infty(F_n)^{3/2} \approx 1/n^{3/2}$ too, we have

$$\gamma_+(F_n) \approx \mathcal{H}^1_\infty(F_n)^{3/2},$$

which shows the sharpness of the power 3/2.

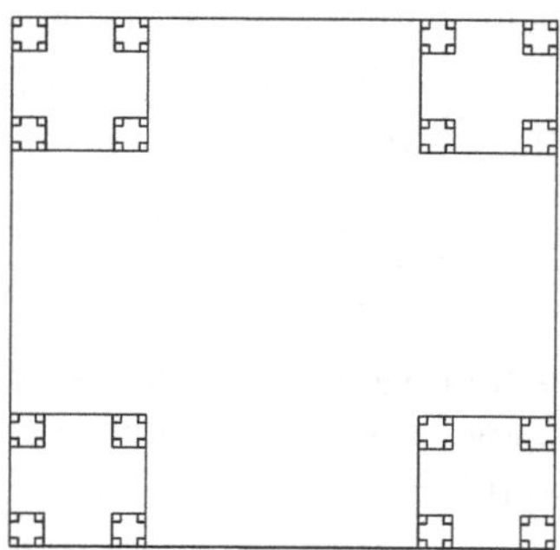

Figure 4.1: The union of the sets ∂E_j, $0 \le j \le 3$, which form the curve Γ_3.

4.9 Relationship between γ_+ and Wolff's potentials

For $\alpha > 0$, $1 < p < \infty$ with $0 < \alpha p < d$, the Riesz capacity $\dot{C}_{\alpha,p}$ of a compact set $E \subset \mathbb{R}^d$ is defined as

$$\dot{C}_{\alpha,p}(E) = \sup_\mu \mu(E)^p,$$

where the supremum runs over all positive measures μ supported on E such that

$$I_\alpha(\mu)(x) = \int \frac{1}{|x-y|^{d-\alpha}}\, d\mu(x)$$

satisfies $\|I_\alpha(\mu)\|_{p'} \le 1$, where as usual $p' = p/(p-1)$. The capacities $\dot{C}_{\alpha,p}$ arise in the so-called non-linear potential theory

It is easy to check that $\dot{C}_{\alpha,p}$ is a homogeneous capacity of degree $d-\alpha p$, that is,

$$\dot{C}_{\alpha,p}(\lambda E) = |\lambda|^{d-\alpha p}\, \dot{C}_{\alpha,p}(E)$$

for any compact set $E \subset \mathbb{R}^d$ and $\lambda \in \mathbb{R}$. It is well known that sets with positive capacity $\dot{C}_{\alpha,p}$ have non-σ-finite Hausdorff measure $\mathcal{H}^{d-\alpha p}$. On the other hand, not all sets with non-σ-finite $\mathcal{H}^{d-\alpha p}$ measure have positive capacity $\dot{C}_{\alpha,p}$. See Adams and Hedberg [1, Chapter 5] for these and many other results on non-linear potential theory.

For our purposes, the description of Riesz capacities in terms of Wolff potentials is more useful than the above definition of $\dot{C}_{\alpha,p}$. Consider

$$\dot{W}^\mu_{\alpha,p}(x) = \int_0^\infty \left(\frac{\mu(B(x,r))}{r^{d-\alpha p}}\right)^{p'-1} \frac{dr}{r}.$$

A well-known theorem of Wolff asserts that

$$\dot{C}_{\alpha,p}(E) \approx \sup_\mu \mu(E), \tag{4.38}$$

where the supremum is taken over all measures μ supported on E such that $\dot{W}^{\mu}_{\alpha,p}(x) \leq 1$ for all $x \in E$. See Adams and Hedberg [1, Chapter 4], for instance. Notice that for the indices $\alpha = \frac{2}{3}$, $p = \frac{3}{2}$, in $\mathbb{R}^2$, we have

$$\dot{W}^{\mu}_{2/3,3/2}(x) = \int_0^\infty \left(\frac{\mu(B(x,r))}{r}\right)^2 \frac{dr}{r}.$$

Observe also that $\dot{C}_{2/3,3/2}$ is homogeneous of degree 1.

The next proposition shows the relationship between the potential $U_\mu(x) = M_R\mu(x) + c^2_\mu(x)^{1/2}$ introduced in (4.11) and the Wolff potential $\dot{W}^{\mu}_{2/3,3/2}(x)$.

Proposition 4.32. *Let μ be a finite Radon measure on $\mathbb{C}$. Then there exists an absolute constant c such that*

$$U_\mu(x) \leq c\, \dot{W}^{\mu}_{2/3,3/2}(x)^{1/2} \qquad \text{for all } x \in \mathbb{C}.$$

In particular, we have

$$c^2(\mu) \leq c \int \dot{W}^{\mu}_{2/3,3/2}\, d\mu.$$

Proof. Clearly, the second statement is a consequence of the first one. To prove the first statement, observe that, for every $x \in \mathbb{C}$ and $r > 0$,

$$\left(\frac{\mu(B(x,r))}{r}\right)^2 \leq c \int_r^{2r} \left(\frac{\mu(B(x,t))}{t}\right)^2 \frac{dt}{t} \leq c\, \dot{W}^{\mu}_{2/3,3/2}(x),$$

and thus it follows that $M_R\mu(x) \leq c\, \dot{W}^{\mu}_{2/3,3/2}(x)^{1/2}$.

On the other hand,

$$\begin{aligned} c^2_\mu(x) &\leq 2 \iint_{|x-z|\leq|x-y|} c(x,y,z)^2\, d\mu(y)\, d\mu(z) \\ &\leq 8 \iint_{|x-z|\leq|x-y|} \frac{1}{|x-y|^2}\, d\mu(y)\, d\mu(z) = 8 \int \frac{\mu(B(x,|x-y|))}{|x-y|^2}\, d\mu(y). \end{aligned}$$

Now we write

$$\frac{1}{|x-y|^2} = 2 \int_{|x-y|}^\infty \frac{1}{r^3}\, dr,$$

and by Fubini we get

$$\begin{aligned} c^2_\mu(x) &\leq 16 \iint_{y,r:\,|x-y|\leq r} \frac{\mu(B(x,|x-y|))}{r^3}\, dr\, d\mu(y) \\ &\leq 16 \int_0^\infty \frac{\mu(B(x,r))}{r^3} \int_{|x-y|\leq r} d\mu(y)\, dr \\ &= 16 \int_0^\infty \frac{\mu(B(x,r))^2}{r^3}\, dr = 16\, \dot{W}^{\mu}_{2/3,3/2}(x), \end{aligned}$$

which yields the proposition. □

Corollary 4.33. *There exists an absolute constant c such that*

$$\gamma_+(E) \geq c^{-1}\, \dot{C}_{2/3,3/2}(E),$$

for any compact set $E \subset \mathbb{C}$.

Proof. This is a direct consequence of the preceding proposition and the characterization of the capacities γ_+ and $\dot{C}_{2/3,3/2}$ in terms of the potentials U_μ and $\dot{W}^{\mu}_{2/3,3/2}$, respectively. □

The comparability between γ and $\dot{C}_{2/3,3/2}$ is false (for instance, if E is a segment, $\gamma(E) > 0$, while $\dot{C}_{2/3,3/2}(E) = 0$ because it has finite length). Nevertheless, for Cantor type sets $E(\lambda)$ such as the ones considered in the previous section it turns out that $\gamma_+(E(\lambda)) \approx \dot{C}_{2/3,3/2}(E(\lambda))$:

Proposition 4.34. *The Cantor sets $E(\lambda)$ introduced in* (4.33) *satisfy*

$$\gamma_+(E(\lambda)) \approx \dot{C}_{2/3,3/2}(E(\lambda)),$$

with constants independent of λ.

Proof. Let μ be the probability measure supported on $E(\lambda)$ which assigns equal measure to each square $Q_{n,j}$ from the same generation n, so that $\mu(Q_{n,j}) = 4^{-n}$. Recall that, letting $\theta_n := \mu(Q_{n,j})/\ell(Q_{n,j})$, we have

$$\dot{C}_{2/3,3/2}(E(\lambda)) \lesssim \gamma_+(E(\lambda)) \approx \Big(\sum_{n=0}^{\infty} \theta_n^2\Big)^{-1/2}.$$

To prove that $\dot{C}_{2/3,3/2}(E(\lambda)) \gtrsim \Big(\sum_{n=0}^{\infty} \theta_n^2\Big)^{-1/2}$, denote by $Q_n(x)$ the square $Q_{n,j}$ from the n-th generation in the construction of $E(\lambda)$ that contains x. It is straightforward to check that for all $x \in E(\lambda)$,

$$\dot{W}^{\mu}_{2/3,3/2}(x) \approx \sum_{n=0}^{\infty} \left(\frac{\mu(Q_n(x))}{\ell(Q_n(x))}\right)^2 = \sum_{n=0}^{\infty} \theta_n^2.$$

Thus, if we consider the measure

$$\nu = \left(\sum_{n=0}^{\infty} \theta_n^2\right)^{-1/2} \mu,$$

we have $\dot{W}^{\nu}_{2/3,3/2}(x) \lesssim 1$ for all $x \in E(\lambda)$. From (4.38) we infer that

$$\dot{C}_{2/3,3/2}(E(\lambda)) \gtrsim \nu(E(\lambda)) = \Big(\sum_{n=0}^{\infty} \theta_n^2\Big)^{-1/2}.$$ □

4.10 Historical remarks and further results

4.10.1 Denjoy's conjecture, the Davie-Øksendal dualization, and γ_+

The theorem stating that rectifiable sets with positive length are non-removable is called Denjoy's conjecture because Denjoy [33] claimed in 1909 to have proved this result. However, there was a serious gap in his arguments and the conjecture remained open until the proof of the L^2 boundedness of the Cauchy transform with respect to arc length on Lipschitz graphs with small slope by Calderón [5] in 1977. It seems that, at the beginning, Calderón was not aware that Denjoy's conjecture was an important corollary of his theorem, using the characterization of analytic capacity in (1.14) that follows via the Garabedian duality.

In this chapter, instead of using the Garabedian duality to derive Denjoy's conjecture from Calderón's theorem, our arguments rely on the dualization of the weak (1,1) inequality for the Cauchy transform by means of Theorem 4.6, from Davie and Øksendal. This approach yields more information about the rectifiable sets with positive length: it shows that they also have positive capacity γ_+.

A related previous argument to dualize the weak (1,1) inequality for another singular integral, namely the Beurling transform, appears in the work of Uy [171] about the removable singularities for Lipschitz analytic functions in the plane. However, his argument does not ensure the positivity of the required function $h \in L^\infty$ whose Beurling transform is in L^∞ too.

An open problem posed by Peter Jones consists in finding a constructive argument to show the existence of a bounded non-constant function which is analytic out of an arbitrary compact subset E of a Lipschitz graph, assuming $\mathcal{H}^1(E) > 0$. Up to now, the known arguments rely on the use of the Hahn-Banach theorem.

After Davie and Øksendal showed how to dualize the weak (1,1) inequality for the Cauchy transform in [31], it was natural to introduce the notion of γ_+. To the best of my knowledge, this capacity first appeared in the book of Murai [117, Chapter III], where the connection between γ_+ and the L^2 estimates for the Cauchy transform was further investigated.

4.10.2 Analytic capacity and curvature

The relationship between the analytic capacity, curvature, and the Cauchy kernel was found by Melnikov in his seminal paper [113]. By using the Garabedian duality and a discrete version of analytic capacity he proved that for any compact set $E \subset \mathbb{C}$,

$$\gamma(E) \geq c^{-1} \sup_{\mu \in \Sigma(E)} \frac{\mu(E)^2}{\mu(E) + c^2(\mu)}, \tag{4.39}$$

where c is some absolute constant and $\Sigma(E)$ is the set of Radon measures supported on E such that $\mu(B(x,r)) \leq r$ for all $x \in \mathbb{C}$, $r > 0$. One can easily check that the right-hand side above is comparable to

$$\sup\{\mu(E) : \mu \in \Sigma(E),\, c^2(\mu) \leq \mu(E)\},$$

and thus also comparable to $\gamma_+(E)$, by Theorem 4.14.

It is also worth mentioning that a sharper version of the inequality (4.39) was obtained in Tolsa [164]. In this work it was shown that

$$\gamma(E) \geq \sup_\mu \frac{\mu(E)^2}{\frac{4\pi}{3}\mu(E) + \frac{1}{6\pi}c^2(\mu)}, \tag{4.40}$$

where the supremum is taken over all Radon measures μ supported on E such that $\Theta^{*1}(x,\mu) < \infty$ and $\Theta^1_*(x,\mu) \leq 1$ at μ-a.e. $x \in E$. Recall that the densities $\Theta^{*1}(x,\mu)$ and $\Theta^1_*(x,\mu)$ were defined in (1.16). So the preceding inequality can be applied to $\mu = \mathcal{H}^1\lfloor E$ if $\mathcal{H}^1(E) < \infty$, say. The constants $1/6\pi$ and $4\pi/3$ are sharp in the sense that the equality is attained when E is a circumference and $\mu = \mathcal{H}^1\lfloor E$. On the other hand, it is not clear if the precise estimate (4.40) holds with $\gamma_+(E)$ instead of $\gamma(E)$ on the left side (in my opinion, this is quite unlikely).

The characterization of the capacity γ_+ in terms of curvature and the L^2 boundedness of the Cauchy transform in Theorem 4.14 was essentially proved in Tolsa [154]. On the other hand, most of the results from Section 4.6 are from Tolsa [159]. Nevertheless, the idea of introducing the potential U_μ is from Verdera [175]. In this work he showed that if one defines the energy associated to μ as $\mathbb{E}(\mu) = \int U_\mu \, d\mu$, then

$$\gamma(E) \geq c^{-1} \sup\{\mathbb{E}(\mu)^{-1} : \operatorname{supp}(\mu) \subset E,\, \|\mu\| = 1\},$$

where c is some positive absolute constant. Again, by Theorem 4.14 and Chebyshev it is not difficult to see that the right-hand side above is comparable to $\gamma_+(E)$.

In the work [80], Khavinson obtained a characterization by duality for γ_+ different from the one in Theorem 4.24. Indeed, given a compact set $E \subset \mathbb{C}$, let

$$\widetilde{\gamma}_+(E) = \sup\{\mu(E) : \mu \in M_+(\mathbb{C}),\, \operatorname{supp}\mu \subset E,\, |\mathcal{C}\mu(z)| \leq 1\ \forall z \in E^c\}.$$

Notice that this capacity is slightly different from $\gamma_+(E)$ if $\mathcal{L}^2(E) > 0$, since in this definition the condition $|\mathcal{C}\mu(z)| \leq 1$ is only asked for $z \in E^c$, and not for $\mathcal{L}^2$-a.e. $z \in \mathbb{C}$. Khavinson proved that

$$\widetilde{\gamma}_+(E) = \inf\{\|\nu\| : \nu \in M(\mathbb{C}),\, \operatorname{supp}\nu \subset E^c,\, \operatorname{Re}(\mathcal{C}\nu(z)) \geq 1\ \forall z \in E\}.$$

Other approaches by duality to the capacities γ, $\widetilde{\gamma}_+$, and the so-called Cauchy capacity γ^c are also discussed in Khavinson [80].

4.10.3 The analytic capacity of the Cantor sets $E(\lambda)$ and Wolff's potentials

In [54] Garnett considered the problem about the analytic capacity of the Cantor sets $E(\lambda)$ from Section 4.7. He claimed that $\gamma(E(\lambda)) > 0$ if and only if $\sum_{k=0}^\infty \theta_k <$

∞. However, later Eiderman found a mistake in his proof. The inequality

$$\gamma_+(E(\lambda)) \geq c^{-1} \Big(\sum_{k=0}^{\infty} \theta_k^2\Big)^{-1/2}$$

from Theorem 4.28, which is due to Mattila [101], disproves Garnett's claim. The converse inequality was obtained by Eiderman [39], by using different arguments from the ones in Section 4.7.

The relationship between the capacity γ_+ and the capacity $\dot{C}_{2/3,3/2}$ was first noticed by Mateu, Prat and Verdera in [93]. However, the estimate $U_\mu(x) \leq c\,\dot{W}^{\mu}_{2/3,3/2}(x)^{1/2}$ from Proposition 4.32 already appears in Mattila [101], although not stated in these terms, perhaps because the connection with non-linear potential theory was not noticed by Mattila.

4.10.4 Capacities associated with the signed Riesz kernels

In $\mathbb{R}^d$, for $0 < \alpha < d$, one can consider capacities γ_α associated with the α-dimensional signed vector-valued Riesz kernels $K_\alpha(x) = x/|x|^{1+\alpha}$. Given a compact set $E \subset \mathbb{R}^d$, one sets

$$\gamma_\alpha(E) = \sup |\langle T, 1\rangle|,$$

where the supremum is taken over all the distributions T supported on E such that $K_\alpha * T$ is an L^∞ function with norm $\|K_\alpha * T\|_{L^\infty} \leq 1$. For $\alpha = d-1$, γ_α coincides with the Lipschitz harmonic capacity modulo a constant factor.

The capacities $\gamma_{\alpha,+}$ are defined in an analogous way, restricting the supremum above to the positive Radon measures T supported on E. By arguments quite similar to the ones in Theorem 4.14, relying on the non-homogenous $T1$ theorem of Nazarov, Treil and Volberg [123] which avoids the curvature method, one can show that

$$\gamma_{\alpha,+}(E) \approx \sup\big\{\mu(E) : \mu \in \Sigma_\alpha(E),\ \|R^\alpha_\mu\|_{L^2(\mu)\to L^2(\mu)} \leq 1\big\},$$

where $\Sigma_\alpha(E)$ stands for the subset of those positive measures μ supported on E such that $\mu(B(x,r)) \leq r^\alpha$ for all x, r and R^α_μ is the α-dimensional Riesz transform with respect to μ. The preceding characterization of $\gamma_{\alpha,+}$ shows that it is countably semiadditive. For the details, see Prat [136], [137].

The capacities γ_α of some higher dimensional versions of the sets $E(\lambda)$ from Section 4.7 were studied in Mateu and Tolsa [95], Tolsa [168] and Eiderman and Volberg [38].

For $0 < \alpha < 1$, it was shown by Mateu, Prat and Verdera [93] that $\gamma_{\alpha,+} \approx \dot{C}_{\frac{2}{3}(d-\alpha),\frac{3}{2}}$. In the proof, the "curvature type" estimate (3.26) is essential. On the other hand, following ideas similar to the ones for the comparability between γ and γ_+ (which will be explained in Chapter 6), they also proved in the same work that $\gamma_{\alpha,+} \approx \gamma_\alpha$, and thus one gets

$$\gamma_\alpha \approx \dot{C}_{\frac{2}{3}(d-\alpha),\frac{3}{2}} \qquad \text{for } 0 < \alpha < 1.$$

This comparability fails for the integer values of $\alpha \in (0, d)$. On the other hand, it is natural to conjecture that it holds for every non-integer α with $0 < \alpha < d$. For the moment, the problem is open.

Chapter 5

A Tb theorem of Nazarov, Treil and Volberg

5.1 Introduction

Our main objective in this chapter consists in obtaining a Tb-like theorem suitable for the proof of the comparability between γ and γ_+ in the next chapter. The theorem that we will prove is from Nazarov, Treil and Volberg [126]. To state the result, first we need some notation concerning dyadic lattices.

The usual lattice of dyadic squares from $\mathbb{C}$ will be denoted by $\mathcal{D}_0$ in this chapter, For every $w \in \mathbb{C}$, we consider the translated dyadic lattice

$$\mathcal{D}(w) = w + \mathcal{D}_0. \tag{5.1}$$

The aforementioned Tb theorem is the following.

Theorem 5.1. *Let μ be a finite measure supported on a compact set $F \subset \mathbb{C}$. Suppose that there exist a complex measure ν and, for each $w \in \mathbb{C}$, two subsets $H_{\mathcal{D}(w)}, T_{\mathcal{D}(w)} \subset \mathbb{C}$ made up of dyadic squares from $\mathcal{D}(w)$ such that:*

(a) *Every ball B_r of radius r such that $\mu(B_r) > c_0 r$ is contained in $\bigcap_{w\in\mathbb{C}} H_{\mathcal{D}(w)}$.*

(b) *$\nu = b\,\mu$, where b is some function such that $\|b\|_{L^\infty(\mu)} \leq c_b$.*

(c) *$\int_{\mathbb{C}\setminus H_{\mathcal{D}(w)}} \mathcal{C}_*\nu\, d\mu \leq c_*\,\mu(F)$, for all $w \in \mathbb{C}$.*

(d) *If $Q \in \mathcal{D}(w)$ is such that $Q \not\subset T_{\mathcal{D}(w)}$, then $\mu(Q) \leq c_{acc}|\nu(Q)|$ (i.e. Q is an accretive square).*

(e) *$\mu(H_{\mathcal{D}(w)} \cup T_{\mathcal{D}(w)}) \leq \delta_0\,\mu(F)$, for all $w \in \mathbb{C}$ and some $\delta_0 < 1$.*

Then there exists a subset $G \subset F \setminus \bigcap_{w\in\mathbb{C}}(H_{\mathcal{D}(w)} \cup T_{\mathcal{D}(w)})$ *such that*

(i) $\mu(G) \geq c_1^{-1}\mu(F)$,

(ii) $\mu\lfloor G$ *has* c_0*-linear growth,*

(iii) *the Cauchy transform is bounded in* $L^2(\mu\lfloor G)$.

The constant c_1 *and the bound for the* $L^2(\mu\lfloor G)$ *norm depend only on* c_0, c_b, c_*, c_{acc} *and* δ_0.

Observe that from the condition (a) in the theorem one infers that $\mu\lfloor\mathbb{C} \setminus \bigcap_{w\in\mathbb{C}} H_{\mathcal{D}(w)}$ has linear growth. On the other hand, the estimate in (c) ensures that $\mathcal{C}_*\nu$ is not too big in $\mathcal{C} \setminus H_{\mathcal{D}(w)}$. The statement (d) is a kind of accretivity condition for ν, or equivalently, for the bounded function b such that $\nu = b\,\mu$. The last condition (e) asserts, in a sense, that the bad sets $H_{\mathcal{D}(w)}$, $T_{\mathcal{D}(w)}$, are not too big.

The theorem above is also valid for more general singular integral operators. However, for simplicity we only consider the case of the Cauchy transform. The arguments below for the Cauchy transform can be adapted easily to more general singular integrals. The relationship between the Cauchy kernel and curvature is not used in this chapter. For more details, see Section 5.12.

The remainder of this chapter is devoted to the proof of Theorem 5.1. We assume that F, μ, ν, $H_{\mathcal{D}(w)}$ and $T_{\mathcal{D}(w)}$ satisfy the hypotheses of the theorem.

5.2 The exceptional set S

We set

$$S_0 = \{x \in F : \mathcal{C}_*\nu(x) > \alpha\},$$

where α is some big constant which will be chosen below. For the moment, let us say that $\alpha \gg c_0 c_b$. For $x \in S_0$, let

$$e(x) = \sup\{\varepsilon : \varepsilon > 0,\ |\mathcal{C}_\varepsilon\nu(x)| > \alpha\}. \tag{5.2}$$

For $x \in F \setminus S_0$, we set $e(x) = 0$. We define the **exceptional set** S as

$$S = \bigcup_{x\in S_0} B(x, e(x)).$$

The next lemma shows that $\mu(S \setminus H_{\mathcal{D}(w)})$ is small if α is taken big enough.

Lemma 5.2. *Let* $w \in \mathbb{C}$. *If* $y \in S \setminus H_{\mathcal{D}(w)}$, *then* $\mathcal{C}_*\nu(y) > \alpha - 8c_0c_b$. *Thus, if* $\alpha \geq 16c_0c_b$, *then*

$$\mu(S \setminus H_{\mathcal{D}(w)}) \leq \frac{2c_*}{\alpha}\,\mu(F). \tag{5.3}$$

Proof. Observe that if $y \in S \setminus H_{\mathcal{D}(w)}$, then $y \in B(x, e(x))$ for some $x \in S_0$. Let $\varepsilon_0(x)$ be such that $|\mathcal{C}_{\varepsilon_0(x)}\nu(x)| > \alpha$ and $y \in B(x, \varepsilon_0(x))$. To prove the first statement in the lemma we will show that

$$|\mathcal{C}_{\varepsilon_0(x)}\nu(x) - \mathcal{C}_{\varepsilon_0(x)}\nu(y)| \leq 8c_0c_b, \tag{5.4}$$

and we will be done. We have

$$\begin{aligned}
&|\mathcal{C}_{\varepsilon_0(x)}\nu(x) - \mathcal{C}_{\varepsilon_0(x)}\nu(y)| \\
&\quad \leq |\mathcal{C}_{\varepsilon_0(x)}(\nu \lfloor B(y, 2\varepsilon_0(x)))(x)| + |\mathcal{C}_{\varepsilon_0(x)}(\nu \lfloor B(y, 2\varepsilon_0(x)))(y)| \\
&\qquad + |\mathcal{C}_{\varepsilon_0(x)}(\nu \lfloor B(y, 2\varepsilon_0(x))^c)(x) - \mathcal{C}_{\varepsilon_0(x)}(\nu \lfloor B(y, 2\varepsilon_0(x))^c)(y)|.
\end{aligned} \tag{5.5}$$

Notice that the first two terms on the right-hand side are bounded above by

$$\frac{|\nu|(B(y, 2\varepsilon_0(x)))}{\varepsilon_0(x)} \leq \frac{c_b\mu(B(y, 2\varepsilon_0(x)))}{\varepsilon_0(x)} \leq 2c_0c_b,$$

since $y \notin H_{\mathcal{D}(w)}$. The last term on the right-hand side of (5.5) does not exceed

$$\begin{aligned}
\int_{\mathbb{C} \setminus B(y, 2\varepsilon_0(x))} \left| \frac{1}{z-x} - \frac{1}{z-y} \right| d|\nu|(z) &= \int_{\mathbb{C} \setminus B(y, 2\varepsilon_0(x))} \frac{|x-y|}{|z-x||z-y|}\, d|\nu|(z) \\
&\leq 2c_b\varepsilon_0(x) \int_{\mathbb{C} \setminus B(y, 2\varepsilon_0(x))} \frac{1}{|z-y|^2}\, d\mu(z),
\end{aligned}$$

where we have applied that $|x - y| \leq \varepsilon_0(x)$ and $|z - x| \geq |z - y|/2$ in the last inequality. As $y \notin H_{\mathcal{D}(w)}$, we get the following standard estimate:

$$\begin{aligned}
2c_b\varepsilon_0(x) &\int_{\mathbb{C} \setminus B(y, 2\varepsilon_0(x))} \frac{1}{|z-y|^2}\, d\mu(z) \\
&= 2c_b\varepsilon_0(x) \sum_{k=1}^{\infty} \int_{2^k\varepsilon_0(x) \leq |z-y| < 2^{k+1}\varepsilon_0(x)} \frac{1}{|z-y|^2}\, d\mu(z) \\
&\leq 2c_b\varepsilon_0(x) \sum_{k=1}^{\infty} \frac{\mu(B(y, 2^{k+1}\varepsilon_0(x)))}{2^{2k}\varepsilon_0(x)^2} \leq 4c_0c_b.
\end{aligned}$$

So we get

$$|\mathcal{C}_{\varepsilon_0(x)}(\nu \lfloor B(y, 2\varepsilon_0(x))^c)(x) - \mathcal{C}_{\varepsilon_0(x)}(\nu \lfloor B(y, 2\varepsilon_0(x))^c)(y)| \leq 4c_0c_b,$$

and (5.4) holds.

To prove (5.3), note that $\mathcal{C}_*\nu(y) > \alpha/2$ for all $y \in S \setminus H_{\mathcal{D}(w)}$ if $\alpha \geq 16c_0c_b$, and then by the Chebyshev inequality,

$$\mu(S \setminus H_{\mathcal{D}(w)}) \leq \frac{2}{\alpha} \int_{F \setminus H_{\mathcal{D}(w)}} \mathcal{C}_*\nu\, d\mu \leq \frac{2c_*}{\alpha}\, \mu(F). \qquad \square$$

We set $\delta_1 = (\delta_0 + 1)/2$ (so that $\delta_0 < \delta_1 < 1$). To prove Theorem 5.1 we will choose $\alpha = \max(16c_0c_b,\, 4c_*/(1-\delta_0))$, so that

$$\mu(H_{\mathcal{D}(w)} \cup T_{\mathcal{D}(w)}) + \mu(S \setminus H_{\mathcal{D}(w)}) \leq \Big(\delta_0 + \frac{2c_*}{\alpha}\Big)\mu(F) \leq \delta_1\mu(F) \tag{5.6}$$

for all $w \in \mathbb{C}$.

5.3 The suppressed operators K_Θ

Let $\Theta : \mathbb{C} \longrightarrow [0,\infty)$ be a Lipschitz function with Lipschitz constant ≤ 1. For $x, y \in \mathbb{C}$, we write

$$k_\Theta(x,y) = \frac{\overline{y-x}}{|y-x|^2 + \Theta(x)\Theta(y)}.$$

Following Nazarov, Treil and Volberg [126], we call k_Θ a "suppressed kernel".

For $\varepsilon \geq 0$, we set

$$K_{\Theta,\varepsilon}\nu(x) = \int_{\mathbb{C}\setminus B(x,\varepsilon)} k_\Theta(x,y)\,d\nu(y).$$

The operator $K_{\Theta,\varepsilon}$ is the (ε-truncated) **Θ-suppressed Cauchy transform**. We also set

$$K_{\Theta,*}\nu(x) = \sup_{\varepsilon>0} |K_{\Theta,\varepsilon}\nu(x)|$$

and

$$K_\Theta\nu(x) = K_{\Theta,0}\nu(x),$$

assuming that the integral that defines $K_{\Theta,0}\nu(x)$ exists (this is the case, if for example $\Theta(x) > 0$ for all $x \in \mathbb{C}$).

Given $f \in L^1(\mu)$, to simplify notation, we write

$$K_{\Theta,\varepsilon}f := K_{\Theta,\varepsilon}(f\mu), \quad K_{\Theta,*}f := K_{\Theta,*}(f\mu), \quad K_\Theta f := K_\Theta(f\mu).$$

Lemma 5.3. *Let $\Theta : \mathbb{C} \longrightarrow [0,\infty)$ be a Lipschitz function with Lipschitz constant ≤ 1. The kernel k_Θ is an antisymmetric Calderón-Zygmund kernel. In fact, it satisfies the following estimates:*

$$|k_\Theta(x,y)| \leq \frac{3}{\big(|x-y|^2 + \Theta(x)^2 + \Theta(y)^2\big)^{1/2}}, \tag{5.7}$$

and

$$|\nabla_x k_\Theta(x,y)| + |\nabla_y k_\Theta(x,y)| \leq \frac{135}{|x-y|^2 + \Theta(x)^2 + \Theta(y)^2}. \tag{5.8}$$

Notice that the constants involved in these estimates do not depend on Θ. Possibly, they are not optimal. Observe also that, when $\Theta(x) = \Theta(y) = 0$, the estimates (5.7) and (5.8) are the typical ones from Calderón-Zygmund kernels.

Proof. Clearly, the estimates (5.7) and (5.8) imply that k_Θ is a Calderón-Zygmund kernel. To prove (5.7) and (5.8), first we show that

$$|x-y|^2 + \Theta(x)\Theta(y) \geq \frac{1}{9}\big(|x-y|^2 + \Theta(x)^2 + \Phi(y)^2\big). \tag{5.9}$$

To this end, we distinguish several cases. If $|x-y| \leq \Theta(x)/2$, then

$$|\Theta(x) - \Theta(y)| \leq |x-y| \leq \frac{1}{2}\,\Theta(x),$$

and thus $\frac{1}{2}\,\Theta(x) \leq \Theta(y) \leq 2\,\Theta(x)$. So we have

$$\Theta(x)\Theta(y) \geq \frac{1}{2}\,\Theta(x)^2 \quad \text{and} \quad \Theta(x)\Theta(y) \geq \frac{1}{2}\,\Theta(y)^2.$$

We deduce that

$$|x-y|^2 + \Theta(x)\Theta(y) \geq |x-y|^2 + \frac{1}{4}\,\Theta(x)^2 + \frac{1}{4}\,\Theta(y)^2,$$

and so (5.9) holds in this case. By symmetry, the same estimate holds if $|x-y| \leq \Theta(y)/2$.

If $|x-y| > \frac{1}{2}\max(\Theta(x), \Theta(y))$, then

$$|x-y|^2 \geq \frac{1}{8}\,\big(\Theta(x)^2 + \Theta(y)^2\big),$$

and thus

$$\frac{9}{8}\,|x-y|^2 \geq \frac{1}{8}\,\big(|x-y|^2 + \Theta(x)^2 + \Theta(y)^2\big),$$

and so (5.9) also holds.

The estimate (5.7) is a direct consequence of (5.9) and the definition of $k_\Theta(x,y)$. Concerning the gradient condition (5.8), we have

$$\begin{aligned}|\nabla_x k_\Theta(x,y)| &\leq \frac{1}{|x-y|^2 + \Theta(x)\Theta(y)} + \frac{|x-y|\big(2|x-y| + \Theta(y)\big)}{\big(|x-y|^2 + \Theta(x)\Theta(y)\big)^2} \\ &\leq \frac{3}{|x-y|^2 + \Theta(x)\Theta(y)} + \frac{|x-y|\Theta(y)}{\big(|x-y|^2 + \Theta(x)\Theta(y)\big)^2}.\end{aligned}$$

Using (5.9) and the estimate $|x-y|\Theta(y) \leq \frac{1}{2}\big(|x-y|^2 + \Theta(y)^2\big)$, we obtain

$$|\nabla_x k_\Theta(x,y)| \leq \frac{27 + \dfrac{81}{2}}{|x-y|^2 + \Theta(x)^2 + \Theta(y)^2}.$$

The analogous inequality for $|\nabla_y k_\Theta(x,y)|$ is proved in a similar way, and then (5.8) follows. □

Lemma 5.4. *Let $x \in \mathbb{C}$ and suppose that $\varepsilon \geq \Theta(x)$. Let σ be a complex Radon measure on $\mathbb{C}$. Then*

$$\left|\mathcal{C}_\varepsilon\sigma(x) - K_{\Theta,\varepsilon}\sigma(x)\right| \leq c \sup_{r\geq\varepsilon} \frac{|\sigma|(B(x,r))}{r}.$$

Proof. We have

$$\begin{aligned}\left|k_\Theta(x,y) - \frac{1}{y-x}\right| &= \left|\frac{\overline{y-x}}{|y-x|^2 + \Theta(x)\Theta(y)} - \frac{\overline{y-x}}{|y-x|^2}\right| \\ &= \frac{|x-y|\,\Theta(x)\,\Theta(y)}{|x-y|^2\,(|x-y|^2+\Theta(x)\Theta(y))} \leq \frac{\Theta(x)\,\Theta(y)}{|x-y|^3} \\ &\leq \frac{\Theta(x)(\Theta(x)+|x-y|)}{|x-y|^3} = \frac{\Theta(x)^2}{|x-y|^3} + \frac{\Theta(x)}{|x-y|^2}.\end{aligned}$$

Thus,

$$|K_{\Theta,\varepsilon}\sigma(x) - \mathcal{C}_\varepsilon\sigma(x)| \leq \int_{|x-y|>\varepsilon} \left(\frac{\Theta(x)^2}{|x-y|^3} + \frac{\Theta(x)}{|x-y|^2}\right) d|\sigma|(y).$$

From the estimates

$$\int_{|x-y|>\varepsilon} \frac{1}{|x-y|^3}\, d|\sigma|(y) \lesssim \frac{1}{\varepsilon^2} \sup_{r\geq\varepsilon} \frac{|\sigma|(B(x,r))}{r}$$

and

$$\int_{|x-y|>\varepsilon} \frac{1}{|x-y|^2}\, d|\sigma|(y) \lesssim \frac{1}{\varepsilon} \sup_{r\geq\varepsilon} \frac{|\sigma|(B(x,r))}{r},$$

the claim in the lemma follows. □

Lemma 5.5. *Let $x \in \mathbb{C}$ and $r_0 \geq 0$ be such that $\mu(B(x,r)) \leq c_0\, r$ for $r \geq r_0$ and $|\mathcal{C}_\varepsilon\nu(x)| \leq \alpha$ for $\varepsilon \geq r_0$. If $\Theta(x) \geq r_0$, then*

$$|K_{\Theta,\varepsilon}\nu(x)| \leq \alpha + c\,c_b\,c_0 \tag{5.10}$$

for all $\varepsilon > 0$.

Proof. From the preceding lemma, we infer that if $\varepsilon \geq \Theta(x)$ (and so $\varepsilon \geq r_0$), then

$$\begin{aligned}|K_{\Theta,\varepsilon}\nu(x)| &\leq |\mathcal{C}_\varepsilon\nu(x)| + c \sup_{r\geq\varepsilon} \frac{|\nu|(B(x,r))}{r} \\ &\leq \alpha + c\,c_b \sup_{r\geq\varepsilon} \frac{\mu(B(x,r))}{r} \leq \alpha + c\,c_b\,c_0.\end{aligned}$$

On the other hand, for $\varepsilon < \Theta(x)$,

$$|K_{\Theta,\varepsilon}\nu(x)| \leq c_b \int_{B(x,\Theta(x))} |k_\Theta(x,y)|d\mu(y) + \left|\int_{\mathbb{C}\setminus B(x,\Theta(x))} k_\Theta(x,y)d\nu(y)\right|. \tag{5.11}$$

To estimate the first integral on the right-hand side we use the fact that

$$|k_\Theta(x,y)| \le \frac{c}{\Theta(x)} \quad \text{and} \quad \mu(B(x,\Theta(x))) \le c_0\Theta(x).$$

The last estimate holds because $\Theta(x) \ge r_0$. The second integral on the right-hand side of (5.11) equals $K_{\Theta,\Theta(x)}\nu(x)$. This term is bounded by $\alpha + c\,c_b\,c_0$, as shown above. Then we infer that (5.10) also holds in this case. □

We write

$$\mathcal{R}(x) = \sup\{r > 0 : \mu(B(x,r)) > c_0\, r\}.$$

Let $\Theta : \mathbb{C} \to [0,\infty)$ be a 1-Lipschitz function such that, for some $w \in \mathbb{C}$,

$$\Theta(x) \ge \operatorname{dist}(x, \mathbb{C} \setminus (H_{\mathcal{D}(w)} \cup S))$$

(in fact, we might choose $\Theta(x) = \operatorname{dist}(x, \mathbb{C}\setminus(H_{\mathcal{D}(w)} \cup S))$, for example). Obviously, $k_\Theta(x,y) = 1/(y-x)$ for $x, y \in \{z \in \mathbb{C} : \Theta(z) = 0\}$. Observe that $H_{\mathcal{D}(w)} \cup S$ contains all non-Ahlfors disks and all the disks $B(x, e(x))$, $x \in F$, and so

$$\Theta(x) \ge \max\big(\mathcal{R}(x), e(x)\big).$$

From the definition of S and the preceding lemma with $r_0 = \max\big(\mathcal{R}(x), e(x)\big)$, we deduce:

Lemma 5.6. *Let $w \in \mathbb{C}$ and let $\Theta : \mathbb{C} \longrightarrow [0,+\infty)$ be a Lipschitz function with Lipschitz constant 1 such that $\Theta(x) \ge \operatorname{dist}(x, \mathbb{C} \setminus (H_{\mathcal{D}(w)} \cup S))$ for all $x \in \mathbb{C}$. Then $K_{\Theta,*}\nu(x) \le c_4$ for all $x \in F$, with c_4 depending on c_0, c_b, c_*, and δ_0.*

5.4 Dyadic lattices and the martingale decomposition

5.4.1 The dyadic Carleson embedding theorem

In this subsection, our ambient space is $\mathbb{R}^d$. Given a Radon measure $\sigma \in \mathbb{R}^d$ and some dyadic lattice $\mathcal{D}$ from $\mathbb{R}^d$, the associated dyadic maximal Hardy-Littlewood operator (with respect to σ and $\mathcal{D}$) is defined by

$$M_{\sigma,d}\nu(x) = \sup_{Q\in\mathcal{D}:Q\ni x} \frac{|\nu|(Q)}{\sigma(Q)},$$

for any complex measure $\nu \in M(\mathbb{R}^d)$. As usual, for $f \in L^1_{loc}(\sigma)$, we set $M_{\sigma,d}f(x) = M_{\sigma,d}(f\,\sigma)(x)$. The following result is well known, but for completeness we will show all the details.

Theorem 5.7. *The operator $M_{\sigma,d}$ is bounded from $M(\mathbb{R}^d)$ to $L^{1,\infty}(\mathbb{R}^d)$ and also in $L^p(\sigma)$, for $1 < p \le \infty$.*

Observe that no doubling conditions are assumed on the measure σ.

Proof. It is clear that $M_{\sigma,d}$ is bounded in $L^\infty(\sigma)$, and thus by interpolation it is enough to prove the boundedness from $M(\mathbb{R}^d)$ to $L^{1,\infty}(\mathbb{R}^d)$.

Given $\nu \in M(\mathbb{R}^d)$ and $\lambda > 0$, let

$$\Omega_\lambda = \{x \in \mathbb{R}^d : M_{\sigma,d}\nu(x) > \lambda\}.$$

Let $I_\lambda \subset \mathcal{D}$ be the subfamily of those dyadic cubes such that $|\nu|(Q)/\sigma(Q) > \lambda$. Note that

$$\Omega_\lambda = \bigcup_{Q\in I_\lambda} Q.$$

Consider an arbitrary finite subfamily $I_{\lambda,0} \subset I_\lambda$, and let $I_{\lambda,0}^{\max} \subset I_{\lambda,0}$ be the subfamily of the maximal, and thus disjoint, cubes from $I_{\lambda,0}$. Then we have

$$\sigma\Bigg(\bigcup_{Q\in I_{\lambda,0}} Q\Bigg) = \sum_{Q\in I_{\lambda,0}^{\max}} \sigma(Q) \le \frac{1}{\lambda} \sum_{Q\in I_{\lambda,0}^{\max}} |\nu|(Q) \le \frac{\|\nu\|}{\lambda}.$$

Since this holds for any finite subfamily $I_{\lambda,0} \subset I_\lambda$, we infer that

$$\sigma(\Omega_\lambda) \le \frac{\|\nu\|}{\lambda}.$$ □

Theorem 5.8 (Dyadic Carleson embedding theorem). *Let σ be a Radon measure on $\mathbb{R}^d$. Let $\mathcal{D}$ be some dyadic lattice from $\mathbb{R}^d$ and let $\{a_Q\}_{Q\in\mathcal{D}}$ be a family of non-negative numbers. Suppose that for every cube $R \in \mathcal{D}$ we have*

$$\sum_{Q\in\mathcal{D}:Q\subset R} a_Q \le c_2\, \sigma(R). \tag{5.12}$$

Then every family of non-negative numbers $\{w_Q\}_{Q\in\mathcal{D}}$ satisfies

$$\sum_{Q\in\mathcal{D}} w_Q\, a_Q \le c_2 \int \sup_{Q\ni x} w_Q\, d\sigma(x). \tag{5.13}$$

Also, if $f \in L^2(\sigma)$,

$$\sum_{Q\in\mathcal{D}} |\langle f\rangle_{\sigma,Q}|^2\, a_Q \le c\, c_2 \|f\|_{L^2(\sigma)}^2, \tag{5.14}$$

where $\langle f\rangle_{\sigma,Q} = \int_Q f\, d\sigma/\sigma(Q)$ and c is an absolute constant.

Proof. To prove (5.13), notice that by Fubini,

$$\sum_{Q\in\mathcal{D}} w_Q\, a_Q = \sum_{Q\in\mathcal{D}} \int_0^{w_Q} a_Q\, d\lambda = \int_0^\infty \sum_{Q\in\mathcal{D}:\, w_Q>\lambda} a_Q\, d\lambda. \tag{5.15}$$

For each $\lambda > 0$, let

$$\Omega_\lambda = \bigcup_{Q\in\mathcal{D}:\, w_Q>\lambda} Q.$$

Let $I_\lambda \subset \mathcal{D}$ be the family of the dyadic cubes such that $w_Q > \lambda$. Consider an arbitrary finite subfamily $I_{\lambda,0} \subset I_\lambda$, and let $I_{\lambda,0}^{\max} \subset I_{\lambda,0}$ be the subfamily of the maximal, and thus disjoint, cubes from $I_{\lambda,0}$. From the condition (5.12) and the disjointness of the cubes from $I_{\lambda,0}^{\max}$ we get

$$\sum_{Q\in I_{\lambda,0}} a_Q \leq \sum_{R\in I_{\lambda,0}^{\max}} \sum_{Q\subset R} a_Q \leq c_2 \sum_{R\in I_{\lambda,0}^{\max}} \sigma(R) \leq c_2\, \sigma(\Omega_\lambda).$$

Since this holds for any finite subfamily $I_{\lambda,0} \subset I_\lambda$, we deduce that

$$\sum_{Q\in I_\lambda} a_Q \leq c_2\, \sigma(\Omega_\lambda).$$

Recalling (5.15), we get

$$\sum_{Q\in\mathcal{D}} w_Q\, a_Q \leq c_2 \int_0^\infty \sigma(\Omega_\lambda)\, d\lambda.$$

Since Ω_λ coincides with $\{x \in \mathbb{R}^d : w^*(x) > \lambda\}$, where $w^*(x) = \sup_{Q\ni x} w_Q$, the integral on the right-hand side above equals

$$\int_0^\infty \sigma\big(\{x \in \mathbb{R}^d : w^*(x) > \lambda\}\big)\, d\lambda = \int w^*(x)\, d\sigma(x),$$

which yields (5.13).

To prove the estimate (5.14), we take $w_Q = |\langle f\rangle_{\sigma,Q}|^2$, and then from (5.13) and the $L^2(\sigma)$ boundedness of $M_{\sigma,d}$ we deduce

$$\sum_{Q\in\mathcal{D}} |\langle f\rangle_{\sigma,Q}|^2\, a_Q \leq c_2 \|M_{\sigma,d} f\|_{L^2(\sigma)}^2 \leq c\, c_2 \|f\|_{L^2(\sigma)}^2 \qquad \square$$

5.4.2 Random dyadic lattices

In the rest of the chapter, we assume that

$$F \subset \frac{1}{8} S^0, \qquad \text{where } S^0 = \big[0, 2^N\big]^2,$$

with N big enough. Notice that S^0 is a square which belongs to the usual dyadic lattice $\mathcal{D}_0$ of $\mathbb{C} \equiv \mathbb{R}^2$. We set

$$\Omega = \big[-2^{N-4}, 2^{N-4}\big]^2 \subset \mathbb{R}^2 \equiv \mathbb{C},$$

and we consider dyadic lattices $\mathcal{D}(w)$ as in (5.1), with $w \in \Omega$. We write

$$Q^0(w) \equiv w + S^0,$$

so that $Q^0(w) \in \mathcal{D}(w)$. Notice that for each $w \in \Omega$, we have

$$F \subset \frac{1}{4} Q^0(w).$$

Let P^Ω be the uniform probability on Ω, that is, P^Ω coincides with the normalized Lebesgue measure on the square Ω.

5.4.3 Transit and terminal squares

For a fixed $w \in \Omega$, consider the dyadic lattice $\mathcal{D} \equiv \mathcal{D}(w)$. Let $Q \in \mathcal{D}$ be contained in $Q_D^0 = Q^0(w)$ with $\mu(Q) \neq 0$. The square Q is called **terminal** if $Q \subset H_\mathcal{D} \cup T_\mathcal{D}$. Otherwise, it is called **transit**. The set of terminal squares is denoted by $\mathcal{D}^{term}$, and the set of transit squares by $\mathcal{D}^{tr}$. From the assumption (e) in Theorem 5.1 it follows that $Q_\mathcal{D}^0$ is always transit. Notice that we assume all transit and terminal squares to be contained in $Q_\mathcal{D}^0$.

Lemma 5.9. *Let $Q \in \mathcal{D}^{tr}$. Then*

$$\mu(\lambda Q) \leq c_0 \, \ell(\lambda Q) \quad \textit{for all } \lambda \geq 1,$$

and

$$\mu(Q) \leq c_{acc} \, |\nu(Q)|.$$

Proof. By the definition of transit squares, since $Q \not\subset H_\mathcal{D}$, any ball $B(x,r)$ containing Q satisfies $\mu(B(x,r)) \leq c_0 \, r$, and so if w_Q is the center of Q,

$$\mu(\lambda Q) \leq \mu\big(B(w_Q, \lambda \ell(Q))\big) \leq c_0 \ell(\lambda Q).$$

The condition $\mu(Q) \leq c_{acc} \, |\nu(Q)|$ holds just because $Q \not\subset T_\mathcal{D}$. □

5.4.4 The martingale decomposition

For $f \in L^1_{loc}(\mu)$ (we assume always f to be real, for simplicity) and any square Q with $\mu(Q) \neq 0$, we set

$$\langle f \rangle_Q = \frac{1}{\mu(Q)} \int_Q f \, d\mu.$$

We define the operator Ξ as

$$\Xi f = \frac{\langle f \rangle_{Q_\mathcal{D}^0}}{\langle b \rangle_{Q_\mathcal{D}^0}} \, b,$$

where b is the complex function from Theorem 5.1. It follows easily that $\Xi f \in L^2(\mu)$ if $f \in L^2(\mu)$, and $\Xi^2 = \Xi$. Moreover, the definition of Ξ does not depend on the choice of the lattice $\mathcal{D}(w)$, $w \in \Omega$. The transpose of Ξ is

$$\Xi^t f = \frac{\langle f b \rangle_{Q_\mathcal{D}^0}}{\langle b \rangle_{Q_\mathcal{D}^0}}.$$

For a fixed dyadic square $Q \in \mathcal{D}$, the set of, at most four, children of Q, whose μ-measure is not zero is denoted by $\mathcal{CH}(Q)$.

For any square $Q \in \mathcal{D}^{tr}$ and any $f \in L^1_{loc}(\mu)$, we define the function $\Delta_Q f$ as follows:

$$\Delta_Q f = \begin{cases} 0 & \text{in } \mathbb{C} \setminus \bigcup_{P \in \mathcal{CH}(Q)} P, \\ \left(\frac{\langle f \rangle_P}{\langle b \rangle_P} - \frac{\langle f \rangle_Q}{\langle b \rangle_Q} \right) b & \text{in } P \text{ if } P \in \mathcal{CH}(Q) \cap \mathcal{D}^{tr}, \\ f - \frac{\langle f \rangle_Q}{\langle b \rangle_Q}\, b & \text{in } P \text{ if } P \in \mathcal{CH}(Q) \cap \mathcal{D}^{term}. \end{cases}$$

The operators Δ_Q satisfy the following properties.

Lemma 5.10. *For all $f \in L^2(\mu)$ and all $Q \in \mathcal{D}^{tr}$,*

(a) $\Delta_Q f \in L^2(\mu)$,

(b) $\int \Delta_Q f \, d\mu = 0$,

(c) *Δ_Q is a projection, i.e. $\Delta_Q^2 = \Delta_Q$,*

(d) $\Delta_Q \, \Xi = \Xi \, \Delta_Q = 0$,

(e) *If $R \in \mathcal{D}^{tr}$ and $R \neq Q$, then $\Delta_Q \Delta_R = 0$.*

(f) *The transpose of Δ_Q is*

$$\Delta_Q^t f = \begin{cases} 0 & \text{in } \mathbb{C} \setminus \bigcup_{P \in \mathcal{CH}(Q)} P, \\ \frac{\langle fb \rangle_P}{\langle b \rangle_P} - \frac{\langle fb \rangle_Q}{\langle b \rangle_Q} & \text{in } P \text{ if } P \in \mathcal{CH}(Q) \cap \mathcal{D}^{tr}, \\ f - \frac{\langle fb \rangle_Q}{\langle b \rangle_Q} & \text{in } P \text{ if } P \in \mathcal{CH}(Q) \cap \mathcal{D}^{term}. \end{cases}$$

All the properties of the lemma are easily checked. We leave the details for the reader.

Lemma 5.11. *For any $f \in L^2(\mu)$, we have the decomposition*

$$f = \Xi f + \sum_{Q \in \mathcal{D}^{tr}} \Delta_Q f, \tag{5.16}$$

where the sum is unconditionally convergent in $L^2(\mu)$. Moreover, there exists some constant c_3 depending on c_b and c_{acc} such that

$$c_3^{-1} \|f\|_{L^2(\mu)}^2 \leq \|\Xi f\|_{L^2(\mu)}^2 + \sum_{Q \in \mathcal{D}^{tr}} \|\Delta_Q f\|_{L^2(\mu)}^2 \leq c_3 \|f\|_{L^2(\mu)}^2. \tag{5.17}$$

Proof. **The second inequality in** (5.17)**.** We need to introduce the following operators D_Q, for $Q \in \mathcal{D}$:

$$D_Q f = \begin{cases} 0 & \text{in } \mathbb{C} \setminus Q, \\ \langle f \rangle_P - \langle f \rangle_Q & \text{in } P \in \mathcal{CH}(Q). \end{cases}$$

We also define $Ef = \langle f \rangle_{Q^0_{\mathcal{D}}}$. Then it is well known that, because of orthogonality,

$$\|Ef\|^2_{L^2(\mu)} + \sum_{Q \in \mathcal{D}} \|D_Q f\|^2_{L^2(\mu)} = \|f\|^2_{L^2(\mu)}. \tag{5.18}$$

Consider first a square $P \in \mathcal{CH}(Q) \cap \mathcal{D}^{tr}$. In this case we have

$$\begin{aligned} \Delta_Q f|_P &= \frac{\langle f \rangle_P b}{\langle b \rangle_P} - \frac{\langle f \rangle_Q b}{\langle b \rangle_Q} \\ &= \left(\frac{1}{\langle b \rangle_P} - \frac{1}{\langle b \rangle_Q} \right) \langle f \rangle_P b + \frac{1}{\langle b \rangle_Q} (\langle f \rangle_P - \langle f \rangle_Q) b. \end{aligned}$$

Since $\left| \langle b \rangle_P \, \langle b \rangle_Q \right| \geq c_{acc}^{-2}$ and b is bounded, we get

$$\left(\Delta_Q f|_P \right)^2 \lesssim \left(D_Q b|_P \right)^2 \langle f \rangle_P^2 + |D_Q(f)|^2.$$

Therefore,

$$\begin{aligned} \sum_{Q \in \mathcal{D}^{tr}} \sum_{P \in \mathcal{CH}(Q) \cap \mathcal{D}^{tr}} \|\Delta_Q f\|^2_{L^2(\mu \lfloor P)} &\lesssim \sum_{Q \in \mathcal{D}} \sum_{P \in \mathcal{CH}(Q)} \|\chi_P D_Q b\|^2_{L^2(\mu)} \, \langle f \rangle_P^2 \\ &\quad + \sum_{Q \in \mathcal{D}} \|D_Q f\|^2_{L^2(\mu)} =: I + II. \end{aligned}$$

From (5.18), we infer that $II \leq \|f\|^2_{L^2(\mu)}$.

Concerning the term I, note that it can be rewritten as

$$I = \sum_{Q \in \mathcal{D}} \|\chi_Q D_{\widehat{Q}} b\|^2_{L^2(\mu)} \, \langle f \rangle_Q^2,$$

where $\widehat{Q}$ is the father of Q. To estimate it we will apply the dyadic Carleson embedding Theorem 5.8. Let us check that the numbers $a_Q := \|\chi_Q D_{\widehat{Q}} b\|^2_{L^2(\mu)}$ satisfy the packing condition (5.12). By (5.18), taking into account that b is bounded, for each square $R \in \mathcal{D}$ we have

$$\begin{aligned} \sum_{Q \subset R} \|\chi_Q D_{\widehat{Q}} b\|^2_{L^2(\mu)} &= \|D_{\widehat{R}} b\|^2_{L^2(\mu \lfloor R)} + \sum_{Q \subsetneq R} \|D_{\widehat{Q}} b\|^2_{L^2(\mu)} \\ &\leq c\mu(R) + \sum_{Q \subset R} \|D_Q(b\chi_R)\|^2_{L^2(\mu)} \leq c\mu(R). \end{aligned} \tag{5.19}$$

So (5.12) holds and then $I \leq c\|f\|^2_{L^2(\mu)}$.

Now we have to deal with the terminal squares. If $Q \in \mathcal{D}^{tr}$ and $P \in \mathcal{D}^{term}$, then we have

$$\Delta_Q f|_P = \left(f - \frac{\langle f\rangle_P b}{\langle b\rangle_Q}\right) + \left(\frac{\langle f\rangle_P}{\langle b\rangle_Q} - \frac{\langle f\rangle_Q}{\langle b\rangle_Q}\right) b.$$

Since b is bounded and $|\langle b\rangle_Q| \geq c_{acc}^{-1}$, we get

$$\begin{aligned}|\Delta_Q f|_P| &\lesssim (|f| + \langle |f|\rangle_P) + \big|\langle f\rangle_P - \langle f\rangle_Q\big| \\ &= (|f| + \langle |f|\rangle_P) + \big|D_Q f|_P\big|.\end{aligned}$$

Therefore,

$$\sum_{Q\in\mathcal{D}^{tr}} \sum_{P\in\mathcal{CH}(Q)\cap\mathcal{D}^{term}} \|\Delta_Q f\|^2_{L^2(\mu\lfloor P)}$$
$$\leq c \sum_{Q\in\mathcal{D}^{tr}} \sum_{P\in\mathcal{CH}(Q)\cap\mathcal{D}^{term}} \int_P |f|^2\, d\mu + c\sum_{Q\in\mathcal{D}} \|D_Q f\|^2_{L^2(\mu)}. \tag{5.20}$$

For the first sum on the right-hand side above, note that the squares $P \in \mathcal{D}^{term}$ whose father is a transit square are pairwise disjoint. For the last sum, we only have to use (5.18). Then we obtain

$$\sum_{Q\in\mathcal{D}^{tr}} \sum_{P\in\mathcal{CH}(Q)\cap\mathcal{D}^{term}} \|\Delta_Q f\|^2_{L^2(\mu\lfloor P)} \leq c\|f\|^2_{L^2(\mu)},$$

which finishes the proof of the second inequality in (5.17).

Proof of the first inequality in (5.17) **for finite sums.** Given a finite subset $\mathcal{F} \subset \mathcal{D}^{tr}$ and the fixed function f in the statement of the lemma, we will prove the first inequality in (5.17) for the function

$$g = \Xi f + \sum_{Q\in\mathcal{F}} \Delta_Q f.$$

Notice that, from the properties (d) and (e) of Lemma 5.10, we infer that $\Xi g = \Xi f$, $\Delta_Q g = \Delta_Q f$ for $Q \in \mathcal{F}$, and $\Delta_Q g = 0$ for $Q \notin \mathcal{F}$, and thus the identity (5.16) holds for g.

By (5.16) and the fact that Ξ and Δ_Q are projections, we have

$$g = \Xi g + \sum_{Q\in\mathcal{D}^{tr}} \Delta_Q g = \Xi^2 g + \sum_{Q\in\mathcal{D}^{tr}} \Delta_Q^2 g. \tag{5.21}$$

Therefore,

$$\begin{aligned}\int |g|^2\,d\mu &= \int \Big(\Xi^2 g + \sum_{Q\in\mathcal{D}^{tr}} \Delta_Q^2 g\Big)\overline{g}\,d\mu\\ &= \int (\Xi g)(\Xi^t\overline{g})\,d\mu + \sum_{Q\in\mathcal{D}^{tr}} \int (\Delta_Q g)(\Delta_Q^t\overline{g})\,d\mu\\ &\le \Big(\|\Xi g\|_{L^2(\mu)}^2 + \sum_{Q\in\mathcal{D}^{tr}} \|\Delta_Q g\|_{L^2(\mu)}^2\Big)^{1/2}\\ &\quad\times \Big(\|\Xi^t\overline{g}\|_{L^2(\mu)}^2 + \sum_{Q\in\mathcal{D}^{tr}} \|\Delta_Q^t\overline{g}\|_{L^2(\mu)}^2\Big)^{1/2}. \end{aligned}\tag{5.22}$$

So if we show that

$$\|\Xi^t\overline{g}\|_{L^2(\mu)}^2 + \sum_{Q\in\mathcal{D}^{tr}} \|\Delta_Q^t\overline{g}\|_{L^2(\mu)}^2 \le c\|g\|_{L^2(\mu)}^2,\tag{5.23}$$

we will be done. The arguments to prove this are very similar to the ones to prove the second inequality in (5.17). For completeness, we show the details.

It is straightforward to check that

$$\|\Xi^t\overline{g}\|_{L^2(\mu)} \le c\|\overline{g}\|_{L^2(\mu)} = \|g\|_{L^2(\mu)},$$

and so we only have to estimate $\sum_{Q\in\mathcal{D}^{tr}} \|\Delta_Q^t\overline{g}\|_{L^2(\mu)}^2$. Again, our strategy consists in relating $\Delta_Q^t\overline{g}$ to $D_Q\overline{g}$. If $P\in\mathcal{CH}(Q)$ is a transit square, then we have (using (f) from Lemma 5.10),

$$\begin{aligned}\Delta_Q^t\overline{g}|_P &= \frac{\langle\overline{g}b\rangle_P - \langle\overline{g}b\rangle_Q}{\langle b\rangle_Q} + \langle\overline{g}b\rangle_P\Big(\frac{1}{\langle b\rangle_P} - \frac{1}{\langle b\rangle_Q}\Big)\\ &= \frac{1}{\langle b\rangle_Q} D_Q(\overline{g}b)|_P - \frac{\langle\overline{g}b\rangle_P}{\langle b\rangle_P\langle b\rangle_Q} D_Q b|_P.\end{aligned}$$

Since $|\langle b\rangle_Q|, |\langle b\rangle_P| \ge c_{acc}^{-1}$, we obtain

$$\begin{aligned}&\sum_{Q\in\mathcal{D}^{tr}}\ \sum_{P\in\mathcal{CH}(Q)\cap\mathcal{D}^{tr}} \|\Delta_Q^t\overline{g}\|_{L^2(\mu\lfloor P)}^2\\ &\qquad\le c\sum_{Q\in\mathcal{D}} \|D_Q(\overline{g}b)\|_{L^2(\mu)}^2 + c\sum_{Q\in\mathcal{D}}\ \sum_{P\in\mathcal{CH}(Q)} \|\langle\overline{g}b\rangle_P D_Q b|_P\|_{L^2(\mu\lfloor P)}^2.\end{aligned}\tag{5.24}$$

From (5.18) we deduce

$$\sum_{Q\in\mathcal{D}} \|D_Q(\overline{g}b)\|_{L^2(\mu)}^2 \le \|\overline{g}b\|_{L^2(\mu)}^2 \le c\|g\|_{L^2(\mu)}^2.$$

Now observe that the last term in (5.24) can be rewritten as

$$\sum_{Q\in\mathcal{D}} |\langle \overline{g}b\rangle_Q|^2 \|\chi_Q D_{\widehat{Q}} b\|^2_{L^2(\mu)}.$$

To estimate this term we apply again the dyadic Carleson embedding theorem, recalling the packing condition (5.19). We obtain

$$\sum_{Q\in\mathcal{D}} \sum_{P\in\mathcal{CH}(Q)} \|\langle \overline{g}b\rangle_P D_Q b|_P\|^2_{L^2(\mu\lfloor P)} \le c\|\overline{g}b\|^2_{L^2(\mu)} \le c\|g\|^2_{L^2(\mu)}.$$

Finally we deal with the terminal squares. If $Q\in\mathcal{D}^{tr}$ and $P\in\mathcal{D}^{term}$, then

$$\Delta^t_Q \overline{g}|_P = \left(\overline{g} - \frac{\langle \overline{g}b\rangle_P}{\langle b\rangle_Q}\right) + \left(\frac{\langle \overline{g}b\rangle_P}{\langle b\rangle_Q} - \frac{\langle \overline{g}b\rangle_Q}{\langle b\rangle_Q}\right).$$

Since b is bounded and $|\langle b\rangle_Q| \ge c_{acc}^{-1}$, we get

$$\begin{aligned}|\Delta^t_Q g|_P| &\lesssim \big(|\overline{g}| + \langle|\overline{g}|\rangle_P\big) + \big|\langle \overline{g}b\rangle_P - \langle \overline{g}b\rangle_Q\big| \\ &= \big(|\overline{g}| + \langle|\overline{g}|\rangle_P\big) + \big|D_Q(\overline{g}b)|_P\big|.\end{aligned}$$

Therefore,

$$\begin{aligned}&\sum_{Q\in\mathcal{D}^{tr}} \sum_{P\in\mathcal{CH}(Q)\cap\mathcal{D}^{term}} \|\Delta^t_Q \overline{g}\|^2_{L^2(\mu\lfloor P)} \\ &\qquad\le c \sum_{Q\in\mathcal{D}^{tr}} \sum_{P\in\mathcal{CH}(Q)\cap\mathcal{D}^{term}} \int_P |g|^2\,d\mu + c\sum_{Q\in\mathcal{D}} \|D_Q(\overline{g}b)\|^2_{L^2(\mu)}.\end{aligned}$$

Arguing as in (5.20), we obtain

$$\sum_{Q\in\mathcal{D}^{tr}} \sum_{P\in\mathcal{CH}(Q)\cap\mathcal{D}^{term}} \|\Delta^t_Q \overline{g}\|^2_{L^2(\mu\lfloor P)} \le c\|g\|^2_{L^2(\mu)},$$

and so (5.23) follows.

Proof of (5.16)**.** First we show that the series $\sum_{Q\in\mathcal{D}^{tr}} \Delta_Q f$ converges unconditionally in $L^2(\mu)$. Indeed, let $\mathcal{F}\subset\mathcal{D}^{tr}$ be a finite subset and let $g = \sum_{Q\in\mathcal{F}} \Delta_Q f$. Then by (5.17),

$$\left\|\sum_{Q\in\mathcal{F}} \Delta_Q f\right\|^2_{L^2(\mu)} = \|g\|^2_{L^2(\mu)} \le c\sum_{Q\in\mathcal{D}^{tr}} \big\|\Delta_Q g\big\|^2_{L^2(\mu)} = c\sum_{Q\in\mathcal{F}} \big\|\Delta_Q f\big\|^2_{L^2(\mu)}.$$

From this condition, recalling that

$$\sum_{Q\in\mathcal{D}^{tr}} \big\|\Delta_Q f\big\|^2_{L^2(\mu)} \le c\|f\|^2_{L^2(\mu)} < \infty,$$

one deduces easily that the series $\sum_{Q\in\mathcal{D}^{tr}}\Delta_Q f$ converges unconditionally in $L^2(\mu)$. Now, to prove (5.16), it is enough to show that

$$\Xi f(x)+\lim_{n\to\infty}\sum_{Q\in\mathcal{D}^{tr}:\ell(Q)\geq 2^{-n}}\Delta_Q f(x)=f(x)\qquad \mu\text{-a.e. } x\in\mathbb{C}.$$

This is clear from the definitions of Ξf and $\Delta_Q f$ if x is contained in some terminal square. If $x\in\operatorname{supp}(\mu)$ does not belong to any terminal square, then the sum inside the limit above equals $\langle f\rangle_P b(x)/\langle b\rangle_P$, which converges to $f(x)$ μ-a.e. by the (dyadic) Lebesgue differentiation theorem.

Proof of the first inequality in (5.17) **in full generality.** This is proved as above in the special case where the sum over $Q\in\mathcal{D}^{tr}$ is a finite sum, replacing g by the function f itself, and using the identity (5.16) in (5.21). □

Remark 5.12. Lemma 5.11 also holds by replacing Ξ and Δ_Q with Ξ^t and Δ_Q^t, respectively. In fact, from the inequality (5.23), it turns out that for all $f\in L^2(\mu)$,

$$\|\Xi^t f\|^2_{L^2(\mu)}+\sum_{Q\in\mathcal{D}^{tr}}\|\Delta_Q^t f\|^2_{L^2(\mu)}\leq c\,\|f\|^2_{L^2(\mu)}. \tag{5.25}$$

The converse inequality is derived from (5.22):

$$\|f\|^2_{L^2(\mu)}\leq c\Big(\|\Xi^t f\|^2_{L^2(\mu)}+\sum_{Q\in\mathcal{D}^{tr}}\|\Delta_Q^t f\|^2_{L^2(\mu)}\Big).$$

We leave the details about the $L^2(\mu)$ unconditional convergence for the reader.

5.5 Good and bad squares and functions

We say that a subset $V\subset\mathbb{C}$ has M-**thin boundary** if

$$\mu\big(\{x\in\mathbb{C}:\operatorname{dist}(x,\partial V)\leq r\}\big)\leq Mr$$

for all $r\geq 0$.

We now define the **bad** squares. Let $\mathcal{D}_1=\mathcal{D}(w_1)$ and $\mathcal{D}_2=\mathcal{D}(w_2)$, with $w_1,w_2\in\Omega$, be two dyadic lattices. We say that a transit square $Q\in\mathcal{D}_1^{tr}$ is bad (with respect to $\mathcal{D}_2$) if either

(a) there exists a transit square $R\in\mathcal{D}_2^{tr}$ such that $\operatorname{dist}(Q,\partial R)\leq\ell(Q)^{1/4}\ell(R)^{3/4}$ and $\ell(R)\geq 2^m\ell(Q)$ (where m is some positive integer to be fixed below), or

(b) there exists a transit square $R\in\mathcal{D}_2^{tr}$ such that $2^{-m}\ell(Q)\leq\ell(R)\leq 2^m\ell(Q)$, $\operatorname{dist}(Q,R)\leq 2^m\ell(Q)$, and at least one of the children $P\in\mathcal{CH}(R)$ does not have M-thin boundary.

Of course, if Q is not bad, then we say that it is **good**.

Notice that we declare the square $Q \in \mathcal{D}_1$ to be good or bad depending on another lattice $\mathcal{D}_2$. This makes a big difference with respect to the previous definition of transit and terminal squares, which depends on the lattice to which the squares belong. Observe also that the definition of bad squares depends on the constants m and M. So strictly speaking, bad squares should be called (m, M)-bad squares.

Bad squares do not appear very often in dyadic lattices. To be precise, we will see in Lemma 5.28 that, given $\varepsilon_b > 0$ arbitrarily small, if the constants m and M are chosen big enough in the definition of bad squares, then for each fixed $Q \in \mathcal{D}_1 = \mathcal{D}(w_1)$, the probability that it is bad with respect to a dyadic lattice $\mathcal{D}_2 = \mathcal{D}(w_2)$, $w_2 \in \Omega$, does not exceed ε_b. That is,

$$P^{\Omega}\big(\{w_2 \in \Omega : Q \in \mathcal{D}_1 \text{ is bad with respect to } \mathcal{D}(w_2)\}\big) \le \varepsilon_b.$$

The notion of good and bad squares allows us now to introduce the definition of good functions. Remember that given any fixed dyadic lattice $\mathcal{D}_1 = \mathcal{D}(w_1)$, every function $f \in L^2(\mu)$ can be written as

$$f = \Xi f + \sum_{Q \in \mathcal{D}_1^{tr}} \Delta_Q f.$$

We say that f is **$\mathcal{D}_1$-good with respect to $\mathcal{D}_2$** (or simply, good) if $\Delta_Q f = 0$ for all bad squares $Q \in \mathcal{D}_1^{tr}$ (with respect to $\mathcal{D}_2$).

5.6 Estimates for good functions

5.6.1 The main lemma for good functions

We consider the set $W_{\mathcal{D}} = H_{\mathcal{D}} \cup S \cup T_{\mathcal{D}}$, and we call it the **total exceptional set**. We define the function $\Phi_{\mathcal{D}}$ as

$$\Phi_{\mathcal{D}}(x) = \operatorname{dist}(x, \mathbb{C} \setminus W_{\mathcal{D}}).$$

Notice that $\Phi_{\mathcal{D}}$ is a Lipschitz function with Lipschitz constant 1 which vanishes on $\mathbb{C} \setminus W_{\mathcal{D}}$. Observe also that $\Phi_{\mathcal{D}} \ge \operatorname{dist}(x, \mathbb{C} \setminus (H_{\mathcal{D}} \cup S))$, so that Lemma 5.6 can be applied to $\Phi_{\mathcal{D}}$.

Given $f \in L^p(\mu)$ and $g \in L^{p'}(\mu)$, we set

$$\langle f, g \rangle := \int f\, g\, d\mu.$$

Notice the absence of complex conjugation on g. By duality, to show that K_Θ is bounded in $L^2(\mu)$, it is enough to show that

$$|\langle K_\Theta f, g \rangle| \le c_5 \|f\|_{L^2(\mu)} \|g\|_{L^2(\mu)}$$

for all $f, g \in L^2(\mu)$. In the next lemma we show that this holds for good functions $f, g \in L^2(\mu)$ and an appropriate 1-Lipschitz function Θ.

Lemma 5.13. *Let $\mathcal{D}_1 = \mathcal{D}(w_1)$ and $\mathcal{D}_2 = \mathcal{D}(w_2)$, with $w_1, w_2 \in \Omega$, be two dyadic lattices. Given $\varepsilon > 0$, let $\Theta : \mathbb{C} \longrightarrow [\varepsilon, +\infty)$ be a Lipschitz function with Lipschitz constant 1 such that $\Theta(x) \geq \max(\Phi_{\mathcal{D}_1}(x), \Phi_{\mathcal{D}_2}(x))$ for all $x \in \mathbb{C}$. If f is $\mathcal{D}_1$-good with respect to $\mathcal{D}_2$, and g is $\mathcal{D}_2$-good with respect to $\mathcal{D}_1$, then*

$$|\langle K_\Theta f, g\rangle| \leq c_5 \|f\|_{L^2(\mu)} \|g\|_{L^2(\mu)}, \tag{5.26}$$

where c_5 depends on c_0, c_b, c_*, δ_0 and ε_b, but not on ε.

The assumption that $\Theta(x) \geq \varepsilon > 0$ for all $x \in \mathbb{C}$ is taken for technical reasons. For instance, this ensures that the operator K_Θ is bounded in $L^p(\mu)$, for all $1 \leq p \leq \infty$, with the norm possibly depending on ε, and so, in particular, $K_\Theta f$ is well defined for all $f \in L^2(\mu)$. The important point of the theorem is that the estimate (5.26) does not depend on ε.

5.6.2 Beginning of the proof of Lemma 5.13

Let f, g be functions as in the lemma. Then

$$f = \Xi f + \sum_{Q \in \mathcal{D}_1^{tr}} \Delta_Q f, \qquad g = \Xi g + \sum_{Q \in \mathcal{D}_2^{tr}} \Delta_Q g. \tag{5.27}$$

Moreover, we may (and will) assume that the squares Q that appear in the first sum are good with respect to $\mathcal{D}_2$, while the ones in the sum for g are good with respect to $\mathcal{D}_1$. As $\Theta(x) \geq \varepsilon$ for all $x \in \mathbb{C}$, $\|K_\Theta\|_{L^2(\mu) \to L^2(\mu)} < \infty$ (with norm depending in ε), and thus

$$K_\Theta f = K_\Theta(\Xi f) + \sum_{Q \in \mathcal{D}_1^{tr}} K_\Theta(\Delta_Q f), \tag{5.28}$$

with the sum converging in $L^2(\mu)$ (unconditionally). The analogous identity also holds for g.

To prove the lemma we will assume that $\Delta_Q f = 0$ except for a finite family of squares $Q \in \mathcal{D}_1^{tr}$ and $\Delta_R g = 0$ except for another finite family of squares $R \in \mathcal{D}_2^{tr}$. Of course, the estimates that we will obtain below will not depend on the number of non-zero components $\Delta_Q f$ and $\Delta_R g$. This assumption will avoid any problem about convergence which might arise in the arguments below and will allow us to change the order of summation in the sums involving the squares Q, R. The lemma in full generality follows by taking $L^2(\mu)$ limits, using the finiteness of the $L^2(\mu)$ norm of K_Θ and the identity (5.28).

We say that f is **very $\mathcal{D}_1$-good with respect to $\mathcal{D}_2$** (or abusing language, just *very good*) if it is $\mathcal{D}_1$-good with respect to $\mathcal{D}_2$ and moreover $\Delta_Q f = 0$ except for a finite family of squares $Q \in \mathcal{D}_1^{tr}$. We also consider the analogous notion interchanging $\mathcal{D}_1$ by $\mathcal{D}_2$. So as remarked above, in the rest of the proof of Lemma 5.13 we assume that f and g are very good functions.

To simplify notation we write $Q^0 = Q^0_{\mathcal{D}_1}$ and $R^0 = Q^0_{\mathcal{D}_2}$. Notice that, since $F = \operatorname{supp}(\mu) \subset S^0 \cap Q^0 \cap R^0$, he have $\langle b\rangle_{S^0} = \langle b\rangle_{Q^0} = \langle b\rangle_{R^0}$. Then, since K_Θ is antisymmetric,

$$\langle K_\Theta(\Xi f),\, \Xi g\rangle = \frac{\langle f\rangle_{Q^0}\langle g\rangle_{R^0}}{\langle b\rangle^2_{Q^0}}\langle K_\Theta b,\, b\rangle = 0.$$

So we get

$$\langle K_\Theta f,\, g\rangle = \langle K_\Theta(\Xi f), g\rangle + \langle K_\Theta f,\, \Xi g\rangle + \sum_{Q\in\mathcal{D}_1^{tr},\, R\in\mathcal{D}_2^{tr}} \langle K_\Theta(\Delta_Q f),\, \Delta_R g\rangle. \quad (5.29)$$

The first term on right-hand side is easy to handle. Indeed, recall that, by Lemma 5.6, $K_{\Theta,*}\nu(x) \leq c_4$ for all $x \in F$, with c_4 depending on c_0, c_b, c_*, and δ_0, and so

$$|K_\Theta b(x)| = |K_\Theta \nu(x)| \leq c_4.$$

Therefore, since Q^0 is a transit square,

$$\|K_\Theta(\Xi f)\|_{L^2(\mu)} = \frac{|\langle f\rangle_{Q^0}|}{|\langle b\rangle_{Q^0}|}\,\|K_\Theta b\|_{L^2(\mu)} \leq c\,|\langle f\rangle_{Q^0}|\,\mu(Q^0)^{1/2} \leq c\,\|f\|_{L^2(\mu)}. \quad (5.30)$$

Consequently,

$$\big|\langle K_\Theta(\Xi f), g\rangle\big| \leq c\,\|f\|_{L^2(\mu)}\,\|g\|_{L^2(\mu)}.$$

We deal with the second term on the right-hand side of (5.29) in an analogous way, by duality. Indeed,

$$\langle K_\Theta f,\, \Xi g\rangle = -\langle f,\, K_\Theta(\Xi g)\rangle.$$

As in (5.30), we have

$$\|K_\Theta(\Xi g)\|_{L^2(\mu)} \leq c\,\|g\|_{L^2(\mu)},$$

and thus

$$\big|\langle K_\Theta f,\, \Xi g\rangle\big| \leq c\,\|f\|_{L^2(\mu)}\,\|g\|_{L^2(\mu)}.$$

Therefore, to prove the lemma it is enough to estimate

$$\sum_{Q\in\mathcal{D}_1^{tr},\, R\in\mathcal{D}_2^{tr}} \langle K_\Theta(\Delta_Q f),\, \Delta_R g\rangle. \quad (5.31)$$

We say that two squares $Q \in \mathcal{D}_1$, $R \in \mathcal{D}_2$ are **distant** if

$$\operatorname{dist}(Q, R) \geq \min\big(\ell(Q), \ell(R)\big)^{1/4} \cdot \max\big(\ell(Q), \ell(R)\big)^{3/4}.$$

So if Q and R are disjoint squares which are not distant and both are good, from the definition in Section 5.5, it turns out that $2^{-m}\,\ell(R) < \ell(Q) < 2^m\,\ell(R)$.

We split the sum (5.31) as follows:

$$\sum_{Q\in\mathcal{D}_1^{tr},\, R\in\mathcal{D}_2^{tr}} \langle K_\Theta(\Delta_Q f),\, \Delta_R g\rangle = \sum_{\substack{Q\in\mathcal{D}_1^{tr},\, R\in\mathcal{D}_2^{tr}\\ Q\cap R=\varnothing}} \cdots + \sum_{\substack{Q\in\mathcal{D}_1^{tr},\, R\in\mathcal{D}_2^{tr}\\ Q\cap R\neq\varnothing}} \cdots \tag{5.32}$$

$$= \sum_{\substack{Q\in\mathcal{D}_1^{tr},\, R\in\mathcal{D}_2^{tr}\\ Q,R \text{ distant}}} + \sum_{\substack{Q\in\mathcal{D}_1^{tr},\, R\in\mathcal{D}_2^{tr}\\ Q\cap R=\varnothing\\ Q,R \text{ not distant}}} + \sum_{\substack{Q\in\mathcal{D}_1^{tr},\, R\in\mathcal{D}_2^{tr}\\ Q\cap R\neq\varnothing\\ 2^{-m}\ell(R)\le\ell(Q)\le 2^m\ell(R)}} + \sum_{\substack{Q\in\mathcal{D}_1^{tr},\, R\in\mathcal{D}_2^{tr}\\ Q\cap R\neq\varnothing\\ \ell(Q)<2^{-m}\ell(R) \text{ or } \ell(R)<2^{-m}\ell(Q)}}$$

$$=: S_1 + S_2 + S_3 + S_4.$$

To prove Lemma 5.13, we will show below that each sum on the right-hand side above is bounded by $c\,\|f\|_{L^2(\mu)}\,\|g\|_{L^2(\mu)}$. Section 5.7 deals with the sum S_1; while Section 5.8 is devoted to S_4. Finally, in Section 5.9, $S_2 + S_3$ is estimated.

5.7 Estimate of the sum S_1: distant squares

We set

$$\Bigg|\sum_{\substack{Q\in\mathcal{D}_1^{tr},\, R\in\mathcal{D}_2^{tr}\\ Q,R \text{ distant}}} \langle K_\Theta(\Delta_Q f),\, \Delta_R g\rangle\Bigg| \le \sum_{\substack{Q\in\mathcal{D}_1^{tr},\, R\in\mathcal{D}_2^{tr}\\ Q,R \text{ distant}\\ \ell(Q)\le\ell(R)}} |\langle K_\Theta(\Delta_Q f),\, \Delta_R g\rangle|$$

$$+ \sum_{\substack{Q\in\mathcal{D}_1^{tr},\, R\in\mathcal{D}_2^{tr}\\ Q,R \text{ distant}\\ \ell(Q)>\ell(R)}} |\langle K_\Theta(\Delta_Q f),\, \Delta_R g\rangle|$$

$$=: S_{1,1} + S_{1,2}.$$

By the antisymmetry of K_Θ, it is enough to deal with the sum $S_{1,1}$. The sum $S_{1,2}$ is estimated analogously, by duality.

We write

$$D(Q,R) := \operatorname{dist}(Q,R) + \ell(Q) + \ell(R).$$

We call $D(Q,R)$ the "long distance" between Q and R.

Lemma 5.14. *Let $Q, R \subset \mathbb{C}$ be disjoint squares and let $\varphi_Q, \psi_R \in L^2(\mu)$ be functions supported on Q and R, respectively. If $\operatorname{dist}(Q, \operatorname{supp}(\psi_R)) \ge \ell(Q)$ and $\int \varphi_Q\, d\mu = 0$, then*

$$|\langle K_\Theta \varphi_Q, \psi_R\rangle| \le c\,\frac{\ell(Q)}{\operatorname{dist}(Q,\operatorname{supp}(\psi_R))^2}\,\|\varphi_Q\|_{L^1(\mu)}\|\psi_R\|_{L^1(\mu)}. \tag{5.33}$$

If moreover $\ell(Q) \le \ell(R)$ and for some constant $c_6 > 0$,

$$\operatorname{dist}(Q,\operatorname{supp}(\psi_R)) \ge c_6\, \ell(Q)^{1/4}\, \ell(R)^{3/4}, \tag{5.34}$$

then

$$|\langle K_\Theta \varphi_Q, \psi_R\rangle| \leq c\,\frac{\ell(Q)^{1/2}\,\ell(R)^{1/2}}{D(Q,R)^2}\,\|\varphi_Q\|_{L^1(\mu)}\|\psi_R\|_{L^1(\mu)}, \tag{5.35}$$

with c depending on c_6.

Proof. Let z_Q be the center of Q. From the assumptions of the lemma we infer that if $s \in Q$ and $t \in \operatorname{supp}(\psi_R)$, then

$$|z_Q - t| \approx |s-t| \geq \ell(Q) \geq |s - z_Q|.$$

Thus,

$$\begin{aligned}
|\langle K_\Theta \varphi_Q, \psi_R\rangle| &= \left|\iint k_\Theta(t,s)\,\varphi_Q(s)\,\psi_R(t)\,d\mu(s)\,d\mu(t)\right| \\
&= \left|\iint (k_\Theta(t,s) - k_\Theta(t,z_Q))\,\varphi_Q(s)\,\psi_R(t)\,d\mu(s)\,d\mu(t)\right| \\
&\leq c \iint \frac{|s-z_Q|}{|t-z_Q|^2}\,\varphi_Q(s)\,\psi_R(t)\,d\mu(s)\,d\mu(t) \\
&\leq c\,\frac{\ell(Q)}{\operatorname{dist}(Q,\operatorname{supp}(\psi_R))^2}\,\|\varphi_Q\|_{L^1(\mu)}\|\psi_R\|_{L^1(\mu)}.
\end{aligned}$$

Suppose now that $\ell(Q) \leq \ell(R)$ and that (5.34) holds. From the preceding estimate, if $\operatorname{dist}(Q,\psi_R) \geq \ell(R)$, then (5.35) follows easily: we only have to plug the inequality $\ell(Q) \leq \ell(Q)^{1/2}\ell(R)^{1/2}$ in the numerator, and to take into account that

$$\operatorname{dist}(Q,\operatorname{supp}(\psi_R)) \approx \operatorname{dist}(Q,\operatorname{supp}(\psi_R)) + \ell(Q) + \ell(R) \approx D(Q,R).$$

If $\operatorname{dist}(Q,\psi_R) \leq \ell(R)$, then

$$\frac{\ell(Q)}{\operatorname{dist}(Q,\operatorname{supp}(\psi_R))^2} \leq \frac{\ell(Q)}{\left(c_6\,\ell(Q)^{1/4}\ell(R)^{3/4}\right)^2} = \frac{c_6^{-2}\ell(Q)^{1/2}\ell(R)^{1/2}}{\ell(R)^2},$$

which also gives (5.35), since in this case $D(Q,R) \approx \ell(R)$. □

The main ingredients to deal with the sum $S_{1,1}$ are the estimates in the preceding lemma together with a well-known version of Schur's lemma, which we recall next.

Lemma 5.15 (Schur's lemma). *Let I be some set of indices, and for each $i \in I$ a number $w_i > 0$. Suppose that, for some constant $a \geq 0$, the matrix $\{T_{i,j}\}_{i,j\in I}$ satisfies*

$$\sum_j |T_{i,j}|\,w_j \leq a\,w_i \quad \textit{for each } i$$

and

$$\sum_i |T_{i,j}|\,w_i \leq a\,w_j \quad \textit{for each } j.$$

Then the matrix $\{T_{i,j}\}_{i,j\in I}$ defines a bounded operator in ℓ^2 with norm $\leq a$.

Proof. Let $\{x_{Q_i}\}_{i\in I} \in \ell^2(I)$, and set $y_i = \sum_{j\in I} T_{i,j}x_j$. We intend to show that $\sum_i |y_i|^2 \leq a^2 \sum_i |x_{Q_i}|^2$. So we write

$$|T_{i,j}||x_j| = \left(|T_{i,j}|^{1/2}\, w_j^{1/2}\right)\left(|T_{i,j}|^{1/2}\, w_j^{-1/2}\, |x_j|\right),$$

and then by Cauchy-Schwarz,

$$|y_i|^2 \leq \left(\sum_{j\in I} |T_{i,j}|\, w_j\right)\left(\sum_{j\in I} |T_{i,j}|\, w_j^{-1}\, |x_j|^2\right) \leq a\, w_i \sum_{j\in I} |T_{i,j}|\, w_j^{-1}\, |x_j|^2.$$

Summing on i and interchanging the sums, we get

$$\sum_i |y_i|^2 \leq a \sum_j \sum_i |T_{i,j}|\, w_i\, w_j^{-1}\, |x_j|^2 \leq a^2 \sum_j |x_j|^2. \qquad \square$$

Lemma 5.16. *If $f, g \in L^2(\mu)$ are very good functions, then we have*

$$S_{1,1} \leq c \sum_{\substack{Q\in\mathcal{D}_1^{tr},\, R\in\mathcal{D}_2^{tr}\\ \ell(Q)\leq\ell(R)}} \frac{\ell(Q)^{1/2}\,\ell(R)^{1/2}}{D(Q,R)^2}\, \mu(Q)^{1/2}\, \mu(R)^{1/2}\, \|\Delta_Q f\|_{L^2(\mu)}\, \|\Delta_R g\|_{L^2(\mu)}, \tag{5.36}$$

and

$$\sum_{\substack{Q\in\mathcal{D}_1^{tr},\, R\in\mathcal{D}_2^{tr}\\ \ell(Q)\leq\ell(R)}} \frac{\ell(Q)^{1/2}\,\ell(R)^{1/2}}{D(Q,R)^2}\, \mu(Q)^{1/2}\, \mu(R)^{1/2}\, \|\Delta_Q f\|_{L^2(\mu)}\, \|\Delta_R g\|_{L^2(\mu)} \leq c\, \|f\|_{L^2(\mu)}\, \|g\|_{L^2(\mu)}. \tag{5.37}$$

Therefore,

$$S_{1,1} \leq c\, \|f\|_{L^2(\mu)}\, \|g\|_{L^2(\mu)}.$$

Proof. By Lemma 5.14, for Q and R such that $Q \cap R = \varnothing$, $\ell(Q) \leq \ell(R)$, and $\operatorname{dist}(Q,R) > \ell(Q)^{1/4}\ell(R)^{3/4}$, we have

$$|\langle T\Delta_Q f, \Delta_R g\rangle| \leq c\, \frac{\ell(Q)^{1/2}\,\ell(R)^{1/2}}{D(Q,R)^2}\, \mu(Q)^{1/2}\, \mu(R)^{1/2}\, \|\Delta_Q f\|_{L^2(\mu)}\, \|\Delta_R g\|_{L^2(\mu)},$$

and thus (5.36) follows.

To prove (5.37), we consider the matrix $\{T_{Q,R}\}_{Q\in\mathcal{D}_1^{tr}, R\in\mathcal{D}_2^{tr}}$ defined by

$$T_{Q,R} = \begin{cases} \dfrac{\ell(Q)^{1/2}\,\ell(R)^{1/2}}{D(Q,R)^2}\, \mu(Q)^{1/2}\, \mu(R)^{1/2}, & \text{if } (Q,R) \in \mathcal{D}_1^{tr} \times \mathcal{D}_2^{tr} \text{ and } \ell(Q) \leq \ell(R), \\ 0, & \text{otherwise.} \end{cases}$$

Since

$$\sum_{Q\in\mathcal{D}_1} \|\Delta_Q f\|_{L^2(\mu)}^2 \le c\,\|f\|_{L^2(\mu)}^2,$$

and analogously with g instead of f, we only have to show that the matrix $\{T_{Q,R}\}_{Q\in\mathcal{D}_1,R\in\mathcal{D}_2}$ generates a bounded operator in ℓ^2, in the sense that

$$\sum_{Q\in\mathcal{D}_1^{tr},R\in\mathcal{D}_2^{tr}} T_{Q,R}\, a_Q\, b_R \le c\biggl(\sum_{Q\in\mathcal{D}_1^{tr}} a_Q^2\biggr)^{1/2}\biggl(\sum_{R\in\mathcal{D}_2^{tr}} b_Q^2\biggr)^{1/2} \tag{5.38}$$

for all ℓ^2 sequences $\{a_Q\}_{Q\in\mathcal{D}_1}$, $\{b_R\}_{R\in\mathcal{D}_2}$.

By Schur's lemma it suffices to prove that

$$\sum_{Q\in\mathcal{D}_1^{tr}:\,\ell(Q)\le\ell(R)} T_{Q,R}\,\mu(Q)^{1/2} \le c\,\mu(R)^{1/2} \quad \text{for all } R\in\mathcal{D}_2^{tr}, \tag{5.39}$$

and

$$\sum_{R\in\mathcal{D}_2^{tr}:\,\ell(Q)\le\ell(R)} T_{Q,R}\,\mu(R)^{1/2} \le c\,\mu(Q)^{1/2} \quad \text{for all } Q\in\mathcal{D}_1^{tr}. \tag{5.40}$$

First we consider (5.39). For a fixed $R\in\mathcal{D}_2^{tr}$, we get

$$\begin{aligned}\sum_{Q\in\mathcal{D}_1^{tr}:\,\ell(Q)\le\ell(R)} T_{Q,R}\,\mu(Q)^{1/2} &= \mu(R)^{1/2} \sum_{Q\in\mathcal{D}_1:\,\ell(Q)\le\ell(R)} \frac{\ell(Q)^{1/2}\,\ell(R)^{1/2}}{D(Q,R)^2}\,\mu(Q)\\ &= \mu(R)^{1/2}\sum_{k\ge0} 2^{-k/2} \sum_{Q\in\mathcal{D}_1:\,\ell(Q)=2^{-k}\ell(R)} \frac{\ell(R)}{D(Q,R)^2}\,\mu(Q). \end{aligned}\tag{5.41}$$

We estimate the last sum as follows:

$$\begin{aligned}\sum_{Q\in\mathcal{D}_1:\,\ell(Q)=2^{-k}\ell(R)} \frac{\ell(R)}{D(Q,R)^2}\,\mu(Q) &\le c\sum_{j\ge0} \sum_{\substack{Q\in\mathcal{D}_1:\,Q\cap 2^jR\ne\varnothing\\ \ell(Q)=2^{-k}\ell(R)}} \frac{\ell(R)}{\bigl(\ell(2^jR)\bigr)^2}\,\mu(Q) \qquad (5.42)\\ &\le c\sum_{j\ge0} \frac{\mu(2^{j+2}R)}{2^j\ell(2^jR)}. \end{aligned}$$

Since R is a transit square, we have

$$\mu(2^{j+2}R) \le 2^{1/2}c_0\,\ell(2^{j+2}R) \tag{5.43}$$

(recall Lemma 5.9). Therefore, the last sum in (5.42) does not exceed some constant depending on c_0, and consequently, from (5.41) we deduce (5.39).

Let us consider (5.40). The arguments are quite similar to the preceding ones. For all $Q \in \mathcal{D}_1^{tr}$,

$$\sum_{R\in\mathcal{D}_2^{tr}:\,\ell(Q)\le\ell(R)} T_{Q,R}\,\mu(R)^{1/2} = \mu(Q)^{1/2} \sum_{R\in\mathcal{D}_2:\,\ell(Q)\le\ell(R)} \frac{\ell(Q)^{1/2}\,\ell(R)^{1/2}}{D(Q,R)^2}\,\mu(R)$$
$$= \mu(Q)^{1/2}\sum_{k\ge0} 2^{-k/2} \sum_{R\in\mathcal{D}_2:\,\ell(Q)=2^{-k}\ell(R)} \frac{\ell(R)}{D(Q,R)^2}\,\mu(R). \quad (5.44)$$

For each $k \ge 0$, denote by Q^k a square concentric with Q with side length $2^k\ell(Q) = \ell(R)$. We have

$$\sum_{R\in\mathcal{D}_2:\,\ell(R)=2^k\ell(Q)} \frac{\ell(R)}{D(Q,R)^2}\,\mu(R) \le c\sum_{j\ge0} \sum_{\substack{R\in\mathcal{D}_2:\,R\cap 2^jQ^k\neq\varnothing\\ \ell(R)=2^k\ell(Q)}} \frac{\ell(Q^k)}{\big(\ell(2^jQ^k)\big)^2}\,\mu(R)$$
$$\le c\sum_{j\ge0} \frac{\mu(2^{j+2}Q^k)}{2^j\ell(2^jQ^k)} \le c\,c_0,$$

since Q is a transit square and so (5.43) holds with Q^k instead of R. Then (5.40) follows from the preceding estimate and (5.44). □

The fact that the only squares that appear in the martingale decomposition of f and g are transit squares plays a key role in the preceding proof. In fact, we used that any ball B_r containing some square from the martingale decomposition satisfies $\mu(B_r) \le c_0 r$.

5.8 Estimate of the sum S_4

5.8.1 Splitting of S_4

Recall that the sum S_4 was defined in (5.32) as

$$S_4 = \sum_{\substack{Q\in\mathcal{D}_1^{tr},\,R\in\mathcal{D}_2^{tr}\\ Q\cap R\neq\varnothing\\ \ell(Q)<2^{-m}\ell(R)\text{ or }\ell(R)<2^{-m}\ell(Q)}} \langle K_\Theta(\Delta_Q f),\,\Delta_R g\rangle = \sum_{\substack{Q\in\mathcal{D}_1^{tr},\,R\in\mathcal{D}_2^{tr}\\ Q\cap R\neq\varnothing\\ \ell(Q)<2^{-m}\ell(R)}} + \sum_{\substack{Q\in\mathcal{D}_1^{tr},\,R\in\mathcal{D}_2^{tr}\\ Q\cap R\neq\varnothing\\ \ell(R)<2^{-m}\ell(Q)}}$$
$$=: S_{4,1} + S_{4,2}.$$

Because of the antisymmetry of K_Θ, it is enough to estimate only one of the sums on the right-hand side, say $S_{4,1}$.

Recall that the functions f and g are supposed to be good. So we may and will assume the squares $Q \in \mathcal{D}_1$ in the sum to be good with respect to $\mathcal{D}_2$, and analogously for the squares $R \in \mathcal{D}_2$ with respect to $\mathcal{D}_1$. In particular, every $Q \in \mathcal{D}_1$ in the sum $S_{4,1}$ fulfills

$$\operatorname{dist}(Q, \partial S) > \ell(Q)^{1/4}\ell(S)^{3/4} \quad \text{for every } S \in \mathcal{D}_2 \text{ such that } \ell(S) \geq 2^m \ell(Q).$$

As every R in $S_{4,1}$ satisfies $\ell(R) \geq 2^{m+1}\ell(Q)$, we can choose S to be any of the four children of R. Since $Q \cap R \neq \varnothing$, it turns out that Q must be contained in one these four children, which we denote by R_Q.

Now we distinguish two cases, according to whether R_Q is a transit or a terminal square:

$$\begin{aligned} S_{4,1} &= \sum_{\substack{Q \in \mathcal{D}_1^{tr},\, R \in \mathcal{D}_2^{tr} \\ Q \subset R \\ \ell(Q) < 2^{-m}\ell(R) \\ R_Q \text{ transit}}} \langle K_\Theta(\Delta_Q f),\, \Delta_R g\rangle + \sum_{\substack{Q \in \mathcal{D}_1^{tr},\, R \in \mathcal{D}_2^{tr} \\ Q \subset R \\ \ell(Q) < 2^{-m}\ell(R) \\ R_Q \text{ terminal}}} \langle K_\Theta(\Delta_Q f),\, \Delta_R g\rangle \qquad (5.45) \\ &=: S_{4,1}^{tr} + S_{4,1}^{term}. \end{aligned}$$

5.8.2 Estimate of $S_{4,1}^{tr}$ via a paraproduct

By duality, we have

$$S_{4,1}^{tr} = -\sum_{\substack{Q \in \mathcal{D}_1^{tr},\, R \in \mathcal{D}_2^{tr} \\ Q \subset R \\ \ell(Q) < 2^{-m}\ell(R) \\ R_Q \text{ transit}}} \langle \Delta_Q f,\, K_\Theta(\Delta_R g)\rangle \qquad (5.46)$$

$$= -\sum_{\substack{Q \in \mathcal{D}_1^{tr},\, R \in \mathcal{D}_2^{tr} \\ Q \subset R \\ \ell(Q) < 2^{-m}\ell(R) \\ R_Q \text{ transit}}} \langle \Delta_Q f,\, K_\Theta(\chi_{R_Q}\, \Delta_R g)\rangle - \sum_{\substack{Q \in \mathcal{D}_1^{tr},\, R \in \mathcal{D}_2^{tr} \\ Q \subset R \\ \ell(Q) < 2^{-m}\ell(R) \\ R_Q \text{ transit}}} \langle \Delta_Q f,\, K_\Theta(\chi_{R \setminus R_Q}\, \Delta_R g)\rangle.$$

We estimate the last sum in the next lemma.

Lemma 5.17. *Let $f, g \in L^2(\mu)$ be very good functions. We have,*

$$\sum_{\substack{Q \in \mathcal{D}_1^{tr},\, R \in \mathcal{D}_2^{tr} \\ Q \subset R \\ \ell(Q) < 2^{-m}\ell(R) \\ R_Q \text{ transit}}} \big|\langle \Delta_Q f,\, K_\Theta(\chi_{R \setminus R_Q}\, \Delta_R g)\rangle\big| \leq c\, \|f\|_{L^2(\mu)}\, \|g\|_{L^2(\mu)}. \qquad (5.47)$$

Proof. Let Q, R be as in the sum above and assume that they are good. Since $\ell(Q) < 2^{-m}\ell(R)$, we have

$$\begin{aligned} \operatorname{dist}\big(Q, \operatorname{supp}(\chi_{R \setminus R_Q}\, \Delta_R g)\big) &\geq \operatorname{dist}(Q, \partial R_Q) \\ &\geq \ell(Q)^{1/4}\ell(R_Q)^{3/4} = 2^{-3/4}\ell(Q)^{1/4}\ell(R)^{3/4}. \end{aligned}$$

From Lemma 5.14 (choosing $c_6 = 2^{-3/4}$ in (5.34)), we deduce that

$$\begin{aligned}\big|\langle\Delta_Q f,\, K_\Theta(\chi_{R\setminus R_Q}\,\Delta_R g)\rangle\big| \\ \leq c\,\frac{\ell(Q)^{1/2}\,\ell(R)^{1/2}}{D(Q,R)^2}\,\mu(Q)^{1/2}\,\mu(R)^{1/2}\,\|\Delta_Q f\|_{L^2(\mu)}\|\Delta_R f\|_{L^2(\mu)}.\end{aligned}$$

As a consequence, the sum in (5.47) is bounded by some constant times the sum in (5.37), and so by $c\,\|f\|_{L^2(\mu)}\,\|g\|_{L^2(\mu)}$, by Lemma 5.16. □

For $g \in L^2(\mu)$ as above, consider the complex number

$$c_{R,Q}(g) = \frac{\langle g\rangle_{R_Q}}{\langle b\rangle_{R_Q}} - \frac{\langle g\rangle_R}{\langle b\rangle_R},$$

so that $\chi_{R_Q}\,\Delta_R g = c_{R,Q}(g)\,\chi_{R_Q}\,b$. The first sum on the right-hand side of (5.46) equals

$$\sum_{\substack{Q\in\mathcal{D}_1^{tr},\,R\in\mathcal{D}_2^{tr}\\ Q\subset R\\ \ell(Q)<2^{-m}\ell(R)\\ R_Q \text{ transit}}} c_{R,Q}(g)\,\langle\Delta_Q f,\, K_\Theta(\chi_{R_Q}\,b)\rangle.$$

Our next objective consists in replacing $K_\Theta(\chi_{R_Q}\,b)$ by $K_\Theta b$ in this term, in order to be able to use our main assumption on $K_\Theta b$ (namely, that it is a bounded function). Finally, we will estimate the resulting sum by a suitable paraproduct involving $K_\Theta b$.

Lemma 5.18. *If $f, g \in L^2(\mu)$ are very good functions, then we have*

$$\sum_{\substack{Q\in\mathcal{D}_1^{tr},\,R\in\mathcal{D}_2^{tr}\\ Q\subset R\\ \ell(Q)<2^{-m}\ell(R)\\ R_Q \text{ transit}}} \big|c_{R,Q}(g)\,\langle\Delta_Q f,\, K_\Theta(\chi_{\mathbb{C}\setminus R_Q}\,b)\rangle\big| \leq c\,\|f\|_{L^2(\mu)}\,\|g\|_{L^2(\mu)}.$$

Proof. To estimate $\big|\langle\Delta_Q f,\, K_\Theta(\chi_{\mathbb{C}\setminus R_Q}\,b)\rangle\big|$ we argue as in Lemma 5.14. Indeed, recall that

$$\operatorname{dist}(Q, \mathbb{C}\setminus R_Q) \geq \ell(Q)^{1/4}\ell(R_Q)^{3/4} = 2^{-3/4}\ell(Q)^{1/4}\ell(R)^{3/4} \geq 2^{-3/4}\ell(Q). \quad (5.48)$$

Let z_Q be the center of Q. From the assumptions of the lemma, we infer that for $y \in Q$ and $x \in \mathbb{C}\setminus R_Q$,

$$|z_Q - x| \approx |y - x| \gtrsim \ell(Q) \geq 2^{1/2}|y - z_Q|.$$

Thus,

$$\begin{aligned}|K_\Theta(\Delta_Q f)(x)| &= \left|\int k_\Theta(x,y)\,\Delta_Q f(y)\,d\mu(y)\right| \\ &= \left|\int (k_\Theta(x,y)-k_\Theta(x,z_Q))\,\Delta_Q f(y)\,d\mu(y)\right| \\ &\le c\int \frac{|y-z_Q|}{|x-z_Q|^2}\,\Delta_Q f(y)\,d\mu(y) \\ &\le c\,\frac{\ell(Q)}{|x-z_Q|^2}\,\|\Delta_Q f\|_{L^1(\mu)}.\end{aligned}$$

So we get

$$\begin{aligned}\left|\langle \Delta_Q f,\, K_\Theta(\chi_{\mathbb{C}\setminus R_Q}\, b)\rangle\right| &= \left|\langle K_\Theta(\Delta_Q f),\, \chi_{\mathbb{C}\setminus R_Q}\, b\rangle\right| \\ &\le c\int_{x\in\mathbb{C}\setminus R_Q} \frac{\ell(Q)}{|x-z_Q|^2}\,|b(x)|\,d\mu(x)\,\|\Delta_Q f\|_{L^1(\mu)}.\end{aligned} \tag{5.49}$$

Taking into account that $\|b\|_\infty \le c_b$, we get

$$\begin{aligned}\int_{x\in\mathbb{C}\setminus R_Q} \frac{\ell(Q)}{|x-z_Q|^2}\,|b(x)|\,d\mu(x) &\le c_b\sum_{k\ge 0}\int_{x\in 2^{k+1}R_Q\setminus 2^k R_Q} \frac{\ell(Q)}{|x-z_Q|^2}\,d\mu(x) \\ &\le c\,\frac{\ell(Q)\,\mu(2R_Q)}{\operatorname{dist}(z_Q,\partial R_Q)^2} + c\sum_{k\ge 1}\frac{\ell(Q)\,\mu(2^{k+1}R_Q)}{\ell(2^k R_Q)^2}.\end{aligned} \tag{5.50}$$

Recall that, since R_Q is a transit square, $\mu(\lambda R_Q) \le 2^{1/2}\, c_0\, \ell(\lambda R_Q)$ for all $\lambda \ge 1$. Using also the estimate (5.48), it follows that the right-hand side of (5.50) does not exceed

$$\begin{aligned}c\,\frac{\ell(Q)\,\ell(R_Q)}{\left(\ell(Q)^{1/4}\ell(R_Q)^{3/4}\right)^2} + c\sum_{k\ge 1}\frac{\ell(Q)\,\ell(2^{k+1}R_Q)}{\ell(2^k R_Q)^2} &\le c\,\frac{\ell(Q)^{1/2}}{\ell(R_Q)^{1/2}} + \frac{\ell(Q)}{\ell(R_Q)} \\ &\le c\,\frac{\ell(Q)^{1/2}}{\ell(R_Q)^{1/2}}.\end{aligned}$$

Therefore, by (5.49) and Cauchy-Schwarz,

$$\left|\langle \Delta_Q f,\, K_\Theta(\chi_{\mathbb{C}\setminus R_Q}\, b)\rangle\right| \le c\,\frac{\ell(Q)^{1/2}}{\ell(R_Q)^{1/2}}\,\mu(Q)^{1/2}\,\|\Delta_Q f\|_{L^2(\mu)}.$$

Concerning the coefficient $c_{R,Q}(g)$, we have

$$\begin{aligned}\|\Delta_R g\|_{L^2(\mu)}^2 \ge \int_{R_Q} |\Delta_R g|^2\,d\mu &= |c_{R,Q}(g)|^2\int_{R_Q}|b|^2\,d\mu \\ &\ge |c_{R,Q}(g)|^2\,|\langle b\rangle_{R_Q}|^2\,\mu(R_Q) \ge c_{acc}^{-2}\,|c_{R,Q}(g)|^2\,\mu(R_Q).\end{aligned}$$

We obtain

$$\left|c_{R,Q}(g)\,\langle \Delta_Q f,\, K_\Theta(\chi_{\mathbb{C}\setminus R_Q}\, b)\rangle\right| \leq c\,\frac{\ell(Q)^{1/2}}{\ell(R_Q)^{1/2}}\,\frac{\mu(Q)^{1/2}}{\mu(R_Q)^{1/2}}\,\|\Delta_Q f\|_{L^2(\mu)}\|\Delta_R g\|_{L^2(\mu)},$$

and thus

$$\sum_{\substack{Q\in\mathcal{D}_1^{tr},\, R\in\mathcal{D}_2^{tr}\\ Q\subset R\\ \ell(Q)<2^{-m}\ell(R)\\ R_Q \text{ transit}}} \left|c_{R,Q}(g)\,\langle \Delta_Q f,\, K_\Theta(\chi_{\mathbb{C}\setminus R_Q}\, b)\rangle\right|$$

$$\leq c \sum_{\substack{Q\in\mathcal{D}_1^{tr},\, R\in\mathcal{D}_2^{tr}\\ Q\in I(R)}} \frac{\ell(Q)^{1/2}}{\ell(R)^{1/2}}\,\frac{\mu(Q)^{1/2}}{\mu(R_Q)^{1/2}}\,\|\Delta_Q f\|_{L^2(\mu)}\|\Delta_R g\|_{L^2(\mu)}, \quad (5.51)$$

where the notation $Q \in I(R)$ means that Q is contained in some of the sons of R. For each $R \in \mathcal{D}_2^{tr}$, by Cauchy-Schwarz, we have

$$\sum_{\substack{Q\in\mathcal{D}_1^{tr}\\ Q\in I(R)}} \frac{\ell(Q)^{1/2}}{\ell(R)^{1/2}}\,\frac{\mu(Q)^{1/2}}{\mu(R_Q)^{1/2}}\,\|\Delta_Q f\|_{L^2(\mu)}$$

$$\leq \left(\sum_{\substack{Q\in\mathcal{D}_1^{tr}\\ Q\in I(R)}} \frac{\ell(Q)^{1/2}}{\ell(R)^{1/2}}\,\|\Delta_Q f\|_{L^2(\mu)}^2\right)^{1/2} \left(\sum_{\substack{Q\in\mathcal{D}_1^{tr}\\ Q\in I(R)}} \frac{\ell(Q)^{1/2}}{\ell(R)^{1/2}}\,\frac{\mu(Q)}{\mu(R_Q)}\right)^{1/2}.$$

It is easy to check that the last factor is bounded by some absolute constant, by splitting the sum according to the size of the squares Q. Therefore, the sum on the left-hand side of (5.51) is bounded by

$$c\sum_{R\in\mathcal{D}_2^{tr}} \|\Delta_R g\|_{L^2(\mu)} \left(\sum_{Q\in\mathcal{D}_1^{tr}:Q\subset R} \frac{\ell(Q)^{1/2}}{\ell(R)^{1/2}}\,\|\Delta_Q f\|_{L^2(\mu)}^2\right)^{1/2}$$

$$\leq c\left(\sum_{R\in\mathcal{D}_2^{tr}} \|\Delta_R g\|_{L^2(\mu)}^2\right)^{1/2} \left(\sum_{R\in\mathcal{D}_2^{tr}}\ \sum_{Q\in\mathcal{D}_1^{tr}:Q\subset R} \frac{\ell(Q)^{1/2}}{\ell(R)^{1/2}}\,\|\Delta_Q f\|_{L^2(\mu)}^2\right)^{1/2},$$

by Cauchy-Schwarz again. The last double sum equals

$$\sum_{Q\in\mathcal{D}_1^{tr}} \|\Delta_Q f\|_{L^2(\mu)}^2 \sum_{R\in\mathcal{D}_2^{tr}:R\supset Q} \frac{\ell(Q)^{1/2}}{\ell(R)^{1/2}} \leq c \sum_{Q\in\mathcal{D}_1^{tr}} \|\Delta_Q f\|_{L^2(\mu)}^2.$$

So we get

$$\sum_{\substack{Q\in\mathcal{D}_1^{tr},\, R\in\mathcal{D}_2^{tr}\\ Q\subset R\\ \ell(Q)<2^{-m}\ell(R)\\ R_Q \text{ transit}}} \left|c_{R,Q}(g)\,\langle \Delta_Q f,\, K_\Theta(\chi_{\mathbb{C}\setminus R_Q}\, b)\rangle\right|$$

$$\leq c\left(\sum_{R\in\mathcal{D}_2^{tr}} \|\Delta_R g\|^2_{L^2(\mu)}\right)^{1/2} \left(\sum_{Q\in\mathcal{D}_1^{tr}} \|\Delta_Q f\|^2_{L^2(\mu)}\right)^{1/2},$$

and thus the lemma follows. □

By Lemmas 5.17 and 5.18, we know that

$$\left|S_{4,1}^{tr}\right| \leq c\,\|f\|_{L^2(\mu)}\,\|g\|_{L^2(\mu)}$$

is equivalent to proving that

$$\left|\sum_{\substack{Q\in\mathcal{D}_1^{tr},\, R\in\mathcal{D}_2^{tr}\\ Q\subset R\\ \ell(Q)<2^{-m}\ell(R)\\ R_Q \text{ transit}}} c_{R,Q}(g)\,\langle \Delta_Q f,\, K_\Theta b\rangle\right| \leq c\,\|f\|_{L^2(\mu)}\,\|g\|_{L^2(\mu)}. \tag{5.52}$$

Observe that the term $\langle \Delta_Q f,\, K_\Theta b\rangle$ does not depend on R, and so the sum on R only affects the coefficients $c_{R,Q}$.

Let us consider the function

$$\widetilde{g} = g - \Xi g.$$

For a good square $Q \in \mathcal{D}_1^{tr}$ with $\ell(Q) < 2^{-m}\ell(R_0)$, we have

$$c_{R,Q}(g) = \frac{\langle g\rangle_{R_Q}}{\langle b\rangle_{R_Q}} - \frac{\langle g\rangle_R}{\langle b\rangle_R} = \frac{\langle \widetilde{g}\rangle_{R_Q}}{\langle b\rangle_{R_Q}} - \frac{\langle \widetilde{g}\rangle_R}{\langle b\rangle_R} = c_{R,Q}(\widetilde{g}).$$

Since $\langle \widetilde{g}\rangle_{R^0} = 0$, we get

$$\sum_{\substack{R\in\mathcal{D}_2^{tr}\\ R\supset Q\\ \ell(R)>2^m\ell(Q)\\ R_Q \text{ transit}}} c_{R,Q}(g) = \sum_{\substack{R\in\mathcal{D}_2^{tr}\\ R\supset Q\\ \ell(R)>2^m\ell(Q)\\ R_Q \text{ transit}}} c_{R,Q}(\widetilde{g}) = \frac{\langle \widetilde{g}\rangle_{R(Q)}}{\langle b\rangle_{R(Q)}}, \tag{5.53}$$

where $R(Q)$ is the smallest transit square $R \in \mathcal{D}_2^{tr}$ containing Q such that $\ell(R) \geq 2^m\ell(Q)$. Notice that such a square always exists, since R^0 is transit and, Q being good with $F \cap Q \neq \varnothing$, it does not intersect the boundary of R^0, and so it is contained in R^0. Observe also that in the special case where no square R_Q as in the sums above exists, the last identity in (5.53) is still valid because then $R(Q) = R^0$ and so $\langle \widetilde{g} \rangle_{R(Q)} = 0$.

From the preceding argument we infer that the sum on the left-hand side of (5.52) can be rewritten as follows:

$$\sum_{\substack{Q \in \mathcal{D}_1^{tr} \\ \ell(Q) < 2^{-m}\ell(R^0)}} \frac{\langle \widetilde{g} \rangle_{R(Q)}}{\langle b \rangle_{R(Q)}} \langle \Delta_Q f, K_\Theta b \rangle = \sum_{\substack{Q \in \mathcal{D}_1^{tr} \\ Q \text{ good} \\ \ell(Q) < 2^{-m}\ell(R^0)}} \frac{\langle \widetilde{g} \rangle_{R(Q)}}{\langle b \rangle_{R(Q)}} \langle f, \Delta_Q^t K_\Theta b \rangle.$$

Given a function $\psi \in L^2(\mu)$ such that $\Delta_R \psi = 0$ except for a finite number of squares $R \in \mathcal{D}_2^{tr}$, we consider the following paraproduct:

$$\Pi_{K_\Theta b}(\psi) = \sum_{\substack{Q \in \mathcal{D}_1^{tr} \\ Q \text{ good} \\ \ell(Q) < 2^{-m}\ell(R^0)}} \frac{\langle \psi \rangle_{R(Q)}}{\langle b \rangle_{R(Q)}} \Delta_Q^t K_\Theta b,$$

so that

$$\sum_{\substack{Q \in \mathcal{D}_1^{tr},\, R \in \mathcal{D}_2^{tr} \\ Q \subset R \\ \ell(Q) < 2^{-m}\ell(R) \\ R_Q \text{ transit}}} c_{R,Q}(g) \langle \Delta_Q f, K_\Theta b \rangle = \langle f, \Pi_{K_\Theta b}(\widetilde{g}) \rangle. \tag{5.54}$$

In the following lemma we show that the paraproduct $\Pi_{K_\Theta b}$ extends to a bounded operator in $L^2(\mu)$.

Lemma 5.19. *The paraproduct $\Pi_{K_\Theta b}$ extends to a bounded operator in $L^2(\mu)$.*

Proof. Take $\varphi, \psi \in L^2(\mu)$ so that only a finite number of components $\Delta_Q \varphi$ and $\Delta_R \psi$ are non-zero. Of course, these functions are dense in $L^2(\mu)$. Then we have

$$\langle \varphi, \Pi_{K_\Theta b}(\psi) \rangle = \sum_{\substack{Q \in \mathcal{D}_1^{tr} \\ Q \text{ good} \\ \ell(Q) < 2^{-m}\ell(R^0)}} \frac{\langle \psi \rangle_{R(Q)}}{\langle b \rangle_{R(Q)}} \langle \Delta_Q \varphi, K_\Theta b \rangle.$$

Clearly, we may restrict the sum above to the Q such $\Delta_Q \varphi \not\equiv 0$. Doing so, we write

$$
\left|\langle \varphi, \Pi_{K_\Theta b}(\psi)\rangle\right| \le c_{acc}^{-1} \sum_{\substack{Q\in\mathcal{D}_1^{tr} \\ Q \text{ good} \\ \ell(Q)<2^{-m}\ell(R^0) \\ \Delta_Q\varphi\not\equiv 0}} |\langle\psi\rangle_{R(Q)}| \frac{\left|\langle \Delta_Q\varphi, K_\Theta b\rangle\right|}{\|\Delta_Q\varphi\|_{L^2(\mu)}} \|\Delta_Q\varphi\|_{L^2(\mu)}
$$

$$
\le c_{acc}^{-1}\Bigg(\sum_{\substack{Q\in\mathcal{D}_1^{tr} \\ Q \text{ good} \\ \ell(Q)<2^{-m}\ell(R^0) \\ \Delta_Q\varphi\not\equiv 0}} |\langle\psi\rangle_{R(Q)}|^2 \frac{\left|\langle \Delta_Q\varphi, K_\Theta b\rangle\right|^2}{\|\Delta_Q\varphi\|_{L^2(\mu)}^2}\Bigg)^{1/2} \Bigg(\sum_{Q\in\mathcal{D}_1^{tr}} \|\Delta_Q\varphi\|_{L^2(\mu)}^2\Bigg)^{1/2}.
$$

Since the last factor on the right-hand side does not exceed $c\,\|\varphi\|_{L^2(\mu)}$, to prove the lemma it is enough to show that the first one is bounded by $c\,\|\psi\|_{L^2(\mu)}$. The sum corresponding to this factor can be rewritten as

$$
\sum_{R\in\mathcal{D}_2^{tr}} |\langle\psi\rangle_R|^2 \sum_{Q\in F(R)} \frac{\left|\langle \Delta_Q\varphi, K_\Theta b\rangle\right|^2}{\|\Delta_Q\varphi\|_{L^2(\mu)}^2},
$$

where

$$
F(R) = \{Q\in\mathcal{D}_1^{tr} : Q \text{ good}, \Delta_Q\varphi\not\equiv 0, R(Q)=R\}.
$$

By Carleson's Theorem 5.8, it suffices to prove that the coefficients

$$
a_R := \sum_{Q\in F(R)} \frac{\left|\langle \Delta_Q\varphi, K_\Theta b\rangle\right|^2}{\|\Delta_Q\varphi\|_{L^2(\mu)}^2}
$$

satisfy the packing condition (5.12). Observe that, since $\Delta_Q = \Delta_Q^2$,

$$
\frac{\left|\langle \Delta_Q\varphi, K_\Theta b\rangle\right|^2}{\|\Delta_Q\varphi\|_{L^2(\mu)}^2} = \frac{\left|\langle \Delta_Q\varphi, \Delta_Q^t K_\Theta b\rangle\right|^2}{\|\Delta_Q\varphi\|_{L^2(\mu)}^2} \le \|\Delta_Q^t K_\Theta b\|_{L^2(\mu)}^2.
$$

Therefore, taking into account that the families $F(R)$ are not overlapping, and that every square from $F(R)$ is contained in R, for every $S\in\mathcal{D}_2$,

$$
\begin{aligned}
\sum_{R\in\mathcal{D}_2:R\subset S} a_R &\le \sum_{R\in\mathcal{D}_2:R\subset S}\ \sum_{Q\in F(R)} \|\Delta_Q^t K_\Theta b\|_{L^2(\mu)}^2 \\
&\le \sum_{Q\in\mathcal{D}_1:Q\subset S} \|\Delta_Q^t(\chi_S K_\Theta b)\|_{L^2(\mu)}^2.
\end{aligned}
$$

By (5.25), the last sum does not exceed $c\,\|\chi_S K_\Theta b\|_{L^2(\mu)}^2$, and then recalling that $\|K_\Theta b\|_\infty \le c_4$ we deduce

$$
\sum_{R\in\mathcal{D}_2:R\subset S} a_R \le c\,\mu(S),
$$

as wished. □

Gathering the previous results, we get:

Lemma 5.20. *If $f, g \in L^2(\mu)$ are very good functions, we have*

$$\left|S_{4,1}^{tr}\right| \leq c\,\|f\|_{L^2(\mu)}\,\|g\|_{L^2(\mu)}.$$

Proof. As remarked above, from (5.46) and Lemmas 5.17 and 5.18, the estimate claimed by the lemma is equivalent to proving

$$\left|\sum_{\substack{Q\in\mathcal{D}_1^{tr},\,R\in\mathcal{D}_2^{tr}\\ Q\subset R\\ \ell(Q)<2^{-m}\ell(R)\\ R_Q \text{ transit}}} c_{R,Q}(g)\,\langle\Delta_Q f,\,K_\Theta b\rangle\right| \leq c\,\|f\|_{L^2(\mu)}\,\|g\|_{L^2(\mu)}.$$

As noticed in (5.54), the left-hand side of the previous inequality equals $|\langle f,\,\Pi_{K_\Theta b}(\widetilde{g})\rangle|$, and then we have

$$|\langle f,\,\Pi_{K_\Theta b}(\widetilde{g})\rangle| \leq c\,\|f\|_{L^2(\mu)}\,\|\widetilde{g}\|_{L^2(\mu)} \leq c\,\|f\|_{L^2(\mu)}\,\|g\|_{L^2(\mu)},$$

because of the $L^2(\mu)$ boundedness of $\Pi_{K_\Theta b}$. □

5.8.3 Estimate of $S_{4,1}^{term}$

Observe that the sum $S_{4,1}^{term}$ defined in (5.45) equals

$$S_{4,1}^{term} = \sum_{\substack{Q\in\mathcal{D}_1^{tr},\,R\in\mathcal{D}_2^{term}\\ \ell(Q)\leq 2^{-m}\ell(R)\\ Q\subset R}} \langle K_\Theta(\Delta_Q f),\,\Delta_{\widehat{R}} g\rangle,$$

where $\widehat{R}\in\mathcal{D}_2^{tr}$ is the father of R. Notice that, to ease the notation, we have not written above the condition that $\widehat{R}$ is a transit square (on the other hand, if $\widehat{R}$ is not a transit square, the operator $\Delta_{\widehat{R}}$ has not been defined).

Given R as in the preceding sum, we consider a Whitney decomposition of R into a family $W(R)$ of squares from $\mathcal{D}_2$ satisfying:

- the squares from $W(R)$ are pairwise disjoint and cover the interior of R,
- $\operatorname{dist}(S,\partial R) = \ell(S)$ for every $S\in W(R)$,
- $3S\subset R$ for every $S\in W(R)$, and moreover the family of dilated squares $\{2S\}_{S\in W(R)}$ has bounded overlap. That is,

  $$\sum_{S\in W(R)} \chi_{2S} \leq c,$$

  for some absolute constant c.

For $S \in W(R)$, we write

$$g_{R,S} = \chi_{2S}\, \Delta_{\widehat{R}} g, \qquad \widetilde{g}_{R,S} = \chi_{\widehat{R}\setminus 2S}\, \Delta_{\widehat{R}} g.$$

Recall also that z_Q stands for the center of the square Q. Then, for every $R \in \mathcal{D}_2^{term}$, we write

$$\sum_{\substack{Q\in\mathcal{D}_1^{tr} \\ \ell(Q)\leq 2^{-m}\ell(R) \\ Q\subset R}} \langle K_\Theta(\Delta_Q f),\, \Delta_{\widehat{R}} g\rangle = \sum_{S\in W(R)} \sum_{\substack{Q\in\mathcal{D}_1^{tr} \\ \ell(Q)\leq 2^{-m}\ell(R) \\ Q\subset R,\, z_Q\in S}} \langle K_\Theta(\Delta_Q f),\, \Delta_{\widehat{R}} g\rangle \tag{5.55}$$

$$= \sum_{S\in W(R)} \sum_{\substack{Q\in\mathcal{D}_1^{tr} \\ \ell(Q)\leq 2^{-m}\ell(R) \\ Q\subset R,\, z_Q\in S}} \langle K_\Theta(\Delta_Q f),\, g_{R,S}\rangle + \sum_{S\in W(R)} \sum_{\substack{Q\in\mathcal{D}_1^{tr} \\ \ell(Q)\leq 2^{-m}\ell(R) \\ Q\subset R,\, z_Q\in S}} \langle K_\Theta(\Delta_Q f),\, \widetilde{g}_{R,S}\rangle.$$

In the next lemma we deal with the last sum.

Lemma 5.21. *If $f, g \in L^2(\mu)$ are very good functions and m is chosen big enough, we have*

$$\sum_{R\in\mathcal{D}_2^{term}} \sum_{S\in W(R)} \sum_{\substack{Q\in\mathcal{D}_1^{tr} \\ \ell(Q)\leq 2^{-m}\ell(R) \\ Q\subset R,\, z_Q\in S}} |\langle K_\Theta(\Delta_Q f),\, \widetilde{g}_{R,S}\rangle| \leq c\, \|f\|_{L^2(\mu)}\, \|g\|_{L^2(\mu)}.$$

Proof. Observe that if $Q \in \mathcal{D}_1^{tr}$ is a good square from the sum above and m is big enough, then

$$8\ell(Q) \leq \ell(Q)^{1/4}\, \ell(R)^{3/4} \leq \operatorname{dist}(Q, \partial R) \leq \operatorname{dist}(z_Q, \partial R) \leq \ell(S). \tag{5.56}$$

Then we deduce

$$\operatorname{dist}(Q, \operatorname{supp} \widetilde{g}_{R,S}) \geq \operatorname{dist}(Q, \partial 2S) \geq \frac{\ell(S) - \ell(Q)}{2} \geq \frac{\ell(S)}{4} \geq \frac{\ell(Q)^{1/4}\, \ell(R)^{3/4}}{4}.$$

In this situation, since $\Delta_Q f$ has zero μ-mean, we can apply the estimate (5.35) from Lemma 5.14, and so

$$|\langle K_\Theta(\Delta_Q f),\, \widetilde{g}_{R,S}\rangle| \leq c\, \frac{\ell(Q)^{1/2}\, \ell(\widehat{R})^{1/2}}{D(Q, \widehat{R})^2}\, \|\Delta_Q f\|_{L^1(\mu)} \|\widetilde{g}_{R,S}\|_{L^1(\mu)}.$$

Since $\|\widetilde{g}_{R,S}\|_{L^1(\mu)} \leq \|\Delta_{\widehat{R}} g\|_{L^1(\mu)}$, by Cauchy-Schwarz we get

$$\sum_{R\in\mathcal{D}_2^{term}} \sum_{S\in W(R)} \sum_{\substack{Q\in\mathcal{D}_1^{tr} \\ \ell(Q)\leq 2^{-m}\ell(R) \\ Q\subset R,\, z_Q\in S}} |\langle K_\Theta(\Delta_Q f),\, \widetilde{g}_{R,S}\rangle|$$

$$\leq c \sum_{\substack{Q\in\mathcal{D}_1^{tr}, R\in\mathcal{D}_2^{term} \\ \ell(Q)\leq 2^{-m}\ell(R) \\ Q\subset R}} \frac{\ell(Q)^{1/2}\, \ell(\widehat{R})^{1/2}}{D(Q, \widehat{R})^2}\, \mu(Q)^{1/2} \mu(\widehat{R})^{1/2} \|\Delta_Q f\|_{L^2(\mu)} \|\Delta_{\widehat{R}} g\|_{L^2(\mu)}.$$

Recalling that $\widehat{R} \in \mathcal{D}_2^{tr}$, it is straightforward to check that the right-hand side of the last inequality is bounded by the left-hand side of (5.37) in Lemma 5.16 (times some constant c), and thus by $c\,\|f\|_{L^2(\mu)}\,\|g\|_{L^2(\mu)}$. □

It remains to estimate the first sum on the right-hand side of (5.55) (after summing on $R \in \mathcal{D}_2^{term}$). This will finish our task with $S_{4,1}^{term}$, and also with the term S_4 from (5.32).

Lemma 5.22. *If $f, g \in L^2(\mu)$ are very good functions and m is chosen big enough, then*

$$\sum_{R\in\mathcal{D}_2^{term}} \sum_{S\in W(R)} \sum_{\substack{Q\in\mathcal{D}_1^{tr} \\ \ell(Q)\leq 2^{-m}\ell(R) \\ Q\subset R,\, z_Q\in S}} |\langle K_\Theta(\Delta_Q f),\, g_{R,S}\rangle| \leq c\,\|f\|_{L^2(\mu)}\,\|g\|_{L^2(\mu)},$$

and thus

$$|S_{4,1}^{term}| \leq c\,\|f\|_{L^2(\mu)}\,\|g\|_{L^2(\mu)}.$$

Proof. The second statement follows from Lemma 5.21 and the first inequality, which we proceed to prove.

As shown in (5.56), if Q and $S \subset R$ are squares from the sum in the lemma and $z_Q \in S$, $\ell(Q) \leq \ell(S)/8$. So it turns out that $Q \subset 2S$. Since R is terminal and $2S \subset R$, for every $x \in 2S$ we have

$$\Theta(x) \geq \operatorname{dist}(x, \partial R) \geq \frac{\ell(2S)}{4}.$$

Then we infer that for all $x \in R$, $y \in \mathbb{C}$,

$$|k_\Theta(x,y)| \leq \frac{c}{\Theta(x)} \leq \frac{c}{\ell(S)}.$$

Hence,

$$\big|K_\Theta g_{R,S}(x)\big| \leq c\,\frac{\|g_{R,S}\|_{L^1(\mu)}}{\ell(S)} \leq c\,\frac{\|g_{R,S}\|_{L^2(\mu)}\,\mu(2S)^{1/2}}{\ell(S)}. \tag{5.57}$$

Since $\Delta_Q^2 = \Delta_Q$, we obtain

$$\sum_{\substack{Q\in\mathcal{D}_1^{tr} \\ \ell(Q)\leq 2^{-m}\ell(R) \\ Q\subset R,\, z_Q\in S}} |\langle K_\Theta(\Delta_Q f),\, g_{R,S}\rangle| = \sum_{\substack{Q\in\mathcal{D}_1^{tr} \\ \ell(Q)\leq 2^{-m}\ell(R) \\ Q\subset R,\, z_Q\in S}} |\langle \Delta_Q f,\, \Delta_Q^t K_\Theta(g_{R,S})\rangle| \tag{5.58}$$

$$\leq \Bigg(\sum_{Q\in\mathcal{D}_1^{tr}:Q\subset 2S} \|\Delta_Q f\|_{L^2(\mu)}^2\Bigg)^{1/2} \Bigg(\sum_{Q\in\mathcal{D}_1^{tr}:Q\subset 2S} \|\Delta_Q^t K_\Theta(g_{R,S})\|_{L^2(\mu)}^2\Bigg)^{1/2}.$$

By Remark 5.12 and (5.57) we have

$$\sum_{Q\in\mathcal{D}_1^{tr}:Q\subset 2S} \|\Delta_Q^t K_\Theta(g_{R,S})\|^2_{L^2(\mu)} = \sum_{Q\in\mathcal{D}_1^{tr}:Q\subset 2S} \|\Delta_Q^t(\chi_{2S}K_\Theta(g_{R,S})\|^2_{L^2(\mu)}$$
$$\leq \|\chi_{2S}K_\Theta(g_{R,S})\|^2_{L^2(\mu)} \leq c\,\frac{\|g_{R,S}\|^2_{L^2(\mu)}\,\mu(2S)^2}{\ell(S)^2}.$$

We may assume that any square $2S$ appearing in the preceding inequality contains a transit square $Q \in \mathcal{D}_1^{tr}$. Otherwise the corresponding summand is zero. By Lemma 5.9 we know that $\mu(\lambda Q) \leq 2^{1/2}\,c_0\,\ell(\lambda Q)$ for all $\lambda \geq 1$. This implies that $\mu(2S) \leq c\,c_0\ell(2S)$. Therefore,

$$\sum_{Q\in\mathcal{D}_1^{tr}:Q\subset 2S} \|\Delta_Q^t K_\Theta(g_{R,S})\|^2_{L^2(\mu)} \leq c\,\|g_{R,S}\|^2_{L^2(\mu)}.$$

From (5.58), summing over $S \in W(R)$,

$$\sum_{S\in W(R)} \sum_{\substack{Q\in\mathcal{D}_1^{tr}\\ \ell(Q)\leq 2^{-m}\ell(R)\\ Q\subset R,\, z_Q\in S}} |\langle K_\Theta(\Delta_Q f),\, g_{R,S}\rangle|$$
$$\leq c\sum_{S\in W(R)}\Bigg(\sum_{Q\in\mathcal{D}_1^{tr}:Q\subset 2S} \|\Delta_Q f\|^2_{L^2(\mu)}\Bigg)^{1/2} \|g_{R,S}\|_{L^2(\mu)}$$
$$\leq c\Bigg(\sum_{S\in W(R)}\sum_{Q\in\mathcal{D}_1^{tr}:Q\subset 2S} \|\Delta_Q f\|^2_{L^2(\mu)}\Bigg)^{1/2}\Bigg(\sum_{S\in W(R)} \|g_{R,S}\|^2_{L^2(\mu)}\Bigg)^{1/2}.$$

By the bounded overlapping of the squares $2S$,

$$\sum_{S\in W(R)}\sum_{Q\in\mathcal{D}_1^{tr}:Q\subset 2S} \|\Delta_Q f\|^2_{L^2(\mu)} \leq c \sum_{Q\in\mathcal{D}_1^{tr}:Q\subset R} \|\Delta_Q f\|^2_{L^2(\mu)},$$

and also,

$$\sum_{S\in W(R)} \|g_{R,S}\|^2_{L^2(\mu)} = \sum_{S\in W(R)} \int_{2S} |\Delta_{\widehat{R}} g|^2\,d\mu \leq c\,\|\Delta_{\widehat{R}} g\|^2_{L^2(\mu)}.$$

Therefore,

$$\sum_{R\in\mathcal{D}_2^{term}}\sum_{S\in W(R)}\sum_{\substack{Q\in\mathcal{D}_1^{tr}\\ \ell(Q)\le 2^{-m}\ell(R)\\ Q\subset R,\, z_Q\in S}} |\langle K_\Theta(\Delta_Q f),\, g_{R,S}\rangle| \tag{5.59}$$

$$\le c\sum_{R\in\mathcal{D}_2^{term}}\Bigg(\sum_{Q\in\mathcal{D}_1^{tr}:Q\subset R}\|\Delta_Q f\|^2_{L^2(\mu)}\Bigg)^{1/2}\|\Delta_{\widehat{R}}g\|_{L^2(\mu)}$$

$$\le c\Bigg(\sum_{R\in\mathcal{D}_2^{term}}\sum_{Q\in\mathcal{D}_1^{tr}:Q\subset R}\|\Delta_Q f\|^2_{L^2(\mu)}\Bigg)^{1/2}\Bigg(\sum_{R\in\mathcal{D}_2^{term}}\|\Delta_{\widehat{R}}g\|^2_{L^2(\mu)}\Bigg)^{1/2}.$$

Since the terminal squares R from $\mathcal{D}_2^{term}$ with $\widehat{R}\in\mathcal{D}_2^{tr}$ are pairwise disjoint, we have

$$\sum_{R\in\mathcal{D}_2^{term}}\sum_{Q\in\mathcal{D}_1^{tr}:Q\subset R}\|\Delta_Q f\|^2_{L^2(\mu)}\le\sum_{Q\in\mathcal{D}_1^{tr}}\|\Delta_Q f\|^2_{L^2(\mu)}.$$

Also, since each square has four children, and $\widehat{R}\in\mathcal{D}_2^{tr}$,

$$\sum_{R\in\mathcal{D}_2^{term}}\|\Delta_{\widehat{R}}g\|^2_{L^2(\mu)}\le 4\sum_{R\in\mathcal{D}_2^{tr}}\|\Delta_R g\|^2_{L^2(\mu)}.$$

So the lemma follows from (5.59). □

5.9 Estimate of S_2+S_3: the diagonal term

Recall that

$$S_2+S_3=\sum_{\substack{Q\in\mathcal{D}_1^{tr},\,R\in\mathcal{D}_2^{tr}\\ Q\cap R=\varnothing\\ Q,R\text{ not distant}}}\langle K_\Theta(\Delta_Q f),\,\Delta_R g\rangle+\sum_{\substack{Q\in\mathcal{D}_1^{tr},\,R\in\mathcal{D}_2^{tr}\\ Q\cap R\neq\varnothing\\ 2^{-m}\ell(R)\le\ell(Q)\le 2^m\ell(R)}}\langle K_\Theta(\Delta_Q f),\,\Delta_R g\rangle.$$

Recall that, since f and g are good functions, we may and do assume that the squares Q and R in the range of summation of S_2 and S_3 are good. Then the conditions "$Q\cap R=\varnothing$, Q,R not distant", in S_2, imply that $2^{-m}\ell(R)<\ell(Q)<2^m\,\ell(R)$. Thus we have

$$|S_2+S_3|\le\sum_{\substack{Q\in\mathcal{D}_1^{tr},\,R\in\mathcal{D}_2^{tr}\\ Q,R\text{ not distant}\\ 2^{-m}\ell(R)\le\ell(Q)\le 2^m\ell(R)}}\big|\langle K_\Theta(\Delta_Q f),\,\Delta_R g\rangle\big|.$$

Recall also that Q,R not being distant means that

$$\operatorname{dist}(Q,R)<\min\big(\ell(Q),\ell(R)\big)^{1/4}\cdot\max\big(\ell(Q),\ell(R)\big)^{3/4}.$$

In particular, $\operatorname{dist}(Q,R) < \max\big(\ell(Q),\ell(R)\big)$. So we have

$$|S_2+S_3| \le \sum_{\substack{Q\in\mathcal{D}_1^{tr},\, R\in\mathcal{D}_2^{tr}\\ \operatorname{dist}(Q,R)<\max(\ell(Q),\ell(R))\\ 2^{-m}\,\ell(R)\le\ell(Q)\le 2^m\,\ell(R)}} \big|\langle K_\Theta(\Delta_Q f),\, \Delta_R g\rangle\big|. \tag{5.60}$$

To estimate this sum notice that each square Q can interact with a number of squares R bounded by some constant depending only on m, and vice versa. Therefore, it is enough to show that

$$\big|\langle K_\Theta(\Delta_Q f),\, \Delta_R g\rangle\big| \le c\,\|\Delta_Q f\|_{L^2(\mu)}\,\|\Delta_R g\|_{L^2(\mu)}$$

for all Q and R in the sum above. We will prove this by using the assumption that the good squares have M-thin boundaries. Recall that a square Q is said to have thin boundaries if

$$\mu\big(\{x\in\mathbb{C} : \operatorname{dist}(x,\partial Q)\le r\}\big) \le Mr \quad \text{for all } r\ge 0.$$

Lemma 5.23. *Let $\Omega_1\subset\mathbb{C}$ be open and $\Omega_2 = \mathbb{C}\setminus\overline{\Omega_1}$. Suppose that the boundary $\Gamma = \partial\Omega_1 = \partial\Omega_2$ is M-thin. That is,*

$$\mu\big(\{x\in\mathbb{C} : \operatorname{dist}(x,\Gamma)\le r\}\big) \le Mr \quad \textit{for all } r\ge 0.$$

If $\varphi_1,\varphi_2\in L^2(\mu)$ are supported on $\overline{\Omega_1}$ and $\overline{\Omega_2}$ respectively, then

$$\big|\langle K_\Theta\varphi_1,\, \varphi_2\rangle\big| \le c\,\|\varphi_1\|_{L^2(\mu)}\,\|\varphi_2\|_{L^2(\mu)}.$$

Proof. From the assumption that Γ is M-thin, it follows that $\mu(\Gamma)=0$. Thus,

$$\big|\langle K_\Theta\varphi_1,\, \varphi_2\rangle\big| \le \int_{x\in\Omega_1}\int_{y\in\Omega_2} |k_\Theta(x,y)|\,|\varphi_1(x)|\,|\varphi_2(y)|\,d\mu(x)\,d\mu(y).$$

To prove the lemma it is enough to find a function $\lambda:\mathbb{C}\setminus\Gamma\to(0,\infty)$ such that

$$\int_{\Omega_1} |k_\Theta(x,y)|\,\lambda(x)\,d\mu(x) \le c\lambda(y) \quad \text{for all } y\in\Omega_2 \tag{5.61}$$

and

$$\int_{\Omega_2} |k_\Theta(x,y)|\,\lambda(y)\,d\mu(y) \le c\lambda(x) \quad \text{for all } x\in\Omega_1. \tag{5.62}$$

This is just the continuous version of the Schur Lemma 5.15. Its proof is similar: roughly speaking, sums must be replaced by integrals. We leave the details for the reader.

We write $d(x) = \operatorname{dist}(x, \Gamma)$ and we set

$$\lambda(x) = \frac{1}{d(x)^{1/2}}.$$

For all $x \in \Omega_1$, $y \in \Omega_2$, we have

$$|k_\Theta(x,y)| \leq \frac{1}{|x-y|} \leq \frac{1}{\max\big(\operatorname{dist}(x,\Gamma),\, \operatorname{dist}(y,\Gamma)\big)} = \frac{1}{\max(d(x),\, d(y))}.$$

Therefore, for every $y \in \Omega_2$,

$$\begin{aligned}\int_{\Omega_1} |k_\Theta(x,y)|\, \lambda(x)\, d\mu(x) &\leq \int_{\Omega_1} \frac{1}{\max(d(x),\, d(y))}\, \frac{1}{d(x)^{1/2}}\, d\mu(x) \\ &\leq \int_{x\in\Omega_1 : d(x) \leq d(y)} \frac{1}{d(y)}\, \frac{1}{d(x)^{1/2}}\, d\mu(x) \\ &\quad + \int_{x\in\Omega_1 : d(x) > d(y)} \frac{1}{d(x)}\, \frac{1}{d(x)^{1/2}}\, d\mu(x) = I_1 + I_2.\end{aligned}$$

Concerning I_1, using that Γ is M-thin,

$$\begin{aligned}I_1 &\leq \frac{1}{d(y)} \sum_{k\geq 0} \mu\big(\{x \in \Omega_1 : 2^{-k-1} d(y) < d(x) \leq 2^{-k} d(y)\}\big)\, \frac{1}{\big(2^{-k-1} d(y)\big)^{1/2}} \\ &\leq \frac{1}{d(y)} \sum_{k\geq 0} M 2^{-k} d(y)\, \frac{1}{\big(2^{-k-1} d(y)\big)^{1/2}} = \frac{c\,M}{d(y)^{1/2}}.\end{aligned}$$

For I_2 we obtain an analogous estimate

$$\begin{aligned}I_2 &\leq \sum_{k\geq 0} \mu\big(\{x \in \Omega_1 : 2^{k} d(y) < d(x) \leq 2^{k+1} d(y)\}\big)\, \frac{1}{\big(2^{k-1} d(y)\big)^{3/2}} \\ &\leq \sum_{k\geq 0} M 2^{k+1} d(y)\, \frac{1}{\big(2^{k-1} d(y)\big)^{3/2}} = \frac{c\,M}{d(y)^{1/2}},\end{aligned}$$

and thus (5.61) is proved. The estimate (5.62) follows analogously. □

Lemma 5.24. *If all the children of $Q \in \mathcal{D}_1^{tr}$ and $R \in \mathcal{D}_2^{tr}$ have M-thin boundaries, then*

$$\big|\langle K_\Theta(\Delta_Q f),\, \Delta_R g\rangle\big| \leq c\, \|\Delta_Q f\|_{L^2(\mu)}\, \|\Delta_R g\|_{L^2(\mu)}.$$

As a consequence,

$$|S_2 + S_3| \leq c\, \|f\|_{L^2(\mu)}\, \|g\|_{L^2(\mu)}.$$

Proof. The last assertion follows from the first one and the fact if Q is $\mathcal{D}_1$-good with respect to $\mathcal{D}_2$, then the children of all the squares $R \in \mathcal{D}_2^{tr}$ such that $2^{-m}\ell(Q) \leq \ell(R) \leq 2^m \ell(Q)$, $\operatorname{dist}(Q,R) \leq 2^m \ell(Q)$ have M-thin boundaries. In particular, this applies to the squares R that appear in the sum in (5.60). The analogous statement holds interchanging the squares $Q \in \mathcal{D}_1^{tr}$ by $R \in \mathcal{D}_2^{tr}$.

Let us turn our attention to the first assertion of the lemma, and consider Q and R such that their children have M-thin boundaries. We have

$$\langle K_\Theta(\Delta_Q f),\, \Delta_R g\rangle = \sum_{P\in\mathcal{CH}(Q),S\in\mathcal{CH}(R)} \langle K_\Theta(\chi_P \Delta_Q f),\, \chi_S \Delta_R g\rangle.$$

For each $P \in \mathcal{CH}(Q)$ and $S \in \mathcal{CH}(R)$ we write $f_{Q,P} = \chi_P \Delta_Q f$ and $g_{R,S} = \chi_S \Delta_R g$. Then

$$\begin{aligned}\langle K_\Theta f_{Q,P},\, g_{R,S}\rangle = \langle K_\Theta(\chi_{P\setminus S}\, f_{Q,P}),\, g_{R,S}\rangle + \langle K_\Theta(\chi_{P\cap S}\, f_{Q,P}),\, \chi_{S\setminus P}\, g_{R,S}\rangle \\ + \langle K_\Theta(\chi_{P\cap S}\, f_{Q,P}),\, \chi_{S\cap P}\, g_{R,S}\rangle.\end{aligned} \tag{5.63}$$

The two first terms on the right-hand side are bounded in absolute value by $c\,\|\Delta_Q f\|_{L^2(\mu)}\|\Delta_R g\|_{L^2(\mu)}$. In the case of $\langle K_\Theta(\chi_{P\setminus S}\, f_{Q,P}),\, g_{R,S}\rangle$, this is due to the fact that

$$\operatorname{supp}(\chi_{P\setminus S}\, f_{Q,P}) \subset \mathbb{C}\setminus S, \qquad \operatorname{supp}(g_{R,S}) \subset S,$$

and the boundary ∂S is M-thin. So we can apply Lemma 5.23. Analogously concerning the second term on the right-hand side of (5.63):

$$\operatorname{supp}(\chi_{P\cap S}\, f_{Q,P}) \subset P, \qquad \operatorname{supp}(\chi_{S\setminus P}\, g_{R,S}) \subset \mathbb{C}\setminus P,$$

and the boundary ∂P is M-thin.

To deal with the last term on the right-hand side of (5.63), we distinguish two cases. Suppose first that one of the squares P, S, say P, is terminal. Then $\Theta(z) \geq \operatorname{dist}(z, \partial P)$ for all $z \in P$. Therefore,

$$|k_\Theta(x,y)| \leq \frac{1}{\max\big(\Theta(x),\Theta(y)\big)} \leq \frac{1}{\max\big(\operatorname{dist}(x,\partial P),\operatorname{dist}(y,\partial P)\big)}$$

for all $x, y \in P \cap S$. Then almost the same arguments as the ones in the proof of Lemma 5.23 give that

$$|\langle K_\Theta(\chi_{P\cap S}\, f_{Q,P}),\, \chi_{S\cap P}\, g_{R,S}\rangle| \leq c\,\|\Delta_Q f\|_{L^2(\mu)}\|\Delta_R g\|_{L^2(\mu)}.$$

Indeed, in the arguments above involving Schur's test, one only has to replace both Ω_1 and Ω_2 by P.

Finally suppose that both squares P, S are transit. In this case, from the definition of $\Delta_Q f$ and $\Delta_R g$ it turns out that $\chi_{P\cap S}\, f_{Q,P}$ and $\chi_{P\cap S}\, g_{R,S}$ are both constant multiples of $\chi_{P\cap S} b$, and then by the antisymmetry of k_Θ,

$$\langle K_\Theta(\chi_{P\cap S}\, f_{Q,P}),\, \chi_{S\cap P}\, g_{R,S}\rangle = 0.$$

This finishes the proof of Lemma 5.24 and, thus, of Lemma 5.13. $\square$

5.10 Cotlar's inequality revisited

Recall that, for $x \in \mathbb{C}$, we write

$$\mathcal{R}(x) = \sup\{r > 0 : \mu(B(x,r)) > c_0\, r\}.$$

We write $\mathcal{R}(x) = 0$ if the set on the right-hand side is empty. We also set

$$H = \bigcup_{x \in \mathbb{C}: \mathcal{R}(x) > 0} B(x, \mathcal{R}(x)). \tag{5.64}$$

Recall that the assumption (a) of Theorem 5.1 ensures that H is contained in the exceptional set $H_{\mathcal{D}(w)}$ for each $w \in \Omega$.

Our goal in this section is to prove the following result, which will be needed in the next section in order to complete the proof of Theorem 5.1.

Lemma 5.25. *Let $\Theta : \mathbb{C} \longrightarrow [0, +\infty)$ be a Lipschitz function with Lipschitz constant 1 such that $\Theta(x) \geq \mathcal{R}(x)$ for all $x \in \mathbb{C}$. Let T be a one-dimensional Calderón-Zygmund operator with kernel $t(x,y)$ satisfying*

$$|t(x,y)| \leq \frac{1}{\max(\varepsilon, \operatorname{dist}(x, \mathbb{C} \setminus H), \operatorname{dist}(y, \mathbb{C} \setminus H))} \qquad \text{for all } x, y \in \mathbb{C}. \tag{5.65}$$

Then we have

$$\|T_*\|_{L^2(\mu) \to L^2(\mu)} \leq c\left(1 + \|T\|_{L^2(\mu) \to L^2(\mu)}\right),$$

where c depends only on c_0 and on the Calderón-Zygmund constants of the kernel $t(x,y)$ (i.e. the constants in (2.3) in Chapter 2).

Observe that if $t(x,y)$ satisfies (5.65), then

$$|t(x,y)| \leq \frac{1}{\max(\varepsilon, \mathcal{R}(x), \mathcal{R}(y))}.$$

The kernel $\frac{1}{9}\, k_\Theta$ satisfies (5.65), because the assumption

$$\Theta(x) \geq \max(\Phi_{\mathcal{D}_1}(x),\ \Phi_{\mathcal{D}_2}(x))$$

ensures that

$$\Theta(x) \geq \operatorname{dist}(x, \mathbb{C} \setminus H_{\mathcal{D}_1}) \geq \operatorname{dist}(x, \mathbb{C} \setminus H),$$

and then, by Lemma 5.3, $|k_\Theta(x,y)| \leq 9/\max(\Theta(x), \Theta(y))$.

We will prove Lemma 5.25 by means of a Cotlar type inequality analogous to the one proved in Section 2.8 of Chapter 2. The precise statement is the following.

Lemma 5.26. *Let T be a singular integral operator satisfying the assumptions of Lemma 5.25. Suppose that T is bounded from $L^1(\mu)$ into $L^{1,\infty}(\mu)$. Then for every $f \in L^2(\mu)$ and $x \in \mathbb{C}$ we have*

$$T_* f(x) \leq c\, M_\mu(Tf)(x) + c\big(\|T\|_{L^1(\mu) \to L^{1,\infty}(\mu)} + 1\big)\, M_\mu f(x), \tag{5.66}$$

where c depends only on c_0 and on the Calderón-Zygmund constants of the kernel $t(x,y)$.

Since M_μ is bounded in $L^2(\mu)$ with absolute constants, it is clear that Lemma 5.25 follows from the preceding result, after showing that

$$\|T\|_{L^1(\mu)\to L^{1,\infty}(\mu)} \leq c\big(\|T\|_{L^2(\mu)\to L^2(\mu)}+1\big). \tag{5.67}$$

Proof of Lemma 5.26. By Theorem 2.18 in Chapter 2, we know that if T is bounded from $M(\mathbb{C})$ to $L^{1,\infty}(\mu)$, and

$$\mu(B(x,r)) \leq c_0\, r \qquad \text{for } r \geq \varepsilon, \tag{5.68}$$

then

$$|T_\varepsilon\, \nu(x)| \leq cM_\mu(T\nu)(x) + c\left(\|T\|_{M(\mathbb{C})\to L^{1,\infty}(\mu)}+1\right)M_\mu\nu(x),$$

for $\nu \in M(\mathbb{C})$. It is straightforward to check that if instead of the boundedness of T from $M(\mathbb{C})$ to $L^{1,\infty}(\mu)$ one assumes that T is of weak type $(1,1)$ with respect to μ in Theorem 2.18, then one gets

$$|T_\varepsilon\, f(x)| \leq cM_\mu(Tf)(x) + c\left(\|T\|_{L^1(\mu)\to L^{1,\infty}(\mu)}+1\right)M_\mu f(x), \tag{5.69}$$

for $f \in L^1(\mu)$.

So we only have to prove that the preceding estimate also holds without the assumption (5.68), for our particular operator T. That is to say, it remains to show that if $\mathcal{R}(x) > 0$, then (5.69) holds for $0 < \varepsilon < \mathcal{R}(x)$. To this end, we set

$$|T_\varepsilon\, f(x)| \leq |T_{\mathcal{R}(x)}\, f(x)| + \int_{0<|x-y|<\mathcal{R}(x)} |t(x,y)|\,|f(y)|\,d\mu(y).$$

The term $|T_{\mathcal{R}(x)}\, f(x)|$ is bounded by the right-hand side of (5.69), while for the last integral we use the fact that $|t(x,y)| \leq 1/\mathcal{R}(x)$, and so

$$\begin{aligned}\int_{0<|x-y|<\mathcal{R}(x)} |t(x,y)|\,|f(y)|\,d\mu(y) &\leq \frac{1}{\mathcal{R}(x)}\int_{B(x,\mathcal{R}(x))}|f|\,d\mu\\ &\leq \frac{c_0}{\mu(B(x,\mathcal{R}(x)))}\int_{B(x,\mathcal{R}(x))}|f|\,d\mu \leq c_0\, M_\mu f(x).\end{aligned}$$

Thus, (5.69) holds for all $\varepsilon > 0$. □

To complete the proof of Lemma 5.25, it remains to prove (5.67). We carry out this task in the following lemma.

Lemma 5.27. *Let T be a singular integral operator satisfying the assumptions of Lemma* 5.25. *If T is bounded in $L^2(\mu)$, then it is also bounded from $L^1(\mu)$ to $L^{1,\infty}(\mu)$. Moreover, we have*

$$\|T\|_{L^1(\mu)\to L^{1,\infty}(\mu)} \leq c\big(\|T\|_{L^2(\mu)\to L^2(\mu)}+1\big).$$

Proof. The arguments are just an adaptation of the ones of Theorem 2.16 in Chapter 2. We have to show that

$$\mu(\{x \in \mathbb{C} : |Tf(x)| > \lambda\}) \leq c\left(\|T\|_{L^2(\mu)\to L^2(\mu)} + 1\right) \frac{\|f\|_{L^1(\mu)}}{\lambda}. \tag{5.70}$$

Clearly, we may assume that $\lambda > 8\|f\|_{L^1(\mu)}/\|\mu\|$.

Let $\{Q_i\}_i$ be the almost disjoint family of squares of Lemma 2.14 of Chapter 2 (notice that no assumption on the linear growth of μ is needed). Let R_i be the smallest $(6,36)$-doubling square of the form $6^k Q_i$, $k \geq 1$. Then we can write $f = g + b$, with

$$g = \chi_{\mathbb{C}\setminus\bigcup_i Q_i} f + \sum_i \varphi_i$$

and

$$f = \sum_i b_i := \sum_i (w_i f - \varphi_i),$$

where the functions φ_i satisfy (2.16), (2.17) and (2.18) of Lemma 2.14 from Chapter 2 and $w_i = \frac{\chi_{Q_i}}{\sum_k \chi_{Q_k}}$.

By (2.13) we have

$$\mu\Big(\bigcup_i 2Q_i\Big) \leq \frac{c}{\lambda} \sum_i \int_{Q_i} |f|\, d\mu \leq \frac{c}{\lambda} \|f\|_{L^1(\mu)}.$$

So we have to show that

$$\mu\Big(\Big\{x \in \mathbb{C} \setminus \bigcup_i 2Q_i : |Tf(x)| > \lambda\Big\}\Big) \leq c\left(\|T\|_{L^2(\mu)\to L^2(\mu)} + 1\right) \frac{\|f\|_{L^1(\mu)}}{\lambda}. \tag{5.71}$$

The left-hand side of (5.71) does not exceed

$$\mu\Big(\Big\{x \in \mathbb{C} : |Tg(x)| > \lambda/2\Big\}\Big) + \mu\Big(\Big\{x \in \mathbb{C} \setminus \bigcup_i 2Q_i : |Tb(x)| > \lambda/2\Big\}\Big). \tag{5.72}$$

To estimate the first term we use the $L^2(\mu)$ boundedness of T, and we take into account that $|g| \leq c\,\lambda$, as usual:

$$\begin{aligned}\mu\Big(\Big\{x \in \mathbb{C} : |Tg(x)| > \lambda/2\Big\}\Big) \leq \frac{4}{\lambda^2} \int |Tg|^2\, d\mu &\leq \frac{4\,\|T\|_{L^2(\mu)\to L^2(\mu)}}{\lambda^2} \int |g|^2\, d\mu \\ &\leq \frac{c\,\|T\|_{L^2(\mu)\to L^2(\mu)}}{\lambda} \int |g|\, d\mu.\end{aligned}$$

Also, we have

$$\begin{aligned}\int |g|\, d\mu &\leq \int_{\mathbb{C}\setminus\bigcup_i Q_i} |f|\, d\mu + \sum_i \int |\varphi_i|\, d\mu \\ &\leq \|f\|_{L^1(\mu)} + \sum_i \|f\chi_{Q_i}\|_{L^1(\mu)} \leq c\,\|f\|_{L^1(\mu)}.\end{aligned}$$

Thus,

$$\mu\Big(\Big\{x \in \mathbb{C} : |Tg(x)| > \lambda/2\Big\}\Big) \le \frac{c\,\|T\|_{L^2(\mu)\to L^2(\mu)}}{\lambda}\,\|f\|_{L^1(\mu)}.$$

Let us turn our attention to the second term in (5.72). By Chebyshev,

$$\begin{aligned}\mu\Big(\Big\{x \in \mathbb{C} \setminus \bigcup_i 2Q_i : |Tb(x)| > \lambda/2\Big\}\Big) &\le \frac{2}{\lambda}\int_{\mathbb{C}\setminus\bigcup_k 2Q_k} |Tb|\,d\mu \qquad (5.73)\\ &\le \frac{2}{\lambda}\sum_i \int_{\mathbb{C}\setminus 2Q_i} |Tb_i|\,d\mu.\end{aligned}$$

We claim that for each i,

$$\int_{\mathbb{C}\setminus 2Q_i} |Tb_i|\,d\mu \le c\|f\chi_{Q_i}\|_{L^1(\mu)}. \qquad (5.74)$$

Notice that from this claim and (5.73) one deduces

$$\mu\Big(\Big\{x \in \mathbb{C} \setminus \bigcup_i 2Q_i : |Tb(x)| > \lambda/2\Big\}\Big) \le c\sum_i \|f\chi_{Q_i}\|_{L^1(\mu)} \le c\|f\|_{L^1(\mu)},$$

which proves the lemma.

It only remains to prove (5.74). Let $B_i = B(x_{Q_i}, \mathcal{R}(x_{Q_i})/2)$, where x_{Q_i} is the center of Q_i, and set

$$\int_{\mathbb{C}\setminus 2Q_i} |Tb_i|\,d\mu \le \int_{B_i} |Tb_i|\,d\mu + \int_{2R_i\setminus(2Q_i\cup B_i)} |Tb_i|\,d\mu + \int_{\mathbb{C}\setminus(2R_i\cup B_i)} |Tb_i|\,d\mu. \qquad (5.75)$$

To estimate the first integral on the right-hand side, observe that if $x \in B_i$, then $\operatorname{dist}(x, \mathbb{C}\setminus H) \ge \mathcal{R}(x_{Q_i})/2$, and so

$$|t(x,y)| \le \frac{2}{\mathcal{R}(x_{Q_i})}.$$

Therefore, using that $\|b_i\|_{L^1(\mu)} \le c\,\|f\chi_{Q_i}\|_{L^1(\mu)}$ (which follows from the definition of b_i and the condition (2.18) on φ_i), we get

$$|Tb_i(x)| \le \frac{2}{\mathcal{R}(x_{Q_i})}\,\|b_i\|_{L^1(\mu)} \le \frac{c}{\mathcal{R}(x_{Q_i})}\,\|f\chi_{Q_i}\|_{L^1(\mu)}.$$

Thus,

$$\int_{B_i} |Tb_i|\,d\mu \le \frac{c}{\mathcal{R}(x_{Q_i})}\,\|f\chi_{Q_i}\|_{L^1(\mu)}\,\mu(B_i) \le c\,\|f\chi_{Q_i}\|_{L^1(\mu)},$$

since $\mu(B_i) \le \mu(B(x_{Q_i}, \mathcal{R}(x_{Q_i}))) \le c_0\,\mathcal{R}(x_{Q_i})$.

Let us consider the second integral on the right-hand side of (5.75). On the one hand, by (2.18), the $L^2(\mu)$ boundedness of T, and the fact that R_i is $(6,36)$-doubling we get

$$\int_{2R_i} |T\varphi_i|\,d\mu \le \left(\int_{2R_i} |T\varphi_i|^2\,d\mu\right)^{1/2} \mu(2R_i)^{1/2}$$
$$\le c\left(\int |\varphi_i|^2\,d\mu\right)^{1/2} \mu(R_i)^{1/2} \le c\,\|f\chi_{Q_i}\|_{L^1(\mu)}.$$

On the other hand, since $\operatorname{supp}(w_i f) \subset Q_i$, if $x \in 2R_i \setminus 2Q_i$, then $|T(w_i f)(x)| \le c\,\|f\chi_{Q_i}\|_{L^1(\mu)}/|x - x_{Q_i}|$, and so

$$\int_{2R_i\setminus(2Q_i\cup B_i)} |T(w_i\,f)|\,d\mu \le c\,\|f\chi_{Q_i}\|_{L^1(\mu)} \int_{2R_i\setminus(2Q_i\cup B_i)} \frac{1}{|x-x_{Q_i}|}\,d\mu(x).$$

By Lemma 2.15, since there are no $(6,36)$-doubling squares of the form 6^kQ_i between $6Q_i$ and R_i, we have

$$\int_{2R_i\setminus(2Q_i\cup B_i)} \frac{1}{|x-x_{Q_i}|}\,d\mu(x) \le c\,\frac{\mu(2R_i)}{\ell(2R_i)}.$$

Notice also that if the integral above is non-zero, then $2R_i \not\subset B_i$ or, in other words, $2^{1/2}\ell(2R_i) > \mathcal{R}(x_{Q_i})$. This implies that

$$\mu(2R_i) \le \mu\big(B(x_{Q_i}, 2^{1/2}\ell(2R_i))\big) \le c_0\, 2^{1/2}\ell(2R_i)),$$

and so in any case we get

$$\int_{2R_i\setminus(2Q_i\cup B_i)} \frac{1}{|x-x_{Q_i}|}\,d\mu(x) \le c.$$

Therefore,

$$\int_{2R_i\setminus(2Q_i\cup B_i)} |Tb_i|\,d\mu \le c\,\|f\chi_{Q_i}\|_{L^1(\mu)}.$$

To estimate the last integral on the right-hand side of (5.75) we use that $\int b_i\,d\mu = 0$, $\operatorname{supp}(b_i) \subset R_i$ and $\|b_i\|_{L^1(\mu)} \le c\,\|f\chi_{Q_i}\|_{L^1(\mu)}$. Then, by the second condition in (2.3), we deduce that for $x \notin 2R_i$,

$$|Tb_i(x)| \le \int |k(x,y) - k(x,x_{Q_i})|\,|b_i(y)|\,d\mu(y) \le \frac{c\,\ell(R_i)}{|x-x_{Q_i}|^2}\,\|f\chi_{Q_i}\|_{L^1(\mu)}.$$

Then we get

$$\int_{\mathbb{C}\setminus(2R_i\cup B_i)} |Tb_i|\,d\mu \le c\,\|f\chi_{Q_i}\|_{L^1(\mu)} \int_{\mathbb{C}\setminus(2R_i\cup B_i)} \frac{\ell(R_i)}{|x-x_{Q_i}|^2}\,d\mu(x)$$
$$\le c\,\|f\chi_{Q_i}\|_{L^1(\mu)} \int_{|x-x_{Q_i}|>\max(\ell(R_i),\frac{1}{2}\mathcal{R}(x_{Q_i}))} \frac{\ell(R_i)}{|x-x_{Q_i}|^2}\,d\mu(x).$$

Splitting the domain of integration in the last integral into annuli, taking into account that $\mu(B(x,r)) \leq 2c_0\, r$ for $r \geq \max(\ell(R_i), \frac{1}{2}\mathcal{R}(x_{Q_i}))$, by standard arguments we obtain

$$\int_{|x-x_{Q_i}|>\max(\ell(R_i),\frac{1}{2}\mathcal{R}(x_{Q_i}))} \frac{\ell(R_i)}{|x-x_{Q_i}|^2}\, d\mu(x) \leq \frac{c\,\ell(R_i)}{\max(\ell(R_i), \frac{1}{2}\mathcal{R}(x_{Q_i}))} \leq c.$$

Thus, the last integral on the right-hand side of (5.75) is bounded by $c\,\|f\chi_{Q_i}\|_{L^1(\mu)}$ too. This proves our claim (5.74), and so we are done. □

5.11 The final probabilistic argument

5.11.1 The low probability of bad squares and functions

Recall that in Section 5.5 we declared a transit square $Q \in \mathcal{D}_1^{tr}$ to be bad with respect to $\mathcal{D}_2$ if either

(a) there exists a transit square $R \in \mathcal{D}_2^{tr}$ such that $\operatorname{dist}(Q, \partial R) \leq \ell(Q)^{1/4}\ell(R)^{3/4}$ and $\ell(R) \geq 2^m \ell(Q)$ (where m is some positive integer to be fixed below), or

(b) there exists a transit square $R \in \mathcal{D}_2^{tr}$ such that $2^{-m}\ell(Q) \leq \ell(R) \leq 2^m \ell(Q)$, $\operatorname{dist}(Q,R) \leq 2^m \ell(Q)$, and at least one of the children $P \in \mathcal{CH}(R)$ does not have M-thin boundary.

In the next lemma we show that bad squares happen with quite small probability, if the parameters m, M are chosen appropriately.

Lemma 5.28. *Let $0 < \varepsilon_b < 1$ be any fixed (small) number. Suppose that the constants m and M are big enough in the definition of bad squares (depending only on ε_b). Let $\mathcal{D}_1 = \mathcal{D}(w_1)$ be any fixed dyadic lattice. For each fixed $Q \in \mathcal{D}_1$, the probability that it is bad with respect to a dyadic lattice $\mathcal{D}_2 = \mathcal{D}(w_2)$, $w_2 \in \Omega$, does not exceed ε_b. That is,*

$$P^\Omega\big(\{w_2 \in \Omega : Q \in \mathcal{D}_1 \text{ is bad with respect to } \mathcal{D}(w_2)\}\big) \leq \varepsilon_b.$$

Proof. Recall that $F \subset \frac{1}{8}S^0$, where $S^0 = \left[0, 2^N\right]^2$, with N big enough. We defined

$$\Omega = \left[-2^{N-4}, 2^{N-4}\right]^2 \subset \mathbb{R}^2,$$

and for $w \in \Omega$ we set $Q^0(w) \equiv w + S^0$, so that $Q^0(w) \in \mathcal{D}(w)$, and for each $w \in \Omega$ then we have $F \subset \frac{1}{4}Q^0(w)$. The probability measure P^Ω is the normalized Lebesgue measure on the square Ω.

Choice of m. Let $\mathcal{D}_1 = \mathcal{D}(w_1)$, with $w_1 \in \Omega$, and consider $Q \in \mathcal{D}_1^{tr}$. First we will estimate the probability P^Ω such that Q is bad because of the condition (a) above. That is, we deal with

$$P^\Omega\big(\{w_2 \in \Omega : \exists R \in \mathcal{D}(w_2)^{tr} \text{ such that } \operatorname{dist}(Q, \partial R) \leq \ell(Q)^{1/4}\ell(R)^{3/4}, \quad \text{and } \ell(R) \geq 2^m \ell(Q)\}\big). \tag{5.76}$$

To estimate this probability, for $Q \in \mathcal{D}_1^{tr}$ and $k \geq m$ fixed, let $R(w_2) \in \mathcal{D}(w_2)$ be the square with side length $2^k \ell(Q)$ containing the center z_Q. Suppose moreover that $2^k \ell(Q) \leq \ell(S^0)$. Notice that $z_{R(w_2)}$, the center of $R(w_2)$, belongs to $\overline{2^k Q}$, and moreover for any subset $A \subset 2^k Q$,

$$P^\Omega\big(\{w_2 \in \Omega : z_{R(w_2)} \in A\}\big) = \frac{\mathcal{L}^2(A)}{\mathcal{L}^2(2^k Q)}.$$

It is easy to check that there exists some $R' \in \mathcal{D}(w_2)$ with side length $2^k \ell(Q)$ such that $\operatorname{dist}(Q, \partial R') \leq \ell(Q)^{1/4} \ell(R')^{3/4}$ if and only if

$$z_Q \in \overline{\mathcal{U}_d(R(w_2)) \cap R(w_2)},$$

where $d = \ell(Q)^{1/4}\, \ell(R(w_2))^{3/4} + \frac{1}{2}\ell(Q)$ and $\mathcal{U}_d(A)$ stands for d-neighborhood of A. This is equivalent to saying that

$$z_{R(w_2)} \in \overline{\mathcal{U}_d(2^k Q) \cap 2^k Q}.$$

(this can be checked by taking into account that both conditions are equivalent to $2^{k-1}\ell(Q) - d \leq |z_Q - z_{R(w_2)}|_\infty \leq 2^{k-1}\ell(Q)$, where $|\cdot|_\infty$ is the ∞-norm in $\mathbb{R}^2$). Therefore,

$$\begin{aligned} P^\Omega\big(\{w_2 \in \Omega : \exists R \in \mathcal{D}(w_2) \text{ such that } & \operatorname{dist}(Q, \partial R) \leq \ell(Q)^{1/4} \ell(R)^{3/4}, \\ & \text{and } \ell(R) = 2^k \ell(Q)\}\big) \\ = \frac{\mathcal{L}^2\big(\overline{2^k Q \cap \mathcal{U}_d(\partial(2^k Q))}\big)}{\mathcal{L}^2(2^k Q)} & \leq \frac{4d\, 2^k \ell(Q)}{(2^k \ell(Q))^2}. \end{aligned} \tag{5.77}$$

Using that

$$d \leq 2\ell(Q)^{1/4}\, \ell(R(w_2))^{3/4} = 2 \cdot 2^{3k/4}\, \ell(Q),$$

we infer that the probability on the left-hand side of (5.77) does not exceed

$$\frac{8 \cdot 2^{3k/4}\, 2^k \ell(Q)^2}{(2^k \ell(Q))^2} = 8 \cdot 2^{-k/4}.$$

Recalling that all transit squares from $\mathcal{D}(w_2)$ have side length at most equal to $\ell(S^0)$, we deduce that the probability in (5.76) is not greater than

$$\sum_{k:\, k \geq m,\, \ell(2^k Q) \leq \ell(S^0)} 8 \cdot 2^{-k/4} \leq \frac{8 \cdot 2^{-m/4}}{1 - 2^{-1/4}} \leq 60 \cdot 2^{-m/4}.$$

We choose m so that $60 \cdot 2^{-m/4} \leq \varepsilon_b/2$.

Choice of M. For the condition (b) in the definition of bad squares, we have to estimate the probability

$$\begin{aligned} P^\Omega\big(\{w_2 : \exists R \in \mathcal{D}(w_2)^{tr} \text{ with } 2^{-m}\ell(Q) \leq \ell(R) \leq 2^m \ell(Q),\ \operatorname{dist}(Q, R) \leq 2^m \ell(Q), \\ \text{and some } P \in \mathcal{CH}(R) \text{ does not have } M\text{-thin boundary}\}\big). \end{aligned} \tag{5.78}$$

Clearly, this probability is not greater than

$$P^\Omega\big(\{w_2 : \exists R \in \mathcal{D}(w_2) \text{ such that } 2^{-m-1}\ell(Q) \leq \ell(R) \leq \min(2^m \ell(Q), \ell(S^0)), \tag{5.79}$$
$$\operatorname{dist}(Q,R) \leq 2^m \ell(Q), \text{ and } \partial R \text{ is not } M\text{-thin}\}\big).$$

Let Q and R be as in (5.79). Recall that ∂R is called M-thin if

$$\mu\big(\{x \in \mathbb{C} : \operatorname{dist}(x, \partial R) \leq r\}\big) \leq Mr \quad \text{for all } r \geq 0. \tag{5.80}$$

If $r \geq \ell(Q)$, this condition is satisfied for all the squares R as in (5.79) for some M big enough due to the fact that Q is a transit square. Indeed, since

$$\begin{aligned}\{x \in \mathbb{C} : \operatorname{dist}(x, \partial R) \leq r\} &\subset \left(1 + \frac{2r}{\ell(R)}\right) R \qquad (5.81)\\ &\subset Q\Big(z_Q, \frac{1}{2}\ell(Q) + 2^m \ell(Q) + \ell(R) + r\Big)\\ &\subset Q\Big(z_Q, \frac{1}{2} r + 2^m r + 2^m r + r\Big) \subset Q\big(z_Q, 4 \cdot 2^m r\big),\end{aligned}$$

we deduce that (5.80) holds for $r \geq \ell(Q)$ with $M = 2^{1/2} \cdot 2^{m+3} c_0$, by Lemma 5.9.

Consider now the case $r < \ell(Q)$. As shown in (5.81),

$$\{x \in \mathbb{C} : \operatorname{dist}(x, \partial R) \leq r\} \subset Q\big(z_Q, 4 \cdot 2^m \ell(Q)\big) = 2^{m+3} Q.$$

Let us write $\sigma = \mu \lfloor 2^{m+3} Q$, so that

$$\mu\big(\{x \in \mathbb{C} : \operatorname{dist}(x, \partial R) \leq r\}\big) = \sigma\big(\{x \in \mathbb{C} : \operatorname{dist}(x, \partial R) \leq r\}\big) \quad \text{for } r < \ell(Q).$$

Consider the families $\mathcal{V}(w_2)$ and $\mathcal{H}(w_2)$ consisting of the vertical and horizontal lines, respectively, which are boundaries of the squares from $\mathcal{D}(w_2)$ with side length $2^{-m-1}\ell(Q)$. From the preceding arguments, if we choose $M \geq 2^{1/2} \cdot 2^{m+3} c_0$ and w_2 is as in the subset in (5.79), then there exists some line from $\mathcal{V}(w_2) \cup \mathcal{H}(w_2)$ which intersects $2^{m+3}Q$ and is not σ-M-thin (a line L is called σ-M-thin if (5.80) holds with σ instead of μ and L instead of ∂R). Therefore, the probability (5.79) does not exceed

$$\begin{aligned}&P^\Omega\big(\{w_2 : \exists L \in \mathcal{V}(w_2) \text{ such that } L \cap 2^{m+3} Q \neq \varnothing \text{ and } L \text{ is not } \sigma\text{-}M\text{-thin}\}\big)\\ &+ P^\Omega\big(\{w_2 : \exists L \in \mathcal{H}(w_2) \text{ such that } L \cap 2^{m+3} Q \neq \varnothing \text{ and } L \text{ is not } \sigma\text{-}M\text{-thin}\}\big)\\ &=: p_{\mathcal{V}} + p_{\mathcal{H}}.\end{aligned}$$

We will use the fact that $\sigma(2^{m+3}Q) \leq 2^{1/2}\, 2^{m+3} c_0\, \ell(Q)$ to estimate $p_{\mathcal{V}}$. The arguments for $p_{\mathcal{H}}$ are analogous.

Given $t \in \mathbb{R}$, we denote by L_t the vertical line in $\mathbb{C}$ containing t. Let $B \subset \mathbb{R}$ the subset of those t such that L_t is not σ-M-thin. Let $I \subset \mathbb{R}$ be an interval of length $2^{-m-1}\ell(Q)$. Since the grid $\mathcal{V}(w_2)$ is $(2^{-m-1}\ell(Q))$-periodic, it follows easily that

$$P^{\Omega}\big(\{w_2 : \exists L \in \mathcal{V}(w_2),\ L \subset I \times \mathbb{R},\ \text{such that } L \text{ is not } \sigma\text{-}M\text{-thin}\}\big) \\ = \frac{\mathcal{L}^1(B \cap I)}{\mathcal{L}^1(I)}. \qquad (5.82)$$

To estimate $\mathcal{L}^1(B \cap I)$, consider the vertical projection $\pi : \mathbb{C} \to \mathbb{R}$, i.e. $\pi(z) = \mathrm{Re}(z)$, and let τ be the measure on $\mathbb{R}$ given by the image measure of σ by π. Observe that, for any $t \in \mathbb{R}$, L_t is not σ-M-thin if and only if

$$M_R\tau(t) := \sup_{r>0} \frac{\tau(B(t,r))}{r} > M.$$

Recall that the maximal operator M_R is bounded from $M(\mathbb{C})$ to $L^{1,\infty}(\mathbb{R})$, and thus

$$\begin{aligned} \mathcal{L}^1(B \cap I) \leq \mathcal{L}^1(B) &\leq \frac{c}{M}\,\|\tau\| = \frac{c}{M}\,\sigma(2^{m+3}Q) \qquad (5.83)\\ &\leq \frac{c\,c_0\,2^{m+3}}{M}\,\ell(Q) = \frac{c\,c_0\,2^{2m+4}}{M}\,\mathcal{L}^1(I). \end{aligned}$$

Let $J \subset \mathbb{R}$ be the interval $\pi(2^{m+3}Q) = \mathrm{Re}(2^{m+3}Q)$, and split it into 2^{2m+4} disjoint intervals I_k of length $2^{-m-1}\ell(Q)$ (open in one extreme and closed in the other). Let $G_k \subset \Omega$ be the subset of those w_2 such that the unique line from $\mathcal{V}(w_2)$ intersecting I_k is σ-M-thin. From (5.82) and (5.83) we infer that

$$P^{\Omega}(G_k) = 1 - \frac{\mathcal{L}^1(B \cap I_k)}{\mathcal{L}^1(I_k)} \geq 1 - \frac{c\,c_0\,2^{2m+4}}{M}.$$

If all the lines from $\mathcal{V}(w_2)$ which intersect $2^{m+3}Q$ are σ-M-thin, this means that $w_2 \in \bigcap_{k=1}^{2^{2m+4}} G_k$, and therefore,

$$\begin{aligned} p_{\mathcal{V}} = 1 - P^{\Omega}\Big(\bigcap_{k=1}^{2^{2m+4}} G_k\Big) &= P^{\Omega}\Big(\bigcup_{k=1}^{2^{2m+4}} G_k^c\Big)\\ &\leq \sum_{k=1}^{2^{2m+4}} P^{\Omega}(G_k^c) \leq \sum_{k=1}^{2^{2m+4}} \frac{c\,c_0\,2^{2m+4}}{M} = \frac{c\,c_0\,2^{4m+8}}{M}. \end{aligned}$$

The same estimate holds for $p_{\mathcal{H}}$, and thus the probability (5.78) is bounded by $c\,c_0\,2^{4m+9}\,M^{-1} = \varepsilon_b/2$, assuming that we choose $M = c\,c_0\,2^{4m+10}\,\varepsilon_b^{-1}$.

If we add the estimates obtained for the probabilities (5.76) and (5.78), the lemma follows. □

The preceding result has the following consequence regarding good and bad functions.

Lemma 5.29. *Let $f \in L^2(\mu)$ and for $\mathrm{w} = (w_1, w_2)$ set*

$$f_{bad}(\mathrm{w}) = \sum_{Q \in \mathcal{D}(w_1) \cap\, bad(w_2)} \Delta_Q f,$$

where "$Q \in bad(w_2)$" means "Q is bad with respect to $\mathcal{D}(w_2)$". Then we have

$$\mathcal{E}^{\Omega^2}\left(\|f_{bad}(\mathrm{w})\|^2_{L^2(\mu)}\right) \le c_3^2 \varepsilon_b \|f\|^2_{L^2(\mu)},$$

where $\mathcal{E}^{\Omega^2}$ stands for the expectation with respect to $P^{\Omega^2} = P^\Omega \times P^\Omega$.

Proof. From Lemma 5.11 we deduce that

$$\|f_{bad}(\mathrm{w})\|^2_{L^2(\mu)} \le c_3 \sum_{Q \in \mathcal{D}(w_1) \cap\, bad(w_2)} \|\Delta_Q f\|^2_{L^2(\mu)}.$$

Then, by Lemma 5.28,

$$\begin{aligned}
\mathcal{E}^{\Omega^2}\left(\|f_{bad}(\mathrm{w})\|^2_{L^2(\mu)}\right) &\le c_3 \iint \sum_{Q \in \mathcal{D}(w_1) \cap\, bad(w_2)} \|\Delta_Q f\|^2_{L^2(\mu)}\, dP^\Omega(w_1)\, dP^\Omega(w_2) \\
&= c_3 \int \sum_{Q \in \mathcal{D}(w_1)} \|\Delta_Q f\|^2_{L^2(\mu)} P^\Omega(\{w_2 \colon Q \in bad(w_2)\})\, dP^\Omega(w_1) \\
&\le c_3 \varepsilon_b \int \sum_{Q \in \mathcal{D}(w_1)} \|\Delta_Q f\|^2_{L^2(\mu)}\, dP^\Omega(w_1) \le c_3^2 \varepsilon_b \|f\|^2_{L^2(\mu)}.
\end{aligned}$$

□

5.11.2 The nice set G

Let $W_{\mathcal{D}_1}$, $W_{\mathcal{D}_2}$ be the total exceptional sets corresponding to two dyadic lattices $\mathcal{D}_1 = \mathcal{D}(w_1)$, $\mathcal{D}_2 = \mathcal{D}(w_2)$. We showed in (5.6) that

$$\mu(F \setminus W_{\mathcal{D}(w)}) \ge (1 - \delta_1)\mu(F),$$

with $0 < \delta_1 < 1$ for all $w \in \Omega$. For each $x \in F$ we consider the probabilities

$$p_0(x) = P^\Omega(\{w \in \Omega : x \in F \setminus W_{\mathcal{D}(w)}\}),$$

and

$$p(x) = P^{\Omega^2}(\{(w_1, w_2) \in \Omega \times \Omega : x \in F \setminus (W_{\mathcal{D}(w_1)} \cup W_{\mathcal{D}(w_2)})\}).$$

Recall that P^Ω is the normalized Lebesgue measure on Ω and $P^{\Omega^2} = P^\Omega \times P^\Omega$. Since the sets $F \setminus W_{\mathcal{D}(w_1)}$ and $F \setminus W_{\mathcal{D}(w_2)}$ are independent, we have $p(x) = p_0(x)^2$. In other words, by Fubini:

$$p(x) = \iint \chi_{F \setminus \mathcal{D}(w_1)}(x)\, \chi_{F \setminus \mathcal{D}(w_2)}(x)\, dP^\Omega(w_1)\, dP^\Omega(w_2) = p_0(x)^2.$$

Notice that

$$\begin{aligned}\int_F p_0(x)\,d\mu(x) &= \int_{w\in\Omega}\int \chi_{F\setminus W_{\mathcal{D}(w)}}(x)\,d\mu(x)\,dP^\Omega(w)\\ &= \int_{w\in\Omega}\mu(F\setminus W_{\mathcal{D}(w)})\,dP^\Omega(w) \geq (1-\delta_1)\mu(F).\end{aligned}$$

Let

$$G = \{x\in F : p_0(x) > (1-\delta_1)/2\}, \tag{5.84}$$

and $B = F\setminus G$. We have

$$\begin{aligned}\mu(B) &\leq \frac{2}{1+\delta_1}\int_F (1-p_0(x))\,d\mu(x)\\ &= \frac{2}{1+\delta_1}\left(\mu(F) - \int_F p_0(x)\,d\mu(x)\right) \leq \frac{2\delta_1}{1+\delta_1}\,\mu(F).\end{aligned}$$

Thus,

$$\mu(G) \geq \frac{1-\delta_1}{1+\delta_1}\,\mu(F).$$

Observe, moreover, that for every $x\in G$ we have $p(x) = p_0(x)^2 > (1-\delta_1)^2/4 =: \beta$. Roughly speaking, this means that for a big proportion of dyadic lattices $\mathcal{D}(w_1)$, $\mathcal{D}(w_2)$, the points from G are in $F\setminus(W_{\mathcal{D}(w_1)}\cup W_{\mathcal{D}(w_2)})$.

Notice also that if $x\in\bigcap_{w\in\mathbb{C}}(H_{\mathcal{D}(w)}\cup T_{\mathcal{D}(w)})$, then $x\notin F\setminus W_{\mathcal{D}(w)}$ for every $w\in\Omega$ and so $p_0(x)=0$. From the definition (5.84), we infer that $x\notin G$. In other words,

$$G\subset F\setminus\bigcap_{w\in\mathbb{C}}(H_{\mathcal{D}(w)}\cup T_{\mathcal{D}(w)}),$$

as wished.

Now we define

$$\Phi_{(w_1,w_2)}(x) = \operatorname{dist}\bigl(x, F\setminus(W_{\mathcal{D}(w_1)}\cup W_{\mathcal{D}(w_2)})\bigr).$$

Observe that if $x\in G$, then

$$P^{\Omega^2}\bigl(\{(w_1,w_2) : \Phi_{(w_1,w_2)}(x) = 0\}\bigr) \geq p(x) > \beta.$$

We deduce that

$$\mu\bigl(\{x\in F : p(x) > \beta\}\bigr) \geq \mu(G) \geq \frac{1-\delta_1}{1+\delta_1}\,\mu(F)$$

and

$$\mu\Bigl(\Bigl\{x\in F : P^{\Omega^2}\bigl(\{(w_1,w_2) : \Phi_{(w_1,w_2)}(x) = 0\}\bigr) > \beta\Bigr\}\Bigr) \geq \frac{1-\delta_1}{1+\delta_1}\,\mu(F).$$

In the remaining part of this chapter we will prove that the Cauchy transform is bounded in G.

5.11.3 The functions Φ, Ψ_w, and the operators $\widetilde{K}$ and $\widetilde{\mathcal{C}}$

For a fixed $\varepsilon_0 > 0$, we define

$$\Phi(x) = \varepsilon_0 + \inf_{B\subset\Omega^2, P^{\Omega^2}(B)=\beta} \; \sup_{(w_1,w_2)\in B} \Phi_{(w_1,w_2)}(x). \tag{5.85}$$

Notice that Φ is a 1-Lipschitz function such that $\Phi(x) = \varepsilon_0$ for all $x \in G$. Moreover,

$$\Phi(x) \geq \max\bigl(\operatorname{dist}(x, \mathbb{C}\setminus H), e(x), \varepsilon_0\bigr) \geq \max\bigl(\mathcal{R}(x), e(x), \varepsilon_0\bigr) \quad \text{for all } x \in F,$$

where $e(x)$ was defined in (5.2) and H and $\mathcal{R}(x)$ in (5.64). This is due to the fact that $\Phi_{(w_1,w_2)}(x) \geq \max\bigl(\operatorname{dist}(x, \mathbb{C}\setminus H), e(x)\bigr)$ for all $x \in F$, $(w_1, w_2) \in \Omega\times\Omega$, since all non-Ahlfors disks are contained in $\mathcal{H}_D$ for any choice of the lattice $\mathcal{D}$, and S does not depend on $\mathcal{D}$.

Given $\mathrm{w} = (w_1, w_2) \in \Omega^2$, we also set

$$\Psi_{\mathrm{w}}(x) = \max\bigl(\Phi(x), \Phi_{\mathrm{w}}(x)\bigr).$$

We write

$$\widetilde{K}f(x) = \int K_{\Psi_{\mathrm{w}}} f(x)\, dP^{\Omega^2}(\mathrm{w}).$$

So the kernel of $\widetilde{K}$ is:

$$\widetilde{k}(x,y) = \int k_{\Psi_{\mathrm{w}}}(x,y)\, dP^{\Omega^2}(\mathrm{w}).$$

The analogous definition for truncated operators is the following:

$$\widetilde{\mathcal{C}}f(x) = \int \mathcal{C}_{\Psi_{\mathrm{w}}(x)} f(x)\, dP^{\Omega^2}(\mathrm{w}),$$

so that the kernel of $\widetilde{\mathcal{C}}$ is

$$\widetilde{c}(x,y) = \int c_{\Psi_{\mathrm{w}}}(x,y)\, dP^{\Omega^2}(\mathrm{w}),$$

with $c_{\Psi_{\mathrm{w}}}(x,y) = \frac{1}{x-y}\chi_{|x-y|\geq\Psi_{\mathrm{w}}(x)}$. Observe that $\widetilde{k}(x,y)$ is a Calderón-Zygmund kernel (with absolute constants), because it is the average of the Calderón-Zygmund kernels $k_{\Psi_{\mathrm{w}}}(x,y)$. On the contrary, this is not the case for $\widetilde{c}(x,y)$, in general.

We will show below that the operator K_Φ is bounded in $L^2(\mu)$, with norm independent of ε_0. Since Φ equals ε_0 on G, this will yield the boundedness of the Cauchy transform in $L^2(\mu\lfloor G)$ (notice ε_0 is arbitrary and that G does not depend on ε_0). In the proof of the $L^2(\mu)$ boundedness of K_Φ, the operators $\widetilde{K}$ and $\widetilde{\mathcal{C}}$ will play a key role.

Let us insist on the fact that none of the constants below will depend on the choice of ε_0.

5.11.4 The key estimates involving $\widetilde{\mathcal{C}}$ and $\widetilde{K}$

Lemma 5.30. *Consider the truncated Cauchy kernels*

$$c_\Phi(x,y) = \frac{1}{x-y}\chi_{|x-y|\geq\Phi(x)}, \qquad c_{\Psi_{\mathrm{w}}}(x,y) = \frac{1}{x-y}\chi_{|x-y|\geq\Psi_{\mathrm{w}}(x)},$$

and set also $\widetilde{c}(x,y) = \mathcal{E}^{\Omega^2} c_{\Psi_{\mathrm{w}}}(x,y)$. *The associated operators are denoted by* $\mathcal{C}_\Phi$, $\mathcal{C}_{\Psi_{\mathrm{w}}}$, *and* $\widetilde{\mathcal{C}}$, *respectively. For* $f \in L^2(\mu)$ *and* $x \in \mathbb{C}$, *the following estimates hold:*

$$|\mathcal{C}_\Phi f(x)| \leq 2\beta^{-1}\widetilde{\mathcal{C}}_* f(x), \tag{5.86}$$

and

$$|\mathcal{C}_{\Psi_{\mathrm{w}}} f(x)| \leq 2\beta^{-1}\widetilde{\mathcal{C}}_* f(x) \quad \text{for each } \mathrm{w} \in \Omega^2, \tag{5.87}$$

where $\widetilde{\mathcal{C}}_*$ *is the maximal operator associated with the kernel* $\widetilde{c}(x,y)$:

$$\widetilde{\mathcal{C}}_* f(x) = \sup_{t>0} |\widetilde{\mathcal{C}}_t f(x)| = \sup_{t>0}\left|\int_{|x-y|\geq t} \widetilde{c}(x,y)\, f(y)\, d\mu(y)\right|.$$

Notice that $\widetilde{\mathcal{C}}$ is the average of the operators $\mathcal{C}_{\Psi_{\mathrm{w}}}$ over $\mathrm{w} \in \Omega^2$. So the inequality (5.87) asserts that each operator $\mathcal{C}_{\Psi_{\mathrm{w}}}$ is controlled by the maximal version of the average operator $\widetilde{\mathcal{C}}$, which might look surprising at first sight.

Proof. First we will prove (5.86). Observe that

$$\widetilde{c}(x,y) = \frac{1}{x-y} P^{\Omega^2}\big(\{\mathrm{w} \in \Omega^2 : |x-y| \geq \Psi_{\mathrm{w}}(x)\}\big) = \frac{1}{x-y} v_x(|x-y|), \tag{5.88}$$

where

$$v_x(t) = P^{\Omega^2}\big(\{\mathrm{w} \in \Omega^2 : t \geq \max(\Phi(x),\, \Phi_{\mathrm{w}}(x)) = \Psi_{\mathrm{w}}(x)\}\big).$$

This function satisfies the following properties:

1. $t < \Phi(x) \Rightarrow v_x(t) = 0$.
2. v_x is non-decreasing in t and right-continuous.
3. $t \geq \Phi(x) \Rightarrow v_x(t) \geq \beta$.

The first two properties are clear. The last one follows from the fact that if $t \geq \Phi(x)$, then

$$v_x(t) = P^{\Omega^2}\big(\{\mathrm{w} \in \Omega^2 : t \geq \Phi_{\mathrm{w}}(x))\}\big), \tag{5.89}$$

and moreover, recalling the definition of $\Phi(x)$ in (5.85),

$$t \geq \inf_{B\subset\Omega^2,\, P^{\Omega^2}(B)\geq\beta}\ \sup_{\mathrm{w}'\in B} \Phi_{\mathrm{w}'}(x),$$

which means that there exists some subset $B \subset \Omega^2$ such that $P(B) \geq \beta$ and $\sup_{\mathrm{w}\in B} \Phi_{\mathrm{w}}(x) \leq t$. So B is contained in the subset on the right-hand side of (5.89), and then $v_x(t) \geq P^{\Omega^2}(B) \geq \beta$.

From (5.88) and the fact that $v_x(t)$ vanishes for $t < \Phi(x)$, we infer that

$$\begin{aligned}\widetilde{c}(x,y) &= \widetilde{c}(x,y)\,\chi_{|x-y|\geq\Phi(x)}\\ &= \frac{1}{x-y}\,v_x(|x-y|)\,\chi_{|x-y|\geq\Phi(x)} = v_x(|x-y|)\,c_\Phi(x,y).\end{aligned}$$

Thus,

$$c_\Phi(x,y) = v_x(|x-y|)^{-1}\,\widetilde{c}(x,y)\,\chi_{|x-y|\geq\Phi(x)}. \tag{5.90}$$

To prove (5.86) we will show that, using the preceding identity and the semi-continuity, the boundedness and the monotonicity of $1/v_x$, we can write the kernel $c_\Phi(x,y)$ as a convex combination of the kernels $\widetilde{c}(x,y)\,\chi_{|x-y|\geq t}$, for $t \geq \Phi(x)$. Indeed, since $v_x(t)^{-1}$ is continuous from the right and non-increasing, we can define the Lebesgue-Stieljes measure σ on $\mathbb{R}$ given by

$$\begin{cases} \sigma(a,b] = v_x(a)^{-1} - v_x(b)^{-1} & \text{if } (a,b] \subset (\Phi(x),\infty),\\ \sigma(-\infty,\Phi(x)] = 0. \end{cases}$$

Observe that σ is a finite positive measure. Indeed, from the definition above it is clear that $\sigma(\mathbb{R}) \leq \sup_{\mathbb{R}} \frac{1}{v_x} \leq \frac{1}{\beta}$. Now we write

$$\begin{aligned}\int_{t>\Phi(x)} \widetilde{c}(x,y)\,\chi_{|x-y|\geq t}\,d\sigma(t) &= \widetilde{c}(x,y)\,\sigma\big(\Phi(x),\,|x-y|\big]\\ &= \widetilde{c}(x,y)\,\chi_{|x-y|\geq\Phi(x)}\,\big(v_x(\Phi(x))^{-1} - v_x(|x-y|)^{-1}\big).\end{aligned} \tag{5.91}$$

Therefore, by (5.90),

$$c_\Phi(x,y) = v_x(\Phi(x))^{-1}\,\widetilde{c}(x,y)\,\chi_{|x-y|\geq\Phi(x)} - \int_{t>\Phi(x)} \widetilde{c}(x,y)\,\chi_{|x-y|\geq t}\,d\sigma(t).$$

Multiplying this identity by $f(y)$ and integrating with respect to μ on y, we get

$$\mathcal{C}_\Phi f(x) = v_x(\Phi(x))^{-1}\,\widetilde{\mathcal{C}}_{\Phi(x)} f(x) - \int_{t>\Phi(x)} \widetilde{\mathcal{C}}_t f(x)\,d\sigma(t), \tag{5.92}$$

where $\widetilde{\mathcal{C}}_t$ and $\widetilde{\mathcal{C}}_{\Phi(x)}$ are the t-truncated and $\Phi(x)$-truncated versions of the operator $\widetilde{\mathcal{C}}$ defined above, respectively. From the preceding identity, since $\sigma(\mathbb{R}) = v_x(\Phi(x))^{-1} \leq \beta^{-1}$, we infer that

$$|\mathcal{C}_\Phi f(x)| \leq \beta^{-1}\widetilde{\mathcal{C}}_* f(x) + \int_{t>\Phi(x)} \widetilde{\mathcal{C}}_* f(x)\,d\sigma(t) \leq 2\beta^{-1}\widetilde{\mathcal{C}}_* f(x),$$

and so (5.86) follows.

Let us turn our attention to (5.87) now. Notice that by the definition of $c_{\Psi_w}(x,y)$, we have

$$c_{\Psi_w}(x,y) = c_\Phi(x,y)\,\chi_{|x-y|\geq\Psi_w(x)} = v_x(|x-y|)^{-1}\,\widetilde{c}(x,y)\,\chi_{|x-y|\geq\Psi_w(x)}. \quad (5.93)$$

This is the same identity as (5.90), replacing Φ by Ψ_w. Arguing as in (5.91), integrating with respect to σ for $t > \Psi_w(x)$, we obtain the same identity as (5.92), with Ψ_w instead of Ψ, namely,

$$\mathcal{C}_{\Psi_w} f(x) = v_x(\Psi_w(x))^{-1}\,\widetilde{\mathcal{C}}_{\Psi_w(x)} f(x) - \int_{t>\Psi_w(x)} \widetilde{\mathcal{C}}_t f(x)\,d\sigma(t),$$

and so, as above, we get

$$|\mathcal{C}_{\Psi_w} f(x)| \leq \beta^{-1}\widetilde{\mathcal{C}}_* f(x) + \int_{t>\Phi(x)} \widetilde{\mathcal{C}}_* f(x)\,d\sigma(t) \leq 2\beta^{-1}\widetilde{\mathcal{C}}_* f(x). \qquad \square$$

Lemma 5.31. *We have*

$$\|K_\Phi\|_{L^2(\mu)\to L^2(\mu)} \leq c\beta^{-1}\|\widetilde{K}\|_{L^2(\mu)\to L^2(\mu)} + c\beta^{-1}, \quad (5.94)$$

and

$$\|K_{\Psi_w}\|_{L^2(\mu)\to L^2(\mu)} \leq c\beta^{-1}\|\widetilde{K}\|_{L^2(\mu)\to L^2(\mu)} + c\beta^{-1} \quad \textit{for each } w \in \Omega^2. \quad (5.95)$$

Proof. Recall that, by Lemma 5.4, if $\Theta : \mathbb{C}\longrightarrow(0,+\infty)$ is a Lipschitz function with Lipschitz constant 1, for $\varepsilon \geq \Theta(x)$, we have

$$|K_{\Theta,\varepsilon} f(x) - \mathcal{C}_\varepsilon f(x)| \leq c \sup_{r\geq\varepsilon} \frac{1}{r}\int_{B(x,r)} |f|\,d\mu. \quad (5.96)$$

For an arbitrary $\varepsilon \geq 0$, write

$$\mathcal{C}_{\Theta,\varepsilon} f(x) = \mathcal{C}_{\max(\Theta(x),\varepsilon)} f(x).$$

Then we claim that

$$|K_{\Theta,\varepsilon} f(x) - \mathcal{C}_{\Theta,\varepsilon} f(x)| \leq c \sup_{r\geq\Theta(x)} \frac{1}{r}\int_{B(x,r)} |f|\,d\mu.$$

Indeed, if $\varepsilon \geq \Theta(x)$, this follows from (5.96), while for $\varepsilon < \Theta(x)$, using that $|k_\Theta(x,y)| \leq c/\Theta(x)$ and (5.96) with $\varepsilon = \Theta(x)$, we get

$$\begin{aligned}|K_{\Theta,\varepsilon} f(x) - \mathcal{C}_{\Theta,\varepsilon} f(x)| &\leq |K_{\Theta,\Theta(x)} f(x) - \mathcal{C}_\Theta f(x)| \\ &\quad + \int_{B(x,\Theta(x))} |k_\Theta(x,y)|\,|f(y)|\,d\mu(y) \\ &\leq c \sup_{r\geq\Theta(x)} \frac{1}{r}\int_{B(x,r)} |f|\,d\mu.\end{aligned}$$

Suppose now that Θ is one of the Lipschitz functions Φ or Ψ_{w} introduced above. Since $\mu(B(x,r)) \leq c_0\, r$ for all $r \geq \Theta(x)$, the last supremum above is bounded by $c_0\, M_\mu f(x)$. That is,

$$|K_{\Theta,\varepsilon}f(x) - \mathcal{C}_{\Theta,\varepsilon}f(x)| \leq c\, c_0\, M_\mu f(x) \quad \text{for all } \varepsilon \geq 0. \tag{5.97}$$

Choosing $\Theta = \Phi$ and $\varepsilon = 0$, from Lemma 5.30, we deduce that

$$|K_\Phi f(x)| \leq |\mathcal{C}_\Phi f(x)| + c\, c_0\, M_\mu f(x) \leq 2\beta^{-1}\widetilde{\mathcal{C}}_* f(x) + c\, c_0\, M_\mu f(x). \tag{5.98}$$

Thus, $\|K_\Phi\|_{L^2(\mu)\to L^2(\mu)} \leq 2\beta^{-1}\|\widetilde{\mathcal{C}}_*\|_{L^2(\mu)\to L^2(\mu)} + c$. On the other hand, setting $\Theta = \Psi_{\mathrm{w}}$ in (5.97) and taking the mean on $\mathrm{w} \in \Omega^2$, we get

$$|\widetilde{K}_\varepsilon f(x) - \widetilde{\mathcal{C}}_\varepsilon f(x)| \leq c\, c_0\, M_\mu f(x) \quad \text{for all } \varepsilon \geq 0.$$

Taking supremum in ε, we deduce that

$$\widetilde{\mathcal{C}}_* f(x) \leq \widetilde{K}_* f(x) + c\, c_0\, M_\mu f(x),$$

where $\widetilde{K}_* f(x) = \sup_{\varepsilon>0} |\widetilde{K}_\varepsilon f(x)|$. Thus, by (5.98),

$$|K_\Phi f(x)| \leq |\mathcal{C}_\Phi f(x)| \leq 2\beta^{-1}\widetilde{K}_* f(x) + c\, c_0\, \beta^{-1} M_\mu f(x),$$

where we took also into account that $0 < \beta < 1$. By Lemma 5.25, we know that $\|\widetilde{K}_*\|_{L^2(\mu)\to L^2(\mu)} \leq c\,\|\widetilde{K}\|_{L^2(\mu)\to L^2(\mu)} + c$. Therefore,

$$\|K_\Phi\|_{L^2(\mu)\to L^2(\mu)} \leq c\beta^{-1}\|\widetilde{K}\|_{L^2(\mu)\to L^2(\mu)} + c\beta^{-1}. \tag{5.99}$$

The proof of (5.95) is analogous. □

5.11.5 The final step

Lemma 5.32. *The operator $\widetilde{K}$ is bounded in $L^2(\mu)$.*

Proof. Given $\mathrm{w} = (w_1, w_2)$, that is, given two dyadic lattices $\mathcal{D}(w_1)$ and $\mathcal{D}(w_2)$, and two functions $f, g \in L^2(\mu)$, we write

$$\begin{aligned}\langle K_{\Psi_{\mathrm{w}}} f,\, g\rangle = {} & \langle K_{\Psi_{\mathrm{w}}} f_{good}(\mathrm{w}),\, g_{good}(\mathrm{w})\rangle + \langle K_{\Psi_{\mathrm{w}}} f_{good}(\mathrm{w}),\, g_{bad}(\mathrm{w})\rangle \\ & + \langle K_{\Psi_{\mathrm{w}}} f_{bad}(\mathrm{w}),\, g\rangle,\end{aligned} \tag{5.100}$$

where

$$f_{good}(\mathrm{w}) = \Xi f + \sum_{Q\in\mathcal{D}(w_1)\cap\, good(w_2)} \Delta_Q f, \qquad f_{bad}(\mathrm{w}) = \sum_{Q\in\mathcal{D}(w_1)\cap\, bad(w_2)} \Delta_Q f,$$

and

$$g_{good}(\mathrm{w}) = \Xi g + \sum_{Q\in\mathcal{D}(w_2)\cap\, good(w_1)} \Delta_Q g, \qquad g_{bad}(\mathrm{w}) = \sum_{Q\in\mathcal{D}(w_2)\cap\, bad(w_1)} \Delta_Q g.$$

Of course, "good(w_i)" means "good with respect to $\mathcal{D}(w_i)$", and analogously for "bad(w_i)".

We will average equation (5.100) over $\mathrm{w} \in \Omega^2$. Concerning the left-hand side, notice that

$$\mathcal{E}^{\Omega^2}\langle K_{\Psi_\mathrm{w}} f,\, g\rangle = \langle \widetilde{K} f,\, g\rangle.$$

Now we turn our attention to the right-hand side of (5.100). First, by Lemma 5.13, for each $\mathrm{w} \in \Omega^2$, we have

$$|\langle K_{\Psi_\mathrm{w}} f_{good}(\mathrm{w}),\, g_{good}(\mathrm{w})\rangle| \le c_5 \|f\|_2\, \|g\|_2.$$

On the other hand,

$$|\langle K_{\Psi_\mathrm{w}} f_{good}(\mathrm{w}),\, g_{bad}(\mathrm{w})\rangle| \le \|K_{\Psi_\mathrm{w}}\|_{L^2(\mu)\to L^2(\mu)} \|f\|_{L^2(\mu)} \|g_{bad}(\mathrm{w})\|_{L^2(\mu)}.$$

Recall that by Lemma 5.29,

$$\mathcal{E}^{\Omega^2}\left(\|g_{bad}(\mathrm{w})\|^2_{L^2(\mu)}\right) \le c_3^2 \varepsilon_b \|g\|^2_{L^2(\mu)}.$$

Therefore,

$$\begin{aligned} |\mathcal{E}^{\Omega^2}\langle K_{\Psi_\mathrm{w}} f_{good}(\mathrm{w}), g_{bad}(\mathrm{w})\rangle| &\le \mathcal{E}^{\Omega^2}\left(\|K_{\Psi_\mathrm{w}} f\|^2_{L^2(\mu)}\right)^{1/2} \mathcal{E}^{\Omega^2}\left(\|g_{bad}(\mathrm{w})\|^2_{L^2(\mu)}\right)^{1/2} \\ &\le c_3 \varepsilon_b^{1/2} \sup_{\mathrm{w}\in\Omega^2} \|K_{\Psi_\mathrm{w}}\|_{L^2(\mu)\to L^2(\mu)} \|f\|_{L^2(\mu)} \|g\|_{L^2(\mu)}. \end{aligned}$$

Arguing analogously, we get

$$|\mathcal{E}^{\Omega^2}\langle K_{\Psi_\mathrm{w}} f_{bad}(\mathrm{w}),\, g\rangle| \le c_3 \varepsilon_b^{1/2} \sup_{\mathrm{w}\in\Omega^2} \|K_{\Psi_\mathrm{w}}\|_{L^2(\mu)\to L^2(\mu)} \|f\|_{L^2(\mu)} \|g\|_{L^2(\mu)}.$$

Since, by (5.95),

$$\sup_{\mathrm{w}\in\Omega^2} \|K_{\Psi_\mathrm{w}}\|_{L^2(\mu)\to L^2(\mu)} \le c\beta^{-1} \|\widetilde{K}\|_{L^2(\mu)\to L^2(\mu)} + c\beta^{-1},$$

from the estimates above, averaging (5.100) over $\mathrm{w} \in \Omega^2$, we deduce

$$\left|\langle \widetilde{K} f,\, g\rangle\right| \le \left(c_5 + c_3 \varepsilon_b^{1/2}\left[c\beta^{-1}\|\widetilde{K}\|_{L^2(\mu)\to L^2(\mu)} + c\beta^{-1}\right]\right) \|f\|_{L^2(\mu)} \|g\|_{L^2(\mu)}. \quad (5.101)$$

Taking suprema in $f, g \in L^2(\mu)$, we derive

$$\|\widetilde{K}\|_{L^2(\mu)\to L^2(\mu)} \le c_5 + c_3 \varepsilon_b^{1/2}\left[c\beta^{-1}\|\widetilde{K}\|_{L^2(\mu)\to L^2(\mu)} + c\beta^{-1}\right].$$

Recall that $\beta = (1-\delta_1)^2/4$, and δ_1 is independent of ε_b (it was defined just before Section 5.3). As a consequence, if ε_b is chosen small enough, then we infer that

$$\|\widetilde{K}\|_{L^2(\mu)\to L^2(\mu)} \le 2c_5. \qquad \square$$

Now we conclude easily the (hard) proof of Theorem 5.1:

Corollary 5.33. *The operator K_Φ is bounded in $L^2(\mu)$ with a bound independent of ε_0, and thus the Cauchy transform is bounded in $L^2(\mu\lfloor G)$.*

Proof. The first assertion is a direct consequence of Lemma 5.32 and (5.94). The second one is due to the fact that $\Phi(x) = \varepsilon_0$ on G and so the operator K_Φ coincides with the Cauchy ε_0-regularized transform on $L^2(\mu\lfloor G)$, with kernel

$$\frac{\overline{x-y}}{|x-y|^2+\varepsilon_0^2}.$$

From Lemma 5.4 we infer that the $\mathcal{C}_{\varepsilon_0}$ is bounded in $L^2(\mu)$ uniformly on ε_0. □

5.12 Historical remarks and further results

5.12.1 The Tb theorem and analytic capacity

Most of this chapter is based on the arguments from Nazarov, Treil and Volberg [126]. Another reference where one can find the proof of the Tb theorem above is Volberg's book [180], where it is used to study the Lipschitz harmonic capacity in $\mathbb{R}^d$. Moreover, in Volberg's monograph, Theorem 5.1 is proved in a greater generality, namely, for general n-dimensional antisymmetric singular integral operators in $\mathbb{R}^d$ (replacing the linear growth condition by growth of the degree n out of the exceptional set). With minor modifications, the proof we saw in this chapter for the Cauchy kernel also works for $k(x,y)$. Let us mention that, if $k(x,y)$ is the kernel of such a singular integral operator, a possible way to define the suppressed kernel $k_\Theta(x,y)$ is the following, as shown in Volberg [180]:

$$k_\Theta(x,y) = k(x,y)\,\frac{1}{1+|k(x,y)|^2\Theta(x)^n\Theta(y)^n}.$$

On the other hand, if $\widetilde{\chi} : [0,\infty) \to [0,1]$ is a smooth cut-off function which vanishes identically in $[0,1/2]$ and equals 1 in $[1,+\infty)$, one can also consider the kernel

$$\widetilde{k}_\Theta(x,y) = \widetilde{\chi}\left(\frac{|x-y|^2}{\Theta(x)\Theta(y)}\right) k(x,y).$$

This also coincides with $k(x,y)$ if $\Theta(x)$ or $\Theta(y)$ vanish. Moreover, it has the advantage that $\widetilde{k}(x,y) = 0$ if $|x-y| \le c\max(\Theta(x),\Theta(y))$, for some suitable absolute constant c.

The Tb theorem that David proved in [23] to solve Vitushkin's conjecture (for sets with finite length) is of a qualitative nature and it seems difficult to derive a quantitative version from it suitable to prove later the comparability between γ and γ_+. Moreover, David's Tb theorem relies on a previous joint result with Mattila [27] (where the case where b is a real-valued function is studied), and the sum of the papers by David and Mattila [27] and David [23] is longer than the one by Nazarov, Treil and Volberg [126]. For these reasons, in this book we have followed the approach in the latter paper.

5.12.2 Other Tb-like theorems

The classical Tb theorem in homogeneous spaces was proved by David, Journé and Semmes [26] in 1985. A previous result for the particular case $Tb = 0$ was obtained by McIntosh and Meyer [108]. Most of the usual Tb-like theorems require stronger conditions than the ones in Theorem 5.1, and then they guaranty the $L^2(\mu)$ boundedness on the whole $\operatorname{supp}\mu$. For example, instead of the $L^1(\mu)$ type condition (c) on $\mathcal{C}_*(b\,\mu)$ in Theorem 5.1, in the Tb theorem of David, Journé and Semmes [26] (for an antisymmetric kernel, say) one requires the condition $Tb \in BMO(\mu)$. Also, an appropriate accretivity condition is necessary for all the dyadic cubes $Q \subset \mathbb{R}^d$. Namely, for any such cube, one requires the existence of another cube Q' with $\ell(Q) = \ell(Q')$, $\operatorname{dist}(Q, Q') \leq c\ell(Q)$, such that $\left|\int_{Q'} b\,d\mu\right| \geq c^{-1}\mu(Q')$. In [15], Coifman, Journé and Semmes obtained a simpler proof of the Tb theorem using a martingale decomposition with respect to the function b. Another related and more flexible result is the so-called local Tb theorem from Christ [14], where the existence of a unique function b good for all the dyadic squares is replaced by the existence of a collection of functions b_Q, where each b_Q is associated with a dyadic cube Q and is required to be good only for Q, roughly speaking.

The Tb theorem of David, Journé and Semmes has been extended to the case of non-homogeneous spaces by Nazarov, Treil and Volberg in [127], and a version of the local Tb theorem of Christ has been obtained by Nazarov, Treil and Volberg in [125]. The arguments in these papers use dyadic martingale decompositions, like in Coifman, Journé and Semmes [15]. The averaging with respect to random dyadic lattices is one of the key ingredients in the non-homogeneous situation, like in this chapter. Let us also mention that Hytönen and Martikainen have proved some extensions of these Tb theorems to the more general case of upper doubling measures in [67] and [66]. See Section 9.11 of Chapter 9 for some precise statements regarding Tb theorems on non-homogeneous spaces.

Chapter 6

The comparability between γ and γ_+, and the semiadditivity of analytic capacity

6.1 Introduction

The main result of this chapter is the following.

Theorem 6.1. *There exists an absolute constant c such that*

$$\gamma(E) \leq c\,\gamma_+(E)$$

for any compact set $E \subset \mathbb{C}$. As a consequence, $\gamma(E) \approx \gamma_+(E)$.

As a corollary, using the characterization of γ_+ in terms of curvature, we get:

Corollary 6.2. *A compact set $E \subset \mathbb{C}$ is non-removable for bounded analytic functions if and only if it supports a non-zero Radon measure with linear growth and finite curvature.*

Also, since γ_+ is countably semiadditive, we deduce:

Corollary 6.3. *Let $E \subset \mathbb{C}$ be compact. Let E_i, $i \geq 1$, be Borel sets such that $E = \bigcup_{i=1}^{\infty} E_i$. Then*

$$\gamma(E) \leq c \sum_{i=1}^{\infty} \gamma(E_i),$$

where c is an absolute constant.

6.2 An argument for sets of finite length

In this section we will prove the following theorem, due to David [23].

Theorem 6.4. *Let $E \subset \mathbb{C}$ be compact with $\mathcal{H}^1(E) < \infty$ and $\gamma(E) > 0$. Then $\gamma_+(E) > 0$.*

Clearly, this result can be considered as a particular case of Theorem 6.1. So the proof of Theorem 6.4 can be skipped by the reader without much harm as it will come for free later. On the other hand, to prove Vitushkin's conjecture, the full strength of the comparability between γ and γ_+ is not needed, and the arguments in this section suffice (together with the curvature theorem of David and Léger from the next chapter).

We have decided to include the proof of Theorem 6.4 for two reasons: first because it follows by a quite direct application of the Tb theorem of Nazarov, Treil and Volberg; and second because, by examining its proof, one can understand better why a more or less direct application of a Tb-like theorem does not suffice to prove Theorem 6.1.

We need first the following proposition (that will also be used below in the proof of Theorem 6.1).

Proposition 6.5. *Let $E \subset \mathbb{C}$ be compact with $\mathcal{H}^1(E) < \infty$, and let $f : \mathbb{C} \setminus E \to \mathbb{C}$ be analytic such that $\|f\|_\infty \leq 1$ and $f(\infty) = 0$. Then there is a complex measure ν supported on E such that $f(z) = \mathcal{C}\nu(z)$ for all $z \notin E$. Moreover, this measure satisfies*

$$|\nu(B(z,r))| \leq r \qquad \text{for all } z \in \mathbb{C},\ r > 0,$$

and it can be written as $\nu = b\,\mathcal{H}^1\lfloor E$, where b is a measurable function such that $|b(z)| \leq 1$ for all $z \in E$.

Proof. Given $\varepsilon > 0$, we cover E with a family of sets $A_{\varepsilon,i}$ with $\operatorname{diam}(A_{\varepsilon,i}) < \varepsilon$ such that $\sum_i \operatorname{diam}(A_{\varepsilon,i}) \leq \mathcal{H}^1(E) + \varepsilon$. We can replace each $A_{\varepsilon,i}$ by an open ball $B_{\varepsilon,i}$ centered in $E \cap A_{\varepsilon,i}$, with radius $r_{\varepsilon,i} < \varepsilon$ slightly bigger than $\operatorname{diam}(A_{\varepsilon,i})$ if necessary so that $E \subset \bigcup_i B_{\varepsilon,i}$ and $\sum_i r_{\varepsilon,i} \leq \mathcal{H}^1(E) + 2\varepsilon$. Since E is compact we may assume that this is a finite family. Consider the curve (or family of curves) $\Gamma_\varepsilon = \partial\big(\bigcup_i B_{\varepsilon,i}\big)$, oriented so that the winding number is 1 about each $z \in \bigcup_i B_{\varepsilon,i}$. Then, for $z \in \mathbb{C} \setminus \bigcup_i B_{\varepsilon,i}$, we have

$$f(z) = -\frac{1}{2\pi i} \int_{\Gamma_\varepsilon} \frac{f(w)}{w - z}\, dw.$$

We take the complex measure

$$d\nu_\varepsilon(w) = -\frac{f(w)}{2\pi i}\, dw\lfloor\Gamma_\varepsilon,$$

so that $f(z) = \mathcal{C}\nu_\varepsilon(z)$ for $z \in \mathbb{C} \setminus \bigcup_i B_{\varepsilon,i}$. Observe that $\|\nu_\varepsilon\| \leq \sum_i r_{\varepsilon,i} \leq \mathcal{H}^1(E) + 2\varepsilon$. Thus, there exists a sequence $\varepsilon_k \to 0$ such that the complex measures ν_{ε_k}

converge weakly $\star$ to another complex measure ν. It is clear that $\operatorname{supp}\nu \subset E$ and $f(z) = \mathcal{C}\nu(z)$ for all $z \notin E$.

The arguments to show that $|\nu(B(z,r))| \leq r$ for all $z \in \mathbb{C}$, $r > 0$, are very similar to the ones for the particular case where ν is positive, used in Theorem 4.14. For the reader's convenience, we repeat the details. Since $\mathcal{H}^1(E) < \infty$, we have $|\mathcal{C}\nu(w)| \leq 1$ a.e. in $\mathbb{C}$, with respect to Lebesgue measure. For every $z \in \mathbb{C}$, by Fubini it turns out that for almost all $r > 0$,

$$\iint_{|\xi - z| = r} \frac{1}{|\xi - w|}\, d\mathcal{H}^1(\xi)\, d|\nu|(w) < \infty.$$

For such r, by Fubini again, we have

$$|\nu(B(z,r))| = \left| \int_{|\xi - z| = r} \mathcal{C}\nu(\xi)\, \frac{d\xi}{2\pi i} \right| \leq r. \tag{6.1}$$

By approximation the same estimate holds for every $r > 0$.

To show that $\nu = b\,\mathcal{H}^1\lfloor E$, where b is some function such that $|b(z)| \leq 1$ for all $z \in E$, it is enough to show that $|\nu(A)| \leq \mathcal{H}^1(A)$ for any measurable subset $A \subset E$, by the Radon-Nikodym theorem. Since ν and $\mathcal{H}^1\lfloor E$ are Radon measures, if we show that $|\nu(U)| \leq \mathcal{H}^1(U \cap E)$ for any open set U, we are done. To this end, let φ be a continuous function such that $0 \leq \varphi \leq \chi_U$, and let $\delta = \operatorname{dist}(\operatorname{supp}(\varphi), \mathbb{C} \setminus U) > 0$. Then we have

$$\int \varphi\, d\nu = \frac{-1}{2\pi i} \lim_{k \to 0} \int_{\Gamma_{\varepsilon_k}} \varphi\, f(w)\, dw.$$

Thus, if we denote by I_k the family of those indices i such that $B_{\varepsilon_k,i} \cap \operatorname{supp}(\varphi) \neq \varnothing$, we have

$$\left| \int \varphi\, d\nu \right| \leq \sum_{i \in I_k} r_{\varepsilon_k,i} = \sum_i r_{\varepsilon_k,i} - \sum_{i \notin I_k} r_{\varepsilon_k,i} \leq \mathcal{H}^1(E) + 2\varepsilon_k - \sum_{i \notin I_k} r_{\varepsilon_k,i}.$$

To deal with the last sum, we claim that if $\varepsilon_k < \delta/2$, then $E \setminus U \subset \bigcup_{i \notin I_k} A_{\varepsilon_k,i}$. Indeed, if $x \in E \setminus U$, then there exists some i such that $x \in A_{\varepsilon_k,i} \setminus U \subset B_{\varepsilon_k,i} \setminus U$. Since $\operatorname{diam}(B_{\varepsilon_k,i}) < \delta$, $B_{\varepsilon_k,i} \cap \operatorname{supp}\varphi = \varnothing$ and so $i \notin I_k$ and the claim follows. Then we deduce that $\mathcal{H}^1_{\varepsilon_k}(E \setminus U) \leq \sum_{i \notin I_k} r_{\varepsilon_k,i}$, and thus

$$\left| \int \varphi\, d\nu \right| \leq \mathcal{H}^1(E) + 2\varepsilon_k - \mathcal{H}^1_{\varepsilon_k}(E \setminus U).$$

Letting $k \to \infty$, we obtain

$$\left| \int \varphi\, d\nu \right| \leq \mathcal{H}^1(E) - \mathcal{H}^1(E \setminus U) = \mathcal{H}^1(U \cap E).$$

Since this holds for any arbitrary function φ such that $0 \leq \varphi \leq \chi_U$, we get $|\nu(U)| \leq \mathcal{H}^1(U \cap E)$, as wished. □

In the proposition we have just proved, the assumption that E has finite length is essential. In fact, given an arbitrary compact set $E \subset \mathbb{C}$ and f analytic and bounded in $\mathbb{C} \setminus E$, there may not exist a measure ν such that $f = \mathcal{C}\nu$. On the other hand, by Theorem 1.14, recall that, in the sense of distributions, $f = \mathcal{C}(\pi^{-1}\,\bar\partial f)$, assuming f to be defined appropriately on E (setting $f = 0$ on E, for example). So f is always the Cauchy transform of a distribution, namely $\pi^{-1}\,\bar\partial f$.

Now we are ready to prove Theorem 6.4.

Proof of Theorem 6.4. Consider the measure $\mu = \mathcal{H}^1\lfloor E$. To prove the theorem it is enough to show that there exists some subset $G \subset E$ with $\mu(G) > 0$ such that $\mu\lfloor G$ has linear growth and $\mathcal{C}_{\mu\lfloor G}$ is bounded in $L^2(\mu\lfloor G)$, by Theorem 4.14. To this end we wish to apply the Tb theorem of Nazarov, Treil and Volberg in the preceding chapter. So, using the notation in Theorem 5.1, for each $w \in \mathbb{C}$, we have to construct a complex measure ν supported on E and some subsets $H_{\mathcal{D}(w)}, T_{\mathcal{D}(w)} \subset \mathbb{C}$ made up of dyadic squares from $\mathcal{D}(w) = w + \mathcal{D}_0$ (where $\mathcal{D}_0$ is the usual dyadic lattice) such that

(a) Every ball B_r of radius r such that $\mu(B_r) > c_0 r$ is contained in $\bigcap_{w\in\mathbb{C}} H_{\mathcal{D}(w)}$.

(b) $d\nu = b\,d\mu$, with $\|b\|_{L^\infty(\mu)} \le c_b$.

(c) $\int_{\mathbb{C}\setminus H_{\mathcal{D}(w)}} \mathcal{C}_*\nu\,d\mu \le c_*\,\mu(E)$, for all $w \in \mathbb{C}$.

(d) If $Q \in \mathcal{D}(w)$ is such that $Q \not\subset T_{\mathcal{D}(w)}$, then $\mu(Q) \le c_{acc}|\nu(Q)|$ (i.e. Q is an accretive square).

(e) $\mu(H_{\mathcal{D}(w)} \cup T_{\mathcal{D}(w)}) \le \delta_0\,\mu(E)$, for all $w \in \mathbb{C}$ and some $\delta_0 < 1$.

If these assumptions hold, then there exists a subset $G \subset F$ such that $\mu(G) \ge c_1^{-1}\mu(F)$, $\mu\lfloor G$ has c_0-linear growth, and the Cauchy transform is bounded on $L^2(\mu\lfloor G)$. The constant c_1 and the bound for the L^2 norm depend only on the constants above.

We take the complex measure ν given by Proposition 6.5, which clearly satisfies the assumption **(b)** above, with $c_b = 1$.

Let us see how we construct $H_{\mathcal{D}(w)}$ for any given $w \in \mathbb{C}$. Since $\mathcal{H}^1(E) < \infty$, as explained in Theorem 1.30, the following estimate holds for the upper 1-dimensional density of μ:

$$\limsup_{r\to 0} \frac{\mu(B(x,r))}{2r} \le 1 \qquad \text{for } \mu\text{-a.e. } x \in \mathbb{C}.$$

Thus, for all $\varepsilon > 0$ there exists some $\delta > 0$ such that the set

$$E_\delta := \big\{x \in \mathbb{C} : \mu(B(x,r)) \le 3r \text{ for } 0 < r \le \delta\big\}$$

satisfies $\mu(E_\delta) \ge (1-\varepsilon)\mu(E)$. Take such δ. Notice that for each $x \in E_\delta$, we have

$$\mu(B(x,r)) \le \max\Big(3, \frac{\mu(E)}{\delta}\Big)\, r, \qquad \text{for all } r > 0.$$

Let $M = \max\left(3, \frac{\mu(E)}{\delta}\right)$ and consider the set

$$H = \bigcup_{B \text{ ball}:\mu(B)>10Mr(B)} B. \tag{6.2}$$

Each ball B which appears in the definition of H is covered by at most four squares Q from $\mathcal{D}(w)$ such that $2r(B) < \ell(Q) \leq 4r(B)$. We denote by $\mathcal{D}_H(w)$ the collection of all these dyadic squares covering all the balls in the union in (6.2), and we define

$$H_{\mathcal{D}(w)} = \bigcup_{Q\in\mathcal{D}_H(w)} Q.$$

By definition we have $H \subset H_{\mathcal{D}(w)}$, and thus the assumption **(a)** above, for the application of the Nazarov-Treil-Volberg theorem, is satisfied with $c_0 = 10M$.

It remains to define the exceptional set $T_{\mathcal{D}(w)}$ and to check that the assumptions (c), (d), and (e) also hold.

First we estimate $\mu(\mathcal{H}_{\mathcal{D}(w)})$. To this end, observe that if $x \in H_{\mathcal{D}(w)}$, then there exists a ball B_0 such that $\mu(B_0) > 10Mr(B_0)$ and $\operatorname{dist}(x, B_0) \leq 4\sqrt{2}\,r(B_0)$, and thus $B_0 \subset B(x, 10r(B_0))$. This implies that $\mu(B(x, 10r(B_0))) \geq \mu(B_0) > 10Mr(B_0)$ and so $x \notin E_\delta$. That is, $H_{\mathcal{D}(w)} \subset E \setminus E_\delta$ and then

$$\mu(H_{\mathcal{D}(w)}) \leq \varepsilon\mu(E). \tag{6.3}$$

Let us turn our attention to the exceptional set $T_{\mathcal{D}(w)}$ now. Write $c_{acc} = 4\mu(E)/\gamma(E) = 4|\nu(E)|/\gamma(E)$. If a dyadic square $Q \in \mathcal{D}(w)$ satisfies

$$\mu(Q) \geq c_{acc}|\nu(Q)|, \tag{6.4}$$

we write $Q \in \mathcal{D}_T(w)$. The exceptional set $T_{\mathcal{D}(w)}$ is just defined by

$$T_{\mathcal{D}(w)} = \bigcup_{Q\in\mathcal{D}_T(w)} Q.$$

Clearly, the assumption **(d)** holds by construction.

To prove (e), first we will estimate $|\nu(H_\mathcal{D} \cup T_\mathcal{D})|$. Let $\mathcal{D}_{HT}(w)$ be the subfamily of maximal (and thus *disjoint*) squares from $\mathcal{D}_H(w) \cup \mathcal{D}_T(w)$. Using that $\nu = b\,\mu$ with $\|b\|_{L^\infty(\mu)} \leq 1$ and the condition (6.4) for the squares in $\mathcal{D}_T(w)$, we get

$$\begin{aligned}
|\nu(H_{\mathcal{D}(w)} \cup T_{\mathcal{D}(w)})| &\leq \sum_{Q\in\mathcal{D}_{HT}(w)} |\nu(Q)| \\
&\leq \sum_{Q\in\mathcal{D}_{HT}(w)\cap\mathcal{D}_H(w)} |\nu(Q)| + \sum_{Q\in\mathcal{D}_{HT}(w)\cap\mathcal{D}_T(w)} |\nu(Q)| \\
&\leq \sum_{Q\in\mathcal{D}_{HT}(w)\cap\mathcal{D}_H(w)} \mu(Q) + c_{acc}^{-1} \sum_{Q\in\mathcal{D}_{HT}(w)\cap\mathcal{D}_T(w)} \mu(Q).
\end{aligned}$$

The squares in the first sum are contained in $H_{\mathcal{D}(w)}$ and then, by (6.3), this sum is bounded above by $\varepsilon\mu(E)$. Thus

$$|\nu(H_{\mathcal{D}(w)} \cup T_{\mathcal{D}(w)})| \leq \varepsilon\mu(E) + c_{acc}^{-1}\,\mu(E) = \varepsilon\mu(E) + \frac{1}{4}\,|\nu(E)|.$$

Therefore, if we choose $\varepsilon = \gamma(E)/4\mu(E)$, we have $|\nu(H_{\mathcal{D}(w)} \cup T_{\mathcal{D}(w)})| \leq |\nu(E)|/2$. As a consequence,

$$|\nu(E \setminus (H_{\mathcal{D}(w)} \cup T_{\mathcal{D}(w)}))| \geq \frac{1}{2}\,|\nu(E)|,$$

which implies that

$$\mu(E \setminus (H_{\mathcal{D}(w)} \cup T_{\mathcal{D}(w)})) \geq |\nu(E \setminus (H_{\mathcal{D}(w)} \cup T_{\mathcal{D}(w)}))| \geq \frac{1}{2}\,|\nu(E)| = \frac{1}{2}\,\gamma(E),$$

and thus,

$$\mu(H_{\mathcal{D}(w)} \cup T_{\mathcal{D}(w)}) \leq \mu(E) - \frac{1}{2}\,\gamma(E) = \left(1 - \frac{\gamma(E)}{2\,\mathcal{H}^1(E)}\right)\mu(E).$$

So **(e)** holds with $\delta_0 = 1 - \gamma(E)/2\mathcal{H}^1(E)$.

It only remains to prove (c). We will use the regularized operators $\widetilde{\mathcal{C}}_\varepsilon$ introduced in Section 4.2 of Chapter 4. So take a C^∞ non-negative radial function ψ supported on $B(0,1)$ with L^1 norm equal to 1, and let $\widetilde{\mathcal{C}}_\varepsilon$ be the operator associated with the kernel $\frac{1}{z} * \psi_\varepsilon$. Since $|\mathcal{C}\nu(z)| \leq 1$ for all $z \notin E$ and $\mathcal{L}^2(\partial E) = 0$, then $|\mathcal{C}\nu(z)| \leq 1$ $\mathcal{L}^2$-a.e. $z \in \mathbb{C}$. Thus

$$\|\widetilde{\mathcal{C}}_\varepsilon\nu\|_{L^\infty} = \|\psi_\varepsilon * \mathcal{C}\nu\|_{L^\infty} \leq \|\mathcal{C}\nu\|_{L^\infty} \leq 1.$$

Since $\widetilde{\mathcal{C}}_\varepsilon\nu$ is continuous in $\mathbb{C}$, we deduce that $|\widetilde{\mathcal{C}}_\varepsilon\nu(z)| \leq 1$ for all $z \in \mathbb{C}$, $\varepsilon > 0$. By (4.2) in Lemma 4.3 we have $|\mathcal{C}_\varepsilon\nu(z) - \widetilde{\mathcal{C}}_\varepsilon\nu(z)| \leq c_\psi\, M_R\nu(z)$. For $z \in E \setminus H_{\mathcal{D}(w)}$, from the linear growth condition (i.e. the condition (a) above) and (b), we deduce that $M_R\nu(z) \leq M_R\mu(z) \leq c_0$, and so $|\mathcal{C}_\varepsilon\nu(z)| \leq 1 + c_\psi\, c_0$ for all $\varepsilon > 0$, which yields **(c)**. □

6.3 Outline of the argument for proving that $\gamma \approx \gamma_+$

To prove Theorem 6.1, we have to show that there exists an absolute constant c such that

$$\gamma(E) \leq c\,\gamma_+(E)$$

for every compact set $E \subset \mathbb{C}$. By the characterization of γ_+ obtained in Theorem 4.14, one way to do this consists in proving that there exists some measure μ supported on E, with $\mu(E) \approx \gamma(E)$, such that $\mu(B(x,r)) \leq r$, and such that the Cauchy transform $\mathcal{C}_\mu$ is bounded in $L^2(\mu)$ with absolute constants.

In the preceding section, in the case where E has finite length we have shown that there exists some subset $G \subset E$ with positive length such that $\mathcal{C}_\mu$ is bounded in $L^2(\mu)$, for $\mu = \mathcal{H}^1 \lfloor G$. However, the constants that we obtained involve the term $\gamma(E)/\mathcal{H}^1(E)$ and so explode when $\mathcal{H}^1(E)$ tends to infinite or $\gamma(E)$ to 0.

Recall that, for sets with finite length, the proof of Theorem 6.4 stems from the existence of a complex measure ν_0 (which would be a distribution in the general case of infinite length) supported on E such that

$$\|\mathcal{C}\nu_0\|_\infty \leq 1, \tag{6.5}$$

$$|\nu_0(E)| = \gamma(E), \tag{6.6}$$

$$d\nu_0 = b_0 \, d\mathcal{H}^1 \lfloor E, \quad \text{with } \|b_0\|_\infty \leq 1. \tag{6.7}$$

By a rather direct application of a Tb theorem such as the one of Nazarov, Treil and Volberg we cannot expect to prove that the Cauchy transform is bounded with respect to a measure μ with total mass comparable to $\gamma(E)$, with absolute constants. Let us explain the reasons in some detail. Suppose for example that there exists some function b such that $d\nu_0 = b\, d\mu$ and we use the information about ν_0 given by (6.5), (6.6) and (6.7). The estimate (6.5) is quite good for our purposes (recall that in the assumption (c) in Theorem 5.1 we asked $\int_{\mathbb{C}\setminus H_{\mathcal{D}(w)}} \mathcal{C}_*\nu_0 \, d\mu \leq c_* \, \mu(E)$). On the other hand, assuming that $\mu(E) \approx \gamma(E)$, from (6.6) we deduce that $|\nu_0(E)| \approx \mu(E)$, which is a global accretivity condition that can be used to construct a small exceptional set $T_{\mathcal{D}(w)}$, so that the dyadic squares from $\mathcal{D}(w)$ not contained in $T_{\mathcal{D}(w)}$ satisfy the condition $\mu(Q) \leq c_{acc}|\nu(Q)|$.

The main obstacle comes from (6.7). Notice that this implies that $|\nu_0|(E) \leq \mathcal{H}^1(E)$, where $|\nu_0|$ stands for the variation of ν_0. This estimate is completely useless since we do not have any control on $\mathcal{H}^1(E)$ (it may be infinite in the general case). Instead, we would need $|\nu_0|(E) \leq c\, \mu(E)$, because of condition (b) in Theorem 5.1. As far as we know, all Tb-like theorems in the literature require estimates such this one, and often stronger assumptions involving the L^∞ norm of b.

To prove Theorem 6.1, we need to work with a measure "better" than ν_0, which we call ν. This new measure will be a suitable modification of ν_0 with the required estimate for its variation. To construct ν, we consider a set F containing E made up of a finite disjoint union of squares: $F = \bigcup_{i\in I} Q_i$. One should think that the squares Q_i approximate E at some "intermediate scale". For each square Q_i, we take a complex measure ν_i supported on Q_i such that $\nu_i(Q_i) = \nu_0(Q_i)$ and $|\nu_i|(Q_i) = |\nu_i(Q_i)|$ (that is, ν_i will be a constant multiple of a positive measure). Then we set $\nu = \sum_i \nu_i$. So, if the squares Q_i are big enough, the variation $|\nu|$ will be sufficiently small. On the other hand, the squares Q_i cannot be too big, because we will need

$$\gamma_+(F) \leq c\, \gamma_+(E). \tag{6.8}$$

In this way, we will construct a complex measure ν supported on F satisfying

$$|\nu|(F) \approx |\nu(F)| = \gamma(E). \tag{6.9}$$

Taking a suitable measure μ such that $\operatorname{supp}(\mu) \supset \operatorname{supp}(\nu)$ and $\mu(F) \approx \gamma(E)$, we will be ready for the application of the Tb theorem. Indeed, notice that (6.9) implies that ν satisfies a global accretivity condition and that also the variation $|\nu|$ is controlled. On the other hand, if we have been careful enough, we will have also some useful estimates on $|\mathcal{C}\nu|$, since ν is an approximation of ν_0 (in fact, when defining ν in the paragraph above, the measures ν_i should have been constructed in a smoother way). Using the Tb Theorem 5.1, we will get

$$\gamma_+(F) \geq c^{-1}\mu(E),$$

and then $\gamma_+(E) \geq c^{-1}\gamma(E)$ by (6.8), and we will be done.

In order to obtain the right estimates on the measures ν and μ we will need to assume that $\gamma(E \cap Q_i) \approx \gamma_+(E \cap Q_i)$ for each square Q_i. For this reason, we will use an induction argument: we will prove that $\gamma(E \cap R) \approx \gamma_+(E \cap R)$ for all the rectangles R, by induction on the size of R.

6.4 An intermediate approximation in terms of γ_+

This section deals with the construction of the intermediate squares Q_i that form the set F described in the preceding section.

Lemma 6.6. *Let $E \subset \mathbb{C}$ be compact. There exists a bounded open set Ω containing E and a Whitney decomposition $\Omega = \bigcup_{i \in J} Q_i$, where $\{Q_i\}_{i \in J}$ are Whitney squares, with $\sum_{i \in J} \chi_{14Q_i} \leq c\chi_\Omega$, such that:*

(a) $\gamma_+(\Omega) \approx \gamma_+(E)$.

(b) $\displaystyle\sum_{i \in J} \gamma_+(E \cap 2Q_i) \leq c\gamma_+(E)$.

(c) *If $\gamma_+(E) \leq c_2 \operatorname{diam}(E)$, with $c_2 > 0$ small enough, then*

$$\operatorname{diam}(Q_i) \leq \frac{1}{10} \operatorname{diam}(E) \quad \textit{for every } i \in J.$$

The constants involved in (a) *and* (b) *are absolute.*

Notice that (a) implies that the squares Q_i in the lemma are not too big and (b) that they are not too small. That is, they belong to some intermediate scale. The construction of these squares is one of the key steps for the proof of Theorem 6.1.

Proof. By Theorem 4.24 there exists some measure $\sigma \in M_+(\mathbb{C})$ satisfying $\sigma(E) \approx \gamma_+(E)$ and $U_\sigma(x) \geq 1$ for all $x \in E$. Let λ be some constant with $0 < \lambda \leq 1/100$ which will be fixed below. Let $\Omega_\lambda \subset \mathbb{C}$ be the open set

$$\Omega_\lambda := \{x \in \mathbb{C} : U_\sigma(x) > \lambda\}.$$

Notice that $E \subset \Omega_\lambda$, and by Theorem 4.23 we have

$$\gamma_+(\Omega_\lambda) \le C\lambda^{-1}\sigma(E) \le C\lambda^{-1}\gamma_+(E), \tag{6.10}$$

and, obviously $\gamma_+(E) \le \gamma_+(\Omega_\lambda)$, because $E \subset \Omega_\lambda$.

Let $\Omega_\lambda = \bigcup_{i\in J} Q_i$ be a Whitney decomposition of Ω_λ, where $\{Q_i\}_{i\in J}$ is the usual family of Whitney squares with disjoint interiors, satisfying $20Q_i \subset \Omega_\lambda$, $\rho Q_i \cap (\mathbb{C}\setminus\Omega_\lambda) \ne \varnothing$ (where $\rho > 20$ is some fixed absolute constant), and $\sum_{i\in J}\chi_{14Q_i} \le c\chi_{\Omega_\lambda}$. Recall that in Lemma (2.23) we already described the properties that the Whitney squares satisfy. Notice that now some of the constants in those properties are different. By replacing the squares described in Lemma 2.23 by their sons, say, we obtain a new Whitney decomposition with the constants 14 and 20 that we are asking for now.

Proof of (b). Let us see now that (b) holds if λ has been chosen small enough. We will show below that if $x \in E \cap 2Q_i \ne \varnothing$ for some $i \in J$, then

$$U_{\sigma\lfloor 4Q_i}(x) > 1/4, \tag{6.11}$$

assuming that λ is small enough. This implies $E \cap 2Q_i \subset \{U_{\sigma\lfloor 4Q_i} > 1/4\}$ and then, by Theorem 4.23, we have

$$\gamma_+(E \cap 2Q_i) \le c\,\sigma(4Q_i).$$

Using the finite overlap of the squares $4Q_i$, we deduce

$$\sum_{i\in J}\gamma_+(E\cap 2Q_i) \le c\sum_{i\in J}\sigma(4Q_i) \le c\,\sigma(E) \le c\,\gamma_+(E),$$

and so (b) follows.

Now we have to show that (6.11) holds for $x \in E \cap 2Q_i$. Let $z \in \rho Q_i \setminus \Omega$, so that $\operatorname{dist}(z, Q_i) \approx \operatorname{dist}(\partial\Omega, Q_i) \approx \ell(Q_i)$. Since $M_R\sigma(z) \le U_\sigma(z) \le \lambda$, it easily follows that for any ball B with radius $r(B) \ge \ell(Q_i)/4$ and $B \cap 2Q_i \ne \varnothing$, we have

$$\frac{\sigma(B)}{\ell(B)} \le c_3\lambda \ll \frac{1}{1000}, \tag{6.12}$$

where the constant c_3 depends on the Whitney decomposition (in particular, on the constant ρ) and we assume that λ is very small.

Remember that $U_\sigma(x) \ge 1$. If $M_R\sigma(x) > 1/2$, then

$$\frac{\sigma(B(x,r))}{r} > 1/2$$

for some $r < \ell(Q_i)/4$ because the balls centered at x with radius greater than $\ell(Q_i)/4$ satisfy (6.12). Since $B(x,r) \subset 4Q_i$, we infer that $U_{\sigma\lfloor 4Q_i}(x) \ge M(\sigma\lfloor 4Q_i)(x) > 1/2$.

Assume now that $M_R\sigma(x) \leq 1/2$. In this case, $c_\sigma(x) > 1/2$. We decompose $c^2_\sigma(x) =: c^2(x,\sigma,\sigma)$ as follows:

$$\begin{aligned} c^2(x,\sigma,\sigma) &= c^2(x,\sigma\lfloor 4Q_i,\sigma\lfloor 4Q_i) + 2c^2(x,\sigma\lfloor 4Q_i,\sigma\lfloor \mathbb{C}\setminus 4Q_i) \\ &\quad + c^2(x,\sigma\lfloor \mathbb{C}\setminus 4Q_i,\sigma\lfloor \mathbb{C}\setminus 4Q_i). \end{aligned}$$

We wish to see that

$$c_{\sigma\lfloor 4Q_i}(x) > 1/4. \tag{6.13}$$

So it is enough to show that the last two terms in the equation above are sufficiently small. First we deal with $c^2(x,\sigma\lfloor 4Q_i,\sigma\lfloor \mathbb{C}\setminus 4Q_i)$:

$$\begin{aligned} c^2(x,\sigma\lfloor 4Q_i,\sigma\lfloor \mathbb{C}\setminus 4Q_i) &\leq \int_{y\in 4Q_i}\int_{t\in\mathbb{C}\setminus 4Q_i} \frac{4}{|t-x|^2}\,d\sigma(y)d\sigma(t) \\ &= 4\,\sigma(4Q_i)\int_{t\in\mathbb{C}\setminus 4Q_i}\frac{1}{|t-x|^2}\,d\sigma(t) \\ &\leq c\,\sigma(4Q_i)\frac{M_R\sigma(z)}{\ell(4Q_i)} \leq c\,M_R\sigma(z)^2 \leq c\lambda^2, \end{aligned} \tag{6.14}$$

where we used Lemma 2.11 in the second inequality.

For the term $c^2(x,\sigma\lfloor \mathbb{C}\setminus 4Q_i,\sigma\lfloor \mathbb{C}\setminus 4Q_i)$ we write

$$\begin{aligned} c^2(x,\sigma\lfloor \mathbb{C}\setminus 4Q_i,\sigma\lfloor \mathbb{C}\setminus 4Q_i) &= c^2(x,\sigma\lfloor \mathbb{C}\setminus 2\rho Q_i,\sigma\lfloor \mathbb{C}\setminus 2\rho Q_i) \\ &\quad + 2c^2(x,\sigma\lfloor \mathbb{C}\setminus 2\rho Q_i,\sigma\lfloor 2\rho Q_i\setminus 4Q_i) \\ &\quad + c^2(x,\sigma\lfloor 2\rho Q_i\setminus 4Q_i,\sigma\lfloor 2\rho Q_i\setminus 4Q_i). \end{aligned}$$

Arguing as in (6.14), it easily follows that the last two terms are bounded above by $c\,M_R\sigma(z)^2 \leq c\lambda^2$ again. So we get,

$$c^2_{\sigma\lfloor 4Q_i}(x) \geq c^2_\sigma(x) - c^2_{\sigma\lfloor\mathbb{C}\setminus 2\rho Q_i}(x) - c\lambda^2. \tag{6.15}$$

We are left with the term $c^2_{\sigma\lfloor\mathbb{C}\setminus 2\rho Q_i}(x)$. Since $x,z\in\rho Q_i$, from Lemma 4.19 we infer that

$$|c_{\sigma\lfloor\mathbb{C}\setminus 2\rho Q_i}(x) - c_{\sigma\lfloor\mathbb{C}\setminus 2\rho Q_i}(z)| \leq cM_R\sigma(z) \leq c\lambda.$$

Taking into account that $c_\sigma(z) \leq \lambda$, we get

$$c_{\sigma\lfloor\mathbb{C}\setminus 2\rho Q_i}(x) \leq (1+c)\lambda.$$

Thus, by (6.15), we obtain

$$c^2_{\sigma\lfloor 4Q_i}(x) \geq \frac{1}{4} - c\lambda^2 \geq \frac{1}{16},$$

if λ is small enough. That is, we have proved (6.13), and so in this case (6.11) holds too.

Proof of (c). Now we have to show that $\operatorname{diam}(Q_i) \leq \frac{1}{10} \operatorname{diam}(E)$.

It is immediate to check that

$$U_\sigma(x) \leq \frac{100\sigma(E)}{\operatorname{dist}(x, E)} \qquad \text{for all } x \notin E$$

(of course, 100 is not the best constant here). Thus, for $x \in \Omega \setminus E$ we have

$$\lambda < U_\sigma(x) \leq \frac{100\,\sigma(E)}{\operatorname{dist}(x, E)}.$$

Therefore,

$$\operatorname{dist}(x, E) \leq 100\lambda^{-1}\sigma(E) \leq c\lambda^{-1}\gamma_+(E) \leq \frac{1}{20} \operatorname{diam}(E),$$

taking the constant c_2 in the lemma small enough. As a consequence, $\operatorname{diam}(\Omega) \leq \frac{11}{10} \operatorname{diam}(E)$. Since $20Q_i \subset \Omega$ for each $i \in I$, we have

$$20 \operatorname{diam}(Q_i) \leq \operatorname{diam}(\Omega) \leq \frac{11}{10} \operatorname{diam}(E),$$

which implies (c). □

Example 6.7. Let E_N be the N-th generation of the corner quarters Cantor set. In this case the squares Q_i, $i \in J$, from the preceding lemma can be constructed in a different way. Indeed, suppose for simplicity that N is even, and consider the set $E_{N/2}$ of the $N/2$-th generation. Then we let $\{Q_i\}_{i \in J}$ be the squares of side length $4^{-N/2}$ that form $E_{N/2}$. We claim that these squares and $\Omega := E_{N/2}$ satisfy the properties (a), (b) and (c) above, for $E = E_N$. To check this, recall that by Theorem 4.28 and the subsequent remark we know that $\gamma_+(E_N) \approx N^{-1/2}$. Then

$$\gamma_+(E_{N/2}) \approx \left(\frac{N}{2}\right)^{-1/2} \approx N^{-1/2} \approx \gamma_+(E_N),$$

and thus the property (a) holds. Concerning (b), observe that $E_N \cap 2Q_i = E_N \cap Q_i$ coincides with a translation of $4^{-N/2} E_{N/2}$, since Q_i belongs to the $N/2$ generation, $E_N \cap Q_i$ is made up of squares of the N-th generation and $\ell(Q_i) = 4^{-N/2}$ and $E_N \cap Q_i$. Thus,

$$\gamma_+(E_N \cap 2Q_i) \approx 4^{-N/2}\,\gamma_+(E_{N/2}) \approx 4^{-N/2}\,\gamma_+(E_N),$$

and therefore, using that there are $4^{N/2}$ squares in the family J,

$$\sum_{i \in J} \gamma_+(E \cap 2Q_i) \approx 4^{N/2} 4^{-N/2}\,\gamma_+(E_N) = \gamma_+(E_N).$$

Finally, (c) holds if $N \geq 2$, say.

The intermediate set F described in Section 6.3 consists of the union of those squares from the family $\{Q_i\}_{i \in J}$ from Lemma 6.6 such that $\gamma(E \cap 2Q_i) \neq 0$. So in the particular case of E_N, we may take $F = E_{N/2}$ (for N even).

6.5 Construction of the good measures μ and ν for Theorem 6.1

For a given compact set $E \subset \mathbb{C}$, in the next lemma, we construct some measures μ (positive) and ν (complex) suitable for the application of a Tb theorem. These measures will not be supported on E, but on the intermediate set F made up of some of the intermediate squares from Lemma 6.6.

Lemma 6.8 (Main Lemma). *Let $E \subset \mathbb{C}$ be a compact set with $\mathcal{H}^1(\partial E) < \infty$ and $\gamma(E) > 0$. Let $\{Q_i\}_{i\in I}$ be the finite subfamily of those intermediate squares Q_i, $i \in J$, from Lemma* 6.6 *such that $\gamma(E \cap 2Q_i) \neq 0$. Let $F = \bigcup_{i\in I} Q_i$. Suppose that*

$$\frac{\gamma_+(E)}{\gamma(E)} \leq \frac{\gamma_+(E \cap 2Q_i)}{\gamma(E \cap 2Q_i)} \neq 0 \quad \textit{for all } i \in I. \tag{6.16}$$

Then there exist a positive Radon measure μ and a complex Radon measure ν, both supported on F, and a subset $H \subset F$, such that:

(a) $c_a^{-1}\gamma(E) \leq \mu(F) \leq c_a\, \gamma(E)$.

(b) $\nu = b\,\mu$, *with* $\|b\|_{L^\infty(\mu)} \leq c_b$.

(c) $|\nu(F)| = \gamma(E)$.

(d) $\int_{F\setminus H} \mathcal{C}_*\nu \, d\mu \leq c_d\, \mu(F)$.

(e) *If $\mu(B(x,r)) > c_0 r$ (for some big constant c_0), then $B(x,r) \subset H$. In particular, $\mu(B(x,r)) \leq c_0 r$ for all $x \in F \setminus H$, $r > 0$.*

(f) *H is of the form $H = \bigcup_{k\in I_H} B(x_k, r_k)$, with $\sum_{k\in I_H} r_k \leq 5c_0^{-1}\mu(F) =: \varepsilon\mu(F)$.*

(g) *All the squares $Q \subset \mathbb{C}$ satisfy*

$$|\nu(Q)| \leq c_g \ell(Q).$$

The constants c_a, c_b, c_d, and c_g are absolute, while c_0 can be chosen arbitrarily large (and so $\varepsilon > 0$ arbitrarily small).

We have preferred to use the notation c_a, c_b, c_d, c_g instead of c_4, c_5, c_6, c_7, say, because these constants will play an important role in the proof of Theorem 6.1. Of course, the constant c_b does not depend on b (it is an absolute constant). The set H depends on the choice of c_0.

The properties (a), (b), (c) and (d) from the lemma are proved in Subsections 6.5.1-6.5.3. These are the basic properties which must satisfy μ and ν in order to apply the Tb theorem of Nazarov, Treil and Volberg with absolute constants. In (d) notice that instead of the $L^\infty(\mu)$ or $BMO(\mu)$ norm of $\mathcal{C}\nu$, we estimate the $L^1(\mu)$ norm of $\mathcal{C}_*\nu$ out of the set H.

Roughly speaking, the *exceptional set* H contains the part of μ without linear growth. The properties (e) and (f) describe H and are proved in Subsection 6.5.2. Observe that (f) means that H is a rather small set, in a sense. This is deduced from the key property (g) satisfied by ν, which can be considered as a kind of linear growth.

6.5.1 The construction of μ and ν and the proof of (a)–(c)

It is easily seen that there exists a family of C^∞ functions $\{g_i\}_{i\in J}$ such that, for each $i \in J$, $\operatorname{supp}(g_i) \subset 2Q_i$, $0 \le g_i \le 1$, and $\|\nabla g_i\|_\infty \le c/\ell(Q_i)$, so that $\sum_{i\in J} g_i = 1$ on Ω, where Ω is the open set constructed in Lemma 6.6.

Let $f(z)$ be the Ahlfors function of E, with $f(z) = 0$ for $z \in \overset{\circ}{E}$, and consider a complex measure ν_0 supported on ∂E such that $\mathcal{C}\nu_0(z) = f(z)$ for $z \notin \partial E$ and $\|\mathcal{C}\nu_0\|_{L^\infty(\mathbb{C})} \le 1$. Such a measure exists, by Proposition 6.5, since $\mathcal{H}^1(\partial E) < \infty$. Moreover,

$$\big|\nu_0(E)\big| = \gamma(E).$$

The measure ν that we will construct in this subsection will be a suitable modification of ν_0. As explained in Section 6.3, the main drawback of ν_0 is that the only information that we have about its variation $|\nu_0|$ is that $|\nu_0| = b_0\, d\mathcal{H}^1_E$, with $\|b_0\|_\infty \le 1$. This is a very bad estimate if we try to apply some kind of Tb theorem in order to show that the Cauchy transform is bounded (with absolute constants). For the variation $|\nu|$ we will have a much better control. This will the main advantage of ν over ν_0.

First we define the measure μ. For each $i \in I$, let Γ_i be a circumference concentric with Q_i and radius $\gamma(E \cap 2Q_i)/10$. Observe that $\Gamma_i \subset \frac{1}{2}Q_i$ for each i. We set

$$\mu = \sum_{i\in I} \mathcal{H}^1 \lfloor \Gamma_i.$$

Let us define ν now:

$$\nu = \sum_{i\in I} \frac{1}{\mathcal{H}^1(\Gamma_i)} \int g_i\, d\nu_0 \cdot \mathcal{H}^1 \lfloor \Gamma_i.$$

Notice that $\operatorname{supp}(\nu) \subset \operatorname{supp}(\mu) \subset F$.

We have $d\nu = b\, d\mu$, with $b = \frac{\int g_i\, d\nu_0}{\mathcal{H}^1(\Gamma_i)}$ on Γ_i. To estimate $\|b\|_{L^\infty(\mu)}$ notice that, for each $i \in J$,

$$|\mathcal{C}(g_i\nu_0)(z)| \le c \quad \text{for all } z \notin E \cap 2Q_i. \tag{6.17}$$

Indeed, recall that $\mathcal{C}(g_i\nu_0) = V_{g_i}(\mathcal{C}\nu_0)$ (where V_{g_i} is the Vitushkin localization operator), and then (6.17) follows from Proposition 1.17. Inequality (6.17) implies that

$$\left|\int g_i\, d\nu_0\right| = \big|(\mathcal{C}(g_i\,\nu_0))'(\infty)\big| \le c\gamma(E \cap 2Q_i) = c\mathcal{H}^1(\Gamma_i). \tag{6.18}$$

As a consequence, $\|b\|_{L^\infty(\mu)} \leq c$, and (b) is proved.

On the other hand, from the last estimates we also deduce that $\int g_i \, d\nu_0 = 0$ if $i \in J \setminus I$, and so

$$\gamma(E) = |\nu_0(E)| = \Big|\sum_{i\in I} \int g_i \, d\nu_0\Big| = \Big|\sum_{i\in I} \nu(Q_i)\Big| = |\nu(F)|,$$

which yields (c).

It remains to check that (a) also holds. From (6.18), the assumption that

$$\frac{\gamma_+(E)}{\gamma(E)} \leq \frac{\gamma_+(E\cap 2Q_i)}{\gamma(E\cap 2Q_i)} \neq 0 \quad \text{for all } i \in I,$$

and the property (b) in Lemma 6.6, we obtain the following:

$$\begin{aligned}\gamma(E) = |\nu_0(E)| = \Big|\sum_{i\in I} \int g_i \, d\nu_0\Big| &\leq \sum_{i\in I} \Big|\int g_i \, d\nu_0\Big| \\ &\leq c \sum_{i\in I} \gamma(E\cap 2Q_i) = c\,\mu(F) \\ &\leq c\,\frac{\gamma(E)}{\gamma_+(E)} \sum_{i\in I} \gamma_+(E\cap 2Q_i) \leq c\gamma(E),\end{aligned}$$

which gives (d) (notice that $\gamma_+(E) \neq 0$ because $\gamma_+(E\cap 2Q_i) \neq 0$).

6.5.2 The exceptional set H and the proof of (e), (f)

Let $c_0 \geq 100c_a$ be some fixed constant. Given $x \in F$, $r > 0$, we say that $B(x,r)$ is a **non-Ahlfors disk** if $\mu(B(x,r)) > c_0 r$. For a fixed $x \in F$, if there exists some $r > 0$ such that $B(x,r)$ is a non-Ahlfors disk, then we say that x is a **non-Ahlfors point**. For any $x \in F$, we write

$$\mathcal{R}(x) = \sup\{r > 0 : B(x,r) \text{ is a non-Ahlfors disk}\}.$$

If $x \in F$ is an Ahlfors point, we set $\mathcal{R}(x) = 0$. We say that $\mathcal{R}(x)$ is the **Ahlfors radius** of x.

Observe that (a) implies that $\mu(F) \leq c_a\gamma(E) \leq c_a\gamma(F) \leq c_a \operatorname{diam}(F)$. Therefore,

$$\mu(B(x,r)) \leq \mu(F) \leq c_a \operatorname{diam}(F) \leq 100c_a r$$

for $r \geq \operatorname{diam}(F)/100$. Thus $\mathcal{R}(x) \leq \operatorname{diam}(F)/100$ for all $x \in F$.

Consider the set

$$H_0 = \bigcup_{x\in F,\, \mathcal{R}(x)>0} B(x, \mathcal{R}(x)).$$

By Vitali's $5r$-covering theorem there is a disjoint family $\{B(x_h, \mathcal{R}(x_h))\}_h$ such that $H_0 \subset \bigcup_h B(x_h, 5\mathcal{R}(x_h))$. Let

$$H = \bigcup_h B(x_h, 5\mathcal{R}(x_h)). \tag{6.19}$$

Since $H_0 \subset H$, all non-Ahlfors disks are contained in H and then

$$\operatorname{dist}(x, F \setminus H) \geq \mathcal{R}(x) \tag{6.20}$$

for all $x \in F$.

Since $\mu(B(x_h, \mathcal{R}(x_h))) \geq c_0 \mathcal{R}(x_h)$ for every h, we get

$$\sum_h \mathcal{R}(x_h) \leq \frac{1}{c_0} \sum_h \mu(B(x_h, \mathcal{R}(x_h))) \leq \frac{1}{c_0} \mu(F). \tag{6.21}$$

6.5.3 Proof of (d)

In this subsection we will show that

$$\int_{F \setminus H} \mathcal{C}_* \nu \, d\mu \leq c_d \, \mu(F). \tag{6.22}$$

We will work with the regularized operators $\widetilde{\mathcal{C}}_\varepsilon$ introduced in Section 4.2 of Chapter 4. So consider a C^∞ non-negative radial function ψ supported on $B(0,1)$ with L^1 norm equal to 1, and let $\widetilde{\mathcal{C}}_\varepsilon$ be the operator associated with the kernel $\frac{1}{z} * \psi_\varepsilon$. Write also

$$\widetilde{\mathcal{C}}_* \nu(x) = \sup_{\varepsilon > 0} |\widetilde{\mathcal{C}}_\varepsilon \nu(x)|.$$

Remember that $|\mathcal{C}\nu_0(z)| \leq 1$ for all $z \notin \partial E$. Since $\mathcal{L}^2(\partial E) = 0$, this is also true $\mathcal{L}^2$-a.e. $z \in \mathbb{C}$. Then we have

$$\|\widetilde{\mathcal{C}}_\varepsilon \nu_0\|_{L^\infty} = \|\psi_\varepsilon * \mathcal{C}\nu_0\|_{L^\infty} \leq \|\mathcal{C}\nu_0\|_{L^\infty} \leq 1.$$

Since $\widetilde{\mathcal{C}}_\varepsilon \nu_0$ is continuous in $\mathbb{C}$, we deduce that $|\widetilde{\mathcal{C}}_\varepsilon \nu_0(z)| \leq 1$ and $\widetilde{\mathcal{C}}_* \nu_0(z) \leq 1$ for all $z \in \mathbb{C}$, $\varepsilon > 0$.

To estimate $\widetilde{\mathcal{C}}_* \nu$, we will study the function $\widetilde{\mathcal{C}}_*(\nu - \nu_0)$. This will be the main point for the proof of (6.22).

We set $\nu_i := \nu \lfloor Q_i$.

Lemma 6.9. *We have*

$$\widetilde{\mathcal{C}}_*(\nu_i - g_i \nu_0)(z) \leq c \quad \text{for every } z \in \mathbb{C} \setminus \operatorname{supp}(\nu_i - g_i \nu_0) \tag{6.23}$$

and

$$\widetilde{\mathcal{C}}_*(\nu_i - g_i \nu_0)(z) \leq \frac{c\, \ell(Q_i)\, \mu(Q_i)}{\operatorname{dist}(z, 2Q_i)^2} \quad \text{for every } z \in \mathbb{C} \setminus 14 Q_i. \tag{6.24}$$

Notice that $\int (d\nu_i - g_i\, d\nu_0) = 0$. By the smoothness of the kernels of the operators $\widetilde{\mathcal{C}}_\varepsilon$, $\varepsilon > 0$, and by standard estimates, then it easily follows that

$$\widetilde{\mathcal{C}}_*(\nu_i - g_i\nu_0)(z) \leq \frac{c\,\ell(Q_i)\,(|\nu|(Q_i) + |\nu_0|(2Q_i))}{\operatorname{dist}(z, 2Q_i)^2}.$$

This inequality is not useful for our purposes because to estimate $|\nu_0|(2Q_i)$ we only can use that $|\nu_0|(2Q_i) \leq \mathcal{H}^1(\partial E \cap 2Q_i)$. However, we do not have any control over $\mathcal{H}^1(\partial E \cap 2Q_i)$ (we only know that it is finite, by our assumptions on E). The estimate (6.24) is much sharper.

Proof of the lemma. We set $\alpha_i = \nu_i - g_i\nu_0$. The first estimate in the lemma follows easily. Indeed, we already saw that $|\mathcal{C}(g_i\nu_0)(z)| \lesssim 1$ for $z \notin \operatorname{supp}(g_i\nu_0)$. Also, $|\mathcal{C}\nu_i(z)| \lesssim 1$ for $z \notin \Gamma_i$ since

$$\nu_i = \frac{1}{\mathcal{H}^1(\Gamma_i)} \int g_i\, d\nu_0 \cdot \mathcal{H}^1 \lfloor \Gamma_i,$$

with

$$\frac{1}{\mathcal{H}^1(\Gamma_i)} \int g_i\, d\nu_0 \lesssim 1.$$

Thus,

$$|\mathcal{C}\alpha_i(z)| \leq |\mathcal{C}(g_i\nu_0)(z)| + |\mathcal{C}\nu_i(z)| \lesssim 1$$

for $z \notin \operatorname{supp}(\alpha_i)$. In particular, $|\mathcal{C}\alpha_i(z)| \lesssim 1$ for $\mathcal{L}^2$-a.e. $z \in \mathbb{C}$. Therefore, for every $\varepsilon > 0$,

$$\|\widetilde{\mathcal{C}}_\varepsilon \alpha_i\|_{L^\infty} = \|\psi_\varepsilon * \mathcal{C}\alpha_i\|_{L^\infty} \leq \|\mathcal{C}\alpha_i\|_{L^\infty} \lesssim 1,$$

which yields (6.23).

To prove the second estimate in the lemma we have to show that

$$|\widetilde{\mathcal{C}}_\varepsilon \alpha_i(z)| \leq \frac{c\,\ell(Q_i)\,\mu(Q_i)}{\operatorname{dist}(z, 2Q_i)^2} \tag{6.25}$$

for all $\varepsilon > 0$.

Assume first $\varepsilon \leq \operatorname{dist}(z, 2Q_i)/2$. Remember that

$$\operatorname{supp}(\alpha_i) \subset \Gamma_i \cup (E \cap 2Q_i) \subset 2Q_i.$$

Since $|\mathcal{C}\alpha_i(w)| \leq c$ for all $w \notin \operatorname{supp}(\alpha_i)$ and $\alpha_i(\mathbb{C}) = 0$, by Lemma 1.12 we have

$$|\mathcal{C}\alpha_i(w)| \leq \frac{c \operatorname{diam}(\operatorname{supp}(\alpha_i))\,\gamma(\operatorname{supp}(\alpha_i))}{\operatorname{dist}(w, \operatorname{supp}(\alpha_i))^2} \qquad \text{if } \operatorname{dist}(w, 2Q_i) \geq 5\ell(Q_i).$$

Therefore,

$$|\mathcal{C}\alpha_i(w)| \leq \frac{c\,\ell(Q_i)\gamma(\Gamma_i \cup (E \cap 2Q_i))}{\operatorname{dist}(w, 2Q_i)^2} \qquad \text{if } \operatorname{dist}(w, 2Q_i) \geq 5\ell(Q_i). \tag{6.26}$$

Moreover, by Proposition 1.19 we have

$$\gamma(\Gamma_i \cup (E \cap 2Q_i)) \leq c(\gamma(\Gamma_i) + \gamma(E \cap 2Q_i)).$$

Therefore, by the definition of Γ_i, we get

$$\gamma(\Gamma_i \cup (E \cap 2Q_i)) \leq c\,\gamma(E \cap 2Q_i) = c\mu(Q_i). \tag{6.27}$$

If $w \in B(z,\varepsilon)$ (for $z \in \mathbb{C} \setminus 14Q_i$), then $\operatorname{dist}(w, 2Q_i) \geq 5\ell(Q_i)$ and $\operatorname{dist}(w, 2Q_i) \approx \operatorname{dist}(z, 2Q_i)$. By (6.26) and (6.27) we obtain

$$|\mathcal{C}\alpha_i(w)| \leq \frac{c\,\ell(Q_i)\mu(Q_i)}{\operatorname{dist}(z, 2Q_i)^2}.$$

Making the convolution with ψ_ε, (6.25) follows for $\varepsilon \leq \operatorname{dist}(z, 2Q_i)/2$.

Suppose now that $\varepsilon > \operatorname{dist}(z, 2Q_i)/2$. Write $h = \psi_\varepsilon * \alpha_i$, so that

$$\widetilde{\mathcal{C}}_\varepsilon \alpha_i = \psi_\varepsilon * \frac{-1}{z} * \alpha_i = \mathcal{C}(h\, d\mathcal{L}^2).$$

Therefore,

$$|\widetilde{\mathcal{C}}_\varepsilon \alpha_i(z)| \leq \int \frac{|h(\xi)|}{|\xi - z|}\, d\mathcal{L}^2(\xi) \leq c\, \|h\|_\infty \, [\mathcal{L}^2(\operatorname{supp}(h))]^{1/2}. \tag{6.28}$$

We have to estimate $\|h\|_\infty$ and $\mathcal{L}^2(\operatorname{supp}(h))$. Observe that, if we write $\ell_i = \ell(Q_i)$ and we denote by z_i the center of Q_i, we have

$$\operatorname{supp}(h) \subset \operatorname{supp}(\psi_\varepsilon) + \operatorname{supp}(\alpha_i) \subset B(0,\varepsilon) + B(z_i, 2\ell_i) = B(z_i, \varepsilon + 2\ell_i).$$

Thus, $\mathcal{L}^2(\operatorname{supp}(h)) \leq c\,\varepsilon^2$, since $\ell_i \leq \varepsilon$.

Let us deal with $\|h\|_\infty$ now. Let η_i be a C^∞ function supported on $3Q_i$ which is identically 1 on $2Q_i$ and such that $\|\nabla \eta_i\|_\infty \leq c/\ell_i$. Taking into account that $\alpha_i(2Q_i) = 0$, we have

$$\begin{aligned} h(w) &= \int \psi_\varepsilon(\xi - w)\, d\alpha_i(\xi) = \int \big(\psi_\varepsilon(\xi - w) - \psi_\varepsilon(z_i - w)\big)\, d\alpha_i(\xi) \\ &= \frac{\ell_i}{\varepsilon^3} \int \frac{\varepsilon^3}{\ell_i} \big(\psi_\varepsilon(\xi - w) - \psi_\varepsilon(z_i - w)\big)\, \eta_i(\xi)\, d\alpha_i(\xi) =: \frac{\ell_i}{\varepsilon^3} \int \varphi_w(\xi)\eta_i(\xi)\, d\alpha_i(\xi). \end{aligned}$$

We will prove below that

$$\|\mathcal{C}(\varphi_w \eta_i\, \alpha_i)\|_{L^\infty(\mathbb{C})} \leq c. \tag{6.29}$$

Let us assume this estimate for the moment. Since $\mathcal{C}(\varphi_w \eta_i\, \alpha_i)$ is analytic in $\mathbb{C} \setminus \operatorname{supp}(\alpha_i)$, taking into account (6.27) we get

$$\left| \frac{\ell_i}{\varepsilon^3} \int \varphi_w(\xi)\eta_i(\xi)\, d\alpha_i(\xi) \right| \leq \frac{c\,\ell_i}{\varepsilon^3} \gamma(\Gamma_i \cup (E \cap 2Q_i)) \leq \frac{c\,\ell_i \mu(Q_i)}{\varepsilon^3}.$$

Therefore,

$$\|h\|_\infty \le \frac{c\,\ell_i \mu(Q_i)}{\varepsilon^3}.$$

From (6.28) and the estimates on $\|h\|_\infty$ and $\mathcal{L}^2(\mathrm{supp}(h))$, we deduce that

$$|\widetilde{\mathcal{C}}_\varepsilon \alpha_i(z)| \le \frac{c\,\ell(Q_i)\mu(Q_i)}{\varepsilon^2} \le \frac{c\,\ell(Q_i)\mu(Q_i)}{\mathrm{dist}(z, 2Q_i)^2}.$$

It remains to prove (6.29). Observe that $\mathcal{C}(\varphi_w \eta_i\, \alpha_i) = V_{\varphi_w \eta_i}(\mathcal{C}\alpha_i)$ and recall that $\mathcal{C}\alpha_i$ is a bounded function. By Proposition 1.17, since $\mathrm{supp}(\varphi_w \eta_i) \subset 3Q_i$, it is enough to show that

$$\|\varphi_w \eta_i\|_\infty \le c \tag{6.30}$$

and

$$\|\nabla(\varphi_w \eta_i)\|_\infty \le \frac{c}{\ell_i}. \tag{6.31}$$

For $\xi \in 3Q_i$, we have

$$|\varphi_w(\xi)| = \frac{\varepsilon^3}{\ell_i}\,\big|\psi_\varepsilon(\xi - w) - \psi_\varepsilon(z_i - w)\big| \le \varepsilon^3\,\|\nabla\psi_\varepsilon\|_\infty \le c,$$

which yields (6.30). Finally, (6.31) follows easily too:

$$\|\nabla(\varphi_w \eta_i)\|_\infty \le \|\nabla\varphi_w\|_\infty + \|\varphi_w\,\chi_{3Q_i}\|_\infty \|\nabla\eta_i\|_\infty \le \frac{c}{\ell_i}.$$

We are done. □

Now we are ready to prove (6.22). We write

$$\begin{aligned}\int_{F\setminus H} \widetilde{\mathcal{C}}_* \nu \, d\mu &\le \int_{F\setminus H} \widetilde{\mathcal{C}}_* \nu_0 \, d\mu + \int_{F\setminus H} \widetilde{\mathcal{C}}_* (\nu - \nu_0)\, d\mu \\ &\le \mu(F \setminus H) + \sum_{i\in I} \int_{F\setminus H} \widetilde{\mathcal{C}}_* (\nu_i - g_i \nu_0)\, d\mu. \end{aligned} \tag{6.32}$$

To estimate the last integral we use Lemma 6.9 and recall that $\|\widetilde{\mathcal{C}}_*(\nu_i - g_i\nu_0)\|_{L^\infty(\mu)} \le c$:

$$\int_{F\setminus H} \widetilde{\mathcal{C}}_*(\nu_i - g_i\nu_0)\, d\mu \le c\mu(14Q_i) + \int_{F\setminus(14Q_i \cup H)} \frac{c\,\ell(Q_i)\,\mu(Q_i)}{\mathrm{dist}(z, 2Q_i)^2}\, d\mu(z). \tag{6.33}$$

Let $N \ge 1$ be the least integer such that $(14^{N+1}Q_i \setminus 14^N Q_i) \setminus H \ne \varnothing$, and take some fixed $z_0 \in (14^{N+1}Q_i \setminus 14^N Q_i) \setminus H$. We have

$$\begin{aligned}\int_{F\setminus(14Q_i\cup H)} \frac{1}{\operatorname{dist}(z,2Q_i)^2}\,d\mu(z) &= \sum_{k=N}^{\infty}\int_{(14^{k+1}Q_i\setminus 14^kQ_i)\setminus H}\frac{1}{\operatorname{dist}(z,2Q_i)^2}\,d\mu(z)\\ &\le c\sum_{k=N}^{\infty}\frac{\mu(14^{k+1}Q_i)}{\ell(14^{k+1}Q_i)^2}\\ &\le c\sum_{k=N}^{\infty}\frac{\mu(B(z_0,2\ell(14^{k+1}Q_i)))}{\ell(14^{k+1}Q_i)^2}\\ &\le c\sum_{k=N}^{\infty}\frac{c_0\ell(14^{k+1}Q_i)}{\ell(14^{k+1}Q_i)^2}\\ &\le c\,c_0\frac{1}{\ell(14^NQ_i)}\le c\,c_0\frac{1}{\ell(Q_i)}.\end{aligned}$$

Notice that in the second inequality we have used that $z_0 \in F \setminus H$, and so $\mu(B(z_0,r)) \le c_0\, r$ for all r. Recalling (6.33), we obtain

$$\int_{F\setminus H} \widetilde{\mathcal{C}}_*(\nu_i - g_i\nu_0)\,d\mu \le c\,\mu(14Q_i).$$

Thus, by the finite overlap of the squares $14Q_i$, $i \in I$, and (6.32), we get

$$\int_{F\setminus H} \widetilde{\mathcal{C}}_*\nu\,d\mu \le c\,\mu(F\setminus H) + c\sum_{i\in I}\mu(14Q_i) \le c\,\mu(F). \tag{6.34}$$

Now, recall that

$$|\widetilde{\mathcal{C}}_*\nu(z) - \mathcal{C}_*\nu(z)| \le c\,M_R\nu(z) \tag{6.35}$$

(see Lemma 4.3). By (b), if $z \in F \setminus H$, we have $M_R\nu(z) \le c\,M_R\mu(z) \le c$. Thus (6.34) and (6.35) imply

$$\int_{F\setminus H} \mathcal{C}_*\nu(z)\,d\mu(z) \le c\,\mu(F).$$

6.5.4 Proof of (g)

We must show that for all the squares $R \subset \mathbb{C}$, we have $|\nu(R)| \le C_g\ell(R)$. To this end we will need a couple of technical lemmas.

Lemma 6.10. *Let $R \subset \mathbb{C}$ be a square such that there exists some Whitney square Q_i, $i \in J$, satisfying $R \cap 2Q_i \ne \varnothing$ and $\ell(R) \le 4\ell(Q_i)$. Then*

$$\mu(R) \le \bar{c}_0\,\ell(R),$$

where $\bar{c}_0$ is some big enough absolute constant.

Proof. If R intersects a unique circumference Γ_j, $j \in I$, then

$$\mu(R) = \mathcal{H}^1(\Gamma_j \cap R) \leq c\ell(R),$$

and we are done.

Suppose now that R intersects at least two circumferences Γ_j and $\Gamma_{j'}$, with $j, j' \in I$. Since $\Gamma_j \subset \frac{1}{2}Q_j$, we deduce that

$$\ell(R) \geq \frac{1}{4}\ell(Q_j).$$

The assumption $R \cap 2Q_i \neq \varnothing$ with $\ell(R) \leq 4\ell(Q_i)$ implies that $R \subset 9Q_i$. Observe now that if Q_k is a Whitney square such that $Q_k \cap 9Q_i \neq \varnothing$, then $\ell(Q_i) \approx \ell(Q_k)$ (recall the property (iii) of Lemma 2.23). In particular, this happens for $Q_k = Q_j$. Then we get

$$\mu(R) \leq \sum_{k: Q_k \cap 9Q_i \neq \varnothing} \mu(Q_k) \leq c \sum_{k: Q_k \cap 9Q_i \neq \varnothing} \ell(Q_k) \leq c\,\ell(Q_i) \approx \ell(Q_j) \leq 4\ell(R).$$

□

Lemma 6.11. *Let $R \subset \mathbb{C}$ be a square such that $\ell(R) \geq 4\,\ell(Q_i)$ for each Whitney square Q_i such that $2Q_i \cap R \neq \varnothing$. Let $L_R = \{h \in I : 2Q_h \cap \partial R \neq \varnothing\}$. Then*

$$\sum_{h \in L_R} \ell(Q_h) \leq c\,\ell(R).$$

Proof. For a square Q_h, $h \in L_R$, we have $\ell(Q_h) \leq \ell(R)/4$, and then it follows that $\mathcal{H}^1(4Q_h \cap \partial R) \geq c^{-1}\ell(Q_h)$. Then, by the bounded overlap of the squares $4Q_h$, we obtain

$$\sum_{h \in L_R} \ell(Q_h) \leq c \sum_{h \in L_R} \mathcal{H}^1(4Q_h \cap \partial R) \leq c\,\ell(R). \tag{6.36}$$

□

Now we are ready to prove (g). By Lemma 6.10 we may assume $\ell(Q_i) \leq \ell(R)/4$ if $2Q_i \cap R \neq \varnothing$. Otherwise, $|\nu(R)| \leq c_b\mu(R) \leq c_b\bar{c}_0\ell(R)$.

From the fact that $\|\mathcal{C}\nu_0\|_{L^\infty(\mathbb{C})} \leq 1$, we deduce $|\nu_0(R)| \leq c\,\ell(R)$, arguing as in (6.1). So we only have to estimate the difference $|\nu(R) - \nu_0(R)|$.

Let $\{Q_i\}_{i \in I_R}$, $I_R \subset I$, be the subfamily of Whitney squares such that $Q_i \cap R \neq \varnothing$, and let $\{Q_i\}_{i \in J_R}$, $J_R \subset I$, be the Whitney squares such that $Q_i \subset R$. We write

$$\begin{aligned}
|\nu(R) - \nu_0(R)| &= \Big|\nu\Big(\bigcup_{i \in I_R} (Q_i \cap R)\Big) - \nu_0\Big(\bigcup_{i \in I_R} (Q_i \cap R)\Big)\Big| \\
&\leq \Big|\nu\Big(\bigcup_{i \in I_R \setminus J_R} (Q_i \cap R)\Big) - \nu_0\Big(\bigcup_{i \in I_R \setminus J_R} (Q_i \cap R)\Big)\Big| \\
&\quad + \Big|\nu\Big(\bigcup_{i \in J_R} Q_i\Big) - \nu_0\Big(\bigcup_{i \in J_R} Q_i\Big)\Big| \\
&=: A + B.
\end{aligned}$$

First we deal with the term A:

$$A \le \sum_{i\in I_R\setminus J_R} |\nu|(\Gamma_i) + \sum_{i\in I_R\setminus J_R} |\nu_0(Q_i\cap R)|.$$

We take into account now that $|\nu|(\Gamma_i) \le c_b\mathcal{H}^1(\Gamma_i)$. Also, from the fact that $|\mathcal{C}\nu_0| \le 1$, arguing as in (6.1), we get $|\nu_0(Q_i\cap R)| \le c\,\mathcal{H}^1(\partial(Q_i\cap R))$. Thus,

$$A \le c \sum_{i\in I_R\setminus J_R} \left[\mathcal{H}^1(\Gamma_i) + \mathcal{H}^1(\partial(Q_i\cap R))\right] \le c \sum_{i\in I_R\setminus J_R} \ell(Q_i).$$

Notice now that if $i\in I_R\setminus J_R$, then $Q_i\cap R \ne \varnothing$ and $Q_i \not\subset R$. Therefore, $Q_i\cap\partial R\ne\varnothing$. From Lemma 6.11 we deduce $A\le c\,\ell(R)$.

Let us turn our attention to B:

$$\begin{aligned}
B &= \left|\sum_{i\in J_R}\int g_i\,d\nu_0 - \int_{\bigcup_{i\in J_R} Q_i} d\nu_0\right| \\
&= \left|\int\Big(\sum_{i\in J_R} g_i - \chi_{\bigcup_{i\in J_R}Q_i}\Big)\,d\nu_0\right| \\
&\le \sum_{j\in J_R}\left|\int_{Q_j}\Big(\sum_{i\in J_R} g_i - 1\Big)\,d\nu_0\right| + \left|\int_{\mathbb{C}\setminus\bigcup_{j\in J_R}Q_j}\sum_{i\in J_R} g_i\,d\nu_0\right| \\
&=: B_1 + B_2.
\end{aligned}$$

We consider first the term B_1. If $\sum_{i\in J_R} g_i \not\equiv 1$ on Q_j, we write $j\in M_R$. In this case there exists some $h\in I\setminus J_R$ such that $g_h\not\equiv 0$ on Q_j. So $2Q_h\cap Q_j\ne\varnothing$, with $Q_h\not\subset R$. Thus, $2Q_h\cap\partial R\ne\varnothing$. That is, $h\in L_R$.

For each $h\in L_R$ there are at most c_4 squares Q_j such that $2Q_h\cap Q_j\ne\varnothing$. Moreover, for these squares Q_j we have $\ell(Q_j)\le c\,\ell(Q_h)$. Then, by Lemma 6.11, we get

$$\sum_{j\in M_R}\ell(Q_j) \le c\,c_4\sum_{h\in L_R}\ell(Q_h) \le c\,\ell(R). \tag{6.37}$$

Now we set

$$\begin{aligned}
B_1 &= \sum_{j\in M_R}\left|\int_{Q_j}\Big(\sum_{i\in J_R} g_i - 1\Big)\,d\nu_0\right| \\
&\le \sum_{j\in M_R}\left(\left|\int_{Q_j}\sum_{i\in J_R} g_i\,d\nu_0\right| + |\nu_0(Q_j)|\right).
\end{aligned}$$

We have $|\nu_0(Q_j)|\le c\,\ell(Q_j)$ and also

$$\left|\int_{Q_j}\sum_{i\in J_R} g_i\,d\nu_0\right| \le \sum_{i\in J_R}\left|\int_{Q_j} g_i\,d\nu_0\right| \le c\,\ell(Q_j),$$

because $\#\{i \in J_R : \operatorname{supp}(g_i) \cap Q_j \neq \varnothing\} \leq c$ and $|\mathcal{C}(g_i\nu_0)| \leq c$ for each i. Thus, by (6.37) we get

$$B_1 \leq c\,\ell(R).$$

Finally we have to estimate B_2. We have

$$B_2 \leq \sum_{i\in J_R} \left| \int_{\mathbb{C}\setminus\bigcup_{j\in J_R} Q_j} g_i\, d\nu_0 \right| = \sum_{i\in J_R} B_{2,i}.$$

Observe that if $B_{2,i} \neq 0$, then $\operatorname{supp}(g_i) \cap \operatorname{supp}(\nu_0) \setminus \bigcup_{j\in J_R} Q_j \neq \varnothing$. As a consequence, $2Q_i \cap Q_h \neq \varnothing$ for some $h \in I \setminus J_R$. Since $Q_i \subset R$ and $Q_h \not\subset R$, we deduce that either $2Q_i \cap \partial R \neq \varnothing$ or $Q_h \cap \partial R \neq \varnothing$. So either $i \in L_R$ or $h \in L_R$. Taking into account that $\ell(Q_i) \approx \ell(Q_h)$, arguing as above we get

$$\begin{aligned} B_2 &\leq c \sum_{i\in L_R} \ell(Q_i) + c \sum_{i\in J_R} \sum_{h\in L_R: Q_h\cap 2Q_i\neq\varnothing} \ell(Q_i) \\ &\leq c\,\ell(R) + c \sum_{h\in L_R} \sum_{i\in I: Q_h\cap 2Q_i\neq\varnothing} \ell(Q_h) \leq c\,\ell(R). \end{aligned}$$

6.6 Dyadic lattices and the exceptional sets $H_{\mathcal{D}}$ and $T_{\mathcal{D}}$

Let $\mathcal{D}_0$ be the usual dyadic lattice. For $w \in \mathbb{C}$, we write

$$\mathcal{D}(w) = w + \mathcal{D}_0.$$

That is, $\mathcal{D}(w)$ is a translation of $\mathcal{D}_0$ by the vector w. In the remaining part of this chapter, by "a dyadic lattice" we mean a lattice $\mathcal{D}(w)$, for some $w \in \mathbb{C}$.

6.6.1 The construction of $H_{\mathcal{D}}$

Let F, μ, ν and H be as in the Main Lemma 6.8, and let $\mathcal{D}$ be a fixed dyadic lattice from the collection of lattices $\{\mathcal{D}(w)\}_{w\in\mathbb{C}}$. Remember that $H = \bigcup_{k\in I_H} B(x_k, r_k) \cap F$, with

$$\sum_{k\in I_H} r_k \leq \frac{5}{c_0}\,\mu(F) = \varepsilon\,\mu(F).$$

Consider the family of dyadic squares $\mathcal{D}_H \subset \mathcal{D}$ such that $R \in \mathcal{D}_H$ if there exists some ball $B(x_k, r_k)$, $k \in I_H$, satisfying

$$B(x_k, r_k) \cap R \neq \varnothing \tag{6.38}$$

and

$$2r_k < \ell(R) \leq 4r_k. \tag{6.39}$$

Notice that

$$\bigcup_k B(x_k, r_k) \subset \bigcup_{R\in\mathcal{D}_H} R. \tag{6.40}$$

We take a subfamily of disjoint maximal squares $\{R_k\}_{k\in I_H}$ from $\mathcal{D}_H$ such that

$$\bigcup_{R\in\mathcal{D}_H} R = \bigcup_{k\in I_H} R_k,$$

and we define the **dyadic exceptional set** $H_{\mathcal{D}}$ as

$$H_{\mathcal{D}} = \bigcup_{k\in I_H} R_k.$$

Observe that (6.40) implies $H \subset H_{\mathcal{D}}$ and, since for each ball $B(x_k, r_k)$ there are at most four squares $R \in \mathcal{D}_H$ satisfying (6.38) and (6.39), we obtain

$$\sum_{k\in I_H} \ell(R_k) \le 16 \sum_k r_k \le \frac{80}{c_0}\,\mu(F) = 16\varepsilon\,\mu(F). \tag{6.41}$$

6.6.2 The accretivity condition and the exceptional set $T_{\mathcal{D}}$

Looking at conditions (a), (b) and (c) from Main Lemma 6.8 one can guess that the function b will behave as an accretive function on many squares from the dyadic lattice $\mathcal{D}$. We deal with this question in this subsection.

Let us define the exceptional set $T_{\mathcal{D}}$. If a dyadic square $R \in \mathcal{D}$ satisfies

$$\mu(R) \ge c_T|\nu(R)|, \tag{6.42}$$

where c_T is some big constant which will be chosen below, we set $R \in \mathcal{D}_T$. Let $\{R_k\}_{k\in I_T} \subset \mathcal{D}_T$ be the subfamily of maximal, and thus disjoint, dyadic squares from $\mathcal{D}_T$. The **exceptional set** $T_{\mathcal{D}}$ is

$$T_{\mathcal{D}} = \bigcup_{k\in I_T} R_k.$$

6.6.3 The size of $H_{\mathcal{D}} \cup T_{\mathcal{D}}$

In the next lemma we show $\mu(F \setminus (H_{\mathcal{D}} \cup T_{\mathcal{D}}))$ is big. That is, that it is comparable to $\mu(F)$.

Lemma 6.12. *If c_0 and c_T are chosen big enough, then*

$$|\nu(H_{\mathcal{D}} \cup T_{\mathcal{D}})| \le \frac{1}{2}\,|\nu(F)|$$

and

$$\mu(H_{\mathcal{D}} \cup T_{\mathcal{D}}) \le \delta_1 \mu(F),$$

with $\delta_1 = 1 - \dfrac{1}{2c_a\,c_b} < 1$.

Proof. Let $\{R_k\}_{k\in I_{HT}}$ be the subfamily of maximal (and thus *disjoint*) squares from

$$\{R_k\}_{k\in I_H} \cup \{R_k\}_{k\in I_T},$$

so that

$$H_{\mathcal{D}} \cup T_{\mathcal{D}} = \bigcup_{k\in I_{HT}} R_k.$$

From the property (g) of the Main Lemma 6.8, (6.42) and (6.41), we get

$$\begin{aligned}|\nu(H_{\mathcal{D}} \cup T_{\mathcal{D}})| &\le \sum_{k\in I_{HT}} |\nu(R_k)| \\ &\le \sum_{k\in I_H} |\nu(R_k)| + \sum_{k\in I_T} |\nu(R_k)| \\ &\le c_g \sum_{k\in I_H} \ell(R_k) + c_T^{-1} \sum_{k\in I_T} \mu(R_k) \\ &\le 16 c_g \varepsilon\, \mu(F) + c_T^{-1} \mu(F) \\ &\le c_a (16 c_g \varepsilon + c_T^{-1})\, |\nu(F)|.\end{aligned}$$

So if we choose ε small enough and c_T big enough, we obtain

$$|\nu(H_{\mathcal{D}} \cup T_{\mathcal{D}})| \le \frac{1}{2}\, |\nu(F)|.$$

Hence,

$$|\nu(F \setminus (H_{\mathcal{D}} \cup T_{\mathcal{D}}))| \ge |\nu(F)| - |\nu(H_{\mathcal{D}} \cup T_{\mathcal{D}})| \ge \frac{1}{2}\, |\nu(F)|.$$

Therefore,

$$\mu(F) \le c_a |\nu(F)| \le 2c_a\, |\nu(F \setminus (H_{\mathcal{D}} \cup T_{\mathcal{D}}))| \le 2 c_a c_b\, \mu(F \setminus (H_{\mathcal{D}} \cup T_{\mathcal{D}})).$$

Thus, $\mu(H_{\mathcal{D}} \cup T_{\mathcal{D}}) \le \delta_1 \mu(F)$, with $\delta_1 = 1 - \frac{1}{2c_a c_b}$. □

6.7 Application of a Tb theorem for the proof of Theorem 6.1

Let us recall the Tb theorem of Nazarov, Treil and Volberg proved in Chapter 5:

Theorem 6.13. *Let μ be a measure supported on a compact set $F \subset \mathbb{C}$. Suppose that there exist a complex measure ν and, for each $w \in \mathbb{C}$, two sets $H_{\mathcal{D}(w)}, T_{\mathcal{D}(w)} \subset \mathbb{C}$ made up of dyadic squares from $\mathcal{D}(w)$ such that*

(a) *Every ball B_r of radius r such that $\mu(B_r) > c_0 r$ is contained in $\bigcap_{w\in\mathbb{C}} H_{\mathcal{D}(w)}$.*

(b) *$\nu = b\,\mu$, where b is some function such that $\|b\|_{L^\infty(\mu)} \le c_b$.*

(c) $\int_{\mathbb{C}\setminus H_{\mathcal{D}(w)}} \mathcal{C}_* \nu \, d\mu \leq c\,\mu(F)$, *for all* $w \in \mathbb{C}$.

(d) *If* $Q \in \mathcal{D}(w)$ *is such that* $Q \not\subset T_{\mathcal{D}(w)}$, *then* $\mu(Q) \leq c_d |\nu(Q)|$ *(i.e. Q is an accretive square).*

(e) $\mu(H_{\mathcal{D}(w)} \cup T_{\mathcal{D}(w)}) \leq \delta_0\, \mu(F)$, *for all* $w \in \mathbb{C}$ *and some* $\delta_0 < 1$.

Then there exists a subset $G \subset F$ *such that*

(i) $\mu(G) \geq c^{-1}\mu(F)$,

(ii) $\mu\lfloor G$ *has* c_0*-linear growth,*

(iii) *the Cauchy transform is bounded on* $L^2(\mu\lfloor G)$.

The constant c and the bound for the L^2 *norm depend only on the constants above.*

If we apply this *Tb* theorem to the set F and to the measures μ and ν constructed in Main Lemma 6.8, we get:

Lemma 6.14. *Let* $E \subset \mathbb{C}$ *be a compact set such that* $\mathcal{H}^1(\partial E) < \infty$ *and* $\gamma(E) > 0$. *Let* $\{Q_i\}_{i\in J}$ *be the finite subfamily of those intermediate squares* Q_i, $i \in I$, *from Lemma* 6.6 *such that* $\gamma(E \cap 2Q_i) \neq 0$. *Let* $F = \bigcup_{i\in I} Q_i$. *Suppose that*

$$\frac{\gamma_+(E)}{\gamma(E)} \leq \frac{\gamma_+(E \cap 2Q_i)}{\gamma(E \cap 2Q_i)} \neq 0 \quad \textit{for all } i \in I. \tag{6.43}$$

Then there exists a measure μ *supported on* F *and a subset* $G \subset F$ *such that*

- $c_a^{-1}\gamma(E) \leq \mu(F) \leq c_a\,\gamma(E)$ *and* $\mu(F) \leq c_5\mu(G)$,
- $\mu(G \cap B(x,r)) \leq c_0 r$ *for all* $x \in G$, $r > 0$, *and*
- *the Cauchy transform is bounded on* $L^2(\mu\lfloor G)$ *with*

$$\|\mathcal{C}_{\mu\lfloor G}\|_{L^2(\mu\lfloor G)\to L^2(\mu\lfloor G)} \leq c_6.$$

The constants c_a, c_0, c_5, c_6 *are absolute constants.*

Proof. This is a direct consequence of Main Lemma 6.8, Lemma 6.12, and Theorem 6.13. Let us notice that the set G obtained in Theorem 6.13 fulfills

$$G \subset \mathbb{C} \setminus \bigcap_{w\in\Omega} H_{\mathcal{D}} \subset \mathbb{C} \setminus H,$$

and so $\mu(B(x,r)) \leq c_0 r$ for all $x \in G$. □

6.8 The final induction argument for the proof of Theorem 6.1

Lemma 6.15. *Let $E \subset \mathbb{C}$ be a compact set such that $\mathcal{H}^1(\partial E) < \infty$ and $\gamma(E) > 0$. There exists some absolute constant B such that if*

(a) $\gamma_+(E) \leq c_2 \operatorname{diam}(E)$, *and*

(b) $\dfrac{\gamma_+(E)}{\gamma(E)} \leq \dfrac{\gamma_+(E \cap Q)}{\gamma(E \cap Q)} \neq 0$ *for all the squares Q such that $\gamma(E \cap Q) \neq 0$ and* $\operatorname{diam}(Q) \leq \operatorname{diam}(E)/10$,

then $\gamma(E) \leq B\gamma_+(E)$.

Proof. By Lemmas 6.6 and 6.14, there are sets F, G and a measure μ supported on F such that

(i) $E \subset F$ and $\gamma_+(E) \approx \gamma_+(F)$,

(ii) $\mu(F) \approx \gamma(E)$,

(iii) $G \subset F$ and $\mu(G) \approx \mu(F)$,

(iv) $\mu(G \cap B(x,r)) \leq c_0 r$ for all $x \in G$, $r > 0$, and $\|\mathcal{C}\|_{L^2(\mu\lfloor G)\to L^2(\mu\lfloor G)} \leq c_6$.

From (iv) and (iii), we get

$$\gamma_+(F) \geq c^{-1}\mu(G) \geq c^{-1}\mu(F).$$

Then, by (ii), the preceding inequality, and (i),

$$\gamma(E) \leq c\,\mu(F) \leq c\,\gamma_+(F) \leq B\,\gamma_+(E).$$ □

As a corollary we deduce:

Lemma 6.16. *Let $E \subset \mathbb{C}$ be a compact set such that $\mathcal{H}^1(\partial E) < \infty$. There exists some absolute constant A_0 such that if $\gamma(E\cap Q) \leq A_0\,\gamma_+(E\cap Q)$ for all the squares Q with $\operatorname{diam}(Q) \leq \operatorname{diam}(E)/10$, then $\gamma(E) \leq A_0\,\gamma_+(E)$.*

Proof. We may assume that $\gamma(E) > 0$, otherwise the statement in the proposition is trivial.

If $\gamma_+(E) > c_2 \operatorname{diam}(E)$, then we get $\gamma_+(E) > c_2\,\gamma(E)$ by Proposition 1.5, and so we are done provided that $A_0 \geq c_2^{-1}$. We set $A_0 = \max(1, c_2^{-1}, B)$. If $\gamma_+(E) \leq c_2 \operatorname{diam}(E)$, then we also have $\gamma(E) \leq A_0\gamma_+(E)$. Otherwise, the assumption (b) in Lemma 6.15 holds, as well as (a), and we deduce $\gamma(E) \leq B\gamma_+(E) \leq A_0\gamma_+(E)$, which is a contradiction. □

Notice that any constant $A_0 \geq \max(1, c_2^{-1}, B)$ works in the argument above. So Lemma 6.16 holds for any constant A_0 sufficiently big.

Proof of Theorem 6.1. By the outer regularity of γ_+ on compact sets, if $d > 0$ is small enough, then $\gamma_+\left(\overline{\mathcal{U}_d(E)}\right) \leq \gamma_+(E) + \varepsilon$, where $\varepsilon > 0$ is some arbitrarily small constant. Consider the compact set E_0 made up of all the closed dyadic squares (from the usual standard dyadic lattice, say) of side length $d/2$ that intersect E (assuming d to be of the form 2^{-k}). We will prove below that $\gamma(E_0) \leq c\,\gamma_+(E_0)$. From this inequality, since $E \subset E_0 \subset \overline{\mathcal{U}_d(E)}$, we get

$$\gamma(E) \leq \gamma(E_0) \leq c\,\gamma_+(E_0) \leq c\,(\gamma_+(E) + \varepsilon),$$

and then we are done.

To prove that $\gamma(E_0) \leq c\gamma_+(E_0)$, we are going to show by induction on n that if R is a closed rectangle with sides parallel to the axes and diameter $\leq 4^{n-1}d$, $n \geq 0$, then

$$\gamma(R \cap E_0) \leq A_0 \gamma_+(R \cap E_0). \tag{6.44}$$

Notice that if $\operatorname{diam}(R) \leq d/4$, then R can intersect at most four of the dyadic squares of side length d that form E_0. In any case it is easy to check that $R \cap E_0$ is either a rectangle R_1 or a polygon which can be decomposed as the union of two closed rectangles R_1, R_2 (with $R_1 \cap R_2 \neq \varnothing$). In the first case, (6.44) follows from the fact that for every rectangle R_1 we have $\gamma_+(R_1) \approx \operatorname{diam}(R_1)$ (using the characterization of γ_+ in terms of curvature, for instance), which implies that $\gamma(R_1) \leq A_0\gamma_+(R_1)$, assuming A_0 sufficiently big. In the second case, by Lemma 1.19, we have

$$\gamma(R_1 \cup R_2) \leq c\,(\gamma(R_1) + \gamma(R_2)) \leq c\,(\gamma_+(R_1) + \gamma_+(R_2)) \leq 2c\,\gamma_+(R_1 \cup R_2).$$

Let us see now that if (6.44) holds for all rectangles R with diameter $\leq 4^n d$, then it also holds for a rectangle $\widetilde{R}$ with diameter $\leq 4^{n+1}d$. We only have to apply Lemma 6.16 to the set $\widetilde{R} \cap E_0$. Indeed, take a square Q with diameter $\leq \operatorname{diam}(\widetilde{R} \cap E_0)/10$. By the induction hypothesis we have

$$\gamma(Q \cap \widetilde{R} \cap E_0) \leq A_0\, \gamma_+(Q \cap \widetilde{R} \cap E_0),$$

because $Q \cap \widetilde{R}$ is a rectangle with diameter $\leq 4^n d$. Therefore,

$$\gamma(\widetilde{R} \cap E_0) \leq A_0\, \gamma_+(\widetilde{R} \cap E_0)$$

by Lemma 6.16. □

6.9 Estimate of the Cauchy integral and AD regular curves

6.9.1 Estimate of the Cauchy integral

In this subsection we will show a nice application of the comparability between γ and γ_+ to the so-called estimate of the Cauchy integral. The arguments will involve some of the techniques developed above for the proof of $\gamma \approx \gamma_+$, such as the approximation by means of the intermediate squares from Section 6.4.

The problem of estimating the Cauchy integral over the boundary of a domain was posed by Vitushkin in connection with the theory of uniform rational approximation on compact subsets of the complex plane. The problem consists in characterizing those bounded domains $G \subset \mathbb{C}$ with rectifiable boundary for which there exists a constant $c(G)$ such that for any compact set $E \subset G$ and any function f bounded and holomorphic on $G \setminus E$ the following estimate holds:

$$\left| \int_{\partial G} f(z)\, dz \right| \leq c(G)\, \|f\|_\infty \gamma(E).$$

Vitushkin also raised the analogous question for functions f continuous on $\bar{G}$ and holomorphic on $G \setminus E$, interchanging $\gamma(E)$ by the continuous analytic capacity $\alpha(E)$.

Theorem 6.17. *Let G be a bounded open set in $\mathbb{C}$ whose boundary ∂G is a finite disjoint union of Jordan rectifiable (closed) curves such that the measure $\mathcal{H}^1 \lfloor \partial G$ has linear growth and the Cauchy integral operator $\mathcal{C}_{\mathcal{H}^1 \lfloor \partial G}$ is bounded in $L^2(\mathcal{H}^1 \lfloor \partial G)$. Then there exists some constant $c(G)$ such that for any compact set $E \subset G$ and any function $f \in H^\infty(G \setminus E)$, we have*

$$\left| \int_{\partial G} f(z)\, dz \right| \leq c(G)\, \|f\|_\infty \gamma(E). \tag{6.45}$$

The constant $c(G)$ depends only on the linear growth constant of $\mathcal{H}^1 \lfloor \partial G$ and on the $L^2(\mathcal{H}^1 \lfloor \partial G)$ norm of $\mathcal{C}_{\mathcal{H}^1 \lfloor \partial G}$.

For example, if ∂G is a single Jordan curve satisfying $\mathcal{H}^1(B(z,r)) \leq c_0\, r$ for all $z \in \partial G$ and all $r > 0$, then ∂G is an AD regular curve and thus $\mathcal{C}_{\mathcal{H}^1 \lfloor \partial G}$ is bounded on $L^2(\mathcal{H}^1 \lfloor \partial G)$, and (6.45) holds.

Let us remark that the linear growth of $\mathcal{H}^1 \lfloor \partial G$ in the theorem is a superfluous assumption, because it follows from the $L^2(\mathcal{H}^1 \lfloor \partial G)$ boundedness of $\mathcal{C}_{\mathcal{H}^1 \lfloor \partial G}$. In the theorem we assume f to be defined in ∂G by its boundary values, which are known to exist.

The motivation of Vitushkin for the question above is due to the fact that from (6.45) one can deduce the semiadditivity of γ for disjoint compact sets which are separated by an AD regular curve. Indeed, let $E, F \subset \mathbb{C}$ be compact and consider an AD regular Jordan curve Γ such that E lies in the bounded component of $\mathbb{C} \setminus \Gamma$ and F in the unbounded one. Let f be the Ahlfors function of $E \cup F$. Denote by G the bounded component of $\mathbb{C} \setminus \Gamma$ and let $B(0,R)$ be an open ball containing $\overline{G} \cup F$. Then

$$\begin{aligned}\gamma(E \cup F) = f'(\infty) &= \frac{1}{2\pi i} \int_{\partial B(0,R)} f(z)\, dz \\ &= \frac{1}{2\pi i} \int_{\partial (B(0,R) \setminus \overline{G})} f(z)\, dz + \frac{1}{2\pi i} \int_{\partial G} f(z)\, dz.\end{aligned}$$

By Theorem 6.17, we have

$$\left|\int_{\partial G} f(z)\,dz\right| \leq c(G)\|f\|_\infty \gamma(E).$$

The same theorem can also be applied to the domain $B(0,R)\setminus\overline{G}$ because the arc length measure on $\partial(B(0,R)\setminus\overline{G}) = \partial B(0,r)\cup\Gamma$ has linear growth and the Cauchy transform is bounded in L^2 with respect to this measure. In fact, the L^2 boundedness can be derived from the fact that $\partial B(0,r)\cup\Gamma$ is a subset of an AD regular curve: just connect $\partial B(0,r)$ to Γ by means of a segment. So we have

$$\left|\int_{\partial(B(0,R)\setminus\overline{G})} f(z)\,dz\right| \leq c'(G)\|f\|_\infty \gamma(F).$$

Then we get

$$\gamma(E\cup F) \leq c''(G)\big(\gamma(E)+\gamma(F)\big).$$

Proof of Theorem 6.17. We assume that f vanishes on $\mathbb{C}\setminus\bar{G}$ and also, by homogeneity, that $\|f\|_\infty \leq 1$.

Let Ω be the open set containing E defined in Lemma 6.6, and $\Omega = \bigcup_{i\in I} Q_i$ a Whitney decomposition into squares satisfying the conditions mentioned in the same lemma. Now we consider a partition of unity: let $\{\varphi_i\}_{i\in I}$ be a family of C^∞ functions such that $0\leq\varphi_i\leq 1$, $\|\nabla\varphi_i\|_\infty \leq c/\ell(Q_i)$ and $\operatorname{supp}(\varphi_i)\subset\frac{3}{2}Q_i$ for each $i\in I$, so that $\sum_{i\in I}\varphi_i = 1$ in Ω.

Consider the (finite) subfamily of squares $\{Q_j\}_{j\in J}$, $J\subset I$, such that $2Q_j\cap E\neq\varnothing$. Notice that $\psi := \sum_{j\in J}\varphi_j = 1$ in a neighborhood of E. Moreover, ψ is a compactly supported C^∞ function because J is finite. Then we have

$$f = \sum_{j\in J} V_{\varphi_j} f + V_{1-\psi} f,$$

where $V_{\dots}$ stands for Vitushkin's localization operator. Although $1-\psi$ is not compactly supported, $V_{1-\psi}f$ also makes sense: we just set $V_{1-\psi}f = -\frac{1}{\pi}\mathcal{C}((1-\psi)\bar{\partial}f)$. Observe that $V_{1-\psi}f$ is bounded in G, although its L^∞ norm may depend on $\#J$. Also, it is holomorphic in G because

$$\bar{\partial}(V_{1-\psi}f) = (1-\psi)\,\bar{\partial}f = 0 \quad \text{in } G,$$

since $1-\psi$ vanishes in a neighborhood of E and f is holomorphic in $G\setminus E$. Thus,

$$\int_{\partial G} f(z)\,dz = \sum_{j\in J}\int_{\partial G} V_{\varphi_j} f(z)\,dz. \tag{6.46}$$

Let $J_1\subset J$ be the set of indices j such that $2Q_j\cap\partial G = \varnothing$, and $J_2 = J\setminus J_1$. By the definition of γ, for $j\in J_1$ we have

$$\left|\int_{\partial G} V_{\varphi_j} f(z)\,dz\right| \leq c\,\gamma(E\cap 2Q_j),$$

because $E\cap 2Q_j\subset G$ and $\|V_{\varphi_j}f\|_\infty\leq c$. Therefore, from Lemma 6.6 and the fact that $\gamma\approx\gamma_+$, we derive

$$\left|\sum_{j\in J_1}\int_{\partial G}V_{\varphi_j}f(z)\,dz\right|\leq c\sum_{j\in J_1}\gamma(E\cap 2Q_j)\leq c\,\gamma(E). \tag{6.47}$$

For $j\in J_2$ we will show below that

$$\left|\int_{\partial G}V_{\varphi_j}f(z)\,dz\right|\leq c\left(\gamma(E\cap 2Q_j)+\mathcal{H}^1(\partial G\cap 5Q_j)\right). \tag{6.48}$$

Before proving this estimate, let us see that (6.45) follows from (6.46), (6.47), and (6.48). Indeed, appealing to Lemma 6.6 again, by the finite overlap of the squares $5Q_j$, we get

$$\begin{aligned}\left|\sum_{j\in J_2}\int_{\partial G}V_{\varphi_j}f(z)\,dz\right|&\leq c\Big(\sum_{j\in J}\gamma(E\cap 2Q_j)+\sum_{j\in J}\mathcal{H}^1(\partial G\cap 5Q_j)\Big)\\&\leq c\left(\gamma(E)+\mathcal{H}^1(\partial G\cap\Omega)\right).\end{aligned}$$

Because of the $L^2(\mathcal{H}^1\lfloor\partial G)$ boundedness of the Cauchy transform, we have

$$\mathcal{H}^1(\partial G\cap\Omega)\leq c\,\gamma_+(\partial G\cap\Omega)\leq c\,\gamma_+(\Omega)\leq c\,\gamma_+(E).$$

Thus,

$$\left|\sum_{j\in J_2}\int_{\partial G}V_{\varphi_j}f(z)\,dz\right|\leq c\,\gamma(E),$$

which, together with (6.47), yields (6.45).

It only remains to prove (6.48) for $j\in J_2$. Let D_j be a disk with radius $\ell(Q_j)/4$ whose center z_j coincides with the center of Q_j. Consider the following measure:

$$\nu_j:=\frac{-1}{\pi\mathcal{L}^2(D_j)}\left(\int f\bar\partial\varphi_j\,d\mathcal{L}^2\right)\mathcal{L}^2\lfloor D_j.$$

We want to compare $V_{\varphi_j}f$ to the function $g_j:=\mathcal{C}\nu_j$. Notice that

$$\frac{1}{\pi}\int f\bar\partial\varphi_j\,d\mathcal{L}^2=(V_{\varphi_j}f)'(\infty)=g_j'(\infty).$$

Then, from the definition of γ, the fact that $\|V_{\varphi_j}f\|_\infty\leq c$, and the semiadditivity of γ, we get

$$\begin{aligned}\left|\frac{1}{\pi}\int f\bar\partial\varphi_j\,d\mathcal{L}^2\right|&\leq c\,\gamma((E\cup\partial G)\cap 2Q_j)\leq c\left(\gamma(E\cap 2Q_j)+\gamma(\partial G\cap 2Q_j)\right)\\&\leq c\left(\gamma(E\cap 2Q_j)+\mathcal{H}^1(\partial G\cap 2Q_j)\right).\end{aligned} \tag{6.49}$$

Hence,

$$\|g_j\|_\infty \le \left|\frac{c}{\ell(Q_j)}\int f\bar\partial\varphi_j\,d\mathcal{L}^2\right| \le c\,\frac{\gamma(E\cap 2Q_j)+\mathcal{H}^1(\partial G\cap 2Q_j)}{\ell(Q_j)} \le c. \tag{6.50}$$

In the last inequality we used the linear growth of $\mathcal{H}^1\lfloor\partial G$. Since g_j and $V_{\varphi_j}f$ are bounded in modulus by some absolute constant and $(V_{\varphi_j}f)'(\infty) = g_j'(\infty)$, the following estimate holds for $z \notin 5Q_j$, by Lemma 1.12:

$$\begin{aligned}|V_{\varphi_j}f(z) - g_j(z)| &\le \frac{c\,\ell(2Q_j)\gamma\big((E\cup\partial G)\cap 2Q_j\big)}{\operatorname{dist}(z,2Q_j)^2}\\ &\le \frac{c\,\ell(Q_j)\big[\gamma(E\cap 2Q_j)+\mathcal{H}^1(\partial G\cap 2Q_j)\big]}{|z-z_j|^2}.\end{aligned} \tag{6.51}$$

Let us estimate the integral

$$\int_{\partial G}|V_{\varphi_j}f(z) - g_j(z)|\,d\mathcal{H}^1(z) = \int_{\partial G\cap 5Q_j} + \int_{\partial G\setminus 5Q_j} =: I_1 + I_2.$$

From the uniform boundedness of g_j and $V_{\varphi_j}f$, it follows immediately that $I_1 \le c\,\mathcal{H}^1(\partial G\cap 5Q_j)$. To deal with I_2 we use (6.51) and the fact that the arc length measure on ∂G has linear growth. Then we get

$$\begin{aligned}I_2 &\le \int_{\partial G\setminus 5Q_j}\frac{c\,\ell(Q_j)\big[\gamma(E\cap 2Q_j)+\mathcal{H}^1(\partial G\cap 2Q_j)\big]}{|z-z_j|^2}\,d\mathcal{H}^1(z)\\ &\le c\big[\gamma(E\cap 2Q_j)+\mathcal{H}^1(\partial G\cap 2Q_j)\big].\end{aligned}$$

Thus

$$\left|\int_{\partial G}V_{\varphi_j}f(z)\,dz\right| \le c\big[\gamma(E\cap 2Q_j)+\mathcal{H}^1(\partial G\cap 5Q_j)\big] + \left|\int_{\partial G}g_j(z)\,dz\right|.$$

By Fubini and (6.49) we obtain

$$\left|\int_{\partial G}g_j(z)\,dz\right| = \left|\int_{\partial G}C\nu_j(z)\,dz\right| = c\,|\nu_j(G)| \le c\big[\gamma(E\cap 2Q_j)+\mathcal{H}^1(\partial G\cap 2Q_j)\big].$$

So (6.48) holds, and the theorem follows. □

6.9.2 Another proof of the L^2 boundedness of the Cauchy transforms on AD regular curves

We will show now how the comparability $\gamma \approx \gamma_+$ together with the good lambda Theorem 2.22 gives a straightforward proof of the L^2 boundedness of the Cauchy transform on AD regular curves. Recall that two more direct (and natural) proofs have already been obtained in Chapter 3. One is based on the fact that AD regular curves have big pieces of Lipschitz graphs and the other relies on Jones' traveling salesman theorem and the relationship between curvature and Jones' β's.

So consider an AD regular curve $\Gamma \subset \mathbb{C}$ and assume for simplicity that $\operatorname{diam}(\Gamma) = \infty$. By Theorem 2.22 and Remark 2.24, it is enough to show that for each ball B centered at some point in Γ there exists some subset $G_B \subset \Gamma \cap B$ such that $\mathcal{H}^1(G_B) \geq \eta\, r(B)$ and $\mathcal{C}_{\mathcal{H}^1\lfloor G_B}$ is bounded in $L^2(\mathcal{H}^1\lfloor G_B)$, with norm bounded above independently of B. To find G_B, notice that $\Gamma \cap B$ contains a connected set of diameter $\geq r(B)$. Therefore,

$$\gamma_+(\Gamma \cap B) \approx \gamma(\Gamma \cap B) \approx r(B).$$

Thus there exists a measure μ supported on $\Gamma \cap B$, with $\mu(\Gamma \cap B) \approx r(B)$ such that $\mu(B(x,r)) \leq r$ for all x, r, and $\mathcal{C}_\mu$ is bounded in $L^2(\mu)$, with absolute constants. From the linear growth condition on μ and the Radon-Nikodym theorem it follows easily that $\mu = g\,\mathcal{H}^1\lfloor\Gamma \cap B$, for some measurable function g such that $0 \leq g(x) \leq 1$ for $\mathcal{H}^1$-a.e. $x \in \Gamma \cap B$. Since

$$\int_{\Gamma\cap B} g\, d\mathcal{H}^1 \gtrsim r(B) \geq c_0^{-1}\mathcal{H}^1(\Gamma \cap B),$$

one easily deduces that there exists a subset $G_B \subset B$ with $\mathcal{H}^1(G_B) \gtrsim r(B)$ such that $g(x) \gtrsim 1$ on G_B, with constants depending on c_0. Then $\mathcal{C}_{\mathcal{H}^1\lfloor G_B}$ is bounded in $L^2(\mathcal{H}^1\lfloor G_B)$, and we are done.

6.10 Historical remarks and further results

6.10.1 Analytic capacity

To my knowledge, the first one to apply a Tb-like theorem in combination with stopping time arguments to the study of analytic capacity was Michael Christ. Using these techniques, in [14] he proved that if $E \subset \mathbb{C}$ is 1-dimensional AD regular and $\gamma(E) > 0$, then there exists a subset $F \subset E$ with $\mathcal{H}^1(F) > 0$ such that the Cauchy transform is bounded in L^2 with respect $\mathcal{H}^1\lfloor F$. This result and the ideas used in the proof were very influential in the subsequent research on analytic capacity, in particular, in the solution of Vitushkin's conjecture and in the proof of the comparability between γ and γ_+.

Let us mention that, prior to the proof of this comparability, Peter Jones showed around 1999 that any continuum $\Gamma \subset \mathbb{C}$ supports a measure μ satisfying $\mu(\Gamma) \approx \operatorname{diam}(\Gamma)$, $\mu(B(x,r)) \leq r$ for all x, r and $c^2(\mu) \lesssim \operatorname{diam}(\Gamma)$. In other words, $\gamma_+(\Gamma) \gtrsim \operatorname{diam}(\Gamma)$, which is equivalent to saying that

$$\gamma_+(\Gamma) \approx \gamma(\Gamma)$$

for any continuum $\Gamma \subset \mathbb{C}$, in view of Proposition 1.5. The proof can be found in Pajot [132]. The arguments used by Jones are of geometric type, very different from the ones in the present chapter.

Another relevant particular case is the one of the Cantor sets $E(\lambda)$ introduced in Section 4.7 of Chapter 4. Mateu, Tolsa and Verdera [96] proved that $\gamma(E(\lambda)) \approx \gamma_+(E(\lambda))$ before the obtention of the analogous result for arbitrary compact sets in Tolsa [160]. The arguments for the sets $E(\lambda)$ also use an induction on scales and a *Tb*-like theorem, like the proof for general compact sets in this chapter. For the Cantor sets $E(\lambda)$, the induction on scales and the rest of the proof are particularly transparent (recall the Example 6.7). The arguments in Tolsa [160] were inspired in part by the ideas from this particular case.

The estimate of the Cauchy integral in Theorem 6.17 is from Melnikov and Tolsa [110]. The same estimate had been proved in 1966 by Melnikov [111] for a domain G with analytic boundary. Later on, Vitushkin [178] extended it to the case where the boundary of G is made up of piecewise $C^{1+\varepsilon}$ curves. In [30], Davie generalized the result to the case of C^1 curves whose tangent satisfies a Dini type condition. Arguing as in Section 6.9.1, from the results of Melnikov, Vitushkin and Davie one derives the semiadditivity of γ for disjoint compact sets separated by curves which are analytic, piecewise $C^{1+\varepsilon}$, or C^1 with Dini continuous tangent, respectively. All these curves are AD regular, and thus the Cauchy transform is bounded with respect to arc length on them. So the results of Melnikov, Vitushkin and Davie can be considered as particular cases of Theorem 6.17.

Let us remark that in Melnikov and Tolsa [110] it is also shown that if the estimate (6.45) holds for any subset set $E \subset G$ and any function $f \in H^\infty(G \setminus E)$, then the Cauchy transform $\mathcal{C}_{\mathcal{H}^1 \lfloor \partial G}$ is bounded in $L^2(\mathcal{H}^1 \lfloor \partial G)$. Further, in this work there are analogous results which involve the continuous analytic capacity α in lieu of γ.

The comparability $\gamma \approx \gamma_+$ has other interesting consequences besides the semiadditivity of γ. For example, before proving $\gamma \approx \gamma_+$, it was not even known if the class of sets with vanishing analytic capacity is invariant under an affine map such as $x + iy \mapsto x + i\,2y$, $x, y \in \mathbb{R}$ (this question was raised by O'Farrell, as far as I know). However, this is true for γ_+ (and so for γ), because its characterization in terms of curvature of measures. Similarly, it is quite easy to check that the class of sets with vanishing capacity γ_+ is invariant under $\mathcal{C}^{1+\varepsilon}$ diffeomorphisms. The analogous fact for bilipschitz diffeomorphisms also holds, although it is more difficult. This is a consequence of the following result, proved in Tolsa [163].

Theorem 6.18. *Let μ be a Radon measure supported on a compact $E \subset \mathbb{C}$, such that $\mu(B(x,r)) \leq r$ for all $x \in E$, $r > 0$ and $c^2(\mu) < \infty$. Let $\varphi : \mathbb{C} \to \mathbb{C}$ be a bilipschitz mapping. Then there exists a positive constant C depending only on φ such that*

$$c^2(\varphi\#\mu) \leq C\big(\mu(E) + c^2(\mu)\big).$$

Recall that $\varphi\#\mu$ stands for image measure of μ by φ. See also Garnett and Verdera [55] for a preliminary result on Cantor sets. From the characterization of γ_+ in terms of curvature and the comparability $\gamma \approx \gamma_+$, one deduces:

Corollary 6.19. *Let $E \subset \mathbb{C}$ be a compact set and $\varphi : \mathbb{C} \to \mathbb{C}$ a bilipschitz map. There exists a positive constants c depending only on φ such that*

$$c^{-1}\gamma(E) \leq \gamma(\varphi(E)) \leq c\,\gamma(E).$$

From Theorem 6.18 and the $T1$ theorem for the Cauchy transform one also gets the following.

Corollary 6.20. *Let $\varphi : \mathbb{C} \longrightarrow \mathbb{C}$ be a bilipschitz map and μ a Radon measure on $\mathbb{C}$ with linear growth. Set $\sigma = \varphi\#\mu$. If $\mathcal{C}_\mu$ is bounded in $L^2(\mu)$, then $\mathcal{C}_\sigma$ is bounded in $L^2(\sigma)$.*

The results analogous to the ones in the Corollaries 6.19 and 6.20 for the Lipschitz harmonic capacity and for the n-dimensional Riesz transform in $\mathbb{R}^{n+1}$ are open at the time of this writing.

Observe, by the way, that the question whether positive Favard length for a compact set $E \subset \mathbb{C}$ implies positive analytic capacity $\gamma(E)$, which was mentioned in Section 1.7 of Chapter 1, can be restated in a more geometric way thanks to Theorem 6.1. Indeed, this is equivalent to asking if any compact set with positive Favard length supports a positive measure with linear growth and finite curvature.

Now we turn our attention to another open problem, which concerns the so-called Cauchy capacity γ^c. This is defined like the usual analytic capacity, although the supremum in (1.1) is taken over all the functions $f : \mathbb{C} \setminus E \to \mathbb{C}$ with $\|f\|_\infty \leq 1$ which are the Cauchy transform of some complex measure supported on E. Clearly, $\gamma_+ \leq \gamma^c \leq \gamma$ and thus $\gamma \approx \gamma^c$. However, it is not known if $\gamma = \gamma^c$. In fact, this is true for sets with finite length, by Proposition 6.5, but unknown for sets with infinite length. For more information about γ^c and this open problem see Khavinson [80].

6.10.2 Other capacities

The arguments to prove that $\gamma \approx \gamma_+$ have been adapted successfully to the study of other related capacities. For example, in Tolsa [162] it has been shown that the continuous analytic capacity satisfies

$$\begin{aligned}\alpha(E) &\approx \alpha_+(E)\\ &\approx \sup\{\mu(E) : \operatorname{supp}(\mu) \subset E,\ \Theta^1_\mu(x) = 0\ \forall x \in E,\ c^2(\mu) \leq \mu(E)\}.\end{aligned}$$

Recall that $\Theta^1_\mu(x)$ is the 1-dimensional density of μ at x (see (1.16)). From this characterization of α it follows that α is countably semiadditive

Volberg [180] has also been able to adapt the scheme from Theorem 6.1 for the Lipschitz harmonic capacity κ. He has shown that

$$\kappa(E) \approx \kappa_+(E) \approx \sup\{\mu(E) : \mu \in \Sigma_n(E),\ \|R^n_\mu\|_{L^2(\mu)\to L^2(\mu)} \leq 1\}, \tag{6.52}$$

where $\Sigma_n(E)$ stands for the subset of the positive measures μ supported on E such that $\mu(B(x,r)) \leq r^n$ for all x, r and R^n is the n-dimensional Riesz transform with respect to μ in $\mathbb{R}^{n+1}$ (which is associated with the vectorial kernel $x/|x|^{n+1}$). Since curvature and permutations are not useful in higher dimensions, one of the main difficulties consists in finding a potential which plays the same role as U_μ for the construction of the intermediate approximating squares. The potential taken by Volberg is the following:

$$M_{R,n}\mu(x) + R^n_*\mu(x) + \sum_{i=1}^{n+1} R^{n,(i)}_{\mu,*}\big(R^{n,(i)}\mu\big)(x), \tag{6.53}$$

where $R^{n,(i)}$ is i-th scalar component of R^n, and the subindex $*$ stands for the maximal version of the corresponding operator, as usual.

By combining the techniques for the continuous analytic capacity and the Lipschitz harmonic capacity, it also follows that the C^1 harmonic capacity κ_c is comparable to its positive version $\kappa_{c,+}$, as shown by Ruiz de Villa and Tolsa [143].

For $0 < \alpha < d$, the capacity γ_α in $\mathbb{R}^d$ associated with the α-dimensional Riesz transform (see Section 4.10.4 of Chapter 4) is comparable to $\gamma_{\alpha,+}$. This was proved by Mateu, Prat and Verdera [93] in the case $0 < \alpha < 1$ and by Prat [137] for $1 < \alpha < d$ (except in the case $\alpha = d - 1$, which corresponds to the Lipschitz harmonic capacity). For $0 < \alpha < 1$ a potential of "curvature type" works, because of (3.26), while for $\alpha > 1$ a potential similar to (6.53) is required.

There are works which deal with other more "exotic" capacities associated with Calderón-Zygmund kernels, which have been shown to be semiadditive by proving their comparability with their corresponding positive versions too. For example, Mateu, Prat and Verdera [94] have studied the capacities in $\mathbb{R}^d$ associated with the scalar signed Riesz kernel $x_i/|x|^{n+1}$, where x_i is the i-th component of x. On the other hand, the paper by Chousionis, Mateu, Prat and Tolsa [11] deals with the capacities in the plane associated with the vectorial kernels

$$\left(\frac{x_1^{2j-1}}{|x|^{2j}}, \frac{x_2^{2j-1}}{|x|^{2j}}\right),$$

for $j \geq 1$.

Chapter 7

Curvature and rectifiability

7.1 Introduction

In this chapter we will prove the following.

Theorem 7.1. *Let $E \subset \mathbb{C}$ be an $\mathcal{H}^1$-measurable set with $\mathcal{H}^1(E) < \infty$. If $c^2(\mathcal{H}^1\lfloor E) < \infty$, then E is rectifiable.*

This result was first proved by David. However, his arguments have remained unpublished and instead a different proof by Léger [83] appeared later. Moreover, the arguments of Léger have the advantage of generalizing more easily to higher dimensions than the original ones of David. So quite often the theorem above is referred to as the "David-Léger curvature theorem", for short.

From Theorem 7.1, the characterization of γ_+ in terms of curvature, and the comparability[1] between γ and γ_+, one easily gets a positive answer to Vitushkin's conjecture for sets with finite length. This is David's theorem [23]:

Theorem 7.2. *Let $E \subset \mathbb{C}$ be compact with $\mathcal{H}^1(E) < \infty$. Then $\gamma(E) = 0$ if and only if E is purely unrectifiable.*

Proof. Under the assumption that $\mathcal{H}^1(E) < \infty$, the fact that $\gamma(E) = 0$ forces E to be purely unrectifiable is just a restatement of the solution of Denjoy's conjecture (see Theorem 4.9).

Suppose now that $\gamma(E) > 0$. Then $\gamma_+(E) > 0$, either by Theorem 6.1 or Theorem 6.4, and thus E supports a non-zero measure μ with linear growth and finite curvature. Such a measure μ must be of the form $\mu = h\,\mathcal{H}^1\lfloor E$, for some $h \in L^1(\mathcal{H}^1\lfloor E)$. Indeed, if $F \subset \mathbb{C}$ satisfies $\mathcal{H}^1\lfloor E\,(F) = 0$, then, for any $\varepsilon > 0$, $E \cap F$ can be covered by a family of balls $B(x_i, r_i)$ such that $\sum_i r_i < \varepsilon$. We

[1] In this situation, we might appeal to David's Theorem 6.4, instead of using the full strength of the comparability between γ and γ_+.

deduce that

$$\mu(F) = \mu(E \cap F) \leq c \sum_i r_i < c\varepsilon,$$

and thus $\mu(F) = 0$. Thus, $\mu = h\,\mathcal{H}^1\lfloor E$ by the Radon-Nikodym theorem.

Let $\delta > 0$ be such that the set $G_\delta := \{x \in E : h(x) > \delta\}$ has positive μ-measure. Then we have

$$c^2(\mathcal{H}^1\lfloor G_\delta) \leq \delta^{-3}c^2(\mu\lfloor G_\delta) < \infty,$$

since $\mathcal{H}^1\lfloor G_\delta = h^{-1}\mu\lfloor G_\delta$, with $h^{-1} \leq \delta^{-1}$ on G_δ. Thus, by the David-Léger theorem, we infer that G_δ is rectifiable. So E is not purely unrectifiable. □

Using the countable semiadditivity of γ, David's theorem can be extended to the case of σ-finite length:

Corollary 7.3. *Let $E \subset \mathbb{C}$ be compact with σ-finite length. Then $\gamma(E) = 0$ if and only if E is purely unrectifiable.*

Proof. We already know that if E is rectifiable, then $\gamma(E) > 0$, by the solution of Denjoy's conjecture. On the other hand, if E is purely unrectifiable, then we write $E = \bigcup_{n=1}^{\infty} E_n$, where $E_n \subset \mathbb{C}$ are purely unrectifiable Borel sets with $\mathcal{H}^1(E_n) < \infty$. Then $\gamma(E_n) = 0$ for every n, by David's theorem, and thus

$$\gamma(E) \leq c \sum_{n=1}^{\infty} \gamma(E_n) = 0.$$ □

For sets with non-σ-finite length, the characterization of removability in terms of pure unrectifiability fails. Indeed, let $F \subset \mathbb{R}$ be the classical $1/3$ middle Cantor set, and let $E(1/3) = F \times F \subset \mathbb{C}$. This set is not removable because, by Theorem 4.28,

$$\gamma(E(1/3)) \approx \left(\sum_{n=0}^{\infty} \left(\frac{4^{-n}}{3^{-n}} \right)^2 \right)^{-1/2} = \left(\sum_{n=0}^{\infty} \left(\frac{9}{16} \right)^2 \right)^{-1/2} > 0.$$

Alternatively, it is not difficult to check that $\dim_H(E(1/3)) > 1$ (in fact, $\dim_H(E(1/3)) = \log 4/\log 3$, see Mattila [100, Sections 4.10-4-13]), which implies that $\gamma(E) > 0$, by Theorem 1.25.

On the other hand, $E(1/3)$ is purely unrectifiable. That is, $\mathcal{H}^1(E(1/3) \cap \Gamma) = 0$ for any rectifiable curve. This can be deduced from the fact that the orthogonal projections of $E(1/3)$ both on the horizontal and vertical axes equal the $1/3$ Cantor set and thus have zero length; recalling also that the length of the orthogonal projections of any subset of positive length of a rectifiable curve Γ vanishes at most in one direction (see Falconer [40, Theorem 6.10]).

By choosing an appropriate sequence $\lambda = \{\lambda_n\}_n$ in the construction of the sets $E(\lambda)$ from Section 4.7 of Chapter 4, we can get an example of a set with Hausdorff dimension 1 which is non-removable and purely unrectifable (of course, in this case $E(\lambda)$ will have non-σ-finite length). Indeed, it suffices to take λ such that $\lambda_n \searrow 1/4$ with $\sum_{n=0}^{\infty}\theta_n^2 < \infty$, for $\theta_n = (4^n\lambda_1\cdots\lambda_n)^{-1}$. For example, the choice $\lambda_n = \frac{n+3}{4(n+2)}$, which yields $\theta_n = \frac{3}{n+3}$, does the job.

7.2 The quantitative version of the David-Léger theorem

Theorem 7.1 follows as a consequence of the following more quantitative result.

Theorem 7.4. *For any constant $c_0 \geq 1$, there exists a number $\eta > 0$ such that if μ is a positive Radon measure supported on a ball $B(x_0, R)$ which satisfies $\mu(B(x_0, R)) \geq R$, $\mu(B(x,r)) \leq c_0\, r$ for all $x \in \mathbb{C}$, $r > 0$, and $c_\mu^2(x) \leq \eta$ for μ-a.e. $x \in \mathbb{C}$, then there exists a Lipschitz graph Γ with slope $c_\Gamma \leq 1/10$ such that $\mu(\Gamma) \geq \frac{99}{100}\,\mu(\mathbb{C})$. Moreover, the slope c_Γ can be taken arbitrarily small, assuming η small enough.*

Let us remark that the above condition

$$c_\mu^2(x) \leq \eta \qquad \text{for } \mu\text{-a.e. } x \in \mathbb{C},$$

is equivalent to

$$c_\mu^2(x) \leq \eta \qquad \text{for all } x \in \operatorname{supp}(\mu),$$

since $c_\mu^2(x) \leq \limsup_{y\to x} c_\mu^2(y)$, as the reader can easily check. On the other hand, in general,

$$c_\mu^2(x) \neq \lim_{y\to x} c_\mu^2(y).$$

To see this, one can take μ equal to the arc length measure on an interval $I \subset \mathbb{C}$, and a sequence of points y_n approaching to some point in $x \in I$ orthogonally to I, say.

The preceding theorem will be proved in Sections 7.3-7.8 of this chapter. To show how this yields Theorem 7.1, we first need the following auxiliary result.

Lemma 7.5. *Let μ be some positive finite Radon measure without atoms on $\mathbb{C}$. If $c^2(\mu) < \infty$, then*

$$\lim_{r\to 0} \frac{c^2(\mu\lfloor B(x,r))}{\mu(B(x,r))} = 0 \qquad \textit{for } \mu\textit{-almost all } x \in \mathbb{C}.$$

Proof. For each $m \geq 1$, let

$$A_m = \left\{x \in \mathbb{C} : \limsup_{r\to 0} c^2(\mu\lfloor B(x,r))[\mu(B(x,r))]^{-1} > 1/m\right\}.$$

For $r > 0$, write

$$c_{(r)}^2(\mu) = \iiint_{|x-y|\leq r} c(x,y,z)^2\, d\mu(x)\, d\mu(y)\, d\mu(z).$$

Notice that $\lim_{r\to 0} c^2_{(r)}(\mu) = 0$, because $c^2(\mu) < \infty$ and μ has no atoms.

Given any $r > 0$ and $m \geq 1$, for each $x \in A_m$ there exists some ball $B(x,s)$ with $s < r/2$ such that $\mu(B(x,s)) \leq m\, c^2(\mu\lfloor B(x,s))$. With this type of balls, we consider a Besicovitch covering of A_m. That is, $A_m \subset \bigcup_i B(x_i,s_i)$, with $\sum_i \chi_{B(x_i,s_i)} \leq c$. Let us remark that, for the application of this theorem, we may assume $\operatorname{supp}(\mu)$ to be bounded if necessary. Then we get

$$\mu(A_m) \leq \sum_i \mu(B(x_i,s_i)) \leq m \sum_i c^2(\mu\lfloor B(x_i,s_i)) \leq c\, m\, c^2_{(r)}(\mu),$$

which tends to 0 as $r \to 0$. Thus $\mu(A_m) = 0$ for each m. □

Let $A \subset \mathbb{R}^d$ and $s \geq 0$. Recall that if $\mathcal{H}^s(A) < \infty$, as explained in Theorem 1.30, the upper 1-dimensional density satisfies

$$2^{-s} \leq \Theta^{*s}(x,A) \leq 1 \quad \text{for } \mathcal{H}^s\text{-a.e. } x \in A. \tag{7.1}$$

We will appeal to this result in the argument below.

Proof of Theorem 7.1 *using Theorem* 7.4. Let $E \subset \mathbb{C}$ be an $\mathcal{H}^1$-measurable set satisfying $\mathcal{H}^1(E) < \infty$ and $c^2(\mathcal{H}^1\lfloor E) < \infty$. By Theorem 1.26 it follows that, in order to prove that E is rectifiable, it is enough to show that for every $\mathcal{H}^1$-measurable subset $F \subset E$ with $\mathcal{H}^1(F) > 0$ there exists a measurable rectifiable subset $A \subset F$ with $\mathcal{H}^1(A) > 0$.

For each $m \geq 1$, let

$$F_m = \{x \in F : \mathcal{H}^1(F \cap B(x,r)) \leq 3r \quad \text{for } 0 < r \leq 1/m\}.$$

From the statement in (7.1), it is easy to check that $\mathcal{H}^1(F \setminus \bigcup_m F_m) = 0$, and thus there exists some subset $F_m \subset F$ with $\mathcal{H}^1(F_m) > 0$.

Let $\sigma = \mathcal{H}^1\lfloor F_m$ and notice that $c^2(\sigma) \leq c^2(\mathcal{H}^1\lfloor E) < \infty$. Given any $\eta > 0$, by (7.1) and Lemma 7.5, for σ-a.e. $x \in F_m$ there exists a ball $B(x,r_x)$ with $0 < r_x < 1/2m$ such that

$$\frac{r_x}{2} \leq \sigma(B(x,r_x)) \leq 3\, r_x \qquad \text{and} \qquad c^2(\sigma\lfloor B(x,r_x)) \leq \eta\, \sigma(B(x,r_x)).$$

For such $x \in F_m$, by Chebyshev, this implies that

$$G := \{y \in B(x,r_x) : c^2_{\sigma\lfloor B(x,r_x)}(y) \leq 2\eta\}$$

satisfies $\sigma(G) \geq \sigma(B(x,r_x))/2 \geq r_x/4$. Then we can apply Theorem 7.4 to $\mu = 4\,\sigma\lfloor G$, with $B(x_0,R) = B(x,r_x)$. Indeed, $\mu(B(x_0,R)) = 4\,\sigma(G) \geq r_x = R$, μ has linear growth (with $c_0 = 12$) by the definition of F_m and σ, and

$$c^2_\mu(y) = 16\, c^2_{\sigma\lfloor G}(y) \leq 32\,\eta \qquad \text{for } \mu\text{-a.e. } y \in \mathbb{C}.$$

Thus, if η is taken small enough, there exists a subset $A \subset F_m \cap B(x,r_x)$ with positive length which is contained in a Lipchitz graph, and so A is rectifiable. □

7.3 The two squares condition, Jones' β's, and curvature

In this section we will introduce some notions and prove some preliminary results for the proof of Theorem 7.4.

Given a ball $B = B(x,r)$, we write

$$\Theta(B) = \frac{\mu(B)}{r}.$$

So $\Theta(B)$ is the average 1-dimensional density of μ on B. The following lemma will be used many times in the proof of Theorem 7.4, in the next sections.

Lemma 7.6. *Let μ be a measure with c_0-linear growth on $\mathbb{C}$ and let $\delta > 0$. There exists some constant $c_1 \geq 1$ depending only on c_0 and δ such that if B is some ball satisfying $\Theta(B) \geq \delta > 0$, then there are two balls B_1 and B_2 satisfying*

- $\operatorname{dist}(B_1, B_2) \geq 10c_1^{-1}\, r(B)$, *and*
- $\mu(B \cap B_i) \geq c_1^{-1}\, r(B)$.

Above, by c_0-linear growth, we mean that $\mu(B(x,r)) \leq c_0\, r$ for all $x \in \mathbb{C}$, $r > 0$.

To prove the lemma we will show a slightly more general result, and for convenience we will work with squares instead of balls. Given $a, b > 0$, we say that a square $Q \subset \mathbb{C}$ satisfies the *two squares condition* with parameters a, b with respect to μ if there exist two squares Q_1, $Q_2 \subset Q$ such that

- $\operatorname{dist}(Q_1, Q_2) \geq a\,\ell(Q)$,
- $\ell(Q_i) \leq \dfrac{a}{10}\ell(Q)$ for $i = 1, 2$, and
- $\mu(Q_i) \geq b\mu(Q)$ for $i = 1, 2$.

We write $Q \in \mathrm{TSC}_\mu(a, b)$.

Lemma 7.7. *Let μ be an arbitrary Radon measure on $\mathbb{C}$. For some positive integer m, let $a = 1/m$. Also, let b be an arbitrary positive constant. If $Q \notin \mathrm{TSC}_\mu(a, b)$, then there exists a square $P \subset Q$ with $\ell(P) = 3a\ell(Q)$ such that*

$$\mu(P) \geq \left(1 - \frac{100b}{a^2}\right)\mu(Q).$$

Although the above b is an arbitrary positive constant, the last estimate is only non-trivial for b small enough, that is, for b such that $1 - \frac{100b}{a^2} > 0$.

Proof. We set $N := 10m$. We split Q into N^2 squares Q_k, $k = 1, \ldots, N^2$, with disjoint interiors, of side length $\ell(Q)/N = a\ell(Q)/10$. We put

$$\mathcal{G} = \{Q_k : 1 \leq k \leq N^2,\ \mu(Q_k) \geq b\mu(Q)\}.$$

Suppose that $\mathcal{G}$ is non-empty, and take $Q_j \in \mathcal{G}$. Since $Q \notin \mathrm{TSC}_\mu(a,b)$, any other square $Q_k \in \mathcal{G}$ satisfies $\mathrm{dist}(Q_j, Q_k) < a\,\ell(Q)$. Therefore, all the squares from $\mathcal{G}$ are contained in a square P concentric with Q_j of side length $3a\ell(Q)$, since

$$2\Big(\frac{2a}{10} + a\Big)\ell(Q) \le 3a\ell(Q).$$

Thus,

$$\sum_{k:Q_k\in\mathcal{G}} \mu(Q_k) \le \mu(P\cap Q).$$

Of course this estimate also holds if $\mathcal{G}$ is empty, choosing P as any square of side length $3a\ell(Q)$ centered at $Q\cap\operatorname{supp}\mu$, say.

On the other hand,

$$\sum_{k:Q_k\notin\mathcal{G}} \mu(Q_k) \le b \sum_{k:Q_k\notin\mathcal{G}} \mu(Q) \le bN^2\mu(Q) = \frac{100b}{a^2}\,\mu(Q).$$

Then we get

$$\mu(Q) \le \mu(P\cap Q) + \frac{100b}{a^2}\,\mu(Q),$$

and so

$$\mu(P\cap Q) \ge \Big(1 - \frac{100b}{a^2}\Big)\mu(Q). \qquad \square$$

Now to prove Lemma 7.6, we just consider the measure $\mu\lfloor B$ and a square Q concentric with B and side length $2r(B)$ and choose $b = a^2/200$. For these parameters, if a is small enough, then $Q \in \mathrm{TSC}_{\mu\lfloor B}(a,b)$. Otherwise the square P found in Lemma 7.7 satisfies $\mu(P) \ge \mu(B\cap Q)/2 \ge \delta\, r(B)/2$, which violates the c_0-linear growth for a small enough, recalling that $\ell(P) = 3a\ell(Q)$. It is clear that the two squares condition for $\mu\lfloor B$ implies the existence of B_1 and B_2 as in Lemma 7.6.

Given $E = \operatorname{supp}(\mu)$ and a ball $B = B(x,r)$, we consider the Jones' β coefficient of B (with respect to E):

$$\beta(B) = \inf_L \Bigg(\sup_{x\in E\cap 3B} \frac{\mathrm{dist}(x,L)}{r} \Bigg),$$

where the infimum is taken over all lines $L \subset \mathbb{C}$. So $\beta(B)$ is the width of the thinnest strip V_B containing $E\cap 3B$ divided by $\mathrm{diam}(B)$. Note that $\beta(B)$ measures how close $E\cap 3B$ is to some L line in a scale invariant way. See Figure 7.1. Recall that in (3.17) we introduced an analogous notion for squares instead of balls.

In the following lemmas we will show how the β coefficients can be controlled in terms of curvature.

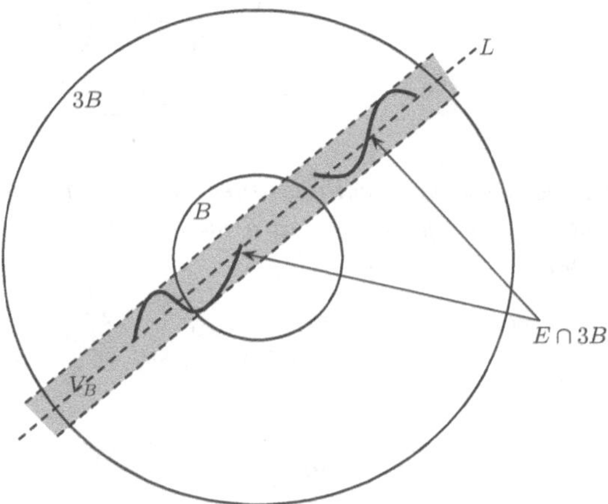

Figure 7.1: The balls B, $3B$, a minimizing line L, and the strip V_B in the definition of $\beta(B)$.

Lemma 7.8. *Let $B \subset \mathbb{C}$ be a ball. Let $x_0 \in B$ be such that $c^2_{\mu\lfloor B}(x_0) < \infty$. Then there exists a line L passing through x_0 such that, for any $\varepsilon_0 > 0$,*

$$\mu\big(\{y \in B : \operatorname{dist}(y, L) > \varepsilon_0\, r(B)\}\big) \leq \frac{2\, r(B)\, c^2_\mu(x_0)^{1/2}}{\varepsilon_0}.$$

Proof. Since $c^2_{\mu\lfloor B}(x_0) < \infty$, there exists some $z_0 \in B$ such that

$$\int_B c(x_0, z_0, y)^2\, d\mu(y) \leq \frac{c^2_{\mu\lfloor B}(x_0)}{\mu(B)}.$$

Let L be the line through x_0 and z_0. Recall that

$$c(x_0, z_0, y) = \frac{2\operatorname{dist}(y, L)}{|x_0 - y|\,|z_0 - y|}.$$

Then we have

$$\begin{aligned}\mu\big(\{y \in B : \operatorname{dist}(y, L) > \varepsilon_0\, r(B)\}\big) &\leq \int_B \frac{\operatorname{dist}(y, L)}{\varepsilon_0\, r(B)}\, d\mu(y)\\ &\leq \frac{2r(B)}{\varepsilon_0} \int_B \frac{2\,\operatorname{dist}(y, L)}{|x_0 - y|\,|z_0 - y|}\, d\mu(y)\end{aligned}$$

$$\leq \frac{2r(B)\,\mu(B)^{1/2}}{\varepsilon_0}\left(\int_B c(x_0,z_0,y)^2 d\mu(y)\right)^{1/2}$$
$$= \frac{2r(B)\,c^2_{\mu\lfloor B}(x_0)^{1/2}}{\varepsilon_0}. \qquad \square$$

Lemma 7.9. *Let μ be a measure with c_0-linear growth and let $\delta > 0$. There exists a constant c_2 depending only on c_0 and δ such that if B is some ball satisfying $\Theta(3B) \geq \delta > 0$, then*

$$\beta(B)^2 \leq c_2(c_0,\delta) \sup_{x\in \operatorname{supp}(\mu)\cap 3B} c^2_{\mu\lfloor 3B}(x). \tag{7.2}$$

Proof. Let
$$\varepsilon_0 = \frac{4}{\delta} \sup_{x\in \operatorname{supp}(\mu)\cap 3B} \left(c^2_{\mu\lfloor 3B}(x)\right)^{1/2}.$$

By the preceding lemma, since $\mu(3B) \geq \delta r(3B)$, we deduce that there exists a line L such that

$$\mu(\{y\in 3B:\, \operatorname{dist}(y,L) > \varepsilon_0\, r(3B)\}) \leq \frac{2r(3B)}{\varepsilon_0} \sup_{x\in \operatorname{supp}(\mu)\cap 3B} \left(c^2_{\mu\lfloor 3B}(x)\right)^{1/2}$$
$$\leq \frac{\mu(3B)}{2}.$$

Thus, if we consider the strip $V = \{y \in \mathbb{C}:\, \operatorname{dist}(y,L) \leq \varepsilon_0\, r(3B)\}$, then $\mu(V\cap 3B) \geq \mu(3B)/2$. By Lemma 7.6 applied to $\mu\lfloor V$ and $3B$, we infer that there are two balls B_1, B_2 such that $\operatorname{dist}(B_1,B_2) \geq 10c_1^{-1}\, r(3B)$, and $\mu(3B\cap V\cap B_i) \geq c_1^{-1}\, r(3B)$ with $c_1 = c_1(c_0,\delta/2)$. Notice that, for all $y \in 3B\cap V\cap B_1$ and $z\in 3B\cap V\cap B_2$,

$$\measuredangle(L, L_{y,z}) \leq c\cdot \frac{\text{width of } V}{r(B)},$$

with c depending on c_1, and so $c = c(c_0,\delta)$. As a consequence, there exists some constant $c_3 = c_3(c_0,\delta) > 1$ such that

$$L_{y,z}\cap 9B \subset V' := \{y\in\mathbb{C}:\, \operatorname{dist}(y,L) \leq c_3\,\varepsilon_0\, r(3B)\}. \tag{7.3}$$

We distinguish now two cases. Suppose first that

$$\operatorname{supp}(\mu)\cap 3B \subset 2V' := \{y\in\mathbb{C}:\, \operatorname{dist}(y,L) \leq 2c_3\,\varepsilon_0\, r(3B)\}.$$

Then by definition we have $\beta(B) \leq 2c_3\,\varepsilon_0$ and we are done.

In the other case, consider $x\in \operatorname{supp}(\mu)\cap 3B\setminus 2V'$. Then for all $y\in 3B\cap V\cap B_1$, $z\in 3B\cap V\cap B_2$ we claim that $\operatorname{dist}(x,L) \leq 2\operatorname{dist}(x,L_{y,z})$. Indeed, let $x' \in L_{y,z}$ be such that $\operatorname{dist}(x,L_{y,z}) = |x-x'|$. Since

$$\operatorname{dist}(x,L_{y,z}) \leq \operatorname{diam}(3B) = 6r(B),$$

we deduce that $x' \in \bar{B}(x, 6r(B)) \subset 9B$. From (7.3) we infer that $\operatorname{dist}(x', L) \leq c_3\, \varepsilon_0\, r(3B)$. So,

$$\begin{aligned}\operatorname{dist}(x, L) &\leq |x - x'| + \operatorname{dist}(x', L)\\ &\leq \operatorname{dist}(x, L_{y,z}) + c_3\, \varepsilon_0\, r(3B) \leq \operatorname{dist}(x, L_{y,z}) + \frac{1}{2}\operatorname{dist}(x, L),\end{aligned}$$

which proves the claim. As a consequence,

$$c(x, y, z) = \frac{2\operatorname{dist}(x, L_{y,z})}{|x-y|\,|x-z|} \geq \frac{\operatorname{dist}(x, L)}{4\, r(3B)^2}.$$

Therefore,

$$\begin{aligned}c_\mu^2(x) &\geq \iint_{\substack{y\in 3B\cap V\cap B_1\\ z\in 3B\cap V\cap B_2}} c(x, y, z)^2\, d\mu(y)\, d\mu(z)\\ &\geq \frac{\operatorname{dist}(x, L)^2}{16\, r(3B)^4}\, \mu(3B\cap V\cap B_1)\, \mu(3B\cap V\cap B_2) \geq c(c_0, \delta)\, \frac{\operatorname{dist}(x, L)^2}{r(B)^2},\end{aligned}$$

and so (7.2) holds in this case too. □

Remark 7.10. We recall that, for $t > 0$, the t-truncated pointwise curvature of μ equals

$$c_{t,\mu}^2(x) = \iiint_{\substack{|x-y|>t\\ |x-z|>t\\ |y-z|>t}} c(x, y, z)^2\, d\mu(y)\, d\mu(z).$$

With some additional effort one can show that the preceding lemma also holds if one replaces $c^2_{\mu\lfloor 3B}(x)$ by $c^2_{kr(B),\mu\lfloor 3B}(x)$, for some $0 < k < 1$ depending only on c_0 and δ. However, we will not need this for the arguments below and so we skip the details. For a related argument, we refer the reader to Léger [83, Lemma 2.5].

The following auxiliary lemma will be used below too.

Lemma 7.11. *Let μ be a measure with c_0-linear growth. Let $B_1 = B(x, r)$, $B_2 = B(y, r)$ be balls such that $\Theta(B_1) \geq \delta$, $\Theta(B_2) \geq \delta$, $|x - y| \leq \frac{3}{2}r$, and let L_1, L_2 be lines such that*

$$\sup_{x\in \operatorname{supp}(\mu)\cap 3B_i} \frac{\operatorname{dist}(x, L_i)}{r} \leq \varepsilon_0 \qquad \text{for } i = 1, 2, \tag{7.4}$$

with $0 \leq \varepsilon_0 \leq 3$. Then there is some constant c_4 depending only on c_0 and δ such that

(a) *for all $t \in L_1$, $\operatorname{dist}(t, L_2) \leq c_4\, \varepsilon_0 \big(r + |t - x|\big)$, and for all $t \in L_2$, $\operatorname{dist}(t, L_1) \leq c_4\, \varepsilon_0 \big(r + |t - y|\big)$,*

(b) *$\measuredangle(L_1, L_2) \leq c_4\, \varepsilon_0$.*

Proof. We may assume that ε_0 is small enough, since otherwise the statements above are trivial.

Observe that $B_1 \subset 3B_2$ and $B_2 \subset 3B_1$. By Lemma 7.6 there are two points $z, w \in B_1 \cap \operatorname{supp}(\mu)$ such that $|z-w| \geq 10c_1^{-1}r$, with c_1 depending on c_0 and δ. Let z_1 and w_1 be the orthogonal projections of z and w onto L_1, respectively. Also, let z_2 and w_2 be the orthogonal projections of z_1 and w_1 onto L_2. Then $|z_1 - z| \leq \varepsilon_0 r$ and $|w_1 - w| \leq \varepsilon_0 r$, by (7.4). In particular, $z_1 \in B(x, (1+\varepsilon_0)r)$. By (7.4) again, notice that $\operatorname{dist}(z, L_2) \leq \varepsilon_0 r$ because $z \in 3B_2 \cap \operatorname{supp}\mu$, and thus

$$|z_1 - z_2| = \operatorname{dist}(z_1, L_2) \leq |z_1 - z| + \operatorname{dist}(z, L_2) \leq 2\varepsilon_0 r,$$

and analogously $|w_1 - w_2| \leq 2\varepsilon_0 r$. Moreover,

$$|z_1 - w_1| \geq |z - w| - 2\varepsilon_0 r \geq \frac{1}{2} c_1^{-1} r,$$

if ε_0 is small enough (depending on c_0 and δ). So we have found two points z_1, w_1 in L_1 which are separated by a distance $c_1^{-1}r/2$, so that both are at a small distance ($\leq 2\varepsilon_0 r$) from L_2, and moreover $z_1 \in B(x, (1+\varepsilon_0)r)$. By elementary geometry, the first statement in (a) follows. Indeed, let L_2' be the line parallel to L_2 passing through z_1. Since $\operatorname{dist}(L_2, L_2') = |z_1 - z_2|$, for every $t \in L_1$ we get

$$\operatorname{dist}(t, L_2) \leq \operatorname{dist}(t, L_2') + |z_1 - z_2| \leq \operatorname{dist}(t, L_2') + 2\varepsilon_0 r.$$

By Thales theorem, now we have

$$\operatorname{dist}(t, L_2') \leq \operatorname{dist}(w_1, L_2') \frac{|z_1 - t|}{|z_1 - w_1|} \leq 2c_1 \operatorname{dist}(w_1, L_2') \frac{|z_1 - t|}{r}.$$

Using that $\operatorname{dist}(w_1, L_2') \leq \operatorname{dist}(w_1, L_2) + |z_1 - z_2| \leq 4\varepsilon_0 r$, we obtain

$$\operatorname{dist}(t, L_2) \leq 2\varepsilon_0 r + 8c_1\varepsilon_0 |z_1 - t|,$$

which implies the first statement in (a). The second one is proved analogously.

Concerning (b), we have

$$\sin \measuredangle(L_1, L_2) = \sin \measuredangle(L_1, L_2') = \frac{\operatorname{dist}(w_1, L_2')}{|z_1 - w_1|} \leq \frac{4\varepsilon_0 r}{c_1^{-1} r/2} = 8c_1\varepsilon_0. \qquad \square$$

It is easy to check that for any ball B there exists a minimizing line for $\beta(B)$. Although this line may not be unique, by the preceding lemma, it turns out that two minimizing lines L_B and L_B' must be close to each other. More precisely, they must satisfy the statements (a) and (b) from Lemma 7.11, with $\varepsilon_0 = \beta(B)$. In particular, one deduces easily that

$$\operatorname{dist}_H(L_B \cap 4B, L_B' \cap 4B) \leq c\,\beta(B),$$

where dist_H stands for the Hausdorff distance. Recall that the Hausdorff distance between two sets $E_1, E_2 \subset \mathbb{R}^d$ is defined by

$$\operatorname{dist}_H(E_1, E_2) = \max\Big(\sup_{x\in E_1} \operatorname{dist}(x, E_2),\ \sup_{y\in E_2} \operatorname{dist}(y, E_1)\Big).$$

Alternatively,

$$\operatorname{dist}_H(E_1, E_2) = \inf\big\{\varepsilon > 0 : E_1 \subset \mathcal{U}_\varepsilon(E_2),\ E_2 \subset \mathcal{U}_\varepsilon(E_1)\big\}.$$

Below we will denote by L_B some (fixed) minimizing line for $\beta(B)$. Of course, we have $3\bar{B} \cap L_B \neq \varnothing$.

7.4 Stopping conditions for the proof of Theorem 7.4 and the sets Z, E_1, E_2

In this section we start the construction of the Lipschitz graph Γ for the proof of Theorem 7.4.

Here and in the subsequent Sections 7.5-7.8 we suppose that μ is a measure satisfying the assumptions of Theorem 7.4. We write $E = \operatorname{supp}\mu$. We may assume that the line L_0 that minimizes $\beta(B(x_0, R))$ passes through x_0, by replacing $B(x_0, R)$ by another ball centered at $L_0 \cap B(0, R)$ with at most double radius if necessary. Then the condition $\mu(B(x_0, R)) \geq R$ will be replaced by

$$\mu(B(x_0, R)) \geq \frac{R}{2}.$$

Further, by translating and rotating μ, we may and will also assume that $B(x_0, R) = B(0, R)$, and that L_0 coincides with the horizontal axis $\mathbb{R} \times \{0\}$.

We consider some constants $\varepsilon, \delta, \alpha$ such that

$$0 < \varepsilon \ll \delta, \alpha \ll 1$$

whose precise values will be fixed along the proof of Theorem 7.4.

Remark 7.12. The constant δ will be chosen in Lemma 7.33. It depends only on c_0 and on the number $99/100$ appearing in Theorem 7.4, and its choice is independent of the other parameters α and ε. For instance, one can take $\delta = 10^{-10}$, say.

Concerning α, any value such that $0 < \alpha \leq 1/100$ works. One should think that $c\alpha$ is the maximal slope of the Lipschitz graph that we will construct, where c is some absolute constant.

On the other hand, ε depends on the parameters c_0, δ, α. Moreover, a key point in the proof is that $\varepsilon \ll \alpha, \delta$.

Some of the constants appearing in the construction below are absolute, while others depend on c_0, or both on c_0 and δ. For the latter case, we will use the notation $c(\delta)$ (possibly with a subindex). Any constant denoted by c or $c(\delta)$, with or without a subindex, may also depend on c_0.

Let $x \in E$ and $0 < r \leq 50R$. We say that a ball $B = B(x,r)$ is good, and we write $B \in \mathcal{G}$, if

(a) $\Theta(B) \geq \delta$, and

(b) $\measuredangle(L_B, L_0) \leq \alpha$, for some best approximating line L_B.

Observe that if B satisfies the condition (a) then $\Theta(3B) \geq \delta/3$, and recalling that $c_\mu^2(x) \leq \eta$ for all $x \in E$, we deduce that

$$\beta(B) \leq c_2(c_0, \delta/3)\, \eta^{1/2},$$

by Lemma 7.9. We will assume that η has been chosen small enough in Theorem 7.4 so that $c_2(c_0, \delta/3)\, \eta^{1/2} \leq \varepsilon$, for fixed c_0, δ, ε, and so $\beta(B) \leq \varepsilon$.

We say that B is very good, and we write $B \in \mathcal{VG}$, if $B(x,s)$ is good for $r \leq s \leq 50R$ (the radius of B is still called r and $r \leq 50\,R$). Notice that all the balls from $\mathcal{G}$ and $\mathcal{VG}$ are assumed to be centered at points from E. Observe also that any ball B centered at E with radius not greater than $50R$ which contains $B(0,R)$ is very good. However, we cannot ensure that $B(0,R) \in \mathcal{VG}$ because it may happen $0 \notin E$.

For $x \in E$, we set

$$h(x) = \inf\{r : 0 < r \leq 50R,\ B(x,r) \in \mathcal{VG}\}.$$

One should think that, in fact, $h(x) \leq 2R$ for all $x \in E$, because $B(0,R) \cap E = B(x,2R) \cap E$ for all $x \in E$ and $\delta, \varepsilon \ll 1$.

We denote by Z the subset of those $x \in E$ such that $h(x) = 0$ (i.e. $B(x,r)$ is good for all $0 < r \leq 50R$). We also define:

- E_1 is the set of those $x \in E \setminus Z$ such that $\Theta(B(x,h(x))) \leq \delta$.
- $E_2 = E \setminus (E_1 \cup Z)$.

We clearly have

$$E = Z \cup E_1 \cup E_2.$$

Lemma 7.13. *Let $x \in E$ and r such that $h(x) < r \leq 50R$. Then $\Theta(B(x,r))) \geq \delta$, $\beta(B(x,r)) \leq \varepsilon$, and $\measuredangle(L_{B(x,r)}, L_0) \leq \alpha$. If $x \in E_2$, then $\measuredangle(L_{B(x,2h(x))}, L_0) \geq \alpha/2$, for any best approximating line $L_{B(x,2h(x))}$, assuming ε small enough.*

Proof. The statements for $h(x) < r \leq 50R$ are just a consequence of the definitions of Z, E_1, and E_2, and Lemma 7.9, as mentioned above.

If $x \in E_2$, then $h(x) > 0$ and $\Theta(B(x,h(x))) > \delta$ by definition. Also, by construction there exists a sequence $r_n \nearrow h(x)$ such that either $\Theta(B(x,r_n)) \leq \delta$ for all n or $\measuredangle(L_{B(x,r_n)}, L_0) > \alpha$ for all n. The first assertion cannot hold, because this would imply that $\Theta(B(x,h(x)) \leq \delta$ (recall that we are assuming the balls $B(x,r_n)$ to be open). Take r_n such that $\frac{9}{10}h(x) \leq r_n < h(x)$. From the fact that $\measuredangle(L_{B(x,r_n)}, L_0) > \alpha$ and Lemma 7.11 applied to $B_1 = B_2 = B(x,r_n)$ and the lines $L_1 = L_{B(x,r_n)}$, $L_2 = L_{B(x,2h(x))}$, we infer that $\measuredangle(L_{B(x,2h(x))}, L_0) \geq \alpha - c(\delta)\varepsilon$. If ε is small enough, then $\measuredangle(L_{B(x,2h(x))}, L_0) \geq \alpha/2$. □

7.5 Construction of the Lipschitz graph

Lemma 7.14. *Let $B_1, B_2 \in \mathcal{VG}$ be such that $B_1 \subset B_2$. We have*

$$x \in L_{B_1} \cap 2B_1 \quad \Longrightarrow \quad \operatorname{dist}(x, L_{B_2}) \leq c(\delta)\,\varepsilon\, r(B_2). \tag{7.5}$$

Notice that the condition $B_1 \in \mathcal{VG}$ ensures that $\beta(B_1) \leq \varepsilon$, and thus the center of B_1 is very close to L_{B_1}, which implies that $L_{B_1} \cap 2B_1 \neq \varnothing$ (and also $L_{B_1} \cap \frac{1}{2}B_1 \neq \varnothing$, say) if ε is taken small enough.

Proof. This is a direct consequence of the fact that $\beta(B) \leq \varepsilon$ for any ball $B \in \mathcal{VG}$. Indeed, by Lemma 7.6, we find two points $y, z \in B_1 \cap E$ such that $|y - z| \geq c_1(\delta)^{-1}\, r(B_1)$. Let y' and z' be the orthogonal projections of y and z onto L_{B_1}, respectively. If ε is assumed to be small enough, we obtain

$$|y' - z'| \geq \frac{1}{2}\, c_1(\delta)^{-1}\, r(B_1), \tag{7.6}$$

and also $y', z' \in 2B_1$.

Since $\beta(B_1) \leq \varepsilon$ and $\beta(B_2) \leq \varepsilon$, we have $\operatorname{dist}(y, L_{B_1}) \leq \varepsilon\, r(B_1)$ and $\operatorname{dist}(y, L_{B_2}) \leq \varepsilon\, r(B_2)$, and analogously replacing y by z. Then we deduce

$$\operatorname{dist}(y', L_{B_2}) \leq \varepsilon\, r(B_1) + \varepsilon\, r(B_2) \leq 2\varepsilon\, r(B_2),$$

and analogously for z'. So we have found two points $y', z' \in 2B_1 \cap L_{B_1}$ which satisfy (7.6). Then the lemma follows easily from Thales theorem. □

We denote by Π the orthogonal projection onto L_0, and by $\Pi^\perp$ the orthogonal projection onto $L_0^\perp$, the line which is orthogonal to L_0 and passes through the origin. That is to say, for $x \in \mathbb{C}$, $\Pi(x)$ is the horizontal coordinate of x, and $\Pi^\perp(x)$ the vertical one.

Lemma 7.15. *Let $B_1, B_2 \in \mathcal{VG}$ and $x \in L_{B_1} \cap 2B_1$, $y \in L_{B_2} \cap 2B_2$. Then*

$$|\Pi^\perp(x) - \Pi^\perp(y)| \leq 6\alpha\Big(|\Pi(x) - \Pi(y)| + 2r(B_1) + 2r(B_2)\Big). \tag{7.7}$$

Proof. Suppose first that $r(B_1), r(B_2) \leq 6R$. Let B_0 be a ball concentric with B_1 with $r(B_0) = |x - y| + 2r(B_1) + 2r(B_2)$, so that $B_1, B_2 \subset B_0$. Since the centers of B_1 and B_2 are inside $B(0, R)$, we have $|x - y| \leq 2R + 2r(B_1) + 2r(B_2) \leq 26R$. Therefore

$$r(B_0) \leq 26R + 12R + 12R = 50R,$$

and so $B_0 \in \mathcal{VG}$.

Denote by x' and y' the orthogonal projections of x and y onto L_{B_0}, respectively. By Lemma 7.14, we have

$$|x - x'| \leq c\,\varepsilon\, r(B_0) \qquad \text{and} \qquad |y - y'| \leq c\,\varepsilon\, r(B_0).$$

Therefore,

$$\begin{aligned}|\Pi^{\perp}(x)-\Pi^{\perp}(y)| &\leq |x-x'|+|\Pi^{\perp}(x')-\Pi^{\perp}(y')|+|y'-y|\\ &\leq c\varepsilon\, r(B_0)+|\Pi^{\perp}(x')-\Pi^{\perp}(y')|.\end{aligned}$$

Since $x', y' \in 2B_0 \cap L_{B_0}$ and the slope of L_{B_0} is smaller that $\tan\alpha \leq 1.1\alpha$ (for α small) we have $|\Pi^{\perp}(x')-\Pi^{\perp}(y')| \leq 4.4\alpha\, r(B_0)$. Thus, for ε small enough, we get

$$\begin{aligned}|\Pi^{\perp}(x)-\Pi^{\perp}(y)| &\leq 5\,\alpha\, r(B_0)\\ &\leq 5\alpha\Big(|\Pi(x)-\Pi(y)|+|\Pi^{\perp}(x)-\Pi^{\perp}(y)|+2r(B_1)+2r(B_2)\Big).\end{aligned}$$

Assuming that α is small enough ($\alpha \leq 1/50$, say), we get

$$|\Pi^{\perp}(x)-\Pi^{\perp}(y)| \leq 6\alpha\,\Big(|\Pi(x)-\Pi(y)|+2r(B_1)+2r(B_2)\Big).$$

Suppose now that $r(B_1), r(B_2) \geq 6R$. Since $B_1 \cap E = B_2 \cap E = B(0,R)\cap E = E$ the minimizing lines for $\beta(B_1)$ and $\beta(B_2)$ coincide with the ones for $\beta(B(0,R))$. Although these lines may not be unique, for simplicity we will assume that for any ball B that contains $B(0,R)$ we have chosen $L_B = L_0$. So we have $L_{B_1} = L_{B_2} = L_0$ and thus $\Pi^{\perp}(x) = \Pi^{\perp}(y) = 0$ and (7.7) is trivial.

If $r(B_1) \geq 6R$ but $r(B_2) < 6R$, then $L_{B_1} = L_0$, $\Pi^{\perp}(x) = 0$, and so (7.7) follows if we show that

$$|\Pi^{\perp}(y)| \leq 6\alpha\, 12R = 72\alpha\, R. \tag{7.8}$$

This is an easy consequence of Lemma 7.14. Indeed, let B_0 be a ball centered at some point in E with radius $50R$, so that $B_0 \in \mathcal{VG}$, $L_{B_0} = L_0$, and moreover $B_2 \subset B_0$. Then Lemma 7.14 tells us that

$$|\Pi^{\perp}(y)| = \operatorname{dist}(x, L_{B_0}) \leq c(\delta)\,\varepsilon\, 50R,$$

and thus (7.8) holds for $\varepsilon \ll \alpha$ sufficiently small.

The case where $r(B_2) \geq 6R$ but $r(B_1) < 6R$ is analogous. □

Remark 7.16. By the preceding lemma and the triangle inequality, it follows easily that if $B_1, B_2 \in \mathcal{VG}$, and for some $c \geq 1$, $x \in L_{B_1} \cap cB_1$, $y \in L_{B_2} \cap cB_2$, then

$$|\Pi^{\perp}(x)-\Pi^{\perp}(y)| \leq c'\alpha\,\Big(|\Pi(x)-\Pi(y)|+r(B_1)+r(B_2)\Big),$$

with c' depending only on c.

On the other hand, if $B_1 \subset B_2$ are as in Lemma 7.14, then

$$x \in L_{B_1} \cap c\,B_1 \quad\Longrightarrow\quad \operatorname{dist}(x, L_{B_2}) \leq c'\,\varepsilon\, r(B_2), \tag{7.9}$$

with c' depending on c, c_0, δ.

Remark 7.17. Another straightforward consequence of the preceding lemma is that, for any two ball $B_1, B_2 \in \mathcal{VG}$,

$$\operatorname{dist}(B_1, B_2) \le c\left[\operatorname{dist}(\Pi(B_1), \Pi(B_2)) + r(B_1) + r(B_2)\right].$$

Now we consider functions d and D defined by

$$d(x) = \inf_{B(z,r)\in\mathcal{VG}} \left[|x-z| + r\right], \qquad x \in \mathbb{C},$$

and

$$D(p) = \inf_{x\in\Pi^{-1}(p)} d(x) = \inf_{B(z,r)\in\mathcal{VG}} \left[|p-\Pi(z)| + r\right], \qquad p \in L_0.$$

Recall that the balls from $\mathcal{VG}$ are centered at E, by construction, and thus in the infimums that define the functions d and D, we have $z \in E$.

The functions d and D are 1-Lipschitz. This can be deduced from the fact that the infimum of any family of non-negative 1-Lipschitz functions is another 1-Lipschitz function. Also, it is easy to check that $d(x) \le h(x)$ for $x \in E$. So if we set

$$Z_0 = \{x \in \mathbb{C} : d(x) = 0\},$$

we have $Z \subset Z_0$, and Z_0 is closed. One should think of d as a regularized version of the function h, which moreover has the advantage of being defined on the whole $\mathbb{C}$, unlike h.

Lemma 7.18. *We have $\mathcal{H}^1(Z_0) < \infty$ and*

$$\mu\lfloor Z_0 = \rho_{Z_0}\, \mathcal{H}^1\lfloor Z_0,$$

where ρ_{Z_0} is some function such that $c^{-1}\delta \le \rho_{Z_0} \le c_0$ $\mathcal{H}^1$-a.e. on Z_0.

Proof. Let us check that any compact set $K \subset Z_0$ satisfies

$$\mathcal{H}^1(K) \le \frac{c}{\delta}\,\mu(K).$$

Given $0 < \tau \ll R$, by Besicovitch's theorem, there exists a covering $K \subset \bigcup_i B(z_i, r_i)$, with $z_i \in K$, $0 < r_i < \tau$, and finite overlap. Since $z_i \in Z_0$, there exists $z_i' \in Z$ such that $|z_i - z_i'| \le r_i/2$. Since $B(z_i', r_i/2) \in \mathcal{VG}$ and $B(z_i', r_i/2) \subset B(z_i, r_i)$, we get

$$\mu(B(z_i, r_i)) \ge \mu(B(z_i', r_i/2)) \ge \frac{\delta}{2}\, r_i$$

(assuming $\tau \le R$, say), and thus

$$\mathcal{H}^1_\tau(K) \le \sum_i r_i \le \frac{2}{\delta} \sum_i \mu(B(z_i, r_i)) \le \frac{c}{\delta}\,\mu(\mathcal{U}_\tau(K)),$$

where in the last inequality we took into account that the balls $B(z_i, r_i)$ have bounded overlap and are contained in the τ-neighborhood of K. As $\tau \to 0$, by definition $\mathcal{H}^1_\tau(K) \to \mathcal{H}^1(K)$ and, since μ is a Radon measure, $\mu(\mathcal{U}_\tau(K)) \to \mu(K)$, which proves our claim. In particular, this tells us that $\mathcal{H}^1(Z_0) < \infty$. Using now that both $\mathcal{H}^1\lfloor Z_0$ and μ are Radon measures, we deduce that $\mathcal{H}^1(A) \le c\,\mu(A)/\delta$ for any Borel subset $A \subset Z_0$. By the Lebesgue-Radon-Nikodym theorem, we infer that

$$\mathcal{H}^1\lfloor Z_0 = g_{Z_0}\,\mu\lfloor Z_0, \tag{7.10}$$

with $0 \le g_{Z_0}(x) \le c/\delta$ for μ-a.e. $x \in Z_0$.

Now given any Borel set $A \subset Z_0$ and any $\tau > 0$, consider a covering $A \subset \bigcup_i A_i$ by Borel sets such that

$$\mathcal{H}^1_\tau(A) \ge \sum_i \operatorname{diam}(A_i) - \tau. \tag{7.11}$$

By the c_0-linear growth of μ, $\mu(A_i) \le c_0 \operatorname{diam}(A_i)$, and thus $\mathcal{H}^1_\tau(A) \ge c_0^{-1}\mu(A) - \tau$. So letting $\tau \to 0$, we infer that $\mu(A) \le c_0\,\mathcal{H}^1(A)$. The Lebesgue-Radon-Nikodym theorem ensures that

$$\mu\lfloor Z_0 = \rho_{Z_0}\,\mathcal{H}^1\lfloor Z_0,$$

with $0 \le \rho_{Z_0}(x) \le c_0$ for $\mathcal{H}^1$-a.e. $x \in Z_0$. Together with (7.10) and the fact that $g_{Z_0}(x) \le c/\delta$, this proves the lemma. □

The following is a straightforward consequence of Lemma 7.15.

Lemma 7.19. *For all $x, y \in \mathbb{C}$, we have*

$$|\Pi^\perp(x) - \Pi^\perp(y)| \le 6\alpha\,|\Pi(x) - \Pi(y)| + 4d(x) + 4d(y). \tag{7.12}$$

Proof. Given $x, y \in \mathbb{C}$ and any $\tau > 0$, consider balls $B_1 = B(z_1, r_1)$ and $B_2 = B(z_2, r_2)$ from $\mathcal{VG}$ such that

$$|x - z_1| + r_1 \le d(x) + \tau \quad \text{and} \quad |y - z_2| + r_2 \le d(y) + \tau.$$

Then the balls $B_1' = B(z_1, d(x) + \tau)$ and $B_2' = B(z_2, d(y) + \tau)$ contain x and y respectively.

Suppose first that $d(x), d(y) \le 5R$. In this case, if $\tau \le R$, then $B_1', B_2' \in \mathcal{VG}$ and their radius is at most $6R$. By Lemma 7.15, all $w_1 \in L_{B_1'} \cap 2B_1'$ and $w_2 \in L_{B_2'} \cap 2B_2'$ satisfy

$$|\Pi^\perp(w_1) - \Pi^\perp(w_2)| \le 6\alpha\Big(|\Pi(w_1) - \Pi(w_2)| + 2d(x) + 2d(y) + 4\tau\Big). \tag{7.13}$$

Notice that

$$\begin{aligned} &|\Pi^\perp(x) - \Pi^\perp(y)| \qquad (7.14)\\ &\quad\le |x - z_1| + 2r(B_1') + |\Pi^\perp(w_1) - \Pi^\perp(w_2)| + 2r(B_2') + |z_2 - y| \\ &\quad\le |\Pi^\perp(w_1) - \Pi^\perp(w_2)| + 3d(x) + 3d(y) + 6\tau, \end{aligned}$$

and analogously,

$$|\Pi(w_1) - \Pi(w_2)| \leq |\Pi(x) - \Pi(y)| + 3d(x) + 3d(y) + 6\tau. \tag{7.15}$$

From (7.13) and (7.15) we derive

$$|\Pi^\perp(w_1) - \Pi^\perp(w_2)| \leq 6\alpha\left(|\Pi(x) - \Pi(y)| + 5d(x) + 5d(y) + 10\tau\right).$$

Taking into account that $\alpha \leq 1/100$, (7.14) and the last estimate yield

$$\begin{aligned} &|\Pi^\perp(x) - \Pi^\perp(y)| \\ &\qquad \leq 6\alpha\left(|\Pi(x) - \Pi(y)| + 5d(x) + 5d(y) + 10\tau\right) + 3d(x) + 3d(y) + 6\tau \\ &\qquad \leq 6\alpha\,|\Pi(x) - \Pi(y)| + 4d(x) + 4d(y) + 7\tau. \end{aligned}$$

Recalling that $\tau > 0$ is arbitrarily small, the lemma follows in this case.

Suppose now that $d(x) > 5R$. Since $B(z_0, 2R) \in \mathcal{VG}$ for every $z_0 \in B(0,R) \cap E$, we have $d(x) \leq |x - z_0| + 2R \leq |x| + 3R$. From the estimates

$$5R < d(x) \leq |x| + 3R$$

we infer that $|x| \geq 2R$. Since $\operatorname{dist}(x, E) \geq \operatorname{dist}\big(x, B(0,R)\big) \geq |x| - R$, it turns out that

$$d(x) \geq |x| - R \geq \frac{1}{2}\,|x|. \tag{7.16}$$

If $|y| \leq |x|$, we deduce that

$$|x - y| \leq |x| + |y| \leq 2|x| \leq 4d(x),$$

which implies (7.12). If $|y| > |x|$, then from the fact that $|x| \geq 2R$, we infer that $|y| \geq 2R$ too. Arguing as above we deduce that (7.16) holds replacing x by y, and thus

$$|x - y| \leq |x| + |y| \leq 2|y| \leq 4d(y).$$

So (7.12) also holds in this situation.

The arguments for the case $d(y) > 5R$ are analogous. □

As a consequence of the preceding lemma, if $x, y \in \mathbb{C}$ are such that $d(x) = d(y) = 0$, then

$$|\Pi^\perp(x) - \Pi^\perp(y)| \leq 6\alpha\,|\Pi(x) - \Pi(y)|.$$

Therefore, the map $\Pi : Z_0 \to L_0$ is injective and one can define a function A on $\Pi(Z_0)$ by setting

$$A(\Pi(x)) = \Pi^\perp(x) \quad \text{for } x \in Z_0, \tag{7.17}$$

which is Lipschitz with constant $\leq 6\alpha$.

To extend the function A to the whole line L_0 we will use a variant of the Whitney's extension theorem. For each $p \in L_0$ such that $D(p) > 0$, i.e. $p \in$

$L_0 \setminus \Pi(Z_0)$, we call R_p the largest dyadic interval from L_0 (which we identify with $\mathbb{R}$) containing p such that

$$\ell(R_p) \leq \frac{1}{20} \inf_{q \in R_p} D(q).$$

We consider the collection of the different intervals R_p, $p \in L_0 \setminus \Pi(Z_0)$, and relabel it as $\{R_i\}_{i \in I}$.

Lemma 7.20. *The intervals $\{R_i\}_{i\in I}$ have disjoint interiors in L_0 and satisfy the following properties:*

(a) *If $p \in 15R_i$, then $5\ell(R_i) \leq D(p) \leq 50\ell(R_i)$.*

(b) *There exists an absolute constant c such that if $15R_i \cap 15R_j \neq \varnothing$, then*

$$c^{-1}\ell(R_j) \leq \ell(R_i) \leq c\,\ell(R_j).$$

(c) *For each $i \in I$, there are at most N intervals R_j such that $15R_i \cap 15R_j \neq \varnothing$, where N is some absolute constant.*

(d) $L_0 \setminus \Pi(Z_0) = \bigcup_{i\in I} R_i = \bigcup_{i \in I} 15R_i$.

Proof. The intervals $\{R_i\}_{i\in I}$ have disjoint interiors by construction. To see (a) for a given $p \in 15R_i$, take an arbitrary $u \in R_i$, and notice that since D is 1-Lipschitz, then

$$D(p) \geq D(u) - 15\ell(R_i) \geq 20\ell(R_i) - 15\ell(R_i) = 5\ell(R_i).$$

On the other hand, by the definition of R_i, there exists some $u \in \widetilde{R}_i$, the father of R_i, such that $D(u) \leq 20\ell(\widetilde{R}_i) = 40\ell(R_i)$, and thus

$$D(p) \leq D(u) + 9\ell(R_i) \leq 49\ell(R_i).$$

The statements (b) and (c) are an immediate consequence of (a). Regarding (d), by definition we have $L_0 \setminus \Pi(Z_0) = \bigcup_{i\in I} R_i$. On the other hand, from (a) we infer that if $p \in 15R_i$, then $D(p) \neq 0$ and thus $p \notin \Pi(Z_0)$. So

$$\Pi(Z_0) \cap \bigcup_{i \in I} 15R_i = \varnothing,$$

which implies that $\bigcup_{i\in I} R_i = \bigcup_{i\in I} 15R_i$. □

Write now

$$I_0 = \{i \in I : \; R_i \cap B(0, 10R) \neq \varnothing\}.$$

The following holds.

Lemma 7.21. (a) *If $i \in I_0$, then $\ell(R_i) \leq R$ and $3R_i \subset [-12R, 12R]$.*

(b) *If* $R_i \cap [-2R, 2R] = \varnothing$ *(in particular if* $i \notin I_0$*), then*

$$\ell(R_i) \approx \operatorname{dist}(0, R_i) \approx |p| \qquad \textit{for all } p \in R_i.$$

Proof. For (a), take R_i with $i \in I_0$. That is, $R_i \cap B(0, 10R) \neq \varnothing$. Then we have $3R_i \subset [-10R - 2\ell(R_i),\, 10R + 2\ell(R_i)]$. Recall now that

$$\ell(R_i) \leq \frac{1}{20} \inf_{q \in R_i} D(q),$$

and let $z_0 \in E \subset B(0, R)$. Since $B(z_0, 2R) \in \mathcal{VG}$, for all $x \in B(0, 10R)$ we have

$$d(x) \leq |x - z_0| + 2R \leq 13R,$$

and so $D(p) \leq 13R$ for every $p \in [-10R, 10R]$. Therefore, as $R_i \cap B(0, 10R) \neq \varnothing$, $\ell(R_i) \leq 13R/20 \leq R$, and so $3R_i \subset [-12R, 12R]$.

To prove (b), suppose now that $R_i \cap [-2R, 2R] = \varnothing$. In this case, for every $p \in R_i$ we have $\operatorname{dist}(\Pi^{-1}(\{p\}), E) \approx |p| \geq R$, and then $D(p) \approx |p|$. Together with Lemma 7.20 (a) this yields

$$|p| \approx D(p) \approx \ell(R_i),$$

which also implies that $\ell(R_i) \approx \operatorname{dist}(0, R_i)$. □

Lemma 7.22. *There exists some absolute constant* $c \geq 1$ *such that for any* $i \in I_0$ *there exists a ball* $B_i \in \mathcal{VG}$ *satisfying*

(a) $\ell(R_i) \leq \operatorname{diam}(B_i) \leq c\,\ell(R_i)$,

(b) $\operatorname{dist}(\Pi(B_i),\, R_i) \leq c\,\ell(R_i)$.

Proof. Fix $p \in R_i$. From the definition of $D(\cdot)$ we infer there exists some ball $B = B(x, r) \in \mathcal{VG}$ such that $|p - \Pi(x)| + r \leq 1.1\, D(p) \approx \ell(R_i)$. Clearly, the ball B satisfies the condition (b), as well as the right-hand inequality in (a). If the left-hand inequality does not hold, we just replace B by a concentric ball with radius $\ell(R_i)/2$, which does the job. □

For each $i \in I_0$, we denote by A_i the affine function $A_i : L_0 \to L_0^\perp$ whose graph is L_{B_i}, where B_i is the ball associated with R_i given by the preceding lemma. Since $B_i \in \mathcal{VG}$, it turns out that A_i is Lipschitz with constant not exceeding $\tan\alpha \leq 1.1\alpha$, by the property (b) defining the good balls. On the other hand, for $i \notin I_0$, we set $A_i \equiv 0$.

Lemma 7.23. *There exists an absolute constant* c *such that if* $10R_i \cap 10R_j \neq \varnothing$ *for some* $i, j \in I$*, then*

(a) $\operatorname{dist}(B_i, B_j) \leq c\,\ell(R_i)$ *if moreover* $i, j \in I_0$,

(b) $|A_i(p) - A_j(p)| \leq c(\delta)\, \varepsilon\, \ell(R_i)$ *for* $p \in 100R_i$,

(c) $|A_i' - A_j'| \leq c(\delta)\,\varepsilon$.

Proof. For $i, j \in I_0$, Lemmas 7.20 and 7.22 ensure that $r(B_i) \approx r(B_j)$ and that $\mathrm{dist}(\Pi(B_i), \Pi(B_j)) \leq c\,\ell(R_i)$. From Remark 7.17 applied to the balls B_i, B_j, we infer that

$$\mathrm{dist}(\Pi^{\perp}(B_i), \Pi^{\perp}(B_j)) \lesssim \mathrm{dist}(\Pi(B_i), \Pi(B_j)) + r(B_i) + r(B_j) \lesssim \ell(R_i),$$

and thus (a) follows.

For $i, j \in I_0$, the properties (b) and (c) follow from (a) and Lemma 7.11, considering an auxiliary ball B_0 concentric with B_i containing both B_i and B_j, say. The details are left for the reader.

For $i, j \notin I_0$, $A_i \equiv A_j \equiv 0$, and thus (b) and (c) are trivial.

Finally, if $i \in I_0$ and $j \notin I_0$, then $R_i \cap B(0, 10R) \neq \varnothing$. From the condition $10R_i \cap 10R_j \neq \varnothing$, we know that $\ell(R_i) \approx \ell(R_j)$. By Lemma 7.21 (b) we deduce that

$$\ell(R_i) \approx \ell(R_j) \approx \mathrm{dist}(0, R_j) \approx R.$$

Then, by Lemma 7.11 again, L_{B_i} is very close to L_0, i.e. $\mathrm{dist}(x, L_0) \leq c(\delta)\varepsilon\ell(R_i)$ for all $x \in L_{B_i} \cap c'B_i$, with $c(\delta)$ depending on c', which yields (b) and (c). □

Recall that the function A has already been defined in $\Pi(Z_0)$ (see (7.17)). So it remains to define it only in $L_0 \setminus \Pi(Z_0)$. To this end, we first introduce a partition of unity in $L_0 \setminus \Pi(Z_0)$. For each $i \in I$, we can find a function $\widetilde{\varphi}_i \in C^{\infty}(L_0)$ such that $\chi_{2R_i} \leq \widetilde{\varphi}_i \leq \chi_{3R_i}$, with

$$|\widetilde{\varphi}_i'| \leq \frac{c}{\ell(R_i)} \qquad \text{and} \qquad |\widetilde{\varphi}_i''| \leq \frac{c}{\ell(R_i)^2}.$$

Then, for each $i \in I$, we set

$$\varphi_i = \frac{\widetilde{\varphi}_i}{\sum_{j \in I} \widetilde{\varphi}_j}.$$

Clearly, the family $\{\varphi_i\}_{i \in I}$ is a partition of unity subordinated to the sets $\{3R_i\}_{i \in I}$, and each function φ_i satisfies

$$|\varphi_i'| \leq \frac{c}{\ell(R_i)} \qquad \text{and} \qquad |\varphi_i''| \leq \frac{c}{\ell(R_i)^2},$$

taking into account Lemma 7.20.

Recall that $L_0 \setminus \Pi(Z_0) = \bigcup_{i \in I} R_i = \bigcup_{i \in I} 3R_i$. For $p \in L_0 \setminus \Pi(Z_0)$, we define

$$A(p) = \sum_{i \in I_0} \varphi_i(p) A_i(p).$$

Observe that in the preceding sum we can replace I_0 by I because $A_i \equiv 0$ for $i \in I \setminus I_0$.

We denote by Γ the graph $\{(p, A(p)) : p \in L_0\}$.

In the next lemma we show that A is compactly supported and globally Lipschitz in L_0.

Lemma 7.24. *The function $A : L_0 \to L_0^\perp$ is supported in $[-12R, 12R]$ and is $c\alpha$-Lipschitz, where c is an absolute constant.*

Proof. For the support of A, just notice that, by the definition,

$$\operatorname{supp}(A) \subset \overline{\Pi(Z_0)} \cup \overline{\bigcup_{i\in I_0} \operatorname{supp}(\varphi_i)} \subset \overline{\Pi(Z_0)} \cup \overline{\bigcup_{i\in I_0} 3R_i}.$$

It is clear that $\overline{\Pi(Z_0)} \subset [-12R, 12R]$. On the other hand, by Lemma 7.21 (a), $3R_i \subset [-12R, 12R]$ for all $i \in I_0$, and so it follows that $\operatorname{supp}(A) \subset [-12R, 12R]$.

Concerning the Lipschitz character of A, we have to show that for every $p, q \in L_0$,

$$|A(p) - A(q)| \le c\,\alpha\,|p - q|. \tag{7.18}$$

If $p, q \in \Pi(Z_0)$, this has already been proved. So we assume that $p \notin \Pi(Z_0)$ and we denote by R_i the interval such that $p \in R_i$.

We consider first the case $q \in 3R_i$. Recall that $3R_i \subset L_0 \setminus \Pi(Z_0)$, by (d) from Lemma 7.20. We denote by $I(R_i)$ and $I(3R_i)$ the sets of indices $k \in I$ such that $\operatorname{supp}(\varphi_k) \cap R_i \neq \varnothing$ and such that $\operatorname{supp}(\varphi_k) \cap 3R_i \neq \varnothing$, respectively (notice that, by construction, these sets are finite). Since A is a C^∞ function on $3I_i$ it is clear that (7.18) follows if we show that the derivative of A does not exceed $c\,\alpha$, in modulus. To this end, set

$$A' = \sum_{k\in I(3R_i)} \varphi_k\, A_k' + \sum_{k\in I(3R_i)} \varphi_k'\, A_k. \tag{7.19}$$

To estimate the first sum on the right-hand side we just take into account that $\|A_k'\|_\infty \le \tan\alpha \le 1.1\alpha$ for all k, and thus

$$\sum_{k\in I(3R_i)} \varphi_k\, |A_k'| \le 1.1\alpha \sum_{k\in I(3R_i)} \varphi_k = 1.1\,\alpha. \tag{7.20}$$

For the last sum in (7.19), note that $\sum_{k\in I(3R_i)} \varphi_k' \equiv 0$ since $\sum_{k\in I(3R_i)} \varphi_k \equiv 1$ on $3R_i$. As a consequence, in $3R_i$ we have

$$\left|\sum_{k\in I(3R_i)} \varphi_k'\, A_k\right| = \left|\sum_{k\in I(3R_i)} \varphi_k'\, (A_k - A_i)\right| \le \frac{c\,N}{\ell(R_i)} \sup_{k\in I(3R_i), s\in 3R_i} |A_k(s) - A_i(s)|, \tag{7.21}$$

where N is the absolute constant in (c) of Lemma 7.20. From (b) in Lemma 7.23, we derive $|A_k(s) - A_i(s)| \le c(\delta)\,\varepsilon\,\ell(R_i) \ll \alpha\,\ell(R_i)$ for $s \in 3R_i$. Plugging this estimate into (7.21) gives

$$\left|\sum_{k\in I(3R_i)} \varphi_k'\, A_k\right| \le c(\delta)\,N\,\varepsilon \ll \alpha \qquad \text{in } 3R_i, \tag{7.22}$$

which together with (7.20) implies that $|A'| \le c\,\alpha$ in $3R_i$.

Suppose now that $q \notin 3R_i \cup \Pi(Z_0)$ in (7.18), and let R_j the interval such that $q \in R_j$. Since $|p-q| \geq \ell(R_i)$, using the property (b) in Lemma 7.20 one easily deduces that $|p-q| \geq c^{-1}\ell(R_j)$ too. For all $k \in I(R_j)$ and $h \in I(R_k)$, by Remark 7.16 applied to $x=(p, A_k(p))$, $y=(q, A_h(q))$, B_k, and B_h, we get

$$\begin{aligned}|A_k(p) - A_h(q)| &\leq c\,\alpha\Big(|p-q| + r(B_k) + r(B_h)\Big)\\ &\leq c\,\alpha\Big(|p-q| + \ell(R_i) + \ell(R_j)\Big) \leq c\,\alpha\,|p-q|.\end{aligned}$$

Therefore,

$$\begin{aligned}|A(p) - A(q)| &= \Bigg|\sum_{k\in I(R_i)} \varphi_k(p)A_k(p) - \sum_{h\in I(R_j)} \varphi_h(q)A_h(q)\Bigg|\\ &\leq \sum_{k\in I(R_i)}\sum_{h\in I(R_j)} \varphi_k(p)\varphi_h(q)\,|A_k(p) - A_h(q)|\\ &\leq c\,\alpha\,|p-q| \sum_{k\in I(R_i)}\sum_{h\in I(R_j)} \varphi_k(p)\varphi_h(q) = c\,\alpha\,|p-q|.\end{aligned}$$

The arguments for the case $q \in \Pi(Z_0)$ (and so $q \notin 3R_i$) are analogous to the ones for $q \notin 3R_i \cup \Pi(Z_0)$: loosely speaking, we may consider that q coincides with the interval R_j in the preceding estimates, and set $A_h = A$, etc. □

Remark 7.25. We assume that α is chosen small enough so that

$$\|A'\|_\infty \leq c\alpha \leq \frac{1}{10}.$$

Remark 7.26. From the arguments in the proof of Lemma 7.24 it follows easily that for $p \in 3R_i$, $i \in I$,

$$|A'(p) - A_i'(p)| \leq c(\delta)\,\varepsilon.$$

Indeed, from (7.19) we get

$$A' - A_i' = \sum_{k\in I(3R_i)} \varphi_k\,(A_k' - A_i') + \sum_{k\in I(3R_i)} \varphi_k'\,A_k. \tag{7.23}$$

From (c) in Lemma 7.23, we have $|A_k' - A_i'| \leq c(\delta)\,\varepsilon$ in the equation above, and thus

$$\sum_{k\in I(3R_i)} \varphi_k\,|A_k' - A_i'| \leq c(\delta)\,\varepsilon \sum_{k\in I(3R_i)} \varphi_k = c(\delta)\,\varepsilon.$$

On the other hand, it has already been shown in (7.22) that the last sum in (7.23) is bounded by $c(\delta)\,N\,\varepsilon$, in modulus in $3R_i$.

Next we will estimate the second derivative of A out of $\Pi(Z_0)$.

Lemma 7.27. *If $p \in 15R_i$, $i \in I$, then*

$$|A''(p)| \leq \frac{c(\delta)\,\varepsilon}{\ell(R_i)}. \tag{7.24}$$

Proof. We consider first the case when $p \in R_i$. We have

$$A'' = \Big(\sum_{j\in I} \varphi_j\, A_j\Big)'' = \sum_{j\in I} \varphi_j''\, A_j + 2\sum_{j\in I} \varphi_j'\, A_j',$$

because $A_j'' \equiv 0$ for all $j \in I$. Notice that in each of these sums there is a bounded number of non-zero terms for a fixed point p. Since $\sum_{j\in I} \varphi_j \equiv 1$, then $\sum_{j\in I} \varphi_j' = 0$. So, for each $i \in I$ we get

$$A'' = \sum_{j\in I} \varphi_j''\,(A_j - A_i) + 2\sum_{j\in I} \varphi_j'\,(A_j' - A_i').$$

If $p \in R_i$ is in the support of some φ_j, then $3R_i \cap 3R_j \neq \varnothing$, and thus $\ell(R_i) \approx \ell(R_j)$. Then (b) and (c) from Lemma 7.23 tell us that $|A_i(p) - A_j(p)| \leq c(\delta)\,\varepsilon\,\ell(R_i)$ and $|A_i' - A_j'| \leq c(\delta)\,\varepsilon$ for $i, j \in I$. Using that $|\varphi_j'| \leq c/\ell(R_j)$ and that $|\varphi_j''| \leq c/\ell(R_j)^2$, (7.24) follows.

Suppose now that $p \in 15R_i$. By (d) from Lemma 7.20 there exists some interval R_j, $j \in I$, that contains p. It has already been shown above that

$$|A''(p)| \leq \frac{c(\delta)\,\varepsilon}{\ell(R_j)}.$$

Since $\ell(R_j) \approx \ell(R_i)$ by (b) from Lemma 7.20, the estimate (7.24) also holds in this case. □

7.6 E and Γ are close to each other

Lemma 7.28. *There exists an absolute constant c_5 such that every $x \in B(0, 10R)$ satisfies*

$$\operatorname{dist}(x, \Gamma) \leq c_5\, d(x).$$

Proof. Let $y = \big(\Pi(x), A(\Pi(x))\big)$. By Lemma 7.19, we have

$$\operatorname{dist}(x, \Gamma) \leq |x - y| = |\Pi^\perp(x) - \Pi^\perp(y)| \leq 4d(x) + 4d(y). \tag{7.25}$$

If $\Pi(x) \in \Pi(Z_0)$, then $y \in Z_0$, and thus $d(y) = 0$ and (7.25) proves the lemma. If $\Pi(x) \notin \Pi(Z_0)$, let R_i, $i \in I$, be such that $\Pi(x) = \Pi(y) \in R_i$. From $\Pi(x) \in R_i \cap B(0, 10R) \neq \varnothing$, we derive that $i \in I_0$ and so there is an associated ball $B_i \in \mathcal{VG}$ fulfilling the properties of Lemma 7.22. Then $d(y) \leq \operatorname{dist}(y, B_i) + r(B_i)$. By the definition of A, it follows that

$$\operatorname{dist}(y, B_i) \leq c\, r(B_i) \approx \ell(R_i) \leq c\, D(\Pi(x)) \leq c\, d(x).$$

Thus, $d(y) \leq c\, d(x)$, which together with (7.25) proves the lemma. □

Lemma 7.29. *Let $B \in \mathcal{VG}$ and $x \in \Gamma \cap 3B$. Then*

$$\operatorname{dist}(x, L_B) \leq c(\delta)\, \varepsilon\, r(B). \tag{7.26}$$

Proof. If $d(x) = 0$, then $x \in Z_0 \subset E$ and thus the estimate follows from $\beta(B) \leq \varepsilon$. Otherwise, let $p = \Pi(x)$, and recall that $A(p) = \sum_{j \in I_0} \varphi_j(p)\, A_j(p)$.

We distinguish two cases. Suppose first that

$$\sum_{j \in I_0} \varphi_j(p) = 1.$$

In this situation, since $(p, A(p))$ is a convex combination of the points $(p, A_j(p))$ such that $\varphi_j(p) \neq 0$, (7.26) follows if for all j such that $\varphi_j(p) \neq 0$ we have

$$\operatorname{dist}\big((p, A_j(p)), L_B\big) \leq c\, \varepsilon\, r(B), \tag{7.27}$$

with c depending on δ. To prove this estimate, notice that since $x \in 3B$,

$$D(p) \leq d(x) \leq 4\, r(B).$$

Thus, if R_i is the interval that contains p,

$$\ell(R_i) \leq \frac{1}{20}\, D(p) \leq \frac{1}{5}\, r(B). \tag{7.28}$$

As a consequence, if $3R_j \cap R_i \neq \varnothing$, by Lemma 7.20 (b), $\ell(R_j) \leq c\, r(B)$. In particular, this holds for j such that $\varphi_j(p) \neq 0$. Thus, for such j's, $r(B_j) \leq c\, r(B)$ and then

$$\begin{aligned} \operatorname{dist}\big(\Pi(B_j), \Pi(B)\big) &\leq \operatorname{dist}\big(\Pi(B_j), \Pi(B_i)\big) + \operatorname{dist}\big((\Pi(B_i), \Pi(B)\big) \\ &\leq c\,\big(\ell(R_i) + \ell(R_j) + r(B)\big) \leq c\, r(B). \end{aligned}$$

From Remark 7.17 we deduce that

$$\operatorname{dist}\big(B_j, B\big) \leq c\,\big[\operatorname{dist}\big(\Pi(B_j), \Pi(B)\big) + r(B_j) + r(B)\big] \leq c\, r(B),$$

which implies that $B_j \subset c' B$ for some absolute constant $c' \geq 1$. Then, by Lemma 7.14 and Remark 7.16,

$$\operatorname{dist}\big((p, A_j(p)), L_{cB}\big) \leq c\, \varepsilon\, r(B),$$

which together with Lemma 7.11 implies (7.27).

Suppose now that

$$\sum_{j \in I_0} \varphi_j(p) < 1.$$

In this case, there exists some R_h with $h \notin I_0$ such that $p \in 3R_h$. By Lemma 7.21,

$$R \lesssim \ell(R_h) \approx \operatorname{dist}(0, R_h).$$

Moreover, if R_i is the interval that contains p, then

$$\ell(R_i) \lesssim |p| \lesssim R.$$

Indeed, the first estimate follows from Lemma 7.20 (a), and the second one because $p = \Pi(x) \in \Pi(B)$ with $B \in \mathcal{VG}$.

As $\ell(R_i) \approx \ell(R_h)$, we infer that $\ell(R_h) \approx R$. Also, this implies that $\ell(R_j) \approx R$ for any $j \in I_0$ such that $p \in 3R_j$, and so L_{B_j} is very close to L_0. In fact, from Lemma 7.11 applied to the measure $\mu\lfloor 3B_j$ and to $B_1 = B_2 = B(0, cR)$, with $c > 1$ such that $B_j \subset B(0, cR)$, if follows that

$$\operatorname{dist}_H\big(L_{B_j} \cap B(0, cR), L_0 \cap B(0, cR)\big) \leq c\varepsilon R. \tag{7.29}$$

On the other hand, arguing as in (7.28), one deduces that $\ell(R_j) \lesssim r(B)$, and so $r(B) \approx R$ too (because we assume $r(B) \leq 50R$). By (7.29) then we get

$$|A_j(p)| = \operatorname{dist}\big((p, A_j(p)), L_0\big) \leq c\,\varepsilon\, R \leq c\,\varepsilon\, r(B)$$

for all these j's. Thus

$$\operatorname{dist}\big((p, A(p)), L_0\big) \leq \sum_j \varphi_j(p)\, |A_j(p)| \leq c\,\varepsilon\, r(B).$$

Due to the fact that $r(B) \approx R$, L_0 is also very close to L_B (by Lemma 7.11), and thus,

$$\operatorname{dist}\big((p, A(p)), L_B\big) \leq c\,\varepsilon\, r(B). \qquad \square$$

Lemma 7.30. *We have*

$$\operatorname{dist}(x, \Gamma) \leq c(\delta)\, \varepsilon\, d(x) \qquad \text{for all } x \in E. \tag{7.30}$$

Proof. Recall first that if $d(x) = 0$, then $x \in \Gamma$, and so (7.30) holds. Given $x \in E$ with $d(x) > 0$, take a ball $B_0 = B(z, r) \in \mathcal{VG}$ such that $|x - z| + r \leq 1.1 d(x)$. Consider the ball $B_0' = B(z, r')$, with

$$r' = \min\big(50R, 2(c_5 + 2) d(x)\big),$$

where c_5 first appeared in Lemma 7.28. It is easy to check that $B_0' \in \mathcal{VG}$ and $x \in \frac{1}{3} B_0'$. Also, $\frac{1}{2} B_0' \cap \Gamma \neq \varnothing$. This is clear if $r' = 50R$, and otherwise, if $r' = 2(c_5 + 2) d(x)$, this follows from

$$\operatorname{dist}(z, \Gamma) \leq |x - z| + \operatorname{dist}(x, \Gamma) \leq 1.1.d(x) + c_5\, d(x) = (c_5 + 1.1) d(x).$$

The preceding lemma tells us that any $y \in \Gamma \cap B_0'$ satisfies

$$\operatorname{dist}(y, L_{B_0'}) \leq c(\delta)\, \varepsilon\, r(B_0').$$

In other words,

$$\Gamma \cap B_0' \subset \mathcal{U}_{c(\delta)\,\varepsilon\, r(B_0')}(L_{B_0'}).$$

From this fact, taking into account that $x \in \frac{1}{3}B_0'$ and $\frac{1}{2}B_0' \cap \Gamma \neq \varnothing$, we infer that

$$\operatorname{dist}(x, \Gamma) \leq \operatorname{dist}(x, L_{B_0'}) + c(\delta)\, \varepsilon\, r(B_0').$$

Since $\beta(B_0') \leq c(\delta)\varepsilon$, we get

$$\operatorname{dist}(x, \Gamma) \leq c'(\delta)\, \varepsilon\, r(B_0') \leq c''(\delta)\, \varepsilon\, d(x).$$

□

Remark 7.31. From the preceding lemma it follows easily that for each $i \in I_0$,

$$\operatorname{dist}(B_i, \Gamma \cap \Pi^{-1}(R_i)) \leq c\, \ell(R_i). \tag{7.31}$$

Indeed, if $B_i = B(z_i, r_i)$, then

$$\operatorname{dist}(z_i, \Gamma) \leq c(\delta)\varepsilon d(z_i) \leq c(\delta)\varepsilon\, r_i \leq c(\delta)\varepsilon\, \ell(R_i) \leq \ell(R_i).$$

Also, recall that $\operatorname{dist}(\Pi(B_i), R_i) \leq c\ell(R_i)$. From these two inequalities, (7.31) follows.

Lemma 7.32. *We have*

$$\operatorname{dist}(x, L_0) \leq c(\delta)\varepsilon\, R \qquad \textit{for all } x \in \Gamma. \tag{7.32}$$

Proof. Since $\operatorname{supp} A \subset [-12R, 12R]$, (7.32) clearly holds for $x \in \Gamma$ such that $|\Pi(x)| > 12R$.

To deal with the case when $|\Pi(x)| \leq 12R$, first we claim that

$$\Gamma \cap \Pi^{-1}[-12R, 12R] \subset B(0, 30R)$$

(of course, the number 30 is not optimal here). Indeed, this follows from the fact that $A(-12R) = A(12R) = 0$ and $\|A'\|_\infty \leq c\,\alpha \leq 1/10$, for α small enough.

So if $x \in \Gamma$ and $|\Pi(x)| \leq 12R$, then $x \in B(0, 30R)$. Thus, by Lemma 7.29 applied to $B = B(z_0, 50R)$ for some $z_0 \in E$,

$$\operatorname{dist}(x, L_0) \leq c(\delta)\, \varepsilon\, R.$$

□

7.7 The set E_1 is small

In the previous section we constructed a Lipschitz function A with slope $\leq c\alpha$ whose graph Γ contains the set Z defined above. So to prove Theorem 7.4 it is enough to show that $\mu(Z) \geq \frac{99}{100}\, \mu(E)$ or, equivalently, that

$$\mu(E_1) + \mu(E_2) \leq \frac{1}{100}\, \mu(E).$$

In the current section we show that $\mu(E_1)$ is small.

Lemma 7.33. *Suppose that δ is taken small enough (for instance, $\delta = 10^{-10}$) and that ε and α are chosen small enough too (as explained in Remark 7.12), then*

$$\mu(E_1) \leq \frac{1}{1000}\,\mu(E).$$

Proof. Loosely speaking, to prove the lemma we will take into account that each point of E_1 is the center of a ball with very small density and that this family of balls is almost aligned along the Lipschitz graph Γ.

Let us go through the details. For each $x \in E_1$, we have

$$\mu\big(B(x, h(x))\big) \leq \delta\, h(x).$$

On the other hand, $B(x, \lambda h(x)) \in \mathcal{VG}$ for all $\lambda > 1$ such that $\lambda h(x) \leq 50R$, and so $d(x) \leq h(x)$. Then, by Lemma 7.30,

$$\operatorname{dist}(x, \Gamma) \leq c(\delta)\varepsilon\, d(x) \leq c(\delta)\varepsilon\; h(x) \leq \frac{1}{4}\, h(x).$$

As a consequence, $\Gamma \cap B(x, h(x)/2) \neq \varnothing$ and since Γ is a connected set,

$$\mathcal{H}^1\big(\Gamma \cap B(x, h(x))\big) \geq h(x).$$

By the Besicovitch covering theorem, there exists a subfamily of points $\{x_j\}_j$ such that the balls $\{B(x_j, h(x_j))\}_j$ are pairwise disjoint and, moreover,

$$\mu(E_1) \leq q_2 \sum_j \mu\big(B(x_j, h(x_j))\big),$$

where q_2 is an absolute constant (see Theorem 2.3). Then we have

$$\begin{aligned}\mu(E_1) &\leq q_2\delta \sum_j h(x_j) \leq q_2\delta \sum_j \mathcal{H}^1\big(\Gamma \cap B(x_j, h(x_j))\big)\\ &= q_2\delta\, \mathcal{H}^1\Big(\Gamma \cap \bigcup_j B(x_j, h(x_j))\Big).\end{aligned}$$

Since $h(x) \leq 2R$ for all $x \in E$, we deduce that $B(x_j, h(x_j)) \subset B(0, 3R)$, and so

$$\mu(E_1) \leq q_2\, \delta\, \mathcal{H}^1\big(\Gamma \cap B(0, 3R)\big) \leq q_2\delta\, 10R,$$

taking into account that $\|A'\|_\infty \leq 1/10$ by Remark 7.25. Thus,

$$\mu(E_1) \leq q_2\delta\, 20\, \mu(E),$$

and the lemma follows. □

7.8 The set E_2 is small

To show that $\mu(E_2)$ is small will require a somewhat bigger effort than in the case of E_1. Roughly speaking, the strategy will be the following:

$$E_2 \text{ big } \Rightarrow \|A'\|_2 \text{ big } \Rightarrow c^2(\mathcal{H}^1 \lfloor \Gamma) \text{ big } \Rightarrow c^2(\mu) \text{ big},$$

which contradicts the fact that $c^2(\mu)$ is small.

7.8.1 The implications E_2 big $\Rightarrow \|A'\|_2$ big $\Rightarrow c^2(\mathcal{H}^1\lfloor\Gamma)$ big

We need the following auxiliary result.

Lemma 7.34. *Let $B_1 = B(x_1, r_1)$, $B_2 = B(x_2, r_2) \subset \mathbb{C}$ be pairwise disjoint balls. Suppose that $\measuredangle(L_{x_1,x_2}, L_0) \leq \frac{1}{100}$. Then $\Pi(\frac{1}{2}\,B_1) \cap \Pi(\frac{1}{2}\,B_2) = \varnothing$.*

Proof. This follows by elementary geometry. □

Lemma 7.35. *If ε is taken small enough, then*

$$\mu(E_2) \leq c\,\alpha^{-2}\|A'\|_2^2.$$

Proof. For every $x \in E_2$, take the ball $B(x, h(x))$. By the $5r$-covering theorem, there exists a family of balls $B(x_i, 20h(x_i))$, $i \in J$, which covers E_2 and such that the balls $B(x_i, 4h(x_i))$ are pairwise disjoint. Write $\widetilde{B}_i := B(x_i, 2h(x_i))$ and recall that $B(x_i, 2h(x_i)) \in \mathcal{VG}$. Then, by Lemma 7.30,

$$\operatorname{dist}(x_i, \Gamma) \leq c(\delta)\,\varepsilon\, d(x_i) \leq c(\delta)\,\varepsilon\, h(x_i) < \frac{1}{2}\, h(x_i).$$

Thus $\Gamma \cap \frac{1}{4}\,\widetilde{B}_i \neq \varnothing$. So there exist $y_1, y_2 \in \widetilde{B}_i \cap \Gamma$ such that $|\Pi(y_1) - \Pi(y_2)| \geq c^{-1}h(x_i)$. By Lemma 7.29,

$$\operatorname{dist}(y, L_{\widetilde{B}_i}) \leq c(\delta)\,\varepsilon\, r(\widetilde{B}_i) \qquad \text{for all } y \in \Gamma \cap \widetilde{B}_i.$$

In particular, this holds for y_1 and y_2. So if we denote by y_1', y_2' the orthogonal projection onto $L_{\widetilde{B}_i}$ of y_1, y_2, respectively, we have

$$|y_1 - y_1'| + |y_2 - y_2'| \leq c(\delta)\,\varepsilon\, r(\widetilde{B}_i) = c(\delta)\,\varepsilon\, h(x_i).$$

Recall that, by Lemma 7.13, $\measuredangle(L_{\widetilde{B}_i}, L_0) \geq \alpha/2$. Assuming ε small enough this implies that

$$\begin{aligned}
|A(\Pi(y_1)) - A(\Pi(y_2))| &= |\Pi^{\perp}(y_1) - \Pi^{\perp}(y_2)| \\
&\geq |\Pi^{\perp}(y_1') - \Pi^{\perp}(y_2')| - |y_1 - y_1'| - |y_2 - y_2'| \\
&\geq \frac{1}{2}\,\alpha\,|\Pi(y_1') - \Pi(y_2')| - |y_1 - y_1'| - |y_2 - y_2'| \\
&\geq \frac{1}{2}\,\alpha\,|\Pi(y_1) - \Pi(y_2)| - 2|y_1 - y_1'| - 2|y_2 - y_2'| \\
&\geq c^{-1}\alpha\, h(x_i) - c(\delta)\,\varepsilon\, h(x_i) \geq c^{-1}\alpha\, h(x_i).
\end{aligned}$$

Thus,

$$\int_{\Pi(\widetilde{B}_i)} |A'(p)|dp \geq \left| \int_{\Pi(y_1)}^{\Pi(y_2)} A'(p)\, dp \right|$$
$$= |A(\Pi(y_1)) - A(\Pi(y_2))| \geq c^{-1}\alpha\, h(x_i).$$

Therefore,

$$\|A'\|^2_{2,\Pi(\widetilde{B}_i)} \geq c^{-1}\alpha^2\, h(x_i).$$

As the balls $2\widetilde{B}_i$, $i \in J$, are pairwise disjoint, by Lemma 7.34 we deduce that the intervals $\Pi(\widetilde{B}_i) \subset L_0$, $i \in J$, are also pairwise disjoint. Then we have

$$\mu(E_2) \leq \sum_{i\in J} \mu(B(x_i, 20h(x_i))) \leq 20c_0 \sum_{i\in J} h(x_i)$$
$$\leq c\,\alpha^{-2} \sum_{i\in J} \|A'\|^2_{2,\Pi(\widetilde{B}_i)} \leq c\,\alpha^{-2}\|A'\|_2^2. \qquad \square$$

Recall now that by Lemma 3.9 we have $c^2(\mathcal{H}^1\lfloor\Gamma) \approx \|A'\|_2^2$, with absolute constants, taking into account that $\|A'\|_\infty \leq c\,\alpha \leq 1/10$. So we have

$$\mu(E_2) \leq c\,\alpha^{-2} c^2(\mathcal{H}^1\lfloor\Gamma). \tag{7.33}$$

7.8.2 The implication $c^2(\mathcal{H}^1\lfloor\Gamma)$ big $\Rightarrow$ $c^2(\mu)$ big

This is the most laborious part of the argument to show that $\mu(E_2)$ is small.

For $x \in \mathbb{C}$ such that $\Pi(x) \notin Z_0$, we denote by R_x the interval R_i, $i \in I$, which contains $\Pi(x)$, and we set $\ell_x = \ell(R_x)$. If $\Pi(x) \in \Pi(Z_0)$, we write $R_x = \{\Pi(x)\}$ and we set $\ell_x = 0$. In a sense, one should think that the latter case corresponds to the one where the intervals R_x have side length equal to zero.

To simplify notation, in this subsection we write $\Pi(x) = x_1$ and $\Pi^\perp(x) = x_2$.

Localization

Recall that the intervals R_i, $i \in I_0$, are the ones from R_i, $i \in I$, that intersect $B(0, 10R)$. Observe that if $p \in L_0 \cap B(0, 10R)$, then $D(p) \lesssim R$. Thus, $\ell(R_i) \lesssim R$ for all $i \in I_0$. Thus, setting

$$\Gamma_0 := Z_0 \cup \bigcup_{i\in I_0} \Gamma \cap \Pi^{-1}(R_i),$$

we deduce that $\Gamma_0 \subset B(0, cR)$, for some absolute constant c. Moreover, Γ_0 is a connected subset of Γ. That is,

$$\Gamma_0 = \Gamma \cap \Pi^{-1}(R_0),$$

where $R_0 \subset L_0$ is some interval. We also set

$$\Gamma_{ext} := \Gamma \setminus \Gamma_0.$$

First we will show that the part of the curvature of $c^2(\mathcal{H}^1\lfloor\Gamma)$ that involves Γ_{ext} is very small.

Lemma 7.36. *We have*

$$c^2(\mathcal{H}^1\lfloor\Gamma_{ext}, \mathcal{H}^1\lfloor\Gamma, \mathcal{H}^1\lfloor\Gamma) \leq c(\delta)\varepsilon^{1/2}\mu(E).$$

To simplify notation, below sometimes we will write $\mathcal{H}^1_F$ instead of $\mathcal{H}^1\lfloor F$, for $F \subset \mathbb{C}$.

Proof. Since $|x_1| \geq 10R$ for all $x \in \Gamma_{ext}$, we have

$$\begin{aligned} c^2(\mathcal{H}^1\lfloor\Gamma_{ext}, \mathcal{H}^1\lfloor\Gamma, \mathcal{H}^1\lfloor\Gamma) &\leq \iiint_{|x_1|\geq 10R} c(x,y,z)^2\, d\mathcal{H}^1_\Gamma(x)\, d\mathcal{H}^1_\Gamma(y)\, d\mathcal{H}^1_\Gamma(z) \\ &\leq 6 \iiint_{\substack{|x_1|\geq 10R \\ |x_1|\geq|y_1|\geq|z_1|}} c(x,y,z)^2\, d\mathcal{H}^1_\Gamma(x)\, d\mathcal{H}^1_\Gamma(y)\, d\mathcal{H}^1_\Gamma(z), \end{aligned} \tag{7.34}$$

where the last inequality follows easily by symmetry. Indeed, writing "..." instead of "$c(x,y,z)^2\, d\mathcal{H}^1_\Gamma(x)\, d\mathcal{H}^1_\Gamma(y)\, d\mathcal{H}^1_\Gamma(z)$", we have

$$\begin{aligned} \iiint_{|x_1|\geq 10R} \cdots &= \iiint_{\substack{|x_1|\geq 10R \\ |y_1|\geq 10R \\ |z_1|\geq 10R}} \cdots + 2\iiint_{\substack{|x_1|\geq 10R \\ |y_1|\geq 10R \\ |z_1|< 10R}} \cdots + \iiint_{\substack{|x_1|\geq 10R \\ |y_1|< 10R \\ |z_1|< 10R}} \cdots \\ &\leq 6\iiint_{|x_1|\geq|y_1|\geq|z_1|\geq 10R} \cdots + 4\iiint_{|x_1|\geq|y_1|\geq 10R>|z_1|} \cdots + 2\iiint_{|x_1|\geq 10R>|y_1|\geq|z_1|} \cdots \end{aligned}$$

Clearly, this yields (7.34).

Notice now that if $|x_1| \geq 10R$, since $\operatorname{dist}(\Pi^{-1}(\{x_1\}), E) \approx |x_1|$, we get $\ell(R_x) \approx D(x_1) \approx |x_1|$, by Lemma 7.20 (a). This will be used below.

In order to simplify notation, we denote by D the domain of integration of the integral on the right-hand side of (7.34). That is,

$$D = \big\{(x,y,z) \in \Gamma^3 : |x_1| \geq 10R \text{ and } |x_1| \geq |y_1| \geq |z_1|\big\}.$$

To estimate that integral, we distinguish several cases for $(x,y,z) \in D$:

1) Suppose first that $|y_1| > 14R$.
This implies that $|x_1| \geq 14R$ in the domain of integration. Since $\operatorname{supp}(A) \subset [-12R, 12R]$, we deduce that $x, y \in L_0$ and thus $L_{x,y} = L_0$. If $|z_1| \geq 12R$, then $z \in L_0$ too, and $c(x,y,z) = 0$. If $|z_1| \leq 12R$, taking into account that $\operatorname{dist}(z, L_0) \leq c(\delta)\varepsilon R$ because of Lemma 7.32, we have

$$c(x,y,z) = \frac{2\operatorname{dist}(z, L_{x,y})}{|z-x|\,|z-y|} \leq \frac{c(\delta)\varepsilon R}{|z-x|\,|z-y|} \leq \frac{c(\delta)\varepsilon R}{|x|\,|y|}.$$

Thus, by Lemma 2.11, using the linear growth of $\mathcal{H}^1_\Gamma$,

$$\iiint_{\substack{(x,y,z)\in D\\ |y_1|>14R}} c(x,y,z)^2\, d\mathcal{H}^1_\Gamma(x)\, d\mathcal{H}^1_\Gamma(y)\, d\mathcal{H}^1_\Gamma(z) \tag{7.35}$$
$$\leq \iiint_{\substack{|x_1|\geq|y_1|\geq 14R\\ |z_1|\leq 12R}} \frac{c(\delta)\varepsilon^2 R^2}{|x|^2\,|y|^2}\, d\mathcal{H}^1_\Gamma(x)\, d\mathcal{H}^1_\Gamma(y)\, d\mathcal{H}^1_\Gamma(z)$$
$$\leq c(\delta)\varepsilon^2 R^3 \iint_{\substack{|x_1|\geq 14R\\ |y_1|\geq 14R}} \frac{1}{|x|^2\,|y|^2}\, d\mathcal{H}^1_\Gamma(x)\, d\mathcal{H}^1_\Gamma(y) \leq c(\delta)\varepsilon^2 R.$$

2) Suppose that $|y_1|\leq 14R$, $z_1\in 3R_x$, and $y_1\in 3R_x$.
In this case, we have $|x_1|+|z_1|\leq cR$ because, using Lemma 7.20 (a),

$$|x_1|\approx D(x_1)\approx \ell(R_x)\approx D(y_1)\lesssim |y_1|\leq 14R. \tag{7.36}$$

Also, we deduce that $\ell(R_x)\approx R$. Recall that in Remark 3.8 it was shown that if $J\subset L_0$ is an interval and x,y,z lie in the graph of $J\ni t\mapsto A(t)$, then

$$\left|\frac{\dfrac{A(z_1)-A(x_1)}{z_1-x_1}-\dfrac{A(y_1)-A(x_1)}{y_1-x_1}}{z_1-y_1}\right| \leq \|A''\|_{\infty,J}, \tag{7.37}$$

and also

$$c(x,y,z)\leq 2\,\|A''\|_{\infty,J}.$$

By Lemma 7.27 we have

$$\|A''\|_{\infty,3R_x}\leq \frac{c(\delta)\,\varepsilon}{\ell(R_x)}\approx \frac{c(\delta)\,\varepsilon}{R}. \tag{7.38}$$

Then we infer that

$$c(x,y,z)\leq \frac{c(\delta)\varepsilon}{R}, \tag{7.39}$$

and so

$$\iiint_{\substack{(x,y,z)\in D\\ |y_1|\leq 14R\\ y_1\in 3R_x\\ z_1\in 3R_x}} c(x,y,z)^2\, d\mathcal{H}^1_\Gamma(x)\, d\mathcal{H}^1_\Gamma(y)\, d\mathcal{H}^1_\Gamma(z) \tag{7.40}$$
$$\leq \iiint_{\substack{|x_1|\leq cR\\ |y_1|\leq cR\\ |z_1|\leq cR}} \frac{c(\delta)\varepsilon^2}{R^2}\, d\mathcal{H}^1_\Gamma(x)\, d\mathcal{H}^1_\Gamma(y)\, d\mathcal{H}^1_\Gamma(z)\leq c(\delta)\varepsilon^2 R.$$

3) Suppose that $|y_1|\leq 14R$, $z_1\in 3R_x$, and $y_1\notin 3R_x$.
Arguing as in (7.36), the fact that $z_1\in 3R_x$ and $|z_1|\leq 14R$, implies that $|x_1|\approx R$, which also yields $|z_1|\approx R$. Moreover, the sign of x_1 equals the one of z_1 and is

different from the one of y_1, because otherwise the inequalities $|x_1| \geq |y_1| \geq |z_1|$ would imply that $y_1 \in 3R_x$. Therefore, $|y - x| \approx |y - z| \approx R$.

By Lemma 7.32, $\operatorname{dist}(x, L_0) + \operatorname{dist}(y, L_0) \leq c(\delta)\varepsilon\, R$, and so we have $\measuredangle(L_0, L_{x,y}) \leq c(\delta)\varepsilon$. We claim that

$$\measuredangle(L_0, L_{x,z}) \leq c(\delta)\varepsilon \tag{7.41}$$

too. This follows easily if $|x - z| \approx \ell(R_x)$, taking into account that $\operatorname{dist}(x, L_0) + \operatorname{dist}(z, L_0) \leq c(\delta)\varepsilon\, R$ and that $\ell(R_x) \gtrsim R$. Otherwise, consider $z' \in \Gamma$ such that $z_1' \in R_x$ and $|x - z'| = \ell(R_x)/4$, so that $\measuredangle(L_0, L_{x,z'}) \leq c(\delta)\varepsilon$. From (7.37) applied to x, z', z, we infer that

$$\begin{aligned} \left|\tan \measuredangle(L_0, L_{x,z}) - \tan \measuredangle(L_0, L_{x,z'})\right| &= \left| \frac{A(z_1) - A(x_1)}{z_1 - x_1} - \frac{A(z_1') - A(x_1)}{z_1' - x_1} \right| \\ &\leq |z_1 - z_1'|\, \|A''\|_{\infty, 3R_x} \\ &\leq c\,\ell(R_x)\, \|A''\|_{\infty, 3R_x}. \end{aligned}$$

Thus, taking into account that $\|A''\|_{\infty,3R_x} \leq \frac{c(\delta)\,\varepsilon}{\ell(R_x)}$, we deduce that

$$\begin{aligned} \measuredangle(L_0, L_{x,z}) &\leq \left|\tan \measuredangle(L_0, L_{x,z})\right| \\ &\leq \left|\tan \measuredangle(L_0, L_{x,z'})\right| + c\,\ell(R_x)\, \|A''\|_{\infty, 3R_x} \\ &\leq \left|\tan \measuredangle(L_0, L_{x,z'})\right| + c(\delta)\,\varepsilon \leq c'(\delta)\,\varepsilon, \end{aligned}$$

which proves (7.41).

We deduce that

$$\sin \widehat{yxz} \approx \measuredangle(L_{x,y}, L_{x,z}) \leq \measuredangle(L_0, L_{x,y}) + \measuredangle(L_0, L_{x,z}) \leq c(\delta)\varepsilon,$$

and so

$$c(x, y, z) = \frac{2\, \sin \widehat{yxz}}{|y - z|} \lesssim \frac{c(\delta)\varepsilon}{R}. \tag{7.42}$$

Now an estimate such as (7.40) also holds and thus

$$\iiint_{\substack{(x,y,z)\in D \\ |y_1| \leq 14R \\ y_1 \notin 3R_x \\ z_1 \in 3R_x}} c(x, y, z)^2\, d\mathcal{H}^1_\Gamma(x)\, d\mathcal{H}^1_\Gamma(y)\, d\mathcal{H}^1_\Gamma(z) \leq c(\delta)\varepsilon^2 R. \tag{7.43}$$

4) Suppose that $|y_1| \leq 14R$, $z_1 \notin 3R_x$, and $y_1 \in 2R_x$.
Recalling that $|z_1| \leq |y_1|$, in this case we also have $|x_1| + |z_1| \leq cR$, and moreover $|y - z| \approx R$, as $\ell(R_x) \approx R$.

In this situation, the estimates of the preceding case interchanging y by z hold, and so one also gets $c(x, y, z) \leq c(\delta)\varepsilon/R$. Indeed, since $|x - z| \gtrsim R$ and $\operatorname{dist}(x, L_0) + \operatorname{dist}(z, L_0) \leq c(\delta)\varepsilon\, R$, we deduce that $\measuredangle(L_0, L_{x,z}) \leq c(\delta)\varepsilon$. Arguing as above, we also obtain $\measuredangle(L_0, L_{x,y}) \leq c(\delta)\varepsilon$, because $y \in 2R_x$. So the estimate (7.42) holds. Finally, one obtains an inequality analogous to (7.43).

5) Suppose that $|y_1| \leq 14R$, $z_1 \notin 3R_x$, and $y_1 \notin 2R_x$.
We have $|y_1| + |z_1| \leq cR$, although x_1 may be arbitrarily big. In this situation,

$$|x-y| \approx |x-z| \approx |x|. \tag{7.44}$$

Let us estimate the Menger curvature $c(x,y,z)$ assuming first that $|y-z| > \varepsilon^{1/2}R$. From (7.44) we deduce that

$$\measuredangle(L_0, L_{x,y}) \leq \frac{c(\delta)\varepsilon\, R}{|x|} \quad \text{and} \quad \measuredangle(L_0, L_{x,z}) \leq \frac{c(\delta)\varepsilon\, R}{|x|}.$$

Thus, $\widehat{yxz} \leq \measuredangle(L_0, L_{x,y}) + \measuredangle(L_0, L_{x,z}) \leq 2\, c(\delta)\varepsilon\, R/|x|$, and

$$c(x,y,z) = \frac{2\, \sin \widehat{yxz}}{|y-z|} \leq \frac{c(\delta)\varepsilon R}{|x|\,|y-z|} \leq \frac{c(\delta)\varepsilon^{1/2}}{|x|}.$$

In the case $|y-z| \leq \varepsilon^{1/2}R$, we use that $c(x,y,z) \leq 2/|x-y| \approx 1/|x|$. Then we get

$$\begin{aligned}
&\iiint_{\substack{(x,y,z)\in D\\ |y_1|\leq 14R\\ y_1\notin 2R_x\\ z_1\notin 3R_x}} c(x,y,z)^2\, d\mathcal{H}^1_\Gamma(x)\, d\mathcal{H}^1_\Gamma(y)\, d\mathcal{H}^1_\Gamma(z)\\
&\quad \leq \iiint_{\substack{|x|\geq 10R\\ |y|\leq cR\\ |z|\leq cR\\ |y-z|>\varepsilon^{1/2}R}} \frac{c(\delta)\varepsilon}{|x|^2}\, d\mathcal{H}^1_\Gamma(x)\, d\mathcal{H}^1_\Gamma(y)\, d\mathcal{H}^1_\Gamma(z)\\
&\quad\quad + \iiint_{\substack{|x|\geq 10R\\ |y|\leq cR\\ |y-z|\leq\varepsilon^{1/2}R}} \frac{c}{|x|^2}\, d\mathcal{H}^1_\Gamma(x)\, d\mathcal{H}^1_\Gamma(y)\, d\mathcal{H}^1_\Gamma(z)\\
&\quad \leq \int_{|x|\geq 10R} \frac{c(\delta)\varepsilon R^2}{|x|^2}\, d\mathcal{H}^1_\Gamma(x) + \int_{|x|\geq 10R} \frac{c(\delta)\varepsilon^{1/2} R^2}{|x|^2}\, d\mathcal{H}^1_\Gamma(x) \leq c(\delta)\varepsilon^{1/2}R.
\end{aligned}$$

Finally, gathering all the results obtained for the different cases 1),...,5), we obtain

$$c^2(\mathcal{H}^1\lfloor\Gamma_{ext}, \mathcal{H}^1\lfloor\Gamma, \mathcal{H}^1\lfloor\Gamma) \leq c(\delta)\varepsilon^{1/2}R \leq c(\delta)\varepsilon^{1/2}\mu(E). \qquad \square$$

Very close, close, and far pairs of points

In the next subsections we will estimate the curvature of $\mathcal{H}^1\lfloor\Gamma_0$. To simplify notation, we set $\sigma := \mathcal{H}^1\lfloor\Gamma_0$.

Recall that, for $x \in \mathbb{C}$, we set $\ell_x = \ell(R_x)$. We say that two points $x, y \in \Gamma$ are very close, and we set $(x,y) \in \mathrm{VC}$ if $|x_1 - y_1| \leq \ell_x + \ell_y$. We say that they are close, and we set $(x,y) \in \mathrm{Cl}$, if $|x_1 - y_1| \leq \varepsilon^{-1/10}(\ell_x + \ell_y)$. Finally, they are far, and we write $(x,y) \in \mathrm{Far}$, if $|x_1 - y_1| > \varepsilon^{-1/10}(\ell_x + \ell_y)$. Notice that the relations of very close, close, and far points are symmetric with respect to x and y.

Given $(x, y, z) \in \Gamma^3$, there are three possibilities: either two of the points in the triple are very close, or no pair of points is very close but there is at least one pair that is close, or all the pairs of points are far. So we can split the curvature of σ as follows:

$$\begin{aligned} c^2(\sigma) \le 3 & \iiint_{(x,y)\in \mathrm{VC}} c(x,y,z)^2\, d\sigma(x)\, d\sigma(y)\, d\sigma(z) \\ & + 3 \iiint_{\substack{(x,y)\in \mathrm{Cl}\setminus \mathrm{VC} \\ (x,z)\notin \mathrm{VC} \\ (y,z)\notin \mathrm{VC}}} c(x,y,z)^2\, d\sigma(x)\, d\sigma(y)\, d\sigma(z) \\ & + \iiint_{\substack{(x,y)\in \mathrm{Far} \\ (x,z)\in \mathrm{Far} \\ (y,z)\in \mathrm{Far}}} c(x,y,z)^2\, d\sigma(x)\, d\sigma(y)\, d\sigma(z) \\ & =: c^2_{\mathrm{VC}}(\sigma) + c^2_{\mathrm{Cl}\setminus \mathrm{VC}}(\sigma) + c^2_{\mathrm{Far}}(\sigma). \end{aligned}$$

Now we need to prove a technical lemma. Abusing notation, below we write $\ell_p := \ell_{(0,p)}$ for all $p \in L_0 \equiv \mathbb{R}$.

Lemma 7.37. *For each $p, q \in L_0$, we have*

$$\ell_q \le \frac{5}{2}\, \ell_p + \frac{1}{20}\, |p - q|.$$

If $x, y \in \Gamma$ are very close, that is, $(x, y) \in \mathrm{VC}$, then

$$|x_1 - y_1| \le 4 \min(\ell_x, \ell_y).$$

Proof. Suppose first that $\ell_p > 0$ and let R_i be such that $p \in R_i$. Recall that, by definition,

$$\frac{1}{40} \inf_{s\in \widetilde{R}_i} D(s) < \ell(R_i) \le \frac{1}{20} \inf_{s\in R_i} D(s),$$

where $\widetilde{R}_i$ is the father of R_i. Since $D : L_0 \to \mathbb{R}$ is a 1-Lipschitz function, we infer that

$$D(p) \le \ell(\widetilde{R}_i) + \inf_{s\in \widetilde{R}_i} D(s) \le 42\, \ell(R_i).$$

Using again that D is 1-Lipschitz,

$$D(q) \le D(p) + |p - q| \le 42\, \ell(R_i) + |p - q|.$$

Therefore, by the definition of ℓ_q,

$$\ell_q \le \frac{1}{20}\, D(q) \le \frac{42}{20}\, \ell(R_i) + \frac{1}{20}\, |p - q|,$$

and so the first claim in the lemma follows in this case.

If $\ell_p = 0$, the arguments are analogous and even easier:

$$\ell_q \leq \frac{1}{20} D(q) \leq \frac{1}{20} D(p) + \frac{1}{20}|p-q| = \frac{1}{20}|p-q|.$$

The second statement in the lemma is a straightforward consequence of the first one: if $x, y \in \Gamma$ are very close, then

$$|x_1 - y_1| \leq \ell_x + \ell_y \leq \ell_x + \frac{5}{2}\ell_x + \frac{1}{20}|x_1 - y_1| = \frac{7}{2}\ell_x + \frac{1}{20}|x_1 - y_1|,$$

which implies $|x_1 - y_1| \leq 4\ell_x$. Analogously, one gets $|x_1 - y_1| \leq 4\ell_y$. □

The curvature $c^2_{\mathrm{VC}}(\sigma)$ is very small

Lemma 7.38. *We have*

$$c^2_{\mathrm{VC}}(\sigma) \leq c(\delta)\varepsilon^{1/2}\mu(E).$$

Proof. Recall that

$$c^2_{\mathrm{VC}}(\sigma) = 3 \iiint_{|x_1-y_1|\leq \ell_x+\ell_y} c(x,y,z)^2 \, d\sigma(x)\, d\sigma(y)\, d\sigma(z).$$

By Lemma 7.37, for x, y, z in the domain of integration, we have $|x_1 - y_1| \leq 4\ell_x$, and so we can assume that $\ell_x > 0$. We distinguish several cases:

1) Suppose first that $|x_1 - z_1| \leq 5\ell_x$.
In this case $x_1, y_1, z_1 \in 11R_x$. By Lemma 7.27,

$$\|A''\|_{\infty, 11R_x} \leq \frac{c(\delta)\,\varepsilon}{\ell_x}, \tag{7.45}$$

and then from Remark 3.8 we infer that $c(x,y,z) \leq c(\delta)\,\varepsilon/\ell_x$,. Thus

$$\begin{aligned}\iiint_{\substack{|x_1-y_1|\leq \ell_x+\ell_y \\ |x_1-z_1|\leq 5\ell_x}} & c(x,y,z)^2 \, d\sigma(x)\, d\sigma(y)\, d\sigma(z) \\ &\leq \iiint_{\substack{|x_1-y_1|\leq 4\ell_x \\ |x_1-z_1|\leq 5\ell_x}} \frac{c(\delta)\varepsilon^2}{\ell_x^2} \, d\sigma(x)\, d\sigma(y)\, d\sigma(z) \leq c(\delta)\varepsilon^2 \sigma(\mathbb{C}).\end{aligned}$$

2) Suppose now that $5\ell_x < |x_1 - z_1| \leq \varepsilon^{-1/2}\ell_x$.
For $x \in \operatorname{supp}\sigma = \Gamma_0$, let R_i, $i \in I_0$, be such that $\Pi(x) \in R_i$. Consider the associated ball $B_i \in \mathcal{VG}$ given by Lemma 7.22. Let us check that $\measuredangle(L_{x,y}, L_{B_i}) \leq c(\delta)\varepsilon$. This follows easily arguing as in (7.41). Indeed, let $x' \in \Gamma$ be a point very close to x and different from x, so that $\Pi(x') = x_1' \in R_i$. From (7.37) applied to x, y, x' and (7.45) we infer that

$$\begin{aligned}\left|\tan\measuredangle(L_0, L_{x,x'}) - \tan\measuredangle(L_0, L_{x,y})\right| &= \left|\frac{A(x_1') - A(x_1)}{x_1' - x_1} - \frac{A(y_1) - A(x_1)}{y_1 - x_1}\right| \\ &\leq |x_1' - y_1| \, \|A''\|_{\infty, 9R_x} \leq c(\delta)\,\varepsilon.\end{aligned}$$

Letting $x' \to x$, we obtain

$$\big|A'(x_1) - \tan \measuredangle(L_0, L_{x,y})\big| \leq c(\delta)\,\varepsilon.$$

Since $|A'(x_1) - A_i'| \leq c(\delta)\,\varepsilon$ (see Remark 7.26 and recall that the parametrization of L_{B_i} is given by $x_2 = A_i(x_1)$), we derive

$$\big|A_i' - \tan \measuredangle(L_0, L_{x,y})\big| \leq c(\delta)\,\varepsilon,$$

which implies that $\measuredangle(L_{x,y}, L_{B_i}) \leq c(\delta)\varepsilon$, as wished.

Now let B_i' be the ball concentric with B_i with radius

$$r(B_i') = \min(15R, c_6|x-z|),$$

where $c_6 \geq 1$ is an absolute constant big enough to guarantee that $B_i \subset B_i'$ and $x, y, z \in B_i'$ (to find c_6, recall that $|x_1 - z_1| > 5\ell_x$). We claim that

$$\measuredangle(L_{B_i}, L_{B_i'}) \leq \frac{c(\delta)\varepsilon\, r(B_i')}{r(B_i)} \leq c(\delta)\varepsilon^{1/2}.$$

The first inequality follows easily from Lemma 7.14, by taking two points from $L_{B_i} \cap 2B_i$ with mutual distance comparable to $r(B_i)$. The second one comes from the fact that $r(B_i') \leq c\varepsilon^{-1/2} r(B_i)$.

On the other hand, recalling that $r(B_i') = \min(15R, c_6|x-z|)$ and that, by Lemma 7.29,

$$\operatorname{dist}\big(x, L_{B_i'}\big) + \operatorname{dist}\big(z, L_{B_i'}\big) \leq c(\delta)\varepsilon\, r(B_i'),$$

we deduce that $\measuredangle(L_{B_i'}, L_{x,z}) \leq c(\delta)\varepsilon$. Therefore,

$$\begin{aligned}\measuredangle(L_{x,y}, L_{x,z}) &\leq \measuredangle(L_{x,y}, L_{B_i}) + \measuredangle(L_{B_i}, L_{B_i'}) + \measuredangle(L_{B_i'}, L_{x,z}) \\ &\leq c(\delta)\varepsilon + c(\delta)\varepsilon^{1/2} + c(\delta)\varepsilon \leq c(\delta)\varepsilon^{1/2}.\end{aligned}$$

So we have

$$c(x,y,z) = \frac{2\sin(\widehat{yxz})}{|y-z|} \leq \frac{c(\delta)\varepsilon^{1/2}}{\ell_x},$$

because $|y_1 - z_1| \geq |x_1 - z_1| - |x_1 - y_1| \geq 5\ell_x - 4\ell_x = \ell_x$. So we obtain

$$\begin{aligned}&\iiint_{\substack{|x_1-y_1|\leq \ell_x+\ell_y \\ 5\ell_x<|x_1-z_1|\leq \varepsilon^{-1/2}\ell_x}} c(x,y,z)^2\, d\sigma(x)\, d\sigma(y)\, d\sigma(z) \\ &\qquad \leq \iiint_{\substack{|x_1-y_1|\leq 4\ell_x \\ |x_1-z_1|\leq \varepsilon^{-1/2}\ell_x}} \frac{c(\delta)\varepsilon}{\ell_x^2}\, d\sigma(x)\, d\sigma(y)\, d\sigma(z).\end{aligned}$$

The last integral is bounded by $c(\delta)\varepsilon^{1/2}\sigma(\mathbb{C})$, as

$$\sigma\big(\{z : |x_1 - z_1| \leq \varepsilon^{-1/2}\ell_x\}\big) \lesssim \varepsilon^{-1/2}\ell_x.$$

3) In the last case, we assume that $|x_1 - z_1| > \varepsilon^{-1/2}\ell_x$.
We just use the trivial inequality $c(x,y,z) \leq 2/|x-z|$, so that by the linear growth of σ,

$$\int_{|x_1-z_1|>\varepsilon^{-1/2}\ell_x} \frac{4}{|x-z|^2}\, d\sigma(z) \leq \frac{c\,\varepsilon^{1/2}}{\ell_x}.$$

Then we get

$$\iiint_{\substack{|x_1-y_1|\leq \ell_x+\ell_y \\ |x_1-z_1|>\varepsilon^{-1/2}\ell_x}} c(x,y,z)^2\, d\sigma(x)\, d\sigma(y)\, d\sigma(z)$$
$$\leq \iiint_{\substack{|x_1-y_1|\leq 4\ell_x \\ |x_1-z_1|>\varepsilon^{-1/2}\ell_x}} \frac{4}{|x-z|^2}\, d\sigma(x)\, d\sigma(y)\, d\sigma(z) \leq c\,\varepsilon^{1/2}\sigma(\mathbb{C}).$$

Finally, gathering all the results obtained for the cases 1), 2), 3), and noticing that $\sigma(\mathbb{C}) = \mathcal{H}^1(\Gamma_0) \approx \mu(E)$, we are done. □

The curvature $c^2_{\mathrm{Cl}\setminus\mathrm{VC}}(\sigma)$ is very small

Lemma 7.39. *We have*

$$c^2_{\mathrm{Cl}\setminus\mathrm{VC}}(\sigma) \leq c(\delta)\varepsilon^{1/10}\,\mu(E).$$

Proof. Recall that

$$c^2_{\mathrm{Cl}\setminus\mathrm{VC}}(\sigma) = 3\iiint_{\substack{(x,y)\in\mathrm{Cl}\setminus\mathrm{VC} \\ (x,z)\notin\mathrm{VC} \\ (y,z)\notin\mathrm{VC}}} c(x,y,z)^2\, d\sigma(x)\, d\sigma(y)\, d\sigma(z),$$

where $(x,y)\in\mathrm{Cl}$ means that $|x_1-y_1| \leq \varepsilon^{-1/10}(\ell_x+\ell_y)$, and $(x,y)\notin\mathrm{VC}$ that $|x_1-y_1| > \ell_x+\ell_y$. By the symmetry on x,y of the preceding triple integral, it is enough to consider the case $\ell_x \geq \ell_y$. For such x,y,z in the domain of integration, we consider several cases:

1) Suppose first that $|y_1-z_1| \leq \varepsilon^{1/5}\ell_x$.
In this case we appeal to the trivial estimate $c(x,y,z) \leq 2/|x-y|$, and then we obtain

$$\iiint_{\substack{(x,y)\in\mathrm{Cl}\setminus\mathrm{VC} \\ (x,z),(y,z)\notin\mathrm{VC} \\ |y_1-z_1|\leq\varepsilon^{1/5}\ell_x \\ \ell_x\geq\ell_y}} c(x,y,z)^2\, d\sigma(x)\, d\sigma(y)\, d\sigma(z)$$
$$\leq \iiint_{\substack{|x_1-y_1|>\ell_x \\ |y_1-z_1|\leq\varepsilon^{1/5}\ell_x}} \frac{4}{|x-y|^2}\, d\sigma(x)\, d\sigma(y)\, d\sigma(z)$$
$$\leq \iint_{|x_1-y_1|>\ell_x} \frac{c\,\varepsilon^{1/5}\ell_x}{|x-y|^2}\, d\sigma(x)\, d\sigma(y)$$
$$\leq \int c\,\varepsilon^{1/5}\, d\sigma(x) = c\,\varepsilon^{1/5}\,\sigma(\mathbb{C}).$$

2) Suppose that $|x_1 - z_1| > \varepsilon^{-1/5}\ell_x$.
Now we just use the inequality $c(x,y,z) \le 2/|x-z|$. Observe also that the condition $|x_1 - y_1| \le \varepsilon^{-1/10}(\ell_x + \ell_y)$ together with the fact that $\ell_x \ge \ell_y$ implies that $|x_1 - y_1| \le 2\,\varepsilon^{-1/10}\ell_x$. Applying Lemma 2.11 we derive

$$\begin{aligned}
&\iiint_{\substack{(x,y)\in \mathrm{Cl}\setminus \mathrm{VC}\\ (x,z),(y,z)\notin \mathrm{VC}\\ |x_1-z_1|>\varepsilon^{-1/5}\ell_x\\ \ell_x\ge \ell_y}} c(x,y,z)^2\, d\sigma(x)\, d\sigma(y)\, d\sigma(z)\\
&\qquad \le \iiint_{\substack{|x_1-y_1|\le 2\varepsilon^{-1/10}\ell_x\\ |x_1-z_1|>\varepsilon^{-1/5}\ell_x}} \frac{4}{|x-z|^2}\, d\sigma(x)\, d\sigma(y)\, d\sigma(z)\\
&\qquad \le \iint_{|x_1-y_1|\le 2\varepsilon^{-1/10}\ell_x} \frac{c\,\varepsilon^{1/5}}{\ell_x}\, d\sigma(y)\, d\sigma(x)\\
&\qquad \le \int c\,\varepsilon^{1/5}\varepsilon^{-1/10}\, d\sigma(x) = c\,\varepsilon^{1/10}\,\sigma(\mathbb{C}).
\end{aligned}$$

3) Suppose finally that $|y_1 - z_1| > \varepsilon^{1/5}\ell_x$ and $|x_1 - z_1| \le \varepsilon^{-1/5}\ell_x$.
We claim that

$$c(x,y,z) \le \frac{c(\delta)\varepsilon^{3/5}}{|x-y|}. \tag{7.46}$$

To prove this estimate, recall that there exists a ball $B_i \in \mathcal{VG}$, $i \in I_0$, such that $r(B_i) + \operatorname{dist}(x, B_i) \le c\,\ell_x$. Let B be a concentric ball which contains B_i and x, y, z, with radius

$$r(B) \approx \max(|x-z|, |x-y|),$$

so that moreover, $r(B) \le 50R$.

Assume first that $|x-z| \ge |x-y|$. By Lemma 7.29, $\operatorname{dist}(x, L_B) \le c(\delta)\varepsilon\, r(B)$ and $\operatorname{dist}(z, L_B) \le c(\delta)\varepsilon\, r(B)$, and thus

$$\measuredangle(L_{x,z}, L_B) \le \frac{c(\delta)\varepsilon\, r(B)}{|x-z|} \le c(\delta)\varepsilon.$$

Taking into account that $\operatorname{dist}(y, L_B) \le c(\delta)\varepsilon r(B)$ too, we get

$$\measuredangle(L_{y,z}, L_B) \le \frac{c(\delta)\varepsilon\, r(B)}{|y-z|} \approx \frac{c(\delta)\varepsilon\,|x-z|}{|y-z|} \le \frac{c(\delta)\varepsilon\,\varepsilon^{-1/5}\ell_x}{\varepsilon^{1/5}\ell_x} = c(\delta)\varepsilon^{3/5}.$$

So, $\sin\widehat{xzy} \le c(\delta)\varepsilon^{3/5}$ and

$$c(x,y,z) = \frac{2\sin(\widehat{xzy})}{|x-y|} \le \frac{c(\delta)\varepsilon^{3/5}}{|x-y|}.$$

Suppose now that $|x-z| < |x-y|$, so that $r(B) \approx |x-y| \le 2\,\varepsilon^{-1/10}\,\ell_x$. From the inequalities $\operatorname{dist}(x, L_B) \le c(\delta)\varepsilon\, r(B)$ and $\operatorname{dist}(y, L_B) \le c(\delta)\varepsilon\, r(B)$, we deduce that

$$\measuredangle(L_{x,y}, L_B) \le \frac{c(\delta)\varepsilon\, r(B)}{|x-y|} \le c(\delta)\varepsilon.$$

Recalling also that $\operatorname{dist}(z, L_B) \leq c(\delta)\varepsilon\, r(B)$ and that $|x-z| \geq \ell_x$ (because $(x,z) \notin$ VC), we get

$$\measuredangle(L_{x,z}, L_B) \leq \frac{c(\delta)\varepsilon\, r(B)}{|x-z|} \leq \frac{c(\delta)\varepsilon\, \varepsilon^{-1/10}\ell_x}{\ell_x} = c(\delta)\varepsilon^{9/10}.$$

Therefore, $\sin \widehat{yxz} \leq c(\delta)\varepsilon^{9/10}$. Since

$$|y-z| > \varepsilon^{1/5}\ell_x \geq c^{-1}\varepsilon^{1/5}\, \varepsilon^{1/10}\, |x-y| = c^{-1}\varepsilon^{3/10}\, |x-y|,$$

we get

$$c(x,y,z) = \frac{2\sin(\widehat{yxz})}{|y-z|} \leq \frac{c(\delta)\varepsilon^{9/10}}{\varepsilon^{3/10}|x-y|} = \frac{c(\delta)\varepsilon^{3/5}}{|x-y|}.$$

So (7.46) holds in the present situation too.

With (7.46) at hand, we obtain

$$\begin{aligned}
&\iiint_{\substack{(x,y)\in \mathrm{Cl}\setminus \mathrm{VC}\\ (x,z),(y,z)\notin \mathrm{VC}\\ |y_1-z_1|>\varepsilon^{1/5}\ell_x\\ |x_1-z_1|\leq \varepsilon^{-1/5}\ell_x\\ \ell_x\geq \ell_y}} c(x,y,z)^2\, d\sigma(x)\, d\sigma(y)\, d\sigma(z)\\
&\qquad \leq \iiint_{\substack{|x_1-y_1|>\ell_x\\ |x_1-z_1|\leq \varepsilon^{-1/5}\ell_x}} \frac{c(\delta)\varepsilon^{6/5}}{|x-y|^2}\, d\sigma(x)\, d\sigma(y)\, d\sigma(z)\\
&\qquad \leq \iint_{|x_1-y_1|>\ell_x} \frac{c(\delta)\varepsilon\, \ell_x}{|x-y|^2}\, d\sigma(y)\, d\sigma(x) \leq c(\delta)\, \varepsilon\, \sigma(\mathbb{C}).
\end{aligned}$$

The lemma follows from the estimates of the cases 1), 2), 3) above, since $\sigma(\mathbb{C}) \approx \mu(E)$. □

Estimation of $c^2_{\mathrm{Far}}(\sigma)$

In this subsection we will obtain the following.

Lemma 7.40. *We have*

$$c^2_{\mathrm{Far}}(\sigma) \leq c(\delta)\, c^2(\mu) + c(\delta)\varepsilon^{1/5}\, \mu(E).$$

To prove this lemma we will compare the curvature $c^2_{\mathrm{Far}}(\sigma)$ to (part of) the curvature of μ. To this end, first we need to approximate the measure $\sigma = \mathcal{H}^1\lfloor\Gamma_0$ by another measure absolutely continuous with respect to μ, of the form $g\,\mu$, with $g \in L^\infty(\mu)$. This task is carried out in the next lemma.

Lemma 7.41. *For each $i \in I_0$ there exists some function $g_i \in L^\infty(\mu)$, $g_i \geq 0$ supported on B_i such that*

$$\int g_i \, d\mu = \mathcal{H}^1(\Gamma \cap \Pi^{-1}(R_i)) = \sigma(\Pi^{-1}(R_i)), \tag{7.47}$$

and

$$\sum_{i \in I_0} g_i \lesssim c(\delta), \tag{7.48}$$

Proof. The arguments are somewhat similar to the ones for the Calderón-Zygmund decomposition of Lemma 2.14.

We assume first that the family $\{R_i\}_{i \in I_0}$ is finite. We also suppose that $\ell(R_i) \leq \ell(R_{i+1})$ for all $i \in I_0$. The functions g_i that we will construct will be of the form $g_i = \alpha_i \chi_{A_i}$, with $\alpha_i \geq 0$ and $A_i \subset B_i$ (recall the construction of the balls B_i in Lemma 7.22). We set $\alpha_1 := \sigma(\Pi^{-1}(R_1))/\mu(B_1)$ and $A_1 := \operatorname{supp} \mu \cap B_1$, so that $\int g_1 d\mu = \sigma(\Pi^{-1}(R_1))$. Notice by the way that $\|g_1\|_\infty = \sigma(\Pi^{-1}(R_1))/\mu(B_1) \leq c(\delta)$, since $B_1 \in \mathcal{VG}$.

To define g_k, $k \geq 2$, we argue by induction. Suppose that $g_1, \ldots, g_{k-1}$ have been constructed, satisfy (7.47), and $\sum_{i=1}^{k-1} g_i \leq b$, where b is some constant depending on δ which will be chosen below. Let $B_{s_1}, \ldots, B_{s_m}$ be the subfamily of $B_1, \ldots, B_{k-1}$ such that $B_{s_j} \cap B_k \neq \varnothing$. Since $\ell(R_{s_j}) \leq \ell(R_k)$ (because of the non-decreasing sizes of $\ell(R_i)$, $i \in I_0$), we deduce that $\operatorname{dist}(R_{s_j}, R_k) \leq c\,\ell(R_k)$, and thus we have $R_{s_j} \subset c_7 R_k$, for some absolute constant c_7. Using (7.47) for $i = s_j$, we get

$$\sum_j \int g_{s_j} \, d\mu = \sum_j \sigma(\Pi^{-1}(R_{s_j})) \leq \sigma(\Pi^{-1}(c_7 R_k)) \leq c\, r(B_k) \leq c_8(\delta)\mu(B_k).$$

Therefore,

$$\mu\Big(\Big\{\sum_j g_{s_j} > 2c_8(\delta)\Big\}\Big) \leq \frac{1}{2}\,\mu(B_k).$$

So we set

$$A_k := \operatorname{supp} \mu \cap B_k \cap \Big\{\sum_j g_{s_j} \leq 2\, c_8(\delta)\Big\},$$

and then $\mu(A_k) \geq \mu(B_k)/2$. Also, we put $\alpha_k := \dfrac{\sigma(\Pi^{-1}(R_k))}{\mu(A_k)}$, so that $g_k = \alpha_k \chi_{A_k}$ satisfies $\int g_k \, d\mu = \sigma(\Pi^{-1}(R_k))$. Then we have

$$\alpha_k \leq \frac{2\sigma(\Pi^{-1}(R_k))}{\mu(B_k)} \leq \frac{c\, r(B_k)}{\mu(B_k)} \leq c_9(\delta).$$

Thus,

$$g_k + \sum_j g_{s_j} \leq 2c_8(\delta) + c_9(\delta).$$

We choose $b := 2c_8(\delta) + c_9(\delta)$ and (7.48) follows. Of course, this bound is independent of the number of functions.

Suppose now that $\{R_i\}_{i\in I_0}$ is not finite. For each fixed N we consider a family of intervals $\{R_i\}_{1\leq i\leq N}$. As above, we construct functions $g_1^N, \ldots, g_N^N$ with $\mathrm{supp}(g_i^N) \subset B_i$ satisfying

$$\int g_i^N d\mu = \sigma(\Pi^{-1}(R_i)) \quad \text{and} \quad \sum_{i=1}^{N} g_i^N \leq b.$$

Then there is a subsequence $\{g_1^k\}_{k\in I_1}$ which is convergent in the weak $*$ topology of $L^\infty(\mu)$ to some function $g_1 \in L^\infty(\mu)$. Now we take another convergent subsequence $\{g_2^k\}_{k\in I_2}$, $I_2 \subset I_1$, in the weak $*$ topology of $L^\infty(\mu)$ to another function $g_2 \in L^\infty(\mu)$, etc. We have $\mathrm{supp}(g_i) \subset B_i$. Further, (7.47) and (7.48) also hold, because of the weak $*$ convergence. □

We recall now the following technical result, which was proved in Subsection 4.6.1 of Chapter 4.

Lemma 7.42. *Let $x, y, z \in \mathbb{C}$ be three pairwise different points, and let $x' \in \mathbb{C}$ be such that*

$$a^{-1}|x-y| \leq |x'-y| \leq a|x-y|, \tag{7.49}$$

where $a > 0$ is some constant. Then

$$|c(x,y,z) - c(x',y,z)| \leq (4+2a)\frac{|x-x'|}{|x-y||x-z|}. \tag{7.50}$$

Proof of Lemma 7.40. To simplify notation, we write $\widehat{R}_i = \Gamma \cap \Pi^{-1}(R_i)$. Recall that

$$\Gamma_0 = Z_0 \cup \bigcup_{i\in I_0} \widehat{R}_i.$$

In Lemma 7.41 we showed how $\mathcal{H}^1\lfloor\widehat{R}_i$ can be approximated by a measure supported on B_i, for each $i \in I_0$. Notice that, by Remark 7.31,

$$\mathrm{dist}(B_i, \widehat{R}_i) \leq c\ell(R_i). \tag{7.51}$$

Concerning $\mathcal{H}^1\lfloor Z_0$, recall that $Z_0 \subset \Gamma$, and moreover by Lemma 7.18,

$$\mu\lfloor Z_0 = \rho_{Z_0}\,\mathcal{H}^1\lfloor Z_0,$$

where ρ_{Z_0} is some function such that $c^{-1}\delta \leq \rho_{Z_0} \leq c_0\ \mathcal{H}^1$-a.e. on Z_0. So,

$$\mathcal{H}^1\lfloor Z_0 = \frac{1}{\rho_{Z_0}}\,\mu\lfloor Z_0,$$

and the function $g_{Z_0} := 1/\rho_{Z_0}$ is bounded uniformly by some constant depending on δ.

Now we consider the measures $\nu_i = g_i\,\mu$, for $i \in I_0$, with g_i as in Lemma 7.41, and we set

$$\nu = g_{Z_0}\,\mu\lfloor Z_0 + \sum_{i\in I_0} \nu_i.$$

This new measure should be understood as an approximation of $\sigma = \mathcal{H}^1\lfloor\Gamma_0$, which coincides with $\sigma\lfloor Z_0 = \mathcal{H}^1\lfloor Z_0$ on Z_0. We will show below that

$$c^2_{\mathrm{Far}}(\sigma) \le 4c^2(\nu) + c(\delta)\varepsilon^{1/5}\mu(E). \tag{7.52}$$

Observe that, by Lemma 7.41 and the discussion above on g_{Z_0}, ν is of the form $\nu = g\,\mu$, where g is some function uniformly bounded by $c(\delta)$. As a consequence,

$$c^2(\nu) \le c(\delta)\,c^2(\mu),$$

and so the lemma follows from (7.52).

To prove (7.52), first we need to introduce some additional notation. Given Borel measures τ_1, τ_2, τ_3, we set

$$c^2(\tau_1,\tau_2,\tau_3) = \iiint c^2(x,y,z)\,d\tau_1(x)\,d\tau_2(y)\,d\tau_3(z).$$

On the other hand, this triple integral restricted to those (x, y, z) such that

$$\begin{aligned} |x_1 - y_1| \ge \varepsilon^{-1/10}(\ell_x + \ell_y), \qquad &|x_1 - z_1| \ge \varepsilon^{-1/10}(\ell_x + \ell_z),\\ \text{and} \quad &|y_1 - z_1| \ge \varepsilon^{-1/10}(\ell_y + \ell_z), \end{aligned} \tag{7.53}$$

is denoted by $c^2_{\mathrm{Far}}(\tau_1,\tau_2,\tau_3)$. So we have

$$\begin{aligned} c^2_{\mathrm{Far}}(\sigma) &= c^2_{\mathrm{Far}}(\sigma\lfloor Z_0) + c^2_{\mathrm{Far}}(\sigma\lfloor\Gamma_0\setminus Z_0) \\ &\quad + 3\,c^2_{\mathrm{Far}}(\sigma\lfloor Z_0, \sigma\lfloor\Gamma_0\setminus Z_0, \sigma\lfloor\Gamma_0\setminus Z_0) + 3\,c^2_{\mathrm{Far}}(\sigma\lfloor Z_0, \sigma\lfloor Z_0, \sigma\lfloor\Gamma_0\setminus Z_0). \end{aligned} \tag{7.54}$$

The first term on the right-hand side is very easy to deal with. Indeed,

$$c^2_{\mathrm{Far}}(\sigma\lfloor Z_0) = c^2_{\mathrm{Far}}(\mathcal{H}^1\lfloor Z_0) \le c(\delta)\,c^2(\mu\lfloor Z_0).$$

To study $c^2_{\mathrm{Far}}(\sigma\lfloor\Gamma_0\setminus Z_0)$ we set

$$c^2_{\mathrm{Far}}(\sigma\lfloor\Gamma_0\setminus Z_0) = \sum_{i,j,k\in I_0} c^2_{\mathrm{Far}}\big(\sigma\lfloor\widehat{R}_i, \sigma\lfloor\widehat{R}_j, \sigma\lfloor\widehat{R}_k\big).$$

By definition, if $c^2_{\mathrm{Far}}\big(\sigma\lfloor\widehat{R}_i, \sigma\lfloor\widehat{R}_j, \sigma\lfloor\widehat{R}_k\big) \ne 0$, then there exists $x \in \widehat{R}_i$, $y \in \widehat{R}_j$ and $z \in \widehat{R}_k$ satisfying (7.53). Then it follows easily that

$$\operatorname{dist}(\widehat{R}_i, \widehat{R}_j) \ge \frac{\varepsilon^{-1/10}}{2}\big(\ell(R_i) + \ell(R_j)\big), \quad \operatorname{dist}(\widehat{R}_i, \widehat{R}_k) \ge \frac{\varepsilon^{-1/10}}{2}\big(\ell(R_i) + \ell(R_k)\big), \tag{7.55}$$

$$\text{and} \qquad \operatorname{dist}(\widehat{R}_j, \widehat{R}_k) \ge \frac{\varepsilon^{-1/10}}{2}\big(\ell(R_j) + \ell(R_k)\big).$$

We denote by $J_{\rm Far}$ the set of those indices $(i,j,k)\in I_0^3$ such that these inequalities hold, so that

$$c^2_{\rm Far}(\sigma\lfloor\Gamma_0\setminus Z_0)\le\sum_{(i,j,k)\in J_{\rm Far}}c^2(\sigma\lfloor\widehat R_i,\sigma\lfloor\widehat R_j,\sigma\lfloor\widehat R_k).$$

Consider $(i,j,k)\in J_{\rm Far}$ and $x,x'\in\widehat R_i\cup B_i$, $y,y'\in\widehat R_j\cup B_j$, and $z,z'\in\widehat R_k\cup B_k$. Because of (7.55) and (7.51), taking into account that $\ell(R_h)\approx\operatorname{diam}(\widehat R_h)\approx\operatorname{diam}(B_h)$ for each $h\in I$, the sets $\widehat R_i\cup B_i$, $\widehat R_j\cup B_j$, and $\widehat R_k\cup B_k$ are far to each other for ε small enough, and then by applying Lemma 7.42 three times, we deduce

$$\begin{aligned}c(x,y,z)^2&\le 2\,c(x',y',z')^2\\&\quad+\frac{c\,\ell_x^2}{|x-y|^2\,|x-z|^2}+\frac{c\,\ell_y^2}{|y-x|^2\,|y-z|^2}+\frac{c\,\ell_z^2}{|z-x|^2\,|z-y|^2}.\end{aligned}$$

We set

$$T_x(y,z)=\frac{\ell_x^2}{|x-y|^2\,|x-z|^2},$$

and analogously, $T_y(x,z)$, $T_z(x,y)$. Then, integrating on $x\in\widehat R_i$, $y\in\widehat R_j$, and $z\in\widehat R_k$ with respect to σ, we get

$$\begin{aligned}c^2(\sigma\lfloor\widehat R_i,\sigma\lfloor\widehat R_j,\sigma\lfloor\widehat R_k)&\le 2\,c(x',y',z')^2\,\sigma(\widehat R_i)\,\sigma(\widehat R_j)\,\sigma(\widehat R_k)\\&\quad+c\iiint_{\substack{x\in\widehat R_i\\ y\in\widehat R_j\\ z\in\widehat R_k}}\big[T_x(y,z)+T_y(x,z)+T_z(x,y)\big]\,d\sigma(x)\,d\sigma(y)\,d\sigma(z).\end{aligned}$$

On the other hand, by analogous arguments, we have

$$\begin{aligned}c(x',y',z')^2\,\nu_i(\widehat R_i)\,\nu_j(\widehat R_j)\,\nu_k(\widehat R_k)&\le 2\,c^2(\nu_i,\nu_j,\nu_k)\\&\quad+c\iiint\big[T_x(y,z)+T_y(x,z)+T_z(x,y)\big]\,d\nu_i(x)\,d\nu_j(y)\,d\nu_k(z).\end{aligned}$$

Taking into account that $\nu_h(\widehat R_h)=\sigma(\widehat R_h)$ for all h, from the preceding two inequalities, summing on $(i,j,k)\in J_{\rm Far}$, we deduce

$$\begin{aligned}&c^2_{\rm Far}(\sigma\lfloor\Gamma_0\setminus Z_0)\le 4\,c^2(\nu)\\&+c\iiint_{\substack{|x-y|\ge\frac12\varepsilon^{-1/10}(\ell_x+\ell_y)\\|x-z|\ge\frac12\varepsilon^{-1/10}(\ell_x+\ell_z)\\|y-z|\ge\frac12\varepsilon^{-1/10}(\ell_y+\ell_z)}}\big[T_x(y,z)+T_y(x,z)+T_z(x,y)\big]\,d\sigma(x)\,d\sigma(y)\,d\sigma(z)\\&+c\iiint_{\substack{|x-y|\ge\frac12\varepsilon^{-1/10}(\ell_x+\ell_y)\\|x-z|\ge\frac12\varepsilon^{-1/10}(\ell_x+\ell_z)\\|y-z|\ge\frac12\varepsilon^{-1/10}(\ell_y+\ell_z)}}\big[T_x(y,z)+T_y(x,z)+T_z(x,y)\big]\,d\nu(x)\,d\nu(y)\,d\nu(z).\end{aligned}\tag{7.56}$$

To estimate the first triple integral on the right-hand side, notice that

$$\begin{aligned}
&\iint_{\substack{|x-y|\geq\frac{1}{2}\varepsilon^{-1/10}(\ell_x+\ell_y)\\ |x-z|\geq\frac{1}{2}\varepsilon^{-1/10}(\ell_x+\ell_z)}} T_x(y,z)\,d\sigma(y)\,d\sigma(z) \qquad (7.57)\\
&\leq \left(\int_{|x-y|\geq\frac{1}{2}\varepsilon^{-1/10}\ell_x} \frac{\ell_x}{|x-y|^2}\,d\sigma(y)\right)\left(\int_{|x-z|\geq\frac{1}{2}\varepsilon^{-1/10}\ell_x} \frac{\ell_x}{|x-z|^2}\,d\sigma(z)\right)\\
&= \left(\int_{|x-y|\geq\frac{1}{2}\varepsilon^{-1/10}\ell_x} \frac{\ell_x}{|x-y|^2}\,d\sigma(y)\right)^2 \leq c\,\varepsilon^{1/5},
\end{aligned}$$

where the last inequality follows from Lemma 2.11, using the linear growth of σ. Analogous estimates hold permuting x, y, z, and also interchanging σ by ν, recalling that ν has linear growth with some constant depending on δ. Plugging them into (7.56) we get

$$c^2_{\mathrm{Far}}(\sigma\lfloor\Gamma_0\setminus Z_0) \leq 4\,c^2(\nu) + c(\delta)\,\varepsilon^{1/5}\,\mu(E). \qquad (7.58)$$

Now it remains to estimate the last two terms of (7.54). The arguments are similar to the preceding ones. Since $\sigma\lfloor Z_0 = \nu\lfloor Z_0$, we have

$$c^2_{\mathrm{Far}}(\sigma\lfloor Z_0, \sigma\lfloor\Gamma_0\setminus Z_0, \sigma\lfloor\Gamma_0\setminus Z_0) = c^2_{\mathrm{Far}}(\nu\lfloor Z_0, \sigma\lfloor\Gamma_0\setminus Z_0, \sigma\lfloor\Gamma_0\setminus Z_0)$$

and

$$c^2_{\mathrm{Far}}(\sigma\lfloor Z_0, \sigma\lfloor Z_0, \sigma\lfloor\Gamma_0\setminus Z_0) = c^2_{\mathrm{Far}}(\nu\lfloor Z_0, \nu\lfloor Z_0, \sigma\lfloor\Gamma_0\setminus Z_0).$$

Concerning the term $c^2_{\mathrm{Far}}(\sigma\lfloor Z_0, \sigma\lfloor\Gamma_0\setminus Z_0, \sigma\lfloor\Gamma_0\setminus Z_0)$, the main difference with respect to the estimates above for $c^2_{\mathrm{Far}}(\sigma\lfloor\Gamma_0\setminus Z_0)$ is that $T_x(y,z)$ equals zero in this case (since $x = x'$), and instead of integrating over $\sigma\lfloor\widehat{R}_i$ and ν_i and then summing on i, one integrates over $\sigma\lfloor Z_0$. Then one obtains

$$\begin{aligned}
&c^2_{\mathrm{Far}}(\sigma\lfloor Z_0, \sigma\lfloor\Gamma_0\setminus Z_0, \sigma\lfloor\Gamma_0\setminus Z_0) \leq 4\,c^2(\nu) \qquad (7.59)\\
&+ c\iiint_{\substack{|x-y|\geq\frac{1}{2}\varepsilon^{-1/10}\ell_y\\ |x-z|\geq\frac{1}{2}\varepsilon^{-1/10}\ell_z\\ |y-z|\geq\frac{1}{2}\varepsilon^{-1/10}(\ell_y+\ell_z)}} \big[T_y(x,z) + T_z(x,y)\big]\,d\sigma(x)\,d\sigma(y)\,d\sigma(z)\\
&+ c\iiint_{\substack{|x-y|\geq\frac{1}{2}\varepsilon^{-1/10}\ell_y\\ |x-z|\geq\frac{1}{2}\varepsilon^{-1/10}\ell_z\\ |y-z|\geq\frac{1}{2}\varepsilon^{-1/10}(\ell_y+\ell_z)}} \big[T_y(x,z) + T_z(x,y)\big]\,d\nu(x)\,d\nu(y)\,d\nu(z).
\end{aligned}$$

The last two triple integrals are estimated as in (7.57), and then it follows that

$$c^2_{\mathrm{Far}}(\sigma\lfloor Z_0, \sigma\lfloor\Gamma_0\setminus Z_0, \sigma\lfloor\Gamma_0\setminus Z_0) \leq 4\,c^2(\nu) + c(\delta)\,\varepsilon^{1/5}\,\mu(E). \qquad (7.60)$$

Finally, the arguments for $c^2_{\mathrm{Far}}(\sigma\lfloor Z_0, \sigma\lfloor Z_0, \sigma\lfloor\Gamma_0\setminus Z_0)$ are very similar. In this case, both terms $T_x(y,z)$ and $T_y(x,z)$ vanish, and analogously we also get

$$c^2_{\mathrm{Far}}(\sigma\lfloor Z_0, \sigma\lfloor Z_0, \sigma\lfloor\Gamma_0\setminus Z_0) \leq 4\,c^2(\nu) + c(\delta)\,\varepsilon^{1/5}\,\mu(E). \qquad (7.61)$$

The details are left for the reader.

Adding the estimates obtained in (7.58), (7.60), and (7.61), the lemma follows. □

Summary

Gathering the previous results, we obtain:

Lemma 7.43. *We have*

$$c^2(\mathcal{H}^1\lfloor\Gamma) \leq c(\delta)\, c^2(\mu) + c(\delta)\varepsilon^{1/10}\,\mu(E).$$

Proof. We have

$$\begin{aligned} c^2(\mathcal{H}^1\lfloor\Gamma) &\leq c^2(\mathcal{H}^1\lfloor\Gamma_0) + 3\,c^2(\mathcal{H}^1\lfloor\Gamma_{ext}, \mathcal{H}^1\lfloor\Gamma, \mathcal{H}^1\lfloor\Gamma) \\ &\leq c^2_{\mathrm{VC}}(\sigma) + c^2_{\mathrm{Cl}\setminus\mathrm{VC}}(\sigma) + c^2_{\mathrm{Far}}(\sigma) + 3\,c^2(\mathcal{H}^1\lfloor\Gamma_{ext}, \mathcal{H}^1\lfloor\Gamma, \mathcal{H}^1\lfloor\Gamma). \quad (7.62) \end{aligned}$$

Now we just recall that, by Lemma 7.36,

$$c^2(\mathcal{H}^1\lfloor\Gamma_{ext}, \mathcal{H}^1\lfloor\Gamma, \mathcal{H}^1\lfloor\Gamma) \leq c(\delta)\varepsilon^{1/2}\mu(E);$$

by Lemma 7.38,

$$c^2_{\mathrm{VC}}(\sigma) \leq c(\delta)\varepsilon^{1/2}\,\mu(E);$$

by Lemma 7.39,

$$c^2_{\mathrm{Cl}\setminus\mathrm{VC}}(\sigma) \leq c(\delta)\varepsilon^{1/10}\,\mu(E);$$

and by Lemma 7.40,

$$c^2_{\mathrm{Far}}(\sigma) \leq c(\delta)\, c^2(\mu) + c(\delta)\varepsilon^{1/5}\,\mu(E).$$

Plugging these estimates into (7.62), the lemma follows. □

We can now prove that $\mu(E_2)$ is small and conclude the proof of Theorem 7.4:

Lemma 7.44. *If ε and η are chosen small enough, then*

$$\mu(E_2) \leq \frac{1}{1000}\,\mu(E).$$

Proof. Recalling that, by (7.33),

$$\mu(E_2) \leq c\,\alpha^{-2} c^2(\mathcal{H}^1\lfloor\Gamma),$$

from Lemma 7.43 we get

$$\mu(E_2) \leq c(\delta)\,\alpha^{-2}\,c^2(\mu) + c(\delta)\,\alpha^{-2}\varepsilon^{1/10}\,\mu(E).$$

Thus we are done, assuming ε and η small enough. □

7.9 Three applications

7.9.1 A characterization of rectifiable sets in terms of pointwise curvature

Theorem 7.45. *Let $E \subset \mathbb{C}$ be an $\mathcal{H}^1$-measurable set with $\mathcal{H}^1(E) < \infty$. Then E is rectifiable if and only if*

$$c^2_{\mathcal{H}^1\lfloor E}(x) < \infty \qquad \textit{for } \mathcal{H}^1\textit{-a.e. } x \in E.$$

Proof. Suppose that $c^2_{\mathcal{H}^1\lfloor E}(x) < \infty$ for $\mathcal{H}^1$-a.e. $x \in E$. For every positive integer m, let

$$E_m = \{x \in E : c^2_{\mathcal{H}^1\lfloor E}(x) \leq m\}.$$

Then $c^2(\mathcal{H}^1\lfloor E_m) \leq m\,\mathcal{H}^1(E)$, and so by Theorem 7.1, E_m is rectifiable. Since E coincides with $\bigcup_m E_m$ up to a set of $\mathcal{H}^1$ measure zero, it turns out that E is rectifiable.

Let now E be an arbitrary $\mathcal{H}^1$-measurable rectifiable set with finite length. Then $E \subset Z \cup \bigcup_i \Gamma_i$, where $\mathcal{H}^1(Z) = 0$ and Γ_i, $i \geq 1$, are pieces of finite length of possibly rotated Lipschitz graphs, as shown in Proposition 4.13. It is enough to show that $c^2_{\mathcal{H}^1\lfloor E}(x) < \infty$ for $\mathcal{H}^1$-a.e. $x \in \Gamma_i$.

Since $c^2(\mathcal{H}^1\lfloor \Gamma_i) < \infty$, for every $\varepsilon > 0$ there exist $M > 0$ and a compact subset $F \subset \Gamma_i$ such that $\mathcal{H}^1(\Gamma_i \setminus F) \leq \varepsilon$ and $c^2_{\mathcal{H}^1\lfloor E}(x) \leq M$ for all $x \in F$. Thus,

$$c^2_{\mathcal{H}^1\lfloor F}(x) \leq M \qquad \text{for all } x \in F.$$

From the maximum principle in Lemma 4.20, we infer that

$$c^2_{\mathcal{H}^1\lfloor F}(x) \leq M' \qquad \text{for all } x \in \mathbb{C},$$

for some constant M' depending on M and the linear growth of $\mathcal{H}^1\lfloor F$. Integrating on E, we deduce that

$$c^2(\mathcal{H}^1\lfloor F, \mathcal{H}^1\lfloor F, \mathcal{H}^1\lfloor E) \leq M'\,\mathcal{H}^1(E).$$

Now, it follows that there exist some $M'' > 0$ and a compact subset $F_0 \subset F$ such that $\mathcal{H}^1(F \setminus F_0) \leq \varepsilon$ and $c^2(x, \mathcal{H}^1\lfloor F, \mathcal{H}^1\lfloor E) \leq M''$ for all $x \in F_0$, and thus

$$c^2(x, \mathcal{H}^1\lfloor F_0, \mathcal{H}^1\lfloor E) \leq M'' \qquad \text{for all } x \in F_0.$$

Again by the maximum principle in Lemma 4.20,

$$c^2(x, \mathcal{H}^1\lfloor F_0, \mathcal{H}^1\lfloor E) \leq M''' \qquad \text{for all } x \in \mathbb{C},$$

with M''' depending on M'' and the linear growth of $\mathcal{H}^1\lfloor F_0$. Integrating on E,

$$c^2(\mathcal{H}^1\lfloor F_0, \mathcal{H}^1\lfloor E, \mathcal{H}^1\lfloor E) \leq M'''\,\mathcal{H}^1(E),$$

which implies that

$$c^2(x, \mathcal{H}^1\lfloor E, \mathcal{H}^1\lfloor E) < \infty \qquad \text{for } \mathcal{H}^1\text{-a.e. } x \in F_0.$$

Since $\mathcal{H}^1(\Gamma_i \setminus F_0) \le 2\varepsilon$ and $\varepsilon > 0$ is arbitrary, we get the desired conclusion. □

An alternative argument to show that if E is an $\mathcal{H}^1$-measurable rectifiable set with finite length, then $c^2_{\mathcal{H}^1\lfloor E}(x) < \infty$ for $\mathcal{H}^1$-a.e. $x \in \mathbb{C}$ is the following. Recall that, by Theorem 4.23,

$$\gamma_+(\{x \in \mathbb{C} : U_\mu(x) > \lambda\}) \le c\,\frac{\|\mu\|}{\lambda},$$

for any arbitrary Radon measure μ and for $\lambda > 0$. In particular,

$$\gamma_+(\{x \in \mathbb{C} : c^2_{\mathcal{H}^1\lfloor E}(x) = \infty\}) = 0.$$

Since any subset of positive length of E has positive capacity γ_+, it follows that

$$\mathcal{H}^1(\{x \in E : c^2_{\mathcal{H}^1\lfloor E}(x) = \infty\}) = 0.$$

7.9.2 A quantitative version of David's theorem

We will prove the following result.

Theorem 7.46. *Consider a Borel set $E \subset \mathbb{C}$ with $\mathcal{H}^1(E) < \infty$, and write $E = E_{\text{rectif}} \cup E_{\text{unrectif}}$, where E_{rectif} is a Borel rectifiable set and E_{unrectif} a Borel purely unrectifiable set. Then*

$$\gamma(E) \le \mathcal{H}^1(E_{\text{rectif}}).$$

Notice first that a straightforward application of David's theorem and the semiadditivity of analytic capacity yields

$$\gamma(E) \le c\Big[\gamma(E_{\text{rectif}}) + \gamma(E_{\text{unrectif}})\Big] = c\,\gamma(E_{\text{rectif}}) \le c\,\mathcal{H}^1(E_{\text{rectif}}),$$

for some absolute constant c. Proving the result with $c = 1$ requires more careful arguments. We need the following auxiliary lemma.

Lemma 7.47. *Consider $E \subset \mathbb{C}$ such that $\mathcal{H}^1(E) < \infty$, with $E = E_{\text{rectif}} \cup E_{\text{unrectif}}$, where E_{rectif} is a Borel rectifiable set and E_{unrectif} is Borel and purely unrectifiable. Let $b \in L^\infty(\mathcal{H}^1\lfloor E)$ be a complex function such that $|\mathcal{C}(b\,\mathcal{H}^1\lfloor E)(z)| \le 1$ for all $z \notin E$. Then $b(z) = 0$ for $\mathcal{H}^1$-a.e. $z \in E_{\text{unrectif}}$.*

Proof. Consider an arbitrary $\lambda > 0$. Let $z \in E_{\text{unrectif}}$ be a density point both of $\chi_{E_{\text{unrectif}}}$ and b, with respect to the measure $\mathcal{H}^1\lfloor E$, and suppose that $|b(z)| \ge \lambda$. Let φ be a C^∞ radial decreasing function supported on $B(0,2)$, which equals 1 on $B(0,1)$. For $r > 0$, let

$$\varphi_{z,r}(x) = \varphi\Big(\frac{x-z}{r}\Big).$$

Then

$$|\mathcal{C}(\varphi_{z,r}\, b\, \mathcal{H}^1\lfloor E)(x)| \leq c \qquad \text{for all } x \notin E,$$

by Proposition 1.17. Therefore,

$$\gamma(E \cap B(z,2r)) \geq c^{-1} \left| \int \varphi_{z,r}\, b\, d\mathcal{H}^1\lfloor E \right|.$$

So from the semiadditivity of analytic capacity and David's theorem, we get

$$\begin{aligned} \left| \int \varphi_{z,r}\, b\, d\mathcal{H}^1\lfloor E \right| &\leq c\Big[\gamma(E_{\text{rectif}} \cap B(z,2r)) + \gamma(E_{\text{unrectif}} \cap B(z,2r))\Big] \qquad (7.63)\\ &= c\,\gamma(E_{\text{rectif}} \cap B(z,2r)) \leq c\,\mathcal{H}^1(E_{\text{rectif}} \cap B(z,2r)). \end{aligned}$$

Since z is a density point of $\chi_{E_{\text{unrectif}}}$, for any $\varepsilon > 0$,

$$\mathcal{H}^1(E_{\text{rectif}} \cap B(z,2r)) \leq \varepsilon\, \mathcal{H}^1(E \cap B(z,2r)) \qquad (7.64)$$

for every $r > 0$ small enough.

On the other hand, since z is a density point for b and φ is a radially decreasing nice function,

$$\lim_{r\to 0} \left(\int \varphi_{z,r}\, d\mathcal{H}^1\lfloor E \right)^{-1} \int \varphi_{z,r}\, b\, d\mathcal{H}^1\lfloor E = b(z).$$

Therefore, for $r > 0$ small enough,

$$\left| \int \varphi_{z,r}\, b\, d\mathcal{H}^1\lfloor E \right| > \frac{1}{2}\, |b(z)| \int \varphi_{z,r}\, d\mathcal{H}^1\lfloor E \geq \frac{\lambda}{2}\, \mathcal{H}^1(E \cap B(z,r)). \qquad (7.65)$$

From (7.63), (7.64) and (7.65), we deduce that

$$\frac{\lambda}{2}\, \mathcal{H}^1(E \cap B(z,r)) < \varepsilon\, \mathcal{H}^1(E \cap B(z,2r))$$

for every r small enough. In other words, the ball $B(z,r)$ is not $(2, \lambda/(2\varepsilon))$- doubling. However, if ε is chosen big enough (depending on λ), this may happen only for a set of zero $\mathcal{H}^1\lfloor E$-measure, by Lemma 2.8. Therefore,

$$\mathcal{H}^1\big(\{z \in E_{\text{unrectif}} : |b(z)| \geq \lambda\}\big) = 0 \qquad \text{for all } \lambda > 0,$$

which proves the lemma. □

To prove Theorem 7.46 we invoke Proposition 6.5, which tells us that if $E \subset \mathbb{C}$ is compact with $\mathcal{H}^1(E) < \infty$, and $f : \mathbb{C} \setminus E \to \mathbb{C}$ is analytic with $\|f\|_\infty \leq 1$ and $f(\infty) = 0$, then there is a function $b \in L^\infty(\mathcal{H}^1\lfloor E)$, with $|b(z)| \leq 1$ for all $z \in E$, such that $f(z) = \mathcal{C}(b\,\mathcal{H}^1\lfloor E)(z)$ for all $z \notin E$. By the preceding lemma, b vanishes on E_{unrectif} and thus

$$|f'(\infty)| = \left| \int b\, d\mathcal{H}^1\lfloor E \right| \leq \int_{E_{\text{rectif}}} |b|\, d\mathcal{H}^1 \leq \mathcal{H}^1(E_{\text{rectif}}).$$

7.9.3 Characterization of γ in terms of measures with bounded upper density

Recall that for a compact set $E \subset \mathbb{C}$,

$$\gamma(E) \approx \sup\{\mu(E) : \mu(B(x,r)) \leq r \ \forall x \in \mathbb{C}, \ \forall r > 0, \text{ and } c^2(\mu) \leq \mu(E)\}. \quad (7.66)$$

It is clear that the linear growth condition cannot be completely dispensed with. Otherwise, this would imply that the analytic capacity of a point is positive. However, the linear growth condition can be weakened, as the following theorem shows.

Theorem 7.48. *Let $E \subset \mathbb{C}$ be compact. Then*

$$\gamma(E) \approx \sup_{\mu} \mu(E),$$

where the supremum is taken over all the Radon measures μ such that $c^2(\mu) \leq \mu(E)$, and whose upper 1-dimensional upper density satisfies:

$$\Theta^{*1}(x,\mu) = \limsup_{r \to 0} \frac{\mu(B(x,r))}{2r} \leq 1 \quad \textit{for } \mu\textit{-a.e. } x \in E.$$

The main tool to prove this theorem is the next proposition, which may have some independent interest.

Proposition 7.49. *Let μ be some Radon measure supported on $B(x_0, R)$ such that $\Theta^{*1}(x,\mu) \leq 1$ for μ-a.e. $x \in \mathbb{C}$. If $c^2(\mu) \leq a\,\mu(B(x_0,R))$, then $\mu(B(x_0,R)) \leq AR$, where A is some constant depending only on a.*

Proof. Suppose that $\mu(B(x_0,R)) = AR$ for some big constant $A > 0$. Let

$$E = \{x \in B(x_0,R) : c_\mu^2(x) \leq 2a\}.$$

By Chebyshev, $\mu(E) \geq \mu(B(x_0,R))/2$. We set

$$E_n = \{x \in E : \mu(B(x,r)) \leq 3r \quad \text{if } 0 < r \leq 1/n\}.$$

Since $\mu(E \setminus \bigcup_{n=1}^\infty E_n) = 0$, we can choose n big enough so that $\mu(E_n) \geq \|\mu\|/3$. We write $\nu = \mu_{|E_n}$.

We claim that there exists some ball $B(x_1, R_1)$, with $x_1 \in B(x_0,R)$, such that

$$\nu(B(x_1,R_1)) \geq \frac{A}{100} R_1 \quad (7.67)$$

and

$$\nu(B(x,r)) \leq 100Ar \qquad \text{for all } x \in \mathbb{C} \text{ and } 0 < r \leq R_1. \quad (7.68)$$

Indeed, let Q_0 be the square concentric with $B(x_0,R)$ and side length $4R$. Let $\mathcal{D}(Q_0)$ be the collection of dyadic squares generated by Q_0 which are contained in Q_0. That is, $\mathcal{D}(Q_0) = \bigcup_{k=0}^{\infty} \mathcal{D}_k(Q_0)$, where $\mathcal{D}_k(Q_0)$ stands for the family of 2^{2k} squares with disjoint interiors and side length $2^{-k}\ell(Q_0)$ contained in Q_0.

For each square $Q \in \mathcal{D}(Q_0)$ with side length $\leq 1/10n$ we have $\nu(Q) \leq 10\ell(Q) < \frac{A}{20}\,\ell(Q)$. On the other hand, $\nu(Q_0) \geq \frac{A}{10}\,\ell(Q_0)$. So there exists some square $Q_1 \in \mathcal{D}(Q_0)$ such that $\nu(Q_1) \geq \frac{A}{20}\,\ell((Q_1)$ whose side length is minimal. If we choose x_1 as the center of Q_1 and we set $R_1 = \ell(Q_1)$, then $B(x_1, R_1)$ fulfills the required properties.

Now we consider the measure $\sigma = \frac{200}{A}\,\nu\lfloor B(x_1, R_1)$. Notice that $\operatorname{supp}\sigma \subset B(x_1, 2R_1)$, $\|\sigma\| \geq 2R_1$, $\sigma(B(x,r)) \leq 20000\,r$ for all $x \in \mathbb{C}$, and

$$c_\sigma^2(x) \leq \frac{40000}{A^2}\,c_\nu^2(x) \leq \frac{40000}{A^2}\,c_\mu^2(x) \leq \frac{80000\,a}{A^2}$$

for σ-a.e. $x \in \mathbb{C}$. By Theorem 7.4, if

$$A \gg a^{1/2}, \tag{7.69}$$

then there exists a Lipschitz graph Γ with slope smaller than $1/10$ such that $\sigma(\Gamma) \geq \frac{99}{100}\,\|\sigma\|$. Therefore,

$$\mu(\Gamma \cap B(x_1, R_1)) \geq \frac{99}{100}\,\mu(B(x_1, R_1) \cap E_n) \geq \frac{99}{10000}\,AR_1.$$

Since $\Theta^{*1}(x, \mu) \leq 1$ μ-a.e., arguing as in (7.11) we obtain

$$\mu(\Gamma \cap B(x_1, R_1)) \leq \mathcal{H}^1(\Gamma \cap B(x_1, R_1)) \leq 10R_1.$$

Thus, $A \lesssim 1$.

So we have shown that either (7.69) fails or $A \lesssim a^{1/2}$. In other words,

$$A \lesssim \max(1, a^{1/2}).$$

□

Proof of Theorem 7.48. Let

$$S = \sup\{\mu(E) : \Theta^{*1}(x, \mu) \leq 1 \text{ for } \mu\text{-a.e. } x \in E, \text{ and } c^2(\mu) \leq \mu(E)\}.$$

By the characterization (7.66) of $\gamma(E)$, it is clear that $S \gtrsim \gamma(E)$. To prove the converse inequality, consider a measure μ supported on E such that $\Theta^{*1}(x, \mu) \leq 1$ for μ-a.e. $x \in E$, and $c^2(\mu) \leq \mu(E)$. Let

$$F = \{x \in E : c_\mu^2(x) \leq 2\},$$

so that $\mu(F) \geq \mu(E)/2$. Then the measure $\sigma = \mu\lfloor F$ satisfies

$$c^2(\sigma\lfloor A) \leq 2\sigma(A),$$

for any measurable set $A \subset \mathbb{C}$. From Lemma 7.49 we infer that σ has c_0-linear growth for some absolute constant c_0. Thus, by (7.66) we have

$$\gamma(E) \gtrsim \sigma(E) \geq \frac{1}{2}\,\mu(E).$$

Taking the supremum on μ, we get $\gamma(E) \gtrsim S$.

□

7.10 Curvature, β's, and rectifiability in the AD regular case

In this section we will show how in the particular case that $E \subset \mathbb{C}$ is AD regular (1-dimensional) with $c^2(\mathcal{H}^1\lfloor E) < \infty$ the rectifiability of E can be deduced from the Jones' traveling salesman Theorem 3.14. To this end, we will need to estimate the β coefficients of E in terms of the curvature $c^2(\mathcal{H}^1\lfloor E)$.

Recall that

$$\beta_E(Q) = \inf_V \frac{w(V)}{\ell(Q)},$$

where the infimum is taken over all infinite strips V that contain $E \cap 3Q$ and $w(V)$ denotes the width of V. Recall also that in Theorem 3.15 and Remark 3.18 we showed that if μ is a 1-dimensional AD regular measure, then

$$c^2(\mu) \leq c \sum_{Q\in\mathcal{D}} \beta_E(Q)^2 \mu(Q),$$

where $E = \operatorname{supp}\mu$. In the next theorem we prove the converse estimate.

Theorem 7.50. *Let μ be a 1-dimensional AD regular measure and set $E = \operatorname{supp}\mu$. There exist some constant C depending only on the AD regularity constant of μ such that, for any square $R \in \mathcal{D}$ with $\ell(R) \leq 2\operatorname{diam} E$, we have*

$$\sum_{Q\in\mathcal{D}:Q\subset R} \beta_E(Q)^2 \ell(Q) \leq C\, c^2(\mu\lfloor 30R). \tag{7.70}$$

Also,

$$\sum_{Q\in\mathcal{D}} \beta_E(Q)^2 \ell(Q) \leq C\, c^2(\mu). \tag{7.71}$$

To prove the preceding result it is convenient to work with the $\beta_{E,p}$ coefficients. Given $1 \leq p < \infty$ and a square $Q \subset \mathbb{C}$, we define

$$\beta_{E,p}(Q) = \inf_L \left(\frac{1}{\ell(Q)} \int_{E\cap 3Q} \left(\frac{\operatorname{dist}(x,L)}{\ell(Q)} \right)^p d\mu(x) \right)^{1/p},$$

where the infimum is taken over all the lines $L \subset \mathbb{C}$. We also write $\beta_{E,\infty} \equiv \beta_E$. The coefficients $\beta_{E,p}$, for $1 \leq p < \infty$, were introduced by David and Semmes [28] in their pioneering study of the so-called uniform rectifiability.

In the next lemma we collect some easy properties of the β_p's.

Lemma 7.51. *Let μ be a 1-dimensional AD regular measure and let $E = \operatorname{supp}\mu$. The following properties hold:*

(a) *If $Q \subset R$ are squares such that $\ell(Q) \approx \ell(R)$, then*

$$\beta_{E,p}(Q) \leq c\, \beta_{E,p}(R), \tag{7.72}$$

with c depending on the comparability constant. Moreover, if $Q \cap E \neq \varnothing$, $\ell(Q) \leq 2\operatorname{diam}(E)$, and L_Q and L_R are lines that minimize $\beta_{E,p}(Q)$ and $\beta_{E,p}(R)$, respectively, then

$$\operatorname{dist}_H(L_Q \cap 5R,\, L_R \cap 5R) \leq c\, \beta_{E,p}(R)\, \ell(R). \tag{7.73}$$

(b) *Let $Q \subset \mathbb{C}$ be a square. If $1 \leq p_1 \leq p_2 \leq \infty$, then*

$$\beta_{E,p_1}(Q) \leq c\, \beta_{E,p_2}(Q). \tag{7.74}$$

Moreover, if $Q \cap E \neq \varnothing$, $\ell(Q) \leq 2\operatorname{diam}(E)$, and and L_{Q,p_1} and L_{Q,p_2} are lines that minimize $\beta_{E,p_1}(Q)$ and $\beta_{E,p_2}(Q)$, respectively, then

$$\operatorname{dist}_H(L_{Q,p_1} \cap 5Q,\, L_{Q,p_2} \cap 5Q) \leq c\, \beta_{E,p_2}(Q)\, \ell(Q). \tag{7.75}$$

(c) *Let $\mathcal{D}_E$ be the family of dyadic squares that intersect E with side length not exceeding $2\operatorname{diam}(E)$. Then, for all $R \in \mathcal{D}$,*

$$\sum_{Q\in\mathcal{D}:Q\subset R} \beta_{E,p}(Q)^2 \ell(Q) \leq c(p) \sum_{Q\in\mathcal{D}_E:Q\subset 3R} \beta_{E,p}(Q)^2 \ell(Q) \quad \textit{for all } 1 \leq p \leq \infty.$$

All the statements in this lemma are elementary and we leave the proof for the reader.

The converse inequality to the one stated in (7.74) fails. Nevertheless, the following weaker statement holds.

Theorem 7.52. *Let μ be a 1-dimensional AD regular measure and let $E = \operatorname{supp}\mu$. Also, let $\mathcal{D}_E$ be the family of dyadic squares that intersect E with side length not exceeding $2\operatorname{diam}(E)$. Let $1 \leq p \leq \infty$. For any square $R \in \mathcal{D}_E$, the following holds:*

$$\sum_{Q\in\mathcal{D}_E:Q\subset R} \beta_{E,\infty}(Q)^2\, \ell(Q) \leq c \sum_{Q\in\mathcal{D}_E:Q\subset 3R} \beta_{E,p}(Q)^2 \ell(Q).$$

For the proof we need the next key lemma.

Lemma 7.53. *Let μ be a 1-dimensional AD regular measure and let $E = \operatorname{supp}\mu$. Consider a square $R \in \mathcal{D}_E$ and let L_R be a line which minimizes $\beta_{E,1}(R)$. For any $x \in 3R \cap E$, the following holds:*

$$\operatorname{dist}(x, L_R) \leq c \sum_{Q\in\mathcal{D}:z\in Q\subset 3R} \beta_{E,1}(Q)\, \ell(Q), \tag{7.76}$$

where c depends on the AD regularity constants of μ.

Proof. Let $n_0 \geq 1$ be some integer to be fixed below, and consider the sequence of dyadic squares $R = Q_0 \supset Q_1 \supset Q_2 \dots$ such that $x \in Q_m$ for each $m \geq 1$ and $\ell(Q_m) = 2^{-mn_0}\ell(R)$. Let ε_0 be some (small) constant that will be fixed below too. Let $N \geq 0$ be the least integer such that $\beta_{E,1}(Q_N) \geq \varepsilon_0$. If N does not exist because $\beta_{E,1}(Q_m) < \varepsilon_0$ for all $m \geq 0$, we let N be an arbitrary positive integer. Let a_N be any point from Q_N and for $m = N-1, N-2, \dots, 0$ let a_m be the orthogonal projection of a_{m+1} onto a line that minimizes $\beta_{E,1}(Q_m)$, that we denote by L_{Q_m}. Then we have

$$\operatorname{dist}(a_N, L_R) \leq \operatorname{dist}(a_N, L_{Q_N}) + \sum_{m=0}^{N-1} |a_m - a_{m+1}|. \tag{7.77}$$

Our next objective consists in showing that

$$|a_m - a_{m+1}| \lesssim \beta_{E,1}(Q_m)\ell(Q_m) \quad \text{for } m = 0, 1, \dots, N-1. \tag{7.78}$$

Let us see first that (7.76) follows from this estimate. Indeed, from (7.77) and (7.78) we infer that

$$\operatorname{dist}(a_N, L_R) \lesssim \operatorname{dist}(a_N, L_{Q_N}) + \sum_{m=0}^{N-1} \beta_{E,1}(Q_m)\ell(Q_m).$$

If $\beta_{E,1}(Q_m) < \varepsilon_0$ for all $m \geq 0$ (in this case N was chosen as an arbitrary positive integer), we let $N \to \infty$ in the preceding inequality, and then $a_N \to x$ and $\operatorname{dist}(a_N, L_{Q_N}) \to 0$, and so (7.76) follows. If $\beta_{E,1}(Q_N) \geq \varepsilon_0$, then

$$|x - a_N| + \operatorname{dist}(a_N, L_{Q_N}) \lesssim \ell(Q_N) \leq \varepsilon_0^{-1}\beta_{E,1}(Q_N)\ell(Q_N).$$

Thus, by (7.77) and (7.78),

$$\begin{aligned}\operatorname{dist}(x, L_R) &\leq |x - a_N| + \operatorname{dist}(a_N, L_{Q_N}) + \sum_{m=0}^{N-1} |a_m - a_{m+1}| \\ &\lesssim \varepsilon_0^{-1} \sum_{m=0}^{N} \beta_{E,1}(Q_m)\ell(Q_m).\end{aligned}$$

To prove (7.78) we wish to use the estimate (7.73) in (a) from Lemma 7.51. Then we need to show first that $a_m \in 5Q_m$ for $m = N, N-1, \dots, 1$. We argue by backward induction. Indeed, for $m = N$, this holds by the definition of a_N. Assume now that $a_{m+1} \in 5Q_{m+1}$ and let us see that $a_m \in 5Q_m$. Remember that for $m = N-1, N-2, \dots, 1$, we have $\beta_{E,1}(Q_m) \leq \varepsilon_0$. By the AD regularity of μ, all points $y \in Q_{m+1} \subset Q_m$ satisfy

$$\operatorname{dist}(y, L_{Q_m}) \leq C(\varepsilon_0)\ell(Q_m) \leq \ell(Q_{m+1})/2,$$

assuming that ε_0 has been taken small enough (depending also on the choice of n_0). So we infer that $L_{Q_m} \cap 5Q_{m+1} \neq \varnothing$. Recall that, by the induction hypothesis, $a_{m+1} \in 5Q_{m+1}$. If n_0 has been chosen big enough we deduce that

$$|a_{m+1} - a_m| = \text{dist}(a_{m+1}, L_{Q_m}) \leq \text{diam}(5Q_{m+1}) \leq \ell(Q_m). \tag{7.79}$$

Also, for n_0 big enough again, $5Q_{m+1} \subset 2Q_m$, and thus $a_{m+1} \in 2Q_m$. This fact and (7.79) imply that $a_m \in 5Q_m$.

The estimate (7.78) follows now easily from (7.73) using the fact that a_m, $a_{m+1} \in 5Q_m$:

$$|a_m - a_{m+1}| \leq \text{dist}_H(L_{Q_m} \cap 5Q_m,\, L_{Q_{m+1}} \cap 5Q_m) \lesssim \beta_{E,1}(Q_m)\,\ell(Q_m). \qquad \square$$

Proof of Theorem 7.52. Since $\beta_{E,1}(Q) \leq c\,\beta_{E,p}(E)$ for any $p > 1$, it suffices to prove the theorem for $p = 1$.

Consider a square $Q \in \mathcal{D}_E$. Using the estimate (7.75) in Lemma 7.51 and applying Lemma 7.53 to a point $x = u_Q \in 3Q$ such that $\text{dist}(u_Q, L_{Q,\infty}) \geq \frac{1}{2}\,\beta_{E,\infty}(Q)\,\ell(Q)$, where $L_{Q,\infty}$ minimizes $\beta_{E,\infty}(Q)$, we deduce that

$$\beta_{E,\infty}(Q)\,\ell(Q) \leq c \sum_{P \in \mathcal{D}: u_Q \in P \subset 3Q} \beta_{E,1}(P)\,\ell(P).$$

Therefore, by the Cauchy-Schwarz inequality,

$$\begin{aligned}\beta_{E,\infty}(Q)^2\,\ell(Q)^2 &\leq c\Bigg(\sum_{P \in \mathcal{D}: u_Q \in P \subset 3Q} \beta_{E,1}(P)^2\,\ell(P)^{3/2}\Bigg)\Bigg(\sum_{P \in \mathcal{D}: u_Q \in P \subset 3Q} \ell(P)^{1/2}\Bigg)\\ &\leq c \sum_{P \in \mathcal{D}: u_Q \in P \subset 3Q} \beta_{E,1}(P)^2\,\ell(P)^{3/2}\,\ell(Q)^{1/2}.\end{aligned}$$

As a consequence,

$$\begin{aligned}\sum_{Q \in \mathcal{D}_E: Q \subset R} \beta_{E,\infty}(Q)^2\,\ell(Q) &\leq c \sum_{Q \in \mathcal{D}_E: Q \subset R}\ \sum_{P \in \mathcal{D}_E: P \subset 3Q} \beta_{E,1}(P)^2\,\frac{\ell(P)^{3/2}}{\ell(Q)^{1/2}}\\ &\leq c \sum_{P \in \mathcal{D}_E: P \subset 3R} \beta_{E,1}(P)^2\,\ell(P)^{3/2} \sum_{Q \in \mathcal{D}_E: 3Q \supset P} \frac{1}{\ell(Q)^{1/2}}\\ &\leq c \sum_{P \in \mathcal{D}_E: P \subset 3R} \beta_{E,1}(P)^2\,\ell(P). \qquad \square\end{aligned}$$

Proof of Theorem 7.50. The estimate (7.71) in the theorem is a consequence of (7.70). To prove (7.70) for any $R \in \mathcal{D}$ with $\ell(R) \leq 2\,\text{diam}(E)$ note that, by Theorem 7.52 and (b),(c) in Lemma 7.51,

$$\begin{aligned}\sum_{Q \in \mathcal{D}: Q \subset R} \beta_{E,\infty}(Q)^2 \ell(Q) &\leq c \sum_{Q \in \mathcal{D}_E: Q \subset 3R} \beta_{E,\infty}(Q)^2 \ell(Q)\\ &\leq c \sum_{Q \in \mathcal{D}_E: Q \subset 7R} \beta_{E,2}(Q)^2 \ell(Q).\end{aligned}$$

To estimate the last sum consider a square $Q \in \mathcal{D}_E$ contained in $7R$. Note that $\ell(Q) \leq 4\ell(R) \leq 4\,\mathrm{diam}(E)$ and $3Q \subset 15R$ and $5Q \subset 30R$. Also, for all $x, y \in E \cap 5Q$,

$$\beta_{E,2}(Q)^2 \ell(Q)^3 \leq \int_{z\in 3Q} \mathrm{dist}(z, L_{x,y})^2 \, d\mu(z).$$

Thus,

$$\begin{aligned}\beta_{E,2}(Q)^2 \ell(Q) &\leq c\,\ell(Q)^2 \int_{z\in 3Q} \frac{\mathrm{dist}(z, L_{x,y})^2}{|z-x|^2\,|z-y|^2}\, d\mu(z)\\ &= c\,\ell(Q)^2 \int_{z\in 3Q} c(x,y,z)^2\, d\mu(z).\end{aligned}$$

Denote by c_0 the AD regularity constant of μ, and for $x \in E \cap 3Q$ consider the open annulus

$$A_{x,Q} = A\Big(x, \frac{1}{8c_0^2}\,\ell(Q), \frac{1}{4}\,\ell(Q)\Big).$$

Notice that it is contained in $5Q$ and moreover

$$\mu(A_{x,Q}) \geq \frac{1}{4c_0}\,\ell(Q) - \frac{1}{8c_0}\,\ell(Q) = \frac{1}{8c_0}\,\ell(Q).$$

Taking also into account that $\mu(3Q) \geq c^{-1}\,\ell(Q)$ (because $Q \cap E \neq \varnothing$), we obtain

$$\begin{aligned}\beta_{E,2}(Q)^2 \ell(Q) &\leq C\,\frac{\ell(Q)^2}{\mu(3Q)} \iint_{\substack{x\in 3Q\\ z\in 3Q}} \frac{1}{\mu(A_{x,Q})} \int_{y\in A_{x,Q}} c(x,y,z)^2\, d\mu(x)\, d\mu(y)\, d\mu(z)\\ &\leq C \iiint_{\substack{x\in 3Q\\ y\in A_{x,Q}\\ z\in 3Q}} c(x,y,z)^2\, d\mu(x)\, d\mu(y)\, d\mu(z).\end{aligned}$$

Therefore,

$$\begin{aligned}&\sum_{Q\in\mathcal{D}_E : Q\subset 7R} \beta_{E,2}(Q)^2 \ell(Q)\\ &\qquad\leq C \sum_{k\geq -2} \sum_{\substack{Q\in\mathcal{D}_E:Q\subset 7R\\ \ell(Q)=2^{-k}\ell(R)}} \iiint_{\substack{x\in 3Q\\ y\in A_{x,Q}\\ z\in 3Q}} c(x,y,z)^2\, d\mu(x)\, d\mu(y)\, d\mu(z)\\ &\qquad\leq C \sum_{k\geq -2} \iiint_{\substack{x\in 15R\\ c_0^{-2}2^{-k-3}\ell(R)<|x-y|<2^{-k-2}\ell(R)\\ z\in 15R}} c(x,y,z)^2\, d\mu(x)\, d\mu(y)\, d\mu(z)\\ &\qquad\leq C\, c^2(\mu\lfloor 30R),\end{aligned}$$

as wished. Note that in the second inequality we used the finite superposition of the squares $3Q$ for Q such that $\ell(Q) = 2^{-k}\ell(R)$, while in the third one the finite superposition of the sets

$$\{y \in \mathbb{C} : c_0^{-2}2^{-k-3}\ell(R) < |x-y| < 2^{-k-2}\ell(R)\},$$

for each $x \in 15R$. □

From Jones' traveling salesman Theorem 3.14 and Theorem 7.50 we deduce the following.

Corollary 7.54. *Let μ be a 1-dimensional AD regular measure. If $c^2(\mu) < \infty$, then* $\sup \mu$ *is rectifiable.*

Remark 7.55. From the estimate (7.70), we deduce that if the Cauchy transform is bounded in $L^2(\mu)$ and μ is 1-dimensional AD regular, then

$$\sum_{Q\in\mathcal{D}:Q\subset R} \beta_E(Q)^2\ell(Q) \leq C\ell(R)$$

for any dyadic square R. Jones [75] showed that this implies that μ is supported on an AD regular curve. That is, in the language of David and Semmes [28], μ is uniformly rectifiable. This nice result was proved by Mattila, Melnikov and Verdera [103], relying on some techniques from David and Semmes [28] instead of Jones' traveling salesman theorem.

7.11 Historical remarks and further results

7.11.1 About the results in this chapter

The proof above of the David-Léger theorem is based on Léger's paper [83]. However, the arguments in Section 7.8 for the proof of the smallness of the key set E_2 are different from the ones by Léger [83]. In turn, the arguments in this paper can be considered as a (highly non-trivial) adaptation to the non-homogeneous setting of the David and Semmes [28] arguments for the uniformly rectifiable sets in the AD regular situation.

I learned the quantitative version of David's theorem stated in Theorem 7.46 from Dudziak's book [35]. However, the arguments in the proof above are different from Dudziak's. On the other hand, Theorem 7.48 is from Tolsa [159]. Theorem 7.50 was proved by Jones, although he did not publish it and instead it appeared in Pajot's book [132]. The analogous estimate to (7.70) with the coefficients β_E replaced by $\beta_{E,2}$ had been proved previously by Mattila, Melnikov and Verdera [103]. The arguments to prove Theorem 7.50 in Section 7.10 are based on the relationship between the coefficients β_E and $\beta_{E,2}$ in Theorem 7.52 and on ideas from Mattila, Melnikov and Verdera [103].

7.11.2 Rectifiability, uniform rectifiability and Riesz transforms in arbitrary dimensions

David and Semmes extended in [28] and [29] the techniques of quantitative rectifiability introduced by Jones in [74] and [75] to AD regular measures in dimensions greater than 1 and developed a deep theory of the so-called uniform rectifiability. An n-dimensional AD regular measure μ in $\mathbb{R}^d$ is said to be uniformly n-rectifiable (or simply, uniformly rectifiable) if there exist $\theta, M > 0$ so that, for each $x \in \operatorname{supp} \mu$ and $0 < r \leq \operatorname{diam}(\operatorname{supp} \mu)$, there is a Lipschitz mapping g from the n-dimensional ball $B_n(0,r) \subset \mathbb{R}^n$ to $\mathbb{R}^d$ such that g has Lipschitz norm $\leq M$ and

$$\mu\big(B(x,r) \cap g(B_n(0,r))\big) \geq \theta\, r^n.$$

In the language of David and Semmes [29], this means that $\operatorname{supp} \mu$ has big pieces of Lipschitz images of $\mathbb{R}^n$. In the case $n = 1$, this turns out to be equivalent to saying that μ is supported on an AD regular curve.

The setting of uniformly rectifiable measures is a natural framework to study the action of n-dimensional singular integrals with odd kernels. Indeed, David and Semmes [28] showed that an n-dimensional regular measure in $\mathbb{R}^d$ is uniformly n-rectifiable if and only if all n-dimensional singular integral operators T_μ associated with an odd kernel smooth enough are bounded in $L^2(\mu)$. They asked if the $L^2(\mu)$ boundedness of a single operator, namely the n-dimensional Riesz transform, or the Cauchy transform for $n = 1$, suffices for the uniform n-rectifiability of μ. This question is now called the *David-Semmes problem.* As mentioned in Remark 7.55, for $n = 1$ this was answered in the affirmative by Mattila, Melnikov and Verdera [103]. The problem for $n > 1$ is more difficult because there is not a nice formula such as the one of Melnikov and Verdera (3.5) which connects the geometry of the measure to the kernel of the n-dimensional Riesz transform, and so the "curvature method" does not work. Nevertheless, in codimension 1, i.e. $n = d-1$, quite recently the solution of the problem has been completed by Nazarov, Tolsa and Volberg [121]. Their methods rely on some quasiorthogonality techniques, variational estimates, and a deep characterization of uniform rectifiability by David and Semmes [29]. For n different from 1 and $d-1$ the problem is still open.

By combining the results from Nazarov, Tolsa and Volberg [121] with others by Eiderman, Nazarov and Volberg [37] for measures with vanishing lower n-dimensional density, Nazarov, Tolsa and Volberg [122] have proved the following.

Theorem 7.56. *Let $E \subset \mathbb{R}^{n+1}$ be a set such that $\mathcal{H}^n(E) < \infty$. If the Riesz transform $R^n_{\mathcal{H}^n\lfloor E}$ is bounded in $L^2(\mathcal{H}^n\lfloor E)$, then E is n-rectifiable.*

A corollary of this result and Volberg's theorem about the comparability $\kappa \approx \kappa_+$ (see (6.52)) concerns the generalization of Vitushkin's conjecture to higher dimensions, for sets with finite n-dimensional Hausdorff measure:

Theorem 7.57. *Let $E \subset \mathbb{R}^{n+1}$ be a compact set with $\mathcal{H}^n(E) < \infty$. Then E is removable for Lipschitz harmonic functions in $\mathbb{R}^{n+1}$ if and only if E is purely n-unrectifiable.*

Recall that a subset $E \subset \mathbb{R}^{n+1}$ is said to be removable for Lipschitz harmonic functions if, for each open set $\Omega \subset \mathbb{R}^{n+1}$, every Lipschitz function $f : \Omega \to \mathbb{R}$ that is harmonic in $\Omega \setminus E$ is harmonic in the whole Ω.

7.11.3 Other results in connection with curvature

The results above dealing with rectifiability, β's, and curvature have been extended in different directions. For example, in Tolsa [159] a very different proof of Theorem 7.1 has been obtained, relying on the use of the sharp inequality (4.40). In [84], Lerman obtained a version of Jones' traveling salesman Theorem 3.14 which involves very general Borel measures μ on $\mathbb{R}^d$ and some appropriate $L^2(\mu)$ versions of Jones' β's. Ferrari, Franchi and Pajot [45] have extended the "if" part of the Jones' Theorem 3.14 to the Heisenberg group. Schul [147] proved a version of the same theorem which is valid for Hilbert spaces. On the other hand, Hahlomaa [59] has obtained a version of the David-Léger Theorem 7.1 suitable for metric spaces. In the case of AD regular metric spaces, the relationship between curvature of measures and rectifiability has been explored by Hahlomaa [58] and Schul [146]. Lerman and Whitehouse have studied some analogs of curvature in higher dimensions in [86] and [85] in connection with rectifiability. Other energy type integrals involving curvature have been investigated by Strzelecki, Szumańska and von der Mosel [150] and by Strzelecki and von der Mosel [151]. A different proof of the fact that the L^2 boundedness of the Cauchy transform implies uniform rectifiability, in the setting of AD regular measures, has been obtained recently by Jaye and Nazarov [71] relying the study of the reflectionless measures for the Cauchy kernel. See Section 8.5.2 for the notion of reflectionless measures.

It is also worth mentioning that Chousionis, Mateu, Prat and Tolsa [10] have proved that, for $\mu = \mathcal{H}^1\lfloor E$ with $\mathcal{H}^1(E) < \infty$, the $L^2(\mu)$ boundedness of the singular integral operator associated with any kernel K_n as in (3.25), with respect to the measure μ, implies the rectifiability of E. This follows from a suitable adaptation of the arguments used above in the proof of Theorem 7.1. It would be interesting to find other new convolution kernels (in the plane and homogeneous of degree -1, say) such that the $L^2(\mu)$ boundedness of the associated singular integral operator implies the rectifiability of E. A much more ambitious objective consists in characterizing the class of such kernels.

Chapter 8

Principal values for the Cauchy transform and rectifiability

8.1 Introduction

Given a complex measure $\nu \in M(\mathbb{R}^d)$ and a Calderón-Zygmund operator T, we write

$$\text{p.v.}T\nu(x) = \lim_{\varepsilon \to 0} T_\varepsilon \nu(x),$$

whenever the limit exists. This is the so-called principal value of the singular integral. Analogously, for a fixed positive Radon measure μ and $f \in L^p(\mu)$,

$$\text{p.v.}T_\mu f(x) = \lim_{\varepsilon \to 0} T_{\mu,\varepsilon} f(x).$$

The existence of principal values for Calderón-Zygmund operators is a quite delicate question. This is one of the reasons why in Chapter 2 we defined the $L^2(\mu)$ boundedness of T_μ in terms of the uniform boundedness of the truncated operators $T_{\mu,\varepsilon}$.

Let us remark that, in general, the $L^2(\mu)$ boundedness of T_μ does not imply the μ-almost everywhere existence of principal values. This is the case for instance for the singular integral operator associated with the kernel $K(x, y) = 1/|x-y|^{n+it}$ in $\mathbb{R}^n$, where $t > 0$ is some fixed constant, with μ equal to the Lebesgue measure. This is shown in Duoandikoetxea [36, Chapter 5]. Other examples on some Cantor sets are studied in Chousionis [9].

However, it turns out that, given any Radon measure μ with no point masses, the $L^2(\mu)$ boundedness of the Cauchy transform $\mathcal{C}_\mu$ implies the μ-a.e. existence of p.v.$\mathcal{C}_\mu f(x)$ for all $f \in L^p(\mu)$, $1 \leq p < \infty$, and also of p.v.$\mathcal{C}\nu(x)$ for all $\nu \in M(\mathbb{C})$. This was first proved in Tolsa [153] and it is one of the main results that we will see in this chapter. Our arguments will combine some ideas from Tolsa [153] with others from Mattila and Verdera [105].

In the second part of this chapter we will prove other results in the converse direction. In particular, we will show that the μ-a.e. existence of p.v.$\mathcal{C}\mu(x)$ (and more generally, the μ-a.e. finiteness of $\mathcal{C}_*\mu(x)$) implies the $L^2(\mu)$ boundedness of the Cauchy transform in some subsets of positive μ-measure. Combining this fact with the David-Léger theorem, we will deduce a nice characterization of rectifiable sets both in terms of existence principal values for the Cauchy transform and finiteness of the maximal Cauchy transform.

8.2 L^2 boundedness implies existence of principal values

The main result from this section is the following.

Theorem 8.1. *Let μ be a Radon measure on $\mathbb{C}$ with linear growth such that the Cauchy transform $\mathcal{C}_\mu$ is bounded in $L^2(\mu)$. Then*

(a) *for $1 \leq p < \infty$ and all $f \in L^p(\mu)$,* p.v.$\mathcal{C}_\mu f(x)$ *exists for μ-a.e. $x \in \mathbb{C}$;*

(b) *for all $\nu \in M(\mathbb{C})$,* p.v.$\mathcal{C}\nu(x)$ *exists for μ-a.e. $x \in \mathbb{C}$.*

Before turning to the proof of the theorem, we show an interesting consequence.

Corollary 8.2. *Let μ be a finite Radon measure in $\mathbb{C}$ such that $U_\mu(x) = M_R\mu(x) + c_\mu^2(x)^{1/2} < \infty$ for μ-a.e. $x \in \mathbb{C}$. Then* p.v.$\mathcal{C}\mu(x)$ *exists for μ-a.e. $x \in \mathbb{C}$.*

Proof. For $m \geq 1$, let $A_m = \{x \in \mathbb{C} : U_\mu(x) \leq m\}$, so that

$$\mu\Big(\mathbb{C} \setminus \bigcup_{m \geq 1} A_m\Big) = 0.$$

By the $T1$ theorem for the Cauchy transform, it follows that $\mathcal{C}_{\mu\lfloor A_m}$ is bounded in $L^2(\mu\lfloor A_m)$. Then, from (b) in the preceding theorem, p.v.$\mathcal{C}\mu(x)$ exists for μ-a.e. $x \in A_m$. □

To prove the theorem above, first we will review some rather classical techniques in Section 8.2.1, and subsequently we will distinguish two particular cases of measures μ. First we will consider the case where μ is the arc length on a Lipschitz graph (or more generally, on a rectifiable set), and second we will study the case where μ has zero density μ-a.e. In Subsection 8.2.5 we will complete the proof of the theorem.

8.2.1 Reduction to a class of dense functions

Theorem 8.3. *Let μ be a Radon measure on $\mathbb{R}^d$ with growth of degree n and let T_μ be an n-dimensional Calderón-Zygmund operator (bounded in $L^2(\mu)$). Suppose that, for some $1 \leq p_0 < \infty$, there exists a class of functions $\mathcal{A} \subset L^{p_0}(\mu)$ which is dense in $L^{p_0}(\mu)$ such that, for all $f \in \mathcal{A}$, the principal value* p.v.$T_\mu f(x)$ *exists for μ-a.e. $x \in \mathbb{R}^d$. Then*

(a) *for* $1 \le p < \infty$ *and all* $f \in L^p(\mu)$, p.v.$T_\mu f(x)$ *exists for* μ*-a.e.* $x \in \mathbb{R}^d$;

(b) *for all* $\nu \in M(\mathbb{R}^d)$, p.v.$T\nu(x)$ *exists for* μ*-a.e.* $x \in \mathbb{R}^d$.

Proof. (a) First we will show that for all $f \in L^{p_0}(\mu)$, the principal value p.v.$T_\mu f(x)$ exists for μ-a.e. $x \in \mathbb{R}^d$.

For each $m \ge 1$, take $g_m \in \mathcal{A}$ such that $\|f - g_m\|_{L^{p_0}(\mu)} \le 1/m$. Let F_m be the subset of those points $x \in \mathbb{R}^d$ such that p.v.$T_\mu g_m(x)$ exists, and let $F = \bigcap_{m\ge1} F_m$, so that F has full μ-measure.

To check that p.v.$T_\mu f(x)$ exists for μ-almost all $x \in F$, it is enough to prove that

$$\mu\left(\left\{x \in F : \limsup_{\varepsilon_1,\varepsilon_2\to0} |T_{\mu,\varepsilon_1} f(x) - T_{\mu,\varepsilon_2} f(x)| > \lambda\right\}\right) = 0 \quad \text{for all } \lambda > 0. \tag{8.1}$$

For $x \in F$ and every $m \ge 1$, we write

$$\begin{aligned}|T_{\mu,\varepsilon_1} f(x) - T_{\mu,\varepsilon_2} f(x)| &\le |T_{\mu,\varepsilon_1} g_m(x) - T_{\mu,\varepsilon_2} g_m(x)| + |T_{\mu,\varepsilon_1} f(x) - T_{\mu,\varepsilon_1} g_m(x)| \\ &\quad + |T_{\mu,\varepsilon_2} f(x) - T_{\mu,\varepsilon_2} g_m(x)| \\ &\le |T_{\mu,\varepsilon_1} g_m(x) - T_{\mu,\varepsilon_2} g_m(x)| + 2\,T_{\mu,*}(f - g_m)(x).\end{aligned}$$

Since $|T_{\mu,\varepsilon_1} g_m(x) - T_{\mu,\varepsilon_2} g_m(x)| \to 0$ as $\varepsilon_1, \varepsilon_2 \to 0$, we infer that

$$\limsup_{\varepsilon_1,\varepsilon_2\to0} |T_{\mu,\varepsilon_1} f(x) - T_{\mu,\varepsilon_2} f(x)| \le 2\,T_{\mu,*}(f - g_m)(x).$$

Thus, recalling that $T_{\mu,*}$ is bounded from $L^{p_0}(\mu)$ to $L^{p_0,\infty}(\mu)$,

$$\begin{aligned}&\mu\left(\left\{x \in F : \limsup_{\varepsilon_1,\varepsilon_2\to0} |T_{\mu,\varepsilon_1} f(x) - T_{\mu,\varepsilon_2} f(x)| > \lambda\right\}\right) \\ &\qquad \le \mu(\{x \in F : 2\,T_{\mu,*}(f - g_m)(x) > \lambda\}) \le \frac{c\,\|f - g_m\|_{L^{p_0}(\mu)}^{p_0}}{\lambda^{p_0}} \le \frac{c}{(m\lambda)^{p_0}}.\end{aligned}$$

Letting $m \to \infty$, (8.1) follows.

Consider now the case of an arbitrary $1 \le p < \infty$. Since $L^{p_0}(\mu) \cap L^p(\mu)$ is dense in $L^p(\mu)$ and by the preceding argument we know that for all f in this class the principal value p.v.$T_\mu f$ exists μ-a.e., by applying what we have just proved above (with p replacing p_0), we infer that for any arbitrary $f \in L^p(\mu)$, p.v.$T_\mu f$ exists μ-a.e.

(b) We have now to prove that for a given $\nu \in M(\mathbb{R}^d)$, p.v.$T\nu$ exists μ-a.e. By the Radon-Nikodym theorem, we can decompose ν as

$$\nu = f\,\mu + \nu_s,$$

where $f \in L^1(\mu)$ and ν_s is mutually singular with μ. From (a) we already know that p.v.$T_\mu f$ exists μ-a.e., and thus we only have to deal with p.v.$T\nu_s$. So it is enough to show that

$$\mu\left(\left\{x \in \mathbb{R}^d : \limsup_{\varepsilon_1,\varepsilon_2\to 0} |T_{\varepsilon_1}\nu_s(x) - T_{\varepsilon_2}\nu_s(x)| > \lambda\right\}\right) = 0 \quad \text{for all } \lambda > 0. \tag{8.2}$$

Since μ and ν_s are mutually singular, there are disjoint Borel sets A and B such that $\mu = \mu\lfloor A$ and $\nu_s = \nu_s\lfloor B$. For any $\delta > 0$, let $G \subset B$ be a closed subset such that

$$|\nu_s|(B \setminus G) \leq \delta.$$

Since G is closed, for all $x \in \mathbb{R}^d \setminus G$, $T_{\varepsilon_1}(\chi_G\,\nu_s)(x) = T_{\varepsilon_2}(\chi_G\,\nu_s)(x)$ for $\varepsilon_1, \varepsilon_2$ small enough. Therefore,

$$\begin{aligned}\limsup_{\varepsilon_1,\varepsilon_2\to 0} |T_{\varepsilon_1}\nu_s(x) - T_{\varepsilon_2}\nu_s(x)| &= \limsup_{\varepsilon_1,\varepsilon_2\to 0}\big|T_{\varepsilon_1}(\chi_{B\setminus G}\,\nu_s)(x) - T_{\varepsilon_2}(\chi_{B\setminus G}\,\nu_s)(x)\big| \\ &\leq 2\,T_*(\chi_{B\setminus G}\,\nu_s)(x).\end{aligned}$$

Thus, by the boundedness of T_* from $M(\mathbb{R}^d)$ to $L^{1,\infty}(\mu)$,

$$\begin{aligned}&\mu\left(\left\{x \in \mathbb{R}^d \setminus G : \limsup_{\varepsilon_1,\varepsilon_2\to 0} |T_{\varepsilon_1}\nu_s(x) - T_{\varepsilon_2}\nu_s(x)| > \lambda\right\}\right) \\ &\qquad \leq \mu(\{x \in \mathbb{R}^d \setminus G : 2\,T_*(\chi_{B\setminus G}\,\nu_s)(x) > \lambda\}) \leq \frac{c\,|\nu_s|(B \setminus G)}{\lambda} \leq \frac{c\,\delta}{\lambda},\end{aligned}$$

which yields (8.2) because $\mu(G) = 0$ and δ can be chosen arbitrarily small. □

In the next proposition we show that to find a dense class as in the preceding theorem it is enough to study constant functions on open sets.

Proposition 8.4. *Let μ be a Radon measure on $\mathbb{R}^d$ with growth of degree n and let T_μ be an n-dimensional Calderón-Zygmund operator in $\mathbb{R}^d$. Let $U \subset \mathbb{R}^d$ with $\mu(U) < \infty$ such that* p.v.$T_\mu\chi_U(x)$ *exists for μ-a.e. $x \in U$. Then for any $f \in C^1(\mathbb{R}^d)$ with compact support* p.v.$T_\mu f(x)$ *exists for μ-a.e. $x \in U$.*

In particular, notice that if $\mu(\mathbb{R}^d) < \infty$, the existence of p.v.$T\mu(x)$ for μ-a.e. $x \in \mathbb{R}^d$ implies that, for all $f \in C^1(\mathbb{R}^d)$ compactly supported, p.v.$T_\mu f(x)$ exists for μ-a.e. $x \in \mathbb{R}^d$.

Proof. Consider $x \in U$ such that p.v.$T_\mu\chi_U(x)$ exists. We claim that for $f \in C^1(\mathbb{R}^d)$ with compact support p.v.$T_\mu f(x)$ exists. Indeed, we write

$$\text{p.v.}T_\mu f(x) = \text{p.v.}T_\mu\big(f - f(x)\chi_U\big)(x) + f(x)\,\text{p.v.}T_\mu\chi_U(x).$$

Clearly, it is enough to check that p.v.$T_\mu\big(f - f(x)\chi_U\big)(x)$ exists. To this end, for

$0 < \varepsilon < \delta < \operatorname{dist}(x, \mathbb{R}^d \setminus U)$, we set

$$T_{\mu,\varepsilon}(f - f(x)\chi_U)(x) = \int_{|x-y|>\varepsilon} K(x,y)\,(f(y) - f(x)\chi_U(y))\,d\mu(y) \tag{8.3}$$
$$= \int_{\varepsilon<|x-y|\leq\delta} K(x,y)\,(f(y) - f(x))\,d\mu(y)$$
$$+ \int_{|x-y|>\delta} K(x,y)\,(f(y) - f(x)\chi_U(y))\,d\mu(y).$$

Using the estimate $|K(x,y)| \leq c/|x-y|^n$, the mean value theorem, and the growth of degree n of μ, we get

$$\int_{|x-y|\leq\delta} \big|K(x,y)\,(f(y) - f(x))\big|\,d\mu(y) \leq c\,\|\nabla f\|_\infty \int_{|x-y|\leq\delta} \frac{1}{|x-y|^{n-1}}\,d\mu(y)$$
$$\leq c\,\|\nabla f\|_\infty\,\delta.$$

From the dominated convergence theorem, we infer that

$$\lim_{\varepsilon\to 0} \int_{\varepsilon<|x-y|\leq\delta} K(x,y)\,(f(y) - f(x))\,d\mu(y)$$

exists. Then by (8.3) we deduce that $\text{p.v.}T_\mu(f - f(x)\chi_U)(x)$ exists, as claimed. □

8.2.2 Existence of principal values on Lipschitz graphs and rectifiable sets

Theorem 8.5. *Let $A : \mathbb{R} \to \mathbb{R}$ be a Lipschitz function and $\Gamma = \{(x,y) \in \mathbb{C} : y = A(x)\}$ its graph. Let $\mu = \mathcal{H}^1\lfloor\Gamma$. Then, for all $f \in L^p(\mu)$, $1 \leq p < \infty$, $\text{p.v.}\mathcal{C}_\mu f(z)$ exists for μ-almost every $z \in \Gamma$. Also, for all $\nu \in M(\mathbb{C})$, $\text{p.v.}\mathcal{C}\nu(z)$ exists for μ-almost every $z \in \Gamma$.*

Proof. By Theorem 8.3, it is enough to prove that $\text{p.v.}\mathcal{C}_\mu f(z)$ exists μ-a.e. for a class of functions f dense in $L^1(\mu)$, say. In our case, this class consists of the functions of the form

$$f(z) = \frac{1 + i\,A'(z_1)}{(1 + A'(z_1)^2)^{1/2}}\,g(z),$$

where $z_1 = \operatorname{Re} z$ and g is C^1 and compactly supported. In this way, it turns out that

$$\mathcal{C}_{\mu,\varepsilon} f(w) = \int_{|z-w|>\varepsilon} \frac{1}{z-w}\,f(z)\,d\mathcal{H}^1_\Gamma(z) = \int_{|z-w|>\varepsilon} \frac{1}{z-w}\,g(z)\,dz_\Gamma,$$

with

$$dz_\Gamma = \frac{1 + i\,A'(z_1)}{(1 + A'(z_1)^2)^{1/2}}\,d\mathcal{H}^1\lfloor\Gamma(z).$$

We will show that p.v.$\mathcal{C}(g\,dz_\Gamma)(w)$ exists whenever w is a point of differentiability of Γ, that is, whenever the function A is differentiable at $w_1 = \mathrm{Re}\, w$. Since A is differentiable a.e., we will be done.

First we will study the principal value associated with

$$T_\varepsilon g(w) = \int_{|z_1 - w_1|>\varepsilon} \frac{1}{z-w}\, g(z)\, dz_\Gamma,$$

for $w \in \Gamma$. Observe that the truncation in the integral that defines T_ε is different from the one for $\mathcal{C}_{\mu,\varepsilon} f$. By translating Γ, we may assume that $w = 0$. Then for $0 < \varepsilon < 1$ we have

$$T_\varepsilon g(0) = \int_{\varepsilon<|z_1|\le 1} \frac{g(z)-g(0)}{z}\, dz_\Gamma + g(0) \int_{\varepsilon<|z_1|\le 1} \frac{1}{z}\, dz_\Gamma + \int_{|z_1|>1} \frac{g(z)}{z}\, dz_\Gamma.$$

As in the proof of Proposition 8.4, for the first integral we take into account that $|g(z)-g(0)|/|z| \le \|g'\|_\infty$ and then it follows easily that

$$\lim_{\varepsilon\to 0} \int_{\varepsilon<|z_1|\le 1} \frac{g(z)-g(0)}{z}\, dz_\Gamma$$

exists. Thus, to prove the existence of p.v.$Tg(0)$ it suffices to show the existence of

$$\lim_{\varepsilon\to 0} \int_{\varepsilon<|z_1|\le 1} \frac{1}{z}\, dz_\Gamma. \tag{8.4}$$

To this end we consider the branch of the complex logarithm $\log z = \log|z| + i \arg z$ defined in $\mathbb{C}$ minus the negative imaginary axis, with the argument such that $-\pi/2 < \arg z < 3\pi/2$. Then, since $\log z$ is analytic in a neighborhood of $\Gamma \cap \{z : \varepsilon < |z_1| \le 1\}$, denoting $\gamma(t) = t + i\,A(t)$ for $t \in \mathbb{R}$, we have

$$\int_{\varepsilon<|z_1|\le 1} \frac{1}{z}\, dz_\Gamma = \log(\gamma(1)) - \log(\gamma(\varepsilon)) + \log(\gamma(-\varepsilon)) - \log(\gamma(-1)). \tag{8.5}$$

Since γ is differentiable at 0, we may assume that

$$\log(\gamma(-\varepsilon)) = \log(\gamma(\varepsilon)) + \pi\, i + \tau,$$

where $\tau \in \mathbb{C}$ is very small in modulus. In this situation, it follows easily that $\log(\gamma(-\varepsilon)) - \log(\gamma(\varepsilon)) = \log\big(\gamma(-\varepsilon)/\gamma(\varepsilon)\big)$, and then

$$\lim_{\varepsilon\to 0} \big[\log(\gamma(-\varepsilon)) - \log(\gamma(\varepsilon))\big] = \lim_{\varepsilon\to 0} \log \frac{\dfrac{\gamma(-\varepsilon)-\gamma(0)}{\varepsilon}}{\dfrac{\gamma(\varepsilon)-\gamma(0)}{\varepsilon}} = \log(-1) = \pi\, i.$$

Therefore, the limit in (8.4), and thus p.v.$Tg(0)$, exists.

To prove the existence of p.v.$\mathcal{C}(g\,dz_\Gamma)(w)$ it is enough to check that $\mathcal{C}_\varepsilon(g\,dz_\Gamma)(0) - T_{\varepsilon_0}g(0)$ tends to 0 as $\varepsilon \to 0$, with $\varepsilon_0 = \varepsilon\,(1 + A'(0)^2)^{-1/2}$. Clearly,

$$\big|\mathcal{C}_\varepsilon(g\,dz_\Gamma)(0) - T_{\varepsilon_0}g(0)\big| \leq \int_F \frac{1}{|z|}\,|g(z)|\,d\mathcal{H}^1(z), \tag{8.6}$$

where

$$F = \big(\Gamma \setminus \bar{B}(0,\varepsilon)\big)\,\Delta\,\{z \in \Gamma : |z_1| > \varepsilon_0\}$$

(recall that Δ stands for the symmetric difference). Observe that $z \in \Gamma \setminus \bar{B}(0,\varepsilon)$ is equivalent to

$$\sqrt{1 + \left(\frac{A(z_1) - A(0)}{z_1}\right)^2}\,|z_1| > \varepsilon,$$

while $|z_1| > \varepsilon_0$ is equivalent to

$$\sqrt{1 + A'(0)^2}\,|z_1| > \varepsilon.$$

It follows easily that

$$\left|\sqrt{1 + \left(\frac{A(z_1) - A(0)}{z_1}\right)^2} - \sqrt{1 + A'(0)^2}\right| \leq c\,\frac{|A(z_1) - A(0) - A'(0)\,z_1|}{|z_1|},$$

with c possibly depending on $\|A'\|_\infty$. Given any arbitrary $\delta > 0$, if $|z_1|$ is small enough, the right-hand side above is smaller than δ. Then we deduce that

$$F \subset \big\{z \in \Gamma : (1 - c\,\delta)\varepsilon \leq |z_1| \leq (1 + c\,\delta)\varepsilon\big\},$$

for $|z_1|$ small enough. From (8.6), recalling that $|g| = |f|$,

$$\big|\mathcal{C}_\varepsilon(g\,dz_\Gamma)(0) - T_{\varepsilon_0}g(0)\big| \leq \int_{(1-c\,\delta)\varepsilon \leq |z_1| \leq (1+c\,\delta)\varepsilon} \frac{|f(z)|}{|z|}\,d\mathcal{H}^1\lfloor\Gamma(z) \leq c\,\delta\,\|f\|_\infty,$$

assuming δ small enough for the last inequality. Thus the difference on the left-hand side above converges to 0 as $\varepsilon \to 0$, as wished. □

Remark 8.6. For the record, observe that in the last part of the proof we showed that if g is a compactly supported C^1 function and $w \in \Gamma$ is a point of differentiability of Γ,

$$\text{p.v.}\mathcal{C}(g\,dz_\Gamma)(w) = \lim_{\varepsilon \to 0} \int_{|z_1 - w_1| > \varepsilon} \frac{1}{z - w}\,g(z)\,dz_\Gamma.$$

Although this will not be needed below, let us remark that the preceding identity also holds $\mathcal{H}^1$-a.e. for $g \in L^p(\mu)$, or even for a general measure $\nu \in M(\mathbb{C})$ instead of $g\,dz_\Gamma$. This follows from the density of C^1 functions in $L^p(\mu)$ and using the weak (p,p) boundedness of $\mathcal{C}_{\mathcal{H}^1\lfloor\Gamma,*}$, by techniques analogous to the ones in Theorem 8.3.

As a corollary of Theorem 8.5, we obtain the following result from Mattila and Melnikov [102].

Corollary 8.7. *Let $E \subset \mathbb{C}$ be rectifiable and let $\nu \in M(\mathbb{C})$. Then* p.v.$\mathcal{C}\nu(z)$ *exists for $\mathcal{H}^1$-almost every $z \in E$.*

Proof. Recall that $\mathcal{H}^1$-almost all E is contained in a countable union of possibly rotated Lipschitz graphs Γ_j, $j \geq 1$ (see Proposition 4.13). Since p.v.$\mathcal{C}\nu(z)$ exists for $\mathcal{H}^1$-almost every $z \in \Gamma_j$, the corollary follows. □

In particular, the preceding result implies that if $E \subset \mathbb{C}$ is rectifiable and has finite length, then p.v.$\mathcal{C}(\mathcal{H}^1\lfloor E)$ exists for $\mathcal{H}^1$-a.e. $x \in E$.

8.2.3 Plemelj formulas on Lipschitz graphs

Although it is not necessary for the proof of Theorem 8.1, at this point it is worth studying the classical Plemelj's formulas, in the particular case of Lipschitz graphs. First we have to introduce some notation. Recall that for $z \in \mathbb{C}$, we set $z_1 = \mathrm{Re}(z)$ and $z_2 = \mathrm{Im}(z)$. Given $\alpha > 0$ and $w \in \mathbb{C}$, we consider the open cone (with vertical axis)

$$X(w,\alpha) = \{z \in \mathbb{C} : |z_1 - w_1| < \alpha\,|z_2 - w_2|\},$$

and the half open cones

$$X^+(w,\alpha) = \{z \in X(w,\alpha) : z_2 > w_2\},$$

$$X^-(w,\alpha) = \{z \in X(w,\alpha) : z_2 < w_2\}.$$

Let $A : \mathbb{R} \to \mathbb{R}$ be Lipschitz and let Γ be its graph. Observe that if $\alpha < 1/\|A'\|_\infty$, then, for every $w \in \Gamma$,

$$X^+(w,\alpha) \subset \{z \in \mathbb{C} : z_2 > A(z_1)\},$$

and analogously,

$$X^-(w,\alpha) \subset \{z \in \mathbb{C} : z_2 < A(z_1)\}.$$

On the graph Γ of A, we consider the usual complex measure

$$dz_\Gamma = \frac{1 + i\,A'(z_1)}{(1 + A'(z_1)^2)^{1/2}}\, d\mathcal{H}^1\lfloor\Gamma(z).$$

The next theorem deals with the *non-tangential* limits

$$\mathcal{C}_+(f\,dz_\Gamma)(w) := \lim_{X^+(\alpha,w)\ni\xi\to w} \mathcal{C}(f\,dz_\Gamma)(\xi),$$
$$\mathcal{C}_-(f\,dz_\Gamma)(w) := \lim_{X^-(\alpha,w)\ni\xi\to w} \mathcal{C}(f\,dz_\Gamma)(\xi),$$

for $f \in L^p(\mathcal{H}^1\lfloor\Gamma)$, $1 \leq p < \infty$.

Theorem 8.8. *Let $A : \mathbb{R} \to \mathbb{R}$ and let $\Gamma \subset \mathbb{C}$ be its Lipschitz graph. Let $0 < \alpha < 1/\|A'\|_\infty$. Then, for all $f \in L^p(\mathcal{H}^1\lfloor\Gamma)$, $1 \le p < \infty$, the non-tangential limits that define $\mathcal{C}_+(f\,dz_\Gamma)(w)$ and $\mathcal{C}_-(f\,dz_\Gamma)(w)$ exist for $\mathcal{H}^1$-a.e. $w \in \Gamma$. Moreover, the following identities hold $\mathcal{H}^1$-a.e. in Γ:*

$$\frac{1}{2\pi i}\,\mathcal{C}_+(f\,dz_\Gamma)(w) = \frac{1}{2\pi i}\,\text{p.v.}\mathcal{C}(f\,dz_\Gamma)(w) + \frac{1}{2}\,f(w), \tag{8.7}$$

and

$$\frac{1}{2\pi i}\,\mathcal{C}_-(f\,dz_\Gamma)(w) = \frac{1}{2\pi i}\,\text{p.v.}\mathcal{C}(f\,dz_\Gamma)(w) - \frac{1}{2}\,f(w). \tag{8.8}$$

The identities (8.7) and (8.8) are the so-called Plemelj formulas.

Proof. First we assume that f is compactly supported and of class C^1 and we show that the limit that defines $\mathcal{C}_+(f\,dz_\Gamma)(w)$ exists for $\mathcal{H}^1$-a.e. $w \in \Gamma$ and that (8.7) holds.

Let $w \in \Gamma$ be a point of differentiability of Γ and take $\xi \in X^+(w,\alpha)$. For a fixed $\varepsilon > 0$, we write

$$\begin{aligned}\mathcal{C}(f\,dz_\Gamma)(\xi) = \int_{|z_1-w_1|>\varepsilon} \frac{f(z)}{z-\xi}\,dz_\Gamma + \int_{|z_1-w_1|\le\varepsilon} \frac{f(z)-f(w)}{z-\xi}\,dz_\Gamma \\ + f(w)\int_{|z_1-w_1|\le\varepsilon} \frac{1}{z-\xi}\,dz_\Gamma.\end{aligned} \tag{8.9}$$

To deal with the last integral, we consider the branch of the complex logarithm $\log(z) = \ln|z| + i\arg(z)$ defined in $\mathbb{C}$ minus the positive imaginary axis, with the argument such that $\pi/2 < \arg(z) < 5\pi/2$. With this choice, observe that since ξ is above Γ, $\log(z-\xi)$ is well defined and analytic for z belonging to a thin neighborhood of Γ. Then, denoting $\gamma(t) = t + i\,A(t)$ for $t \in \mathbb{R}$, since $\log(z-\xi)$ is a primitive of $1/(z-\xi)$ (with respect to z), the last integral in (8.9) equals

$$\log\big[\gamma(w_1+\varepsilon)-\xi\big] - \log\big[\gamma(w_1-\varepsilon)-\xi\big]. \tag{8.10}$$

Moreover, we assume that $|\xi - w| \ll \varepsilon$ and ε small, so that the argument of $\gamma(w_1+\varepsilon) - \gamma(w_1-\varepsilon)$ is then close to π and thus it is the interval $(\pi/2, 5\pi/2)$, recalling that w is a point of differentiability of Γ. Then the expression in (8.10) equals

$$\begin{aligned}\ln\left|\frac{\gamma(w_1+\varepsilon)-\xi}{\gamma(w_1-\varepsilon)-\xi}\right| &+ i\,\arg(\gamma(w_1+\varepsilon)-\xi) - i\,\arg(\gamma(w_1-\varepsilon)-\xi) \\ &= \ln\left|\frac{\gamma(w_1+\varepsilon)-\xi}{\gamma(w_1-\varepsilon)-\xi}\right| + i\,\arg\frac{\gamma(w_1+\varepsilon)-\xi)}{\gamma(w_1-\varepsilon)-\xi)} \\ &= \log\frac{\gamma(w_1+\varepsilon)-\xi}{\gamma(w_1-\varepsilon)-\xi}.\end{aligned}$$

Then, letting $\xi \to w$ with $\xi \in X^+(\alpha, w)$ in (8.9), we get

$$\begin{aligned}\mathcal{C}_+(f\,dz_\Gamma)(w) = \int_{|z_1-w_1|>\varepsilon} \frac{f(z)}{z-w}\,dz_\Gamma + \int_{|z_1-w_1|\le\varepsilon} \frac{f(z)-f(w)}{z-w}\,dz_\Gamma \\ + f(w)\log\frac{\gamma(w_1+\varepsilon)-w}{\gamma(w_1-\varepsilon)-w}.\end{aligned}$$

Observe that the second integral on the right-hand side is convergent because $f \in C^1$. Now, we let $\varepsilon \to 0$ in this equation. The first integral on the right-hand side tends to p.v.$\mathcal{C}(f\,dz_\Gamma)(w)$ (recall Remark 8.6), the second one tends to 0, while

$$\lim_{\varepsilon\to 0}\log\frac{\gamma(w_1+\varepsilon)-w}{\gamma(w_1-\varepsilon)-w} = \lim_{\varepsilon\to 0}\log\frac{\dfrac{\gamma(w_1+\varepsilon)-w}{\varepsilon}}{\dfrac{\gamma(w_1-\varepsilon)-w}{\varepsilon}} = \log(-1) = \pi\,i, \tag{8.11}$$

since γ is differentiable at w_1. So we obtain (8.7).

The identity (8.8) for a compactly supported function f of class C^1 is proved in an analogous way. In this case, for $\xi \in X^-(w,\alpha)$, one has to take a determination of $\log(z-\xi)$ such that $-5\pi/2 < \arg(z-\xi) < -\pi/2$, so that the right-hand side of (8.11) equals $-\pi\,i$.

To prove that (8.7) holds $\mathcal{H}^1$-a.e. for a general function $f \in L^p(\mathcal{H}^1\lfloor\Gamma)$, for $1 \le p < \infty$, we will show that the $\mathcal{H}^1$ measure of the set

$$\left\{ w \in \Gamma:\ \limsup_{X^+(\alpha,w)\ni\xi\to w}\left|\mathcal{C}\Big(f\frac{dz_\Gamma}{\pi i}\Big)(\xi) - \text{p.v.}\mathcal{C}\Big(f\frac{dz_\Gamma}{\pi i}\Big)(w) - f(w)\right| > \lambda\right\} \tag{8.12}$$

is zero for all $\lambda > 0$, and we will be done. Given $\delta > 0$, let $g \in C^1(\mathbb{C})$ such that $\|f-g\|_{L^p(\mathcal{H}^1\lfloor\Gamma)} \le \delta$. Since (8.7) holds for g,

$$\begin{aligned}&\limsup_{X^+(\alpha,w)\ni\xi\to w}\left|\mathcal{C}\Big(f\frac{dz_\Gamma}{\pi i}\Big)(\xi) - \text{p.v.}\mathcal{C}\Big(f\frac{dz_\Gamma}{\pi i}\Big)(w) - f(w)\right| \\ &= \limsup_{X^+(\alpha,w)\ni\xi\to w}\left|\mathcal{C}\Big((f-g)\frac{dz_\Gamma}{\pi i}\Big)(\xi) - \text{p.v.}\mathcal{C}\Big((f-g)\frac{dz_\Gamma}{\pi i}\Big)(w) - (f-g)(w)\right| \\ &\le \limsup_{X^+(\alpha,w)\ni\xi\to w}\left|\mathcal{C}\Big((f-g)\frac{dz_\Gamma}{\pi i}\Big)(\xi)\right| + \mathcal{C}_*\Big((f-g)\frac{dz_\Gamma}{\pi i}\Big)(w) + |f-g|(w).\end{aligned}$$

We claim that

$$\limsup_{X^+(\alpha,w)\ni\xi\to w}\left|\mathcal{C}\Big((f-g)\frac{dz_\Gamma}{\pi i}\Big)(\xi)\right| \le \mathcal{C}_*\Big((f-g)\frac{dz_\Gamma}{\pi i}\Big)(w) + c\,M_R(f-g)(w). \tag{8.13}$$

Assume this for the moment. Then the $\mathcal{H}^1$ measure of the set (8.12) does not exceed

$$\mathcal{H}^1\left(\left\{w \in \Gamma : 2\,\mathcal{C}_*\Big((f-g)\frac{dz_\Gamma}{\pi i}\Big)(w) + |f-g|(w) + c\,M_R(f-g)(w) > \lambda\right\}\right) \leq \frac{c\,\|f-g\|^p_{L^p(\mathcal{H}^1\lfloor\Gamma)}}{\lambda^p} \leq \frac{c\,\delta^p}{\lambda^p},$$

where we took into account that $\mathcal{C}_*$ and M_R are of weak type (p,p) with respect to $\mathcal{H}^1\lfloor\Gamma$, and we used Chebyshev. Letting $\delta \to 0$, it follows that the set (8.12) has zero $\mathcal{H}^1$-measure.

It only remains to prove (8.13) now. From the fact that $\xi \in X^+(\alpha, w)$, it follows that $\operatorname{dist}(\xi, \Gamma) \approx |\xi - w| =: t$, and then one gets

$$\begin{aligned} \big|\mathcal{C}((f-g)(\chi_{B(w,2t)}dz_\Gamma)(\xi)\big| &\leq \int_{B(w,2t)\cap\Gamma} \frac{1}{|z-\xi|}\,|f(z)-g(z)|\,d\mathcal{H}^1(z) \qquad (8.14)\\ &\leq \frac{c}{t}\int_{B(w,2t)\cap\Gamma} |f-g|\,d\mathcal{H}^1 \leq c\,M_R(f-g)(w). \end{aligned}$$

Similarly, it is easy to check that

$$\big|\mathcal{C}((f-g)\chi_{B(w,2t)^c}dz_\Gamma)(\xi) - \mathcal{C}((f-g)\chi_{B(w,2t)^c}dz_\Gamma)(w)\big| \leq c\,M_R(f-g)(w),$$

and so

$$\big|\mathcal{C}((f-g)\chi_{B(w,2t)^c}dz_\Gamma)(\xi)\big| \leq \mathcal{C}_*((f-g)dz_\Gamma)(w) + c\,M_R(f-g)(w).$$

From this estimate and (8.14), the claim (8.13) follows.

The proof that (8.8) holds $\mathcal{H}^1$-a.e. for a general function $f \in L^p(\mathcal{H}^1\lfloor\Gamma)$, for $1 \leq p < \infty$, is analogous. □

The following is a nice consequence of the Plemelj formulas.

Corollary 8.9. *Let $\Gamma \subset \mathbb{C}$ be a Lipschitz graph in $\mathbb{C}$. For $f \in L^p(\mathcal{H}^1\lfloor\Gamma)$, with $1 < p < \infty$, let*

$$Tf(z) = \frac{1}{\pi i}\,\text{p.v.}\mathcal{C}(f\,dz_\Gamma)(z).$$

Then T is a bounded operator in $L^p(\mathcal{H}^1\lfloor\Gamma)$ such that

$$T \circ T = \mathrm{Id}$$

in $L^p(\mathcal{H}^1\lfloor\Gamma)$.

Proof. The boundedness of T in $L^p(\mathcal{H}^1\lfloor\Gamma)$ for $1 < p < \infty$ has already been proved. For $f \in L^p(\mathcal{H}^1\lfloor\Gamma)$ and $z \in \Gamma$, write $T_+f(z) = \frac{1}{\pi i}\,\mathcal{C}_+(f\,dz_\Gamma)(z)$. From Theorem 8.8, we have

$$T_+f = Tf + f.$$

In other words, $T_+ = T + \mathrm{Id}$. As a consequence,

$$T_+ \circ T_+ = T \circ T + 2\,T + \mathrm{Id}.$$

By Cauchy's integral formula, it easily follows that $T_+ \circ T_+(f) = 2\,T_+(f)$. That is, $T_+ \circ T_+ = 2\,T_+$. Thus,

$$2\,T + 2\,\mathrm{Id} = T \circ T + 2\,T + \mathrm{Id},$$

which yields $T \circ T = \mathrm{Id}$. □

When Γ is the real line, $T = -i\,H$, where H stands for the Hilbert transform. So the identity $T \circ T = \mathrm{Id}$ generalizes the well-known identity $H \circ H = -\mathrm{Id}$.

8.2.4 Weak convergence and existence of principal values for measures with zero density

In this section we consider a Radon measure μ in $\mathbb{R}^d$ that has growth of degree n and zero n-dimensional density μ-a.e., that is,

$$\Theta^n(x,\mu) := \lim_{r\to 0} \frac{\mu(B(x,r))}{(2r)^n} = 0 \qquad \text{for } \mu\text{-a.e. } x \in \mathbb{R}^d.$$

We will show that if T_μ is an n-dimensional Calderón-Zygmund operator bounded in $L^2(\mu)$ and antisymmetric, i.e. its kernel verifies

$$K(x,y) = -K(y,x) \qquad \text{for all } x \neq y,$$

then p.v.$T_\mu f(x)$ exists for all $f \in L^p(\mu)$ and μ-a.e. $x \in \mathbb{R}^d$. This was first proved for the Cauchy transform by Tolsa [153], and later on it was extended to arbitrary antisymmetric Calderón-Zygmund operators by Mattila and Verdera [105]. Below we will follow their approach. First we will prove that $T_{\mu,\varepsilon} f$ converges weakly in $L^p(\mu)$ as $\varepsilon \to 0$, for all $f \in L^p(\mu)$ with $1 < p < \infty$ (without assuming zero n-dimensional density) and subsequently we will turn to the existence of principal values.

Theorem 8.10. *Let μ be a Radon measure in $\mathbb{R}^d$ that has growth of degree n. Let T_μ be an n-dimensional Calderón-Zygmund operator which is antisymmetric. Then, for all $1 < p < \infty$ and $f \in L^p(\mu)$, $T_{\mu,\varepsilon} f$ has a weak limit in $L^p(\mu)$ as $\varepsilon \to 0$. Further, denoting by $T_\mu^w f$ such a weak limit, we have*

$$T_\mu^w f(x) = \lim_{r\to 0} \frac{1}{\mu(B(x,r))} \int_{B(x,r)} T_\mu(f\,\chi_{B(x,r)^c})\,d\mu \qquad \textit{for } \mu\textit{-a.e. } x \in \mathbb{R}^d. \quad (8.15)$$

Recall that Calderón-Zygmund operators are assumed to be bounded in $L^2(\mu)$. Also, saying $T_{\mu,\varepsilon} f$ has a weak limit $T_\mu^w f$ in $L^p(\mu)$ as $\varepsilon \to 0$ means that for all $g \in L^{p'}(\mu)$,

$$\lim_{\varepsilon\to 0} \int T_{\mu,\varepsilon} f\, g\, d\mu = \int T_\mu^w f\, g\, d\mu.$$

From the theorem, it follows that T_μ^w is an operator bounded in $L^p(\mu)$ for all $1 < p < \infty$.

In the identity (8.15), notice that $T_\mu(f\,\chi_{B(x,r)^c}) = \text{p.v.}T_\mu(f\,\chi_{B(x,r)^c})$ is defined for all $y \in B(x,r)$, since (recalling that $B(x,r)$ is open)

$$\int_{B(x,r)^c} \frac{1}{|y-z|^n}\,|f(z)|\,d\mu(z)$$
$$\leq \left(\int_{|y-z|>\text{dist}(y,B(x,r)^c)} \frac{1}{|y-z|^{np'}}\,d\mu(z)\right)^{1/p'} \|f\|_{L^p(\mu)} < \infty.$$

Finally, notice also that from (8.15) it follows that for $f \in L^p(\mu)$, $1 < p < \infty$,

$$T_\mu^w f(x) = T_\mu f(x) \qquad \text{for } \mu\text{-a.e. } x \notin \text{supp}(f). \tag{8.16}$$

Proof of Theorem 8.10. Suppose first that $\mu(\mathbb{R}^d) < \infty$. To begin with, we will show that $T_{\mu,\varepsilon}1$ has a weak limit in $L^p(\mu)$ as $\varepsilon \to 0$. By antisymmetry, for all $\varepsilon > 0$ and any open ball B we have

$$\int_B T_{\mu,\varepsilon}\chi_B\,d\mu = 0.$$

Therefore,

$$\int_B T_{\mu,\varepsilon}1\,d\mu = \int_B T_{\mu,\varepsilon}\chi_{B^c}\,d\mu.$$

Since B is open,

$$T_\mu\chi_{B^c}(x) = \lim_{\varepsilon\to 0} T_{\mu,\varepsilon}\chi_{B^c}(x) \qquad \text{for all } x \in B.$$

As $|T_{\mu,\varepsilon}\chi_{B^c}(x)| \leq T_{\mu,*}\chi_{B^c}(x)$ and $T_{\mu,*}\chi_{B^c} \in L^1(\mu)$, from the dominated convergence theorem we deduce that

$$\lim_{\varepsilon\to 0}\int_B T_{\mu,\varepsilon}1\,d\mu = \int_B T_\mu\chi_{B^c}\,d\mu.$$

To prove the weak convergence in $L^p(\mu)$ of $T_{\mu,\varepsilon}1$ as $\varepsilon \to 0$, we have to show the existence of

$$\lim_{\varepsilon\to 0}\int T_{\mu,\varepsilon}1\,g\,d\mu \tag{8.17}$$

for all $g \in L^{p'}(\mu)$. By the previous argument and linearity, we already know that the limit exists if g belongs to the subspace $S \subset L^{p'}(\mu)$ of finite linear combinations of characteristic functions of open balls. For an arbitrary function $g \in L^{p'}(\mu)$ we argue by density: from Vitali's covering theorem (see Mattila [100, Chapter 2], for example), it is easy to verify that S is dense in $L^{p'}(\mu)$. For any $\delta > 0$, let $b \in S$ satisfy $\|g - b\|_{L^{p'}(\mu)} \leq \delta$. Then, for all $\varepsilon_1, \varepsilon_2 > 0$,

$$\int (T_{\mu,\varepsilon_1}1 - T_{\mu,\varepsilon_2}1)\, g\, d\mu \\ = \int (T_{\mu,\varepsilon_1}1 - T_{\mu,\varepsilon_2}1)\, b\, d\mu + \int (T_{\mu,\varepsilon_1}1 - T_{\mu,\varepsilon_2}1)\, (g - b)\, d\mu.$$

The second integral is bounded in modulus by $2\|T_{\mu,*}1\|_{L^p(\mu)}\, \|g - b\|_{L^{p'}(\mu)} \leq 2\delta\, \|T_{\mu,*}1\|_{L^p(\mu)}$, and thus

$$\limsup_{\varepsilon_1,\varepsilon_2 \to 0} \left| \int (T_{\mu,\varepsilon_1}1 - T_{\mu,\varepsilon_2}1)\, g\, d\mu \right| \leq 2\delta\, \|T_{\mu,*}1\|_{L^p(\mu)},$$

since the limit (8.17) exists with g replaced by b. As δ is arbitrarily small, the left-hand side above vanishes, which means that $T_{\mu,\varepsilon}1$ converges weakly in $L^p(\mu)$ as $\varepsilon \to 0$, as claimed.

Take now some function $f \in L^\infty(\mu)$, and set $\widetilde{f} = f + 2\|f\|_{L^\infty(\mu)}$ and $\sigma = \widetilde{f}\,\mu$. Notice that $\widetilde{f}$ is positive and that $\widetilde{f} \approx \|f\|_{L^\infty(\mu)}$, and thus T_σ is bounded in $L^2(\sigma)$. As a consequence, applying what we have proved above to σ, we infer that $T_{\sigma,\varepsilon}1 = T_{\mu,\varepsilon}\widetilde{f}$ converges weakly in $L^p(\sigma)$ as $\varepsilon \to 0$. This is equivalent to saying that it converges weakly in $L^p(\mu)$ as $\varepsilon \to 0$ (since $\widetilde{f}$ is bounded above and away from 0). By linearity, this implies that $T_{\mu,\varepsilon}f$ converges weakly in $L^p(\mu)$ too.

To prove the weak convergence of an arbitrary function $f \in L^p(\mu)$ we argue by density again. For any $\delta > 0$, consider $h \in L^\infty(\mu)$ such that $\|f - h\|_{L^p(\mu)} \leq \delta$. Then for any $g \in L^{p'}(\mu)$ we write

$$\int (T_{\mu,\varepsilon_1}f - T_{\mu,\varepsilon_2}f)\, g\, d\mu \\ = \int (T_{\mu,\varepsilon_1}h - T_{\mu,\varepsilon_2}h)\, g\, d\mu + \int \big(T_{\mu,\varepsilon_1}(f-h) - T_{\mu,\varepsilon_2}(f-h)\big)\, g\, d\mu.$$

The first integral on the right-hand side tends to 0 as $\varepsilon_1, \varepsilon_2 \to 0$, while the last one is bounded in modulus by $2\|T_*(f-h)\|_{L^p(\mu)}\|g\|_{L^{p'}(\mu)} \leq c\delta\, \|g\|_{L^{p'}(\mu)}$. Since δ is arbitrarily small, we get

$$\lim_{\varepsilon_1,\varepsilon_2 \to 0} \int (T_{\mu,\varepsilon_1}f - T_{\mu,\varepsilon_2}f)\, g\, d\mu = 0,$$

which yields the weak convergence of $T_{\mu,\varepsilon}f$ in $L^p(\mu)$.

Consider now the case when μ is not a finite measure. In this situation, we already know that the limit

$$\lim_{\varepsilon \to 0} \int T_{\mu,\varepsilon}f\, g\, d\mu$$

exists for all $f \in L^p(\mu)$ and $g \in L^{p'}(\mu)$ which are compactly supported. By density arguments analogous to the ones above, we infer that the limit also exists without the assumption on the compact support of f and g.

It remains to prove (8.15). First we will show that, for any open ball B,

$$\int_B T_\mu(f\,\chi_{B^c})\,d\mu = \int_B T^w_\mu(f\,\chi_{B^c})\,d\mu. \tag{8.18}$$

To this end, notice that since $T^w_\mu(f\,\chi_{B^c})$ is the weak limit of the functions $T_{\mu,\varepsilon}(f\,\chi_{B^c})$ in $L^p(\mu)$,

$$\lim_{\varepsilon\to 0}\int_B T_{\mu,\varepsilon}(f\,\chi_{B^c})\,d\mu = \int_B T^w_\mu(f\,\chi_{B^c})\,d\mu.$$

On the other hand, since $T_{\mu,\varepsilon}(f\,\chi_{B^c})(x) \to T_\mu(f\,\chi_{B^c})(x)$ for all $x \in B$ (recall that B is open), by the dominated convergence theorem, taking into account that $|T_{\mu,\varepsilon}(f\,\chi_{B^c})(x)| \le T_{\mu,*}(f\,\chi_{B^c})(x)$ and that $T_{\mu,*}(f\,\chi_{B^c}) \in L^1(\mu\lfloor B)$, we also have

$$\lim_{\varepsilon\to 0}\int_B T_{\mu,\varepsilon}(f\,\chi_{B^c})\,d\mu = \int_B T_\mu(f\,\chi_{B^c})\,d\mu,$$

and thus (8.18) holds.

By the Lebesgue differentiation theorem, for $f \in L^p(\mu)$ and μ-a.e. $x \in \mathbb{R}^d$,

$$\begin{aligned} T^w_\mu f(x) &= \lim_{r\to 0}\frac{1}{\mu(B(x,r))}\int_{B(x,r)} T^w_\mu f(x)\,d\mu \\ &= \lim_{r\to 0}\frac{1}{\mu(B(x,r))}\left(\int_{B(x,r)} T^w_\mu(f\,\chi_{B(x,r)^c})\,d\mu + \int_{B(x,r)} T^w_\mu(f\,\chi_{B(x,r)})\,d\mu\right). \end{aligned}$$

By (8.18), to prove (8.15) it suffices to show that

$$\lim_{r\to 0}\frac{1}{\mu(B(x,r))}\int_{B(x,r)} T^w_\mu(f\,\chi_{B(x,r)})\,d\mu = 0 \qquad \text{for } \mu\text{-a.e. } x \in \mathbb{R}^d.$$

In fact, from the antisymmetry of T^w_μ (which follows from that of $T_{\mu,\varepsilon}$, $\varepsilon > 0$), we deduce that $\int_{B(x,r)} T^w_\mu \chi_{B(x,r)}\,d\mu = 0$. So we have

$$\begin{aligned} \int_{B(x,r)} T^w_\mu(f\,\chi_{B(x,r)})\,d\mu &= \int_{B(x,r)} T^w_\mu\big((f - m_{B(x,r)}f)\,\chi_{B(x,r)}\big)\,d\mu \\ &= -\int_{B(x,r)} (f - m_{B(x,r)}f)\,T^w_\mu\chi_{B(x,r)}\,d\mu, \end{aligned}$$

where $m_{B(x,r)}f$ stands for the μ-mean of f over $B(x,r)$. Then the Schwarz inequality, the Lebesgue differentiation theorem, and the $L^{p'}(\mu)$ boundedness of T^w_μ give

$$\lim_{r\to 0}\frac{1}{\mu(B(x,r))}\int_{B(x,r)} (f - m_{B(x,r)}f)\,T^w_\mu\chi_{B(x,r)}\,d\mu = 0 \qquad \text{for } \mu\text{-a.e. } x \in \mathbb{R}^d,$$

and so we are done. □

Theorem 8.11. *Let μ be a Radon measure in $\mathbb{R}^d$ that has growth of degree n and zero n-dimensional density μ-a.e. Let T_μ be an n-dimensional antisymmetric Calderón-Zygmund operator. Then, for all $1 < p < \infty$ and $f \in L^p(\mu)$, $\text{p.v.}T_\mu f(x)$ exists for μ a.e. $x \in \mathbb{R}^d$ and coincides with $T_\mu^w f(x)$. Also, for all $\nu \in M(\mathbb{C})$, $\text{p.v.}T\nu(x)$ exists for μ a.e. $x \in \mathbb{R}^d$.*

Proof. For $f \in L^p(\mu)$, $1 < p < \infty$, the coincidence of $\text{p.v.}T_\mu f(x)$ with $T_\mu^w f(x)$ for μ a.e. $x \in \mathbb{R}^d$ follows from the fact that

$$\int T_\mu^w f\, g\, d\mu = \lim_{\varepsilon\to 0} \int T_{\mu,\varepsilon} f\, g\, d\mu = \int \text{p.v.}T_\mu f\, g\, d\mu \qquad \text{for all } g \in L^{p'}(\mu).$$

The first identity is a direct consequence of the definition of weak convergence in $L^p(\mu)$, and the second one follows from the dominated convergence theorem, taking into account that $T_{\mu,*}f \in L^p(\mu)$.

Let us turn our attention to the existence of principal values. From the antisymmetry of $T_{\mu,\varepsilon}$ we deduce that T_μ^w is also antisymmetric, and thus for any ball B,

$$\int_B T_\mu^w \chi_B\, d\mu = 0. \tag{8.19}$$

As in the previous theorem, this identity will play an important role here.

From Theorem 8.3 and Proposition 8.4 we infer that it suffices to prove the existence of $\text{p.v.}T_\mu f(x)$ for $f = \chi_U$ and μ-a.e. $x \in U$, where $U \subset \mathbb{R}^d$ is open and $\mu(U) < \infty$. By this observation, it turns out that it is enough to show that $\text{p.v.}T\mu$ exists μ-a.e. in $\mathbb{R}^d$, assuming that $\mu(\mathbb{R}^d) < \infty$. Let $x \in \operatorname{supp}\mu$ be a Lebesgue point for $T^w\mu$ with zero n-dimensional μ-density, such that (8.15) holds with $f = 1$, and such that there exists a sequence of balls $B(x, 4^{k_i})$, $k_i \to -\infty$, which are $(4, 4^{d+1})$ doubling. Recall that Lemma 2.8 and Remark 2.9 ensure that the set of such points x has full μ-measure. We claim that for such x, we have

$$\lim_{\varepsilon\to 0} T_\varepsilon\mu(x) = T^w\mu(x).$$

To prove this, for any given $\delta > 0$, let $r_0 > 0$ be such that

$$\frac{\mu(\bar{B}(x,r))}{r^n} \leq \delta \quad \text{and} \quad \left| T^w\mu(x) - \frac{1}{\mu(B(x,r))} \int_{B(x,r)} T^w\mu\, d\mu \right| \leq \delta \tag{8.20}$$

for $0 < r \leq r_0$. Let $p > 10$ be some big integer to be fixed later and suppose that $2p\varepsilon \leq r_0$. Let ε_0 be the maximum of the numbers 4^j, with $j \in Z$, such that $4^j \leq \varepsilon$ and $B(x, 4^j)$ is $(4, 4^{d+1})$-doubling. From Lemma 2.20 (in fact, from a suitable analogous version) and the first estimate in (8.20) together with the fact that $\varepsilon_0 \leq r_0$, we infer that

$$|T_\varepsilon\mu(x) - T_{\varepsilon_0}\mu(x)| \leq c\delta.$$

We claim now that there exists some $\varepsilon_1 \in [\varepsilon_0, 2\varepsilon_0]$ such that

$$\frac{1}{\mu(B(x,\varepsilon_1))} \iint_{\substack{y\in B(x,\varepsilon_1)\\ z\in B(x,2\varepsilon_1)\setminus B(x,\varepsilon_1)}} \frac{1}{|y-z|^n}\, d\mu(y)\, d\mu(z) \leq c\,\delta^{1/n}. \tag{8.21}$$

Assume for the moment that such ε_1 exists. Then

$$|T_{\varepsilon_0}\mu(x) - T_{\varepsilon_1}\mu(x)| \leq \int_{\bar{B}(x,\varepsilon_1)\setminus B(x,\varepsilon_0)} \frac{c}{|x-y|^n}\, d\mu(y) \leq \frac{\mu(\bar{B}(x,2\varepsilon_0))}{\varepsilon_0^n} \leq c\delta$$

since $2\varepsilon_0 \leq r_0$. Thus

$$|T_\varepsilon\mu(x) - T_{\varepsilon_1}\mu(x)| \leq c\delta. \tag{8.22}$$

Now we write

$$\begin{aligned}
T_{\varepsilon_1}\mu(x) &- \frac{1}{\mu(B(x,\varepsilon_1))}\int_{B(x,\varepsilon_1)} T^w\mu\, d\mu \\
&= T_\mu\chi_{B(x,p\varepsilon_1)\setminus\bar{B}(x,\varepsilon_1)}(x) \\
&\quad + \left(T_\mu\chi_{B(x,p\varepsilon_1)^c}(x) - \frac{1}{\mu(B(x,\varepsilon_1))}\int_{B(x,\varepsilon_1)} T_\mu^w\chi_{B(x,p\varepsilon_1)^c}\, d\mu\right) \\
&\quad - \frac{1}{\mu(B(x,\varepsilon_1))}\int_{B(x,\varepsilon_1)} T_\mu^w\chi_{B(x,p\varepsilon_1)}\, d\mu \\
&=: I_1 + I_2 - I_3.
\end{aligned}$$

We will estimate each term I_i separately.

To deal with I_1 we set

$$\begin{aligned}
|I_1| = \left|T_\mu\chi_{B(x,p\varepsilon_1)\setminus\bar{B}(x,\varepsilon_1)}(x)\right| &\leq \int_{B(x,p\varepsilon_1)\setminus\bar{B}(x,\varepsilon_1)} \frac{c}{|x-y|^n}\, d\mu(y) \\
&\leq c\,\frac{\mu(B(x,p\varepsilon_1))}{\varepsilon_1^n} \leq c\,p^n\,\delta,
\end{aligned}$$

by (8.20), because $p\varepsilon_1 \leq 2p\varepsilon_0 \leq 2p\varepsilon \leq r_0$.

Let us consider I_2 now. By (8.16), we know that for μ-a.e. $y \in B(x,\varepsilon_1)$, we have $T_\mu^w\chi_{B(x,p\varepsilon_1)^c}(y) = T_\mu\chi_{B(x,p\varepsilon_1)^c}(y)$. Then, from Lemma 2.12, it follows that

$$\left|T_\mu\chi_{B(x,p\varepsilon_1)^c}(x) - T_\mu\chi_{B(x,p\varepsilon_1)^c}(y)\right| \leq c\,\frac{|x-y|^\eta}{[(p-1)\varepsilon_1]^\eta}\, M_{R,n}\,\mu(x) \leq c\,p^{-\eta},$$

where η is the positive constant in the definition (2.3). Averaging with respect to $y \in B(x,\varepsilon_1)$, we derive

$$|I_2| = \left|T_\mu\chi_{B(x,p\varepsilon_1)^c}(x) - \frac{1}{\mu(B(x,\varepsilon_1))}\int_{B(x,\varepsilon_1)} T_\mu^w\chi_{B(x,p\varepsilon_1)^c}\, d\mu\right| \leq c\,p^{-\eta}.$$

Finally we turn our attention to I_3. From (8.19), we derive

$$I_3 = \frac{1}{\mu(B(x,\varepsilon_1))} \int_{B(x,\varepsilon_1)} T^w_\mu \chi_{B(x,p\varepsilon_1)\setminus B(x,\varepsilon_1)}\, d\mu.$$

By (8.16) again, it turns out that $T^w_\mu \chi_{B(x,p\varepsilon_1)\setminus B(x,\varepsilon_1)}(y) = T_\mu \chi_{B(x,p\varepsilon_1)\setminus B(x,\varepsilon_1)}(y)$ for μ-a.e. $y \in B(x,\varepsilon_1)$. As a consequence, for such y, denoting by $K(\cdot,\cdot)$ the kernel of T_μ,

$$|T^w_\mu \chi_{B(x,p\varepsilon_1)\setminus B(x,\varepsilon_1)}(y)| \leq \int_{B(x,p\varepsilon_1)\setminus B(x,\varepsilon_1)} |K(y,z)|\, d\mu(z).$$

For $y \in B(x,\varepsilon_1)$ and $z \notin B(x,2\varepsilon_1)$, we have $|K(y,z)| \leq c/\varepsilon_1^n$, and thus

$$\int_{B(x,p\varepsilon_1)\setminus B(x,2\varepsilon_1)} |K(y,z)|\, d\mu(z) \leq c\, \frac{\mu(B(x,p\varepsilon_1))}{\varepsilon_1^n} \leq c\, p^n \delta.$$

Therefore, appealing to (8.21), we infer that

$$\begin{aligned} |I_3| &\leq c\, p^n \delta + \frac{1}{\mu(B(x,\varepsilon_1))} \iint_{\substack{y\in B(x,\varepsilon_1)\\ z\in B(x,2\varepsilon_1)\setminus B(x,\varepsilon_1)}} \frac{c}{|y-z|^n}\, d\mu(y)\, d\mu(z) \\ &\leq c\, p^n \delta + c\, \delta^{1/n}. \end{aligned}$$

Gathering the estimates obtained for I_1, I_2 and I_3, and recalling (8.22), we get

$$\left| T_\varepsilon \mu(x) - \frac{1}{\mu(B(x,\varepsilon_1))} \int_{B(x,\varepsilon_1)} T^w \mu\, d\mu \right| \lesssim \delta + \delta^{1/n} + p^n \delta + p^{-\eta}.$$

Now it is clear that, by an appropriate choice of $\delta > 0$ (small) and $p > 10$ (big), the term on the left-hand side above will be arbitrarily small, which proves the assertion that $\lim_{\varepsilon\to 0} T_\varepsilon \mu(x) = T^w \mu(x)$.

It remains to prove the claim (8.21). For $t \in [\varepsilon_0, 2\varepsilon_0]$, we set

$$J(t) = \frac{1}{\mu(B(x,t))} \iint_{\substack{y\in B(x,t)\\ z\in B(x,2t)\setminus B(x,t)}} \frac{1}{|y-z|^n}\, d\mu(y)\, d\mu(z).$$

It is enough to show that

$$\int_{\varepsilon_0}^{2\varepsilon_0} J(t)\, dt \leq c\, \delta^{1/n} \varepsilon_0. \tag{8.23}$$

We have

$$\int_{\varepsilon_0}^{2\varepsilon_0} J(t)\, dt \leq \frac{1}{\mu(B(x,\varepsilon_0))} \iiint_{\substack{\varepsilon_0\leq t\leq 2\varepsilon_0\\ |x-y|<t\\ t\leq|x-z|<2t}} \frac{1}{|y-z|^n}\, d\mu(y)\, d\mu(z)\, dt.$$

Observe now that the triples (y, z, t) in the domain of integration of the last integral satisfy $y, z \in B(x, 4\varepsilon_0)$, and $|x-y| < t \le |x-z|$. The latter condition implies that t is contained in an interval of length $|x-z| - |x-y| \le |y-z|$. Then we obtain

$$\begin{aligned}\int_{\varepsilon_0}^{2\varepsilon_0} J(t)\, dt &\le \frac{1}{\mu(B(x,\varepsilon_0))} \iint_{\substack{y\in B(x,4\varepsilon_0)\\ z\in B(x,4\varepsilon_0)}} \left(\int_{|x-y|}^{|x-z|} \frac{1}{|y-z|^n}\, dt \right) d\mu(y)\, d\mu(z) \\ &\le \frac{1}{\mu(B(x,\varepsilon_0))} \iint_{\substack{y\in B(x,4\varepsilon_0)\\ z\in B(x,4\varepsilon_0)}} \frac{1}{|y-z|^{n-1}}\, d\mu(y)\, d\mu(z).\end{aligned} \tag{8.24}$$

To estimate the last integral, we fix some $q > 1$ and, for each $y \in B(x, 4\varepsilon_0)$ we write

$$\begin{aligned}\int_{z\in B(x,4\varepsilon_0)} \frac{1}{|y-z|^{n-1}}\, d\mu(z) \le & \int_{z\in B(x,4\varepsilon_0):|y-z|>q^{-1}\varepsilon_0} \frac{1}{|y-z|^{n-1}}\, d\mu(z) \\ & + \int_{|y-z|\le q^{-1}\varepsilon_0} \frac{1}{|y-z|^{n-1}}\, d\mu(z).\end{aligned}$$

We have

$$\int_{z\in B(x,4\varepsilon_0):|y-z|>q^{-1}\varepsilon_0} \frac{1}{|y-z|^{n-1}}\, d\mu(z) \le \frac{\mu(B(x,4\varepsilon_0))}{[q^{-1}\varepsilon_0]^{n-1}} \le c\,\delta\, q^{n-1}\varepsilon_0.$$

On the other hand, using the growth of degree n of μ, it follows easily that

$$\int_{|y-z|\le q^{-1}\varepsilon_0} \frac{1}{|y-z|^{n-1}}\, d\mu(z) \le c\, q^{-1}\varepsilon_0.$$

Now, taking into account that $B(x, \varepsilon_0)$ is $(4, 4^{d+1})$-doubling, from the last estimates and (8.24) we derive

$$\int_{\varepsilon_0}^{2\varepsilon_0} J(t)\, dt \le \frac{\mu(B(x,4\varepsilon_0))}{\mu(B(x,\varepsilon_0))} \left(c\,\delta\, q^{n-1}\varepsilon_0 + c\, q^{-1}\varepsilon_0\right) \le c\,(\delta\, q^{n-1} + q^{-1})\varepsilon_0.$$

Choosing $q = \delta^{-1/n}$, (8.23) follows, and so the claim (8.21) is proved. □

8.2.5 The final argument for the proof of Theorem 8.1

We need the following auxiliary result.

Lemma 8.12. *Let μ be a finite Radon measure on $\mathbb{R}^d$. For given $\lambda_2 \ge \lambda_1 > 0$, let E, F be bounded Borel sets such that*

$$E \subset \{x \in \mathbb{R}^d : \Theta^{*n}(x, \mu) \ge \lambda_1\},$$

and

$$F \subset \{x \in \mathbb{R}^d : \lambda_1 \le \Theta^{*n}(x,\mu) \le \lambda_2\}.$$

There exist some absolute constants c_1, c_2, *and* c_3 *such that* $\mathcal{H}^n(E) \le c_1 \dfrac{\mu(E)}{\lambda_1}$ *and* $\mu\lfloor F = g\,\mathcal{H}^n\lfloor F$, *where* g *is some Borel function such that* $c_2\,\lambda_1 \le g(x) \le c_3\,\lambda_2$ *for* $\mathcal{H}^n$*-a.e.* $x \in F$.

Proof. First we deal with $\mathcal{H}^n(E)$. Let $\varepsilon > 0$ be small (in particular, $\varepsilon < \lambda_1/2$). Let U be an open set containing E such that $\mu(U) \le \mu(E) + \varepsilon$. For every $x \in E$, there exists a ball $B(x,r)$ contained in U with radius $0 < r < \varepsilon/2$ such that $\mu(B(x,r)) \ge (\lambda_1 - \varepsilon)(2r)^n$. By the Besicovitch covering theorem, there exists a covering $E \subset \bigcup_{i=1}^{\infty} B(x_i,r_i)$, with $x_i \in E$, $\mu(B(x_i,r_i)) \ge (\lambda_1-\varepsilon)(2r_i)^n$ and $\sum_i \chi_{B(x_i,r_i)} \le M\,\chi_U$, where M is a universal constant. Then

$$\mathcal{H}^n_\varepsilon(E) \le \sum_i (2r_i)^n \le \sum_i \frac{\mu(B(x_i,r_i))}{\lambda_1-\varepsilon} \le \frac{M}{\lambda_1-\varepsilon}\,\mu(U) \le \frac{M}{\lambda_1-\varepsilon}\,(\mu(E)+\varepsilon).$$

Therefore, letting $\varepsilon \to 0$,

$$\mathcal{H}^n(E) \le \frac{M}{\lambda_1}\,\mu(E). \tag{8.25}$$

Now we turn our attention to F. From the first statement in the lemma, we know that $\mathcal{H}^n(F) < \infty$. For $\varepsilon > 0$ and $m \ge 1$, let

$$F_m = \big\{x \in F : \mu(B(x,r)) \le (\lambda_2+\varepsilon)\,(2r)^n \ \text{ for } 0 < r \le 1/m\big\}.$$

For any Borel set $G \subset F$ and for any $\varepsilon > 0$, there is a covering $\bigcup_i B(x_i,r_i) \supset G \cap F_m$, where $x_i \in G \cap F_m$, $0 < r_i \le 1/m$, and $\mu(B(x_i,r_i)) \le (\lambda_2+\varepsilon)\,(2r_i)^n$, with $\sum_i r_i^n \le \mathcal{H}^n(G\cap F_m) + \varepsilon$. Then we get

$$\mu(G\cap F_m) \le \sum_i \mu(B(x_i,r_i)) \le (\lambda_2+\varepsilon)\sum_i (2r_i)^n \le (\lambda_2+\varepsilon)2^n(\mathcal{H}^1(G)+\varepsilon).$$

Since this holds for all $\varepsilon > 0$ and all $m \ge 1$, we deduce $\mu(G) \le 2^n\lambda_2\,\mathcal{H}^1(G)$. Together with (8.25) applied to G, this yields

$$M^{-1}\lambda_1\,\mathcal{H}^1(G) \le \mu(G) \le 2^n\lambda_2\,\mathcal{H}^1(G).$$

Therefore, $\mu\lfloor F$ and $\mathcal{H}^n\lfloor F$ are mutually absolutely continuous and there is a function g, with $M^{-1}\lambda_1 \le g \le 2^n\,\lambda_2$, such that $\mu\lfloor F = g\,\mathcal{H}^n\lfloor F$. □

Proof of Theorem 8.1. Let $f : \mathbb{C} \to \mathbb{C}$ be an arbitrary C^1 function with compact support. By Theorem 8.3, it is enough to show that p.v.$\mathcal{C}_\mu f(x)$ exists μ-a.e. Clearly this exists for all $x \notin \operatorname{supp}(f\mu)$.

To deal with the case where $x \in \operatorname{supp}(f\mu)$, for each $m \ge 1$ let

$$E_m = \big\{x \in \operatorname{supp}(f\mu) : \Theta^{*1}(x,\mu) > 1/m\big\}$$

and set

$$F = \{x \in \operatorname{supp}(f\mu) : \Theta^{*1}(x,\mu) = 0\},$$

so that $\operatorname{supp}(f\mu) = F \cup \bigcup_{m\geq 1} E_m$.

From the preceding lemma, it follows that $\mathcal{H}^1(E_m) < \infty$ and, recalling that μ has linear growth, we infer that $\mu\lfloor E_m$ and $\mathcal{H}^1\lfloor E_m$ are mutually absolutely continuous, and there exists some Borel function g_m such that $\mu\lfloor E_m = g_m\,\mathcal{H}^1\lfloor E_m$, with g_m satisfying $c_2\,m^{-1} \leq g_m(x) \leq c$ for $\mathcal{H}^1$-a.e. $x \in E_m$. Since the Cauchy transform is bounded in $L^2(\mu)$, it turns out that $c^2(\mu\lfloor E_m \cap D) < \infty$ for any disk $D \subset \mathbb{C}$ (as $\mu(E_m \cap D) < \infty$). By the David-Léger theorem, it follows that $E_m \cap D$ is rectifiable, and then, from Corollary 8.7, we deduce that p.v.$\mathcal{C}_\mu f(x)$ exists for μ-a.e. $x \in E_m \cap D$. Thus p.v.$\mathcal{C}_\mu f$ exists μ-a.e. in $\bigcup_m E_m$.

From Theorem 8.11 we know that p.v.$\mathcal{C}_\mu f$ exists μ-a.e. in F too, and so we are done. □

8.3 Finiteness of the maximal Cauchy transform implies L^2 boundedness in some subset

Recall that for a finite Borel measure μ and $x \in \mathbb{C}$, we set

$$M_R\mu(x) = \sup_{r>0} \frac{\mu(B(x,r))}{r}$$

and

$$\mathcal{C}_*\mu(x) = \sup_{\varepsilon>0} |\mathcal{C}_\varepsilon\mu(x)|.$$

Theorem 8.13. *Let μ be a Radon measure with compact support on $\mathbb{C}$ and consider a μ-measurable set E with $\mu(E) > 0$ such that*

$$E \subset \{x \in \mathbb{C} : M_R\mu(x) < \infty \text{ and } \mathcal{C}_*\mu(x) < \infty\}.$$

Then there exists a Borel subset $G \subset E$ with $\mu(G) > 0$ such that $\mu\lfloor G$ has linear growth and the Cauchy integral operator $\mathcal{C}_{\mu\lfloor G}$ is bounded in $L^2(\mu\lfloor G)$.

Our proof of this result, which is based on Tolsa [155], relies on the use of the *Tb* theorem of Nazarov, Treil and Volberg from Chapter 5 applied to the particular case $b \equiv 1$. In this situation, this result reads as follows.

Theorem 8.14. *Let μ be a measure supported on a compact set $F \subset \mathbb{C}$. Suppose that, for each $w \in \mathbb{C}$, there exists a set $H_{\mathcal{D}(w)}$ made up of dyadic squares from $\mathcal{D}(w) = w + \mathcal{D}_0$, where $\mathcal{D}_0$ is the usual dyadic lattice of $\mathbb{C}$, such that*

(a) *Every ball B_r of radius r such that $\mu(B_r) > c_0 r$ is contained in $\bigcap_{w\in\mathbb{C}} H_{\mathcal{D}(w)}$.*

(c) *$\int_{\mathbb{C}\setminus H_{\mathcal{D}(w)}} \mathcal{C}_*\mu\,d\mu \leq c_*\,\mu(F)$, for all $w \in \mathbb{C}$.*

(e) *$\mu(H_{\mathcal{D}(w)}) \leq \delta_0\,\mu(F)$, for all $w \in \mathbb{C}$ and some $\delta_0 < 1$.*

Then there exists a Borel subset $G \subset F \setminus \bigcap_{w\in\mathbb{C}} H_{\mathcal{D}(w)}$ *such that*

(i) $\mu(G) \geq c_1^{-1}\mu(F)$,

(ii) $\mu\lfloor G$ *has* c_0*-linear growth,*

(iii) *the Cauchy transform is bounded in* $L^2(\mu\lfloor G)$.

The constant c_1 *and the bound for the* $L^2(\mu\lfloor G)$ *norm depend only on the other constants above.*

Proof of Theorem 8.13. We intend to apply Theorem 8.14, for $F = \operatorname{supp}\mu$. So, for each $w \in \mathbb{C}$, we have to construct a set $H_{\mathcal{D}(w)}$ made up of dyadic squares from $\mathcal{D}(w) = w + \mathcal{D}_0$ which satisfies the assumptions (a), (c), and (e). We will define an open set H (independent of w), and then we just will take $H_{\mathcal{D}(w)} = H$ for all $w \in \mathbb{C}$. Indeed, notice that any open set can be decomposed into dyadic squares from any given dyadic lattice.

First, by the outer regularity of μ, there exists an open set $V \supset \mathbb{C} \setminus E$ such that

$$\mu(V \cap E) \leq \frac{\mu(E)}{4}. \tag{8.26}$$

We will take a set of the form $H = V \cup H_1 \cup H_2$ where, loosely speaking, H_1 will take care of the points where $M_R\mu(x)$ is too big and H_2 of the points where $\mathcal{C}_*\mu(x)$ is too big.

We define H_1 as follows. Given a big enough constant $M_0 > 0$ which will be fixed below, we set $H_0 = \{x \in \mathbb{C} : M_R\mu(x) > M_0\}$. For every $x \in H_0$, we set

$$r(x) = \sup\{r > 0 : \mu(B(x,r)) > M_0 r\},$$

so that $\mu(B(x, r(x))) \geq M_0 r(x)$. We define

$$H_1 = \bigcup_{x\in H_0} B(x, r(x)).$$

Obviously, H_1 is open and $H_0 \subset H_1$. Let us check that

$$\mu(E \cap H_1) \leq \frac{\mu(E)}{4} \quad \text{if } M_0 \text{ is big enough.} \tag{8.27}$$

We set

$$E_n = \{x \in E : M_R\mu(x) < n\}.$$

Since $M_R\mu(x) < \infty$ for all $x \in E$, $\mu(E \setminus \bigcup_n E_n) = 0$. We take m such that $\mu(E \setminus E_m) < \mu(E)/10$. We claim that if $y \in H_1$, then $M_R\mu(y) \geq M_0/2$. Indeed, suppose that $y \in B(x, r(x))$, for some $x \in H_0$. Then

$$\mu(B(y, 2r(x))) \geq \mu(B(x, r(x))) \geq M_0 r(x),$$

and the claim follows. As a consequence, $E \cap H_1 \subset E \setminus E_{M_0/2}$ (we assume that M_0 is an even integer), and thus $\mu(E \cap H_1) \to 0$ as $M_0 \to \infty$, which proves (8.27).

Next we turn our attention to H_2. For some fixed big constant $k \gg M_0$, we define

$$L = \{x \in \mathbb{C} \setminus H_1 : \mathcal{C}_*\mu(x) > k\}.$$

For every $x \in L$, consider $\varepsilon_0(x) > 0$ such that $|\mathcal{C}_{\varepsilon_0(x)}\mu(x)| > k$ and $|\mathcal{C}_\varepsilon\mu(x)| \leq k$ for all $\varepsilon > 2\varepsilon_0(x)$. Then we set

$$H_2 = \bigcup_{x \in L} B(x, \varepsilon_0(x)).$$

Notice that H_2 is open and $\mathcal{C}_*\mu(x) \leq k$ if $x \notin H_2$, because $L \subset H_2$.

Let us check that

$$\mu(E \cap H_2 \setminus H_1) \leq \frac{\mu(E)}{4} \quad \text{if } k \text{ is chosen big enough.} \tag{8.28}$$

By construction, if $y \in H_2 \setminus H_1$, then $y \in B(x, \varepsilon_0(x))$ for some $x \in L$. First we will show that

$$|\mathcal{C}_{\varepsilon_0(x)}\mu(x) - \mathcal{C}_{\varepsilon_0(x)}\mu(y)| \leq c\, M_0, \tag{8.29}$$

where c is some absolute constant. In fact, we have

$$\begin{aligned} &|\mathcal{C}_{\varepsilon_0(x)}\mu(x) - \mathcal{C}_{\varepsilon_0(x)}\mu(y)| \\ &\quad \leq |\mathcal{C}_{\varepsilon_0(x)}(\chi_{B(y,2\varepsilon_0(x))}\mu)(x)| + |\mathcal{C}_{\varepsilon_0(x)}(\chi_{B(y,2\varepsilon_0(x))}\mu)(y)| \\ &\qquad + |\mathcal{C}_{\varepsilon_0(x)}(\chi_{\mathbb{C}\setminus B(y,2\varepsilon_0(x))}\mu)(x) - \mathcal{C}_{\varepsilon_0(x)}(\chi_{\mathbb{C}\setminus B(y,2\varepsilon_0(x))}\mu)(y)|. \end{aligned} \tag{8.30}$$

Notice that the first two terms on the right-hand side are bounded by

$$\frac{\mu(B(y, 2\varepsilon_0(x)))}{\varepsilon_0(x)} \leq 2M_0,$$

since $y \notin H_1$. The last term on the right-hand side of (8.30) is estimated as follows:

$$\begin{aligned} \int_{\mathbb{C}\setminus B(y,2\varepsilon_0(x))} \left| \frac{1}{z-x} - \frac{1}{z-y} \right| d\mu(z) &= \int_{\mathbb{C}\setminus B(y,2\varepsilon_0(x))} \frac{|x-y|}{|z-x||z-y|}\, d\mu(z) \\ &\leq c\,\varepsilon_0(x) \int_{\mathbb{C}\setminus B(y,2\varepsilon_0(x))} \frac{1}{|z-y|^2}\, d\mu(z), \end{aligned}$$

where we have applied that $|x - y| < \varepsilon_0(x)$ and $|z - x| \approx |z - y|$ in the last inequality. As $y \notin H_1$, by Lemma 2.11 we obtain

$$\begin{aligned} &|\mathcal{C}_{\varepsilon_0(x)}(\chi_{\mathbb{C}\setminus B(y,2\varepsilon_0(x))}\mu)(x) - \mathcal{C}_{\varepsilon_0(x)}(\chi_{\mathbb{C}\setminus B(y,2\varepsilon_0(x))}\mu)(y)| \\ &\qquad = |\mathcal{C}(\chi_{\mathbb{C}\setminus B(y,2\varepsilon_0(x))}\mu)(x) - \mathcal{C}(\chi_{\mathbb{C}\setminus B(y,2\varepsilon_0(x))}\mu)(y)| \leq c\, M_0, \end{aligned}$$

and (8.29) holds. As a consequence,

$$H_2 \setminus H_1 \subset \{y \in \mathbb{C} : \mathcal{C}_*\mu(y) > k - c\, M_0\}.$$

Since $\mathcal{C}_*\mu(y) < \infty$ for all $y \in E$, we deduce that $\mu(\{y \in E : \mathcal{C}_*\mu(y) > k - c\,M_0\})$ tends to 0 as $k \to \infty$, and thus

$$\mu(E \cap H_2 \setminus H_1) \to 0 \qquad \text{as } k \to \infty,$$

and so (8.28) follows.

Setting $H_{\mathcal{D}(w)} = H = V \cup H_1 \cup H_2$, it is clear that then the property (a) from Theorem 8.14 holds with $c_0 = M_0$. Moreover, since $\mathcal{C}_*\mu(x) \le k$ for every $x \notin H_2$, we have

$$\int_{\mathbb{C}\setminus H_{\mathcal{D}(w)}} \mathcal{C}_*\mu\, d\mu \le k\,\mu(F).$$

On the other hand,

$$\mu(E \cap H_{\mathcal{D}(w)}) \le \mu(E \cap V) + \mu(E \cap H_1) + \mu(E \cap H_2 \setminus H_1) \le \frac{3}{4}\,\mu(E),$$

by (8.26), (8.27) and (8.28). Thus, $\mu\big(H_{\mathcal{D}(w)}\big) \le \mu(F \setminus E) + \frac{3}{4}\,\mu(E) < \mu(F)$. So the assumptions of Theorem 8.14 are fulfilled and then we deduce that there exists a Borel subset $G \subset F \setminus H \subset F \setminus V \subset E$ with $\mu(G) > 0$ such that $\mu\lfloor G$ has linear growth and the Cauchy integral operator $\mathcal{C}_{\mu\lfloor G}$ is bounded in $L^2(\mu\lfloor G)$. □

8.4 Some consequences

Corollary 8.15. *Let μ be a positive finite Radon measure on $\mathbb{C}$ satisfying $M_R\mu(x) < \infty$ and $\mathcal{C}_*\mu(x) < \infty$ for μ-a.e. $x \in \mathbb{C}$. Then there is a countable collection of Borel sets E_n with $\mu(\mathbb{C}\setminus\bigcup_n E_n) = 0$ such that, for each n, $\mu(E_n) < \infty$, $\mu\lfloor E_n$ has linear growth, and $\mathcal{C}_{\mu\lfloor E_n}$ is bounded in $L^2(\mu\lfloor E_n)$ (and thus $c^2(\mu\lfloor E_n) < \infty$).*

Proof. Write $E = \operatorname{supp}\mu$ and let

$$s = \sup \mu\Big(\bigcup_n F_n\Big),$$

where the supremum is taken over all the countable unions of Borel sets $F_n \subset E$ such that $\mu(F_n) < \infty$, $\mu\lfloor F_n$ has linear growth, and $\mathcal{C}_{\mu\lfloor F_n}$ is bounded in $L^2(\mu\lfloor F_n)$. It is easy to check that there exists a countable family of Borel sets $\{E_m\}_{m\ge 1}$ for which the preceding supremum is attained. Indeed, for each $j \ge 1$, take a family of Borel sets F_n^j suitable for the supremum above such that $\mu\left(\bigcup_n F_n^j\right) \ge s - 1/j$. Then we just put $\{E_m\} = \{F_n^j\}_{n,j\ge 1}$.

So the corollary is proved if we show that $s = \mu(E)$. This follows easily from Theorem 8.13. Indeed, suppose that $s < \mu(E)$ and take a sequence $\{E_m\}$ that attains the supremum s. Then Theorem 8.13 ensures that there exists a Borel set $G \subset E\setminus\bigcup_m E_m$, with $\mu(G) > 0$, such that $\mu\lfloor G$ has linear growth and the Cauchy integral operator $\mathcal{C}_{\mu\lfloor G}$ is bounded in $L^2(\mu\lfloor G)$. Then $\mu\left(G \cup \bigcup_m E_m\right) > s$, which is a contradiction. □

Also we have:

Corollary 8.16. *Let μ be a finite Borel measure on measure on $\mathbb{C}$ satisfying $0 < \Theta^{*1}(x,\mu) < \infty$ and $\mathcal{C}_*\mu(x) < \infty$ for μ-a.e. $x \in \mathbb{C}$. Then there exist some rectifiable set $F \subset \mathbb{C}$ and some non-negative functions $g \in L^1(\mathcal{H}^1\lfloor F)$ such that $\mu = g\,\mathcal{H}^1\lfloor F$.*

Proof. By the preceding corollary, there are subsets $E_n \subset \mathbb{C}$ such that $\mu(\mathbb{C} \setminus \bigcup_n E_n) = 0$ and, for each n, $\mu(E_n) < \infty$, $\mu\lfloor E_n$ has linear growth, and $c^2(\mu\lfloor E_n) < \infty$. Since $0 < \Theta^{*1}(x, \mu\lfloor E_n) < \infty$ for μ-a.e. $x \in E_n$, arguing as in the proof of Theorem 8.1 we find subsets $E_{n,i}$ and non-negative functions $g_{n,i}$ such that

$$\mu\lfloor E_n = \sum_i g_{n,i}\mathcal{H}^1\lfloor E_{n,i}.$$

Since $c^2(g_{n,i}\mathcal{H}^1\lfloor E_{n,i}) \le c^2(\mu\lfloor E_n) < \infty$, by the David-Léger theorem it follows that $E_{n,i}$ is rectifiable. □

Corollary 8.17. *Let μ be a positive finite Radon measure on $\mathbb{C}$ satisfying $\Theta^{*1}(x,\mu) < \infty$ for μ-a.e. $x \in \mathbb{C}$. Then $\mathcal{C}_*\mu(x) < \infty$ for μ-a.e. $x \in \mathbb{C}$ if and only if the principal value $\lim_{\varepsilon\to 0} \mathcal{C}_\varepsilon\mu(x)$ exists for μ-a.e. $x \in \mathbb{C}$.*

Proof. It is obvious that if the principal value $\lim_{\varepsilon\to 0} \mathcal{C}_\varepsilon\mu(x)$ exists, then $\mathcal{C}_*\mu(x) < \infty$.

If we assume $\mathcal{C}_*\mu(x) < \infty$ for μ-a.e. $x \in \mathbb{C}$, then by Corollary 8.15 there is a countable collection of compact sets E_n such that $\mu(\mathbb{C} \setminus \bigcup_n E_n) = 0$ and, for each n $\mu\lfloor E_n$ has linear growth and $\mathcal{C}_{\mu\lfloor E_n}$ is bounded in $L^2(\mu\lfloor E_n)$. Finally, by Theorem 8.1, the principal value $\lim_{\varepsilon\to 0} \mathcal{C}_\varepsilon\mu(x)$ exists for μ-a.e. $x \in E_n$. □

Consider the case where μ is a finite 1-dimensional Hausdorff measure on an $\mathcal{H}^1$-measurable set $E \subset \mathbb{C}$ with $\mathcal{H}^1(E) < \infty$. Recall that a fundamental result of Besicovitch asserts that E is rectifiable if and only if

$$\Theta^1(x, E) = \lim_{\varepsilon\to 0} \frac{\mathcal{H}^1(E \cap B(x,\varepsilon))}{2\varepsilon} \qquad \text{exists for } \mathcal{H}^1\text{-a.e. } x \in E,$$

and in this case $\Theta^1(x,E) = 1$ $\mathcal{H}^1$-a.e. in E. This characterization should be compared with the following.

Corollary 8.18. *Let $E \subset \mathbb{C}$ be $\mathcal{H}^1$-measurable with $\mathcal{H}^1(E) < \infty$. The following are equivalent:*

(a) *E is rectifiable.*

(b) *$c^2_{\mathcal{H}^1\lfloor E}(x) < \infty$ for $\mathcal{H}^1$-a.e. $x \in E$.*

(c) *$\mathcal{C}_*(\mathcal{H}^1\lfloor E)(x) < \infty$ for $\mathcal{H}^1$-a.e. $x \in E$.*

(d) *$\lim_{\varepsilon\to 0} \mathcal{C}_\varepsilon(\mathcal{H}^1\lfloor E)(x)$ exists for $\mathcal{H}^1$-a.e. $x \in E$.*

Proof. Notice that $M_R(\mathcal{H}^1\lfloor E)(x) < \infty$ for $\mathcal{H}^1\lfloor E$-a.e. $x \in E$, since $\Theta^{*1}(x, E) \leq 1$ for $\mathcal{H}^1$-a.e. $x \in E$ (see Theorem 1.30).

The equivalence (a) $\Leftrightarrow$ (b) was proved in Theorem 7.45, and (c) $\Leftrightarrow$ (d) has been shown in the preceding corollary. The implication (a) $\Rightarrow$ (d) was established in Corollary 8.7, while (c) $\Rightarrow$ (a) follows from Corollary 8.15 and the David-Léger theorem. □

Let us remark that an analogous result holds for a measure μ in $\mathbb{C}$ such that $0 < \Theta^{*1}(x, \mu) < \infty$ and $\mathcal{C}_*\mu(x) < \infty$ for μ-a.e. $x \in \mathbb{C}$. This follows easily from Lemma 8.12, arguing as above.

8.5 Historical remarks and further results

8.5.1 Existence of principal values on rectifiable sets

The existence of principal values on rectifiable sets holds for other singular integrals besides the Cauchy transform. Indeed, Albert Mas [90] has shown that if T is an n-dimensional singular integral operator in $\mathbb{R}^d$ associated with an odd kernel $K(x)$ which satisfies

$$|\nabla K(x)| \leq \frac{c}{|x|^{n+j}} \qquad \text{for } 0 \leq j \leq 2 \text{ and all } x \in \mathbb{R}^d \setminus \{0\},$$

then the principal value $\lim_{\varepsilon \to 0} T_\varepsilon \nu(x)$ exists $\mathcal{H}^n$-a.e. on n-rectifiable sets, for any complex measure ν. Mas obtained this result by studying the ρ-variation of the family $\mathcal{T}\nu := \{T_\varepsilon \nu\}_{\varepsilon > 0}$. This is defined by

$$\mathcal{V}_\rho(\mathcal{T}\nu)(x) := \sup_{\{\epsilon_m\}} \left(\sum_{m \in \mathbb{Z}} |T_{\varepsilon_{m+1}}\nu(x) - T_{\varepsilon_m}\nu(x)|^\rho \right)^{1/\rho},$$

where the pointwise supremum is taken over all the decreasing sequences $\{\epsilon_m\}_{m \in \mathbb{Z}} \subset (0, \infty)$. Mas has shown that, for $\rho > 2$, $\mathcal{V}_\rho \circ \mathcal{T}$ is bounded from $M(\mathbb{R}^d)$ to $L^{1,\infty}(\mathcal{H}^n\lfloor\Gamma)$ for any n-dimensional Lipschitz graph Γ with small enough slope. It is easy to check that $\mathcal{V}_\rho(\mathcal{T}\nu)(x) < \infty$ implies the existence of $\lim_{\varepsilon \to 0} T_\varepsilon \nu(x)$. In fact, one can think of the finiteness of the ρ-variation as quantification of the existence of the principal value.

In the work [91], Mas and Tolsa have studied the ρ-variation of the family of the truncated Riesz transforms $\mathcal{R}^n_\mu := \{R^n_{\mu,\varepsilon}\}_{\varepsilon > 0}$ on uniformly n-rectifiable measures μ. They have shown that, for an n-dimensional AD regular measure μ in $\mathbb{R}^d$ and $\rho > 2$, the operator $\mathcal{V}_\rho \circ \mathcal{R}^n_\mu$ is bounded in $L^2(\mu)$ if and only if μ is uniformly n-rectifiable.

The Plemelj formulas also hold for more general rectifiable curves than just the Lipschitz graphs studied in this chapter. The fact that Corollary 8.9 can be obtained from the Plemelj formulas was explained to me by Luis Escauriaza.

8.5.2 From the analytic information to rectifiability

In Corollary 8.16, if one replaces the assumption $0 < \Theta^{*1}(x,\mu) < \infty$ by $\Theta^{*1}(x,\mu) > 0$ μ-a.e., then one deduces that there exists some rectifiable set $F \subset \mathbb{C}$, some non-negative function $g \in L^1(\mathcal{H}^1\lfloor F)$, and some measure μ_0 made up of countable many point masses such that

$$\mu = \mu_0 + g\,\mathcal{H}^1\lfloor F.$$

This has been shown by Tolsa [165]. Under the stronger assumptions that $\Theta^1_*(x,\mu) > 0$ and that p.v.$\mathcal{C}\mu(x)$ exists μ-a.e., this had been proved previously by Mattila [99] using tangent measures (see Mattila's book [100, Chapter 14] for the notion of tangent measure), before the discovery of the relationship between the Cauchy kernel and Menger curvature. See also the work of Jones and Poltoratski [77] for a related result.

Theorem 8.13 holds in more generality than just for the Cauchy transform because its main ingredient, the Nazarov-Treil-Volberg Theorem from Chapter 5, is valid for other singular integral operators, such as the n-dimensional antisymmetric singular integral operators in $\mathbb{R}^d$. In particular it holds for the n-dimensional Riesz transforms in $\mathbb{R}^{n+1}$. Then, from Theorem 7.56, one deduces easily that Corollaries 8.16, 8.17, and 8.18 (except the statement in (b)) are also valid with the Cauchy transform replaced by the Riesz transform of codimension 1.

For other kernels only some partial results are known. For example, for the n-dimensional Riesz transform in $\mathbb{R}^d$, assuming n to be integer, given $E \subset \mathbb{R}^d$ with $\mathcal{H}^n(E) < \infty$, the existence of p.v.$R^n(\mathcal{H}^n\lfloor E)(x)$ $\mathcal{H}^n$-a.e. on E implies that E is n-rectifiable. This was proved by Tolsa [167], and previously by Mattila and Preiss [104] under the additional assumption that $\Theta^n_*(x,E) > 0$ $\mathcal{H}^n$-a.e. in E.

For $s \in [0,d] \setminus \mathbb{Z}$ Vihtilä [177] proved that there are no sets $E \subset \mathbb{R}^d$ with $0 < \mathcal{H}^s(E) < \infty$ such that $\Theta^s_*(x,E) > 0$ and $R^s_*(\mathcal{H}^s\lfloor E)(x) < \infty$ $\mathcal{H}^s$-a.e. in E. From Prat's work [136], it follows that the assumption $\Theta^s_*(x,E) > 0$ can be removed in the case $0 < s < 1$. This also happens for $d-1 < s < d$, as shown by Eiderman, Nazarov and Volberg [37]. For the other non-integers s, this is an open problem. Nevertheless, Ruiz de Villa and Tolsa [143] proved that, under the stronger condition of the existence of p.v.$R^s(\mathcal{H}^s\lfloor E)$ $\mathcal{H}^s$-a.e. on E, the assumption $\Theta^s_*(x,E) > 0$ is superfluous too.

Other kernels in the plane were studied by Huovinen in his PhD thesis [62]. For $j \geq 1$, set

$$K_j(z) = \frac{z^{2j-1}}{|z|^{2j}}, \qquad z \in \mathbb{C} \setminus \{0\},$$

and let T_j be the singular integral associated with K_j. By the method of tangent measures, Huovinen proved that, for $E \subset \mathbb{C}$ with $\mathcal{H}^1(E) < \infty$, the $\mathcal{H}^1$-a.e. existence in E of principal values of $T_j(\mathcal{H}^1\lfloor E)(z)$ (or of a non-trivial finite linear combination of the $T_j(\mathcal{H}^1\lfloor E)$'s) implies the rectifiability of E, assuming $\Theta^1_*(z,E) > 0$ for $\mathcal{H}^1$-a.e. $z \in E$. By now it is not known if the same result holds without the latter assumption on the lower 1-dimensional density of $\mathcal{H}^1\lfloor E$.

On the other hand, Jaye and Nazarov [73] have shown that there exists a purely unrectifiable set $E \subset \mathbb{C}$, with $0 < \mathcal{H}^1(E) < \infty$, such that the singular integral operator $T_{2,\mathcal{H}^1\lfloor E}$ associated with $K_2(z) = \dfrac{z^3}{|z|^4}$ is bounded in $L^2(\mathcal{H}^1\lfloor E)$. The set E that they have constructed turns out to have $\Theta^1_*(z, E) = 0$ at all points $z \in E$. By Cotlar's lemma, the $L^2(\mathcal{H}^1\lfloor E)$ boundedness of $T_{2,\mathcal{H}^1\lfloor E}$ implies the $\mathcal{H}^1\lfloor E$-a.e. finiteness of $T_{2,*}(\mathcal{H}^1\lfloor E)(z)$. However, in this example the principal values p.v.$T_2\mathcal{H}^1\lfloor E(z)$ fail to exist at $\mathcal{H}^1$-a.e. $z \in E$. It is not known if one can construct a similar counterexample such that $\Theta^1_*(z, E) > 0$ for $\mathcal{H}^1$-a.e. $z \in E$, or with the additional property of being self-similar. See Chousionis and Mattila [12] for a partial result in this direction.

The aforementioned result of Jaye and Nazarov was preceded by another counterexample due to Huovinen [63]. He constructed a purely unrectifiable set $E \subset \mathbb{C}$ with $0 < \mathcal{H}^1(E) < \infty$ such that the singular integral operator associated with the kernel

$$K(z) = \frac{x\,y^2}{|z|^4}, \qquad 0 \neq z = x + i\,y$$

is bounded in $L^2(\mathcal{H}^1\lfloor E)$ and, moreover, the corresponding principal values exists $\mathcal{H}^1$-a.e. in E. In fact, he showed that the same phenomenon happens for any odd Calderón-Zygmund kernel which vanishes on the real line and such that $K(z) = K(\overline{z})$. See also David [24] for related counterexamples.

Finally, it is worth mentioning a work concerning the so-called reflectionless measures. A complex measure with no point masses $\nu \in M(\mathbb{C})$ is called reflectionless if p.v.$\mathcal{C}\nu(z)$ exists and vanishes $|\nu|$-a.e. Melnikov, Poltoratski and Volberg [109] proved that if ν is reflectionless and $\mathcal{C}_*\nu \in L^1(|\nu|)$, then $\nu \equiv 0$. For the proof they used the identity

$$2\,\mathcal{C}\big((\text{p.v.}\mathcal{C}\nu)\nu\big)(z) = \mathcal{C}\nu(z)^2 \qquad \text{for } \mathcal{L}^2\text{-a.e. } z \in \mathbb{C}.$$

Then from the fact that p.v.$\mathcal{C}\nu$ vanishes $|\nu|$-a.e. one infers that $\mathcal{C}\nu$ vanishes a.e. in the plane with respect to planar Lebesgue measure and, as a consequence, $\nu \equiv 0$. The preceding identity follows from the fact that

$$\sum_{s\in S_3} \frac{1}{(z_{s_2} - z_{s_1})(z_{s_3} - z_{s_1})} = 0,$$

where S_3 is the group of permutations of three elements. Notice that the sum above looks very much like the sum involved in Melnikov's identity (3.2) (although here there is no conjugation).

For the n-dimensional Riesz transforms in $\mathbb{R}^d$ one cannot argue as above. However, one can still show that, assuming ν to be a *positive* finite measure with no point masses, if $R^n_*\nu \in L^1(\nu)$ and p.v.$R^n\nu(x)$ exists and vanishes ν-a.e., then $\nu \equiv 0$ too. However, it is an open problem to prove (or disprove) the existence of non-trivial reflectionless signed measures for the Riesz transforms.

The recent works [71] and [72] by Jaye and Nazarov show that the problem of the characterization of reflectionless measures for Calderón-Zygmund operators is strongly related to the David-Semmes problem and other connected questions.

Chapter 9

$RBMO(\mu)$ and $H^1_{atb}(\mu)$

9.1 Introduction

Let μ be a doubling Radon measure in $\mathbb{R}^d$ such that $\operatorname{supp}\mu = \mathbb{R}^d$. A function $f \in L^1_{loc}(\mu)$ is said to belong to $BMO(\mu)$ (the space of functions with bounded mean oscillation with respect to μ) if there exists some constant c_1 such that

$$\sup_Q \frac{1}{\mu(Q)} \int_Q |f(x) - m_Q(f)|\, d\mu(x) \le c_1, \tag{9.1}$$

where the supremum is taken over all the cubes $Q \subset \mathbb{R}^d$ and $m_Q(f)$ stands for the mean of f over Q with respect to μ, i.e. $m_Q(f) = \int_Q f\, d\mu/\mu(Q)$. The optimal constant c_1 is the $BMO(\mu)$ norm of f. If $\operatorname{supp}\mu \neq \mathbb{R}^d$, then (usually) one defines $BMO(\mu)$ by asking the supremum (9.1) to be bounded only for the cubes which are centered at $\operatorname{supp}\mu$.

From now on, throughout all this chapter we will assume that μ is a Radon measure on $\mathbb{R}^d$ with growth of degree n. That is,

$$\mu(B(x,r)) \le c_0\, r^n \quad \text{for all } x \in \mathbb{R}^d,\ r > 0. \tag{9.2}$$

Under this assumption, it is well known that if μ is doubling, then any n-dimensional singular integral operator T_μ which is bounded in $L^2(\mu)$ is also bounded from $L^\infty(\mu)$ to $BMO(\mu)$. In a sense, this property replaces the boundedness in $L^\infty(\mu)$ of T_μ, which fails in general.

However, when μ is non-doubling, the boundedness from $L^\infty(\mu)$ to $BMO(\mu)$ may fail too. Hence if one wants to work with a BMO type space which fulfills some of the fundamental properties related with singular integral operators, a different space is required. The first candidate is the so-called $BMO_\rho(\mu)$ space. For $\rho > 1$, one says that a function $f \in L^1_{loc}(\mu)$ belongs to $BMO_\rho(\mu)$ if for some constant c_2

$$\sup_Q \frac{1}{\mu(\rho Q)} \int_Q |f(x) - m_Q(f)|\, d\mu(x) \le c_2, \tag{9.3}$$

with the supremum taken now over all the cubes Q such that $\mu(Q) \neq 0$.

It is not difficult to check that if T_μ is bounded in $L^2(\mu)$, then it is also bounded from $L^\infty(\mu)$ to $BMO_\rho(\mu)$ (this will be proved in Section 9.2.5 below). This is the main advantage of $BMO_\rho(\mu)$ over $BMO(\mu)$. Nevertheless, the new space $BMO_\rho(\mu)$ does not have all the nice properties that one would like. First of all, it happens that the definition of $BMO_\rho(\mu)$ depends on the constant $\rho > 1$ that we choose. Not only does the $BMO_\rho(\mu)$ norm of f (i.e. the optimal constant c_2 in (9.3)) depend on ρ, but the space itself depends on ρ.

On the other hand, given $p \in [1, \infty)$, one says that $f \in BMO^p_\rho(\mu)$ if

$$\sup_Q \frac{1}{\mu(\rho Q)} \int_Q |f - m_Q(f)|^p \, d\mu < \infty.$$

In case μ is doubling measure, by the John-Nirenberg inequality, all the spaces $BMO^p(\mu) \equiv BMO^p_{\rho=1}(\mu)$ coincide. This is not the case if μ is non-doubling.

In this chapter, in Section 9.2, we will introduce a new BMO type space suitable for non-doubling measures which will satisfy some of the properties of the usual "doubling" $BMO(\mu)$, such as for example the John-Nirenberg inequality. This space will be a (proper, in general) subspace of the spaces $BMO^p_\rho(\mu)$. It will be small enough to fulfill the properties that we have mentioned and big enough in order that singular integral operators which are bounded in $L^2(\mu)$ are also bounded from $L^\infty(\mu)$ to our new space of BMO type.

We will show that if T_μ is bounded in $L^2(\mu)$ and $g \in L^\infty(\mu)$, then the oscillations of $f = T_\mu(g)$ satisfy not only the condition given by (9.3), but another regularity condition. Then the functions of our new space will be the functions satisfying (9.3) together with this additional regularity condition about their oscillations. This space will be denoted by $RBMO(\mu)$ (this stands for '*regular* bounded mean oscillations'). Notice that we have not written $RBMO_\rho(\mu)$. This is because, as we will see, the definition will not depend on ρ, for $\rho > 1$.

Because of all the good properties that $RBMO(\mu)$ enjoys, this seems to be a good substitute of the classical space $BMO(\mu)$ for non-doubling measures of degree n.

In this chapter we will also introduce a Hardy space of atomic type: $H^{1,\infty}_{atb}(\mu)$ (the subindex 'atb' stands for 'atomic block'). This space will be made up of functions of the form $f = \sum_i b_i$, where the b_i's will be some elementary functions, which we will call *atomic blocks*.

We will see that this new atomic space enjoys some very interesting properties. For instance, singular integral operators which are bounded in $L^2(\mu)$ are also bounded from $H^{1,\infty}_{atb}(\mu)$ to $L^1(\mu)$. Moreover, we will show that $H^{1,\infty}_{atb}(\mu)$ is the predual of $RBMO(\mu)$, and that, as in the doubling case, there is a collection of spaces $H^{1,p}_{atb}(\mu)$, $p > 1$, that coincide with $H^{1,\infty}_{atb}(\mu)$.

In Section 9.8, as an application of all the results proved for $RBMO(\mu)$ and $H^{1,\infty}_{atb}(\mu)$, we will obtain an interpolation theorem: we will prove that if a linear operator is bounded from $L^\infty(\mu)$ to $RBMO(\mu)$ and from $H^{1,\infty}_{atb}(\mu)$ to $L^1(\mu)$, then it is bounded in $L^p(\mu)$, $1 < p < \infty$. By means of this interpolation theorem, we will obtain a new proof of the $T1$ theorem for the Cauchy transform for non-doubling measures.

9.2 The space $RBMO(\mu)$

9.2.1 Introduction

If μ is a doubling measure and f is a function belonging to $BMO(\mu)$, it is easily checked that if Q, R are two cubes of comparable size with $Q \subset R$, both centered at $\operatorname{supp}\mu$, then

$$|m_Q(f) - m_R(f)| \leq c\,\|f\|_{BMO(\mu)} \tag{9.4}$$

In case μ is not doubling and $f \in BMO_\rho(\mu)$, it is easily seen that

$$|m_Q(f) - m_R(f)| \leq \frac{\mu(\rho R)}{\mu(Q)}\,\|f\|_{BMO_\rho(\mu)}, \tag{9.5}$$

and that is all one can get. So if $\mu(Q)$ is much smaller than $\mu(R)$, then $m_Q(f)$ may be very different from $m_R(f)$, and one does not have any useful information. However, to prove most results dealing with functions in $BMO(\mu)$, some kind of control in the changes of the mean values of f, such as the one in (9.4), appears to be essential.

We will see that if T_μ is a singular integral operator that is bounded in $L^2(\mu)$ and $g \in L^\infty(\mu)$, then the oscillations of $T_\mu(g)$ satisfy some properties which will be stronger than (9.5). Some of these properties will be stated in terms of some coefficients $K_{Q,R}$, where $Q \subset R$ are cubes in $\mathbb{R}^d$. Next we will introduce and study these coefficients.

9.2.2 The coefficients $K_{Q,R}$

Throughout the rest of the paper, unless otherwise stated, any cube will be a closed cube in $\mathbb{R}^d$ *with sides parallel to the axes such that* $\mu(Q) \neq 0$, unless stated otherwise.

Given two cubes $Q \subset R$ in $\mathbb{R}^d$, we set

$$K_{Q,R} = 1 + \sum_{k=1}^{N_{Q,R}} \frac{\mu(2^k Q)}{\ell(2^k Q)^n}, \tag{9.6}$$

where $N_{Q,R}$ is the first integer k such that $\ell(2^k Q) \geq \ell(R)$. The coefficient $K_{Q,R}$ measures how close Q is to R, in some sense. For example, if Q and R have comparable sizes, then $K_{Q,R}$ is bounded above by some constant which depends on the ratio $\ell(R)/\ell(Q)$ (and on the constant c_0 of (9.2)).

Recall that given $\alpha, \beta > 1$, we say that some cube $Q \subset \mathbb{R}^d$ is (α, β)-doubling if $\mu(\alpha Q) \leq \beta\, \mu(Q)$. Due to the fact that μ satisfies the growth condition (9.2), there are a lot of "big" doubling cubes if we choose $\beta > \alpha^n$. To be precise, given any point $x \in \operatorname{supp} \mu$ and $r > 0$, there exists some (α, β)-doubling cube Q centered at x with $\ell(Q) \geq r$.

Recall also that in Lemma 2.8 we showed that there exist a lot of small doubling cubes too. That is, if we choose $\beta > \alpha^d$, then for μ-a.e. $x \in \mathbb{R}^d$ there exists a sequence of (α, β)-doubling cubes $\{Q_k\}_k$ centered at x with $\ell(Q_k) \to 0$ as $k \to \infty$.

If β is not specified, by an α-doubling cube we will mean a (α, α^{d+1})-doubling cube. If neither α nor β are specified, we assume that $\alpha = 2$ and $\beta = 2^{d+1}$.

In the following lemma we show some of the properties of the coefficients $K_{Q,R}$.

Lemma 9.1. *We have:*

(a) *If $Q \subset R \subset S$ are cubes in $\mathbb{R}^d$, then $K_{Q,R} \leq K_{Q,S}$, $K_{R,S} \leq c\, K_{Q,S}$ and $K_{Q,S} \leq c\,(K_{Q,R} + K_{R,S})$.*

(b) *If $Q \subset R$ have comparable sizes, $K_{Q,R} \leq c$.*

(c) *If N is some positive integer and the cubes $2Q, 2^2Q, \dots 2^{N-1}$ are non-$(2,\beta)$-doubling (with $\beta > 2^n$), then $K_{Q,2^NQ} \leq c$, with c depending on β and c_0.*

(d) *If N is some positive integer and for some $\beta < 2^n$,*

$$\mu(2^N Q) \leq \beta \mu(2^{N-1}Q) \leq \beta^2 \mu(2^{N-2}Q) \leq \cdots \leq \beta^N \mu(Q),$$

then $K_{Q,2^NQ} \leq c$, with c depending on β and c_0.

Proof. The properties (a) and (b) are easy and are left for the reader. Let us see (c). For $\beta > 2^n$, we have $\mu(2^{k+1}Q) > \beta\, \mu(2^k Q)$ for $k = 1, \dots, N-1$. Thus

$$\mu(2^k Q) < \frac{\mu(2^N Q)}{\beta^{N-k}}$$

for $k = 1, \dots, N-1$. Therefore,

$$\begin{aligned} K_{Q,2^NQ} &\leq 1 + \sum_{k=1}^{N-1} \frac{\mu(2^N Q)}{\beta^{N-k}\, \ell(2^k Q)^n} + \frac{\mu(2^N Q)}{\ell(2^N Q)^n} \\ &\leq 1 + c_0 + \frac{\mu(2^N Q)}{\ell(2^N Q)^n} \sum_{k=1}^{N-1} \frac{1}{\beta^{N-k}\, 2^{(k-N)n}} \\ &\leq 1 + c_0 + c_0 \sum_{k=1}^{\infty} \left(\frac{2^n}{\beta}\right)^k \leq c. \end{aligned}$$

Let us check the fourth property. For $\beta < 2^n$, we have

$$\begin{aligned} K_{Q,2^N Q} &\le 1 + \sum_{k=1}^{N} \frac{\beta^k \mu(Q)}{\ell(2^k Q)^n} \\ &\le 1 + \frac{\mu(Q)}{\ell(Q)^n} \sum_{k=1}^{N} \frac{\beta^k}{2^{kn}} \\ &\le 1 + c_0 \sum_{k=1}^{\infty} \left(\frac{\beta}{2^n}\right)^k \le c. \end{aligned}$$ □

Note that, in a sense, the property (c) of Lemma 9.1 says that if the density of the measure μ in the concentric cubes grows much faster than the size of cubes, then the coefficients $K_{Q,2^N Q}$ remain bounded, while the fourth property says that if the measure grows too slowly, then they also remain bounded.

Remark 9.2. If we replace the numbers 2^k in the definition (9.6) by α^k, for some $\alpha > 1$, we will obtain a coefficient $K^{\alpha}_{Q,R}$. It is easy to check that $K_{Q,R} \approx K^{\alpha}_{Q,R}$ (with constants that may depend on α and c_0).

Also, if we set

$$K'_{Q,R} = 1 + \int_{\ell(Q)}^{\ell(R)} \frac{\mu(B(x_Q, r))}{r^{n-1}}\, dr,$$

or

$$K''_{Q,R} = 1 + \int_{\ell(Q) \le |y - x_Q| \le \ell(R)} \frac{1}{|y - x_Q|^n}\, d\mu(y),$$

where x_Q is the center of Q, then it is easily seen that $K_{Q,R} \approx K'_{Q,R} \approx K''_{Q,R}$. The definitions of $K'_{Q,R}$ and $K''_{Q,R}$ have the advantage of not depending on the grid of cubes, unlike the one of $K_{Q,R}$.

9.2.3 The definition of $RBMO(\mu)$

Let $\rho > 1$ be some fixed constant. We say that $f \in L^1_{loc}(\mu)$ is in $RBMO(\mu)$ if there exists a collection of numbers $\{f_Q\}_Q$ (i.e. for each cube Q, there exists some real or complex number f_Q) and some constant c_3 such that

$$\frac{1}{\mu(\rho Q)} \int_Q |f(x) - f_Q|\, d\mu(x) \le c_3 \quad \text{for any cube } Q \tag{9.7}$$

and,

$$|f_Q - f_R| \le c_3\, K_{Q,R} \quad \text{for any two cubes } Q \subset R. \tag{9.8}$$

Recall that we assume all the cubes Q, R to have non-zero μ-measure. Then we write $\|f\|_* = \inf c_3$, where the infimum is taken over all the constants c_3 and all the numbers $\{f_Q\}_Q$ satisfying (9.7) and (9.8). It is easily checked that $\|\cdot\|_*$ is a norm in the quotient space of $RBMO(\mu)$ modulo constants. Abusing notation, we will identify $RBMO(\mu)$ with its quotient space modulo constants.

Let us remark that the space $RBMO(\mu)$ depends on the integer n because of the definition of the coefficients $K_{Q,R}$. Also, the definition of the norm $\|\cdot\|_*$ depends on the constant ρ chosen in (9.7). However, if we write $\|\cdot\|_{*,(\rho)}$ instead of $\|\cdot\|_*$, we have

Lemma 9.3. *The norms $\|\cdot\|_{*,(\rho)}$, $\rho > 1$, are equivalent.*

Proof. Let $\rho > \eta > 1$ be some fixed constants. Obviously, $\|f\|_{*,(\rho)} \leq \|f\|_{*,(\eta)}$. So we only have to show $\|f\|_{*,(\eta)} \leq c\,\|f\|_{*,(\rho)}$. To this end, it is enough to prove that for a fixed collection of numbers $\{f_Q\}_Q$ satisfying

$$\sup_Q \frac{1}{\mu(\rho Q)} \int_Q |f - f_Q|\, d\mu \leq 2\,\|f\|_{*,(\rho)}$$

and

$$|f_Q - f_R| \leq 2\,K_{Q,R}\,\|f\|_{*,(\rho)} \quad \text{for any two cubes } Q \subset R,$$

we have

$$\frac{1}{\mu(\eta Q_0)} \int_{Q_0} |f - f_{Q_0}|\, d\mu \leq c\,\|f\|_{*,(\rho)} \quad \text{for any fixed cube } Q_0. \tag{9.9}$$

For any $x \in Q_0 \cap \operatorname{supp}\mu$, let Q_x be a cube centered at x with side length $\frac{\eta-1}{10\rho}\,\ell(Q_0)$. Then $\ell(\rho Q_x) = \frac{\eta-1}{10}\,\ell(Q_0)$, and so $\rho Q_x \subset \eta Q_0$. By Besicovitch's covering theorem, there exists a family of points $\{x_i\}_i \subset Q_0 \cap \operatorname{supp}\mu$ such that the cubes $\{Q_{x_i}\}_i$ form an almost disjoint covering of $Q_0 \cap \operatorname{supp}\mu$. Since Q_{x_i} and Q_0 have comparable sizes,

$$|f_{Q_{x_i}} - f_{Q_0}| \leq c\,\|f\|_{*,(\rho)},$$

with c depending on η and ρ. Therefore,

$$\begin{aligned}\int_{Q_{x_i}} |f - f_{Q_0}|\, d\mu &\leq \int_{Q_{x_i}} |f - f_{Q_{x_i}}|\, d\mu + |f_{Q_0} - f_{Q_{x_i}}|\,\mu(Q_{x_i}) \\ &\leq c\,\|f\|_{*,(\rho)}\,\mu(\rho Q_{x_i}).\end{aligned}$$

Then we get

$$\int_{Q_0} |f - f_{Q_0}|\, d\mu \leq \sum_i \int_{Q_{x_i}} |f - f_{Q_0}|\, d\mu \leq c\,\|f\|_{*,(\rho)} \sum_i \mu(\rho Q_{x_i}).$$

Since $\rho Q_{x_i} \subset \eta Q_0$ for all i, we obtain

$$\int_{Q_0} |f - f_{Q_0}|\, d\mu \leq c\,\|f\|_{*,(\rho)}\,\mu(\eta Q_0)\,N,$$

where N is the number of cubes of the Besicovitch covering. Now it is easy to check that N is bounded by some constant depending only on η, ρ and d: if $\mathcal{L}^d$ is the Lebesgue measure on $\mathbb{R}^d$ and p_d is the Besicovitch constant in $\mathbb{R}^d$, we have

$$N\,\mathcal{L}^d(Q_{x_i}) = \sum_i \mathcal{L}^d(Q_{x_i}) \le p_d\,\mathcal{L}^d(\eta Q_0).$$

Thus

$$N \le \frac{p_d\,\mathcal{L}^d(\eta Q_0)}{\mathcal{L}^d(Q_{x_i})} = p_d\left(\frac{10\eta\rho}{\eta - 1}\right)^d,$$

and (9.9) holds. □

Throughout the rest of the chapter we will assume that the constant ρ in the definition of $RBMO(\mu)$ is 2.

Remark 9.4. In fact, in the preceding lemma we have seen that if c_f is some constant and $\{f_Q\}_Q$ is some fixed collection of numbers satisfying

$$\sup_Q \frac{1}{\mu(\rho Q)} \int_Q |f - f_Q|\,d\mu \le c_f$$

and

$$|f_Q - f_R| \le c_f\,K_{Q,R} \quad \text{for any two cubes } Q \subset R,$$

then for the same numbers $\{f_Q\}_Q$, for any $\eta > 1$ we have

$$\sup_Q \frac{1}{\mu(\eta Q)} \int_Q |f - f_Q|\,d\mu \le c\,c_f,$$

with c depending on η.

Also, arguing as above, it can be shown that we also obtain equivalent definitions for the space $RBMO(\mu)$ if, in the conditions above, instead of cubes with non-zero μ-measure we consider only cubes centered at points in $\operatorname{supp}\mu$. Furthermore, it does not matter if we take balls instead of cubes either.

Notice that if (9.7) is satisfied, then (9.3) also holds. Indeed, for any cube Q and any $a \in \mathbb{R}$ one has

$$\int_Q |f - m_Q f|\,d\mu \le 2\int_Q |f - a|\,d\mu. \tag{9.10}$$

In particular this holds for $a = f_Q$. So the conditions (9.7), (9.8) are stronger than (9.3).

Observe also that, as a consequence of (9.8), if $Q \subset R$ are cubes with comparable size, then

$$|f_Q - f_R| \le c\,\|f\|_*, \tag{9.11}$$

taking into account the property (b) of Lemma 9.1.

Proposition 9.5. (a) *$RBMO(\mu)$ is a Banach space of functions (modulo additive constants).*

(b) *$L^\infty(\mu) \subset RBMO(\mu)$, with $\|f\|_* \leq 2\|f\|_{L^\infty(\mu)}$.*

(c) *If $f \in RBMO(\mu)$, then $|f| \in RBMO(\mu)$ and $\|\,|f|\,\|_* \leq \|f\|_*$.*

(d) *If $f, g \in RBMO(\mu)$, then $\min(f,g)$, $\max(f,g) \in RBMO(\mu)$ and*

$$\|\min(f,g)\|_*,\ \|\max(f,g)\|_* \leq \|f\|_* + \|g\|_*.$$

Proof. The property (a) was already mentioned above. For (b), we just choose $f_Q = m_Q(f)$. The third property is also easy to prove: given the family $\{f_Q\}_Q$ associated to f, we take

$$(|f|)_Q := |f_Q|.$$

Then we have

$$\frac{1}{\mu(\rho Q)} \int_Q \big||f| - |f_Q|\big|\, d\mu \leq \frac{1}{\mu(\rho Q)} \int_Q |f - f_Q|\, d\mu$$

and

$$\big||f_Q| - |f_R|\big| \leq |f_Q - f_R|,$$

which implies (c). The fourth property follows from the third one, putting

$$\max(f,g) = \frac{f + g + |f-g|}{2}, \qquad \min(f,g) = \frac{f+g-|f-g|}{2}. \qquad \square$$

9.2.4 Equivalent definitions

Given a cube $Q \subseteq \mathbb{R}^d$, let N be the smallest integer ≥ 0 such that $2^N Q$ is doubling. We denote by $\widetilde{Q}$ this cube (recall that $\widetilde{Q}$ exists because otherwise the growth condition (9.2) on μ would fail). This notation will be used in the whole chapter.

To check if some function f belongs to $RBMO(\mu)$ does not look easy from the definition in (9.7) and (9.8) because it is not clear how to choose a suitable collection of numbers $\{f_Q\}_Q$. In the next lemma we show that we may take $f_Q = m_{\widetilde{Q}} f$.

Proposition 9.6. *Let $\rho > 1$ be fixed. If $f \in RBMO(\mu)$, then*

$$\frac{1}{\mu(\rho Q)} \int_Q |f - m_{\widetilde{Q}} f|\, d\mu \leq c\,\|f\|_* \quad \textit{for any cube } Q \subset \mathbb{R}^d \tag{9.12}$$

and

$$|m_{\widetilde{Q}} f - m_{\widetilde{R}} f| \leq c\,\|f\|_* K_{Q,R} \quad \textit{for any two cubes } Q \subset R. \tag{9.13}$$

Conversely, if $f \in L^1_{loc}(\mu)$ and

$$\frac{1}{\mu(\rho Q)} \int_Q |f - m_{\widetilde{Q}} f|\, d\mu \leq c_4 \quad \textit{for any cube } Q \subset \mathbb{R}^d \tag{9.14}$$

and

$$|m_Q f - m_R f| \leq c_4 K_{Q,R} \quad \textit{for any two doubling cubes } Q \subset R, \tag{9.15}$$

then $f \in RBMO(\mu)$, *with* $\|f\|_* \leq c\, c_4$.

Notice that in (9.15) one needs the condition (9.15) only for doubling cubes Q and R.

For the proof we need the following auxiliary result.

Lemma 9.7. *Let* $\{f_Q\}_Q$ *be a collection of numbers and some constant* A *such that*

$$|f_Q - f_R| \leq A\, K_{Q,R} \quad \textit{for any two doubling cubes } Q \subset R.$$

Then

$$|f_{\widetilde{Q}} - f_{\widetilde{R}}| \leq c\, A\, K_{Q,R} \quad \textit{for any two cubes } Q \subset R. \tag{9.16}$$

Proof. Notice that if $\widetilde{Q} \subset \widetilde{R}$, then

$$|m_{\widetilde{Q}} f - m_{\widetilde{R}} f| \leq K_{\widetilde{Q},\widetilde{R}}\, A,$$

because $\widetilde{Q}, \widetilde{R}$ are doubling. So (9.16) follows if $K_{\widetilde{Q},\widetilde{R}} \leq c\, K_{Q,R}$. However, in general, $Q \subset R$ does not imply $\widetilde{Q} \subset \widetilde{R}$, and so we have to modify the argument.

Suppose first that $\ell(\widetilde{R}) \geq \ell(\widetilde{Q})$. Then $\widetilde{Q} \subset 4\widetilde{R}$. We write $R_0 = \widetilde{4\widetilde{R}}$. Then we have

$$|f_{\widetilde{Q}} - f_{\widetilde{R}}| \leq |f_{\widetilde{Q}} - f_{R_0}| + |f_{R_0} - f_{\widetilde{R}}|. \tag{9.17}$$

Applying the properties of Lemma 9.1 repeatedly, we get

$$\begin{aligned} K_{\widetilde{Q},R_0} &\leq c\, K_{Q,R_0} \leq c\,(K_{Q,R} + K_{R,R_0}) \\ &\leq c\,(K_{Q,R} + K_{R,\widetilde{R}} + K_{\widetilde{R},4\widetilde{R}} + K_{4\widetilde{R},R_0}) \leq c\, K_{Q,R}. \end{aligned}$$

Since $\widetilde{Q} \subset R_0$ and they are doubling cubes, we have

$$|f_{\widetilde{Q}} - f_{R_0}| \leq A\, K_{\widetilde{Q},R_0} \leq c\, A\, K_{Q,R}.$$

Now we are left with the second term on the right-hand side of (9.17). We have

$$K_{\widetilde{R},R_0} \leq c(K_{\widetilde{R},4\widetilde{R}} + K_{4\widetilde{R},R_0}) \leq c \leq c\, K_{Q,R}.$$

Due to the fact that $\widetilde{R} \subset R_0$ are doubling cubes,

$$|f_{R_0} - f_{\widetilde{R}}| \leq A\, K_{\widetilde{R},R_0} \leq c\, A\, K_{Q,R},$$

and, by (9.17), we infer that (9.16) holds in this case.

Assume now $\ell(\widetilde{R}) < \ell(\widetilde{Q})$. Then $\widetilde{R} \subset 4\widetilde{Q}$. There exists some $m \geq 1$ such that $\ell(\widetilde{R}) \geq \ell(2^m Q)/10$ and $\widetilde{R} \subset 2^m Q \subset 4\widetilde{Q}$. Since $\widetilde{R}$ and $2^m Q$ have comparable sizes, we have $K_{\widetilde{R},2^m Q} \leq c$. Then, if we write $Q_0 = \widetilde{4\widetilde{Q}}$, we get

$$K_{\widetilde{R},Q_0} \leq c\,(K_{\widetilde{R},2^m Q} + K_{2^m Q,4\widetilde{Q}} + K_{4\widetilde{Q},Q_0}) \leq c.$$

Also,

$$K_{\widetilde{Q},Q_0} \leq c\,(K_{\widetilde{Q},4\widetilde{Q}} + K_{4\widetilde{Q},Q_0}) \leq c.$$

Therefore,

$$\begin{aligned} |f_{\widetilde{Q}} - f_{\widetilde{R}}| &\leq |f_{\widetilde{Q}} - f_{Q_0}| + |f_{Q_0} - f_{\widetilde{R}}| \\ &\leq A\,K_{\widetilde{Q},Q_0} + A\,K_{\widetilde{R},Q_0} \leq c\,A \leq c\,A\,K_{Q,R}. \end{aligned}$$

□

Proof of Proposition 9.6. First we show that if $f \in RBMO(\mu)$, then (9.12) and (9.13) hold. If Q is a doubling cube, since (9.7) holds with $\rho = 2$ (by Lemma 9.3), we have

$$|m_Q f - f_Q| = \left|\frac{1}{\mu(Q)} \int_Q (f - f_Q)\,d\mu\right| \leq \|f\|_* \,\frac{\mu(2Q)}{\mu(Q)} \leq c\,\|f\|_*.$$

Therefore, for any cube Q (non-doubling, in general), taking into account that $K_{Q,\widetilde{Q}} \leq c$ we get

$$|f_Q - m_{\widetilde{Q}} f| \leq |f_Q - f_{\widetilde{Q}}| + |f_{\widetilde{Q}} - m_{\widetilde{Q}} f| \leq c\,\|f\|_*.$$

Thus

$$\begin{aligned} \frac{1}{\mu(\rho Q)} \int_Q |f - m_{\widetilde{Q}} f|\,d\mu &\leq \frac{1}{\mu(\rho Q)} \int_Q |f - f_Q|\,d\mu \\ &\quad + \frac{1}{\mu(\rho Q)} \int_Q |f_Q - m_{\widetilde{Q}} f|\,d\mu \leq c\,\|f\|_*. \end{aligned}$$

It only remains to show (9.13). This follows easily. Indeed, suppose first that $Q \subset R$ are doubling cubes. Then we have

$$\begin{aligned} |m_Q f - m_R f| &\leq |m_Q f - f_Q| + |f_Q - f_R| + |f_R - m_R f| \\ &\leq c\,\|f\|_* + K_{Q,R}\,\|f\|_* + c\,\|f\|_* \leq c\,K_{Q,R}\,\|f\|_*. \end{aligned}$$

If $Q \subset R$ are arbitrary cubes which may be non-doubling, then (9.13) follows from the preceding estimate and Lemma 9.7 applied to $\{f_Q\}_Q = \{m_Q f\}_Q$.

We turn now to the second statement in the lemma. From (9.15) and Lemma 9.7, we infer that

$$|m_{\widetilde{Q}} f - m_{\widetilde{R}} f| \leq c\,c_4\,K_{Q,R} \quad \text{for any two cubes } Q \subset R.$$

Then, setting $f_Q = m_{\widetilde{Q}} f$ for all the cubes Q, we deduce that $f \in RBMO(\mu)$ and $\|f\|_* \leq c\,c_4$.

□

Remark 9.8. Arguing as above, it is easily seen that one obtains equivalent norms and the same space $RBMO(\mu)$ if we replace $(2, 2^{d+1})$-doubling cubes in (9.14) and (9.15) of the space $RBMO(\mu)$ by (α, β)-doubling cubes, for any choice of $\alpha > 1$ and $\beta > \alpha^n$.

Observe also that, as a consequence of (9.13), if $Q \subset R$ are doubling cubes with comparable sizes, then

$$|m_Q f - m_R f| \leq c \|f\|_*, \tag{9.18}$$

taking into account the property (b) of Lemma 9.1.

Remark 9.9. In fact, (9.11) also holds for any two doubling cubes with comparable sizes such that $\operatorname{dist}(Q, R) \lesssim \ell(Q)$. To see this, let Q_0 be a cube concentric with Q, containing Q and R, and such that $\ell(Q_0) \approx \ell(Q)$. Then $K_{Q_0, \widetilde{Q_0}} \leq c$, and thus we have $K_{Q, \widetilde{Q_0}} \leq c$ and $K_{R, \widetilde{Q_0}} \leq c$ (we have used the properties (a), (b) and (c) of Lemma 9.1). Then $|m_Q f - m_{\widetilde{Q_0}} f| \leq c \|f\|_*$ and $|m_R f - m_{\widetilde{Q_0}} f| \leq c \|f\|_*$, which yield (9.11).

In the next lemma we still show more equivalent ways of defining $RBMO(\mu)$.

Proposition 9.10. *Let $\rho > 1$ be fixed. For a function $f \in L^1_{loc}(\mu)$, the following are equivalent:*

(a) $f \in RBMO(\mu)$.

(b) *There exists some constant c_b such that for any cube Q*

$$\int_Q |f - m_Q f| \, d\mu \leq c_b \, \mu(\rho Q) \tag{9.19}$$

and

$$|m_Q f - m_R f| \leq c_b \, K_{Q,R} \left(\frac{\mu(\rho Q)}{\mu(Q)} + \frac{\mu(\rho R)}{\mu(R)} \right) \quad \text{for any two cubes } Q \subset R. \tag{9.20}$$

(c) *There exists some constant c_c such that for any* doubling *cube Q*

$$\int_Q |f - m_Q f| \, d\mu \leq c_c \, \mu(Q) \tag{9.21}$$

and

$$|m_Q f - m_R f| \leq c_c \, K_{Q,R} \quad \text{for any two doubling cubes } Q \subset R. \tag{9.22}$$

Moreover, the best constants c_b and c_c are comparable to the $RBMO(\mu)$ norm of f.

Proof. Assume $\rho = 2$ for simplicity. First we show (a) $\Rightarrow$ (b). If $f \in RBMO(\mu)$, then (9.19) holds with $c_b = 2\|f\|_*$, as remarked in (9.10). Also, we write

$$|m_Q f - m_R f| \leq |m_Q f - m_{\tilde{Q}} f| + |m_{\tilde{Q}} f - m_{\tilde{R}} f| + |m_R f - m_{\tilde{R}} f|.$$

By (9.13), we know that $|m_{\tilde{Q}} f - m_{\tilde{R}} f| \leq c\, \|f\|_*\, K_{Q,R}$. Also, from (9.12), for any cube Q we have

$$|m_Q f - m_{\tilde{Q}} f| \leq m_Q(|f - m_{\tilde{Q}} f|) \leq c\, \|f\|_* \frac{\mu(2Q)}{\mu(Q)}, \tag{9.23}$$

and analogously with respect to R. So we get,

$$\begin{aligned} |m_Q f - m_R f| &\leq c\left(K_{Q,R} + \frac{\mu(2Q)}{\mu(Q)} + \frac{\mu(2R)}{\mu(R)}\right) \|f\|_* \\ &\leq c\, K_{Q,R} \left(\frac{\mu(2Q)}{\mu(Q)} + \frac{\mu(2R)}{\mu(R)}\right) \|f\|_*. \end{aligned}$$

Thus f satisfies (9.20) too.

The implication (b) $\Rightarrow$ c) is easier: one only has to consider doubling cubes in (b).

Let us see now (c)$\Rightarrow$ (a). By Proposition 9.6, we only have to show that (9.14) holds for any cube Q, non-doubling in general. We know that for μ-almost all $x \in Q$ there exists some *doubling* cube centered at x with side length $2^{-k}\,\ell(Q)$, for some $k \geq 1$. We denote by Q_x the biggest cube satisfying these properties. Observe that $K_{Q_x,\tilde{Q}} \leq c$, and then

$$|m_{Q_x} f - m_{\tilde{Q}} f| \leq c\, c_c. \tag{9.24}$$

By Besicovitch's covering theorem, there are points $x_i \in Q$ such that μ-almost all Q is covered by a family of cubes $\{Q_{x_i}\}_i$ with bounded overlap. By (9.24), using that $Q_{x_i} \subset 2Q$, we get

$$\begin{aligned} \int_Q |f - m_{\tilde{Q}} f|\, d\mu &\leq \sum_i \int_{Q_{x_i}} |f - m_{\tilde{Q}} f|\, d\mu \\ &\leq \sum_i \int_{Q_{x_i}} |f - m_{Q_{x_i}} f|\, d\mu + \sum_i |m_{\tilde{Q}} f - m_{Q_{x_i}} f|\, \mu(Q_{x_i}) \\ &\leq c\, c_c\, \mu(2Q). \end{aligned}$$

□

9.2.5 Boundedness of CZO's from $L^\infty(\mu)$ to $RBMO(\mu)$

Now we are going to see that if a singular integral operator is bounded in $L^2(\mu)$, then it is bounded from $L^\infty(\mu)$ to $RBMO(\mu)$. First of all, notice that for $f \in L^\infty(\mu)$, the integral $\int_{|x-y|>\varepsilon} K(x,y)\, f(y)\, d\mu(y)$ may not be absolutely convergent.

This problem can be solved in the following way. Given a cube Q_0 centered at the origin with side length $> 3\varepsilon$, we write $f = f_1 + f_2$, with $f_1 = f\,\chi_{2Q_0}$. For $x \in Q_0$, we define

$$T_{\mu,\varepsilon}f(x) = T_{\mu,\varepsilon}f_1(x) + \int (K(x,y) - K(0,y))\, f_2(y)\, d\mu(y). \tag{9.25}$$

Now it easily seen that both integrals in this equation are convergent, and moreover one can check that the definition above of $T_{\mu,\varepsilon}f$ as an $RBMO(\mu)$ function does not depend on the particular chosen cube Q_0.

The main result that we will prove in this section is the following.

Theorem 9.11. *Let T be an n-dimensional singular integral operator. If for any cube Q and any function a supported on Q*

$$\int_Q |T_{\mu,\varepsilon}a|\, d\mu \leq c\, \|a\|_{L^\infty}\, \mu(\rho Q) \tag{9.26}$$

uniformly on $\varepsilon > 0$ (in particular, this holds if T_μ is bounded in $L^2(\mu)$), then T_μ is bounded from $L^\infty(\mu)$ to $RBMO(\mu)$.

We need the following auxiliary estimate.

Lemma 9.12. *Let T be an n-dimensional singular integral operator, let $Q \subset \mathbb{R}^d$ be some cube, and let $f \in L^p(\mu)$, for some $p \in [1,\infty)$, with $\operatorname{supp} f \subset \mathbb{R}^d \setminus 2Q$. For $x, y \in Q$ we have*

$$|T_{\mu,\varepsilon}f(x) - T_{\mu,\varepsilon}f(y)| \leq c\, \|f\|_{L^\infty(\mu)},$$

for all $\varepsilon > 0$.

The proof is very standard and it is similar to the one of Lemma 2.12. However, for the reader's convenience we will show the detailed arguments.

Proof. Let $K(\cdot,\cdot)$ be the kernel of T. Writing

$$\begin{aligned}\chi_{|x-z|>\varepsilon}K(x,z) &- \chi_{|y-z|>\varepsilon}K(y,z)\\ &= \chi_{|x-z|>\varepsilon}\big(K(x,z) - K(y,z)\big) + (\chi_{|x-z|>\varepsilon} - \chi_{|y-z|>\varepsilon})K(y,z),\end{aligned}$$

we get

$$\begin{aligned}|T_{\mu,\varepsilon}f(x) - T_{\mu,\varepsilon}f(y)| \leq \|f\|_{L^\infty(\mu)} &\int_{\substack{z\notin 2Q\\ |x-z|>\varepsilon}} \big|K(x,z) - K(y,z)\big|\, d\mu(z) \\ &+ \|f\|_{L^\infty(\mu)} \int_{D\cap(2Q)^c} |K(y,z)|\, d\mu(z),\end{aligned} \tag{9.27}$$

where

$$D = \{z : |x-z| > \varepsilon\}\, \Delta\, \{z : |y-z| > \varepsilon\}.$$

We have

$$\int_{z\notin 2Q} |K(x,z) - K(y,z)|\, d\mu(z) \leq c \int_{z\notin 2Q} \frac{\ell(Q)^\eta}{|x-z|^{n+\eta}}\, d\mu(z) \leq c.$$

For the last integral in (9.27) we assume that $\varepsilon \geq \ell(Q)/2$. Otherwise the integral vanishes. In this situation, it is easy to check that

$$|y-z| \approx \varepsilon \quad \text{for } z \in D \cap (2Q)^c.$$

Thus,

$$\int_{D\cap(2Q)^c} |K(y,z)|\, d\mu(z) \leq c \int_{|y-z|\approx\varepsilon} \frac{1}{|y-z|^n}\, d\mu(y) \leq c. \qquad \square$$

Proof of Theorem 9.11. First we will show that if $f \in L^\infty(\mu) \cap L^{p_0}(\mu)$ for some $p_0 \in [1,\infty)$, then

$$\|T_{\mu,\varepsilon} f\|_{RBMO(\mu)} \leq c\|f\|_{L^\infty(\mu)}. \tag{9.28}$$

We will prove that (9.19) and (9.20) hold, with 2ρ instead of ρ.

First we deal with (9.19). We set

$$\begin{aligned}\int_Q |T_{\mu,\varepsilon} f - m_Q(T_{\mu,\varepsilon} f)|\, d\mu \leq& \int_Q |T_{\mu,\varepsilon}(f\chi_{2Q}) - m_Q(T_{\mu,\varepsilon}(f\chi_{2Q}))|\, d\mu \\ &+ \int_Q |T_{\mu,\varepsilon}(f\chi_{(2Q)^c}) - m_Q(T_{\mu,\varepsilon}(f\chi_{(2Q)^c}))|\, d\mu.\end{aligned} \tag{9.29}$$

For the first integral we use the assumption in the theorem, and we get

$$\begin{aligned}\int_Q |T_{\mu,\varepsilon}(f\chi_{2Q}) - m_Q(T_{\mu,\varepsilon}(f\chi_{2Q}))|\, d\mu &\leq 2\int_Q |T_{\mu,\varepsilon}(f\chi_{2Q})|\, d\mu \\ &\leq c\, \|f\|_{L^\infty}\, \mu(2\rho Q).\end{aligned}$$

For the last integral in (9.29) notice that, by Lemma 9.12,

$$|T_{\mu,\varepsilon}(f\chi_{(2Q)^c})(x) - T_{\mu,\varepsilon}(f\chi_{(2Q)^c})(y)| \leq c\, \|f\|_{L^\infty(\mu)}$$

for all $x, y \in Q$. Averaging over $y \in Q$, we get

$$|T_{\mu,\varepsilon}(f\chi_{(2Q)^c})(x) - m_Q(T_{\mu,\varepsilon}(f\chi_{(2Q)^c}))| \leq c\, \|f\|_{L^\infty(\mu)}$$

for all $x \in Q$. Therefore,

$$\int_Q |T_{\mu,\varepsilon}(f\chi_{(2Q)^c}) - m_Q(T_{\mu,\varepsilon}(f\chi_{(2Q)^c}))|\, d\mu \leq c\, \|f\|_{L^\infty(\mu)}\, \mu(Q).$$

So we deduce

$$\int_Q |T_{\mu,\varepsilon} f - m_Q(T_{\mu,\varepsilon} f)|\, d\mu \leq c\, \|f\|_{L^\infty}\, \mu(2\rho Q),$$

as wished.

Let us see how (9.20) follows. We have to show that if $Q \subset R$, then

$$|m_Q(T_{\mu,\varepsilon}f) - m_R(T_{\mu,\varepsilon}f)| \le c\, K_{Q,R}\left(\frac{\mu(2\rho Q)}{\mu(Q)} + \frac{\mu(2\rho R)}{\mu(R)}\right) \|f\|_{L^\infty(\mu)}.$$

Recall that $N_{Q,R}$ is the first integer k such that $2^kQ \supset R$. We write $Q_R = 2^{N_{Q,R}+1}Q$. For $x \in Q$ and $y \in R$, then we set

$$\begin{aligned} T_{\mu,\varepsilon}f(x) - T_{\mu,\varepsilon}f(y) &= T_{\mu,\varepsilon}(f\,\chi_{2Q})(x) \\ &\quad + \sum_{k=1}^{N_{Q,R}} T_{\mu,\varepsilon}(f\,\chi_{2^{k+1}Q\setminus 2^kQ})(x) + T_{\mu,\varepsilon}(f\,\chi_{\mathbb{R}^d\setminus Q_R})(x) \\ &\quad - \left(T_{\mu,\varepsilon}(f\,\chi_{Q_R})(y) + T_{\mu,\varepsilon}(f\,\chi_{\mathbb{R}^d\setminus Q_R})(y)\right). \end{aligned}$$

Since, by Lemma 9.12,

$$|T_{\mu,\varepsilon}(f\,\chi_{\mathbb{R}^d\setminus Q_R})(x) - T_{\mu,\varepsilon}(f\,\chi_{\mathbb{R}^d\setminus Q_R})(y)| \le c\,\|f\|_{L^\infty(\mu)},$$

we get

$$\begin{aligned} |T_{\mu,\varepsilon}f(x) - T_{\mu,\varepsilon}f(y)| &\le |T_{\mu,\varepsilon}(f\,\chi_{2Q})(x)| + c\sum_{k=1}^{N_{Q,R}} \frac{\mu(2^{k+1}Q)}{\ell(2^{k+1}Q)^n}\,\|f\|_{L^\infty(\mu)} \\ &\quad + |T_{\mu,\varepsilon}(f\,\chi_{Q_R})(y)| + c\,\|f\|_{L^\infty(\mu)}. \end{aligned}$$

Now we take the mean over Q for x, and over R for y, and we get

$$\begin{aligned} |m_Q(T_{\mu,\varepsilon}f) - m_R(T_{\mu,\varepsilon}f)| &\le m_Q|T_{\mu,\varepsilon}(f\,\chi_{2Q})| + c\sum_{k=1}^{N_{Q,R}} \frac{\mu(2^{k+1}Q)}{\ell(2^{k+1}Q)^n}\,\|f\|_{L^\infty(\mu)} \\ &\quad + m_R|T_{\mu,\varepsilon}(f\,\chi_{Q_R})| + c\,\|f\|_{L^\infty(\mu)}. \end{aligned}$$

Using the assumption in the theorem, we obtain

$$m_Q|T_{\mu,\varepsilon}(f\,\chi_{2Q})| \le \frac{1}{\mu(Q)}\int_{2Q} |T_{\mu,\varepsilon}(f\,\chi_{2Q})|\,d\mu \le c\,\frac{\mu(2\rho Q)}{\mu(Q)}\|f\|_{L^\infty(\mu)}.$$

For R we write

$$m_R|T_{\mu,\varepsilon}(f\,\chi_{Q_R})| \le m_R|T_{\mu,\varepsilon}(f\,\chi_{Q_R\cap 2R})| + m_R|T_{\mu,\varepsilon}(f\,\chi_{Q_R\setminus 2R})|.$$

The estimate for the first term on the right-hand side is similar to the previous one for Q:

$$\begin{aligned} m_R|T_{\mu,\varepsilon}(f\,\chi_{Q_R\cap 2R})| &\le \frac{1}{\mu(R)}\int_{2R} |T_{\mu,\varepsilon}(f\,\chi_{Q_R\cap 2R})|\,d\mu \\ &\le c\,\frac{\mu(2\rho R)}{\mu(R)}\|f\|_{L^\infty(\mu)}. \end{aligned}$$

On the other hand, since $\ell(Q_R)\approx\ell(R)$, we have $m_R|T_{\mu,\varepsilon}(f\,\chi_{Q_R\setminus 2R})|\leq c\,\|f\|_{L^\infty(\mu)}$. Therefore,

$$\begin{aligned}|m_Q(T_{\mu,\varepsilon}f)-m_R(T_{\mu,\varepsilon}f)| &\leq c\sum_{k=1}^{N_{Q,R}}\frac{\mu(2^{k+1}Q)}{\ell(2^{k+1}Q)^n}\,\|f\|_{L^\infty(\mu)}\\ &\quad + c\left(\frac{\mu(2\rho Q)}{\mu(Q)}+\frac{\mu(2\rho R)}{\mu(R)}\right)\|f\|_{L^\infty(\mu)}\\ &\leq c\,K_{Q,R}\left(\frac{\mu(2\rho Q)}{\mu(Q)}+\frac{\mu(2\rho R)}{\mu(R)}\right)\|f\|_{L^\infty(\mu)}.\end{aligned}$$

So we have proved that (9.28) holds for $f\in L^\infty(\mu)\cap L^{p_0}(\mu)$.

If $f\notin L^p(\mu)$ for all $p\in[1,\infty)$, then the integral $\int_{|x-y|>\varepsilon}K(x,y)\,f(y)\,d\mu(y)$ may be not convergent. In this case, $T_{\mu,\varepsilon}f$ has to be defined as in (9.25). The proof follows by estimates analogous to the ones above. The details are left for the reader. □

Let us remark that in Theorem 9.38 we will show that the condition (9.26) holds if and only if T_μ is bounded from $L^\infty(\mu)$ to $RBMO(\mu)$.

9.2.6 Some examples

Example 9.13. Assume $d=2$ and $n=1$. Let $E\subset\mathbb{C}$ be a 1-dimensional AD regular set. Recall that this means that

$$c^{-1}r\leq\mathcal{H}^1(E\cap B(x,r))\leq c\,r\quad\text{for all }x\in E,\ 0<r\leq\operatorname{diam}(E).$$

We set $\mu=\mathcal{H}^1\lfloor E$.

For any Q centered at some point of $\operatorname{supp}\mu$, we have

$$\mu(2^kQ)\approx\ell(2^kQ)$$

if $\ell(2^kQ)\leq\operatorname{diam}(E)$. Given $Q\subset R$, then it is easy to check that if $\ell(R)\leq\operatorname{diam}(E)$,

$$K_{Q,R}\approx 1+\log\frac{\ell(R)}{\ell(Q)},\tag{9.30}$$

and if $\ell(R)>\operatorname{diam}(E)$,

$$K_{Q,R}\approx 1+\log\frac{\operatorname{diam}(E)}{\ell(Q)}.\tag{9.31}$$

So in this case we have $RBMO(\mu)=BMO(\mu)$, since any function $f\in BMO(\mu)$ satisfies (9.7) and (9.8), with $f_Q=m_Qf$ for all the cubes Q centered at $\operatorname{supp}\mu$, and with $K_{Q,R}$ satisfying (9.30) and (9.31). Indeed, recall that in Remark 9.4 we said that it is enough to deal with the centered cubes at $\operatorname{supp}\mu$ to check that $f\in RBMO(\mu)$.

Example 9.14. We assume again $d = 2$ and $n = 1$. Let μ be the planar Lebesgue measure restricted to the unit square $[0, 1] \times [0, 1]$. This measure is doubling, but not AD regular (for $n = 1$). Now one can check that the coefficients $K_{Q,R}$ are uniformly bounded. That is, for any two squares $Q \subset R$,

$$K_{Q,R} \approx 1.$$

Let us take $R_0 = [0, 1]^2$ and $Q \subset R_0$. Then, if $f \in RBMO(\mu)$,

$$|m_Q(f - m_{R_0}f)| = |m_Q f - m_{R_0} f| \leq K_{Q,R_0} \|f\|_* \leq c \|f\|_*.$$

Since this holds for any square $Q \subset R_0$, by the Lebesgue differentiation theorem $f - m_{R_0}f$ is a bounded function, with

$$\|f - m_{R_0}f\|_{L^\infty(\mu)} \leq \|f\|_*.$$

Therefore, now $RBMO(\mu)$ coincides with $L^\infty(\mu)$ modulo constants functions, which is strictly smaller than $BMO(\mu)$.

Example 9.15. Suppose $d = 2$ and $n = 1$ again. Let μ be a measure on the real axis such that in the intervals $[-2, -1]$ and $[1, 2]$ is the linear Lebesgue measure, on the intervals $[-1/2, -1/4]$, $[1/4, 1/2]$ is the linear Lebesgue measure times ε, with $\varepsilon > 0$ very small, and $\mu = 0$ elsewhere. We consider the function $f = \varepsilon^{-1}(\chi_{[1/4,1/2]} - \chi_{[-1/2,-1/4]})$. It is easily checked that for $\rho \leq 2$,

$$\|f\|_{BMO_\rho(\mu)} \approx \varepsilon^{-1}.$$

Indeed, $\|f\|_{BMO_\rho(\mu)} \leq 2\|f\|_{L^\infty(\mu)} \leq 2\varepsilon^{-1}$. On the other hand, consider the square $Q = [-1/2, 1/2]^2$. Then $m_Q f = 0$ and so

$$\int_Q |f - m_Q f| \, d\mu = \int_Q |f| \, d\mu \approx \varepsilon^{-1} \mu(Q) = \varepsilon^{-1} \mu(\rho Q),$$

taking into account that ρQ does not intersect $\mathbb{R} \setminus [-1, 1]$ in the last identity. Thus, $\|f\|_{BMO_\rho(\mu)} \gtrsim \varepsilon^{-1}$.

On the other hand, we have

$$\|f\|_{BMO_5(\mu)} \approx 1.$$

Indeed, if Q intersects only one component of $\operatorname{supp}\mu$, then $\int_Q |f - m_Q f| \, d\mu = 0$ because f is constant in each component. On the other hand, if Q intersects both $[1/4, 1/2]$ and $[-1/2, -1/4]$, then $\rho Q \supset [-5/2, 5/2]$ and so $\mu(\rho Q) \approx \ell(Q)$. Then we deduce

$$\int_Q |f - m_Q f| \, d\mu \leq c \int_Q |f| \, d\mu \leq c\ell(Q) \approx \mu(\rho Q).$$

An analogous estimate holds for any square which intersects at least two different components of $\operatorname{supp}\mu$. So we infer that $\|f\|_{BMO_5(\mu)} \lesssim 1$. The converse inequality can be checked by considering the square $Q = [-1/2, 1/2]^2$, say.

Finally, concerning the $RBMO(\mu)$ norm of f we have

$$\|f\|_* \approx \varepsilon^{-1},$$

since for the 2-doubling squares $[-1/2, 1/2]^2$, $[1/4, 1/2]^2$ we have

$$c\,\|f\|_* \geq |m_{[-1/2,1/2]^2} f - m_{[1/4,1/2]^2} f| = \varepsilon^{-1}$$

and $\|f\|_* \leq c\,\|f\|_{L^\infty(\mu)} \leq c\varepsilon^{-1}$.

9.3 The John-Nirenberg inequality

The following result is a version of the classical John-Nirenberg inequality (see [36, Chapter 6], for example) suitable for the space $RBMO(\mu)$.

Theorem 9.16. *Let $f \in RBMO(\mu)$ and let $\{f_Q\}_Q$ be a collection of numbers satisfying*

$$\sup_Q \frac{1}{\mu(2Q)} \int_Q |f - f_Q|\, d\mu \leq c_5\,\|f\|_* \tag{9.32}$$

and

$$|f_Q - f_R| \leq c_5\, K_{Q,R}\,\|f\|_* \quad \text{for any two cubes } Q \subset R. \tag{9.33}$$

Then for any cube Q and any $\lambda > 0$ we have

$$\mu(\{x \in Q : |f(x) - f_Q| > \lambda\}) \leq c_6\,\mu(\rho Q)\,\exp\left(\frac{-c_7\,\lambda}{\|f\|_*}\right), \tag{9.34}$$

with c_6 and c_7 depending on c_5 and $\rho > 1$ (but not on λ).

To prove this theorem we will use the following straightforward result:

Lemma 9.17. *Let $f \in RBMO(\mu)$ and let $\{f_Q\}_Q$ be a collection of numbers satisfying* (9.32) *and* (9.33). *If Q and R are cubes such that $\ell(Q) \approx \ell(R)$ and* $\operatorname{dist}(Q, R) \lesssim \ell(Q)$, *then*

$$|f_Q - f_R| \leq c\,\|f\|_*.$$

Proof. Let R' be the smallest cube concentric with R containing Q and R. Since $\ell(Q) \approx \ell(R') \approx \ell(R)$, we have $K_{Q,R'} \leq c$ and $K_{R,R'} \leq c$. Then

$$|f_Q - f_R| \leq |f_Q - f_{R'}| + |f_R - f_{R'}| \leq c\,(K_{Q,R} + K_{R,R'})\,\|f\|_* \leq c\,\|f\|_*. \qquad \square$$

Proof of Theorem 9.16. We will prove (9.34) for $\rho = 2$. The proof for other values of ρ is similar. Recall that if (9.32) and (9.33) are fulfilled, then (9.32) is also satisfied substituting "$\mu(2Q)$" by "$\mu(\rho Q)$", for any $\rho > 1$ (see Remark 9.4).

Let $f \in RBMO(\mu)$. Assume first that f is bounded. Let Q_0 be some fixed cube in $\mathbb{R}^d$. We write $Q_0' = \frac{3}{2} Q_0$.

Let B be some positive constant which will be fixed later. By Remark 2.10, for μ-almost any $x \in Q_0$ such that $|f(x) - f_{Q_0}| > B \|f\|_*$, there exists some doubling cube Q_x centered at x satisfying

$$m_{Q_x}(|f - f_{Q_0}|) > B \|f\|_* \tag{9.35}$$

with side length $2^{-k} \ell(Q_0)$ for some integer $k \geq 0$, and such that

$$\ell(Q_x) \leq \frac{1}{10} \ell(Q_0).$$

Moreover, we assume that Q_x is the biggest doubling cube of this form. By Besicovitch's covering theorem, there exists an almost disjoint subfamily $\{Q_i^1\}_i$ of the cubes $\{Q_x\}_x$ such that μ-a.e. $x \in Q_0$ such that $|f(x) - f_{Q_0}| > B \|f\|_*$ is contained in $\bigcup_i Q_i^1$. Then, since $Q_i^1 \subset Q_0'$ and $|f_{Q_0} - f_{Q_0'}| \leq c \|f\|_*$, we have

$$\begin{aligned} \sum_i \mu(Q_i^1) &\leq \sum_i \frac{1}{B \|f\|_*} \int_{Q_i^1} |f - f_{Q_0}| \, d\mu \\ &\leq \frac{c}{B \|f\|_*} \int_{Q_0'} |f - f_{Q_0}| \, d\mu \\ &\leq \frac{c}{B \|f\|_*} |f_{Q_0} - f_{Q_0'}| \, \mu(Q_0') + \frac{c}{B \|f\|_*} \int_{Q_0'} |f - f_{Q_0'}| \, d\mu. \end{aligned} \tag{9.36}$$

Since (9.32) holds if we change "$\mu(2Q)$" by "$\mu(\frac{4}{3}Q)$", we have

$$\int_{Q_0'} |f - f_{Q_0'}| \, d\mu \leq c \, \mu(2Q_0) \, \|f\|_*,$$

and, by (9.36), $\sum_i \mu(Q_i^1) \leq \dfrac{c \, \mu(2Q_0)}{B}$. So if we choose B big enough,

$$\sum_i \mu(Q_i^1) \leq \frac{\mu(2Q_0)}{2^{d+2}}. \tag{9.37}$$

Now we want to see that for each i we have

$$|f_{Q_i^1} - f_{Q_0}| \leq 2B \|f\|_*, \tag{9.38}$$

for B big enough. We consider the cube $\widetilde{2Q_i^1}$. If $\ell(\widetilde{2Q_i^1}) > 10\ell(Q_0)$, then there exists some cube $2^m Q_i^1$, $m \geq 1$, containing Q_0 and such that $\ell(Q_0) \approx \ell(2^m Q_i^1) \leq \ell(\widetilde{2Q_i^1})$. Thus

$$|f_{Q_i^1} - f_{Q_0}| \leq |f_{Q_i^1} - f_{2Q_i^1}| + |f_{2Q_i^1} - f_{2^m Q_i^1}| + |f_{2^m Q_i^1} - f_{Q_0}|.$$

The first and third summands on the right-hand side are bounded by $c \|f\|_*$ because Q_i^1 and $2Q_i^1$ on the one hand and $2^m Q_i^1$ and Q_0 on the other hand have comparable sizes. The second sum is also bounded by $c\,\|f\|_*$ due to the fact that there are no doubling cubes of the form $2^k Q_i^1$ between Q_i^1 and $2^m Q_i^1$, and then $K_{Q_i^1, 2^m Q_i^1} \leq c$.

Assume now $\frac{1}{10}\,\ell(Q_0) < \ell(\widetilde{2Q_i^1}) \leq 10\ell(Q_0)$. Then

$$|f_{Q_i^1} - f_{Q_0}| \leq |f_{Q_i^1} - f_{\widetilde{2Q_i^1}}| + |f_{\widetilde{2Q_i^1}} - f_{Q_0}|.$$

Since $\widetilde{2Q_i^1}$ and Q_0 have comparable sizes, by Lemma 9.17 we have $|f_{\widetilde{2Q_i^1}} - f_{Q_0}| \leq c\,\|f\|_*$. And since $K_{Q_i^1,\widetilde{2Q_i^1}} \leq c\,(K_{Q_i^1,2Q_i^1} + K_{2Q_i^1,\widetilde{2Q_i^1}})$, we also have $|f_{Q_i^1} - f_{\widetilde{2Q_i^1}}| \leq c\,\|f\|_*$. So (9.38) holds in this case too.

If $\ell(\widetilde{2Q_i^1}) \leq \frac{1}{10}\,\ell(Q_0)$, then by the choice of Q_i^1, we have $m_{\widetilde{2Q_i^1}}(|f - f_{Q_0}|) \leq B\,\|f\|_*$, which implies

$$|m_{\widetilde{2Q_i^1}}(f - f_{Q_0})| \leq B\,\|f\|_*. \tag{9.39}$$

Thus

$$|f_{Q_i^1} - f_{Q_0}| \leq |f_{Q_i^1} - f_{\widetilde{2Q_i^1}}| + |f_{\widetilde{2Q_i^1}} - m_{\widetilde{2Q_i^1}} f| + |m_{\widetilde{2Q_i^1}} f - f_{Q_0}|.$$

As above, the term $|f_{Q_i^1} - f_{\widetilde{2Q_i^1}}|$ is bounded by $c\,\|f\|_*$. The last one equals $|m_{\widetilde{2Q_i^1}}(f - f_{Q_0})|$, which is estimated in (9.39). For the second one, since $\widetilde{2Q_i^1}$ is doubling, we have

$$|f_{\widetilde{2Q_i^1}} - m_{\widetilde{2Q_i^1}} f| \leq \frac{1}{\mu(\widetilde{2Q_i^1})} \int_{\widetilde{2Q_i^1}} |f - f_{\widetilde{2Q_i^1}}|\,d\mu \leq c\,\frac{\mu(2 \cdot \widetilde{2Q_i^1})}{\mu(\widetilde{2Q_i^1})}\,\|f\|_* \leq c\,\|f\|_*.$$

So (9.38) holds in any case, for B big enough.

Now we operate with each cube Q_i^1 as we did with Q_0. Then we obtain a family of cubes $Q_{i,j}^2$ with finite overlap which satisfy

$$|f(x) - f_{Q_i^1}| \leq B\,\|f\|_* \quad \text{for } \mu\text{-a.e. } x \in Q_i^1 \setminus \textstyle\bigcup_j Q_{i,j}^2,$$

$$\sum_j \mu(Q_{i,j}^2) \leq \frac{\mu(2Q_i^1)}{2^{d+2}} \leq \frac{\mu(Q_i^1)}{2}$$

(using that Q_i^1 is $(2, 2^{d+1})$ doubling in the last inequality), and

$$|f_{Q_{i,j}^2} - f_{Q_i^1}| \leq 2B\,\|f\|_* \quad \text{for all } j.$$

We gather the cubes $Q_{i,j}^2$ corresponding to all the Q_i^1's in a unique family $\{Q_j^2\}$, and then we will have

$$\sum_j \mu(Q_j^2) \leq \sum_i \frac{\mu(Q_i^1)}{2} \leq \frac{\mu(2Q_0)}{2 \cdot 2^{d+2}},$$

and moreover, for μ-a.e. $x \in Q_0 \setminus \bigcup_j Q_j^2$,

$$|f(x) - f_{Q_0}| \leq |f(x) - f_{Q_i^1}| + |f_{Q_i^1} - f_{Q_0}| \leq 4B\,\|f\|_*.$$

Repeating this process infinitely many times, for each $N \geq 1$ we get a family of cubes $\{Q_i^N\}$ such that

$$\sum_i \mu(Q_i^N) \leq \frac{\mu(2Q_0)}{2^{N-1}\cdot 2^{d+2}} = \frac{\mu(2Q_0)}{2^{N+d+1}},$$

and, for μ-a.e. $x \in Q_0 \setminus \bigcup_i Q_i^N$,

$$|f(x) - f_{Q_0}| \leq 2BN\,\|f\|_*.$$

To prove (9.34), suppose first that $\lambda \geq 2B\,\|f\|_*$, and take $N \geq 1$ such that $2BN \leq \lambda/\,\|f\|_* < 2B(N+1)$. Then we have

$$\begin{aligned}\mu(\{x \in Q_0 : |f(x) - f_{Q_0}| > \lambda\}) &\leq \sum_i \mu(Q_i^N) \leq \frac{\mu(2Q_0)}{2^{N+d+1}}\\ &= \frac{\mu(2Q_0)}{2^{d+1}}\,e^{-N\log 2} \leq \frac{\mu(2Q_0)}{2^{d+1}}\,e^{-c_7\lambda/\,\|f\|_*},\end{aligned}$$

with $c_7 = \log 2/4B$.

If $\lambda < 2B\,\|f\|_*$, then $c_7 2B - c_7\lambda/\|f\|_* > 0$, and thus

$$\begin{aligned}\mu(\{x \in Q_0 : |f(x) - f_{Q_0}| > \lambda\}) &\leq \mu(2Q_0) \leq \mu(2Q_0)\,e^{c_7 2B - c_7\lambda/\|f\|_*}\\ &= c\,\mu(2Q_0)\,e^{-c_7\lambda/\|f\|_*},\end{aligned}$$

and so (9.34) also holds. □

From Theorem 9.16 we will deduce easily that the following spaces $RBMO^p(\mu)$ coincide for all $p \in [1,\infty)$. Given $\rho > 1$ and $p \in [1,\infty)$, we say that $f \in L^1_{loc}(\mu)$ is in $RBMO^p(\mu)$ if there exists a collection of numbers $\{f_Q\}_Q$ and some constant c_9 such that

$$\left(\frac{1}{\mu(\rho Q)}\int_Q |f - f_Q|^p\,d\mu\right)^{1/p} \leq c_9 \quad \text{for any cube } Q \tag{9.40}$$

and

$$|f_Q - f_R| \leq c_9\,K_{Q,R} \quad \text{for any two cubes } Q \subset R. \tag{9.41}$$

Recall that we assume all the cubes to have non-zero μ-measure. The minimal constant c_9 is the $RBMO^p(\mu)$ norm of f, denoted by $\|\cdot\|_{*,p}$. Arguing as for $p = 1$, one can show that the definition of the space does not depend on the constant $\rho > 1$, and one obtains other equivalent definitions, setting $f_Q = m_{\tilde{Q}}f$, for example.

We have the following corollary of the John-Nirenberg inequality:

Corollary 9.18. *For $p \in [1,\infty)$, the spaces $RBMO^p(\mu)$ coincide, and the norms $\|\cdot\|_{*,p}$ are equivalent.*

Proof. The conditions (9.8) and (9.41) are the same. So we only have to compare (9.7) and (9.40).

For any $f \in L^1_{loc}(\mu)$, the inequality $\|f\|_* \leq \|f\|_{*,p}$ follows from Hölder's inequality. To obtain the converse one we will apply John-Nirenberg. If $f \in RBMO(\mu)$, then

$$\begin{aligned}\frac{1}{\mu(\rho Q)}\int_Q |f - m_{\tilde{Q}}f|^p \, d\mu &= \frac{1}{\mu(\rho Q)}\int_0^\infty p\,\lambda^{p-1}\,\mu(\{x : |f(x) - m_{\tilde{Q}}f| > \lambda\})\, d\lambda \\ &\leq c p \int_0^\infty \lambda^{p-1} \exp\left(\frac{-c\,\lambda}{\|f\|_*}\right) d\lambda \leq c\,\|f\|_*^p,\end{aligned}$$

and so $\|f\|_{*,p} \leq c\,\|f\|_*$. □

9.4 The Hardy spaces $H^{1,p}_{atb}(\mu)$

If we say that f is in $BMO_\rho(\mu)$ when it satisfies (9.3), it seems that we have to consider the atomic space $H^{1,\infty}_{at,\rho}(\mu)$ consisting of functions of the form

$$f = \sum_i \lambda_i \, a_i, \tag{9.42}$$

where $\lambda_i \in \mathbb{R}$ (or $\mathbb{C}$), $\sum_i |\lambda_i| < \infty$ and, for each i, a_i is a function supported on a cube Q_i, with $\|a_i\|_{L^\infty(\mu)} \leq \mu(\rho Q_i)^{-1}$, and $\int a_i \, d\mu = 0$ (that is, a_i is an *atom*). Obviously, $H^{1,\infty}_{at,\rho}(\mu)$ is the usual atomic space $H^{1,\infty}_{at}(\mu) \equiv H^{1,\infty}_{at,\rho=1}(\mu)$ when μ is a doubling measure (see Duoandikoetxea [36, Chapter 6]). With this definition, a singular integral operator which is bounded in $L^2(\mu)$, is also bounded from $H^{1,\infty}_{at,\rho}(\mu)$ to $L^1(\mu)$ (taking $\rho > 1$). However, analogously to $BMO_\rho(\mu)$, this is not the right space to deal with.

We are going to introduce another space of atomic type, $H^{1,\infty}_{atb}(\mu)$, which has better properties than $H^{1,\infty}_{at,\rho}(\mu)$. For a fixed $\rho > 1$, a function $b \in L^1_{loc}(\mu)$ is called an *atomic block* if

1. there exists some cube R such that $\operatorname{supp}(b) \subset R$,
2. $\displaystyle\int b \, d\mu = 0$,
3. there are functions a_j supported on cubes $Q_j \subset R$ and numbers $\lambda_j \in \mathbb{R}$ (or $\mathbb{C}$) such that $b = \sum_{j=1}^\infty \lambda_j a_j$, and

$$\|a_j\|_{L^\infty(\mu)} \leq \left(\mu(\rho Q_j)\, K_{Q_j,R}\right)^{-1}.$$

Then we write

$$|b|_{H^{1,\infty}_{atb}(\mu)} = \sum_j |\lambda_j|$$

(to be rigorous, we should think that b is not only a function, but a structure formed by the function b, the cubes R and Q_j, the functions a_j, etc.)

We say that $f \in H^{1,\infty}_{atb}(\mu)$ if there are atomic blocks b_i such that

$$f = \sum_{i=1}^{\infty} b_i,$$

with $\sum_i |b_i|_{H^{1,\infty}_{atb}(\mu)} < \infty$. The $H^{1,\infty}_{atb}(\mu)$ norm of f is

$$\|f\|_{H^{1,\infty}_{atb}(\mu)} = \inf \sum_i |b_i|_{H^{1,\infty}_{atb}(\mu)},$$

where the infimum is taken over all the possible decompositions of f in atomic blocks.

Observe the difference with the atomic space $H^{1,\infty}_{at,\rho}(\mu)$. The size condition on the functions a_j is similar (if we do not worry about the coefficient $K_{Q,R}$), but the cancellation property $\int a_j\, d\mu = 0$ is substituted by a requirement which offers a higher degree of freedom: we gather some terms $\lambda_j a_j$ into an atomic block b, and then we must have $\int b\, d\mu = 0$.

Notice also that if we take atomic blocks b_i made up of a unique function a_i, we derive $H^{1,\infty}_{at,\rho}(\mu) \subset H^{1,\infty}_{atb}(\mu)$.

We will now introduce the atomic spaces $H^{1,p}_{atb}(\mu)$ (and later we will prove that they coincide with $H^{1,\infty}_{atb}(\mu)$). For a fixed $\rho > 1$ and $p \in (1, \infty)$, a function $b \in L^1_{loc}(\mu)$ is called a *p-atomic block* if

1. there exists some cube R such that $\operatorname{supp}(b) \subset R$,
2. $\displaystyle\int b\, d\mu = 0,$
3. there are functions a_j supported in cubes $Q_j \subset R$ and numbers $\lambda_j \in \mathbb{R}$ (or $\mathbb{C}$) such that $b = \sum_{j=1}^{\infty} \lambda_j a_j$, and

$$\|a_j\|_{L^p(\mu)} \leq \mu(\rho Q_j)^{1/p-1}\, K^{-1}_{Q_j,R}.$$

We write $|b|_{H^{1,p}_{atb}(\mu)} = \sum_j |\lambda_j|$ (as in the case of $H^{1,\infty}_{atb}(\mu)$, to be rigorous we should think that b is not only a function, but a structure formed by the function b, the cubes R and Q_j, the functions a_j, etc.). Then we say that $f \in H^{1,p}_{atb}(\mu)$ if there are p-atomic blocks b_i such that $f = \sum_{i=1}^{\infty} b_i$, with $\sum_i |b_i|_{H^{1,p}_{atb}(\mu)} < \infty$. The $H^{1,p}_{atb}(\mu)$ norm of f is

$$\|f\|_{H^{1,p}_{atb}(\mu)} = \inf \sum_i |b_i|_{H^{1,p}_{atb}(\mu)},$$

where the infimum is taken over all the possible decompositions of f in p-atomic blocks.

From the definitions above, it is easily checked that for $1 < p \leq q \leq \infty$, $H^{1,\infty}_{atb}(\mu) \subset H^{1,q}_{atb}(\mu) \subset H^{1,p}_{atb}(\mu)$, and moreover,

$$\|f\|_{H^{1,p}_{atb}(\mu)} \leq \|f\|_{H^{1,q}_{atb}(\mu)} \leq \|f\|_{H^{1,\infty}_{atb}(\mu)}.$$

In the next proposition we show some elementary properties of the spaces $H^{1,p}_{atb}(\mu)$.

Proposition 9.19. *For $1 < p \leq \infty$, we have:*

(a) *$H^{1,p}_{atb}(\mu)$ is a Banach space.*

(b) *$H^{1,p}_{atb}(\mu) \subset L^1(\mu)$, with $\|f\|_{L^1(\mu)} \leq \|f\|_{H^{1,p}_{atb}(\mu)}$.*

(c) *The definition of $H^{1,p}_{atb}(\mu)$ does not depend on the constant $\rho > 1$.*

Proof. The proofs of the properties (a) and (b) are very standard and we skip them.

To prove (c) we use an argument similar to the one of Lemma 9.3. Given $\rho > \eta > 1$, it is obvious that $H^{1,p}_{atb,\rho}(\mu) \subset H^{1,p}_{atb,\eta}(\mu)$ and $\|f\|_{H^{1,p}_{atb,\eta}(\mu)} \leq \|f\|_{H^{1,p}_{atb,\rho}(\mu)}$. For the converse inequality, given a p-atomic block $b = \sum_j \lambda_j a_j$ with $\operatorname{supp}(a_j) \subset Q_j \subset R$, it is not difficult to see that each function a_j can be written as

$$a_j = \sum_{k=1}^{N} a_{j,k},$$

where the $a_{j,k}$'s are functions such that $\|a_{j,k}\|_{L^p(\mu)} \leq \|a_j\|_{L^p(\mu)}$ for all k, with $\operatorname{supp}(a_{j,k}) \subset Q_{j,k}$, so that $Q_{j,k}$ are cubes such that $\ell(Q_{j,k}) \approx \ell(Q_j)$ and $\rho Q_{j,k} \subset \eta Q_j$. Moreover, N is a fixed number depending on ρ and η.

Then for each j, k we have

$$\|a_{j,k}\|_{L^p(\mu)} \leq \|a_j\|_{L^p(\mu)} \leq \left(\mu(\rho Q_j)^{1/p'} K_{Q_j,R}\right)^{-1} \leq c\left(\mu(\eta Q_{j,k})^{1/p'} K_{Q_{j,k},R}\right)^{-1},$$

taking into account that $K_{Q_{j,k},R} \approx K_{Q_j,R}$. As a consequence, we infer that $|b|_{H^{1,p}_{atb,\rho}(\mu)} \leq c\,|b|_{H^{1,p}_{atb,\eta}(\mu)}$, which yields $\|f\|_{H^{1,p}_{atb,\rho}(\mu)} \leq c\,\|f\|_{H^{1,p}_{atb,\eta}(\mu)}$. □

Unless otherwise stated, we will assume that the constant ρ in the definition of $H^{1,p}_{atb}(\mu)$ is equal to 2.

We introduce now a distinguished type of p-atomic blocks. For $1 < p \leq \infty$, we say that a function $b \in L^1_{loc}(\mu)$ is a special p-atomic block if

1. there exists some *doubling* cube R such that $\operatorname{supp}(b) \subset R$,

2. $\displaystyle\int b\,d\mu = 0,$

3. there is a function a supported on a *doubling* cube $Q \subset R$ and numbers $\lambda, c_R \in \mathbb{R}$ (or $\mathbb{C}$) such that $b = \lambda a + c_R \chi_R$, and
$$\|a\|_{L^p(\mu)} \leq \mu(Q)^{1/p-1} K_{Q,R}^{-1}.$$

Observe that, from the condition $\int b\, d\mu = 0$ we get $|c_R|\, \mu(R) \leq \|a\|_{L^1(\mu)}$ and thus $|b|_{H^{1,p}_{atb}(\mu)} \approx |\lambda|$.

From the next proposition it follows that if in the definition of $H^{1,p}_{atb}(\mu)$ one replaces p-atomic blocks by special p-atomic blocks, then one gets an equivalent definition of $H^{1,p}_{atb}(\mu)$.

Proposition 9.20. *Let* $1 < p \leq \infty$ *and let* b *be a* p*-atomic block. Then there is a family of special* p*-atomic blocks* $\{b_j\}_j$ *such that* $b = \sum_j b_j$ *and*
$$\sum_j |b_j|_{H^{1,p}_{atb}(\mu)} \leq c\, |b|_{H^{1,p}_{atb}(\mu)}.$$

Proof. Let R be a cube that supports b and suppose that $b = \sum_j \lambda_j a_j$, where each a_j is supported on some cube $Q_j \subset R$, as in the definition of p-atomic blocks.

Let R_0 be a doubling cube containing $2R$ such that $K_{2R,R_0} \leq c$. For a fixed cube Q_j, since μ-almost every $x \in \mathbb{R}^d$ is the center of arbitrarily small doubling cubes, by the Besicovitch covering theorem we deduce that μ-almost all of Q_j can be covered by a family of *doubling* cubes $Q_{j,k}$ with finite overlap which are contained in $2Q_j$ so that $K_{Q_{j,k},2Q_j} \leq c$. It follows that
$$K_{Q_{j,k},R_0} \leq c(K_{Q_{j,k},2Q_j} + K_{2Q_j,2R} + K_{2R,R_0}) \leq c\, K_{2Q_j,2R} \leq c\, K_{Q_j,R}.$$

Let
$$w_{j,k} = \frac{\chi_{Q_{j,k}}}{\sum_k \chi_{Q_{j,k}}},$$
so that $\sum_k w_{j,k} = 1$ μ-a.e. on Q_j. Observe that
$$\sum_{j,k} \lambda_j\, w_{j,k}\, a_j = \sum_j \lambda_j\, a_j = b.$$

Let us define
$$b_{j,k} = \lambda_j w_{j,k}\, a_j + c_{j,k}\, \chi_{R_0},$$
with the constant $c_{j,k}$ chosen so that $\int b_{j,k}\, d\mu = 0$, which guaranties that each $b_{j,k}$ is a special p-atomic block. Since $\int b\, d\mu = 0$, we have $\sum_{j,k} c_{j,k} = 0$, and thus
$$\sum_{j,k} b_{j,k} = b.$$

It remains to estimate $\sum_{j,k} |b_{j,k}|_{H^{1,p}_{atb}(\mu)}$. Clearly,
$$|b_{j,k}|_{H^{1,p}_{atb}(\mu)} \leq c\, |\lambda_j|\, \|a_j\, w_{j,k}\|_{L^p(\mu)}\, \mu(Q_{j,k})^{1/p'}\, K_{Q_{j,k},R_0}.$$

Therefore, summing on k and recalling that $K_{Q_{j,k},R_0} \leq c K_{Q_j,R}$,

$$\begin{aligned}\sum_k |b_{j,k}|_{H^{1,p}_{atb}(\mu)} &\leq c\,|\lambda_j|\,K_{Q_j,R} \sum_k \|a_j\,w_{j,k}\|_{L^p(\mu)}\,\mu(Q_{j,k})^{1/p'} \\ &\leq c\,|\lambda_j|\,K_{Q_j,R}\Big(\sum_k \|a_j\,\chi_{Q_{j,k}}\|^p_{L^p(\mu)}\Big)^{1/p}\Big(\sum_k \mu(Q_{j,k})\Big)^{1/p'}.\end{aligned}$$

By the finite overlap of the family of cubes $\{Q_{j,k}\}_k$, $\sum_k \|a_j\,\chi_{Q_{j,k}}\|^p_{L^p(\mu)} \leq c\,\|a_j\|^p_{L^p(\mu)}$, and also $\sum_k \mu(Q_{j,k}) \leq c\,\mu(2Q_j)$. Therefore, summing also on j we obtain

$$\begin{aligned}\sum_{j,k} |b_{j,k}|_{H^{1,p}_{atb}(\mu)} &\leq c \sum_j |\lambda_j|\,K_{Q_j,R}\,\|a_j\|_{L^p(\mu)}\,\mu(2Q_j)^{1/p'} \\ &\leq c \sum_j |\lambda_j| = c\,|b|_{H^{1,p}_{atb}(\mu)}.\end{aligned}$$

□

Now we are going to see that if a singular integral operator is bounded in $L^2(\mu)$, then it is also bounded from $H^{1,\infty}_{atb}(\mu)$ to $L^1(\mu)$. In fact, we will replace the assumption of $L^2(\mu)$ boundedness by the same weaker assumption as in Theorem 9.11. By the way, observe that for any $f \in H^{1,\infty}_{atb}(\mu)$ the integral

$$\int_{|x-y|>\varepsilon} K(x,y)\,f(y)\,d\mu(y)$$

makes sense for any $x \in \mathbb{R}^d$ since $|\chi_{|x-y|>\varepsilon} K(x,y)| \leq c/\varepsilon^n$ and f is integrable.

Theorem 9.21. *Let T be an n-dimensional singular integral operator. If for any cube Q and any function a supported on Q*

$$\int_Q |T_{\mu,\varepsilon} a|\,d\mu \leq c\,\|a\|_{L^\infty(\mu)}\,\mu(\rho Q) \tag{9.43}$$

uniformly on $\varepsilon > 0$, then T is bounded from $H^{1,\infty}_{atb}(\mu)$ to $L^1(\mu)$.

An analogous result can be stated with $H^{1,\infty}_{atb}(\mu)$ replaced by $H^{1,p}_{atb}(\mu)$. However, we skip it, since it will come for free later, after showing that $H^{1,p}_{atb}(\mu) = H^{1,\infty}_{atb}(\mu)$.

Proof. First we will show that

$$\|T_{\mu,\varepsilon} b\|_{L^1(\mu)} \leq c\,|b|_{H^{1,\infty}_{atb,2\rho}(\mu)} \tag{9.44}$$

for any atomic block b with $\mathrm{supp}(b) \subset R$, $b = \sum_j \lambda_j\,a_j$, where the a_j's are functions satisfying the property 3 of the definition of atomic block.

We write

$$\int |T_{\mu,\varepsilon}b|\,d\mu = \int_{\mathbb{R}^d\setminus 2R} |T_{\mu,\varepsilon}b|\,d\mu + \int_{2R} |T_{\mu,\varepsilon}b|\,d\mu. \tag{9.45}$$

To estimate the first integral on the right-hand side, we take into account that $\int b\,d\mu = 0$, and by the usual arguments (which we leave for the reader) we get

$$\int_{\mathbb{R}^d\setminus 2R} |T_{\mu,\varepsilon}b|\,d\mu \le c\,\|b\|_{L^1(\mu)} \le c\,|b|_{H^{1,\infty}_{atb,2\rho}(\mu)}. \tag{9.46}$$

On the other hand, for the last integral in (9.45), we have

$$\begin{aligned}\int_{2R} |T_{\mu,\varepsilon}b|\,d\mu &\le \sum_j |\lambda_j| \int_{2R} |T_{\mu,\varepsilon}a_j|\,d\mu \\ &= \sum_j |\lambda_j| \int_{2Q_j} |T_{\mu,\varepsilon}a_j|\,d\mu + \sum_j |\lambda_j| \int_{2R\setminus 2Q_j} |T_{\mu,\varepsilon}a_j|\,d\mu.\end{aligned}$$

By (9.43), for each j we have

$$\int_{2Q_j} |T_{\mu,\varepsilon}a_j|\,d\mu \le c\,\|a_j\|_{L^\infty(\mu)}\,\mu(2\rho Q_j).$$

Also,

$$\begin{aligned}\int_{2R\setminus 2Q_j} |T_{\mu,\varepsilon}a_j|\,d\mu &\le \sum_{k=1}^{N_{Q_j,R}} \int_{2^{k+1}Q_j\setminus 2^kQ_j} |T_{\mu,\varepsilon}a_j|\,d\mu \\ &\le c \sum_{k=1}^{N_{Q_j,R}} \frac{\mu(2^{k+1}Q_j)}{\ell(2^{k+1}Q_j)^n}\,\|a_j\|_{L^1(\mu)} \\ &\le c\,K_{Q_j,R}\,\|a_j\|_{L^\infty(\mu)}\,\mu(Q_j).\end{aligned}$$

Thus

$$\int_{2R} |T_{\mu,\varepsilon}a_j|\,d\mu \le c\,K_{Q_j,R}\,\|a_j\|_{L^\infty(\mu)}\,\mu(2\rho Q_j),$$

and then

$$\int_{2R} |T_{\mu,\varepsilon}b|\,d\mu \le c \sum_j |\lambda_j|\,K_{Q_j,R}\,\|a_j\|_{L^\infty(\mu)}\,\mu(2\rho Q_j) \le c\,|b|_{H^{1,\infty}_{atb,2\rho}(\mu)}. \tag{9.47}$$

Together with (9.46), this yields the estimate (9.44).

To prove the boundedness of T from $H^{1,\infty}_{atb}(\mu)$ to $L^1(\mu)$, notice first that if a priori we know that $\|T_{\mu,\varepsilon}\|_{H^{1,\infty}_{atb}(\mu)\to L^1(\mu)} < \infty$, then for any $f \in H^{1,\infty}_{atb}(\mu)$ we consider a decomposition $f = \sum_i b_i$ such that $\sum_i |b_i|_{H^{1,\infty}_{atb,2\rho}(\mu)} \approx \|f\|_{H^{1,\infty}_{atb}(\mu)}$ and then by the continuity of $T_{\mu,\varepsilon}$ we get $T_{\mu,\varepsilon}\big(\sum_i b_i\big) = \sum_i T_{\mu,\varepsilon} b_i$. Thus, using the estimate (9.44), we obtain

$$\|T_{\mu,\varepsilon} f\|_{L^1(\mu)} \leq \sum_i \|T b_i\|_{L^1(\mu)} \leq c \sum_i |b_i|_{H^{1,\infty}_{atb,2\rho}(\mu)} \approx \|f\|_{H^{1,\infty}_{atb}(\mu)}, \tag{9.48}$$

as wished.

In the general situation we reduce to the previous case by considering a double truncation of the kernel $K(x,y)$. Indeed, let $\varphi(x)$ be a radial C^∞ function such that $\chi_{B(0,1)} \leq \varphi \leq \chi_{B(0,2)}$ and for $\delta > \varepsilon > 0$ write

$$K_\delta(x,y) = \varphi\Big(\frac{x-y}{\delta}\Big)\, K(x,y).$$

It is easily checked that $K_\delta(x,y)$ is a Calderón-Zygmund kernel with constants uniform on δ. For $f \in L^1(\mu)$, set

$$T_{\mu,\varepsilon,\delta} f(x) = \int_{|x-y|>\varepsilon} K_\delta(x,y)\, f(y)\, d\mu(y).$$

Since $\chi_{|x-y|>\varepsilon}\, K_\delta(x,y)$ coincides with $\chi_{\varepsilon<|x-y|\leq\delta}\, K(x,y)$ outside the annulus $\delta \leq |x-y| \leq 2\delta$, we infer that

$$\begin{aligned} \big|T_{\mu,\varepsilon,\delta} f(x) - (T_\varepsilon f(x) - T_\delta f(x))\big| &\leq \int_{\delta<|x-y|\leq 2\delta} |K(x,y)\, f(y)|\, d\mu(y) \\ &\leq \frac{c}{\delta^n} \int_{|x-y|\leq 2\delta} |f(y)|\, d\mu(y). \end{aligned}$$

From this estimate it is straightforward to check that the operator $T_{\mu,\varepsilon,\delta} f - (T_\varepsilon f - T_\delta f)$ is bounded in $L^1(\mu)$ uniformly on ε and δ. As a consequence, applying (9.43) to $T_{\mu,\varepsilon}$ and $T_{\mu,\delta}$, we deduce that for any function a supported on Q,

$$\int_Q |T_{\mu,\varepsilon,\delta} a|\, d\mu \leq c\, \|a\|_{L^\infty(\mu)}\, \mu(\rho Q) \tag{9.49}$$

uniformly on ε and δ. On the other hand, $T_{\mu,\varepsilon,\delta}$ is bounded in $L^1(\mu)$, with norm possibly depending on ε, δ. Indeed, for any $x \in \mathbb{R}^d$,

$$\int |K_{\varepsilon,\delta}(x,y)|\, d\mu(y) \leq c\, \frac{\mu(B(x,2\delta))}{\varepsilon^n} \leq c\, \frac{\delta^n}{\varepsilon^n}.$$

Also, an analogous estimate holds for all $y \in \mathbb{R}^d$ integrating with respect to x, and so by appealing to Schur's lemma we derive the $L^1(\mu)$ boundedness of $T_{\mu,\varepsilon,\delta}$. This implies that

$$\|T_{\mu,\varepsilon,\delta}\|_{H^{1,\infty}_{atb}(\mu)\to L^1(\mu)} < \infty.$$

Therefore, as in (9.48), from (9.49) we deduce

$$\|T_{\mu,\varepsilon,\delta} f\|_{L^1(\mu)} \leq c \|f\|_{H^{1,\infty}_{atb}(\mu)},$$

uniformly on ε and δ.

It is immediate to check that $T_{\varepsilon,\delta} f(x) \to T_\varepsilon f(x)$ as $\delta \to \infty$. Moreover, $|T_{\varepsilon,\delta} f(x)| \leq c\,\varepsilon^{-n} \|f\|_{L^1(\mu)}$ for any $x \in \mathbb{R}^d$. Then by the dominated convergence theorem, given an arbitrary bounded set $D \subset \mathbb{R}^d$,

$$\int_D |T_\varepsilon f|\, d\mu = \lim_{\delta\to\infty} \int_D |T_{\varepsilon,\delta} f|\, d\mu \leq \sup_{\delta>0} \|T_{\mu,\varepsilon,\delta} f\|_{L^1(\mu)} \leq c \|f\|_{H^{1,\infty}_{atb}(\mu)}.$$

Since this estimate holds with a constant c independent of the bounded set D, we get $\|T_{\mu,\varepsilon} f\|_{L^1(\mu)} \leq c \|f\|_{H^{1,\infty}_{atb}(\mu)}$. □

We will see below, in Theorem 9.38, that the condition (9.43) holds if and only if T is bounded from $H^{1,\infty}_{atb}(\mu)$ to $L^1(\mu)$.

9.5 The duality $H^{1,p}_{atb}(\mu)$ - $RBMO(\mu)$

Our objective in this section consists in showing that the dual of $H^{1,p}_{atb}(\mu)$ is $RBMO(\mu)$, for $1 < p \leq \infty$, and that the spaces $H^{1,p}_{atb}(\mu)$ coincide. For simplicity, we will consider only the case of real-valued functions. The arguments for complex-valued functions are very similar and are left for the reader. First we need an auxiliary technical result.

Lemma 9.22. *Let $f \in RBMO(\mu)$ be real-valued. Given $q > 0$, we set*

$$f_q(x) = \begin{cases} f(x) & \text{if } |f(x)| \leq q, \\ q\,\dfrac{f(x)}{|f(x)|} & \text{if } |f(x)| > q. \end{cases}$$

Then $f_q \in RBMO(\mu)$, with $\|f_q\|_* \leq c \|f\|_*$.

Proof. For any function g, we set $g = g_+ - g_-$, with $g_+ = \max(g,0)$ and $g_- = -\min(g,0)$.

By Proposition 9.5, $\|f_+\|_*, \|f_-\|_* \leq c \|f\|_*$. Since $f_{q,+} = \min(f_+, q)$ and $f_{q,-} = \min(f_-, q)$, we have $\|f_{q,+}\|_*, \|f_{q,-}\|_* \leq c \|f\|_*$. Thus $\|f_q\|_* \leq \|f_{q,+}\|_* + \|f_{q,-}\|_* \leq c \|f\|_*$. □

Remark 9.23. Let $f \in RBMO(\mu)$ be real-valued and let $\{f_Q\}_Q$ be a collection of numbers satisfying (9.32) and (9.33). We set $f_{Q,+} = \max(f_Q, 0)$ and $f_{Q,-} = -\min(f_Q, 0)$ and we take

$$f_{q,Q} = \min(f_{Q,+}, q) - \min(f_{Q,-}, q).$$

It is easily seen that

$$\sup_Q \frac{1}{\mu(2Q)} \int_Q |f_q(x) - f_{q,Q}|\, d\mu(x) \le c\, \|f\|_*$$

and

$$|f_{q,Q} - f_{q,R}| \le c\, K_{Q,R}\, \|f\|_* \quad \text{for any two cubes } Q \subset R.$$

From now on, in this section all functions are assumed to be real-valued.

The proof about the duality between $H^{1,p}_{atb}(\mu)$ and $RBMO(\mu)$ and the coincidence of the spaces $H^{1,p}_{atb}(\mu)$ for $1 < p \le \infty$ has been split into several lemmas. The first one is the following.

Lemma 9.24. *For $1 < p \le \infty$,*

$$RBMO(\mu) \subset H^{1,p}_{atb}(\mu)^*.$$

That is, for $g \in RBMO(\mu)$, the linear functional

$$L_g(f) = \int f\, g\, d\mu$$

defined over functions $f \in L^p(\mu)$ with compact support extends to a unique continuous linear functional L_g over $H^{1,p}_{atb}(\mu)$. Moreover,

$$\|L_g\|_{H^{1,p}_{atb}(\mu)^*} \le c\, \|g\|_*.$$

Proof. Notice that, by Proposition 9.20, it follows easily that finite sums of special p-atomic blocks are dense in $H^{1,\infty}_{atb}(\mu)$. Therefore, $L^p(\mu)$ integrable functions with compact support are dense in $H^{1,\infty}_{atb}(\mu)$, and so by the Hahn-Banach theorem, if the functional L_g is bounded over this type of functions, then it extends uniquely to the whole space $H^{1,p}_{atb}(\mu)$.

To deal with the boundedness of L_g, first we will prove that if b is a p-atomic block and $g \in RBMO(\mu)$, then

$$\left| \int b\, g\, d\mu \right| \le c\, |b|_{H^{1,p}_{atb}(\mu)}\, \|g\|_*.$$

Suppose that $\mathrm{supp}(b) \subset R$, $b = \sum_j \lambda_j\, a_j$, where the a_j's are functions satisfying property 3 of the definition of p-atomic block. Since $\int b\, d\mu = 0$,

$$\left| \int b\, g\, d\mu \right| = \left| \int_R b\, (g - g_R)\, d\mu \right| \le \sum_j |\lambda_j|\, \|a_j\|_{L^p(\mu)} \left(\int_{Q_j} |g - g_R|^{p'}\, d\mu \right)^{1/p'}, \tag{9.50}$$

where $p' = p/(p-1)$, as usual. As $g \in RBMO(\mu) = RBMO^{p'}(\mu)$, we have

$$\begin{aligned}\left(\int_{Q_j} |g-g_R|^{p'}\,d\mu\right)^{1/p'} &\leq \left(\int_{Q_j} |g-g_{Q_j}|^{p'}\,d\mu\right)^{1/p'} + |g_R - g_{Q_j}|\,\mu(Q_j)^{1/p'} \\ &\leq c\,\|g\|_*\,\mu(2Q_j)^{1/p'} + c\,K_{Q_j,R}\,\|g\|_*\,\mu(Q_j)^{1/p'} \\ &\leq c\,K_{Q_j,R}\,\|g\|_*\,\mu(2Q_j)^{1/p'}.\end{aligned}$$

Plugging this estimate into (9.50) we get

$$\left|\int b\,g\,d\mu\right| \leq c\sum_j |\lambda_j|\,\|g\|_* = c\,|b|_{H^{1,p}_{atb}(\mu)}\,\|g\|_*.$$

Let $f \in H^{1,p}_{atb}(\mu)$ be $L^p(\mu)$ integrable and compactly supported, and suppose first that $g \in RBMO(\mu)$ is bounded. Let $f = \sum_j b_j$ be a decomposition of f into atomic blocks such that $\sum_j |b_j|_{H^{1,p}_{atb}(\mu)} \leq 2\|f\|_{H^{1,p}_{atb}(\mu)}$. Since the sum $\sum_j b_j$ converges in $L^1(\mu)$ and g is bounded,

$$\left|\int f\,g\,d\mu\right| \leq \sum_j \left|\int b_j\,g\,d\mu\right| \leq c\sum_j |b_j|_{H^{1,p}_{atb}(\mu)}\,\|g\|_* \leq c\,\|f\|_{H^{1,p}_{atb}(\mu)}\,\|g\|_*.$$

For a general function $g \in RBMO(\mu)$, consider a sequence of bounded functions $\{g_q\}_{q\geq 1}$ as in Lemma 9.22. As $\|g_q\|_* \leq c\,\|g\|_*$,

$$\left|\int f\,g_q\,d\mu\right| \leq c\,\|f\|_{H^{1,p}_{atb}(\mu)}\,\|g_q\|_* \leq c\,\|f\|_{H^{1,p}_{atb}(\mu)}\,\|g\|_*.$$

Since $|g_q| \leq |g|$ and g_q converges to g pointwise, by the dominated convergence theorem (recalling that f is from $L^p(\mu)$ and compactly supported and $g \in L^{p'}_{loc}(\mu)$, by John-Nirenberg),

$$\left|\int f\,g\,d\mu\right| = \lim_{q\to\infty}\left|\int f\,g_q\,d\mu\right|$$

and the lemma follows. □

The following lemma is a kind of partial converse to the preceding one.

Lemma 9.25. *For $1 < p \leq \infty$,*

$$H^{1,p}_{atb}(\mu)^* \cap L^{p'}_{loc}(\mu) \subset RBMO(\mu).$$

That is, if a functional from $H^{1,p}_{atb}(\mu)^*$ is of the form L_g for some $g \in L^{p'}_{loc}(\mu)$, with $L_g(f) = \int f\,g\,d\mu$ for $f \in H^{1,p}_{atb}(\mu) \cap L^p(\mu)$ with compact support, then $g \in RBMO(\mu)$.

Moreover, we have

$$\|L_g\|_{H^{1,p}_{atb}(\mu)^*} \approx \|g\|_*.$$

To prove this result we need first to define another equivalent norm for $RBMO(\mu)$. First we introduce some notation. Given a cube $Q \subset \mathbb{R}^d$ and $f \in L^1_{loc}(\mu)$, let $\alpha_Q(f)$ be the constant for which $\inf_{\alpha\in\mathbb{R}} m_Q(|f-\alpha|)$ is attained. By a variational argument, it follows easily that the constant $\alpha_Q(f)$ (which may be not unique) satisfies

$$\mu(\{x \in Q : f(x) > \alpha_Q(f)\}) \le \frac{1}{2}\mu(Q) \tag{9.51}$$

and

$$\mu(\{x \in Q : f(x) < \alpha_Q(f)\}) \le \frac{1}{2}\mu(Q). \tag{9.52}$$

Given $f \in L^1_{loc}(\mu)$, we denote by $\|f\|_\circ$ the minimal constant c_{10} such that

$$\frac{1}{\mu(Q)}\int_Q |f-\alpha_Q(f)|\,d\mu \le c_{10} \quad \text{for any doubling cube } Q \tag{9.53}$$

and

$$|\alpha_Q(f)-\alpha_R(f)| \le c_{10}\,K_{Q,R} \quad \text{for any two doubling cubes } Q\subset R. \tag{9.54}$$

Lemma 9.26. *$\|\cdot\|_\circ$ is a norm which is equivalent with $\|\cdot\|_*$.*

Proof. To show that $\|f\|_* \le c\,\|f\|_\circ$ for any $f \in L^1_{loc}(\mu)$ we use the characterization of $RBMO(\mu)$ in Proposition 9.10 (c). For a doubling cube Q, from the definition of $\|\cdot\|_\circ$ we deduce

$$|m_Q(f)-\alpha_Q(f)| = |m_Q(f-\alpha_Q(f))| \le m_Q|f-\alpha_Q(f)| \le c\,\|f\|_\circ.$$

Then from (9.53) and (9.54) (with $c_{10} = \|f\|_\circ$), we obtain

$$\frac{1}{\mu(Q)}\int_Q |f-m_Q f|\,d\mu \le c\,\|f\|_\circ \quad \text{for any doubling cube } Q$$

and

$$|m_Q f - m_R f| \le c\,\|f\|_\circ\,K_{Q,R} \quad \text{for any two } \textit{doubling} \text{ cubes } Q\subset R.$$

Thus, $\|f\|_* \le c\,\|f\|_\circ$.

To prove the converse inequality, consider a doubling cube Q. From the definition of $\alpha_Q(f)$ we get

$$\begin{aligned}|m_Q(f)-\alpha_Q(f)| &= |m_Q(f-\alpha_Q(f))|\\ &\le m_Q|f-\alpha_Q(f)| \le m_Q|f-m_Q(f)| \le c\,\|f\|_*.\end{aligned}$$

As a consequence, from this estimate and Proposition 9.10 (c) again, it follows easily that

$$\frac{1}{\mu(Q)}\int_Q |f-\alpha_Q f|\,d\mu \le c\,\|f\|_* \quad \text{for any doubling cube } Q\subset\mathbb{R}^d$$

and

$$|\alpha_Q f - \alpha_R f| \le c\,\|f\|_*\,K_{Q,R} \quad \text{for any two doubling cubes } Q\subset R. \qquad \square$$

Proof of Lemma 9.25. We have to prove that $\|g\|_\circ \le c\,\|L_g\|_{H^{1,p}_{atb}(\mu)^*}$, since the converse inequality has already been proved. First we will check that

$$\frac{1}{\mu(Q)}\int_Q |g-\alpha_Q(g)|\,d\mu \le c\,\|L_g\|_{H^{1,p}_{atb}(\mu)^*} \quad \text{for any doubling cube } Q. \tag{9.55}$$

Let f be such that it vanishes out of Q and, for $x\in Q$, $f(x)=1$ if $g(x)>\alpha_Q(g)$, $f(x)=-1$ if $g(x)<\alpha_Q(g)$, and $f(x)=\pm 1$ if $g(x)=\alpha_Q(g)$, so that $\int f\,d\mu=0$ (this is possible because of (9.51) and (9.52)). Then

$$\begin{aligned}\int_Q |g-\alpha_Q(g)|\,d\mu &= \left|\int_Q (g-\alpha_Q(g))\,f\,d\mu\right| \\ &= \left|\int f\,g\,d\mu\right| \le \|L_g\|_{H^{1,p}_{atb}(\mu)^*}\,\|f\|_{H^{1,p}_{atb}(\mu)}.\end{aligned}$$

Since f is a p-atomic block and Q is doubling, $\|f\|_{H^{1,p}_{atb}(\mu)} \le |f|_{H^{1,p}_{atb}(\mu)} \le c\,\mu(Q)$. Therefore

$$\int_Q |g-\alpha_Q(g)|\,d\mu \le \|L_g\|_{H^{1,p}_{atb}(\mu)^*}\,\mu(Q),$$

as wished.

To estimate $|\alpha_Q(g)-\alpha_R(g)|$ for doubling cubes $Q\subset R$ we take

$$f=\frac{1}{\mu(R)}\chi_R-\frac{1}{\mu(Q)}\chi_Q.$$

So $\int f\,d\mu=0$, and f is an atomic block. Since Q and R are doubling, $\|f\|_{H^{1,p}_{atb}(\mu)} \le \|f\|_{H^{1,\infty}_{atb}(\mu)} \le c\,K_{Q,R}$. Now we write

$$\begin{aligned}L_g(f) &= \int f\,g\,d\mu \\ &= \frac{1}{\mu(R)}\int_R (g-\alpha_R(g))\,d\mu - \frac{1}{\mu(Q)}\int_Q (g-\alpha_Q(g))\,d\mu + (\alpha_R(g)-\alpha_Q(g)).\end{aligned}$$

Therefore, using (9.55) for Q and R,

$$\begin{aligned}|\alpha_Q(g)&-\alpha_R(g)| \\ &\le |L_g(f)| + \frac{1}{\mu(R)}\int_R |g-\alpha_R(g)|\,d\mu + \frac{1}{\mu(Q)}\int_Q |g-\alpha_Q(g)|\,d\mu \\ &\le \|L_g\|_{H^{1,p}_{atb}(\mu)^*}\,\|f\|_{H^{1,p}_{atb}(\mu)} + c\,\|L_g\|_{H^{1,p}_{atb}(\mu)^*} \\ &\le c\,K_{Q,R}\,\|L_g\|_{H^{1,p}_{atb}(\mu)^*}.\end{aligned}$$

Thus, $\|g\|_\circ \le c\,\|L_g\|_{H^{1,p}_{atb}(\mu)^*}$. □

Lemma 9.27. *For* $1 < p < \infty$,

$$H^{1,p}_{atb}(\mu)^* \subset L^{p'}_{loc}(\mu) \quad \textit{modulo constants.}$$

Remark 9.28. The statement in the lemma means that there exists some function $g \in L^{p'}_{loc}(\mu)$ such that for any function $f \in H^{1,p}_{atb}(\mu) \cap L^p(\mu)$ which is compactly supported we have $L(f) = \int f\, g\, d\mu$.

Proof of Lemma 9.27. For $N \geq 1$, let $Q_N = [-N, N]^d$ and let $\mu_N = \mu \lfloor Q_N$. Let $L^p_0(\mu_N)$ be the subspace of the functions from $L^p(\mu_N)$ with zero mean value, and let C_N be the space of functions that are constant on $\operatorname{supp}(\mu_N)$. $L^p_0(\mu_N)$ can be considered as a subspace of $H^{1,p}_{atb}(\mu)$ (understanding that the functions of $L^p_0(\mu_N)$ vanish out of the support of μ_N). Observe that $L_{|L^p_0(\mu)}$ belongs to $L^p_0(\mu_N)^*$ (taking the L^p norm for $L^p_0(\mu_N)$), because

$$|L(f)| \leq \|L\|_{H^{1,p}_{atb}(\mu)^*} \|f\|_{H^{1,p}_{atb}(\mu)} \leq \|L\|_{H^{1,p}_{atb}(\mu)^*} \mu([-N), N]^d)^{1/p'} \|f\|_{L^p(\mu_N)}.$$

Since $L^p_0(\mu_N)^* = L^{p'}(\mu_N)/C_N$, there exists some function $g_N \in L^{p'}(\mu_N)$, which is unique μ_N-a.e. up to constants, such that

$$L(f) = \int f\, g_N\, d\mu \qquad \text{for any function } f \in L^p_0(\mu_N).$$

Taking into account that $L^p_0(\mu_N) \subset L^p_0(\mu_{N+1})$, we have

$$\int f\, g_{N+1}\, d\mu = \int f\, g_N\, d\mu \qquad \text{for any function } f \in L^p_0(\mu_N),$$

which implies that $g_N = g_{N+1} + c$ μ_N-a.e. for some constant c. So redefining g_{N+1} if necessary, we may assume that g_N and g_{N+1} coincide μ_N-a.e.

As a consequence, there exists some function g such that for every $f \in H^{1,p}_{atb}(\mu)$ which is compactly supported and $L^p(\mu)$ integrable (and so with has zero mean),

$$L(f) = \int f\, g\, d\mu.$$ □

Finally, we have:

Theorem 9.29. *For* $1 < p < \infty$, $H^{1,p}_{atb}(\mu) = H^{1,\infty}_{atb}(\mu)$. *Also,* $H^{1,\infty}_{atb}(\mu)^* = RBMO(\mu)$.

As above, the last statement must be understood in the sense of Remark 9.28.

In the proof below we will appeal to Banach's closed range theorem. Recall that this asserts that if X, Y are Banach spaces, X^*, Y^* stand for their duals, and $T : X \to Y$ is a bounded linear operator, then $T(X)$ is closed in Y if and only if $T^*(Y^*)$ is closed in X^*, where T^* is the adjoint of T. See Yosida [182, p.205], for example.

Proof. By Lemmas 9.24, 9.25, and 9.27, we know that $H^{1,p}_{atb}(\mu)^* = RBMO(\mu)$ for $1 < p < \infty$. Thus, to prove the theorem it is enough to show that $H^{1,\infty}_{atb}(\mu) = H^{1,p}_{atb}(\mu)$ for $1 < p < \infty$.

We consider the maps

$$\begin{aligned} i : H^{1,\infty}_{atb}(\mu) \quad &\longrightarrow \quad H^{1,p}_{atb}(\mu) \\ i^* : RBMO(\mu) = H^{1,p}_{atb}(\mu)^* \quad &\longrightarrow \quad H^{1,\infty}_{atb}(\mu)^*. \end{aligned}$$

The map i is an inclusion and i^* is the canonical injection of $RBMO(\mu)$ into $H^{1,\infty}_{atb}(\mu)^*$ (with the identification $g \equiv L_g$ for $g \in RBMO(\mu)$). By Lemma 9.25, we have

$$\|L_g\|_{H^{1,\infty}_{atb}(\mu)^*} \approx \|g\|_* \approx \|L_g\|_{H^{1,p}_{atb}(\mu)^*},$$

and thus $i^*(RBMO(\mu))$ is a closed subspace of $H^{1,\infty}_{atb}(\mu)^*$. By Banach's closed range theorem, $H^{1,\infty}_{atb}(\mu)$ is also closed in $H^{1,p}_{atb}(\mu)$.

To prove that $H^{1,\infty}_{atb}(\mu) = H^{1,p}_{atb}(\mu)$, by the Hahn-Banach theorem, we have to show that any functional from $H^{1,p}_{atb}(\mu)^*$ which vanishes on $H^{1,\infty}_{atb}(\mu)$ vanishes identically on the whole $H^{1,p}_{atb}(\mu)$. This functional is of the form L_g for some $g \in RBMO(\mu)$ (because of the identification $RBMO(\mu) = H^{1,p}_{atb}(\mu)^*$). Since L_g vanishes on $H^{1,\infty}_{atb}(\mu)$, $\|g\|_* = 0$ by Lemma 9.25 applied with $p = \infty$, and thus L_g vanishes identically on $H^{1,p}_{atb}(\mu)$, as wished. □

Example 9.30. By the previous theorem and the fact that for an AD regular measure μ the space $RBMO(\mu)$ coincides with $BMO(\mu)$, we derive that in this case we have $H^{1,\infty}_{atb}(\mu) = H^{1,\infty}(\mu)$ too (using the same sort of uniqueness argument as above). However, this does not hold for all doubling measures μ. For instance, in Example 9.14 (μ equal to the Lebesgue measure on $[0,1]^2$, with $n = 1$, $d = 2$) since $RBMO(\mu) = L^\infty(\mu)$ modulo constants, we have $H^{1,\infty}_{atb}(\mu) = \{f \in L^1(\mu) : \int f\, d\mu = 0\}$.

9.6 Another maximal operator and another covering theorem

For a given $\rho > 1$ and $f \in L^1_{loc}(\mu)$, we consider the non-centered maximal operator

$$M^{(\rho)}_\mu f(x) = \sup_{Q \ni x} \frac{1}{\mu(\rho Q)} \int_Q |f|\, d\mu.$$

One can assume either that the cubes in the supremum are closed, or that they are open, as it easily follows that the value of the sup is the same in both cases. We wish to prove that, for any $\rho > 1$, $M^{(\rho)}_\mu$ is of weak type $(1,1)$ and bounded in $L^p(\mu)$, for $p > 1$. To this end we need the following covering lemma.

Theorem 9.31. *Let δ be a distance in $\mathbb{R}^d$ which is equivalent with the Euclidean distance. That is,*

$$\delta(x,y) \approx |x-y| \qquad \text{for all } x,y \in \mathbb{R}^d. \tag{9.56}$$

Let $\rho > 1$, and let $\{B_i\}_{i\in I}$ be a finite family of open δ-balls (i.e., balls with respect to the metric δ). Then there exists a subfamily $\{B_i\}_{i\in H} \subset \{B_i\}_{i\in I}$ such that

(a) $\bigcup_{i\in I} B_i \subset \bigcup_{i\in H} \rho B_i$, *where ρB_i stands for the δ-ball with radius $\rho\, r(B_i)$ which is concentric with B_i, and*

(b) $\sum_{i\in H} \chi_{B_i} \leq c$, *where c depends only on d, ρ, and the constant involved in* (9.56).

For $\rho \geq 3$ this theorem is a direct consequence of the $3r$-covering Theorem 2.1 from Chapter 2. In this case the balls from the family H turn out to be disjoint. So the main novelty in the preceding result is that the constant ρ is allowed to be any value strictly bigger than 1.

Proof. We choose the family of indices H by the following algorithm: Let B_{s_1}, $s_1 \in I$, a δ-ball with maximal radius. We set $s_1 \in H$. Next, let $s_2 \in I$ be such that B_{s_2} has maximal radius among the δ-balls B_i, $i \in I$, which are not contained in ρB_{s_1}, and set $s_2 \in H$. In general, if $s_1, \dots, s_j$ have already been chosen as indices from H, we take s_{j+1} such that $r(B_{s_{j+1}})$ is maximal among the δ-balls B_i not contained in $\bigcup_{k=1}^{j} \rho B_{s_k}$, and we set $s_{j+1} \in H$. If there is no index s_{j+1} satisfying the preceding requirements, then the construction of H is finished.

The above algorithm readily yields $\bigcup_{i\in I} B_i \subset \bigcup_{i\in H} \rho B_i$. So we only have to prove the finite superposition claimed in (b). First, consider two δ-balls B_i, B_j with $r(B_i) \geq r(B_j)$ such that $B_i \cap B_j \neq \varnothing$ and $B_j \not\subset \rho B_i$. From the latter conditions we infer that

$$2\, r(B_j) \geq \operatorname{diam}(B_j) \geq (\rho - 1)\, r(B_i). \tag{9.57}$$

Of course, both the diameter and the radius of the balls B_i, B_j are taken with respect to the distance δ. So the radius of the balls B_i and B_j in the above situation are comparable. On the other hand, denoting by x_i, x_j the centers of B_i, B_j, we also have

$$\delta(x_i, x_j) \geq (\rho - 1)\, r(B_i). \tag{9.58}$$

Otherwise, every $z \in B_j$ satisfies

$$\delta(x_i, z) \leq \delta(x_i, x_j) + \delta(x_j, z) < (\rho - 1) r(B_i) + r(B_j) \leq \rho\, r(B_i),$$

and thus $B_j \subset \rho B_i$.

Let $B_{t_1}, \dots, B_{t_m}$ be δ-balls from $\{B_i\}_{i\in H}$ such that

$$\bigcap_{k=1}^{m} B_{t_k} \neq \varnothing.$$

Suppose that B_{t_1} is the one with maximal radius. Since each δ-ball B_{t_k} intersects B_{t_1}, we infer that

$$\delta(x_{t_1}, x_{t_k}) \leq r(B_{t_1}) + r(B_{t_k}) \leq 2r(B_{t_1}).$$

So it turns out that $2B_{t_1}$ contains points $x_{t_1}, \ldots, x_{t_m}$ such that, by (9.58) and (9.57),

$$\delta(x_{t_j}, x_{t_k}) \geq (\rho - 1) \max\bigl(r(B_{t_j}), r(B_{t_k})\bigr) \geq \frac{1}{2}\,(\rho - 1)^2\, r(B_{t_1}).$$

Since δ is equivalent with the Euclidean distance, we infer that m is bounded above by some constant depending only on d, ρ, and the constant involved in (9.56). □

Let us remark that the above covering theorem is valid for arbitrary metric spaces which are geometrically doubling. The following is an easy consequence.

Theorem 9.32. *Let μ be a Radon measure in $\mathbb{R}^d$, and let $\rho > 1$. The operator $M_\mu^{(\rho)}$ is bounded from $M(\mathbb{R}^d)$ to $L^{1,\infty}(\mu)$ and in $L^p(\mu)$ for every $p \in (1, \infty]$.*

Proof. The boundedness in $L^\infty(\mu)$ is trivial. Thus, by the Marcinkiewicz interpolation theorem it is enough to show that $M_\mu^{(\rho)}$ is bounded from $M(\mathbb{R}^d)$ to $L^{1,\infty}(\mu)$.

So let $\nu \in M(\mathbb{R}^d)$ and $\lambda > 0$, and set

$$\Omega = \bigl\{x \in \mathbb{R}^d : M_\mu^{(\rho)}\nu(x) > \lambda\bigr\}.$$

Take a compact set $K \subset \Omega$, and for each $x \in K$, let Q_x be an open cube containing x such that

$$\frac{|\nu|(Q_x)}{\mu(\rho Q_x)} > \lambda.$$

Let $\{Q_i\}_{i\in I} \subset \{Q_x\}_x$ be a finite subfamily that covers K. By the preceding covering theorem (with the distance δ induced by the sup-norm in $\mathbb{R}^d$), there exists a subfamily $\{Q_i\}_{i\in H} \subset \{Q_i\}_{i\in I}$ with bounded overlapping such that $K \subset \bigcup_{i\in H} \rho Q_i$. Then

$$\mu(K) \leq \sum_{i\in H} \mu(\rho Q_i) \leq \sum_{i\in H} \frac{|\nu|(Q_i)}{\lambda} \leq c\,\frac{\|\nu\|}{\lambda}.$$

Since this holds uniformly for any compact $K \subset \Omega$, we get

$$\mu\bigl(\bigl\{x \in \mathbb{R}^d : M_\mu^{(\rho)}\nu(x) > \lambda\bigr\}\bigr) \leq c\,\frac{\|\nu\|}{\lambda}.$$

□

9.7 The sharp maximal operator

The classical (centered) sharp maximal operator when μ is doubling is defined as

$$M^{\sharp}_{doub}f(x) = \sup_{Q} \frac{1}{\mu(Q)} \int_Q |f - m_Q f|\, d\mu,$$

where the supremum is taken over the cubes Q centered at x and $f \in L^1_{loc}(\mu)$. Then one has $f \in BMO(\mu)$ if and only if $M^{\sharp}_{doub}f \in L^\infty(\mu)$. For $f \in L^p(\mu)$ (with $\int f\, d\mu = 0$ when μ is finite), it turns out that $\|f\|_{L^p(\mu)} \approx \|M^{\sharp}_{doub}f\|_{L^p(\mu)}$. This operator plays an important role in the proof of interpolation results involving $BMO(\mu)$, or in the study of commutators, for example.

We will now introduce an analogous sharp maximal operator suitable for our space $RBMO(\mu)$ enjoying properties similar to the ones of the classical sharp operator, denoted above by $M^{\sharp}_{doub}$. We define

$$M^{\sharp}f(x) = \sup_{Q \ni x} \frac{1}{\mu(\frac{3}{2}Q)} \int_Q |f - m_{\tilde{Q}} f|\, d\mu + \sup_{\substack{Q \subset R:\ x \in Q,\\ Q,\, R \text{ doubling}}} \frac{|m_Q f - m_R f|}{K_{Q,R}}. \qquad (9.59)$$

Notice that the cubes that appear in these supremums may be non-centered at x. It is clear that $f \in RBMO(\mu)$ if and only if $M^{\sharp}f \in L^\infty(\mu)$ (recall Remark 9.8).

We consider the non-centered doubling maximal operator $\mathcal{N}_\mu$:

$$\mathcal{N}_\mu f(x) = \sup_{\substack{Q \ni x,\\ Q \text{ doubling}}} \frac{1}{\mu(Q)} \int_Q |f|\, d\mu.$$

Observe that $|f(x)| \le \mathcal{N}_\mu f(x)$ for μ-a.e. $x \in \mathbb{R}^d$, by Remark 2.10. Moreover, the operator $\mathcal{N}_\mu$ is of weak type $(1,1)$ and bounded in $L^p(\mu)$, $p \in (1,\infty]$. Indeed, if Q is doubling and $x \in Q$, we can write

$$\frac{1}{\mu(Q)} \int_Q |f|\, d\mu \le \frac{2^{d+1}}{\mu(2Q)} \int_Q |f|\, d\mu \le 2^{d+1}\, M^{(2)}_\mu f(x).$$

So $\mathcal{N}_\mu f(x) \le 2^{d+1}\, M^{(2)}_\mu f(x)$. As a consequence, from Theorem 9.32 we infer that $\mathcal{N}_\mu$ is bounded from $M(\mathbb{R}^d)$ to $L^{1,\infty}(\mu)$ and also in $L^p(\mu)$, for $1 < p \le \infty$.

Note that $M^{\sharp}$ is also bounded from $M(\mathbb{R}^d)$ to $L^{1,\infty}(\mu)$, and in $L^p(\mu)$, for $1 < p \le \infty$. This follows from the fact that the first supremum in the definition of $M^{\sharp}f$ is bounded by $M^{(3/2)}_\mu f(x) + \mathcal{N}_\mu f(x)$, and the second one by $2\mathcal{N}_\mu f(x)$.

Remark 9.33. We have

$$M^{\sharp}|f|(x) \le 2^{d+4}\, M^{\sharp}f(x).$$

This is easy to check: Assume that $x \in Q$ and Q is doubling. Then we have

$$\begin{aligned}\big|m_Q|f| - |m_Q f|\big| &= \left|\frac{1}{\mu(Q)}\int_Q (|f(x)| - |m_Q f|)\,d\mu(x)\right| \\ &\leq \frac{1}{\mu(Q)}\int_Q |f(x) - m_Q f|\,d\mu(x) \\ &\leq 2^{d+1}\,M^\sharp f(x). \end{aligned} \tag{9.60}$$

Therefore, if $Q \subset R$ are doubling,

$$\begin{aligned}\big|m_Q|f| - m_R|f|\,\big| &\leq |m_Q f - m_R f| + 2^{d+2}\,M^\sharp f(x) \\ &\leq (K_{Q,R} + 2^{d+2})\,M^\sharp f(x) \leq 3\cdot 2^{d+1}\,K_{Q,R}\,M^\sharp f(x).\end{aligned}$$

Thus

$$\sup_{\substack{Q\subset R:\, x\in Q,\\ Q,\,R \text{ doubling}}} \frac{\big|m_Q|f| - m_R|f|\,\big|}{K_{Q,R}} \leq 3\cdot 2^{d+1}\,M^\sharp f(x).$$

For the other supremum, by (9.60) we have

$$\begin{aligned}&\sup_{Q\ni x}\frac{1}{\mu(\frac{3}{2}Q)}\int_Q \big|\,|f(x)| - m_{\tilde{Q}}|f|\,\big|\,d\mu(x) \\ &\qquad\leq \sup_{Q\ni x}\frac{1}{\mu(\frac{3}{2}Q)}\int_Q \big|\,|f(x)| - |m_{\tilde{Q}} f|\,\big|\,d\mu(x) + 2^{d+1}\,M^\sharp f(x) \\ &\qquad\leq \sup_{Q\ni x}\frac{1}{\mu(\frac{3}{2}Q)}\int_Q |f(x) - m_{\tilde{Q}} f|\,d\mu(x) + 2^{d+1}\,M^\sharp f(x) \\ &\qquad\leq 2^{d+2}\,M^\sharp f(x).\end{aligned}$$

Theorem 9.34. *Let $f \in L^1_{loc}(\mu)$, with $\int f\,d\mu = 0$ if $\|\mu\| < \infty$. For $1 < p < \infty$, if $\inf(1, \mathcal{N}_\mu f) \in L^p(\mu)$, then we have*

$$\|\mathcal{N}_\mu f\|_{L^p(\mu)} \leq c\,\|M^\sharp f\|_{L^p(\mu)}. \tag{9.61}$$

Proof. We assume $\|\mu\| = \infty$. The proof for $\|\mu\| < \infty$ is similar. For some fixed $\eta < 1$ and all $\varepsilon > 0$, we will prove that there exists some $\delta > 0$ such that for any $\lambda > 0$ the following good λ inequality holds:

$$\mu\big(\{x : \mathcal{N}_\mu f(x) > (1+\varepsilon)\lambda,\ M^\sharp f(x) \leq \delta\lambda\}\big) \leq \eta\,\mu\big(\{x : \mathcal{N}_\mu f(x) > \lambda\}\big). \tag{9.62}$$

Consider the sets $\Omega_\lambda = \{x : \mathcal{N}_\mu f(x) > \lambda\}$ and

$$E_\lambda = \{x : \mathcal{N}_\mu f(x) > (1+\varepsilon)\lambda,\ M^\sharp f(x) \leq \delta\lambda\}.$$

For the moment we assume $f \in L^p(\mu)$ for some $1 < p < \infty$, so that $\mathcal{N}_\mu f \in L^p(\mu)$ too. Consider an arbitrary compact subset $F_\lambda \subset E_\lambda$. For each $x \in F_\lambda$, among the doubling cubes Q that contain x and such that $m_Q|f| > (1+\varepsilon/2)\lambda$, we consider one cube Q_x which has 'almost maximal' side length, in the sense that if some doubling cube Q' with side length $\geq 2\ell(Q_x)$ contains x, then $m_{Q'}|f| \leq (1+\varepsilon/2)\lambda$. It is easy to check that this maximal cube Q_x exists, because $f \in L^p(\mu)$.

Let R_x be the cube centered at x with side length $3\ell(Q_x)$. We write $S_x = \widetilde{R_x}$. So assuming δ small enough we have $m_{S_x}|f| > \lambda$, and then $S_x \subset \Omega_\lambda$. Indeed, by construction, we have $K_{Q_x,S_x} \leq c_{11}$. Then, as $Q_x \subset S_x$ are doubling cubes containing x,

$$\big|m_{Q_x}|f| - m_{S_x}|f|\big| \leq K_{Q_x,S_x}\, M^\sharp|f|(x) \leq c_{11}2^{d+4}\delta\lambda.$$

Thus, for $\delta < c_{11}^{-1}2^{-d-5}\varepsilon$,

$$m_{S_x}|f| > (1+\varepsilon/2)\lambda - c_{11}2^{d+4}\delta\lambda > \lambda.$$

By the Besicovitch covering theorem (since F_λ is bounded) there are q_d (depending only on d) subfamilies $\mathcal{D}_k = \{S_i^k\}_i$, $k = 1, \dots, q_d$, of cubes S_x such that the cubes from $\bigcup_{k=1}^{q_d} \mathcal{D}_k$ cover F_λ, they are centered at points $x_i^k \in F_\lambda$, and each subfamily $\mathcal{D}_k$ is formed by pairwise disjoint cubes. Note that at least one of the subfamilies $\mathcal{D}_k$, say $\mathcal{D}_1$, satisfies

$$\mu\Big(\bigcup_i S_i^1\Big) \geq \frac{1}{q_d}\,\mu\Big(\bigcup_{i,k} S_i^k\Big).$$

We will prove that for each cube S_i^1,

$$\mu(S_i^1 \cap F_\lambda) \leq \frac{1}{2q_d}\,\mu(S_i^1) \tag{9.63}$$

if δ is assumed small enough. From this inequality one gets

$$\mu\Big(F_\lambda \cap \bigcup_i S_i^1\Big) \leq \frac{1}{2q_d}\sum_i \mu(S_i^1) \leq \frac{1}{2q_d}\,\mu(\Omega_\lambda).$$

Then

$$\begin{aligned} \mu(F_\lambda) &\leq \mu\Big(\bigcup_{i,k} S_i^k \setminus \bigcup_i S_i^1\Big) + \mu\Big(F_\lambda \cap \bigcup_i S_i^1\Big) \\ &\leq \Big(1 - \frac{1}{q_d}\Big)\,\mu\Big(\bigcup_i S_i^1\Big) + \frac{1}{2q_d}\,\mu(\Omega_\lambda) \\ &\leq \Big(1 - \frac{1}{2q_d}\Big)\,\mu(\Omega_\lambda). \end{aligned} \tag{9.64}$$

Let us prove (9.63). Let $y \in S_i^1 \cap F_\lambda$. If $Q \ni y$ is doubling and such that $m_Q|f| > (1+\varepsilon)\lambda$, then $\ell(Q) \leq \ell(S_i^1)/8$. Otherwise, $\widetilde{30Q} \supset S_i^1 \supset Q_{x_i^1}$, and since Q

and $\widetilde{30Q}$ are doubling, we have

$$\left| m_Q|f| - m_{\widetilde{30Q}}|f| \right| \leq K_{Q,\widetilde{30Q}}\, M^\sharp|f|(y) \leq c_{12}\,\delta\lambda \leq \frac{\varepsilon}{2}\,\lambda,$$

assuming $c_{12}\delta < \varepsilon/2$, and so

$$m_{\widetilde{30Q}}|f| > (1+\varepsilon/2)\,\lambda,$$

which contradicts the choice of $Q_{x_i^1}$ because $\widetilde{30Q} \supset Q_{x_i^1}$ and $\ell(\widetilde{30Q}) > 2\ell(Q_{x_i^1})$.

So $\mathcal{N}_\mu f(y) > (1+\varepsilon)\lambda$ implies

$$\mathcal{N}_\mu(\chi_{\frac{5}{4}S_i^1} f)(y) > (1+\varepsilon)\lambda.$$

On the other hand, we also have

$$m_{\widetilde{\frac{5}{4}S_i^1}}|f| \leq (1+\varepsilon/2)\,\lambda,$$

since $\widetilde{\frac{5}{4}S_i^1}$ is doubling and its side length is $> 2\ell(Q_{x_i^1})$. Therefore, we get

$$\mathcal{N}_\mu\big(\chi_{\frac{5}{4}S_i^1}|f| - m_{\widetilde{\frac{5}{4}S_i^1}}|f|\big)(y) > \frac{\varepsilon}{2}\,\lambda,$$

and then, by the weak $(1,1)$ boundedness of $\mathcal{N}_\mu$ and the fact that S_i^1 is doubling,

$$\begin{aligned}
\mu(S_i^1 \cap F_\lambda) &\leq \mu\big(\{y : \mathcal{N}_\mu\big(\chi_{\frac{5}{4}S_i^1}(|f| - m_{\widetilde{\frac{5}{4}S_i^1}}|f|)\big)(y) > \frac{\varepsilon}{2}\,\lambda\}\big) \\
&\leq \frac{c}{\varepsilon\lambda}\int_{\frac{5}{4}S_i^1} \big(|f| - m_{\widetilde{\frac{5}{4}S_i^1}}|f|\big)\,d\mu \\
&\leq \frac{c}{\varepsilon\lambda}\,\mu(2S_i^1)\,M^\sharp|f|(x_i^1) \\
&\leq \frac{c_{13}\,\delta}{\varepsilon}\,\mu(S_i^1).
\end{aligned}$$

Thus (9.63) follows by choosing $\delta < \varepsilon/2q_d c_{13}$. This finishes the proof of (9.64), and since F_λ is an arbitrary compact subset of E_λ, one gets (9.62).

Under the assumption $f \in L^p(\mu)$, if we multiply both sides of (9.62) by $p\lambda^{p-1}$ and we integrate with respect to $\lambda \in (0,\infty)$, (9.61) follows arguing as in (2.40).

Suppose now that $f \notin L^p(\mu)$. We consider the functions f_q, $q \geq 1$, introduced in Lemma 9.22. Since for all functions $g, h \in L^1_{loc}(\mu)$ and all x we have $M^\sharp(g+h)(x) \leq M^\sharp g(x) + M^\sharp h(x)$ and $M^\sharp|g|(x) \leq c\,M^\sharp g(x)$, operating as in Lemma 9.22 we get $M^\sharp f_q(x) \leq c\,M^\sharp f(x)$. On the other hand, $|f_q(x)| \leq q\,\inf(1,|f|)(x) \leq q\,\inf(1,\mathcal{N}_\mu f)(x)$ and so $f_q \in L^p(\mu)$. Therefore,

$$\|\mathcal{N}_\mu f_q\|_{L^p(\mu)} \leq c\,\|M^\sharp f_q\|_{L^p(\mu)} \leq c\,\|M^\sharp f\|_{L^p(\mu)}.$$

Taking the limit as $q \to \infty$, (9.61) follows. □

9.8 Two interpolation theorems

The following result is an immediate consequence of the properties of the sharp maximal operator.

Theorem 9.35. *Let $1 < p < \infty$ and T be a linear operator bounded in $L^p(\mu)$ and from $L^\infty(\mu)$ to $RBMO(\mu)$. Then T extends continuously to $L^r(\mu)$, $p < r < \infty$.*

Proof. Assume $\|\mu\| = \infty$. The operator $M^\sharp \circ T$ is sublinear and it is bounded in $L^p(\mu)$ and in $L^\infty(\mu)$. By the Marcinkiewicz interpolation theorem, it is bounded in $L^r(\mu)$, for $p < r < \infty$. That is,

$$\|M^\sharp Tf\|_{L^r(\mu)} \leq c\,\|f\|_{L^r(\mu)}.$$

Take $f \in L^r(\mu)$ with compact support. Then $f \in L^p(\mu)$ and so $Tf \in L^p(\mu)$. Thus $\mathcal{N}_\mu(Tf) \in L^p(\mu)$, and so $\inf(1, \mathcal{N}_\mu(Tf)) \in L^r(\mu)$. From Theorem 9.34 we deduce that

$$\|Tf\|_{L^r(\mu)} \leq c\,\|M^\sharp Tf\|_{L^r(\mu)} \leq c\,\|f\|_{L^r(\mu)}.$$

The proof for $\|\mu\| < \infty$ is similar: Given $f \in L^r(\mu)$, we write $f = \left(f - \int f\,d\mu\right) + \int f\,d\mu$. It easily seen that the same argument as for $\|\mu\| = \infty$ can be applied to the function $f - \int f\,d\mu$. On the other hand, T is bounded in $L^r(\mu)$ over constant functions. Indeed, since T is bounded from $L^\infty(\mu)$ to $RBMO(\mu)$, we get

$$\begin{aligned}\|T1\|_{L^r(\mu)} &\leq \|T1 - m_{\mathbb{R}^d}(T1)\|_{L^r(\mu)} + \|m_{\mathbb{R}^d}(T1)\|_{L^r(\mu)} \\ &\leq c\,\mu(\mathbb{R}^d)^{1/r} + \|m_{\mathbb{R}^d}(T1)\|_{L^r(\mu)}.\end{aligned} \tag{9.65}$$

The second inequality follows by taking a cube centered at some point from $\operatorname{supp}\mu$ and letting its side length tend to ∞, for instance. Also, we have

$$\begin{aligned}\|m_{\mathbb{R}^d}(T1)\|_{L^r(\mu)} &= |m_{\mathbb{R}^d}(T1)|\,\mu(\mathbb{R}^d)^{\frac{1}{r}} \\ &\leq \|T1\|_{L^p(\mu)}\,\mu(\mathbb{R}^d)^{\frac{1}{r}-\frac{1}{p}} \leq c\,\mu(\mathbb{R}^d)^{1/r} \equiv c\,\|1\|_{L^r(\mu)},\end{aligned}$$

and so $\|T1\|_{L^r(\mu)} \leq c\,\|1\|_{L^r(\mu)}$. □

The main theorem of this section is another interpolation result which is not as immediate as the previous one. Using this result, we will be able to obtain a new proof of the $T1$ theorem for the Cauchy integral in the next section. The statement is the following.

Theorem 9.36. *Let T be a linear operator which is bounded from $H^{1,\infty}_{atb}(\mu)$ to $L^1(\mu)$ and from $L^\infty(\mu)$ to $RBMO(\mu)$. In the case $\|\mu\| < \infty$, suppose also that $T1 \in L^1(\mu)$. Then T extends continuously to $L^p(\mu)$, $1 < p < \infty$.*

To prove the theorem we need the following variant of the Calderón-Zygmund decomposition obtained in Lemma 2.14.

Lemma 9.37 (Variant of the Calderón-Zygmund decomposition). *For $1 \leq p < \infty$, consider $f \in L^p(\mu)$ with compact support. For any $\lambda > 0$ (with $\lambda > 2^{d+1} \|f\|_{L^1(\mu)}/\|\mu\|$ if $\|\mu\| < \infty$), we have:*

(a) *There exists a family of almost disjoint (i.e. with a bounded overlap) cubes $\{Q_i\}_i$ such that*

$$\frac{1}{\mu(2Q_i)} \int_{Q_i} |f|^p \, d\mu > \frac{\lambda^p}{2^{d+1}}, \tag{9.66}$$

$$\frac{1}{\mu(2\eta Q_i)} \int_{\eta Q_i} |f|^p \, d\mu \leq \frac{\lambda^p}{2^{d+1}} \quad \text{for all } \eta > 2, \tag{9.67}$$

$$|f| \leq \lambda \quad \mu\text{-a.e. on } \mathbb{R}^d \setminus \textstyle\bigcup_i Q_i. \tag{9.68}$$

(b) *For each i, let $w_i = \frac{\chi_{Q_i}}{\sum_k \chi_{Q_k}}$ and let R_i be a $(6, 6^{n+1})$-doubling cube concentric with Q_i, with $\ell(R_i) > 4\ell(Q_i)$. Then there exists a family of functions φ_i, each with constant sign, with $\operatorname{supp}(\varphi_i) \subset R_i$, satisfying*

$$\int \varphi_i \, d\mu = \int_{Q_i} f \, w_i \, d\mu, \tag{9.69}$$

$$\sum_i |\varphi_i| \leq B\,\lambda \tag{9.70}$$

(where B is some constant), and if $1 < p < \infty$,

$$\left(\int_{R_i} |\varphi_i|^p \, d\mu \right)^{1/p} \mu(R_i)^{1/p'} \leq \frac{c}{\lambda^{p-1}} \int_{Q_i} |f|^p \, d\mu. \tag{9.71}$$

(c) *For $1 < p < \infty$, if R_i is the smallest $(6, 6^{n+1})$-doubling cube of the family $\{6^k Q_i\}_{k \geq 1}$ and we set $b = \sum_i (f\,w_i - \varphi_i)$, then*

$$\|b\|_{H^{1,p}_{atb}(\mu)} \leq \frac{c}{\lambda^{p-1}} \|f\|^p_{L^p(\mu)}. \tag{9.72}$$

If the function f above is complex, then instead of real functions φ_i with constant sign, in (b) we get functions of the form $\varphi_i = \alpha_i \, h_i$, where $\alpha_i \in \mathbb{C}$ is constant and h_i is a non-negative function.

Although the arguments for the proof of the preceding lemma are very similar to the ones of Lemma 2.14, for the reader's convenience we will show the details.

Proof. We will assume $\|\mu\| = \infty$.

(a) Taking into account Remark 2.10, for μ-almost all $x \in \mathbb{R}^d$ such that $|f(x)|^p > \lambda^p$, there exists a cube Q_x satisfying

$$\frac{1}{\mu(2Q_x)} \int_{Q_x} |f|^p \, d\mu > \frac{\lambda^p}{2^{d+1}}$$

and such that if Q'_x is centered at x with $\ell(Q'_x) > 2\ell(Q_x)$, then

$$\frac{1}{\mu(2Q'_x)} \int_{Q'_x} |f|^p \, d\mu \leq \frac{\lambda^p}{2^{d+1}}.$$

Now we can apply Besicovitch's covering theorem to get an almost disjoint subfamily of cubes $\{Q_i\}_i \subset \{Q_x\}_x$ satisfying (9.66), (9.67) and (9.68).

(b) Assume first that the family of cubes $\{Q_i\}_i$ is finite. Then we may suppose that this family is ordered in such a way that the sizes of the cubes R_i are non-decreasing (i.e. $\ell(R_{i+1}) \geq \ell(R_i)$). The functions φ_i that we will construct will be of the form $\varphi_i = \alpha_i \, \chi_{A_i}$, with $\alpha_i \in \mathbb{R}$ (or $\mathbb{C}$) and $A_i \subset R_i$. We set $A_1 = R_1$ and

$$\varphi_1 = \alpha_1 \, \chi_{R_1},$$

where the constant α_1 is chosen so that $\int_{Q_1} f \, w_1 \, d\mu = \int \varphi_1 \, d\mu$.

Suppose that $\varphi_1, \ldots, \varphi_{k-1}$ have been constructed, satisfy (9.69) and $\sum_{i=1}^{k-1} |\varphi_i| \leq B\,\lambda$, where B is some constant (which will be fixed below).

Let $R_{s_1}, \ldots, R_{s_m}$ be the subfamily of $R_1, \ldots, R_{k-1}$ such that $R_{s_j} \cap R_k \neq \varnothing$. As $\ell(R_{s_j}) \leq \ell(R_k)$ (because of the non-decreasing sizes of R_i), we have $R_{s_j} \subset 3R_k$. Taking into account that for $i = 1, \ldots, k-1$

$$\int |\varphi_i| \, d\mu \leq \int_{Q_i} |f| \, d\mu$$

by (9.69), and using that R_k is $(6, 6^{n+1})$-doubling and (9.67), we get

$$\begin{aligned}
\sum_j \int |\varphi_{s_j}| \, d\mu &\leq \sum_j \int_{Q_{s_j}} |f| \, d\mu \leq c \int_{3R_k} |f| \, d\mu \\
&\leq c \left(\int_{3R_k} |f|^p \, d\mu \right)^{1/p} \mu(3R_k)^{1/p'} \\
&\leq c\lambda \mu(6R_k)^{1/p} \, \mu(3R_k)^{1/p'} \leq c_{14} \lambda \, \mu(R_k).
\end{aligned}$$

Therefore,

$$\mu\left(\left\{\textstyle\sum_j |\varphi_{s_j}| > 2c_{14}\lambda\right\}\right) \leq \frac{\mu(R_k)}{2}.$$

So we set

$$A_k = R_k \cap \left\{\textstyle\sum_j |\varphi_{s_j}| \leq 2c_{14}\lambda\right\},$$

and then

$$\mu(A_k) \geq \mu(R_k)/2.$$

The constant α_k is chosen so that for $\varphi_k = \alpha_k \chi_{A_k}$ we have $\int \varphi_k \, d\mu = \int_{Q_k} f \, w_k \, d\mu$. Then we obtain

$$\begin{aligned}|\alpha_k| &\leq \frac{1}{\mu(A_k)} \int_{Q_k} |f| \, d\mu \leq \frac{2}{\mu(R_k)} \int_{Q_k} |f| \, d\mu \\ &\leq \frac{2}{\mu(R_k)} \int_{\frac{1}{2}R_k} |f| \, d\mu \leq \left(\frac{2}{\mu(R_k)} \int_{\frac{1}{2}R_k} |f|^p \, d\mu \right)^{1/p} \leq c_{15}\lambda\end{aligned}$$

(this calculation also applies to $k = 1$). Thus,

$$|\varphi_k| + \sum_j |\varphi_{s_j}| \leq (2c_{14} + c_{15}) \, \lambda.$$

If we choose $B = 2c_{14} + c_{15}$, (9.70) follows.

Now it is easy to check that (9.71) also holds. Indeed we have

$$\begin{aligned}\left(\int_{R_i} |\varphi_i|^p \, d\mu \right)^{1/p} \mu(R_i)^{1/p'} &= |\alpha_i| \, \mu(A_i)^{1/p} \, \mu(R_i)^{1/p'} \\ &\leq c \, |\alpha_i| \, \mu(A_i) = c \left| \int_{Q_i} f \, w_i \, d\mu \right| \\ &\leq c \left(\int_{Q_i} |f|^p \, d\mu \right)^{1/p} \mu(Q_i)^{1/p'},\end{aligned}$$

and by (9.66),

$$\left(\int_{Q_i} |f|^p \, d\mu \right)^{1/p} \mu(2Q_i)^{1/p'} \leq \frac{c}{\lambda^{p-1}} \int_{Q_i} |f|^p \, d\mu. \tag{9.73}$$

Thus we get (9.71).

Suppose now that the collection of cubes $\{Q_i\}_i$ is not finite. For each fixed N we consider the family of cubes $\{Q_i\}_{1 \leq i \leq N}$. Then, as above, we construct functions $\varphi_1^N, \ldots, \varphi_N^N$ with $\operatorname{supp}(\varphi_i^N) \subset R_i$ satisfying

$$\int \varphi_i^N \, d\mu = \int_{Q_i} f \, w_i \, d\mu,$$

$$\sum_{i=1}^N |\varphi_i^N| \leq B \, \lambda \tag{9.74}$$

and, if $1 < p < \infty$,

$$\left(\int_{R_i} |\varphi_i^N|^p \, d\mu \right)^{1/p} \mu(R_i)^{1/p'} \leq \frac{c}{\lambda^{p-1}} \int_{Q_i} |f|^p \, d\mu. \tag{9.75}$$

By (9.74) and (9.75) there is a subsequence $\{\varphi_1^k\}_{k\in I_1}$ which is convergent in the weak $*$ topology of $L^\infty(\mu)$ and in the weak $*$ topology of $L^p(\mu)$ to some function $\varphi_1 \in L^\infty(\mu)\cap L^p(\mu)$. Now we can consider a subsequence $\{\varphi_2^k\}_{k\in I_2}$ with $I_2 \subset I_1$ which is convergent also in the weak $*$ topologies of $L^\infty(\mu)$ and $L^p(\mu)$ to some function $\varphi_2 \in L^\infty(\mu)\cap L^p(\mu)$. In general, for each j we consider a subsequence $\{\varphi_j^k\}_{k\in I_j}$ with $I_j \subset I_{j-1}$ that converges in the weak $*$ topologies of $L^\infty(\mu)$ and $L^p(\mu)$ to some function $\varphi_j \in L^\infty(\mu)\cap L^p(\mu)$.

We have $\operatorname{supp}(\varphi_i) \subset R_i$ and, by the weak $*$ convergence in $L^\infty(\mu)$ and $L^p(\mu)$, the functions φ_i also satisfy (9.69) and (9.71). To get (9.70), notice that for each fixed m, by the weak $*$ convergence in $L^\infty(\mu)$,

$$\sum_{i=1}^m |\varphi_i| \le B\lambda,$$

and so (9.70) follows.

(c) For each i, we consider the atomic block $b_i = f\,w_i - \varphi_i$, supported on the cube R_i. Since $K_{Q_i,R_i} \le c$, by (9.73) and (9.71) we have

$$|b_i|_{H^{1,p}_{atb}(\mu)} \le \frac{c}{\lambda^{p-1}} \int_{Q_i} |f|^p\,d\mu,$$

which implies (9.72). □

Proof of Theorem 9.36. Suppose first that $\|\mu\| = \infty$. In this case, the functions $f \in L^\infty(\mu)$ having compact support with $\int f\,d\mu = 0$ are dense in $L^p(\mu)$, $1 < p < \infty$. For such functions we will show that

$$\|M^\sharp T f\|_{L^p(\mu)} \le c\,\|f\|_{L^p(\mu)} \qquad 1 < p < \infty. \tag{9.76}$$

By Theorem 9.34, this implies

$$\|Tf\|_{L^p(\mu)} \le c\,\|f\|_{L^p(\mu)}.$$

Indeed, note that if $f \in L^\infty(\mu)$ has compact support and $\int f\,d\mu = 0$, then $f \in H^{1,\infty}_{atb}(\mu)$ and $Tf \in L^1(\mu)$. Thus $\mathcal{N}_\mu(Tf) \in L^{1,\infty}(\mu)$, and then $\inf(1, \mathcal{N}_\mu(Tf)) \in L^p(\mu)$. So the hypotheses of Theorem 9.34 are satisfied.

Given any function $f \in L^p(\mu)$, $1 < p < \infty$, for $\lambda > 0$ we take a family of almost disjoint cubes $\{Q_i\}_i$ as in the previous lemma, and a collection cubes $\{R_i\}_i$ as in (c) from the same lemma. Then we can write

$$f = b + g = \sum_i \left(\frac{\chi_{Q_i}}{\sum_k \chi_{Q_k}} f - \varphi_i\right) - g.$$

By (9.68) and (9.70), we have $\|g\|_{L^\infty(\mu)} \le c\,\lambda$, and by (9.72),

$$\|b\|_{H^{1,p}_{atb}(\mu)} \le \frac{c}{\lambda^{p-1}} \|f\|^p_{L^p(\mu)}.$$

Due to the boundedness of T from $L^\infty(\mu)$ to $RBMO(\mu)$, we have

$$\|M^\sharp Tg\|_{L^\infty(\mu)} \leq c_{16}\,\lambda.$$

Therefore,

$$\{M^\sharp Tf > (c_{16}+1)\,\lambda\} \subset \{M^\sharp Tb > \lambda\}.$$

Since $M^\sharp$ is of weak type $(1,1)$, we get

$$\mu(\{M^\sharp Tb > \lambda\}) \leq c\,\frac{\|Tb\|_{L^1(\mu)}}{\lambda}.$$

On the other hand, as T is bounded from $H^{1,\infty}_{atb}(\mu)$ to $L^1(\mu)$,

$$\|Tb\|_{L^1(\mu)} \leq c\,\|b\|_{H^{1,\infty}_{atb}(\mu)} \leq \frac{c}{\lambda^{p-1}}\|f\|^p_{L^p(\mu)}.$$

Thus

$$\mu(\{x\in\mathbb{R}^d:\, M^\sharp(Tf) > \lambda\}) \leq c\,\frac{\|f\|^p_{L^p(\mu)}}{\lambda^p}.$$

So the sublinear operator $M^\sharp T$ is of weak type (p,p) for all $p\in(1,\infty)$. By the Marcinkiewicz interpolation theorem we infer that $M^\sharp T$ is bounded in $L^p(\mu)$ for all $p\in(1,\infty)$. In particular, (9.76) holds for a bounded function f with compact support such that $\int f\,d\mu = 0$.

In the case $\|\mu\| < \infty$, the arguments are similar to the ones in (9.65) in the proof of Theorem 9.35, using now that $\|T1\|_{L^1(\mu)} < \infty$. The details are left for the reader. □

9.9 The $T1$ theorem for the Cauchy transform again

Before studying the particular case of the Cauchy transform, we prove the following result which has its own interest.

Theorem 9.38. *Let T be an n-dimensional singular integral operator and $\rho > 1$ some fixed constant. The following conditions are equivalent:*

(a) *For any cube Q and any function a supported on Q*

$$\int_Q |T_{\mu,\varepsilon}a|\,d\mu \leq c\,\|a\|_{L^\infty(\mu)}\,\mu(\rho Q) \tag{9.77}$$

uniformly on $\varepsilon > 0$.

(b) *T_μ is bounded from $L^\infty(\mu)$ to $RBMO(\mu)$.*

(c) *T_μ is bounded from $H^{1,\infty}_{atb}(\mu)$ to $L^1(\mu)$.*

Proof. We have already seen (a)$\Longrightarrow$(b) in Theorem 9.11 and (a)$\Longrightarrow$(c) in Theorem 9.21.

Let us prove (b)$\Longrightarrow$(a). Suppose that $\rho = 2$, for example. Let $a \in L^\infty(\mu)$ be a function supported on some cube Q. Assume first that $\mu(\mathbb{R}^d \setminus 5Q) > 0$ (this is always the case if $\|\mu\| = \infty$). We have

$$\int_Q |T_{\mu,\varepsilon}a - m_{\widetilde{Q}}(T_{\mu,\varepsilon}a)|\, d\mu \leq c\, \|a\|_{L^\infty(\mu)}\, \mu(2Q). \tag{9.78}$$

So it is enough to show that

$$|m_{\widetilde{Q}}(T_{\mu,\varepsilon}a)| \leq c\, \|a\|_{L^\infty(\mu)}. \tag{9.79}$$

Let $x_0 \in \operatorname{supp}\mu$ be the point (or one of the points) in $\mathbb{R}^d \setminus (5Q)^\circ$ which is closest to Q. We set $d_0 = \operatorname{dist}(x_0, Q)$. We assume that x_0 is a point such that some cube with side length $2^{-k}d_0$, $k \geq 2$, is doubling. Otherwise, we take y_0 in $\operatorname{supp}\mu \cap B(x_0, \ell(Q)/100)$ satisfying this condition, and we interchange x_0 with y_0.

We denote by R a cube concentric with Q with side length $\max(10d_0, \ell(\widetilde{Q}))$. So $K_{\widetilde{Q},R} \leq c$. Let Q_0 be the biggest doubling cube centered at x_0 with side length $2^{-k}\, d_0$, $k \geq 2$. Then $Q_0 \subset R$, with $K_{Q_0,R} \leq c$, and thus

$$\begin{aligned} |m_{Q_0}(T_{\mu,\varepsilon}a) - m_{\widetilde{Q}}(T_{\mu,\varepsilon}a)| &\leq |m_{Q_0}(T_{\mu,\varepsilon}a) - m_{\widetilde{R}}(T_{\mu,\varepsilon}a)| \\ &\quad + |m_{\widetilde{Q}}(T_{\mu,\varepsilon}a) - m_{\widetilde{R}}(T_{\mu,\varepsilon}a)| \\ &\leq c\,\big(K_{Q_0,R} + K_{\widetilde{Q},R}\big)\|T_{\mu,\varepsilon}a\|_{RBMO(\mu)} \\ &\leq c\,\|a\|_{L^\infty(\mu)}. \end{aligned} \tag{9.80}$$

Moreover, $\operatorname{dist}(Q_0, Q) \approx d_0$ and so, for $y \in Q_0$,

$$|T_{\mu,\varepsilon}a(y)| \leq c\,\frac{\mu(Q)}{d_0^n}\, \|a\|_{L^\infty(\mu)} \leq c\, \|a\|_{L^\infty(\mu)},$$

because $\ell(Q) < d_0$. Then we get $|m_{Q_0}(T_{\mu,\varepsilon}a)| \leq c\, \|a\|_{L^\infty(\mu)}$, and from (9.80), we obtain (9.79).

Suppose now that $\mu(\mathbb{R}^d \setminus 5Q) = 0$. Obviously, this implies that $5\operatorname{diam}(Q) \geq \operatorname{diam}(\operatorname{supp}\mu)$. Let m be the least integer such that

$$\frac{10\operatorname{diam}(Q)}{m} < \frac{1}{2}\operatorname{diam}(\operatorname{supp}\mu). \tag{9.81}$$

We split Q into cubes Q_j, $j = 1, \ldots, m^2$, of side length $\ell(Q)/m$ with disjoint interiors. Since $\ell(Q_j) \approx \operatorname{diam}(\operatorname{supp}\mu)$, the number of cubes Q_j which intersect $\operatorname{supp}\mu$ does not exceed some absolute constant N. We denote by $\{Q_j\}_{j\in J}$ this family of cubes, so that $\#J \leq N$. We set

$$a_j = \frac{\chi_{Q_j}}{\sum_k \chi_{Q_k}}\, a.$$

Notice that a_j coincides with a in the interior of each cube Q_j but it may differ from a on the boundary. Now we set

$$\int_Q |T_{\mu,\varepsilon}a|\,d\mu \le \sum_{j\in J}\int_{Q\setminus 2Q_j} |T_{\mu,\varepsilon}a_j|\,d\mu + \sum_{j\in J}\int_{2Q_j} |T_{\mu,\varepsilon}a_j|\,d\mu.$$

To estimate the first sum on the right-hand side we take into account that

$$|T_{\mu,\varepsilon}a_j(x)| \le c\,\frac{\mu(Q_j)}{\ell(Q_j)^n}\,\|a_j\|_\infty \le c\,\|a_j\|_\infty \qquad \text{for } x\in Q\setminus 2Q_j,$$

while for the second one we use the fact that (a) holds for the cubes $2Q_j$ and the functions a_j (since (9.81) ensures that $\mu(\mathbb{R}^d\setminus 10Q_j)>0$). Then we get

$$\begin{aligned}\int_Q |T_{\mu,\varepsilon}a|\,d\mu &\le c\sum_{j\in J}\|a_j\|_{L^\infty(\mu)}\,\mu(Q) + c\sum_{j\in J}\|a_j\|_{L^\infty(\mu)}\,\mu(4Q_j)\\ &\le c\,N\,\|a\|_{L^\infty(\mu)}\,\mu(2Q).\end{aligned}$$

Now we are going to prove (c)$\Longrightarrow$(a). Let $a\in L^\infty(\mu)$ be supported on a cube Q. Assume $\rho=2$ and suppose first that $\mu(\mathbb{R}^d\setminus 5Q)>0$. We consider the same construction as in (b)$\Longrightarrow$(a). The cubes Q, Q_0 and R are taken as above, and they satisfy $Q,Q_0\subset R$, $K_{Q,R}\le c$, $K_{Q_0,R}\le c$ and $\operatorname{dist}(Q_0,Q)\ge \ell(Q)$. Recall also that Q_0 is doubling.

We take the atomic block (supported on R)

$$b = a + c_{Q_0}\,\chi_{Q_0},$$

where c_{Q_0} is the constant that ensures that $\int b\,d\mu=0$. For $y\in Q$ we have

$$\begin{aligned}|T_{\mu,\varepsilon}(c_{Q_0}\,\chi_{Q_0})(y)| &\le c\,\frac{|c_{Q_0}|\,\mu(Q_0)}{\operatorname{dist}(Q,Q_0)^n} \le c\,\frac{\|a\|_{L^1(\mu)}}{\operatorname{dist}(Q,Q_0)^n}\\ &\le c\,\frac{\mu(Q)}{\ell(Q)^n}\,\|a\|_{L^\infty(\mu)} \le c\,\|a\|_{L^\infty(\mu)}.\end{aligned}$$

Then we have

$$\begin{aligned}\int_Q |T_{\mu,\varepsilon}a|\,d\mu &\le \int_Q |T_{\mu,\varepsilon}b|\,d\mu + c\,\|a\|_{L^\infty(\mu)}\,\mu(Q)\\ &\le c\,\|b\|_{H^{1,\infty}_{atb}(\mu)} + c\,\|a\|_{L^\infty(\mu)}\,\mu(Q)\\ &\le c\,K_{Q,R}\,\|a\|_{L^\infty(\mu)}\,\mu(2Q) + c\,K_{Q_0,R}\,|c_{Q_0}|\,\mu(2Q_0)\\ &\quad + c\,\|a\|_{L^\infty(\mu)}\,\mu(Q).\end{aligned}$$

Since Q_0 is doubling, we have

$$|c_{Q_0}|\,\mu(2Q_0) \le c\,\|a\|_{L^1(\mu)} \le c\,\|a\|_{L^\infty(\mu)}\,\mu(Q).$$

Therefore,

$$\int_Q |T_{\mu,\varepsilon}a|\,d\mu \le c\,\|a\|_{L^\infty(\mu)}\,\mu(2Q).$$

If $\mu(\mathbb{R}^d \setminus 5Q) = 0$, operating as in the implication (b)$\Longrightarrow$(a), we get that (a) also holds. □

Next we intend to obtain another proof of the $T1$ theorem for the Cauchy integral operator. A basic tool for the proof will be the interpolation theorem between $(H^{1,\infty}_{atb}(\mu), L^1(\mu))$ and $(L^\infty(\mu), RBMO(\mu))$. Also, the relationship between Menger curvature and the Cauchy transform found by Melnikov and Verdera will be fundamental. Recall that if μ is finite measure with linear growth in the plane, then

$$\|\mathcal{C}_\varepsilon\mu\|^2_{L^2(\mu)} = \frac{1}{6}\,c^2_\varepsilon(\mu) + O(\mu(\mathbb{C})),$$

where $c^2_\varepsilon(\mu)$ is the ε-truncated curvature of μ and $|O(\mu(\mathbb{C})| \lesssim \mu(\mathbb{C})$. From the preceding identity we get the following.

Lemma 9.39. *Let μ be some measure on $\mathbb{C}$ with linear growth and let $Q \subset \mathbb{C}$ be some square. If*

$$\|\mathcal{C}_{\mu,\varepsilon}\chi_Q\|_{L^2(\mu\lfloor Q)} \le c\,\mu(2Q)^{1/2} \quad \textit{uniformly on } \varepsilon > 0,$$

then for any bounded function a supported on Q,

$$\|\mathcal{C}_{\mu,\varepsilon}a\|_{L^2(\mu\lfloor Q)} \le c\,\|a\|_{L^\infty(\mu)}\,\mu(2Q)^{1/2} \quad \textit{uniformly on } \varepsilon > 0.$$

Proof. Clearly, it is enough to prove the estimate assuming that $\|a\|_{L^\infty(\mu)} = 1$. Consider the function $g = a + 2\chi_Q$. So g is non-negative, and $g \approx 1$ on Q. By applying the Melnikov-Verdera identity first to the measure $g\mu$ and then to $\chi_Q\mu$ (notice that both have linear growth), we get

$$\begin{aligned}\int_Q |\mathcal{C}_{\mu,\varepsilon}g|^2\,d\mu &\le \int |\mathcal{C}_{\mu,\varepsilon}g|^2\,g\,d\mu \le \frac{1}{6}c^2_\varepsilon(g\mu) + c\int g\,d\mu \\ &\lesssim c^2_\varepsilon(\mu) + \mu(Q) \lesssim \int_Q |\mathcal{C}_{\mu,\varepsilon}\chi_Q|^2\,d\mu + \mu(Q) \lesssim \mu(2Q).\end{aligned}$$

Therefore,

$$\|\mathcal{C}_{\mu,\varepsilon}a\|_{L^2(\mu\lfloor Q)} \le \|\mathcal{C}_{\mu,\varepsilon}g\|_{L^2(\mu\lfloor Q)} + 2\|\mathcal{C}_{\mu,\varepsilon}\chi_Q\|_{L^2(\mu\lfloor Q)} \le c\,\mu(2Q)^{1/2}.$$ □

Theorem 9.40 ($T1$ theorem for the Cauchy transform). *The Cauchy transform is bounded in $L^2(\mu)$ if and only if*

$$\int_Q |\mathcal{C}_{\mu,\varepsilon}\chi_Q|^2\,d\mu \le c\,\mu(2Q) \quad \textit{for any square } Q \subset \mathbb{C} \tag{9.82}$$

uniformly on $\varepsilon > 0$.

Proof. If (9.82) holds, from the preceding lemma and Theorem 9.38 we infer that the Cauchy transform is bounded from $H^{1,\infty}_{atb}(\mu)$ to $L^1(\mu)$ and from $L^\infty(\mu)$ to $RBMO(\mu)$. Moreover, the assumption (9.82) implies that $\mathcal{C}_{\mu,\varepsilon}1 \in L^1(\mu)$ uniformly on $\varepsilon > 0$ if $\|\mu\| < \infty$. So by the interpolation Theorem 9.36 we deduce that $\mathcal{C}_\mu$ is bounded in $L^p(\mu)$ for $1 < p < \infty$. □

9.10 The $T1$ theorem in terms of $RBMO(\mu)$ and $BMO_\rho(\mu)$

In this section we will prove a version of the $T1$ theorem involving $RBMO(\mu)$ and $BMO_\rho(\mu)$ and the notion of weak boundedness. This version is closer to the classical way of stating the $T1$ theorem than the one in terms of characteristic functions of cubes.

We say that T_μ is weakly bounded if

$$|\langle T_{\mu,\varepsilon}\chi_Q, \chi_Q\rangle| \leq c\mu(2Q) \qquad \text{uniformly on } \varepsilon > 0 \text{ for every cube } Q \subset \mathbb{R}^d.$$

Observe that if T_μ is antisymmetric, like the Cauchy transform, then T_μ is weakly bounded.

The main result from this section is the following.

Theorem 9.41 ($T1$ theorem in terms of $RBMO$ and BMO_ρ). *Let μ be a Borel measure on $\mathbb{R}^d$ with growth of degree n, with $0 < n \leq d$. Let $\rho > 1$ and let T_μ be an n-dimensional singular integral operator. The following are equivalent:*

(a) *T_μ is bounded in $L^2(\mu)$.*

(b) *$T_{\mu,\varepsilon}1, T^*_{\mu,\varepsilon}1 \in RBMO(\mu)$ uniformly on $\varepsilon > 0$ and T_μ is weakly bounded.*

(c) *$T_{\mu,\varepsilon}1, T^*_{\mu,\varepsilon}1 \in BMO_\rho(\mu)$ uniformly on $\varepsilon > 0$ and T_μ is weakly bounded.*

To prove this theorem, we will relate the conditions (b) and (c) to the $L^2(\mu)$ boundedness of T_μ and T^*_μ over characteristic functions of cubes. This will allow us to reduce the result above to a suitable version of the $T1$ theorem involving cubes with small boundaries.

Given $t > 0$, a cube $Q \subset \mathbb{R}^d$ is said to have **t-small boundary** if

$$\mu(\{x \in 2Q : \operatorname{dist}(x, \partial Q) \leq \lambda\, \ell(Q)\}) \leq t\, \lambda\, \mu(2Q)$$

for all $\lambda > 0$. Below we state a $T1$ theorem for general Calderón-Zygmund operators which is due to Nazarov, Treil and Volberg. Although the result is not stated explicitly in any paper by them (as far as I know), it follows easily from the arguments of Nazarov, Treil and Volberg [127].

Theorem 9.42 ($T1$ theorem involving cubes with small boundaries). *Let μ be a Borel measure on $\mathbb{R}^d$ with growth of degree n, with $0 < n \leq d$. Let $t > 0$ be big* *enough, depending on n, d, and c_0. Let T_μ be an n-dimensional singular integral operator. Then T_μ is bounded in $L^2(\mu)$ if and only if*

$$\|T_{\mu,\varepsilon}\chi_Q\|_{L^2(\mu\lfloor Q)} \leq c\,\mu(2Q)^{1/2} \qquad \text{and} \qquad \|T^*_{\mu,\varepsilon}\chi_Q\|_{L^2(\mu\lfloor Q)} \leq c\,\mu(2Q)^{1/2}$$

uniformly on $\varepsilon > 0$, for any cube $Q \subset \mathbb{R}^d$ which has t-small boundary.

We will prove this theorem only in the particular case of the Cauchy transform. For general singular integral operators we refer the reader to the paper mentioned above. We need the following auxiliary result.

Lemma 9.43. *Let μ be a Radon measure on $\mathbb{R}^d$. Let t be some constant big enough (depending only on d). Let $Q \subset \mathbb{R}^d$ be any fixed cube. Then there exists a concentric cube Q' with $Q \subset Q' \subset 1.1Q$ which has t-small boundary.*

Proof. Suppose for simplicity that Q is centered at the origin. Let $\sigma = \mu\lfloor 2Q$ and, for $a \in \mathbb{R}$, let $H_j(a)$ be the hyperplane

$$H_j(a) = \{x \in \mathbb{R}^d : x_j = a\},$$

where x_j is the j-th coordinate of x. To prove the existence of Q' it is enough to show that there exists some $a \in [\ell(Q), 1.05\ell(Q)]$ such that for all $j = 1, \dots, d$ and $\lambda > 0$,

$$\frac{\sigma\left(U_{\lambda\ell(Q)}(H_j(a))\right)}{\lambda\,\ell(Q)} \leq t\,\frac{\|\sigma\|}{\ell(Q)} \quad \text{and} \quad \frac{\sigma\left(U_{\lambda\ell(Q)}(H_j(-a))\right)}{\lambda\,\ell(Q)} \leq t\,\frac{\|\sigma\|}{\ell(Q)}. \tag{9.83}$$

Recall that $U_\delta(A)$ stands for the δ-neighborhood of A. To prove the existence of a, consider the image measures $\nu_j = \Pi_{j\#}\sigma$ and $\widetilde{\nu}_j = \widetilde{\Pi}_j\#\sigma$, where $\Pi_j, \widetilde{\Pi}_j : \mathbb{R}^d \to \mathbb{R}$ are defined by $\Pi_j(x) = x_j$ and $\widetilde{\Pi}_j(x) = -x_j$. Observe that (9.83) is equivalent to saying that for all $j = 1, \dots, d$ and $\lambda > 0$,

$$\frac{\nu_j\left(I(a, \lambda\ell(Q))\right)}{\lambda\,\ell(Q)} \leq t\,\frac{\|\sigma\|}{\ell(Q)} \quad \text{and} \quad \frac{\widetilde{\nu}_j\left(I(a, \lambda\ell(Q))\right)}{\lambda\,\ell(Q)} \leq t\,\frac{\|\sigma\|}{\ell(Q)},$$

where $I(a, \lambda\ell(Q)) \subset \mathbb{R}$ is the interval centered at a with length $2\lambda\ell(Q)$. In other words,

$$M\nu_j(a) \leq t\,\frac{\|\sigma\|}{\ell(Q)} \quad \text{and} \quad M\widetilde{\nu}_j(a) \leq t\,\frac{\|\sigma\|}{\ell(Q)}, \tag{9.84}$$

where $M \equiv M_{\mathcal{L}^1}$ is the centered maximal Hardy-Littlewood operator in $\mathbb{R}$.

Take the measure $\nu = \sum_{j=1}^d (\nu_j + \widetilde{\nu}_j)$. Since $\|\nu_j\| = \|\widetilde{\nu}_j\| = \|\sigma\|$ for all j, we have $\|\nu\| = 2d\|\sigma\|$. Observe that for (9.84) to hold for every j, it suffices that

$$M\nu(a) \leq t\,\frac{\|\sigma\|}{\ell(Q)} = t\,\frac{\|\nu\|}{2d\,\ell(Q)}.$$

From the boundedness of M from $M(\mathbb{R})$ to $L^{1,\infty}(\mathbb{R})$, we deduce that

$$\mathcal{L}^1\left(\left\{a\in\mathbb{R}:\,M\nu(a)>t\,\frac{\|\nu\|}{2d\,\ell(Q)}\right\}\right)\leq c\,\frac{2d\,\ell(Q)}{t}.$$

Thus, if t is chosen big enough, then there exists some $a\in[\ell(Q),1.05\ell(Q)]$ such that $M\nu(a)\leq t\,\frac{\|\nu\|}{2d\,\ell(Q)}$, as wished. □

Proof of Theorem 9.42 *for the Cauchy transform.* By Theorem 3.5 (or Theorem 9.40), it is enough to show that

$$\int_Q |\mathcal{C}_{\mu,\varepsilon}\chi_Q|^2\,d\mu\leq c\,\mu(2Q)\qquad\text{for any square } Q\subset\mathbb{C}.$$

Our assumption is that this holds for the squares Q with t-small boundary.

Consider an arbitrary square $Q\subset\mathbb{C}$. Split it into four half open-closed disjoint squares $Q_1,\ldots,Q_4$ with $\ell(Q_i)=\ell(Q)/2$ for each i. Take now four squares $Q_1',\ldots,Q_4'$ with t-small boundaries such that $Q_i\subset Q_i'\subset 1.1Q_i$ for $i=1,\ldots,4$. By our assumption,

$$\|\mathcal{C}_{\mu,\varepsilon}\chi_{Q_i'}\|^2_{L^2(\mu\lfloor Q_i')}\leq c\,\mu(2Q_i')\leq c\,\mu(2Q),$$

since $2Q_i'\subset 2Q$. Using now the relationship between the Cauchy transform and curvature,

$$\begin{aligned}\|\mathcal{C}_{\mu,\varepsilon}\chi_{Q_i}\|^2_{L^2(\mu\lfloor Q_i)}&\leq\frac{1}{6}\,c_\varepsilon^2(\mu\lfloor Q_i)+c\,\mu(Q_i)\\&\leq\frac{1}{6}\,c_\varepsilon^2(\mu\lfloor Q_i')+c\,\mu(Q_i')\\&\leq\|\mathcal{C}_{\mu,\varepsilon}\chi_{Q_i'}\|^2_{L^2(\mu\lfloor Q_i')}+c\,\mu(Q_i')\leq c\,\mu(2Q).\end{aligned}$$

Thus,

$$\|\mathcal{C}_{\mu,\varepsilon}\chi_Q\|_{L^2(\mu\lfloor Q_i)}\leq\sum_{i=1}^4\|\mathcal{C}_{\mu,\varepsilon}\chi_{Q_i}\|_{L^2(\mu\lfloor Q_i)}\leq c\,\mu(2Q)^{1/2}.$$ □

A key estimate satisfied by the cubes with small boundary, which we will need below, is the following:

Lemma 9.44. *Let μ be a Borel measure on $\mathbb{R}^d$ with growth of degree n. Let $Q\subset\mathbb{R}^d$ be a cube with t-small boundary. For $1\leq p<\infty$, we have*

$$\int_{x\in Q}\left(\int_{y\in 2Q\setminus Q}\frac{1}{|x-y|^n}\,d\mu(y)\right)^p d\mu(x)\leq c\,t\,\mu(2Q),\tag{9.85}$$

for $1\leq p<\infty$, with c depending on d, c_0 and p. As a consequence,

$$\|T_{\mu,\varepsilon}\chi_Q\|_{L^2(\mu\lfloor Q^c)}\leq c\,\mu(2Q)^{1/2}\quad\textit{uniformly on } \varepsilon>0.\tag{9.86}$$

Proof. Take $x \in Q$ and $y \in 2Q \setminus Q$. Then $|x-y| \geq \operatorname{dist}(x, \partial Q)$ and thus

$$\int_{y\in 2Q\setminus Q} \frac{1}{|x-y|^n}\, d\mu(y) \leq \int_{\operatorname{dist}(x,\partial Q)\leq |x-y|\leq c\,\ell(Q)} \frac{1}{|x-y|^n}\, d\mu(y).$$

Using the growth of degree n of μ, it is easy to check that the last integral is bounded above by $c \log\left(2 + \dfrac{\ell(Q)}{\operatorname{dist}(x,\partial Q)}\right)$. Hence we get

$$\begin{aligned}\int_{x\in Q} \left(\int_{y\in 2Q\setminus Q} \frac{1}{|x-y|^n}\, d\mu(y)\right)^p d\mu(x) \\ \leq c \int_{x\in Q} \left(\log\left(2 + \frac{\ell(Q)}{\operatorname{dist}(x,\partial Q)}\right)\right)^p d\mu(x).\end{aligned} \tag{9.87}$$

For $j \geq 0$, let

$$V_j = \left\{x \in Q : 2^{-j-1}\ell(Q) < \operatorname{dist}(x,\partial Q) \leq 2^{-j}\ell(Q)\right\}.$$

Using that $\mu(V_j) \leq t\, 2^{-j}\mu(2Q)$, from (9.87) we infer that

$$\begin{aligned}&\int_{x\in Q} \left(\int_{y\in 2Q\setminus Q} \frac{1}{|x-y|^n}\, d\mu(y)\right)^p d\mu(x) \\ &\leq c \sum_{j\geq 0} \int_{V_j} \left(\log\left(2 + 2^{j+1}\right)\right)^p d\mu(x) \leq c\, t \sum_{j\geq 0} j^p 2^{-j}\mu(2Q) \leq c\, t\, \mu(2Q). \qquad \square\end{aligned}$$

The next proposition concentrates the main technical difficulties for the reduction of Theorem 9.41 to the $T1$ Theorem 9.42.

Proposition 9.45. *Let μ be a Borel measure on $\mathbb{R}^d$ with growth of degree n, with $0 < n \leq d$. Let $t > 0$ be big enough (as in Lemma 9.43) and let $\rho > 1$. Let T_μ be an n-dimensional singular integral operator. The following are equivalent:*

(a) *For any cube $Q \subset \mathbb{R}^d$ with t-small boundary,*

$$\|T_{\mu,\varepsilon}\chi_Q\|_{L^2(\mu\lfloor Q)} \leq c\,\mu(2Q)^{1/2} \quad \textit{uniformly on } \varepsilon > 0.$$

(b) *$T_{\mu,\varepsilon}1 \in RBMO(\mu)$ uniformly on $\varepsilon > 0$ and T_μ is weakly bounded.*

(c) *$T_{\mu,\varepsilon}1 \in BMO_\rho(\mu)$ uniformly on $\varepsilon > 0$ and T_μ is weakly bounded.*

Proof. We will show the equivalences (a)$\Leftrightarrow$(b) and (b)$\Leftrightarrow$(c). We start with the latter one.

(b)$\Rightarrow$(c). This is just a consequence of the inclusion $BMO_\rho(\mu) \subset RBMO(\mu)$.

(c)⇒(b). By Proposition 9.10 (c), it is enough to show that for any $(3\rho, (3\rho)^{d+1})$-doubling cube Q,

$$\int_Q |T_{\mu,\varepsilon}1 - m_Q(T_{\mu,\varepsilon}1)|\,d\mu \le c\,\mu(Q) \tag{9.88}$$

and, for any pair of $(3\rho, (3\rho)^{d+1})$-doubling cubes $Q \subset R$,

$$|m_Q(T_{\mu,\varepsilon}1) - m_R(T_{\mu,\varepsilon}1)| \le K_{Q,R}. \tag{9.89}$$

Clearly, the condition (9.88) follows from the fact that $T_{\mu,\varepsilon}1 \in BMO_\rho(\mu)$ uniformly on $\varepsilon > 0$ and so we only have to deal with (9.89). To this end, take a cube Q' with t-small boundary concentric with Q such that $Q \subset Q' \subset 1.1Q$, and take another cube R' with t-small boundary such that $1.1R \subset R' \subset 1.1^2R$. In this way, we ensure that $Q' \subset R'$. Moreover, notice that Q' and R' are $(2, (3\rho)^{d+1})$-doubling, since $2Q' \subset 3\rho Q$ and $2R' \subset 3\rho R$. Write $Q'_{R'} = 2^{N_{Q',R'}+1}Q'$, and set

$$\begin{aligned}
&|m_{Q'}(T_{\mu,\varepsilon}1) - m_{R'}(T_{\mu,\varepsilon}1)| \\
&\quad \le |m_{Q'}(T_{\mu,\varepsilon}\chi_{Q'})| + |m_{Q'}(T_{\mu,\varepsilon}\chi_{2Q'\setminus Q'})| + |m_{Q'}(T_{\mu,\varepsilon}\chi_{Q'_{R'}\setminus 2Q'})| \\
&\qquad + |m_{Q'}(T_{\mu,\varepsilon}\chi_{\mathbb{R}^d\setminus Q'_{R'}}) - m_{R'}(T_{\mu,\varepsilon}\chi_{\mathbb{R}^d\setminus Q'_{R'}})| \\
&\qquad + |m_{R'}(T_{\mu,\varepsilon}\chi_{R'})| + |m_{R'}(T_{\mu,\varepsilon}\chi_{Q'_{R'}\setminus 2R'})| + |m_{R'}(T_{\mu,\varepsilon}\chi_{Q'_{R'}\cap 2R'\setminus R'})| \\
&\quad = M_1 + M_2 + M_3 + M_4 + M_5 + M_6 + M_7.
\end{aligned}$$

From the weak boundedness of T_μ and the fact that Q' and R' are $(2, (3\rho)^{d+1})$-doubling, we get $M_1 + M_5 \le c$. On the other hand, by applying the estimate (9.85) to Q' (which has t-small boundary), we obtain

$$\begin{aligned}
M_2 &= |m_{Q'}(T_{\mu,\varepsilon}\chi_{2Q'\setminus Q'})| \\
&\le \frac{1}{\mu(Q')} \iint_{\substack{x\in Q' \\ y\in 2Q'\setminus Q'}} \frac{1}{|x-y|^n}\,d\mu(x)\,d\mu(y) \le c\,\frac{\mu(2Q')}{\mu(Q')} \le c.
\end{aligned}$$

By the same argument, we get

$$M_7 = |m_{R'}(T_{\mu,\varepsilon}\chi_{Q'_{R'}\cap 2R'\setminus R'})| \le \frac{\mu(2R')}{\mu(R')} \le c.$$

Also, it is easily seen that $|T_{\mu,\varepsilon}\chi_{Q'_{R'}\setminus 2Q'}(x)| \le c\,K_{Q',R'}$ for all $x \in Q'$, and so

$$M_3 = |m_{Q'}(T_{\mu,\varepsilon}\chi_{Q'_{R'}\setminus 2Q'})| \le c\,K_{Q',R'}.$$

On the other hand, recall that by Lemma 9.12 if $x \in Q'$ and $y \in R'$, we have

$$|T_{\mu,\varepsilon}\chi_{\mathbb{R}^d\setminus Q'_{R'}}(x) - T_{\mu,\varepsilon}\chi_{\mathbb{R}^d\setminus Q'_{R'}}(y)| \le c,$$

and so $M_4 \leq c$. Finally, since $\ell(Q'_{R'}) \approx \ell(R')$, $|T_{\mu,\varepsilon}\chi_{Q'_{R'}\setminus 2R'}(x)| \leq c$ for $x \in R'$, and thus $M_6 \leq c'$. Therefore,

$$|m_{Q'}(T_{\mu,\varepsilon}1) - m_{R'}(T_{\mu,\varepsilon}1)| \leq c\, K_{Q',R'} \leq c\, K_{Q,R}.$$

To complete the proof of (9.89) it is enough to show that

$$|m_Q(T_{\mu,\varepsilon}1) - m_{Q'}(T_{\mu,\varepsilon}1)| + |m_R(T_{\mu,\varepsilon}1) - m_{R'}(T_{\mu,\varepsilon}1)| \leq c.$$

This follows easily. Indeed,

$$\begin{aligned}|m_Q(T_{\mu,\varepsilon}1) - m_{Q'}(T_{\mu,\varepsilon}1)| &= \big|m_Q\big(T_{\mu,\varepsilon}1 - m_{Q'}(T_{\mu,\varepsilon}1)\big)\big| \\ &\leq m_Q\big(\big|T_{\mu,\varepsilon}1 - m_{Q'}(T_{\mu,\varepsilon}1)\big|\big) \\ &\leq c\, m_{Q'}\big(\big|T_{\mu,\varepsilon}1 - m_{Q'}(T_{\mu,\varepsilon}1)\big|\big) \leq c,\end{aligned}$$

where we took into account that $\mu(Q') \leq \mu(3\rho Q) \leq c\,\mu(Q)$ in the second inequality and and, in the very last one, that

$$m_{Q'}\big(\big|T_{\mu,\varepsilon}1 - m_{Q'}(T_{\mu,\varepsilon}1)\big|\big) \leq \|T_{\mu,\varepsilon}1\|_{BMO_\rho(\mu)} \frac{\mu(\rho Q')}{\mu(Q')} \leq c\,\frac{\mu(3\rho Q)}{\mu(Q)} \leq c.$$

An analogous argument shows that $|m_R(T_{\mu,\varepsilon}1) - m_{R'}(T_{\mu,\varepsilon}1)| \leq c$. Thus the proof that $T_{\mu,\varepsilon}1$ belongs to $RBMO(\mu)$ is completed.

(a)⇔(b). Consider a cube Q with t-small boundary, and let Q_0 be a $(3, 3^{d+1})$-doubling cube containing Q and concentric with Q such that $K_{Q,Q_0} \leq c$. Take now a cube $\widehat{Q}$ with t-small boundary concentric with Q_0 such that $Q_0 \subset \widehat{Q} \subset 1.1Q_0$. Since $2\widehat{Q} \subset 3Q_0$, it turns out that $\widehat{Q}$ is $(2, 3^{d+1})$-doubling.

To prove (a)⇔(b), we claim that it suffices to prove that for any cube Q with t-small boundary,

$$\left|\left(\int_Q |T_{\mu,\varepsilon}1 - m_{\widehat{Q}}(T_{\mu,\varepsilon}1)|^2\, d\mu\right)^{1/2} - \left(\int_Q |T_{\mu,\varepsilon}\chi_Q|^2\, d\mu\right)^{1/2}\right| \leq c\,\mu(2Q)^{1/2}, \tag{9.90}$$

under the assumption that either (a) or (b) holds. In fact, if $T_{\mu,\varepsilon}1 \in RBMO(\mu)$, then the first integral in the inequality above is bounded above by $\mu(2Q)^{1/2}$, since $RBMO^2(\mu) = RBMO(\mu)$ and $|m_{\widehat{Q}}(T_{\mu,\varepsilon}1) - m_{\tilde{Q}}(T_{\mu,\varepsilon}1)| \leq c$, because $K_{Q,\widehat{Q}} \leq c$. Thus, $\|T_{\mu,\varepsilon}\chi_Q\|_{L^2(\mu\lfloor Q)} \leq c\,\mu(2Q)^{1/2}$.

On the other hand, if $\|T_{\mu,\varepsilon}\chi_Q\|_{L^2(\mu\lfloor Q)} \leq c\,\mu(2Q)^{1/2}$, then we infer that

$$\int_Q |T_{\mu,\varepsilon}1 - m_{\widehat{Q}}(T_{\mu,\varepsilon}1)|\, d\mu \leq c\mu(2Q).$$

From the fact that this holds for any cube Q with t-small boundary one easily deduces that $T_{\mu,\varepsilon}1 \in BMO_3(\mu)$. Indeed, given an arbitrary cube P, let Q be with

t-small boundary concentric with P and such that $P \subset Q \subset 1.1P$. Then we have

$$\begin{aligned}
&\int_P |T_{\mu,\varepsilon}1 - m_P(T_{\mu,\varepsilon}1)|\, d\mu \\
&\quad \leq \int_P |T_{\mu,\varepsilon}1 - m_{\widehat{Q}}(T_{\mu,\varepsilon}1)|\, d\mu + \big|m_P(T_{\mu,\varepsilon}1) - m_{\widehat{Q}}(T_{\mu,\varepsilon}1)\big|\, \mu(P) \\
&\quad \leq \int_Q |T_{\mu,\varepsilon}1 - m_{\widehat{Q}}(T_{\mu,\varepsilon}1)|\, d\mu + m_P\big(|T_{\mu,\varepsilon}1 - m_{\widehat{Q}}(T_{\mu,\varepsilon}1)|\big)\, \mu(P) \\
&\quad \leq 2\int_Q |T_{\mu,\varepsilon}1 - m_{\widehat{Q}}(T_{\mu,\varepsilon}1)|\, d\mu \\
&\quad \leq c\, \mu(2Q) \leq c\, \mu(3P).
\end{aligned}$$

Thus, $T_{\mu,\varepsilon}1 \in BMO_3(\mu)$, as claimed. From the equivalence (b)$\Leftrightarrow$(c) with $\rho = 3$, we get $T_{\mu,\varepsilon}1 \in RBMO(\mu)$.

Let us turn our attention to (9.90) now. The left-hand side of the inequality is bounded above by

$$\left(\int_Q |T_{\mu,\varepsilon}1 - m_{\widehat{Q}}(T_{\mu,\varepsilon}1) - T_{\mu,\varepsilon}\chi_Q|^2\, d\mu\right)^{1/2} = \left(\int_Q |T_{\mu,\varepsilon}\chi_{\mathbb{R}^d\setminus Q} - m_{\widehat{Q}}(T_{\mu,\varepsilon}1)|^2\, d\mu\right)^{1/2}.$$

For each $x \in Q$, we write the function inside the last integral as follows

$$\begin{aligned}
T_{\mu,\varepsilon}\chi_{\mathbb{R}^d\setminus Q}(x) - m_{\widehat{Q}}(T_{\mu,\varepsilon}1) &= T_{\mu,\varepsilon}\chi_{2Q\setminus Q}(x) + T_{\mu,\varepsilon}\chi_{2\widehat{Q}\setminus 2Q}(x) \\
&\quad - m_{\widehat{Q}}(T_{\mu,\varepsilon}\chi_{\widehat{Q}}) - m_{\widehat{Q}}(T_{\mu,\varepsilon}\chi_{2\widehat{Q}\setminus\widehat{Q}}) \\
&\quad + \big[T_{\mu,\varepsilon}\chi_{\mathbb{R}^d\setminus 2\widehat{Q}}(x) - m_{\widehat{Q}}(T_{\mu,\varepsilon}\chi_{\mathbb{R}^d\setminus 2\widehat{Q}})\big].
\end{aligned} \tag{9.91}$$

The second term on the right-hand side is bounded by some constant because $K_{Q,\widehat{Q}} \leq c$. Also, $|m_{\widehat{Q}}(T_{\mu,\varepsilon}\chi_{\widehat{Q}})| \leq c$, either by the boundedness of $T_{\mu,\varepsilon}$ over characteristic functions of cubes with small t-boundaries under the assumption (a), or by the weak boundedness if (b) holds, taking also into account in both cases that $\widehat{Q}$ is $(2, 3^{d+1})$-doubling.

The fourth term on the right-hand side of (9.91) is also bounded by some constant, by (9.85), since $\widehat{Q}$ has t-small boundary and is doubling. On the other hand, from Lemma 9.12 it easily follows that

$$\big|T_{\mu,\varepsilon}\chi_{\mathbb{R}^d\setminus 2\widehat{Q}}(x) - m_{\widehat{Q}}(T_{\mu,\varepsilon}\chi_{\mathbb{R}^d\setminus 2\widehat{Q}})\big| \leq c.$$

Therefore, the left-hand side of (9.90) does not exceed

$$\left(\int_Q |T_{\mu,\varepsilon}\chi_{2Q\setminus Q}|^2\, d\mu\right)^{1/2} + c\, \mu(Q)^{1/2}.$$

By (9.85), since Q has t-small boundary, the integral above is bounded by $\mu(2Q)$, and thus (9.90) follows. □

Proof of Theorem 9.41. By Theorem 9.42, the $L^2(\mu)$ boundedness of T_μ is equivalent to the fact that

$$\|T_{\mu,\varepsilon}\chi_Q\|_{L^2(\mu\lfloor Q)} \leq c\,\mu(2Q)^{1/2} \qquad \text{and} \qquad \|T^*_{\mu,\varepsilon}\chi_Q\|_{L^2(\mu\lfloor Q)} \leq c\,\mu(2Q)^{1/2}$$

uniformly on $\varepsilon > 0$, for any cube $Q \subset \mathbb{R}^d$ with t-small boundary (for some fixed big constant t). Theorem 9.41 is a direct consequence of this result and Proposition 9.45. □

9.11 Historical remarks and further results

9.11.1 About $RBMO(\mu)$ and $BMO(\mu)$

Most of the results explained in this chapter are from Tolsa [156]. In turn the arguments in this work are an adaptation of varying difficulty of the techniques from the classical homogeneous case. For example, the proof of the duality between $RBMO(\mu)$ and $H^{1,\infty}_{atb}(\mu)$ (obtained in the classical setting by Fefferman [43]) is based on the approach by Journé [78]. On the other hand, the Example 9.15 is essentially from Nazarov, Treil and Volberg [127]. It is also worth mentioning that many of the results regarding $RBMO(\mu)$ and $H^{1,\infty}_{atb}(\mu)$ from this chapter have been extended to the more general setting of geometrically doubling spaces in works such as Hytönen [64], Hytönen, Liu, Yang and Yang [65], or Liu, Yang and Yang [87].

A different BMO space has been studied by Mateu, Mattila, Nicolau and Orobitg in [92]. Given an arbitrary Radon measure μ in $\mathbb{R}^d$, let $BMO_{nc}(\mu)$ be the space of the functions $f \in L^1_{loc}(\mu)$ such that the supremum in (9.1) taken over all the cubes $Q \in \mathbb{R}^d$ with sides parallel to the coordinate axes is finite. The notation "nc" refers to the fact that the cubes considered in the supremum may be non-centered at $\operatorname{supp}\mu$. It is shown in [92] that if μ puts no mass in any hyperplane orthogonal to one of the coordinate axes, then $BMO_{nc}(\mu)$ satisfies the usual John-Nirenberg inequality, and its predual can be identified with the atomic Hardy space $H^1_{at}(\mu) = H^1_{at,\rho=1}(\mu)$ defined in (9.42). Also, an interpolation theorem between the pairs $(H^1_{at}(\mu), L^1(\mu))$ and $(L^\infty(\mu), BMO_{nc}(\mu))$ is proved. However, in general, singular integral operators which are bounded in $L^2(\mu)$ may fail to be bounded from $L^\infty(\mu)$ to $BMO_{nc}(\mu)$ and from $H^1_{at}(\mu)$ to $L^1(\mu)$, as shown by Verdera [175].

9.11.2 Other related results

A result that generalizes a classical theorem of Coifman, Rochberg and Weiss [17] on commutators has been obtained in Tolsa [156]. Namely, it has been proved that if T_μ is a singular integral bounded in $L^2(\mu)$ and $b \in RBMO(\mu)$, then the commutator

$$[T_\mu, b](f) = b\,T_\mu f - T_\mu(b\,f)$$

is bounded in $L^p(\mu)$, for $1 < p < \infty$. This follows from a pointwise estimate of $M^\sharp([T_\mu, b](f))$ in terms of other maximal bounded operators in $L^p(\mu)$.

The space $H^{1,\infty}_{atb}(\mu)$ can be characterized in terms of a grand maximal function. Given $f \in L^1_{loc}(\mu)$, let

$$M_\Phi f(x) = \sup_{\varphi \sim x} \left| \int f\,\varphi\,d\mu \right|,$$

where the notation $\varphi \sim x$ means that $\varphi \in L^1(\mu) \cap C^1(\mathbb{R}^d)$ and satisfies

1. $\|\varphi\|_{L^1(\mu)} \leq 1$,
2. $0 \leq \varphi(y) \leq \dfrac{1}{|y-x|^n}$ for all $y \in \mathbb{R}^d$, and
3. $|\varphi'(y)| \leq \dfrac{1}{|y-x|^{n+1}}$ for all $y \in \mathbb{R}^d$.

It is shown in Tolsa [161] that a function $f \in L^1_{loc}(\mu)$ belongs to $H^{1,\infty}_{atb}(\mu)$ if and only if $f \in L^1(\mu)$, $\int f\,d\mu = 0$, and $M_\Phi f \in L^1(\mu)$. Moreover, in this case

$$\|f\|_{H^{1,\infty}_{atb}(\mu)} \approx \|f\|_{L^1(\mu)} + \|M_\Phi f\|_{L^1(\mu)}.$$

This can be considered as the extension of an analogous result by Fefferman and Stein [44] for the usual Hardy space in $\mathbb{R}^d$, with respect to the Lebesgue measure. Let us also remark that some of the techniques from [161] have been used in Tolsa [157] to develop a Littlewood-Paley type theory useful to obtain a new proof of the $T1$ theorem, and also in Tolsa [166] to study the boundedness of Calderón-Zygmund operators T_μ in the weighted space $L^p(w\mu)$, where w is a function such that $0 < w(x) < \infty$ for μ-a.e. $x \in \mathbb{R}^d$.

Many additional results on Calderón-Zygmund theory with non-doubling measures have been proved recently. For example, there are additional results on weights by García-Cuerva and Martell [51], Orobitg and Pérez [130], Komori [81]; on commutators by Chen and Sawyer [8], Hu, Meng and Yang [61]; on multilinear commutators by Hu, Meng and Yang [60]; on fractional integrals by García-Cuerva and Martell [52], García-Cuerva and Gatto [49]; on Lipschitz spaces by García-Cuerva and Gatto [50]; etc. See also the very recent book by Yang, Yang and Hu [181] for more information about the Hardy space $H^{1,\infty}_{atb}(\mu)$ and other related topics.

9.11.3 *Tb* theorems

We are going to state one of the versions of the Tb theorem devised by Nazarov, Treil and Volberg in [127] for non-homogeneous spaces. To this end, we need to introduce some additional terminology. We say that an operator S is weakly bounded if

$$\left|\langle S\chi_Q, \chi_Q\rangle\right| \leq c\,\mu(2Q) \quad \text{for every cube } Q \subset \mathbb{R}^d.$$

We say that $b \in L^1_{loc}(\mu)$ is weakly accretive if there exists some positive constant δ such that

$$\left|\int_Q b\,d\mu\right| \geq \delta\,\mu(Q) \quad \text{for every cube } Q \subset \mathbb{R}^d.$$

The aforementioned theorem of Nazarov, Treil and Volberg is the following.

Theorem 9.46 (Tb theorem). *Let μ be a Borel measure on $\mathbb{R}^d$ with growth of degree n, and let T_μ be an n-dimensional singular integral operator. Let b_1, b_2 be two bounded and weakly accretive functions. Then T_μ is bounded in $L^2(\mu)$ if and only if the operator $b_2T_{\mu,\varepsilon}b_1$ is weakly bounded uniformly in $\varepsilon > 0$, and $T_{\mu,\varepsilon}b_1$, $T^*_{\mu,\varepsilon}b_2$ belong to $BMO_\rho(\mu)$ uniformly in $\varepsilon > 0$, for some $\rho > 1$.*

Above, abusing notation we have denoted by $b_2T_{\mu,\varepsilon}b_1$ the operator

$$b_2T_{\mu,\varepsilon}b_1(f) := b_2 \cdot T_{\mu,\varepsilon}(b_1 f).$$

Notice that if T_μ is antisymmetric and $b_1 = b_2 =: b$, then $bT_{\mu,\varepsilon}b$ is always weakly bounded. The assumption that $T_{\mu,\varepsilon}b_1$, $T^*_{\mu,\varepsilon}b_2$ belong to $BMO_\rho(\mu)$ uniformly in $\varepsilon > 0$ is equivalent to the condition that $T_{\mu,\varepsilon}b_1$, $T^*_{\mu,\varepsilon}b_2$ belong to $RBMO(\mu)$ uniformly in $\varepsilon > 0$.

Nazarov, Treil and Volberg have also proved a "local Tb theorem" in [125], which generalizes a result by Christ [14] for homogeneous spaces:

Theorem 9.47 (local Tb theorem). *Let μ be a Borel measure on $\mathbb{R}^d$ with growth of degree n, and let T_μ be an n-dimensional singular integral operator. Suppose that for every cube $Q \subset \mathbb{R}^d$ there exist functions b^1_Q and b^2_Q such that, for some constants $0 < \delta, B < \infty$,*

(a) $\operatorname{supp} b^i_Q \subset Q$ *for* $i = 1, 2$,

(b) $\|b^i_Q\|_{L^\infty(\mu)} \leq 1$ *for* $i = 1, 2$,

(c) $\left|\int_Q b^i_Q\,d\mu\right| \geq \delta\,\mu(Q)$ *for* $i = 1, 2$, *and*

(d) $\|T_{\mu,\varepsilon}b^1_Q\|_{L^\infty(\mu)} + \|T^*_{\mu,\varepsilon}b^2_Q\|_{L^\infty(\mu)} \leq B$ *for all* $\varepsilon > 0$.

Then T_μ is bounded in $L^2(\mu)$.

In the case when T_μ is antisymmetric and $b^1_Q = b^2_Q =: b_Q$ for every cube Q, Nazarov, Treil and Volberg have shown that b_Q need not be supported on Q, i.e. the assumption (a) can be eliminated. Further the condition (d) can be replaced by (d') $\|T_{\mu,\varepsilon} b_Q\|_{BMO^2_\rho(\mu)} \leq B$, for some fixed $\rho > 1$.

See also the work of Hytönen and Martikainen [66] for a further generalization of the theorem above to the setting of the so-called upper doubling measures and for the correction of a gap in the arguments in [125].

Bibliography

[1] D. R. Adams and L. I. Hedberg. *Function spaces and potential theory*, volume 314 of *Grundlehren der Mathematischen Wissenschaften [Fundamental Principles of Mathematical Sciences]*. Springer-Verlag, Berlin, 1996.

[2] L. V. Ahlfors. Bounded analytic functions. *Duke Math. J.*, 14:1–11, 1947.

[3] B. T. Anh and X. T. Anh Duong. Hardy spaces, regularized BMO spaces and the boundedness of Calderón-Zygmund operators on non-homogeneous spaces. *To appear in J. Geom. Anal.*

[4] C. Bishop and Y. Peres. *Fractal sets in probability and analysis.* To appear, 2013.

[5] A.-P. Calderón. Cauchy integrals on Lipschitz curves and related operators. *Proc. Nat. Acad. Sci. U.S.A.*, 74(4):1324–1327, 1977.

[6] L. Carleson. On null-sets for continuous analytic functions. *Ark. Mat.*, 1:311–318, 1951.

[7] L. Carleson. *Selected problems on exceptional sets.* Van Nostrand Mathematical Studies, No. 13. D. Van Nostrand Co., Inc., Princeton, N.J.-Toronto, Ont.-London, 1967.

[8] W. Chen and E. Sawyer. A note on commutators of fractional integrals with RBMO(μ) functions. *Illinois J. Math.*, 46(4):1287–1298, 2002.

[9] V. Chousionis. Singular integrals on Sierpinski gaskets. *Publ. Mat.*, 53(1):245–256, 2009.

[10] V. Chousionis, J. Mateu, L. Prat, and X. Tolsa. Calderón–Zygmund kernels and rectifiability in the plane. *Adv. Math.*, 231(1):535–568, 2012.

[11] V. Chousionis, J. Mateu, L. Prat, and X. Tolsa. Capacities associated with Calderón-Zygmund kernels. *Potential Anal.*, 38(3):913–949, 2013.

[12] V. Chousionis and P. Mattila. Singular integrals on self-similar sets and removability for Lipschitz harmonic functions in Heisenberg groups. *To appear in J. Reine Angew. Math.*

[13] M. Christ. *Lectures on singular integral operators*, volume 77 of *CBMS Regional Conference Series in Mathematics*. Published for the Conference Board of the Mathematical Sciences, Washington, DC, 1990.

[14] M. Christ. A $T(b)$ theorem with remarks on analytic capacity and the Cauchy integral. *Colloq. Math.*, 60/61(2):601–628, 1990.

[15] R. R. Coifman, P. W. Jones, and S. Semmes. Two elementary proofs of the L^2 boundedness of Cauchy integrals on Lipschitz curves. *J. Amer. Math. Soc.*, 2(3):553–564, 1989.

[16] R. R. Coifman, A. McIntosh, and Y. Meyer. L'intégrale de Cauchy définit un opérateur borné sur L^2 pour les courbes lipschitziennes. *Ann. of Math. (2)*, 116(2):361–387, 1982.

[17] R. R. Coifman, R. Rochberg, and G. Weiss. Factorization theorems for Hardy spaces in several variables. *Ann. of Math. (2)*, 103(3):611–635, 1976.

[18] R. R. Coifman and G. Weiss. *Analyse harmonique non-commutative sur certains espaces homogènes*. Lecture Notes in Mathematics, Vol. 242. Springer-Verlag, Berlin, 1971. Étude de certaines intégrales singulières.

[19] J. B. Conway. *Functions of one complex variable. II*, volume 159 of *Graduate Texts in Mathematics*. Springer-Verlag, New York, 1995.

[20] G. David. Opérateurs intégraux singuliers sur certaines courbes du plan complexe. *Ann. Sci. École Norm. Sup. (4)*, 17(1):157–189, 1984.

[21] G. David. Une minoration de la norme de l'opérateur de Cauchy sur les graphes lipschitziens. *Trans. Amer. Math. Soc.*, 302(2):741–750, 1987.

[22] G. David. *Wavelets and singular integrals on curves and surfaces*, volume 1465 of *Lecture Notes in Mathematics*. Springer-Verlag, Berlin, 1991.

[23] G. David. Unrectifiable 1-sets have vanishing analytic capacity. *Rev. Mat. Iberoamericana*, 14(2):369–479, 1998.

[24] G. David. Des intégrales singulières bornées sur un ensemble de Cantor. *C. R. Acad. Sci. Paris Sér. I Math.*, 332(5):391–396, 2001.

[25] G. David and J.-L. Journé. A boundedness criterion for generalized Calderón-Zygmund operators. *Ann. of Math. (2)*, 120(2):371–397, 1984.

[26] G. David, J.-L. Journé, and S. Semmes. Opérateurs de Calderón-Zygmund, fonctions para-accrétives et interpolation. *Rev. Mat. Iberoamericana*, 1(4):1–56, 1985.

[27] G. David and P. Mattila. Removable sets for Lipschitz harmonic functions in the plane. *Rev. Mat. Iberoamericana*, 16(1):137–215, 2000.

[28] G. David and S. Semmes. Singular integrals and rectifiable sets in $\mathbf{R}^n$: Beyond Lipschitz graphs. *Astérisque*, (193):152, 1991.

[29] G. David and S. Semmes. *Analysis of and on uniformly rectifiable sets*, volume 38 of *Mathematical Surveys and Monographs*. American Mathematical Society, Providence, RI, 1993.

[30] A. M. Davie. Analytic capacity and approximation problems. *Trans. Amer. Math. Soc.*, 171:409–444, 1972.

[31] A. M. Davie and B. Øksendal. Analytic capacity and differentiability properties of finely harmonic functions. *Acta Math.*, 149(1-2):127–152, 1982.

[32] C. De Lellis. *Rectifiable sets, densities and tangent measures*. Zurich Lectures in Advanced Mathematics. European Mathematical Society (EMS), Zürich, 2008.

[33] A. Denjoy. Sur les fonctions analytiques uniformes à singularités discontinues. *C. R. Acad. Sci. Paris*, 149:258–260, 1909.

[34] E. P. Dolženko. The removability of singularities of analytic functions. *Uspehi Mat. Nauk*, 18(4 (112)):135–142, 1963.

[35] J. J. Dudziak. *Vitushkin's conjecture for removable sets*. Universitext. Springer, New York, 2010.

[36] J. Duoandikoetxea. *Fourier analysis*, volume 29 of *Graduate Studies in Mathematics*. American Mathematical Society, Providence, RI, 2001. Translated and revised from the 1995 Spanish original by David Cruz-Uribe.

[37] V. Eiderman, F. Nazarov, and A. Volberg. The s-Riesz transform of an s-dimensional measure in $\mathbb{R}^2$ is unbounded for $1 < s < 2$. *To appear in J. Anal. Math.*

[38] V. Eiderman and A. Volberg. L^2 norm and estimates from below for Riesz transforms on Cantor sets. *Indiana Univ. Math. J.*, 60:1077–1112, 2011.

[39] V. Y. Èĭderman. Hausdorff measure and capacity associated with Cauchy potentials. *Mat. Zametki*, 63(6):923–934, 1998.

[40] K. J. Falconer. *The geometry of fractal sets*, volume 85 of *Cambridge Tracts in Mathematics*. Cambridge University Press, Cambridge, 1986.

[41] H. M. Farag. The Riesz kernels do not give rise to higher-dimensional analogues of the Menger-Melnikov curvature. *Publ. Mat.*, 43(1):251–260, 1999.

[42] H. Federer. *Geometric measure theory*. Die Grundlehren der mathematischen Wissenschaften, Band 153. Springer-Verlag New York Inc., New York, 1969.

[43] C. Fefferman. Characterizations of bounded mean oscillation. *Bull. Amer. Math. Soc.*, 77:587–588, 1971.

[44] C. Fefferman and E. M. Stein. H^p spaces of several variables. *Acta Math.*, 129(3-4):137–193, 1972.

[45] F. Ferrari, B. Franchi, and H. Pajot. The geometric traveling salesman problem in the Heisenberg group. *Rev. Mat. Iberoam.*, 23(2):437–480, 2007.

[46] S. D. Fisher. On Schwarz's lemma and inner functions. *Trans. Amer. Math. Soc.*, 138:229–240, 1969.

[47] T. W. Gamelin. *Uniform algebras.* Prentice-Hall Inc., Englewood Cliffs, N. J., 1969.

[48] P. R. Garabedian. The classes L_p and conformal mapping. *Trans. Amer. Math. Soc.*, 69:392–415, 1950.

[49] J. García-Cuerva and A. E. Gatto. Boundedness properties of fractional integral operators associated to non-doubling measures. *Studia Math.*, 162(3):245–261, 2004.

[50] J. García-Cuerva and A. E. Gatto. Lipschitz spaces and Calderón-Zygmund operators associated to non-doubling measures. *Publ. Mat.*, 49(2):285–296, 2005.

[51] J. García-Cuerva and J. M. Martell. Weighted inequalities and vector-valued Calderón-Zygmund operators on non-homogeneous spaces. *Publ. Mat.*, 44(2):613–640, 2000.

[52] J. García-Cuerva and J. M. Martell. Two-weight norm inequalities for maximal operators and fractional integrals on non-homogeneous spaces. *Indiana Univ. Math. J.*, 50(3):1241–1280, 2001.

[53] J. Garnett. Positive length but zero analytic capacity. *Proc. Amer. Math. Soc. 24 (1970), 696-699; errata, ibid.*, 26:701, 1970.

[54] J. Garnett. *Analytic capacity and measure.* Lecture Notes in Mathematics, Vol. 297. Springer-Verlag, Berlin, 1972.

[55] J. Garnett and J. Verdera. Analytic capacity, bilipschitz maps and Cantor sets. *Math. Res. Lett.*, 10(4):515–522, 2003.

[56] J. B. Garnett and D. E. Marshall. *Harmonic measure*, volume 2 of *New Mathematical Monographs.* Cambridge University Press, Cambridge, 2005.

[57] L. Grafakos. *Classical and modern Fourier analysis.* Pearson Education, Inc., Upper Saddle River, NJ, 2004.

[58] I. Hahlomaa. Curvature integral and Lipschitz parametrization in 1-regular metric spaces. *Ann. Acad. Sci. Fenn. Math.*, 32(1):99–123, 2007.

[59] I. Hahlomaa. Menger curvature and rectifiability in metric spaces. *Adv. Math.*, 219(6):1894–1915, 2008.

[60] G. Hu, Y. Meng, and D. Yang. Multilinear commutators of singular integrals with non doubling measures. *Integral Equations Operator Theory*, 51(2):235–255, 2005.

[61] G. Hu, Y. Meng, and D. Yang. New atomic characterization of H^1 space with non-doubling measures and its applications. *Math. Proc. Cambridge Philos. Soc.*, 138(1):151–171, 2005.

[62] P. Huovinen. Singular integrals and rectifiability of measures in the plane. *Ann. Acad. Sci. Fenn. Math. Diss.*, (109):63, 1997. Dissertation, University of Jyväskylä, Jyväskylä, 1997.

[63] P. Huovinen. A nicely behaved singular integral on a purely unrectifiable set. *Proc. Amer. Math. Soc.*, 129(11):3345–3351 (electronic), 2001.

[64] T. Hytönen. A framework for non-homogeneous analysis on metric spaces, and the RBMO space of Tolsa. *Publ. Mat.*, 54(2):485–504, 2010.

[65] T. Hytönen, S. Liu, D. Yang, and D. Yang. Boundedness of Calderón-Zygmund Operators on Non-homogeneous Metric Measure Spaces. *Canad. J. Math.*, 64(4):892–923, 2012.

[66] T. Hytönen and H. Martikainen. Non-homogeneous Tb Theorem and Random Dyadic Cubes on Metric Measure Spaces. *J. Geom. Anal.*, 22(4):1071–1107, 2012.

[67] T. Hytönen and H. Martikainen. On general local *Tb* theorems. *Trans. Amer. Math. Soc.*, 364(9):4819–4846, 2012.

[68] T. P. Hytönen. The sharp weighted bound for general Calderón-Zygmund operators. *Ann. of Math. (2)*, 175(3):1473–1506, 2012.

[69] L. D. Ivanov. *Variatsii mnozhestv i funktsii.* Izdat. "Nauka", Moscow, 1975. Edited by A. G. Vituškin.

[70] L. D. Ivanov. On sets of analytic capacity zero. In *Linear and complex analysis. Problem book 3. Part II*, volume 1574 of *Lecture Notes in Math.*, pages 150–153. Springer-Verlag, Berlin, 1994.

[71] B. Jaye and F. Nazarov. Reflectionless measures and the Mattila-Melnikov-Verdera uniform rectifiability theorem. *ArXiv e-prints*, July 2013.

[72] B. Jaye and F. Nazarov. Reflectionless measures for Calderón-Zygmund operators. *ArXiv e-prints*, Sept. 2013.

[73] B. Jaye and F. Nazarov. Three revolutions in the kernel are worse than one. *ArXiv e-prints*, July 2013.

[74] P. W. Jones. Square functions, Cauchy integrals, analytic capacity, and harmonic measure. In *Harmonic analysis and partial differential equations (El Escorial, 1987)*, volume 1384 of *Lecture Notes in Math.*, pages 24–68. Springer, Berlin, 1989.

[75] P. W. Jones. Rectifiable sets and the traveling salesman problem. *Invent. Math.*, 102(1):1–15, 1990.

[76] P. W. Jones and T. Murai. Positive analytic capacity but zero Buffon needle probability. *Pacific J. Math.*, 133(1):99–114, 1988.

[77] P. W. Jones and A. G. Poltoratski. Asymptotic growth of Cauchy transforms. *Ann. Acad. Sci. Fenn. Math.*, 29(1):99–120, 2004.

[78] J.-L. Journé. *Calderón-Zygmund operators, pseudodifferential operators and the Cauchy integral of Calderón*, volume 994 of *Lecture Notes in Mathematics*. Springer-Verlag, Berlin, 1983.

[79] H. Joyce and P. Mörters. A set with finite curvature and projections of zero length. *J. Math. Anal. Appl.*, 247(1):126–135, 2000.

[80] S. Y. Khavinson. Duality relations in the theory of analytic capacity. *Algebra i Analiz*, 15(1):3–62, 2003.

[81] Y. Komori. Weighted estimates for operators generated by maximal functions on nonhomogeneous spaces. *Georgian Math. J.*, 12(1):121–130, 2005.

[82] J. Král. Analytic capacity. In *Elliptische Differentialgleichungen (Meeting, Rostock, 1977)*, pages 133–142. Wilhelm-Pieck-Univ. Rostock, 1978.

[83] J. C. Léger. Menger curvature and rectifiability. *Ann. of Math. (2)*, 149(3):831–869, 1999.

[84] G. Lerman. Quantifying curvelike structures of measures by using L_2 Jones quantities. *Comm. Pure Appl. Math.*, 56(9):1294–1365, 2003.

[85] G. Lerman and J. T. Whitehouse. High-dimensional Menger-type curvatures. II. d-separation and a menagerie of curvatures. *Constr. Approx.*, 30(3):325–360, 2009.

[86] G. Lerman and J. T. Whitehouse. High-dimensional Menger-type curvatures. Part I: Geometric multipoles and multiscale inequalities. *Rev. Mat. Iberoam.*, 27(2):493–555, 2011.

[87] S. Liu, D. Yang, and D. Yang. Boundedness of Calderón-Zygmund operators on non-homogeneous metric measure spaces: equivalent characterizations. *J. Math. Anal. Appl.*, 386(1):258–272, 2012.

[88] J. M. Marstrand. Hausdorff two-dimensional measure in 3-space. *Proc. London Math. Soc. (3)*, 11:91–108, 1961.

[89] J. M. Marstrand. The (φ, s) regular subsets of n-space. *Trans. Amer. Math. Soc.*, 113:369–392, 1964.

[90] A. Mas. Variation for singular integrals on lipschitz graphs: L^p and endpoint estimates. *To appear in Trans. Amer. Math. Soc.*

[91] A. Mas and X. Tolsa. Variation for Riesz transforms and uniform rectifiability. *To appear in J. Eur. Math. Soc.*, 2011.

[92] J. Mateu, P. Mattila, A. Nicolau, and J. Orobitg. BMO for nondoubling measures. *Duke Math. J.*, 102(3):533–565, 2000.

[93] J. Mateu, L. Prat, and J. Verdera. The capacity associated to signed Riesz kernels, and Wolff potentials. *J. Reine Angew. Math.*, 578:201–223, 2005.

[94] J. Mateu, L. Prat, and J. Verdera. Capacities associated with scalar signed Riesz kernels, and analytic capacity. *Indiana Univ. Math. J.*, 60:1319–1362, 2011.

[95] J. Mateu and X. Tolsa. Riesz transforms and harmonic Lip_1-capacity in Cantor sets. *Proc. London Math. Soc. (3)*, 89(3):676–696, 2004.

[96] J. Mateu, X. Tolsa, and J. Verdera. The planar Cantor sets of zero analytic capacity and the local $T(b)$-theorem. *J. Amer. Math. Soc.*, 16(1):19–28 (electronic), 2003.

[97] P. Mattila. Hausdorff m regular and rectifiable sets in n-space. *Trans. Amer. Math. Soc.*, 205:263–274, 1975.

[98] P. Mattila. Smooth maps, null-sets for integralgeometric measure and analytic capacity. *Ann. of Math. (2)*, 123(2):303–309, 1986.

[99] P. Mattila. Cauchy singular integrals and rectifiability in measures of the plane. *Adv. Math.*, 115(1):1–34, 1995.

[100] P. Mattila. *Geometry of sets and measures in Euclidean spaces*, volume 44 of *Cambridge Studies in Advanced Mathematics*. Cambridge University Press, Cambridge, 1995. Fractals and rectifiability.

[101] P. Mattila. On the analytic capacity and curvature of some Cantor sets with non-σ-finite length. *Publ. Mat.*, 40(1):195–204, 1996.

[102] P. Mattila and M. S. Melnikov. Existence and weak-type inequalities for Cauchy integrals of general measures on rectifiable curves and sets. *Proc. Amer. Math. Soc.*, 120(1):143–149, 1994.

[103] P. Mattila, M. S. Melnikov, and J. Verdera. The Cauchy integral, analytic capacity, and uniform rectifiability. *Ann. of Math. (2)*, 144(1):127–136, 1996.

[104] P. Mattila and D. Preiss. Rectifiable measures in $\mathbf{R}^n$ and existence of principal values for singular integrals. *J. London Math. Soc. (2)*, 52(3):482–496, 1995.

[105] P. Mattila and J. Verdera. Convergence of singular integrals with general measures. *J. Eur. Math. Soc. (JEMS)*, 11(2):257–271, 2009.

[106] M. Y. Mazalov. On uniform approximations by bi-analytic functions on arbitrary compact sets in $\mathbb{C}$. *Mat. Sb.*, 195(5):79–102, 2004.

[107] M. Y. Mazalov. A criterion for uniform approximability on arbitrary compact sets for solutions of elliptic equations. *Mat. Sb.*, 199(1):15–46, 2008.

[108] A. McIntosh and Y. Meyer. Algèbres d'opérateurs définis par des intégrales singulières. *C. R. Acad. Sci. Paris Sér. I Math.*, 301(8):395–397, 1985.

[109] M. Melnikov, A. Poltoratski, and A. Volberg. Uniqueness theorems for Cauchy integrals. *Publ. Mat.*, 52(2):289–314, 2008.

[110] M. Melnikov and X. Tolsa. Estimate of the Cauchy integral over Ahlfors regular curves. In *Selected topics in complex analysis*, volume 158 of *Oper. Theory Adv. Appl.*, pages 159–176. Birkhäuser, Basel, 2005.

[111] M. S. Mel′nikov. Estimate of the Cauchy integral over an analytic curve. *Mat. Sb. (N.S.)*, 71 (113):503–514, 1966.

[112] M. S. Mel′nikov. Metric properties of analytic α-capacity and approximations of analytic functions with a Hölder condition by rational functions. *Mat. Sb. (N.S.)*, 79 (121):118–127, 1969.

[113] M. S. Mel′nikov. Analytic capacity: a discrete approach and the curvature of measure. *Mat. Sb.*, 186(6):57–76, 1995.

[114] M. S. Melnikov and J. Verdera. A geometric proof of the L^2 boundedness of the Cauchy integral on Lipschitz graphs. *Internat. Math. Res. Notices*, (7):325–331, 1995.

[115] T. Murai. Boundedness of singular integral operators of Calderón type. VI. *Nagoya Math. J.*, 102:127–133, 1986.

[116] T. Murai. Comparison between analytic capacity and the Buffon needle probability. *Trans. Amer. Math. Soc.*, 304(2):501–514, 1987.

[117] T. Murai. *A real variable method for the Cauchy transform, and analytic capacity*, volume 1307 of *Lecture Notes in Mathematics*. Springer-Verlag, Berlin, 1988.

[118] T. Murai. A formula for analytic separation capacity. *Kodai Math. J.*, 13(2):265–288, 1990.

[119] T. Murai. The power 3/2 appearing in the estimate of analytic capacity. *Pacific J. Math.*, 143(2):313–340, 1990.

[120] T. Murai. Analytic capacity for two segments. *Nagoya Math. J.*, 122:19–42, 1991.

[121] F. Nazarov, X. Tolsa, and A. Volberg. On the uniform rectifiability of *AD*-regular measures with bounded Riesz transform operator: the case of codimension 1. *Preprint*, 2012.

[122] F. Nazarov, X. Tolsa, and A. Volberg. The Riesz transform, rectifiability, and removability for Lipschitz harmonic functions. *Preprint*, 2012.

[123] F. Nazarov, S. Treil, and A. Volberg. Cauchy integral and Calderón-Zygmund operators on nonhomogeneous spaces. *Internat. Math. Res. Notices*, (15):703–726, 1997.

[124] F. Nazarov, S. Treil, and A. Volberg. Weak type estimates and Cotlar inequalities for Calderón-Zygmund operators on nonhomogeneous spaces. *Internat. Math. Res. Notices*, (9):463–487, 1998.

[125] F. Nazarov, S. Treil, and A. Volberg. Accretive system Tb-theorems on nonhomogeneous spaces. *Duke Math. J.*, 113(2):259–312, 2002.

[126] F. Nazarov, S. Treil, and A. Volberg. The Tb-theorem on non-homogeneous spaces that proves a conjecture of Vitushkin. *CRM preprint*, 519:1–84, 2002.

[127] F. Nazarov, S. Treil, and A. Volberg. The Tb-theorem on non-homogeneous spaces. *Acta Math.*, 190(2):151–239, 2003.

[128] A. G. O'Farrell. Hausdorff content and rational approximation in fractional Lipschitz norms. *Trans. Amer. Math. Soc.*, 228:187–206, 1977.

[129] K. Okikiolu. Characterization of subsets of rectifiable curves in $\mathbf{R}^n$. *J. London Math. Soc. (2)*, 46(2):336–348, 1992.

[130] J. Orobitg and C. Pérez. A_p weights for nondoubling measures in $\mathbf{R}^n$ and applications. *Trans. Amer. Math. Soc.*, 354(5):2013–2033 (electronic), 2002.

[131] P. Painlevé. Sur les lignes singulières des fonctions analytiques. *Ann. Fac. Sci. Toulouse Sci. Math. Sci. Phys.*, 2:B1–B130, 1888.

[132] H. Pajot. *Analytic capacity, rectifiability, Menger curvature and the Cauchy integral*, volume 1799 of *Lecture Notes in Mathematics*. Springer-Verlag, Berlin, 2002.

[133] P. V. Paramonov. Harmonic approximations in the C^1-norm. *Mat. Sb.*, 181(10):1341–1365, 1990.

[134] P. V. Paramonov. Some new criteria for the uniform approximability of functions by rational fractions. *Mat. Sb.*, 186(9):97–112, 1995.

[135] C. Pommerenke. Über die analytische Kapazität. *Arch. Math. (Basel)*, 11:270–277, 1960.

[136] L. Prat. Potential theory of signed Riesz kernels: capacity and Hausdorff measure. *Int. Math. Res. Not.*, (19):937–981, 2004.

[137] L. Prat. On the semiadditivity of the capacities associated with signed vector valued Riesz kernels. *Trans. Amer. Math. Soc.*, 364(11):5673–5691, 2012.

[138] D. Preiss. Geometry of measures in $\mathbf{R}^n$: distribution, rectifiability, and densities. *Ann. of Math. (2)*, 125(3):537–643, 1987.

[139] D. Preiss and J. Tišer. On Besicovitch's $\frac{1}{2}$-problem. *J. London Math. Soc. (2)*, 45(2):279–287, 1992.

[140] C. A. Rogers. *Hausdorff measures.* Cambridge University Press, London, 1970.

[141] W. Rudin. *Functional analysis.* McGraw-Hill Book Co., New York, 1973. McGraw-Hill Series in Higher Mathematics.

[142] W. Rudin. *Real and complex analysis.* McGraw-Hill Book Co., New York, third edition, 1987.

[143] A. Ruiz de Villa and X. Tolsa. Non existence of principal values of signed Riesz transforms of non integer dimension. *Indiana Univ. Math. J.*, 59(1):115–130, 2010.

[144] E. Sawyer. A two weight weak type inequality for fractional integrals. *Trans. Amer. Math. Soc.*, 281(1):339–345, 1984.

[145] E. T. Sawyer. A characterization of two weight norm inequalities for fractional and Poisson integrals. *Trans. Amer. Math. Soc.*, 308(2):533–545, 1988.

[146] R. Schul. Ahlfors-regular curves in metric spaces. *Ann. Acad. Sci. Fenn. Math.*, 32(2):437–460, 2007.

[147] R. Schul. Subsets of rectifiable curves in Hilbert space—the analyst's TSP. *J. Anal. Math.*, 103:331–375, 2007.

[148] E. M. Stein. *Singular integrals and differentiability properties of functions.* Princeton Mathematical Series, No. 30. Princeton University Press, Princeton, N.J., 1970.

[149] E. M. Stein. *Harmonic analysis: real-variable methods, orthogonality, and oscillatory integrals*, volume 43 of *Princeton Mathematical Series.* Princeton University Press, Princeton, NJ, 1993. With the assistance of Timothy S. Murphy, Monographs in Harmonic Analysis, III.

[150] P. Strzelecki, M. Szumańska, and H. von der Mosel. Regularizing and self-avoidance effects of integral Menger curvature. *Ann. Sc. Norm. Super. Pisa Cl. Sci. (5)*, 9(1):145–187, 2010.

[151] P. Strzelecki and H. von der Mosel. Integral Menger curvature for surfaces. *Adv. Math.*, 226(3):2233–2304, 2011.

[152] N. Suita. On subadditivity of analytic capacity for two continua. *Kodai Math. J.*, 7(1):73–75, 1984.

[153] X. Tolsa. Cotlar's inequality without the doubling condition and existence of principal values for the Cauchy integral of measures. *J. Reine Angew. Math.*, 502:199–235, 1998.

[154] X. Tolsa. L^2-boundedness of the Cauchy integral operator for continuous measures. *Duke Math. J.*, 98(2):269–304, 1999.

[155] X. Tolsa. Principal values for the Cauchy integral and rectifiability. *Proc. Amer. Math. Soc.*, 128(7):2111–2119, 2000.

[156] X. Tolsa. BMO, H^1, and Calderón-Zygmund operators for non doubling measures. *Math. Ann.*, 319(1):89–149, 2001.

[157] X. Tolsa. Littlewood-Paley theory and the $T(1)$ theorem with non-doubling measures. *Adv. Math.*, 164(1):57–116, 2001.

[158] X. Tolsa. A proof of the weak $(1, 1)$ inequality for singular integrals with non doubling measures based on a Calderón-Zygmund decomposition. *Publ. Mat.*, 45(1):163–174, 2001.

[159] X. Tolsa. On the analytic capacity γ_+. *Indiana Univ. Math. J.*, 51(2):317–343, 2002.

[160] X. Tolsa. Painlevé's problem and the semiadditivity of analytic capacity. *Acta Math.*, 190(1):105–149, 2003.

[161] X. Tolsa. The space H^1 for nondoubling measures in terms of a grand maximal operator. *Trans. Amer. Math. Soc.*, 355(1):315–348 (electronic), 2003.

[162] X. Tolsa. The semiadditivity of continuous analytic capacity and the inner boundary conjecture. *Amer. J. Math.*, 126(3):523–567, 2004.

[163] X. Tolsa. Bilipschitz maps, analytic capacity, and the Cauchy integral. *Ann. of Math. (2)*, 162(3):1243–1304, 2005.

[164] X. Tolsa. Finite curvature of arc length measure implies rectifiability: a new proof. *Indiana Univ. Math. J.*, 54(4):1075–1105, 2005.

[165] X. Tolsa. Growth estimates for Cauchy integrals of measures and rectifiability. *Geom. Funct. Anal.*, 17(2):605–643, 2007.

[166] X. Tolsa. Weighted norm inequalities for Calderón-Zygmund operators without doubling conditions. *Publ. Mat.*, 51(2):397–456, 2007.

[167] X. Tolsa. Principal values for Riesz transforms and rectifiability. *J. Funct. Anal.*, 254(7):1811–1863, 2008.

[168] X. Tolsa. Calderón-Zygmund capacities and Wolff potentials on Cantor sets. *J. Geom. Anal.*, 21(1):195–223, 2011.

[169] X. Tolsa and J. Verdera. May the Cauchy transform of a non-trivial finite measure vanish on the support of the measure? *Ann. Acad. Sci. Fenn. Math.*, 31(2):479–494, 2006.

[170] A. Torchinsky. *Real-variable methods in harmonic analysis.* Dover Publications Inc., Mineola, NY, 2004. Reprint of the 1986 original [Dover, New York; MR0869816].

[171] N. X. Uy. Removable sets of analytic functions satisfying a Lipschitz condition. *Ark. Mat.*, 17(1):19–27, 1979.

[172] J. Verdera. BMO rational approximation and one-dimensional Hausdorff content. *Trans. Amer. Math. Soc.*, 297(1):283–304, 1986.

[173] J. Verdera. A weak type inequality for Cauchy transforms of finite measures. *Publ. Mat.*, 36(2B):1029–1034 (1993), 1992.

[174] J. Verdera. Removability, capacity and approximation. In *Complex potential theory (Montreal, PQ, 1993)*, volume 439 of *NATO Adv. Sci. Inst. Ser. C Math. Phys. Sci.*, pages 419–473. Kluwer Acad. Publ., Dordrecht, 1994.

[175] J. Verdera. On the $T(1)$-theorem for the Cauchy integral. *Ark. Mat.*, 38(1):183–199, 2000.

[176] J. Verdera. L^2 boundedness of the Cauchy integral and Menger curvature. In *Harmonic analysis and boundary value problems (Fayetteville, AR, 2000)*, volume 277 of *Contemp. Math.*, pages 139–158. Amer. Math. Soc., Providence, RI, 2001.

[177] M. Vihtilä. The boundedness of Riesz s-transforms of measures in $\mathbf{R}^n$. *Proc. Amer. Math. Soc.*, 124(12):3797–3804, 1996.

[178] A. G. Vituškin. Estimate of the Cauchy integral. *Mat. Sb. (N.S.)*, 71 (113):515–534, 1966.

[179] A. G. Vituškin. Analytic capacity of sets in problems of approximation theory. *Uspehi Mat. Nauk*, 22(6 (138)):141–199, 1967.

[180] A. Volberg. *Calderón-Zygmund capacities and operators on nonhomogeneous spaces*, volume 100 of *CBMS Regional Conference Series in Mathematics*. Published for the Conference Board of the Mathematical Sciences, Washington, DC, 2003.

[181] D. Yang, D. Yang, and G. Hu. *The Hardy space H^1 with non-doubling measures and their applications*. To appear, 2012.

[182] K. Yosida. *Functional analysis*, volume 123 of *Grundlehren der Mathematischen Wissenschaften [Fundamental Principles of Mathematical Sciences]*. Springer-Verlag, Berlin, sixth edition, 1980.

[183] L. Zalcman. *Analytic capacity and rational approximation*. Lecture Notes in Mathematics, No. 50. Springer-Verlag, Berlin, 1968.

Index

Δ_Q, 147
Ξf, 147
γ, 15
γ_+, 103

AD regular curve, 88, 97
AD regular measure, 47
AD regular set, 47
admissible function, 15
$A(E)$, 37
Ahlfors function, 19
Ahlfors-David regular, 3
almost disjoint, 51
(α, β)-doubling cube or ball, 53
analytic capacity, 15
atomic block, 320
atomic Hardy space, 320

bad square, 153
Banach's closed range theorem, 352
Besicovitch covering theorem, 50
Besicovitch theorem on projections, 42
β, 236
$\beta_E(Q)$, 91, 281
β_p, 281
$\beta_{E,p}(Q)$, 281
big piece, 69
big pieces of Lipschitz images, 287
bilipschitz maps and γ, 227
$BMO(\mu)$, 319
$BMO(\mathbb{R}^d)$, 40
$BMO\rho(\mu)$, 319
$BMO^p_\rho(\mu)$, 320
bounded overlap, 50

$B(x, r)$, 11
$\bar{B}(x, r)$, 11

C^1 harmonic capacity, 41
Calderón commutators, 100
Calderón-Zygmund decomposition, 57
Calderón-Zygmund kernel, 48
Calderón-Zygmund operator, 49
Cantor sets, 125
capacity γ_+, 103
Carleson's embedding theorem, 143, 144
Cauchy capacity, 228
Cauchy transform, 22
$\mathcal{C}\nu$, 22
centered maximal Hardy-Littlewood operator, 51
characterization of γ_+ in terms of curvature, 112
$\mathcal{CH}(Q)$, 147
closed range theorem, 352
commutator, 376
comparability between γ and γ_+, 195
construction of the Lipschitz graph, 243
continuous analytic capacity, 38
corner quarters Cantor set, 34
Cotlar's inequality, 63, 176
countably rectifiable, 36
covering theorem, 49, 353
$3r$-covering theorem, 49
$5r$-covering theorem, 50
curvature and β's, 92, 281
curvature of a measure, 77

CZO, 49

David's theorem, 231
David-Léger curvature theorem, 231, 233
David-Semmes β_p, 281
David-Semmes problem, 287
Davie and Øksendal duality, 107
Denjoy's conjecture, 110
density, 41
$\dim_H$, 29
distant squares, 155
dist_H, 241
doubling cube or ball, 53
doubling measure, 4
dual version of γ_+, 120, 121
duality to study analytic capacity, 39
dualization of the weak (1,1) inequality, 107
dyadic Carleson embedding theorem, 143, 144
dyadic cube, 11
dyadic maximal Hardy-Littlewood operator, 143

estimate of the Cauchy integral, 221
exceptional set H, 208
exceptional set S, 138
exceptional sets $H_{\mathcal{D}}$ and $T_{\mathcal{D}}$, 216
existence of principal values, 290

Fav, 35
Favard length, 35, 228
$f'(\infty)$, 15
Frostman's Lemma, 32

Garabedian function, 39
geometrically doubling metric space, 74
good λ, 68
good ball, 242
good function, 153
good lambda, 68
good square, 153
grand maximal, 377
growth of degree n, 45

Hardy space, 320
$H^{1,\infty}_{atb}(\mu)$, 341
$H^{1,p}_{atb}(\mu)$, 341
Hausdorff content, 29
Hausdorff dimension, 29
Hausdorff distance, 241
Hausdorff measure, 28
$\mathcal{H}^s_\infty$, 29
$\mathcal{H}^s$, 28
Huovinen counterexample, 316

image measure, 12
induction on scales, 220
inner boundary conjecture, 39
intermediate approximation by squares, 202
interpolation theorems, 360

Jaye-Nazarov counterexample, 316
John-Nirenberg inequality, 336
Jones' β's, 236
Jones' β's, 91
Jones' traveling salesman theorem, 91

κ, 41
κ_c, 41
Koebe's theorem, 17
Kolmogorov's inequality, 64
$K_{Q,R}$, 321

Lebesgue differentiation theorem, 54
length, 29
linear growth, 2, 45
Lipschitz graphs and curvature, 86
Lipschitz graphs and the Cauchy transform, 84
Lipschitz harmonic capacity , 40
local Tb theorem, 378
long distance, 156
lower s-dimensional density, 41
$L^{p,\infty}(\mu)$, 13

Marstrand, 42
martingale decomposition, 146
maximal Hardy-Littlewood operator, 51
maximal Hardy-Littlewood operator associated with cubes, 70
maximal operator, 63
maximal radial operator, 53
maximum principle, 117
maximum principle for U_μ, 119
maximum principle for curvature, 117
Melnikov inequality, 132
Melnikov's identity, 77
Melnikov-Verdera identity, 79
Menger curvature, 76
M_μ, 51
$\widetilde{M}_\mu$, 63
$M_\mu^{\mathcal{Q}}$, 70
$M_\mu^{(\rho)}$, 353
mollification of the Cauchy kernel, 104
M_Φ, 377
$m_Q(f)$, 319
$M(\mathbb{R}^d)$, 12
$M_+(\mathbb{R}^d)$, 12
$M_{R,n}$, 53
$M^\sharp$, 356
Murai, 96, 127
Murai's quantitative version of Denjoy's conjecture, 127

Nazarov-Treil-Volberg theorem, 137
N_μ, 52
$\mathcal{N}_\mu$, 356
non-tangential limits, 296
$N_{Q,R}$, 321

orthogonal projection, 35
outer regularity of γ, 18
outer regularity of γ_+, 106

Painlevé's theorem, 30
Painlevé's problem, 20
paraproduct, 166
Plemelj formulas, 296
pointwise curvature, 276
Pommerenke, 30
potential, 115, 229
Preiss theorem, 42
principal value, 289
probability of bad squares, 181
p_θ, 35
purely unrectifiable, 36
p.v.$T\nu(x)$, 289

$\widetilde{Q}$, 326
quantitative David's theorem, 277
$Q(x,r)$, 11
$\bar{Q}(x,r)$, 11

radial maximal operator, 53
Radon measure, 12
random dyadic lattice, 145
$RBMO(\mu)$, 320
$R(E)$, 37
rectifiable, 36
reflectionless measure, 316
removable for Lipschitz harmonic functions, 287
removable set, 20
Riesz capacity, 129
Riesz transform, 101
rising sun lemma, 89

Sawyer, 73
Schur's lemma, 157
semiadditivity of γ, 195
semiadditivity of γ_+, 112
sharp estimate for the Cauchy transform on Lipschitz graphs, 96
singular integral operator, 48
SIO, 48
small boundary, 369
smoothing of the Cauchy kernel, 104
special atomic block, 342
support of a measure, 12

suppressed operator, 140
symmetric difference, 11

$T1$ theorem, 81, 98, 365, 369
tangent measure, 315
T_*, 63
Tb theorem, 137, 378
terminal square, 146
thin boundary, 152
total exceptional set, 153
totally disconnected set, 18
transit square, 146
traveling salesman theorem, 91
two squares condition, 235

$\mathcal{U}_\delta(A)$, 11
uniform rectifiability, 286, 287
upper s-dimensional density, 41

variation, 314
variation of a singular integral, 314
very good ball, 242
very good function, 154
$\mathcal{VG}$, 242
Vitushkin's conjecture, 231
Vitushkin's localization operator, 25
Vitushkin's theorems, 37
V_φ, 25

weak (1,1) boundedness of Calderón-Zygmund operators, 60
weak convergence, 300
weak Lebesgue spaces, 13
weak limit, 300
weakly bounded, 369, 378
Whitney cubes, 69
Whitney's decomposition, 69
Wolff potential, 129

zero density measure, 300

Zeitfracht Medien GmbH
Ferdinand-Jühlke-Straße 7
99095 Erfurt, Deutschland
produktsicherheit@kolibri360.de